21世纪经济管理
优秀教材译丛

[美] 威廉·拉舍 著

William R. Lasher

财务管理
基于实践的方法（第8版）

PRACTICAL FINANCIAL MANAGEMENT

陈蕾 译

清华大学出版社
北　京

北京市版权局著作权合同登记号　图字：01-2018-0462 号

Practical Financial Management, Eighth Edition
William R. Lasher

图书在版编目（CIP）数据

　　财务管理：基于实践的方法：第 8 版/（美）威廉·拉舍（William R. Lasher）著；陈蕾译.—北京：清华大学出版社，2019
　　（21 世纪经济管理优秀教材译丛）
　　书名原文：Practical Financial Management
　　ISBN 978-7-302-52446-5

　　Ⅰ．①财…　Ⅱ．①威…②陈…　Ⅲ．①财务管理—高等学校—教材　Ⅳ．①F275

中国版本图书馆 CIP 数据核字（2019）第 043589 号

责任编辑：刘志彬
封面设计：李伯骥
责任校对：宋玉莲
责任印制：宋　林

出版发行：清华大学出版社
　　　　网　　　址：http://www.tup.com.cn，http://www.wqbook.com
　　　　地　　　址：北京清华大学学研大厦 A 座　　　　　邮　　编：100084
　　　　社 总 机：010-62770175　　　　　　　　　　　邮　　购：010-62786544
　　　　投稿与读者服务：010-62776969，c-service@tup.tsinghua.edu.cn
　　　　质量反馈：010-62772015，zhiliang@tup.tsinghua.edu.cn
印 装 者：三河市铭诚印务有限公司
经　　销：全国新华书店
开　　本：185mm×260mm　　　　印　　张：38.75　　　　字　　数：989 千字
版　　次：2019 年 10 月第 1 版　　　　　　　　　　　印　　次：2019 年 10 月第 1 次印刷
定　　价：89.00 元

产品编号：076360-01

序　言

《财务管理：基于实践的方法》(第 8 版)这本书的问世，是我以助理教授的身份担任公司执行财务管理教学开始的 35 年教育生涯中，最新的里程碑式的事件。

就在第一项工作开始后不久，我意识到应该借助一些财务方面的教科书来提升一下自己。但事实是，大部分财务教材难度都远远超过了学生所能企及的水平，这一情况至今都没有什么改善。相对来讲，财务管理教材是很独特的，因为在所有的商业学科中，没有哪一门学科像财务学科体系这般深奥和难以掌握。

最终，我得出了一个结论：这种问题的存在，是基于现有的财务教科书所陈述的内容跟典型的商科学生的背景知识和实际能力严重脱节这一事实之上的。这并不是说现有的教科书都写得不好。总体来说，它们都很不错，逻辑性强，写得很好而且也很全面。但对于读者来说，这些教科书却总是在一些关键的领域内偏离目标。

第一个问题是学生的知识背景。这些教科书介绍标题内容的方式，往往是以假定学生已经具备了这一领域的基础知识为前提而展开的。事实上，即便是最聪明的学生，对于这样的练习都是迷惑和不安的，因为大部分学生在开始新的章节学习时，对其包含的内容都是一无所知的。

第二个问题是与定量有关的知识。部分财务知识是基于数学和统计学知识的，所以，学生就不得不去学习这些领域内的必要课程。但对很多商业学科的学生来说，即使他们已经修过了这些课程，再来面对定量法的时候，也是不怎么适应的。教科书往往高估了学生的数学能力，带来的后果就是，如果没有额外时间的学习，大部分读者是无法掌握教科书里介绍的这些定量性内容的。

第三个问题是很多相关著作都缺乏实用性，这让人非常不安。例如，某些书中介绍的一些技巧，比如净现值和内部收益率的算法，暗含了一些类似头发分割这种精度但是在现实中却根本就不存在的技巧，因而得出的结论只能是基于有失偏颇和不确定的输入数据。这类教科书，对于财务经理日常所处理的一些问题闭口不谈。比如说，销售和财务之间的矛盾，如果超出了合理的范围，必将导致整个公司分崩离析。重要的问题，却几乎没看到哪本教科书提到过。

以上三点导致的后果是，财务学科的教师在其教学引导过程中，很难从教科书中获益。日常教学更多的应该是传授一些理念，但现在我们却得花费大量时间去解释教科书的内容，这违背了教科书本应为教学提供支持这一初衷。

几年之后，针对这些问题，我总结出了一些方法，最终，《财务管理：基于实践的方法》一书问世了。我从学生们最头疼的两个主题——时间价值理论和证券投资组合理论入手，展开了理论阐述。这样的方法真的奏效了！时间价值理论便是最好的例子：很多学生虽然已经广泛接触过这个理论了，但在真正学习的时候还会遇到困难。阅读本书之后，很多学生跟我讲："我在学习会计和数学课程的时候，从没真正理解过时间价值的含义，但现在我都弄明白了。"你能想象我听到这些话时的心情吗，那种感觉棒极了！

我曾经在几家公司的财务工作岗位上任职,其中有一段首席财务官的工作履历。15 年后,为了追求我最初的教育梦想和写作爱好,我改行了。我变成了一个全职的教育学家。《财务管理:基于实践的方法》这本书便是我的成果之一,而今,这本书已经出了第 8 版。就其财务教学的方法来讲,本书是独一无二的,这种方法是课堂教学和实战经验合二为一的成果,它的主题是很容易被总结出来的。

首先,我们必须通过商业问题的核心来开展这一领域内的学习。如果学生对这一领域一无所知,我们就要从零开始。这一点很重要,因为读者真正从零开始的话,就不会有困惑,他们也会明白要学习什么和为什么要学。例如,第 9 章关于证券投资组合的理论,在开始论述之前,我们引入了一个章节用来解释为何要先研究"风险和收益",然后再用一些学生易懂的词句来定义"投资者目标",最后用实际的案例论证。这样,核心的理论便解释得非常清晰了。

其次,如果在学习中遇到了数学问题,在使用方程式来解决问题之前,我们应该先解释存在于各个变量之间的自然规律和商业关系。然后,在把各种变量放在一起的时候,我们需要论述这个变量关系各方面的含义。这样,对学生来说,方程式才有了实质性的意义,在遇到定量问题时,就不会手足无措了。举例参见第 10 章关于内部收益率的论述。

再次,当数学方法或者其他的复杂的步骤成为必须的时候,我们就有必要一步一步地详细做出解释了。我们可以假定学生具备代数学、会计学或统计学的基础知识,但不能想当然地认为他们学得很好。这是至关重要的一点,因为大部分学生并不精于此道。如果我们可以系统地、有条不紊地做出陈述,学生就不会迷失方向或者遭遇瓶颈。本书能保证学生在自主、独立的情况下充分理解书中的内容并最终为其所用。这样,他们会带着充分的预习效果走进课堂,从而取得更好的教育成果。例证参见第 6 章关于时间价值论证的前几页和第 3 章中关于现金流的陈述。在"与其使用晦涩的会计资料还不如直接使用数学方法"这一理念上,这两章是相同的。

最后,我将多年的财务管理以及首席财务官的从业经验写进了教材,用实际应用来印证书中的理论知识。你会发现书中的"CFO 经验谈",这些提示贯穿了整本书。一个典型的例子就是,资本预算项目的现金流评估问题的处理,参见第 11 章(案例 11-3)。

本书在每章节最后的商业分析练习是另外一个重要特色。为了开阔学生的眼界,让他们了解财务准则是如何在现实商业实践中应用的,我们设计了很多小型案例。第 11 章结尾处关于现金流评估的问题便是一个很好的案例。

在完成本书的过程中,我自始至终都在努力做到让阅读变得简单,让读者能愉快阅读,避免因为生涩难懂的内容望而却步。如果要用一个词来概括这本书的话,我选择"通俗易懂"。很多评论家针对本书在双向交流的论述方式及内容易懂这两方面给予一致好评。

非常感谢您选择《财务管理:基于实践的方法》一书。我相信,您或者您的学生通过本书来取得理想成果的过程必将是一段愉快的学习之旅。

为了使本书与不断发展的财务实践和日益变换的经济环境保持同步,第 8 版做出了某些调整和补充,以下便是针对一些较大变动做出的概括:

公司治理

为了更好地再现那个特定的时期,本书这一部分深入地阐述了"萨班斯·奥克斯法案"和 2008 年的金融危机。由于这些事件尤其是金融危机的重大影响,相关报道从未停止过。事实上,这些报道对整个金融环境后续的影响并没有完全消失。

经济增加值

在财务分析中,经济增加值法和市场增加值法的使用范围有了前所未有的扩大。这些算法从最初只是新兴的理念提升到现在成为一个贯穿整本教材的重要指标,它们为本书提供解释性的佐证以及为章节末的相关问题做出了说明。

普通交易、暗池交易、高频交易及监管

最早由纽约证券交易所、全国证券交易商自动报价系统协会和另类交易系统所详尽给出的交易方式,现在正发生着变化,这就必然导致证券市场的角色变化。这里讨论的内容包括:交易角色的逐渐减少、纽约证券交易所主导地位的丧失以及场外交易的日渐兴起。暗池交易的类型和影响、高频交易以及证券交易委员会的监管,是我们关注最多的部分。

货币的时间价值

为了帮助初次接触"时间价值"这一概念而不得要领的学生更好地学习,本书第六章节的结尾习题前,提前穿插了15个非常简单的问题——这些问题使用了年复利计算,作为迎接更高难度知识的简单预热。这里把"可调整利率抵押贷款"这一术语加入了智盒,虽然已经退出了历史舞台,但它毕竟曾是引发金融危机诸多因素中的核心角色。

债券和租赁

在本书第7版中,"融资租赁"是作为债券这一独立章节的附录存在的,而在第8版中,它已经脱离了附属地位,成为独立的一章,"租赁"成为这一章节的标题。鉴于英国最近被判决需要付清"一战"时期的债务,"永久债券"一词也相应地进入了我们有趣的智盒。

有价证券分析——行为金融学

一些学者一度认为证券市场的泡沫只是暂时和无关紧要的,但近期行为金融学这一领域兴起了。它用心理学的原理解释了:在其他不同的有效市场上,这些不理性的行为是如何会一直持续下去的。《财务管理:基于实践的方法》(第8版)包含了行为原则的简明摘要,以及它对持续的、不那么理性的行为的一些解释。

资本预算——会计回报率

众所周知,经营经理是根据财务报表的业绩进行评级的,因此根据会计预测和现金流量来进行决策。认识到这一实际情况,第8版包含了第四种资本预算技术,即会计收益率(ARR)法。它的结果可以与收益率法、净现值(NPV)法和投资收益率(IRR)一起显示,ARR法评估计划项目对传统财务报表的影响。结果:该处理包括一个关联概念实例,并伴随着一个章节末的问题,强调了现金流量法的优越性。

最优资本结构的定量估计

我们先前对资本结构的讨论表明,随着杠杆率的增加,公司的价值和股票价格将达到最佳的资本结构。第8版介绍了一种基于杠杆β的概念来确定最大资本的定量方法,这使得所需的股本回报率成为增加借贷的功能。

向股东分配股息和回购

在第8版中,我们对股息的传统关注转移到现金分配的更一般的概念上,股东给予股息和股票回购同等的权重。对美国公司从股利转为股票回购(回购)的长期趋势进行了详细的描述和讨论。

维权投资者

第 8 版在关于公司重组的章节中增加了一个关于积极投资者的主要章节。维权投资者通常是对冲基金,他们购买了上市公司 2% 到 5% 的股票,然后煽动旨在提高其股价的改革。近年来,他们取得了显著的成功,在与公司管理层和董事会的斗争中,他们赢得了超过 70% 的董事会席位或特许权。对维权投资者的处理包括对他们是什么/谁的定义,对他们的工作流程的描述,对他们的前身的一点介绍(公司突袭者),两个实际的案例,以及讨论积极主义在公司治理和整个经济方面的利弊。

希腊金融危机

第 8 版继续跟进欧洲债务危机。截至 2015 年年中,欧洲债务危机的重点是希腊。在撰写这篇文章时,希腊及其债权人同意了第三次救助方案,其中包括继续对希腊人民实施财政紧缩。尽管公投清楚地表达了民众对任何以紧缩为条件的计划的偏好,但这仍然存在。随着本书的出版,该协议尚未得到希腊议会的批准。尽管如此,希腊似乎仍将一如既往,深陷债务和紧缩负担之中,但至少暂时有偿付能力,并且仍留在欧元区内。

本书第 8 版沿用的特点和重要的特色

我们在先前的版本中保留了以下特色。

关联概念

在《财务管理：基于实践的方法》(第 6 版)中,我们增加了一个叫作"关联概念"的教学名词。这个词受到了热烈欢迎,所以我们在第 8 版中继续保留这一名词。下文解释一下这个教学名词对于新接触本书的读者的益处。

学生在每个章节末尾都会遇到一些习题,那时候,他们的脑海里闪现出大量的新概念,并且没办法将个别问题与对应的章节内容联系起来。换句话说,他们不知道怎样入手,所以就会放弃。

关联概念通过将章节结束(EOC)问题与概念标题和页面引用结合在一起的章节示例来提高学习效率。如果课后习题成为一个新的主题之首,它就会冠以一个加粗字标题,标明主题和这一章中的例题序号。这让学生能够快速地集中注意力,如果没有寻找到合适的起点,很多人都会没有耐心去做习题。

第 1 章末尾的小节更详细地解释和说明了"关联概念"。学生在完成作业前一定要阅读。

CFO 经验谈

这一特性突出了基于作者作为 CFO 的经验的材料。这些评论涉及实际实践中的财务,并提供基于真实经验的提示和见解。"CFO 经验谈"材料出现在整个文本中,并通过斜体印刷的形式标示出来。

洞察：财务实践

本书"财务实践"内容对财务理论的实际运用和基本概念的原文呈现进行了分析和理解。

洞察：伦理道德

通过"伦理道德",深入探究了财务经理们每天所要面对的道德困境。当相关主题很重要并持续性地聚焦于当今新闻报道中的道德问题时,这些伦理道德特色就被呈现出来了。

洞察：实际应用

"实际应用"提供了现实中的案例,以展示章节主题所涉及的问题是如何影响那些大的知名公司的。

商业分析练习

每一章的最后都安排了一系列开拓思维的练习题。商业分析背景是一些小的案例,这些案例将学生置于微妙的组织或者政治形势之下,并让他们给出合理的解决方案,基本上是定性的性质。

威廉·拉舍
尼古拉斯学院

目　录

第1篇　财务管理导论

第1篇

财务管理导论

基 础 知 识

本章概要

财务概述

- 金融资产
- 金融市场
- 融资
- 财务管理
- 证券价格——企业与市场的连接

财务和会计

- 现金流的重要性
- 财务语言

财务理论与经济学的关系

企业的组织形式及其财务影响

- 个体制形式
- 公司形式
- 有限责任公司的真相
- 有限责任公司和 S 型公司

管理的目标

- 利益相关者和利益冲突
- 利益冲突例证

管理层——特权利益相关群体

- 代理问题

债权人和股东——财务利益的重要冲突

关联概念

1.1 财务概述

财务是如何处理货币的一门艺术和科学。在现代社会中,无论是公有的还是私有的组织,比如家庭、公司、政府机构,还是非营利机构(如大学和教会),等等,都要依靠货币来运行。货币会触及我们生活的方方面面。财务作为货币的管理形式,隐藏在我们每天所接触到的万物背后。从表面上,我们看不到隐藏在一辆新的汽车或者一栋房子背后的财务运作,但它是确实存在的,因为如果没有这样的财务运作,我们所看到的大部分事物是不会存在的。如果没有未支付货币而获取的资源或者没有财务系统支持的交易,就不可能组织更多的人在同一时间一同工作。

我们对财务的研究可以划分为两个领域:(1)投资和金融市场;(2)公司的财务管理①。它们是相互区别又相互关联的。一个完整的财务系统包括货币和凭据以及包括电子文件在内二者之间所有的流通形式。

开始财务学习之前,我们要掌握一些基本的术语和思想,以便更深入地学习。

1.1.1　金融资产

不动产:是一个具体的事物,比如一辆车、一栋房子、一间工厂或者是一台机器。正是因为不动产可以提供某种服务,比如运输功能、遮蔽物功能或者生产某种产品的功能,才使它具备了价值。

金融资产　金融资产是法律文件,由许多凭证构成,它们的价值体现在它们能给予拥有者在未来带来现金回报的要求权上。大部分的金融资产都是股票或者债券,它们对未来收益的要求权分别基于所有权和债务。

股票　股票所有权意味着持有股票者拥有对该发行股票公司的一份子,而作为这一部分的所有者,他或者她就拥有享有该公司一部分利润的权利,这部分利润可以以股利的形式支付,也可以保留下来以期未来的增值。一般来说,股东都会希望在未来的某个时间出售股票并取得相应的现金收益,由此可见,一个股票的持有者可以预见的未来收益有两部分:股利和最终的股票销售价格。

债券表明的是一种债务关系。当某些人购买了债券的时候,他实际上相当于把钱贷给了发行债券的公司。这个名词似乎有点奇怪——"购买债券"等同于"贷出钱款"。实际上,债券的持有人就是贷款人,他享有按照贷款额计算的利息收益以及在贷款期末取得应该偿还的本金的权利。

公司发行金融资产的目的就是筹措资金,而筹措来的资金一般会用于购置不动产来最终服务于公司的各项经营活动。

个人或者公司购买金融资产的目的是为了用他们目前不需要的资金来赚取收益。购买这样的资产类产品就像在银行开立一个存款账户,然后就像银行存款利息一样赚取收益。股票或者债券这样的金融资产的另外一个名称是**证券**②。个人或者组织购买金融资产视作在这些资产上面的投资,而这个购买者称为投资人。

通过直接购买证券或者间接通过共同基金购买股票,可以实现在金融资产上的投资。共同基金集中众多的投资者的投资款并雇用专业的经理人去选择证券,以期实现特定的投资目标。不同的是,投资者持有的是基金份额,而不是个人证券。

1.1.2　金融市场

公司发行和投资者购买的股票和债券或者其他金融产品,都是在金融市场上完成的。一

---

① 银行系统是金融体系中的第三大板块,其内容主要见于经济学课程,如"货币与银行""金融机构"。

② 证券指能够在投资者之间进行交易的金融资产,所有股票和债券是金融资产,而存款账户不是金融资产。

个金融市场并不单纯是指一个场所,更确切地来说,它是一个框架或者组织,在这个框架或者组织之中,人们可以按照完善的准则和规定来买进或者卖出证券。最为人所熟知的金融市场是股票市场。股票市场在美国范围内有很多场所,被称作股票交易所,其中,最有名气的便是纽约证券交易所(NYSE)。

参与股票市场,不是必须亲自到证券交易所,你只需要联系你们当地的股票经纪人,然后通过电话进行买卖即可。股票经纪人是持照帮助投资者买卖证券以赚取佣金的一项职业。一个地区的股票经纪人通过电子方式与各个交易所保持联络。股票交易所实际就是将经纪人和各种交易连接在一起的一个完整的网络。债券市场的运作方式与股票市场的类似。

总而言之,金融市场是投资者从发行公司购买金融资产的场所。投资者之间可以在同一个金融市场上买入和卖出同样的金融资产。事实上,绝大多数的交易活动是存在于投资者之间的,因为,一家公司只发行一次证券,但这之后证券却可以在投资者之间多次交易。

实际上,"市场"一词是我们以上所描述的投资者在这个场所所有活动的组合。比如,如果有人说股票市场上微软的股票价格是 50 美元,那么,真实的意思是:在当前的股票市场框架下,投资者之间买卖微软公司股票的时价是 50 美元。

图 1-1 是说明公司与市场之间相互作用的简图。

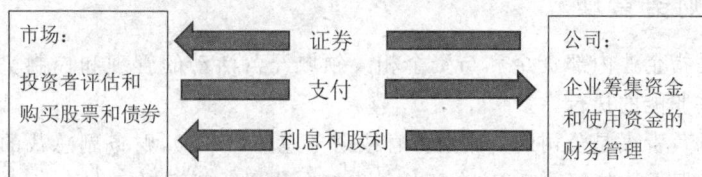

图 1-1　金融体系简图

投资领域包含买卖股票和债券的各项决策。如何筹集资金和使用资金的决策是企业财务管理的重要组成部分,这些决策列示在图 1-1 的两端,它们代表着我们要重点研究的两个领域。

现在,让我们来考虑"财务"这个词,它的使用很容易产生混淆:作为名词使用时,它表示"财务领域";作为动词使用时,它表示"筹集资金";作为形容词使用,则表示"财务管理"。让我们分别探究其不同含义的区别。

1.1.3　融资

"财务"一词经常应用于为获取某项资产而去筹集资金。当有人说他要为购买一辆车或者一栋房屋而筹资时,往往意味着他为了购置这种物品而去银行借款。当然,这种情况也会出现在讨论一项新的商业项目开始或者去度假的时候。

"融资"一词在商业领域也有类似应用,当公司为购置一些资产而去筹集资金的时候,我们便称公司为资产而融资。融资的途径包括:借款、出售股票和使用已得的利润。近些年,越来越多的资产通过租赁取得,我们称之为租赁融资。

公司通过借款或者出售股票而筹集到资金用于创立企业或者企业再扩张,这种情况称为公司自身融资。公司的借款,我们称之为公司的债务融资;如果融资来自于股票销售,我们则称之为公司的权益融资,权益融资意味着用所有者自己的钱来融资。

如图 1-1 所示,我们看到右方的企业通过向左方的投资者出售股票或者证券来筹集资金,从而完成融资。财务领域包括该资金筹集交易的双方,它同时关系到筹集资金一方的利益和提供资金一方的利益。进一步讲,筹集的资金在金融市场和金融机构之间的运行,也是财务领域的一个组成部分。

财务核心内容的变化

回顾历史,财务领域被局限在金融市场内的活动这一个范围内,而今,财务的视角已经向两个方向扩展了。

首先,在现代财务中,主要关注的目标是投资者的目标和活动。但是早些时候,投资者只需要一份针对某一个特定证券(股票或者债券)的完整描述就可以做出购买证券的决策了。现在,人们开始关注投资的风险概念,而且投资者开始研究如何将多种证券组合在一起——这被称为投资组合,从而使投资风险降至最低。我们将在第 9 章深入研究这些概念。

其次,另外一个重要变化就是企业内部财务管理的角色和功能的扩大。过去,财务经理的工作就是,在公司的某一项目需要资金的时候,他们会在外部进行资金筹集,而关于需要多少资金或筹集到的这笔资金该如何使用,跟他们是没有关系的。如今,财务经理已经更加广泛地参与到以上相关领域的决策工作中了。

1.1.4 财务管理

财务管理是指企业内部资金和与资金相关领域经营活动的管理和控制。公司设立财务部门来负责这些职能的执行。

财务部门的负责人是公司的首席财务官或财务总监(CFO),财务副总裁的头衔有时候也用 CFO 来代替,但无论如何称呼,这个职位是直接向公司总裁汇报工作的。

"财务管理"一词指的是首席财务官和整个财务部门的工作内容,包括:记账,向员工支付薪水,向供应商支付货款,收款,借款,购置资产,出售股票,支付股息,等等。

值得注意的是,会计包含在财务这个宽泛的定义之中,会计功能作为财务部门的一部分,是向首席财务官汇报的。

企业决策

财务管理包含将财务数据输出到一般的企业决策中去的过程,这个极为重要的概念可以通过下面这一案例来解释。

假设一家国内的公司需要进行海外扩张,这可能是公司的高层管理者经过长期讨论做出的重大决策。每个部门的负责人对他涉及的领域,比如市场营销或生产都有自己的意见或建议。同样,首席财务官对于在新的事业部如何建立和开展财务功能,如何进行会计处理以及选择哪家银行等方面也有自己的见解。另外,不管是向银行贷款还是通过发行证券募资,首席财务官都必须为投资项目的融资做出保障。

除此之外,首席财务官还必须根据项目是否能够在补偿其自身成本后最终获利来对项目的可行性做出判断。换言之,大多数项目的基点是资金,而评估这个基本点的责任就落在财务管理的身上(做出此类决策所需要的一般称之为资本预算的技术,我们将在第 10、11、12 章中进行深入研究)。

监督

财务管理的另外一个重要方面体现在企业日常管理中财务部门和其他部门的关系上。

财务部门不仅要对自己部门的工作负责,也要对其他部门的运行负责,这是一个非常重要的事实。

让我们来深入地了解一下这个职能的含义。财务部门对资金负责,而其他部门的工作也涉及资金,这是因为其他部门必须花钱才能开展它们的工作,而它们的业绩也是用货币来衡量的。例如:生产制造的目标是生产一定数量的产品,但生产部门真正做好工作还必须控制生产成本和保持合理库存水平。

一般情况下,财务部门对其他部门的开销要做出有效的管理和监督。因此,如果生产部门的成本过高或者库存水平过高的话,财务部门有责任提醒他们注意并及时采取纠正措施。

换言之,财务工作的一部分就是监督每个人的工作并保证他们有效地使用资金。

1.1.5 证券价格——企业与市场的连接

财务工作的两个方面:投资和企业财务管理,是通过企业在金融市场上向投资者出售证券而连接起来的。

投资者购买证券的目的是为了未来可以带来的现金流,这一个基本的事实我们将在后续章节进行详细的研究。而现金流的多少取决于发行证券公司的财务业绩。因此,投资者购买证券时所愿意付出的价格取决于他们对发行证券的公司未来获利的预期。再进一步来说,未来的收益是无法保证的,所以,市场也要关注与预期收益相关的风险。对未来高风险的预期往往会降低投资者的利益和证券的价格。

公司管理和投资之间的连接来自于证券价格与预期的财务成果之间的关系。一家公司和其管理层所做的一切都会被市场密切关注着,并最终影响着投资者对其未来盈利能力和风险的预期,而这些预期则决定着股票或者债券的价格。

也就是说,对投资的研究包括认真研究公司管理的方法以预期公司未来的业绩。同时,公司的管理也包括考虑自身决策会给市场投资者带去怎样的信息,因为投资者的看法会影响公司的股票或者债券的价格。

1.2 财务和会计

在多数的工业公司里,跟货币相关的工作基本上是会计人员做的,所以人们往往觉得财务和会计的工作是类似的,实则不然。理解会计和财务工作是如何互相配合是非常重要的。

会计是依照公允和无偏见的方式向外部反映企业经营情况而使用的记账系统。定期使用会计记录来形成财务报表,可以为任何想了解公司经营成果的人提供参考。

除了会计功能之外,多数公司的财务部门也发挥着许多其他的功能,包括:筹资,分析财务成果以及处理与一些外部机构如银行,股东或者投资团体的代表之间的关系等。这些功能大部分是由财务部门负责提供。

财务部门通常是由主计长领导的会计部和财务长领导的财金部组成的。这两个职位都是向首席财务官汇报工作的。这种典型的组织结构描述见图1-2。

在工作实践中,将会计视为一个近乎独立的领域而将其他的财务功能视为财务的观点已经越来越普遍了。在很大程度上,这就意味着财务功能被称为财务,而主计长功能被称为会计。

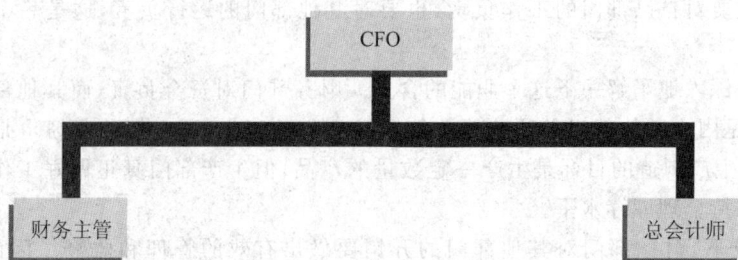

图 1-2　财务部门的组织架构

在财务部门中,一个人往往从事部门中一方面的工作或者另外一方面的工作,但是工作却有可能会交叉。一般来说,会计师转入财务部门比转向其他领域要来得容易,因为要成为一名合格的职业会计师,必须掌握大量的专业课程知识。无论是财务长还是主计长,都有可能称为首席财务官。

公司可以按照不同的形式来组建,谁做什么工作也并不是严格区分的。本书研究的很多活动在一家公司中可能是由会计部门完成的,而在另一家公司可能是由财务部门完成。像财务分析(第 3 章),财务计划(第 4 章)和资本预算(第 10 章,第 11 章,第 12 章)的工作一般放在能将工作做到最好的部门来完成。

在典型的工业企业里,会计工作会占据主导地位,但这不能成为财务专业受到阻碍的原因。在投资业或者其他金融机构像银行和保险公司这种组织里面,大部分的工作是财务方面的而不是会计方面。

1.2.1　现金流的重要性

从概念上区分会计和财务,比较对现金流所强调的重点是非常重要的。会计系统试图按照反映实际经营情况的方式来描述企业的财务成果。在财务上,并不关注这样一种典型的描述,而更多地关注现金从哪里来到哪里去的问题,所以,在财务上,我们信奉"现金为王"。

通过如下案例可以很清楚地说明这一论点,我们考虑一个典型的会计系统如何反映长期资产的购置和使用,并对比在财务上如何处理同样的问题。

关联概念　举例 1-1

会计账簿和现金流

假设企业购置了一项资产,花费 1 000 美元,按照直线折旧法,在 5 年中每年折旧 200 美元。假设企业支付了 40% 的固定费率的税金,对比该项资产的会计描述与现金流的影响。

解答: 会计账簿反映 1 000 美元资产的初始增加额,然后编制年折旧分录,每笔记录均可分为两部分。每年的折旧费用表现在损益表上用来反映 200 美元成本的分配情况,另一方面有 200 美元列在每年的资产负债表的累计折旧账户上,从初始资产中扣除以反映该项目的损耗(我们将在第 2 章中详细地复习固定资产会计)。第一年的会计账簿录入如下:

在接下来的 4 年里,每年有 200 美元被确认为折旧费用,并加入资产负债表的累计折旧项中,逐步地减少净值,直到第 5 年年末资产价值变为零为止。

利　润　表	资产负债表		
成本费用项目（美元）	固定资产项目（美元）		
折旧费用200	资产原值：1 000		
	累计折旧：200		
	资产净值：800		

此外，在这五年的利润表中，因为折旧费用减少了利润，所以，税金也会有所降低，也就是每年的所得税减少了折旧费用200美元的40%。

$$每年节省的所得税＝200 美元×0.4＝80 美元$$

我们应该注意这些数字能传递多少信息。资产的原始成本1 000美元，由此产生每年200美元的费用，以及利润的减少。同时，资产负债表通过账簿上原始价值的现值来体现该项目的损耗。最终，会计功能通过数字演示，为我们描述了资产的全部寿命以及对企业的影响。

当财务部门的人员考虑同样的资产时，他们的侧重点是不同的。他们仅对两个数字感兴趣：那就是最初购置资产时1 000美元的现金流出和固定资产折旧抵税而产生的每年税金的节省。

财务人员重视这两个数字是很容易理解的。财务部门负责筹措最初的资金1 000美元，而未来节省的税金又可以对后续其他项目的资金筹措产生影响。事实上，财务人员会认为会计报表并没有提供有关资产的重要的一个财务信息——购买资产的钱来自于何处。

例证1-1后面的要点是在财务上，强调的是现金。在这里我们并非指会计师不考虑例证中与资产相关的现金需求。会计师关注的重点不同于财务，他更倾向于宽泛地去描述企业的情况，而财务则集中在现金流量。在我们全书的研究中要牢记这一点。

1.2.2　财务语言

财务的实务与会计是密不可分的，这是因为财务的交易是包含在会计系统的大框架之内的。常言道，会计是财务的语言。也正是因为财务和会计之间密切的关系，使得财务工作人员必须具备一些会计方面的知识。但是，所需的知识水平根据一个人的工作差异也有很大的不同。

财务分析师要了解一个企业，对其投资价值提出建议，需要具备一定的会计知识，那是因为分析师必须解释复杂的财务报表而不能遗漏任何隐藏在注释和数字中的细节。另一方面，股票经纪人一般根据行业内发生的各种情况和分析师的报告产生的预期来出售证券，他们无需具备较强的阅读基本财务报表的能力就可以从事证券交易。

1.3　财务理论与经济学的关系

迄今为止，我们已经学习了财务的实务以及理论如何与实践结合。在财务这个领域里，数百万人已经顺利完成了学校教育阶段并走入社会开始工作。跟其他任何工作领域一样，只学习基本知识是不够的，真正的成功还需要实践经验和智慧。在这一点上，财务跟会计很像——你在学校学习了基本技术后还需要在工作中多多实践。

然而，财务也是有理论研究的一面。财务理论是通过认真研究并被造诣深厚的专家尤其是教授不断开拓更新而得出的一整套的思想体系。在这一点上，财务跟经济学非常相似。这两个领域的学者都观察商业世界和政府行为,试图通过抽象的符号建立各种模型来解释各种市场行为。

事实上,现代财务学作为经济学的一个分支开始于19世纪50年代。从那时起,财务学发展壮大起来,尽管"财务经济学"一词现在偶尔还在使用,但大部分人都认为财务学是独立的。高级财务理论的技术跟高级经济学理论是非常相似的。

财务理论对某些领域的影响很大,对其他一些领域却影响甚微。在影响巨大的领域,财务理论会影响人们实践的方向和使用的方法。随着它的不断发展,我们会不断辨别和解释已经对世界发展的方式产生重大影响的理论要素。近年来,财务理论影响最大的领域是投资领域,这一点,我们会在第9章进行详细论述。

上述的思想和关系描述见图1-3。

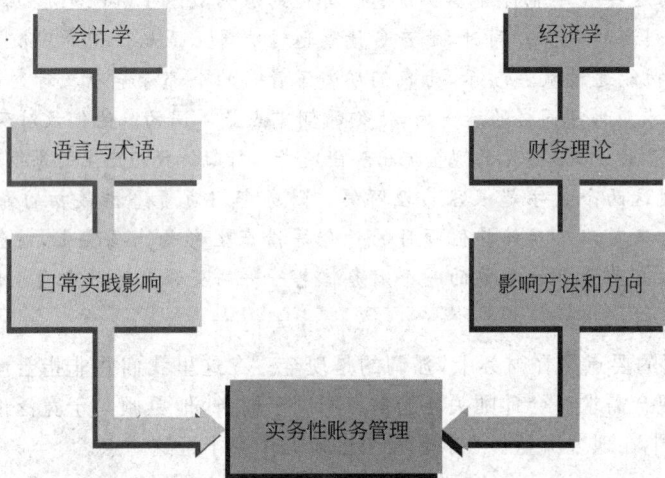

图1-3 会计学、经济学、金融理论对财务管理的影响

1.4 企业的组织形式及其财务影响

企业的组建形式有以下三种:个体制,合伙制,公司制。公司制又有三种组织形式,分别是C型组织、S型组织和有限责任公司(LLC)。后面两种组织形式在小企业中更加常见,但大型企业也时不时地使用这种组织形式。

组织形式的选择从财力上来讲是非常重要的,因为它对筹资、纳税和财务负债均有重大影响,这个问题实际上与小企业相关性更大一些,因为大部分大型企业都是C型组织①。

从财务目标的角度来看,合伙制可以认为是多于一个所有者的个体制,所以,我们将重点讲述个体制和公司制之间的区别。关于S型组织和有限责任公司,我们将在后面详细介绍。这里将通过假设的案例,重点介绍各个组织形式的优点和缺点,并了解各个组织形式中的思想。

1.4.1 个体制形式

假设创始人有足够的资金来创立一家企业,并且选择个体制进行组建。

---

① 除了律师事务所或者会计师事务所这样的个人服务组织外,其余大多数都是合伙制。

创立   创立个体制企业是非常简单的。个体制企业和其创始人的关系密不可分,创立企业必须得到地方政府的许可并宣告企业开业。这就是个体制的一个优点——容易组建。

税金   创始人经营了一段时间之后,企业有了盈利,该利润将作为企业所有者的个人所得来纳税。这是个体制形式的另外一个优点——企业的利润仅课税一次,而且是按照个人所得税的税率(后面我们将解释为什么这是优点)。

筹集资金   假设个体企业在成功经营六个月之后,创始人想要扩大规模但却没有足够的资金来购置所需资产,因而他需要寻找贷款形式的外部融资,这时候他有很多来源可供选择,包括家人、朋友以及银行。

家庭和朋友可以凭借其与创始人的个人关系预借一些钱,但他们会提出两个非常重要的问题。

首先,他们想知道:"如果你经营失败,我借给你的钱会怎么样?"最诚实的回答就是"钱会损失掉"。

其次,他们会问:"如果经营成功,那对我有什么益处呢?"回答会很简单,贷款人会收回贷款还会有利息。

现在,我们再来考虑贷款人的情况。向个体企业创始人贷款就像是风险很高的赌博,最坏的结果就是损失掉所有借款,而最好的结果就是收回贷款数额外加利息。如果损失的风险很小,那么一切都顺理成章,但实际上绝大多数小企业都面临经营失败的风险。贷款人当然很清楚这种情况,所以这种贷款对他们不具吸引力。

鉴于此,一个新创立的企业想得到一笔完全无抵押的贷款是几乎不可能的。一笔有抵押的贷款以借款人能在无法偿还借款的违约事件中得到并出售的某些资产(抵押的)为后盾。许多私营企业创始人都是使用他们的房屋作为创业贷款的抵押品。在我们所举的案例中,如果业主没有足够的抵押物作为贷款的保证,那么他的扩张计划是无法实现的。

这一结果就是个体制企业形式的一个主要劣势所在。非所有者预先向企业付款的唯一方式就是通过贷款,可那是非常有风险的一件事情。因此,如果企业是新企业,那么筹集创立资金或者扩张资金是很困难的。

1.4.2   公司形式

现在探讨一下另外一个创始人以公司制形式创立一家类似的企业时会遇到什么情况。

创立   公司创始人所遇到的第一件事就是创业困难。他必须通过组建的法律程序并在州进行注册,可能还需要专门请律师帮他完成很多文件。整个创立完成需要花费不少时间和金钱。

税金   一旦成立,组建的公司制企业将按照与个体制企业相同的方式运营。然而,当有利润产生的时候,公司制企业的纳税情况便与个体制有了很大差异。

公司是一个独立的法律实体,只要取得收益就从属公司税。支付了公司税之后所剩余的利润(税后收益或净收益)才属于公司。

即使创立人拥有企业,他也不能直接拥有盈利,公司才拥有盈利。为了把盈利归自己所有,公司创始人必须宣派股利,以公司向个人支付股利的形式来完成。

然而,这种股利分配对个人来说是一项应税收入。因此,公司创始人还将再为其税后公司盈利支付个人所得税。

换句话说,企业的利润将被课税两次,一次是按照公司税率,一次是公司创始人准备花费税后盈利之时,按照个人税率。这种现象就是所谓的公司盈利的双重纳税,这也是公司制形式的主要财务劣势[1]。

关联概念　举例1-2

企业形式的税务结果

Ruth Samson 拥有一家企业,其税前收益是 100 000 美元。她想将这笔钱取走并且用于个人消费。假设有一个简化的税制,其中公司的有关税率为 34％,包括股息在内的个人税率为 30％[2]。我们来比较分析独资企业和公司制企业的不同纳税情况。

解答：在公司制企业形式下,100 000 美元首先要按照 34％缴纳 34 000 美元的公司所得税,剩下的 66 000 美元为盈余。如果 Ruth 想将它拿出来,就必须宣布分配股利并且支付 30％的个人所得税,也就是(0.30×66 000＝)19 800 美元。

在独资企业的形式下,这 100 000 美元将按照 30％征收全部税收,也就是 30 000 美元。计算过程如下:

	公司形式	独资形式
税前收益	100 000	100 000
减去:		
公司所得税(34％)	34 000	—
收益/股利	66 000	100 000
减去:		
个人所得税(30％)	19 800	30 000
净收益	46 200	70 000

请注意：净收益相差 23 800 美元,这就是企业为选择公司形式而付出的代价。

筹集资金　让我们假设创始人的公司经营很成功,创始人想要扩张,但是缺乏资金。如果他准备以公司制企业的身份借款,将遇到跟个体制企业同样的困境。向一个新的企业贷款是风险系数比较大的事情,一般人或单位都不愿意去做这种冒险的事。不管企业是公司制还是个体制,这一点都没有太大的区别。

公司制企业有一个个体制企业所没有的选择,那就是它可以通过向投资者提供股票来筹集资金。新股东将拥有公司的股份并且会对公司的经营产生一定的影响。只要出售不到50％的权益,原来的股东仍然能保持有效的控制权。

人们反复思考是否可以购买股票,他们将与潜在的贷款人提出同样的两个问题："如果企业经营失败,我的投资会怎样?""如果企业经营成功,我的投资又会怎样?"

第一个问题的答案与个体制贷款时的情况一样,那就是如果经营失败,股东可能会损失他的大部分投资。第二个问题的答案有所不同,如果企业经营得非常好,股票价格会大幅度

---

①　企业所有者会付给自己薪水,这不会被征两次税,但却应该相对于所做工作的价值合理。所有者的薪水是企业开支的一部分。只有利润才会被征收两次税。

②　现行税法规定,中等收入家庭的股息税率为 15％,高收入家庭为 20％。对低收入家庭不征收股息税。

上升,也许比原始投资的价值要翻好几番。简单来说,第二个问题的答案是:"你可能会发财!"

现在再来考虑潜在股东的情况。对新企业的投资仍然是一场赌博,最糟糕的后果是损失掉全部投资,最好的结果则是取得巨大的收益。这是一个比向个体企业贷款的吸引力大得多的赌博,因为潜在的收益与风险相对应。

实际上,人们几乎从来不向新创立的或者新的公司做无抵押的贷款,但他们却常常在这样的风险投资中购买股票。这一事实就引出了公司制形式企业最重要的财务优点:筹资相对容易。

1.4.3　有限责任公司的真相

经常提到的公司制形式的优点是有限责任。这个概念是指一个股东不可能承担公司的债务或者承担其他人的损害赔偿责任,也就是说股东损失最多的是他在股票上的投资。

让我们来换种方式表达:假设某人对超过其资产的企业有正当的要求权,如果企业是个体制的形式,就要求人在得到企业的资产之后还能得到所有者的个人财产。但如果企业是公司制形式,那么就要求人只能得到企业的资产而无法染指股东的个人资产。

有限责任的概念在投资者持有一家公司的股票但实际上并不管理公司的情况下是完全具备法律效力的。但当一位公司创始人经营自己创立的企业时,有限责任的概念则没有什么效力,下面我们会解释原因。

公司一般在两种情况下会出现负债超过其资产的情况:一是借入了其无法偿还的借款,二是法庭败诉。第一种情况是比较常见的,它通常发生在企业预期不远的将来有良好的经营情况的时候。企业准备用良好经营产生的利润来偿还债务。但是当实际销售低于预期,企业无法偿还借款的时候,企业就陷入了困境。如果情况继续恶化,公司就会破产,而未偿还的债务连同其他债务就超过了其资产的价值。

从理论上讲,公司保护企业所有者的个人资产不会成为未偿还贷款的牺牲品,但实际上,提供贷款的人在向公司贷款之前会要求这些小企业的所有者进行担保而绕过公司的这个特征。

个人担保是随同贷款文件一起签订的附加协议,它要求所有者个人在企业不能履行贷款义务的时候负责偿还。这种策略在实质上摧毁了有限责任的价值,而更多地关注了小企业的贷款。

在第二种情况下,公司创始人或者公司员工可能会破坏一些外部关系。比如:一家汽车修理店在修理汽车刹车时粗心大意,由此而酿成了一次事故。在这种情况下,受伤的一方可以向公司和负责修车的粗心的个人提起诉讼,而绕过公司形式的有限责任。

从某种程度上说,公司的有限责任特征对所有者经营的小企业只是一种幻想,但对本身并不参与经营的股东来说,则是比较实际的。

1.4.4　有限责任公司和 S 型公司

我们已经了解到公司形式的主要财务优点和缺点分别是通过发售股票带来的融资便利和针对其盈利的双重纳税。如果不是公司制的话,企业将很难扩张;如果企业是公司制的话,双重纳税又会使它很难积累盈余。

政府一般会给予小企业一些优惠政策,因为小企业可以带来就业机会。为了鼓励新企业的组建和扩大规模,国会提出了一些扶持政策,给小企业创造良好的环境,这些小企业包括有限责任公司(LLCs)和S型企业。

这两种公司都是公司制的形式,都是有限责任,都可以发售股票,但是,公司的盈利不按照公司所得税来计征,而是流入所有者的个人所得中,仅按照个人所得纳税一次即可。这种税制体系把有限责任公司和S型公司视为合伙制企业对待。这对于小企业的组建有很大的激励作用,而具备这种特征的企业称为税赋转由合伙人缴纳的穿透型企业。

洞察:实际应用

穿透型企业是否会适得其反?

穿透型企业是否过多,其中一些是否过大了?

S型企业和有限责任公司是穿透型企业的代表,但是还有其他几种形式比如业主有限合伙制和有限责任合伙制,它们同样是税赋转由合伙人缴纳。传统的合伙制企业则都是税赋穿透型企业。

这种税赋穿透企业直达合伙人的特权,在19世纪50年代首次延伸到公司中,当时国会创造了非纳税的S型公司,并在19世纪80年代有限责任公司被授权合理之后得到了进一步扩展。这样做的目的无非是鼓励企业家并给予小企业一个与大型公司去竞争的机会。

但是,税赋穿透型企业的发展未必像政府预期的那般顺利,实际上,这个业主刺激计划可能直接导致了严重的税收亏空。

截至2008年,有69%的美国企业没有支付联邦所得税,而在有限责任公司授权合理之前的1986年,这一数字只有24%。进一步估算的话,大概有60%的美国企业利润超过了100万美元而没有纳税。这也是2010年公司税收占GDP不足1.7%的原因之一,这一数字比起2006年的2.7%低了很多,而比起19世纪50年代的6%更是严重的下滑。

另外一个问题就是,税赋穿透型策略步骤很多时候是服务于大型企业而不是专门帮助小企业家的。举个例子来说,建筑工程业内巨头柏克德工程公司就属于税赋穿透型企业,但他却是美国最大的建筑工程公司,其营收达到370亿美元,其雇员人数近53 000人。

税赋穿透型企业可以做得很大,但相对来说它们通常只控制在少数几个人手中。那是因为1987年国会宣布,除极少数例外,凡是公开交易的公司,尤其是拥有数千股票持有者的公司,必须要纳税。另一方面这也是在暗示,税赋穿透型企业对财富而言,是一项馈赠。

根据以上所述,国会是否随时会终止税赋穿透型企业的联盟呢?或许不会,但是,也有很多的提议建议将这样有限的特权给予符合条件的小型企业。

数据来源:约翰·D.麦金侬《更多公司将享受免税地位》;华尔街日报,2012.1.10 A1,A10;Bechtel. com.

1.5 管理的目标

管理一个公司,管理层需要一个目标或者目的,根据这个目标或者目的来衡量决策的好坏。在经济学的研究中,理论家假设企业的目标是利润最大化。这个概念在理论上可行,但是在现实中却是很难操作的,今天真正的利润最大化(短期)可能引发明天严重的问题(长期)。

例如：大部分研发部（R&D）的工作对目前的经营影响甚小，因为其努力侧重在开发那些很多年都无法上市的产品。如果企业解雇研发部的工作人员，现在的经营不会受到影响，利润反而会迅速上升，因为节省了人工费用。但是，两年或者三年之后，企业或许会因为没有新产品上市而导致经营陷入困境。从这个例子可以推断出，只关注当下的利润最大化，对实际存在的公司来说，并不是好的选择。

幸运的是，金融市场可以提供给管理层一个容易确定而且还很理想的目标。由于股东拥有公司的股份并且投资是为了获得财务收益，还因为管理层最终是为股东而工作，所以，最合理的管理层目标应该是股东财富的最大化。一般来说，股东财富最大化等同于公司股票价格的最大化。

这一观点避免了以上所述的长期和短期的问题。要记住，股票市场的投资，人们密切关注着公司的所有行为，而所有这些行为将会反映在投资人对企业未来业绩的预期中，这些预期将最终决定公司目前的股票价格。当年的利润也会影响股票的价格，但是仅仅作为未来利润的一个指示。

如果一个真实存在的公司真的取消了产品研发部门并因此提高了当年的利润，那么它的股票价格不会因此上升。股票市场对这种愚蠢的行为会做出长期的反应，而且股票价格会像石头一样跌落下来。

随着对财务及相关知识的深入学习，我们将考虑管理层决策对股票价格的影响。我们可以假设最好的决策是使股票价格最高的那一个。

1.5.1　利益相关者和利益冲突

在任何一家公司里，好几类人在公司的管理方式上有特殊的利益，这几类人如下：

股东	管理层
员工	债权人
客户	供应商
地方社团	

这样的利益团体称为公司的利益相关者或者公司的相关人士，我们使用"利益相关者"一词，意思是每一类人与企业经营的方式都是利益共同体。各类利益相关者之间的各种利益冲突是有可能发生的，当某件事使得某一类人得益而另一类人利益受损的时候，冲突便产生了。

1.5.2　利益冲突例证

假设一家生产型企业的员工向管理层提出要求，想让公司建造一座运动综合楼，这样他们就可以在工作前后和午饭期间运动一下。他们认为虽然这个工程会耗费一部分资金，但是却能使员工心情愉悦，从而提高工作效率。

管理层同意快乐健康的员工是好员工这一想法，但是认为也要看到员工以损害其工作为代价在体育设施里消耗时间的可能性或者员工在锻炼之后出现身体过度疲劳的可能性。所以，管理层不能判断这个体育运动设施对生产力提高会产生积极还是消极的影响。综合考虑之后，管理层感觉两方面的影响相互抵消了。

这种情况反映了员工和股东这两个利益相关群体之间的利益冲突，认识到这一点是非常重要的。如果运动设施建造的计划通过，那么资金就要从股东的利润中来。因此，如果要员工更加愉悦，那就意味着股东的既得利益减少，股东会因此不满。在这个例证中，管理层相当于仲裁人,他们必须做出有利于其中一方的决策。

在这个假设性的举例中,员工要求建一座运动设施的要求是有点奢侈的,所以,我们在看这个例证的时候,不会感觉管理层带有太多的感情色彩。如果工厂的工作环境非常差而员工要求投资来创造一个更加清洁和安全的工作环境的时候,管理层又该如何决策呢?利益相关双方的冲突依然存在,但是我们更可能从道德和感情的角度出发而偏袒员工一方。

1.6 管理层——特权利益相关群体

在相关利益群体中,管理层常常有着特殊的地位。尽管从理论上来说高层经理人为公司的股东工作,但他们却经常对股东不负什么责任。如果所有权广泛分散而且没有人持有公司1%或者2%以上的所有权,那么股东的影响力是有限的,因为没有人能够集中足够的力量迫使管理层发生变动。

在这样的情况下,高层经理人会牢牢地控制着公司巨大的资源,并且利用这些资源更多地去满足其自身的利益而不是去关心股东的利益。

1.6.1 代理问题

在股权广泛分散的公司中,管理层的特殊地位导致出现一个特别麻烦的利益冲突,即代理问题,这个词来自于代理的法律概念。

当一个人雇用另外一个人并给予他对某些事情的决策权的时候,代理关系就产生了。举例来说,当史密斯雇用琼斯来管理他的企业时,琼斯就是史密斯的代理人,而史密斯则被称为委托人。然而,如果史密斯雇用琼斯来拖地板,就不会产生代理关系,因为没有涉及决策权的授予。代理关系为能控制委托人资产的代理人提供一个滥用特权的机会。一般来说,公司高层经理人是企业股东的代理人。

代理权的滥用

滥用代理权关系最常见的例子就是公司向高层经理人支付过量的报酬(报酬包括薪金、奖金,以及购买被称为股票期权的公司股票的特别交易)。由于过量的支付是属于股东的另外一种形式的利润,所以,这个冲突涉及股东利益。

公司高层管理人员的报酬水平目前的最高纪录是每年2亿美金,而这也不是很罕见的情况。股东有权对任何一个被支付巨额报酬的管理人员提出疑问:是否值得向他支付这样的薪酬?或许更加不能让人容忍的情况是高层经理人的高薪酬并没有同公司的良好业绩关联在一起。

报酬并不是高级经理人中饱私囊的唯一方式。使用公司的资产,如快艇、飞机和度假村等资源都是很普遍的了,像高级餐厅的餐食,专职司机开的豪华轿车和支付乡村俱乐部会员费等利益都作为费用。这些利益被称为特殊待遇(简称"附带福利"),并且已经成为公司高层经理人的一种普遍的生活方式了。

控制代理问题

管理代理问题一般涉及监控代理的工作。例如,委托人能够利用审计师定期检查公司账务,确保资金不能用到让人存疑的地方去,这样的做法会产生成本,也就是所谓的代理成本。

另外一种管理代理问题的办法是向经理支付一部分报酬,这个报酬是与公司利润挂钩的一种奖励形式。比如,公司为某个高层经理人购买了一个度假别墅,这会增加设施成本而导致利润减少。如果总裁的奖金跟利润挂钩,利润多少直接影响他奖金的多少时,或许他就不会批准度假别墅这项支出了。

对这种现象,政府也开始有所作为。政府通过对公司抵减所得税的某些费用作出限制,比如,对于奢侈的宴会和每年薪资超过100万美元的高层经理人这样的费用。但是,这些努力的影响是微乎其微的,代理问题仍然是美国经济有效运行中的一个主要问题。本书第5章,我们讲述公司治理的时候,还会再来讨论一下这个问题。

1.7 债权人和股东:财务利益的重要冲突

债权人和股东之间的利益冲突是非常明显的,这是我们即将开始学习的财务风险概念的开始。下面通过举例来了解其具体内容。

假设史密斯自己拿出1 000美元创立了一家企业,并且说服琼斯另外贷给企业1 000美元无个人担保的贷款。那么企业现在有2 000美元的现金,分别是1 000美元的债务和1 000美元的权益。史密斯是一个独立的所有者和决策者,琼斯则是债权人。

现在我们假设史密斯决定利用企业来从事某个风险系数很高的商业项目,假设这个项目完全失败的概率高达50%,如果项目失败,全部的投资将会损失掉。然而,如果这个项目获得成功,那么在几个月内投资将会翻番。最终,史密斯把全部的2 000美元投入这个项目之中。

在这里,史密斯和琼斯之间存在着一个非常不公正的交易,认识到这一点非常重要。这是股东对债权人的伤害,为了说明这一点,就需要考虑成功和失败两种情况。

在失败的情况下,两个投资人损失相当,即他们各自1 000美元的投资额。如果这个项目成功,那么公司将获得现金4 000美元,但是,即使这样,琼斯对此的要求权仍将是1 000美元,也就是偿还的贷款(或许再加一点利息),其余3 000美元则将完全属于史密斯。

换种方式来说,这个风险活动就像赌博一样。损失由股东和债权人平均承担,但是利润却全部属于股东,对于债权人来说,这不是一个理想的交易。

CFO 经验谈

实际上,借款成功之后,公司在这种高风险项目上采取积极行为的概率要高过借款成功之前。为了防止这种情况的发生,贷款人一般会在贷款协议上添加一些条款,以防止借款公司的一些高风险的行为。

洞察:伦理道德

伦理与道德性投资

投资者购买股票或者债券是期望获取超过投资额的收益,他们称之为投资收益。人们总是对投资的规模和相关的风险感兴趣。但是,这会是投资者所关注的全部问题吗?

前面我们谈到,公司采取销售证券来为资产购置进行融资。假如公司购置的资产将被用于某些不道德或者存在伦理问题的项目,那么这是否意味着投资者也间接地参与了这些不道德的项目呢?投资者是否需要关注这些呢?投资者是否应该拒绝向他们认为经营项目存在伦理道德问题的公司投资呢?

让我们对所说的不道德问题做一个准确的描述。重要的是不要混淆不道德行为与违法行为。大多数违法行为都是不道德的,所以这些行为我们无疑都不会参与。不道德行为主要体现在:行为不违法却存在道德伦理问题。

不道德的行为的产生主要涉及两种人。其中一种人能够对其他人施加影响,并且能够从其他人为此所支付的费用中获益。

烟草工业就是一个很好的例子。人们选择吸烟,烟草公司的生产和销售行为是合法的。但是,美国肺病协会的研究指出,吸烟导致大约每年 443 000 人丧生,而且因为相应的健康治疗成本和由此导致的生产效率下降将产生每年约 1 930 亿美元的经济损失。根据媒体报道,烟草公司未来扩大销量,向儿童进行烟草广告宣传,同时还对香烟中的尼古丁含量进行调整,以便增加烟草的成瘾性。

有些人认为烟草生产和销售是一种合法但却不道德的行为。基于这种观点,在烟草交易中获益的集团是烟草公司的管理层和股东,他们享受着舒适的工作和可观的利润。因为吸烟而致病甚至死亡的烟民,则是烟草交易中的受害者。利益集团向受害者施加的影响可以被视为烟草广告和烟草的成瘾性。

另外,有些人认为,吸烟者能够意识到烟草的危害,选择继续吸烟是他们的个人决定,因此向那些想要吸烟的人提供烟草产品并没有违背道德伦理要求。

问题在于是否应该使那些从道义上谴责烟草行业的投资者不再为追逐财务回报而购买烟草公司的股票,或者金融市场能否合法而且道德地把投资者与所投的资金的最终用途分离开来?

你是怎么认为的呢?你觉得购买烟草公司的股票用于投资是合理的吗?

道德投资是一种不断发展的事物,人们关心自身和他们所购买证券的公司,而且投资者了解道德投资,他们一般采取回避购买那些被认为从事有争议活动的公司的证券。

道德共同基金是为了避免购买从事某类活动的公司股票而建立的,例如:卡尔沃特基金集团提供的多种基金项目就系统地规避投资于生产不健康产品和实践的公司,同时,也避开了在劳工关系、人权和环境问题上有不良记录的公司。

道德问题是很难去分析的。它们经常掺杂着情感,还会涉及很多不易分辨的成本和利益。为了保持思路清晰,当面临道德问题的时候可以遵循以下步骤。

1. 清楚认定不道德的行为。公司所从事的不道德活动是全部还是部分?烟草公司生产香烟是完全错误的还是只是对儿童做广告部分是错误的?

2. 分清楚法律问题和道德问题,有些行为不能仅仅因为其合法而高枕无忧。

3. 认定受益方或者群体,并描述这一利益。

4. 认定受害方或者群体,并描述这种伤害或者成本。

5. 辨别受益群体权利的本质和来源,他们是否有能力操纵并保护自己的权利?这种权利是怎样产生的?他们是否为创造权利而做过一些事情?

6. 陈述受害群体有哪些可行的选择?实施起来的困难有多大?

7. 陈述相反的观点。那些认为这根本不算是一个问题的人,会做出怎样的陈述?

1.8 关联概念

对于概念关联的讨论,为我们在学习这本书的时候提供了一个方法,这个方法可以展示出书中出现的概念与章节末尾处习题的种种关联,最终会让我们的学习变得更加容易。像第

1章里的这两个例证一样,大多数情况下,每个章节都会有例证来辅助理解一个新的概念。回头看第8页和第12页的举例,发现每一个都有跟概念的关联举例(1-1/1-2)和标题。

现在先提前看一下第22页开始的章节末尾处的问题。注意问题1和问题2加粗的黑体标题,它们都指向了原文中对应的标题和例证。这有助于读者很容易找到原文中该例证的准确位置并顺利解决章节末尾的相应问题。

章节末尾处的习题大致是按照章节中标题的顺序来排序的。概念关联的标题出现在每个主题的第一个问题之前,大多数的主题后面都跟随好几个问题,所以在同一个主题后面第一个问题前就没有标题了。

在第1章,第一个标题后面只有一个问题:会计账簿和现金流,所以,下一个概念关联的标题就出现在了第二个问题前面。第三个问题前面没有标题是因为这个问题仍与第二个标题"不同商业形式的税赋情况"是相关的。

每一个概念关联标题后面的第一个问题跟文中的举例都是类似的,但是后面的这个问题在构成上会有不同,难度也会更大些。

如果你读完标题马上就去尝试解决一两个问题将会是一个很不错的主意,因为概念关联会让这个过程变得简单。直接跳到章节末尾处去看一下那些问题和标题,你会很快就在前文中找到相应的例证。如果你跟着前面例证的思路,那么第一个问题就会迎刃而解。

在某些情况下,章节末尾处的问题更多地是指向前文章节而不是单独指向例证。

关联概念讨论这一个环节的设计,会让你的财务学习变得更加简单,更加吸引人,更加有趣。如果你尝试过这个过程,你肯定会喜欢上它。

关联概念

例证 1-1　会计账簿和现金流
例证 1-2　企业形式的税务结果

讨论题

1. 观察以下资产列表,分辨出哪些是真实资产?哪些是财务资产?每一类资产最鲜明的特性是什么?

运货卡车	公司股票
工厂厂房	土地
公司债券	应收票据
存货	电脑

2. 在确定证券价格的时候,最关键的要素是什么?你能想出其他要素可能会让投资者更加关注那个首要的要素吗?

3. 讨论一下财务和会计的异同与联系。

4. 讨论一下财务和经济之间的关系。

5. 金融市场里投资者的行为是如何影响公司管理层的决策的?

6. 与公司制的企业形式相比,个体制或者合伙制有哪些显著的财务优势和劣势?

7. 有限责任制是一个有实际意义的概念吗?为什么呢?如果是的话,是对谁而言的呢?

8．一家公司的团队成员和其他的利益相关者之间，你能想到的有哪些利益冲突（提示：想一下污染问题）？

9．代理问题是一个道德问题还是一个经济问题？

10．比较股东和利益相关者两个概念。

商业分析

1．多样化经营的企业往往由好多分部组成，每个分部都是独立经营的，大公司有分散在全国的各个分部。在这样的公司里，大多数的财务功能集中在总公司，而大多数会计功能则在各个分部进行。

现金管理功能通过各个银行账户管理着收款和资金的支出。通过监控现金流出量来保持银行的信贷额度以防备暂时的资金短缺，从而确保公司不会发生现金透支的情况。今天的银行业系统通过电子方式连接起来，因此现金能在全国迅速转移。

信用和收款功能决定是否向某个特定客户进行赊销。销售完成之后，还要负责及时跟踪客户以确保账款的支付。由于客户和销售或者客服部门之间会存在问题和误解，因此往往导致客户不愿意及时付款。

如果你在设计一个多样化经营公司的财务部门，你会选择将这些功能集中起来还是将其分散在各个公司分部之中？阐明你的选择理由并表述其每一项功能。

2．公司总经理正在与分管市场营销的副总商谈关于营销部门的绩效和预算问题。这应该是一场一对一的会谈还是应该有财务总监在场？为什么呢？如果你认为财务总监应该出席，那么他在会谈中应该扮演什么角色呢？

习题

会计账簿和现金流：关联概念　举例 1-1

1．萨斯曼工业花费 50 000 美元现金购买了一台钻机，萨斯曼计划这台机器使用 10 年，10年之后机器就没有什么价值了。那么按照直线折旧法它将在 10 年内完成折旧。假设税率是40％，那么与这台机器相关的现金流变动发生在何时？

（1）购买机器时

（2）股买之后接下来 10 年的每一年

企业形式的税务后果：关联概念　举例 1-2

2．哈维·雷蒙德计划开发一个新的商业项目，这个项目有望在未来几年成长为一个大的公司。哈维的律师建议他说，考虑到未来可能在证券市场募集资金的需求，大型的公司一般都是 C 型组织，现在先考虑好这个问题，那么未来需要的时候就不需要再去变更。但是，哈维有自己的顾虑，在新的生意开始的头几年，他需要从公司税后收入里支出一部分。

哈维预估，在前 3 年里，新的生意会带来每年 150 000 美元的税前收入（支付哈维自己的薪酬之后）。现有两种方案：一是在新项目开始的前 3 年先以独资企业运营，3 年后再以80 000 美元左右的价格变更为 C 型企业；二是从一开始就选择 C 型企业而不会产生变更的费用。这两个方案哪个更加合理些？假设简化税率下的公司税率是 34％，而哈维的个人所得税

（包含全部收入和股息）的税率为28%。

在做这个讨论的时候,请忽略现金流会发生在不同的时间这一事实,并且不用考虑选择S型企业或者有限责任公司的可能。

3. 吉尔·梅尔是梅尔公司的唯一拥有者,梅尔公司也是吉尔收入的唯一来源。吉尔会从公司的收入中支出股息来支付自己的全部费用。吉尔的一个朋友建议她最好用支付给自己薪水的方式而不是通过支出股息来维持自己的开销,因为这样的话可以避免二次纳税的情况。如果吉尔的公司每年收入120 000美元,这些收入她将全部用来支付自己的费用。在哪种情况下吉尔实际到手的钱会更多一些呢? 假设公司税率是30%,而她全部收入及股息收入的个人所得税税率为25%。

第2章

会计、财务报表和税金

有些会计知识对于理解财务是非常必要的,这是因为财务交易记录存在于会计系统中,而且财务业绩是需要会计术语来描述的。换言之,如果想要处理经营过程中的资金问题,那么就必须涉及记载资金的系统,这就是会计系统。一些税务知识也是非常有必要的,因为税金会影响最终的财务决策。

一般来说,会计学是必备的知识,但是学习财务的学生对会计学的知识掌握水平不尽相同。有些可以说非常专业,而另外一些却可能将很久之前学习的会计内容忘掉许多了。

本章会以压缩的形式复习需要掌握的会计和税金的知识。如果你在这些领域内并不熟练,那么仔细阅读本章内容会比你从尘封已久的会计书中翻阅相关知识点要快很多。如果你能抓紧时间学习,那么你就能很快掌握这些知识并不断取得进步。

我们应该尽可能地去复习这些知识,需要记住财务人员应该掌握的一些会计知识,但是却没必要变成会计师。事实上,我们甚至没有必要去使用"借"和"贷"。

2.1　会计系统和财务报表

商业企业所做的一切实际上都在会计系统的框架内被记录为一系列的资金交易。这种记录以及系统本身为大多数管理者提供了一种用来控制他们经营活动的框架。会计系统可以生成几个公平准则下的报告,即我们所了解的用来反映经营业绩的财务报表。

2.1.1　财务报表的性质

企业的财务报表是对其实际经营活动的数字反映,在接下来的学习中,要牢记这一概念。财务报表的思想就是对公司内部及公司与外部环境之间在财务上和实物上所发生的一切事项进行准确描述。然而,这种思路就产生了一个问题,那就是报表在一定程度上与直觉发生了冲突。也就是说,报表不一定能表述出那些没有经过专业会计培训的人所能了解的意思。下面我们举个例子来解释。

收益是"收入"吗?　大部分人都会认为收益就是付给他们的钱,也就是扣除工资之后,他们可以拿回家的那部分钱。换句话说,收益就是你口袋里的钱,或者是以税金形式交给"山姆大叔"的钱。

损益表是传统财务报表中的一种。它从公司的销售收入开始,减去成本、费用和税金,以一个称为"净收益"的数字结束(或称为税后收益)。很多人都希望这个数字能最终代表企业或者其所有者口袋里的现金,就像支票一样。但实际上并不是这样的。很多会计概念会以这个方式出现并赋予净收益一种特质。接下来,我们将描述净收益与流入公司的现金这两个概念的主要区别。

应收账款　对于很多企业来说,赊销是经常发生的,许多产品已经出售,但是不能马上收到现金,而是得到一个日后付款的许诺。尽管事实上并没有收到现金,但是会计理论指出,当赊销发生的时候,企业已经做了赚得应得收益所需要做的一切事情,因此收益应该在财务报表中确认。

事实上,公司所拥有的现金比销售进行的时候还要少。那是因为尽管公司还未从客户那里收到现金,但是却已经提供了产品,以及为了生产产品而支付的原材料和劳动力的费用。

销售了产品而未收回的款项被称为应收账款,它反映了现金与会计收益之间一个很大的区别。

折旧　另一个看起来很奇怪的理论是长期资产的财务处理方法。设想一家公司现金支付了 10 000 美元用于购买一台经营中所需的机器,假设这台机器预计可以使用 5 年,应该怎样将这台机器的成本确认为经营过程中的成本?

有些不熟悉会计工作的人可能会认为这一成本应该随着购买机器时发生的现金流出一起予以确认,也就是说,在购买的当年确认 10 000 美元的成本。然而,会计理论指出,为了能恰当反映企业的运营,我们必须将机器的成本与它提供服务的时期进行匹配。因此,我们应该将这 10 000 美元的成本在这一资产 5 年的寿命期限内分摊。

这项工作由一个被称为折旧的财务方法来完成。如果这项分摊在资产的寿命期内是均匀分布的,那么在资产 5 年的寿命期限内,每年计提折旧分配到损益表中的成本就是 2 000 美元(均匀分配的折旧方法被称为直线折旧法)。

这个会计惯例反映在公司持有的现金上时,就会出现一种奇怪的现象。第一年,公司花费了 10 000 美元现金,但却只能入账 2 000 美元作为经营成本。换言之,公司实际上使用了比损益表反映出的数额要多的现金。在之后的各年中,公司在此项上并没有任何花费,会计却仍然要记录 2 000 美元的成本。因此,在四年里损益表上显示出公司使用的现金数额比实际数额要高。

这些会计实务很清楚地表明,会计收益与支票收益在概念上是不同的。财务报表不仅关注流入和流出企业的现金,更重要的是它们还披露现金的情况,同时也用其他的方式反映着公司的其他情况。

三种财务报表 损益表、资产负债表和现金流量表,这三种财务报表意义重大。还有第四种报表,叫作所有者权益表,目前我们先不考虑它。损益表和资产负债表是从会计账簿中可以得到的最基本的报表,现金流量表是从这两种表发展而来的。

我们在这个章节中讨论损益表和资产负债表,现金流量表放在第 3 章论述。先从会计背景知识入手。

2.1.2 会计系统

会计系统是一套系统的规则,依据这些规则,企业发生的每一笔交易都会在一套记录中予以记载,这套记录被称为公司的"账簿"。账簿过去的形式是像书一样的分类账,账簿的名称也因此而来。如今,公司的日常记录基本上存储在计算机中。

账簿分为一系列的账户,一种账户一般记录一种特定类型的交易,或者与企业的某一方面有关的交易。例如:一个收入账户记录关于向顾客销售产品的所有交易,而固定资产账户记录所有关于获取及处理重型机器的事宜。

交易包含各种活动,如销售产品、购买存货和设备、支付工资、生产产品、借款、支付税金及发放股利。一项交易在账簿中用一笔分录来反映,一笔会计分录一般意味着在一个账户余额上加上或者减去一个数额。

复式记账系统 大多数会计系统使用保持记录的复式记账系统。复式记账的含义就是:每笔分录都有两个部分,称为两方,分录的每一方都涉及不同的账户。

复式记账的概念一开始很难掌握,但你要慢慢习惯这种思维,即某个分录的两方代表资金从哪里来,并且使用到哪里去了。比如:我们采用赊账方式购买了一台价值 1 000 美元的机器。它基本的意思就是我们购买了这台机器,同时为支付货款而产生了一笔贷款。记录这项交易的分录,一方是为了反映公司现在拥有机器而在固定资产账户上增加 1 000 美元,另一方在应付账款上增加 1 000 美元,来反映在未来需要支付的一种责任。反映这项交易的资产一方表示使用资金所做的事情,应付款一方则反映取得的资金。

一笔分录的两方被称为借方和贷方。在任何一笔分录中,全部借方金额必须等于全部贷方金额(这是唯一一次我们讨论借和贷)。

我们来看另外一个记录销售的例子。假设我们以 200 美元向一位顾客销售一件产品,分录的一方在销售账户上记录增加 200 美元,但另外一方记录什么?

答案取决于销售条件,如果这位顾客支付现金,那么另一方就记录现金账户增加 200 美元,用来反映企业现在已经有的这笔增加的现金。但是如果顾客采取赊欠方式来购买商品,那么就应该在应收账款账户上增加 200 美元,以反映公司被赊债的情况。

每笔分录必须有相等或者平衡的两方,所以,人们常说账户要保持正确平衡。

会计期间和结账 在企业中,会把时间分成各个会计期间,通常分为月、季和年。在会计期间内,要累计记录各项经济交易。而在各个期末,在该期间发生的所有交易要予以汇总并记录在该期间最后一日的账簿上,这个过程称为结账,它通常在一个会计期间的最后一天之后开始进行。

为了编制前面我们讨论过的财务报表,就需要对已经结账的账簿运用某些程序来进行处理。在这里,最重要的是要知道财务报表与特定的会计期间有关,资产负债表与期末的时间点相关,而损益表和现金流量表则与整个期间都有关。

含义 前一年的财务报表并不能说明本年发生的或者下一年发生的任何事情,它们仅仅涉及过去,记住这一点非常重要。

然而,报表可以用来作为以后年度可能发生的事情的一个指示。过去的财务报表有点像一个人的病历,如果你去年生过病,相比你健康的时候,下一年你生病的可能就会更大。然而,生病的人可能会康复,健康的人也可能会生病或者死亡。同理,一个去年财务状况良好的企业下一年可能因管理不善或者因经营商发生变故而倒闭。

存量和流量 两张基本的财务报表之间存在一个基本差别。损益表反映一个时期流量的资金,资产负债表反映某个时间点的资金存量。

收益显示的是一个组织的资金流入或者流出。收入流入而成本和费用流出,其差额就是利润。资产负债表反映某个时间点的情况,表示在这个时间点公司拥有的特定系列的资产项目,以及所欠债权人的特定系列的债务项目。

一套财务报表包括涵盖整个会计期间的损益表和作为期末一张快照的资产负债表。从损益表和资产负债表中得来的现金流量表,像损益表一样,代表一个完整的流量。

2.2 损益表

损益表反映公司在一个会计期间内(通常为一年)赚了多少钱。

2.2.1 格式

大多数损益表的格式都与表 2-1 的格式类似。让我们分别了解每一行的内容。

销售 销售,也称为收入,表示公司在经营销售中取得的全部收入,换句话说,销售是企业正常经营的收入。

这是一个要点。如果公司取得的资金是来自除正常经营活动以外的活动,那么就应该计入其他收益而不是收入。例如,一家零售企业将商店出售而将经营转向另外一个行业,这笔不动产的销售就不应该包含在销售收入这一行内。

成本和费用 商品销售成本和费用要从销售中减去以取得息税前收益。成本和费用代表进行经营所花费的资金,但是成本和费用两者之间存在着一个重要的差别。我们先来讨论成本,稍后论述费用。

销售成本(COGS) COGS 代表了与销售的产品或提供的服务的生产相关的耗费。例如:在零售企业中,COGS 通常是产品的批发成本加上运杂费,但是在生产制造企业里,COGS 的组成却复杂得多。它包括直接与生产相关的人工和材料以及为支持生产的任何其他的开销。其他开销被称为管理费用并且量非常大,包括工厂管理、工厂建筑物本身成本和机器的折旧费这样的成本。

在服务行业里,COGS包括提供服务的人员工资,工具和设备的折旧,到达服务地的行程成本,以及服务于经营所需要的简要遮蔽物所需要的成本。

表 2-1　传统的利润表格式　　　　　　　　　　　　　　单位:美元

销售收入(营业收入)	1 000
销售成本	600
毛利润	400
费用	230
息税前盈余	170
利息费用	20
税前利润	150
所得税	50
净利润	100

毛利润　毛利润有时候也称为边际毛利润,就是指销售收入减去商品的销售成本,它是衡量企业获利能力的一个基本数据,是反映在考虑销售、分销和结算等成本之前进行生产或提供服务的成本。

费用　费用表示与生产关系不是很紧密的那些职能方面的支出,包括营销和销售、会计、人力资源、研究和工程计算等职能。在这些方面的花费往往与时间有关而不是与生产的数量有关。

折旧　虽然在多数的损益表中,折旧这一项不是单独列为一行,但它却是一个重要的项目。我们在后续章节中会更加详细地研究折旧的含义,目前需要注意的是成本和费用中经常包含折旧这一项。

利息和息税前收益　大多数损益表都是独立显示利息费用并会给出一个支付利息前的收益数字。

这里对术语的注释是非常有必要的,我们经常会很笼统地讨论公司是属于负债还是属于股权融资。这是指资产负债表右下角的债务和股本数额。所有公司都有代表所有者出资的股权融资。债务融资是一项管理决策,很多公司在使用,而另外一些却根本不采用。

利息　如果企业已经借款(债务),那么就要根据借款数额来支付利息。重要的是不同公司支付的利息数额会有很大的差异。如果一家企业筹措到的都是所有者的钱(权益),那么就没有任何利息。如果一部分筹措资金是借款,企业就有了债务并有相关的利息需要支付。用债务融资的公司则称为有了**杠杆**。

息税前收益(EBIT)　息税前收益是损益表上一项很重要的项目,因为它表示在考虑筹措资金方式之前企业经营的获利能力,这项也称为经营利润。

为了理解 EBIT 的概念,我们可以设想比较一下两家企业的业绩,这两家企业除了筹资方式不同,其他方面均相同,假设一家企业全部为权益融资而另一家有大量的债务。

如果我们想按照净收益来评估两家企业,就不会对它经营的相对实力形成真实的认识,因为第二家企业获得的利润必须减去因借款而支付的利息,但是借入的款项与产品销售、生产成本的情况或对经营进行管理的好坏无关。

利息列在损益表上而股利却不列入其中,这就导致了问题的产生。所以,债务融资的企业在净收益这项上看上去比权益融资但其他方面均相同的企业就差了许多。

为了解决这个问题,我们设立了 EBIT 这一项。这个项目表示在受到筹资影响的成果之前企业经营的获利能力。

税前收益和税金 毛边际减去所有的费用(包括利息)产生了税前收益,这是一个简单的概念,这是在美国政府和州政府征收税金之前产生的利润。

税金 损益表上税金一项定义为根据税前收益额来计算的所得税。公司支付其他的税金,也列入损益表,但更多是以成本或者费用项目的条目出现。

适用于税前收益的法定税率并不一定与报表上列示的税金相同。在最后的计算数字上可能存在大量的贷项或者调整项目。

税金数字没必要反映实际应该缴纳的税金,因为某些项目从纳税目标和列报目的上看,会有不同的对待。当应缴税金不同于列报的税金时,大部分差异通常反映在资产负债表上的递延税款账户上。当前的税金可能被推迟支付或以前递延的税金可能成为现在应该支付的项目。某些复杂的处理一般要涉及。

在本书中,我们不用担心会有这样复杂的情况,因为我们一般只计算税前的当期营业税。

净收益 净收益是从税前收益中减去税金来计算的,它常用的词汇是"底线"。正如我们已经说的那样,净收益并不等于企业的现金。在某些情况下净收益与现金流量有很大的差异。运用现金流量表可以反映公司在短期内实际发生了多少现金流量。

净收益,也称为盈利,属于公司的所有者。它既可以作为股利支付,也可以保留在企业内,留存收益成为资产负债表上所有者权益的增加额。

术语 损益表中使用的术语在不同公司之间是不同的。"收益""利润"以及"盈利"等词汇一般都是同义词,所以,你可能看到在报表中不同项中出现的词汇跟我们在这里使用的词汇不同。

2.3 资产负债表

资产负债表列示一个企业在某个时刻拥有的一切和所欠付的一切。换句话说,资产负债表显示企业所有的资金从哪里来又使用到哪里去,基本原则就是所有的资金来源和花费用途都必须相等。

企业的资金来源于债权人和所有者。债权人以某种形式贷出资金,由此而产生了需要偿还的负债。所有者向企业投资或者将之前的盈利留在企业内部而不将其提取出来。从更加宽泛的意义上讲,企业"欠"其所有者权益投资。

一家企业使用货币取得资产,包括有形资产和无形资产两种。

2.3.1 格式

资产负债表分为两方:一方列示公司的全部资产,另一方列示全部的负债和权益。

资产负债表可以用一个公式来表示:资产=负债+权益。

在资产一方,资产代表公司使用资金所做的事情。在负债和权益的一方,反映的是公司的资金从哪里来。如果一切都能得以恰当地说明,两方肯定是相等或者平衡的——因此被称为平衡表。有时候资产负债表也称为财务情况表。

典型的资产负债表类似于表 2-2,需要注意的是,全部资产等于全部负债加权益。

表 2-2 传统的资产负债表格式 　　　　　　　　　　　单位：美元

资　产		负　债	
现金	1 000	应付账款	1 500
应收账款	3 000	应计款项	500
存货	2 000	流动负债	2 000
流动资产	6 000		
固定资产		长期债务	5 000
原值	4 000	所有者权益	2 000
累计折旧	(1 000)	总资本	7 000
净值	3 000		
总资产	9 000	总负债和所有者权益	9 000

这个例子在某些方面简化了，但是仍能说明一份资产负债表的重要特征。我们从资产一方开始逐步讲解整个报表。

资产和负债均按照流动性递减的顺序来进行排列。在本书内容中，流动性是指一项资产能转化为现金或者一项负债即将需要现金支付的速度。在资产一方，最具有流动性的资产是现金本身。由于应收账款在正常的经营过程中预计在几天内就将被收回，所以，现金之后紧接着就是应收账款。存货是下一个项目，因为按照顺存货正常销售，会产生现金或者应收账款。固定资产列在较低的位置，因为固定资产一般要在旧设备市场出售才能换回货币。类似的道理同样适用于负债一方。

2.3.2　资产

下面介绍每一项资产以及重要部分的财务或者会计处理方法。

现金　现金是存在银行支票账户的货币或者库存的纸币。纸币通常数额不多。公司在银行账户都有现金余额，用来支付账单和以备不时之需。

较大些的公司不仅有现金，而且还有一种称为**可交易证券**的一种类似于现金的项目。可交易证券可以得到合理的报酬并且有非常安全的短期投资。如果企业需要用钱，那么可交易证券就可以立即出售换取现金。因此，它们既能作为预防手段满足企业对现金的需求，同时还可以赚得利息。

应收账款　应收账款代表尚未收取的赊销收入。在正常的条件下，企业应当在几周内就收到现金。

大多数公司以接近 30 天的信用期进行销售，客户经常拖延一段时间来放宽这些条件。这就意味着公司有 45 天的赊销应收账款是常见的事情，这相当于一年收入的（45/365 ＝）12.3%。

坏账准备　应收账款通常按照减去称为呆账准备或坏账准备后的净额列报。顾名思义，这种备抵考虑了以下事实，那就是多数企业进行赊销但有一部分款项最终将得不到支付。这些坏账通常只占全部销售的一小部分。

企业每个月将按照销售额很小的比例计算的数额加到坏账准备上，来产生并保持坏账准备。这个数额是对无法回收的赊销收入的一个预估。在进行预估的时候，没有人知道哪些账款能被证明是坏账，所以增加的数额一般都是基于经验来决定。保持坏账准备的这项储备分录的另一方是一项费用,它是利润的一个减少项。

转销应收账款 当明确了一笔应收账款无法回收的时候(比如客户破产了),这笔应收账款应当转销。转销一笔应收账款意味着按照无法回收的数额减少应收账款的余额。分录的另一方通常减少每个月按照常规计提的坏账准备。因此,转销一般不会影响净应收账款的余额。

如果损失的应收账款数额比较大,那么转销的另一方必须直接计入费用账户,这一般表示一种未预见的利润减少。

CFO 经验谈

高估应收账款 无法回收的应收账款会导致利润的减少,这是让人非常不愉快的,所以公司管理层有时候会将转销的坏账推迟到应当确认的时间之外。这就导致了应收账款余额也包含了无法收回的那部分数额,这个账户就被认为是高估了。这个问题的相关举例是例证2-1(这个是相对先进一些的,你可以直接跳过去而又不会失去连续性)。

关联概念　举例 2-1

核销一笔大额的无法收回的应收账款

Goodguy 公司有如下的几笔应收账款(单位:千美元)

应收账款总额	5 650
坏账准备	(290)
应收账款	5 360

注意坏账准备大约为应收账款总额的5%,相当于销售3%的正常损失加上一点不可预期事情的安全边际。

去年,一位客户订购了价值435 000美元的产品,但是仅被允许赊购最多100 000美元。Goodguy 公司的董事长不顾首席财务官的反对,接受了这个订单。客户还没有支付一分钱便倒闭了。Goodguy 公司的产品无法得到补偿。核销坏账在财务报表中意味着什么呢?假定Goodguy 公司所销售产品的直接成本占销售收入的60%。

解答: Goodguy 公司应收账款总额必须减少435 000美元。由于是复式记账法,要实现一笔减少,我们必须按照相同的金额做一笔相反方向的分录。如果 Goodguy 公司开始用全部的坏账准备来核销损失,那么资产负债表中的余额将会是(单位:千美元):

应收账款总额	5 215
坏账准备	0
应收账款净额	5 215

还剩下(435 000－290 000＝)145 000美元要计入坏账的费用账户,这减少了利润表中的税前盈余(税前利润)。

但是,请注意,现在在公司没有坏账准备来备抵正常的坏账损失了。重新建立一个5%的坏账准备会在未来数月额外增加共计(5 215 000×5%＝)260 750美元的坏账费用。因此,对当期利润表总的影响就是税前利润减少(145 000＋260 750＝)405 750美元。

分析: 如果 Goodguy 公司的产品销售成本是收入的60%,那么去年的销售本可以创造(435 000×40%＝)174 000美元的税前利润。但是今年计入坏账费用的405 750美元并没有伴随着成本的减少,所以,它会降低税前盈余。换句话说,接受这个冒险订单的决策,就是以今天损失 405 750 美元税前利润换来去年 174 000 美元报表税前利润。

现在假设：

1. 管理层根据当期的获利能力晋级。

2. 考虑中的客户经营还不是太糟糕。

3. 客户被认为非常有可能不付款。

在这些情况下，尽管应收账款应该被核销，但是我们很容易看到管理层可能会有推迟核销从而维护其业绩考评的动机。这导致了应收账款余额的高估。

核销大量较小的金额并且推迟很久的坏账和核销单笔大额的坏账结果一样。

存货 存货是企业在正常经营过程中为销售而持有的产品。在生产制造企业中，存货有三种形式：原材料、在产品(简称 WIP)、完成品。零售商仅有完成品存货。

在产品(WIP)存货 原材料和完成品的性质从名称上就可以理解，但是在产品上需要做一些解释。随着原材料在生产过程中的加工，人工在生产中已经开始消耗。我们把人力成本计入存货中。例如，如果在某个生产步骤，加工一块 10 美元的木材每小时的人工费用是 20 美元，那么这块木材完成生产步骤加工后的价值就是 30 美元。所以，在产品存货中包括原材料成本和随着产品逐步完工所不断增加的人工成本。

除去人工成本，大多数会计系统把工厂的管理费用(建筑物、设备、热力、电费、监控等)加到存货价值中。

存货储备 虽然资产负债表上的存货是可用的，但有时候却并非如此。很多情况的发生可能会导致存货价值低于企业购买支付的成本。有些项目可能毁坏了，或者变质了，或者被盗了(称为贬值)，又或者被淘汰了。

企业会定期进行实物清点以查找贬值存货，但是其他毁损的存货项目常常在使用或者销售的时候才被发现。

资产负债表上的存货一般是按照减去考虑了有问题的材料和正常数额的存货减值准备后的净额列示，存货减值准备在概念上类似于应收账款相关的坏账准备。每个月存货减值准备同样需要加上一笔数额，并相应地增加一笔费用。

转销损坏的存货 如果发现存货短缺、毁损或者即将过时，资产负债表上的存货数额必须减少，以反映这个损失。减少已经计入存货余额的分录，其另一方通常减少存货减值准备。然而如果损失很大的话，减少额也必须直接计入费用账户，这也会导致利润减少。

CFO 经验谈

高估存货 管理层通常试图避免减少已录入的利润额。所以他们倾向于接受按照原始价值持有存货的任何理由。这可能导致存货余额的高估。

高估 应收账款和存货的高估对那些希望反映企业价值的财务报表使用人来讲可能是一个严重问题。资产价值高估，企业的价值就低于它反映的价值。高估也可能意味着并没有有效地管理好公司。这两种可能发生的情况对企业证券的估价影响是非常重大的。

流动资产 资产负债表上的前面三项资产称为流动资产，"流动"的含义是在正常的经营过程中，这些项目预计一年内可以变现。更为复杂的企业还有其他流动项目，但它们与这三项流动资产相比，其重要程度较小。

流动概念在财务分析中是重要的，因为它与公司满足短期偿债能力有关。企业从正常的经营中收到的所有货币均通过流动资产账户流入企业。换言之,没有包含在今天的流动资产中的货币额也许需要很长时间才能流入企业,而现在包含在流动资产中的货币额可能预计很快变现。

固定资产　长期项目列在资产负债表流动资产之下。虽然很多项目可能属于这一类,但主要的项目通常是固定资产,它也称为财产、厂房和设备(简称 PPE)。

"固定"一词可能会让人产生一些误解。它并不意味着固定在某个地方,像卡车或火车车厢可能都是固定资产。固定资产的使用寿命至少一年。理解固定资产会计的基本原理和相关的折旧概念是很重要的。

折旧　折旧是在不考虑固定资产的取得方式或支付方式的条件下将其成本分配到估计的使用期内的一种人为会计方法。如果成本在资产的寿命期内均衡分配,我们说这种折旧方法就是直线法。折旧的思想是将各个时期流入到收益表中的资产成本与其提供的服务进行配比,配比原则是一个重要的会计学概念。

在某些情况下,有一种论点是某种资产在其寿命期的最初几年比在后几年流出的成本更快。在最初几年计提的折旧应该更多,以反映这一思想。当折旧计提表按照这种方式安排时,就称为加速折旧。

财务报表披露　出现在收益表上的折旧反映资产的成本。相同的折旧额也在资产负债表列示,折旧的累计价值有助于计算资产的剩余价值。

回顾每一笔会计分录的两方。将折旧费用计入收益表的分录也将相同的金额计入资产负债表的累计折旧账户上。登记累计折旧,以作为资产价值的抵减,所以在任何时间,资产的净值是原始成本与累计折旧之间的差额,下面举例说明。

假设某个企业花费 10 000 美元购买了一辆卡车并决定在 4 年的寿命期内每年计提折旧 2 500 美元。在这段时间内,收益表将在每年包括一个 2 500 美元的费用项目。在同一段时间内,每年的资产负债表将列示三个与该资产有关的数字:总价值、累计折旧和净值。

能理解这些数据在折旧期间的反映方式这一点非常重要。每年年末有关账户的数字列示如表 2-3 所示。这里需要注意的是每年的折旧费用是相同的,因为在本例中使用的是直线折旧法。如果使用加速折旧法的话,最初年份比以后年份的折旧数字要大。然而,折旧费用总额依然与资产的成本 10 000 美元相等。[①] 这是一个非常重要的认识,因为全部折旧不能超过资产的成本。

还有一点是需要注意的:累计折旧每年按照概念折旧费用的数额增加,但资产的总价值依然不变。在任何一个时间点上的资产真实价值近似于净值这行数字,即该项目的账面价值或者账面净值,缩写为 NBV。

已有资产的处理　账面净值不是市场价值。资产可以随时在旧设备市场上按照高于或者低于账面价值(NBV)的价格出售,如果发生了这种情况,就应该了解其会计处理方法。这一思想将会在例证 2-2 中阐明。

---

①　我们此处假设资产寿命期末残值为零。如果期末残值大于零,我们会按照原值与残值之差来计提折旧。其他的计算过程是一样的。

表 2-3　固定资产折旧　　　　　　　　　　　　　　　　　　　　　　　　　　单位：美元

年　　序	收　　益　　表		资产负债表	
1	折旧费用	2 500	总价值	10 000
			累计折旧	(2 500)
			净值	7 500
2	折旧费用	2 500	总价值	10 000
			累计折旧	(5 000)
			净值	5 000
3	折旧费用	2 500	总价值	10 000
			累计折旧	(7 500)
			净值	2 500
4	折旧费用	2 500	总价值	10 000
			累计折旧	(10 000)
			净值	0

需要注意的是,例证 2-2 中显示的收入和会计利润不属于营业收入和收入的一部分,因为出售二手卡车不是公司的主营业务。这项收入应该列在其他业务收入条目里面。

关联概念　举例 2-2

销售固定资产

假定表 2-3 中的卡车在 3 年后以 4 000 美元的价格按照现销方式卖出。

1. 公司将在这笔交易中确认多少收入和利润?

2. 如果公司的税率为 30%,那么将会产生多少现金流量?

解答:很简单,销售收入就是收到的 4 000 美元。成本则要考虑一下。卡车最初购买价格为 10 000 美元,但是其中的四分之三通过表 2-3 中折旧分录的左边已经被确认为收益表中的成本/费用了。由于 3 年后累计折旧共计为 7 500 美元,因此,卡车原始成本只剩下 2 500 美元留待折旧。这一数额可以轻易地从资产负债表中卡车第 3 年的账面净值获得,因此我们得出如下结论:

1. 利润

收入	4 000
成本(NBV)	2 500
税前盈余的利润贡献	1 500

请注意理解这 1 500 美元利润并非代表现金流量,因为它由账面净值的金额计算而来,而账面净值并不反映现金的流动。2 500 美元的账面净值是 3 年前付现购买的卡车 10 000 美元成本的一部分,从购买时起,它就留在资产负债表上等待折旧,并且现在因为资产被出售而计入成本。我们将分设会计利润和现金流量两栏来继续讨论这个案例。

2. 现金流量

单位：美元

	会 计 利 润	现 金 流 量
收入	4 000	4 000
成本（NBV）	2 500	
税前盈余的利润贡献	1 500	
所得税（30%）	450	450
净利润的贡献	1 050	
现金流量		3 550

首先来看会计利润这一栏。1 500 美元对税前盈余的利润贡献是应纳税的，因此我们减掉所得税这一行的数字后得到对净利润的贡献 1 050 美元。

现在，我们看一下会计利润一栏上只有两个数字代表当前的现金流量，它们是收入和所得税。而其他数字则来源于将资产成本在整个使用期内摊销的会计思想。

现金流量一栏则仅仅反映现销收入减去支付的所得税后余额共计 3 550 美元。要记住在计算销售已经使用资产的现金流量时，它必然会产生会计利润并导致所得税的计算，而所得税是一个现金流量项目。

寿命期预估　折旧在一项资产估计的寿命期内计提。但是，固定资产超过其估计的寿命期仍继续使用是很常见的事情。超过寿命预估期仍然使用的资产已经提足折旧，这样的资产总值反映在账面上，但已经完全被累计折旧抵掉。如果提足折旧后销售的话，资产就是零成本。

纳税折旧和税金账簿　政府通过税制为企业提供了很多激励方式。最主要的一种就是折旧，折旧是一项抵税费用。

抵减能力是指在某一年度较高的折旧导致该年度较低的税金，因为应税利润是非常低的。这也就意味着加速折旧在资产寿命的早期减少纳税，但当资产寿命的后期折旧较低和税金较高的时候，早期的税金节约额又被抵扣了，使用加速折旧法的最终目的是推迟纳税。

CFO 经验谈

遗憾的是通过加速折旧引发的早期较低的利润不是管理层想要看到的事情。因为它使得短期内公司业绩看上去不如使用直线折旧法那样好。为了解决这个矛盾，政府允许企业使用不同折旧法来安排纳税和进行财务报告。"税金账簿"一词是用来表示财务记录和运用税收规则产生的报表，而且"财务账簿"一词或者"账簿"一词，是用来表示我们在这里所述的常规报表。两种方法产生的差异在财务账簿上会产生一个账户，称为递延税款。

折旧是一次非现金费用　折旧是一个财务虚构，即使折旧作为成本或费用来对待，但它也不代表一次当前的资金流。它与资产的购置或者支付没有关系。

全部资产　至今我们讨论的内容是绝大多数公司资产负债表左边的多数项目。这些资产的总和就是全部资产。

2.3.3　负债

负债代表公司所欠外部的全部债务。

应付账款　应付账款产生于企业从供货商那里赊账购物(称为商业信用)的时候。应付账款和应收账款是同一事物的两个相反面。当进行赊销的时候,卖方记录一笔应收账款而买方则记录一笔应付款。在大多数公司,应付账款产生于存货的购买。

销售条件　对一笔赊销允许推迟付款的时间长度在**销售条件**上详细列明。常见的条件包括在 30 天内并包括尽快付款的折扣。条件为 2/10,N/30,意思是如果在 10 天内收到付款将给予 2% 的价格折扣,或在 30 天内到期时付款则需要收取全价。商业信用一般在允许的全部付款的时间内不要求支付利息。

如果卖方的账款没有在销售条款明确的时间内得到支付,卖方会不高兴。拖延商业应付款的支付被称为**延展应付款**或商业压力。如果客户滥用卖方的销售条件,那么这种信用优惠就会被取消,且卖方以后在发出商品前会要求预付现金。

低估应付　在讨论应收账款和存货的时候我们关注了高估的问题,关注公司没有资产但列报在资产负债表上的情况。在负债一方,我们则关注低报,关注企业有负债但没有反映在资产负债表上的情况。

CFO 经验谈

比如,企业很有可能从供应商那里得到商品,并加以利用,可没有在财务上确认这笔交易。最终供应商要求付款时,问题才会出现,但这或许已经过了很长一段时间了。

应计项目　大多数非财务专业的人很难理解应计项目,它们是一种会计方法,用来确认与那些尚未完成的经济交易相关的费用和负债。

应计的应付工资　理解应计项目的最佳方式是看一个涉及工资的简单举例。假设一家公司在每个周五的下午支付工资,然后再假设某个月份的最后一天在周三而且要在那天下午结账。图 2-1 就描述了这个情形:

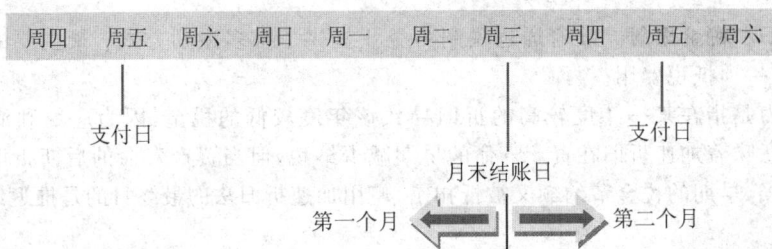

周四	周五	周六	周日	周一	周二	周三	周四	周五	周六

支付日

月末结账日

第一个月　第二个月

图 2-1　应付工资

在周三这个结账日,财务报表必须包括两个没有在纸面交易上反映的事情。这种情况的发生是由于员工在第一个月工作了三天(周一、周二和周三),但直到周五他的工资才予以支付,而这时已经进入第二个月。

第一个问题是结账日的问题,企业欠付员工这三天的工资,必须在资产负债表上反映这个债务(负债)。第二个问题是员工的劳动应当到结账为止,应当反映在该月的成本和费用之中。

如果我们简单地在现金支付时确认工资费用,那么三天的劳动就进入了第二个月份,并且在月末还有没确认的负债。解决这个问题的方法就是编制一个月末应计分录,包括这三天工资的数额。分录的一方增加一个在资产负债表上的应计工资负债,而另一方增加结账月份的费用,重要的是要知道这项负债的支付在下一个支付日之前仅有两天时间来完成。

其他应计项目 还有其他很多应计项目。例如,假设在 6 月的政府财政年度期末,一家公司要结算欠缴的财产税。如果企业是在 12 月末结账,即使这家企业没有收到账单也没有到 6 月份,它也欠了当地政府 6 个月的财产税。一个财产税的应计项目同时也就恰当地反映了这一费用的产生。

流动负债 流动负债定义为需要在一年内付款的项目,所以应付账款和应计项目应被列为流动负债。其他的流动负债还包括应付票据、短期贷款和在一年内到期的长期债务。

营运资本 流动资产被定义为全部营运资本,而流动资产和流动负债之间的差额则称为营运资本净额。

从概念上讲,营运资本净额代表一家企业从事其日常活动所需要的资金,公式为:营运资本净额＝流动资产－流动负债。而实际上,人们常常将“净额”二字忽略掉。

营运资本是本书第 15 章要研究的重要内容。

长期债务 从典型意义上讲,大多数重要的非流动负债就是长期债务。把长期债务简单地定义为债务,特别是在企业没有多少短期债务的情况下是一种常见的做法。长期债务通常由债券和长期借款组成。

杠杆 以债务融资的企业被称为利用了杠杆。这个词的意思是当一切都顺利运作时,利用借来的资金能增加创始人投资的报酬。举例如下:

固定财务费用 对借款人来说,最需要关注的就是利息费用问题。记住利息费用是固定的,这一点非常重要,这意味着无论企业经营好坏,利息必须按时支付。你不可能跑去银行,说“本月销售有所下降,我不支付利息了,你是否介意呢?”在困难时期这种情况就是一个非常现实的问题,许多企业就是因为固定的财务费用而导致破产。

关联概念 举例 2-3

杠 杆

Sonia Halloran 自行投资 100 000 美元开始经营,并在第一年赚得税收利润 15 000 美元。所以,她获得的投资收益率为 15%(15 000/100 000)。如果她的初始投资中有一半,即 50 000 美元是向他人借贷获得,并且税后利率是 10%,那么情况会如何呢?

解答: Sonia Halloran 将支付 5 000 美元的利息(50 000 美元的 10%),她的收益将减少至 10 000 美元,但是她自己的投资资金也减少了一半,因此,她的投资收益率将达到 20%(10 000/50 000)。借贷以杠杆的形式将她的收益从 15% 提升到 20%。具体计算如下表:

单位:美元

	全权益融资	杠杆融资
收益	15 000	15 000
税后利息		(5 000)
税后收益	15 000	10 000
债务		50 000
权益	100 000	50 000
全部资本	100 000	100 000
投资收益率	15%	20%

一般而言,如果总的投资收益率超过借款利率,企业运用介入资金就能为企业所有者带来更高的回报。否则,情况将会恰恰相反,当所有者通过债务融资时,投资收益会变得更低。

2.3.4 权益

权益代表企业所有者提供给企业的资金。这些资金有两种形式:直接投资和留存收益。在股票被出售或者创始人把钱直接投入企业的时候,直接投资就发生了。当利润保存在企业里而不是支付给所有者的时候,留存收益产生了。

所有者直接投资的构成 如果一家企业组建成股份公司,其直接的权益投资在两种股份账户中予以反映。一种账户的名称为普通股,代表被称为面值的任意数额,等于每股面值乘以流通在外的股份数。另一个账户一般称作额外缴入股本,代表超过股票面值的数额。这两个账户在一起代表全部直接权益投资,它是股东为股票支付的货币。

面值只是一个任意的而且没有太大意义的数字,认识到这一点是很重要的。如果企业不按照股份公司组建,就没有必要分成两个独立的账户了。

留存收益 一家公司的利润属于其所有者,所有者既能将这些利润支付给自己也能将利润保留在企业里。支付的利润称为分红,而保留在企业的利润称为留存。如果企业以股份制形式组建,资产负债表将分别列出账户的直接投资和留存收益。而在非股份公司,划分的方式不一定都会如此。

留存的资金或者"再投资"到企业的资金就跟直接投资一样属于所有者的贡献。这是因为所有者完全可以按照他们的意愿把这些利润提走并把它们用在其他方面。

留存收益账户是一个常见的容易误解的概念。可能由于字面上的意思,人们有时候会认为留存收益代表公司能随时根据需要提取的一种现金储备。但情况并非如此,就像任何其他已投资金一样,留存收益一般在其形成时就很快被资产占有。

留存收益账户表示公司一直留下的全部利润,就如同股票账户表示所有者曾直接投入的全部资金一样,这两个账户一般都不是随时可用的现金,因为两者往往已经投放在发展企业所需的资产上了。

举例:权益账户 我们举个简单的例子来总结权益的含义。假设一家企业创立时出售股票 20 000 股,售价每股 8 美元,面值每股 2 美元,之后赚得利润 70 000 美元,其中 15 000 美元支付股利,那么各个权益账户的数额如下(单位:美元):

普通股(2×20 000)	40 000
额外缴入股本(6×20 000)	120 000
留存收益(70 000−15 000)	55 000
权益合计	215 000

净收益和留存收益的关系 能很好地理解财务报表上的净收益和留存收益之间的相互关系是非常重要的。

净收益(或税后收益)如果并不分配给所有者,就会成为会计期末的留存收益的一部分,这意味着如果在一个会计期间没有新的权益投资而且没有向所有者支付任何利润的话,那么:

$$期初权益+净收益=期末权益$$

如果以股利形式向所有者支付了一些利润,那么它们的关系是:

$$期初权益＋净收益－股利＝期末权益$$

如果通过销售新股增加了新的收益,那么它们的关系是:

$$期初权益＋净收益－股利＋股本＝期末权益$$

初期资产负债表数字,包括权益在内,是上个会计时期期末的资产负债表数字。例如,2018 年资产负债表期初的数字是 2017 年年末的资产负债表数字。所以,2018 年年初的权益是 2017 年年末的权益。

优先股 优先股是企业发行的作用处于债务和普通权益之间的一种证券。它被认为是一种混合证券,因为优先股具有很多传统证券的特征。然而从法律的角度看,优先股划入权益类并且列在资产负债表的权益部分,位于普通股账户之上。全部权益是普通权益和优先股之和(我们将在第 8 章研究优先股的内容)。

全部资本 长期债务和权益的合计就是全部资本。这些资金一般用来支付长期资产。

全部负债和权益 资产负债表的右半部分的合计反映了所有公司资金从哪里取得和对预付资金的外部和所有者所具有的义务。全部负债和权益永远都等于全部资产。

2.4 纳税环境

在财务上,我们主要关心有关个人和公司的联邦所得税。首先,我们先介绍一点基本的税金背景知识。

2.4.1 征税机构和税基

税金是由各级政府机构来征收的,这里我们一般考虑三个层次的税金:联邦、州和地方(城市和乡村)。

每种税都有税基,三种常见的税基是所得、财产和消费。

所得税 所得税的含义是很明确的,纳税人在指定的时期内,一般为一年,向征税机构缴纳其所得的一部分。最重要的所得税是联邦所得税,因为政府一般得到我们所得额中的最大份额。根据个人得到的多少,联邦所得税(2015 年)按赚得收益的最后金额计算,所得额达到了 39.6％的税率。大多数的州都有所得税,但是税率却低很多,一般从 5％～10％不等。许多大城市也有所得税,税率大约为 1％,纽约就是一个很突出的例子。

个人和公司都需要缴纳所得税,但适用于不同的规则,在这里我们做简要的讨论。

财产税 财产税的征收基于某种资产的价值。最常见的财产税是由城市和乡村根据不动产价值来征收的。以不动产征收到的税收一般用于地方学校以及消防、警察等部门的管理和运作费用。财产税也被称为从价税(ad valorem taxes)。

消费税 消费税的征收基于我们使用某种商品的数额。最常见的消费税是销售税,在销售税中,产品的最终使用者根据其购买价格纳税。消费税是基于消费或者使用的,认识到这一点非常重要。因为只有最终的使用者才需要交纳。所以,如果购买只是为了销售,那么就不需要交纳销售税。

销售税是由州和地方政府来征收的,联邦政府只对某些项目的消费征收消费税,比如酒精、烟草和汽油。联邦政府征收的消费税称为特许权税(excise taxes)。

2.4.2 所得税——总有效税率

许多投资决策取决于个人或者公司根据投资收益测算出的将要支付的税率。如果有一项州所得税,应当将它同联邦税放在一起来考虑。全部的有效税率是纳税人适用的合并税率。它并不是联邦和州税率的简单相加,因为在计算联邦税金时州税金是可以从所得税中减去的。

例如:假设某位纳税人 100 美元的所得适用 30% 的联邦税率和 10% 的州税率,这位纳税人支付的税金如下(单位:美元):

计算州税金的应税所得	100
州税金×10%	10
联邦所得税的应税所得	90
联邦所得税×30%	27
税后净收益	63
全部税金	37
总有效税率(37/100)	37%

而如果把两个税率加在一起则是 40%。一般来讲,我们运用下面公式计算总有效税率(total effective tax rate,TETR):

$$TETR = T_f + T_s(1 - T_f) \qquad (2.1)$$

在这里,T_f 表示联邦所得税税率,T_s 表示州所得税税率。

2.4.3 累进税率、边际税率和平均税率

美国的联邦所得税是累进制的,在累进税制下,纳税人的税率随着收入所得的增加而提高。将累进制的思想与高收益的纳税人支付较高税金的这种比较简单的概念区分开是非常重要的。如果不考虑所得多少,每个人均按照相同的税率支付税金,那么后者的表述就是真实的。

累进制或许是这样的:每个人的所得低于 20 000 美元的时候,按照 20% 的税率来支付税金,但超过 20 000 美元,税率也会提高,这个制度就是累进制。

需要注意的是,超过 20 000 美元所得的纳税人并不是按照其全部的所得支付较高税率下的税金的,而仅仅是按照超过 20 000 美元的那部分金额支付。例如,一位纳税人赚得 25 000 美元,应付的税金如下(单位:美元):

$$20\ 000 \times 20\% = 4\ 000$$
$$5\ 000 \times 30\% = 1\ 500$$
$$全部应缴税金\quad 5\ 500$$

等级 累进制的税率并不随着收入所得的提高而平缓地提高。相反,税率在所得的某一范围内维持不变,然而对另一范围却突然跃至一个较高的水平。税率保持不变的所得额范围称为**纳税等级**,假设有三个等级的累进税制如下(单位:美元):

等级	税率
0~5 000	10%
5 000~15 000	15%
15 000 以上	25%

这种纳税结构的表述方式称为纳税表或者纳税安排。

1986 年以前,个人税制有 14 个等级,并且税率长期高达 70%。在 2015 年,只保留 7 个等级,最高税率降至 39.6%。下面运用简明的例子来说明税率的一些含义,之后再讨论实际的税率结构。

我们常常根据纳税人的所得来确定他适用的等级即最高税率。因此,本例中一个人赚得 10 000 美元的收益,可以认定他适用于 15% 的税率。

边际税率和平均税率 两个税率的概念适用于每一个纳税人。边际税率是个人赚得下一个 1 美元所得需要支付的税率。平均税率是个人支付的税金占全部所得的百分比。边际税率会对投资决策产生影响。我们现在先基于一个假设的税金来了解平均税率和边际税率的计算过程。

计算 使用上面假设的三个等级税率表计算收入所得额为 4 000 美元、11 000 美元和 25 000 美元的所得税金和两种税率。

在所得额为 4 000 美元的时候,纳税人处于最低的纳税等级,仅适用一种税率。这个计算很简单,税金就是 4 000 美元的 10%,即 400 美元,这时平均税率和边际税率都是 10%。

如果所得额是 11 000 美元,计算税额就有点复杂了。例如:

$$5\ 000 \times 10\% = \quad 500$$
$$6\ 000 \times 15\% = \quad \underline{900}$$
$$1\ 400$$

平均税率是全部税金除以应税所得额:1 400/11 000=12.7%。

边际税率是 15%,因为它是按照 11 000 美元加 1 美元所得额支付的税率。

边际税率几乎总是等于等级税率,这一点值得注意。纳税所得额只有处在某一等级的最高额时,才能达到下一等级的税率。

在所得额是 25 000 美元的时候,税金计算如下:

$$5\ 000 \times 10\% = \quad 500$$
$$10\ 000 \times 15\% = 1\ 500$$
$$10\ 000 \times 25\% = \underline{2\ 500}$$
$$4\ 500$$

请注意每个税率仅适用于相关等级和所得额。平均税率是:4 500/25 000=18%。

边际税率就是 25%,因为它是根据收益的增加额来支付的税率。

我们已经讲述累进制的一个要点就是高收入纳税人在其所得额的第一部分上享受较低的税率待遇。注意所得额为 25 000 美元的纳税人仅有 5 000 美元的部分按照 10% 支付税金,其余的所得税均按照较高的税率来计算。你可能认为这是高收入纳税人群所得的一种利益,但是在实际的税制中,这个利益的一部分会随着所得额的提高而被抵消。

在前面的举例中,我们对应税所得使用税率表来计算税金。应税所得额不是纳税人的全部或者总的收益,它必须根据税制中的规则进行计算。我们将简短地讲述这些规则的基本内容。

2.4.4 普通所得、资本利得和损失

税制认可两个主要的所得:普通所得和资本利得。

普通所得一般是正常赚取货币的过程,包括赚得的工资、来自非公司商业活动的利润或从投资中取得的利息和股息。工资、股利以及利息仅会出现正数,但是商业股利可能会出现负

数。所以，普通所得也可能是普通损失。

资本利得或损失　产生于某人按一个特定价格购买某物体，持有一段时间后，按照不同价格出手的时候。如果物体出售的价格高于购买的价格，差额代表资本利得；如果出售价格低于购买价格，就会产生资本损失。其涉及的项目可能是一个实有资产，也可能是金融资产。

资本利得和损失的纳税待遇　从历史上看，资本利得已经得到了优惠的纳税待遇。这就是资本利得按照低于普通所得的税率来纳税。这个待遇的内在原因是利用税制作为激发期望经济活动的一种手段。资产的投资会刺激经济增长，而且国会一般把投资视为有利的活动。通过这样的投资对赚取的利润按照较低税率来征税，会使得投资更加富有吸引力，从而促使更多的人投资更多的项目。

资本利得制度实际上是非常复杂的，符合特殊待遇的条件需要许多的规则和说明。进一步讲，规则往往会经常变更。最重要的区别就是纳税人持有一项资产到出售前的时间长度。当前，如果持有期不到 1 年，一项资产出售的任何资本利得均划入短期类而不享受优惠税收待遇。所有的超过 1 年的资产的利润划入长期类，通常会符合优惠的纳税待遇。

截至 2015 年年底，该制度的实质就是低收入纳税人的长期资本利得税率为 0，中等收入家庭为 15%，高收入（年收入超过 400 000 美元）家庭为 20%。

2003 年第一次通过了立法，对合乎规定的股息收入给予同资本利得相同的税率优惠。这种合格的股息是由美国公司或者在美国股票市场交易的公司来支付。而其他的股息收入则按照普通收入计算。在我们的举例和讨论题中，都假设股息收入属于合格的那一类。

资本损失能来抵消资本利得。但如果把利得和损失加到净亏损上，不超过 3 000 美元的个人纳税人，其资本损失能用来抵消任何一年的普通所得，所以，资本损失得到了非优惠的纳税待遇。

如果某一年度一个人的资本损失超过了资本利得 3 000 美元，超过的部分可以结转到未来年度作为每年达到 3 000 美元普通所得的抵减。公司资本损失仅能结转抵消未来的资本利得。

纳税待遇的重要性　作为一个重要的财务问题，了解资本利得纳税及其待遇是非常重要的。许多投资者购买股票，希望股份提高而不是得到股利。从股票价格的提高中获得的利润是资本利得。如果资本利得按照大大低于其他利润的税率纳税，那么购买股票对投资公众来讲，就会成为一个更加具有吸引力的项目了。因此，对资本利得有利的纳税待遇使得通过出售股票筹集资金变得更加容易，这一做法受到了企业界的热烈拥护。

2.5　所得税计算[①]

根据相同的基本纳税原则，个人和公司均需要缴纳所得税，在每一种情况下，根据全部收益减去某些抵减项目后的应税所得征收税金。然后应该缴纳的税金使用累进制税率表进行计算。但公司和个人相似的待遇就此为止。根据确定应税所得的规则，公司和个人的税率表是大不相同的。下面来了解一下两个税金的基本计算程序。

---

　　① 声明：本书中使用的举例旨在开阔学生的视野以便更好地了解税制系统，因此，就省略掉了实际美国税法中的很多细节。他们不提供税务咨询，也不应当视其为对财务顾问或税务专业人员的培训。在这里概述的程序步骤不应用于计算实际税收。

2.5.1 个人所得税

按人征收的税金称为个人所得税或者个人税。纳税单位是一个家庭,通常是某个家庭成员。单身、夫妇共同申报、夫妇分别申报和尚未婚配的家庭主要成员有各自的税率表。最后一类主要适用于单亲家长。本书主要侧重两种个人税率表:单身税率表和夫妇共同申报的税率表。2015 年修订的相应税率如表 2-4 所示。

表 2-4　2015 年个人税率表

单　身		夫妻共同申报	
所得(美元)	税率(%)	所得(美元)	税率(%)
0～9 225	10	0～18 450	10
9 225～37 450	15	18 450～74 900	15
37 450～90 750	25	74 900～151 200	25
90 750～189 300	28	151 200～230 450	28
189 300～411 500	33	230 450～411 500	33
411 500～413 200	35	411 500～464 850	35
413 200 以上	39.6	464 850 以上	39.6

除了我们提到的税率变更之外,个人所得税率表每年都要调整以补偿通货膨胀的影响。方法就是每年对各个等级之间的突破点给予提高,以反映整个经济体系的一般物价上升。

我们使用表 2-4 中 2015 年的税率来举例说明,但要知道,以后的每年税率表都会有所不同。

应税所得　像工资、利润、利息和股利等所得项目有应该纳税的,也有应该减免的。最重要的减免项目是**市政债券**的利息。市政债券是由政府机构按照低于联邦水平发行的债券,包括州、乡村和市政府债券。需要注意的是联邦债券的利息不是减免项目,它是应税项目。减免所得也称为税收豁免。

个人应税所得的计算是将纳税人的收益加总,排除免税项目并减去扣除项目之和与减免数额。

抵扣项目[①]　抵扣项目是税制允许人们在计算其税金前从所得中减少个人支出。对多数人来说,最重要的抵扣项目是房产抵押利息、支付给州或者其他地方机构的某些税金(主要包括所得税和不动产税)和向认可的慈善部门的捐赠。如果一个家庭没有在这些方面支出较多的货币,那么就只有标准的抵扣项目了。

减免　个人和受赡养者减免是计算应税所得时能够对每个家庭成员减少的固定金额。减免额每年都会变化,以反映通货膨胀的影响。在 2015 年,减免额为 4 000 美元。不要将个人减免与减免所得混为一谈,两者是不同的概念。

股息及资本利得计算　尽管股息和资本利得是应税收入的一部分,但是它们必须分开处理,因为它们的税率不同于其他收入。例证 2-4 会解释此观点。

---

① 对高收入纳税人的扣除和减免正在逐步(有限地)取消。

个人所得税计算

2015 年 Harris 一家家庭所得如下（单位：美元）：

工资	乔	75 000
	苏	77 000
存款账户利息		2 000
IBM 债券利息		800
波士顿债券利息		1 200
通用电气的股利		600

2015 年，Harris 一家以 50 000 美元的价格出售了一项财产投资，3 年前购买这项资产时支付了 53 000 美元。他们以 14 000 美元的价格出售了一些股票，而这些股票 5 年前是以 12 000 美元的价格购入的。他们支付了 12 000 美元的房屋抵押利息和 2 800 美元的不动产税，年内他们的薪金支票账户中还扣除了 6 000 美元的州所得税。Harris 一家还向教堂捐赠了 1 200 美元。假设每个人的减免率为 4 000 美元，那么 Harris 一家的应税所得和税务负债各是多少？进一步讲，他们的边际税率和平均税率又是多少？

解答：首先，将 Harris 家的普通所得加总，不包括可以减免的波士顿债券以及目前按照自己税率征税的股利。

工资	152 000
利息	2 800
	154 800

接下来，计算净资本利得或损失：

财产投资损失	(3 000)
股票利得	2 000
净资本损失	(1 000)

净资本损失低于 3 000 美元，所以它完全可以用来抵消普通所得。如果 Harris 一家有资本利得的话，那么就需要单独来计算了：

普通所得（不包括股利）	154 800
资本损失	(1 000)
全部所得	153 000

抵扣项目如下

抵押利息	12 000
税金	8 800
捐赠	1 200
全部抵扣	22 000

由于家中有 4 名家庭成员,减免总额为

$$4\ 000 \times 4 = 16\ 000\ 美元$$

现在我们就可以确定 Harris 家的应税所得,不包括股利:

全部所得	153 800
减	
抵扣项目	(22 000)
减免项目	(16 000)
应税所得	115 800

参考表 2-4 中夫妻共同申报税率来计算所得税,Harris 一家适用 25% 的税率等级,所以计算如下:

全部第一等级金额的 10%

$$18\ 450 \times 10\% = 1\ 845$$

第二等级金额的 15%

$$(74\ 900 - 18\ 450) \times 15\% = 8\ 468$$

第三等级金额的 25%

$$(115\ 800 - 74\ 900) \times 25\% = \underline{10\ 225}$$

普通所得收入应缴税额　　　　　　　　　20 628

接下来,股利计税税率为 15%:

$$600 \times 15\% = 90$$

所以,Harris 家所得税总额为

$$20\ 628$$

Harris 一家的平均税率是他们的全部所得税除以应税所得,应税所得也包括股利,那就是:115 800+600=116 400。所以,平均税率为:

$$20\ 628/116\ 400 = 17.7\%$$

Harris 一家的边际税率就是他们为增量所得所支付的税率,也就是他们目前的税率:25%。值得注意的是:他们其实有两个边际税率同时存在。根据增量收入的属性,如果按照工资和利息所得计算,那么边际税率是 25%;如果按照资本利得或者股利来计算,那么边际税率为 15%。

税率和投资决策　　在投资者想要选择是投资公司债券还是市政债券的时候,会出现一个问题。两者都附带利率,但是市政债券是纳税减免项目而公司债券则不是。这意味着投资者可以保持全部的市政债券利息收入,但是必须以税金形式给政府支付一部分公司债券利息收入。

如果市政债券和公司债券支付相同的利率并且风险类似,显然市政债券是更好的交易。但是,由于市政债券的纳税优惠,它通常并不像类似的公司债券或者联邦政府债券那样支付相同的利息。

投资者必须在一个等同的基础上比较各个竞争债券提供的利率。由于市政债券的设定利率是税后的,而公司债券的设定利率是税前的。所以必须把其中一种债券进行重新设定,以使两者建立在同一条件下。重新设定公司债券的利率在同一条件下一般是比较容易的。为此,我们将公司债券利率乘以 1 减去投资者的边际税率就可以进行比较了。

关联概念　举例2-5

纳税申报与免税申报的比较

假设前面举例的 Harris 家庭要在利率为 11％的 IBM 债券和利率为 9％的波士顿债券之间进行选择,哪一个债券会更好一些呢?

解答:IBM 的债券支付 11％的利息,但是 Harris 家庭所得只有:

$$11\% \times (1-0.25) = 8.25\%$$

这是其持有的债券的税后收益率,它是低于波士顿债券所提供的 9％的利率的,所以,波士顿债券是更好的选择。

如果 Harris 家庭的边际税率仅为 15％的话,情况又会如何呢? IBM 债券的税后利率将是:

$$11\% \times (1-0.15) = 9.35\%$$

这比波士顿债券 9％的利率更加具有吸引力了。

需要注意的是,高等级的纳税人比低等级的纳税人更关心纳税减免的债券。

洞察:实际应用

理解多重免税政策——它会持续多久?

多重免税的市政证券对投资者和发行者都有益处(地方政府是指州、县和城市)。事实上,债券一直是支柱。财政/税收制度有一百年历史了。投资者从多重免税政策中可以获益,这就使得多重免税债券凭借其低税收的特点比其余债券更具吸引力。这意味着向市政当局借钱就比向其他公司借钱要便宜很多,这对地方政府和纳税人都是有好处的。另一方面,因为投资者购买的是市政债券,而不是购买会支付利息税的债券,所以联邦政府失去了投资者的税收。

但是,当联邦政府为自己的债券支付的利息不能免税时,为什么州、县或城市支付的利息应该免税呢? 市政厅是有某种要求免税地位的东西,还是仅仅是税法中的一个漏洞?

事实证明,这种做法是国会很容易就能弥补的一个漏洞。最初的政策来源于 1895 年最高法院基于复杂的宪法推理做出的一项裁决[1],该裁决禁止联邦政府对某些财产收入征税,在这种情况下是债券。直到 1913 年,宪法第 16 次修正案赋予联邦政府对所有收入进行征税的权力后才成立。自那时以来,最高法院一再确认联邦政府有权从市政债券中收取利息。然而,大多数城市的利息仍然是免税的。

这个问题并非没有争议。已经有多达 125 项国会提议取消这一豁免,以增加联邦税收以及减少赤字每年约 500 亿美元。到目前为止,还没有人通过。要理解这一问题,必须了解豁免的好处和负担是如何分配的。

第一,地方政府通过支持教育、交通、卫生保健、公用事业和环境,以廉价借款的方式资助一般有利于公众的项目。也就是说,这笔钱用于建造学校、道路、机场和医院。如果没有豁免,这些项目要么无法完成,要么将更加昂贵,这将给当地纳税人带来额外的负担。因此,市政免

---

[1]　Pollock 诉农民贷款和信托公司,157 美国 429(1895 年)。

税在地方一级具有良好的效果。

与此同时,联邦政府由于免税而失去了急需的税收收入。换句话说,市政豁免最终是联邦政府对地方政府的间接补贴。山姆大叔征收的所得税较少,但由于国际泳联较便宜,地方政府可以以较低的价格修建道路、学校和医院。

在投资者方面,大多数市政买家都是高收入人群,他们的边际税率很高。例如,第41页的税收表显示最高税率为39.6%。这个等级的纳税人为1 000美元的利息收入支付396美元,而25%的人只支付250美元。这意味着对相同的收入再多征收58%的税。结果是,城市债券在富人中很受欢迎,但中低收入家庭却很少买。不幸的是,有利于富人的税收优惠很少受到公众的欢迎。

大多数旨在改变这一制度的建议将通过使市政利息全部或部分纳税来消除投资者的利益。这意味着投资者将不再接受更低的利率,并将停止购买市政债券,除非它们的利率与企业提供的利率相匹配。

根据一些提议,市政当局低息借款的好处将被联邦补贴所取代,偿还高达三分之一的利息费用。债券专家认为,目前的一项提议很有可能成为法律。如果是这样的话,金融体系的支柱可能就会崩溃。投资者对这些担忧的反应参差不齐。一段时间以来,新股发行减少,资金源源不断地撤资,但突如其来的繁荣再次提振了到2014年年底的市场[1][2]。

2.5.2 公司所得税

公司所得税从原理上来讲,类似于个人所得税。全部所得是经营的收入,抵减项目是经营企业所需要的成本和支出,它们是收益表中基本的成本和费用项目。公司不存在减免项目,收益表中列出的税前收益(EBT)是公司的应税所得额,将这个数字填入公司所得税表就可以计算出相应的应纳税款。

回忆一下本章开始的时候,公司有税收账簿和财务账簿,它们有一定的区别。实际的税赋要将纳税等级表应用于税收账簿中的税前收益进行计算。如果我们将此表用于财务账簿中的税前收益,就得到了报告上的应纳税款。差额将在资产负债表中通过递延税款账户来反映。在这里我们不必太关心这个差额的问题,只要知道它总是存在的就可以了。在我们的举例中,假设税收账簿和财务账簿是一致的。

表 2-5 公司所得税表

所得(美元)	税率(%)
0～50 000	15
50 000～75 000	25
75 000～100 000	34

---

① Munis Are Talk of the Town, Aaron Kurilloff "华尔街日报",2014年11月3日,C1页,C6页。

② "终止对市政债券的税收减免将负担转移到我们其他人身上",Kelly Phillips。

http://www.forbes.com/sites/kellyphillipserb/2013/07/16/ending-tax-breakson-municipal-bonds-shifts-burden-to-the-rest-of-us/

其他资料来源:How Long Will the Tax Break on Municipal Bonds Last?, Jason Zweig, The Wall Street Journal, May 7-8, 2011, page B1, B2. http://crfb.org/blogs/tax-break-down-municipalbonds

The Tax Break-Down: Municipal Bonds September 10, 2013.

所得(美元)	税率(%)
100 000～335 000	39
335 000～10 000 000	34
10 000 000～15 000 000	35
15 000 000～18 333 333	38
18 333 333 以上	35

公司所得税列表如表 2-5 所示。公司所得税表和个人所得税表有所不同。很明显,公司有 8 个纳税等级而不是 7 个,但更重要的区别在于税率的变化。公司税率先上升到 39%,然后降到 34%,随后升高到 38%,最后降到 35%。这种形式似乎很奇怪,与我们观念中的累进税制相反,在累进税制下,高的所得意味着较高的边际税率。

现行税制隐含的思想非常简单,但是在实施的时候却生成了一个奇怪的表,这个表有三个基本目标。

1. 累进税制,低于 1 000 万美元的所得按照 34% 的税率纳税,高于这个数字就要按照 35% 的税率纳税。

2. 达到 75 000 美元所得适用较低的税率。

3. 较高收入的纳税人依据他们的全部所得按照既定的税率纳税。

在传统的累进税制下,前两个目标是显而易见的,使情况更加复杂化的是第三个目标。

传统的累进税制下,高收入纳税人无论总收入为多少,都根据最低等级的较低税率纳税,从而保护了他的利益。现有税制的设计剥夺了富有公司纳税人的这部分利益,让他们全部所得以固定不变的税率来纳税。

这要分两个步骤来完成。首先通过对 100 000～335 000 美元之间的所得加收 5% 的税收,以取走 15% 和 25% 两个等级之间的利益,来补偿超过 75 000 美元所得部分低于 34% 税率的那部分数额。这个增加的数额称为附加税。(自己试着证明一下,100 000～335 000 美元之间征收的超额税收只是弥补了低于 75 000 美元那部分。)

其次,达到 10 000 000 美元以上的所得按照 34% 的税率所得到的利益通过 15 000 000～18 333 333 美元征收 3% 的附加税而被取走。除此之外,所有所得都按照 35% 相同的税率来纳税。

关联概念　举例 2-6

公司所得税

计算一家公司在分别取得以下税前收益的情况下所要支付的税金(美元):

1. 280 000

2. 500 000

3. 16 000 000

4. 23 000 000

解答:

1. 应用公司所得税表计算产生 280 000 收入时的所得税负债:

$$50\,000 \times 0.15 = 7\,500$$
$$25\,000 \times 0.25 = 6\,250$$
$$25\,000 \times 0.34 = 8\,500$$
$$180\,000 \times 0.39 = \underline{70\,200}$$
$$92\,450$$

2. 由于收入在 335 000 和 10 000 000 之间时税率为 34%，所以 EBT 为 500 000 时的所得税负债为

$$500\,000 \times 0.34 = 170\,000$$

3. 不需要计算所得税表格上最底行的等级，因为我们知道达到 10 000 000 美元时税制将利益恢复到一个完整的 34% 的税率上：

$$10\,000\,000 \times 0.34 = 3\,400\,000$$
$$5\,000\,000 \times 0.35 = 1\,750\,000$$
$$1\,000\,000 \times 0.38 = \underline{380\,000}$$
$$5\,530\,000$$

4. EBT 超过 18 333 333 时按照固定的 35% 税率计算所得税：

$$23\,000\,000 \times 0.35 = 8\,050\,000$$

税金和融资 美国税制有利于企业进行债务融资而不是权益融资。原因在于向债务投资人支付的利息对支付利息的公司来讲是可以抵税的，而向权益投资人支付的股利不能抵税。

为了说明这一点，假设两家公司除了一个是完全债务融资①而另外一个是完全权益融资之外，其他均相同。假设向债务投资人和权益投资人的付款相同，即利息与股利都是 20 美元，两家公司的息税前利润为 120 美元，而且税率统一为 30%（为了使例子简单易懂）。

为了了解这一点，我们必须观察税后收益到向投资者支付股利后每个公司所留存的净额。这就是，必须从税后收益中减去股利以计算留存收益的增加额，比较如下：

企业融资途径		
	债务（美元）	权益（美元）
息税前利润	120	120
利息	20	/
税前收益	100	120
税金（税率按照 30%）	30	36
净收益	70	84
股利	/	20
留存收益增加额	70	64

值得注意的是，以债务融资的企业可以保留更多的资金，比权益融资多 6 美元，在本例中大概占 10%。它们的差异表现在税金这一行上。债务融资的企业在计算税金前能减少向投资者的付款，而权益融资的企业必须按照股利支付前的数额计算应该缴纳的税金。

向公司支付股利 在第 1 章，我们提到公司形式在财务上的主要缺点是盈利的双重纳税。

---

① 在现实中，总是需要一些平衡的。在这里我们假设全部使用债务融资只是为了举例。

盈利首先作为公司的利润纳税,然后当盈利以股利形式转给股东时要作为个人所得税再次纳税。

　　但如果一家公司拥有另一家公司,另一家公司又被个人拥有,那么情况又会是怎样呢? 在这些条件下,我们会预料出现三重纳税。为了理解这个问题,请看图 2-2:在这张图上,B 公司被 A 公司拥有,A 公司被个人拥有。我们很容易看到 B 公司赚得的利润作为所得应该纳税,作为股利收益向 A 公司支付,A 公司以股利收益向股东支付,如果 B 公司由 C 公司拥有,那么它的盈利会出现四重纳税。

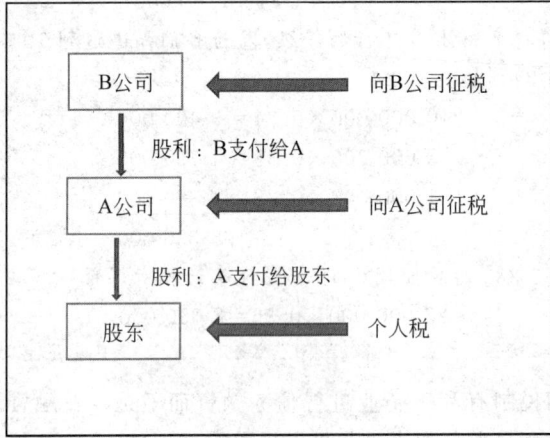

图 2-2　多重纳税

洞察:财务实务

税收体系的其他目的

　　美国税收制度的首要目的是筹集资金。有时这些理想的税收目的是经济的,有时候是社会的。这里有几个例子。

　　降低资本利得税股利使投资更加盈利,所以人们购买更多的股票。这使得更多的资金可用于企业投资,公司因而承接更多新项目,从而创造了就业机会并扩大了经济。

　　S 型公司和 LLCs 允许小企业在享受公司形式其他好处的同时逃避双重征税。这鼓励了能创造就业机会并扩大经济的新公司的形成。

　　公司因雇用和培训某些类型的不熟练的、难以雇用的人获得税收抵免。税收抵免可用于支付款项以及修复和保存历史建筑。

　　政府想要双重税收但不是三重或者更多的税收。所以,政府通过减免一家公司向另外一家公司支付的大部分股权,对以所得进行征税到收取股利的公司都给予部分纳税减免。

　　减免的比例取决于 A 公司所持有的 B 公司股票的份额:

所 有 权	减 免
<20%	70%
20%~80%	80%
>80%	100%

从前面的例证中可以看出,如果 A 公司拥有 B 公司 30％的份额,B 公司向 A 公司支付 100 美元的股利,A 公司在编制税单时仅以 20 美元作为所得来纳税,其余的 80 美元都是减免的。

税损前移和后移假设在 4 年中,一家企业有 3 年盈利而有 1 年出现了大量的亏损。如果我们单独考虑各个年份,税前收益和税后收益情况见图 2-3 的上半部(假设税率为固定的 30％,以简化举例)。

单位：美元

		年份			
	1	2	3	4	合计
税前利润	100	100	(250)	100	50
所得税	30	30	—	30	90
税后利润	70	70	(250)	70	(40)

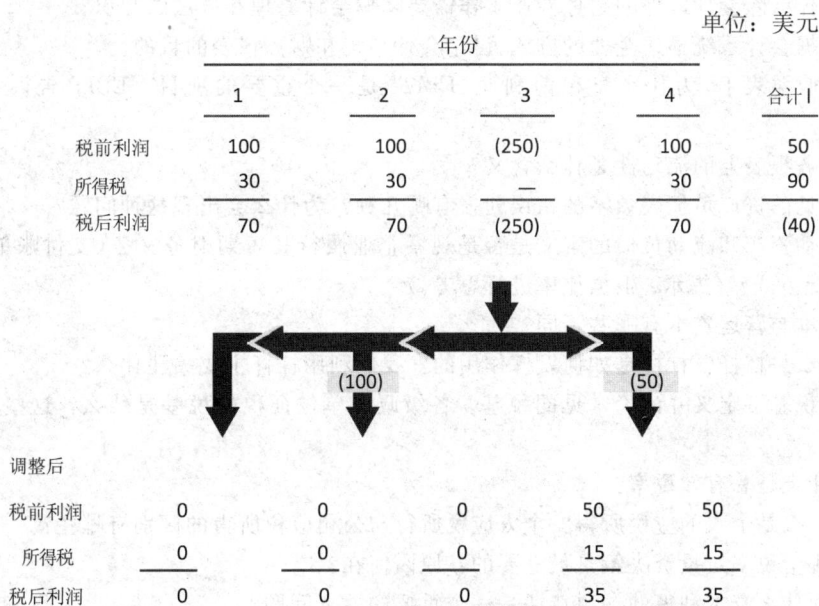

(100)   (50)

调整后					
税前利润	0	0	0	50	50
所得税	0	0	0	15	15
税后利润	0	0	0	35	35

图 2-3 应税损失的递延和前推

乍看上去似乎很合理。当公司有收益时支付税金,发生亏损的时候则不支付税金。然而,企业所有者强烈提出如果税制如此运行,那么美国税务署就要将他们置于企业之外了。

企业家会指向会计栏并指出在全部 4 年中政府试图让企业按照 50 美元的税前收益支付 90 美元的税金。这不仅是不公平的也是不可能的。

认识到这个问题,现行税制允许企业把第 3 年亏损额扩散到这之前和这之后的年份里。在这个例子中,第 3 年亏损向前转移到第 1 年和第 2 年各 100 美元,完全抵消这些年的收益。亏损年度结束后,公司将提交修改后的第 1 年和第 2 年的纳税申报表,并获得已缴纳税款的退还。第 3 年剩余的 50 美元亏损能向后转移,减少第 4 年的税前收益(EBT)。图 2-3 形象地说明了这个做法。

亏损能够前移 2 年和后移 20 年之多。

关联概念

例证 2-1 核销一笔大额的无法收回的应收账款
例证 2-2 出售固定资产
例证 2-3 杠杆
例证 2-4 个人所得税计算

例证 2-5　纳税申报与免税申报的比较

例证 2-6　公司所得税

讨论题

1. 为什么除会计以外的财务专业工作需要掌握会计原理和方法的知识？

2. 根据会计系统描述企业的方式，讨论会计系统和财务报表的目的。

3. 在收益表上，为什么息税前利润（EBIT）是一个重要的项目？EBIT 告诉我们什么内容？

4. 财务报表上的流动性是什么含义？

5. 常见的资产负债表数字的错误列报有哪几种？为什么会出现这种问题？

6. 流动资产和流动负债的定义是否是观察企业履行其短期财务义务（支付账单）的能力的一种快捷方式？（提示：根据比率进行思考。）

7. 资本与营运资本有哪些不同？

8. 什么是杠杆？杠杆是如何发挥作用的？我们利用杠杆主要关注什么？

9. 给税基下定义并讨论常见的税基。各级政府单位征税的税基是什么？这些税一般称作什么？

10. 什么是总有效税率？

11. 什么是个人的应税所得？个人应税所得与公司应税所得的区别有哪些？

12. 哪个税率对投资决策是最重要的？原因何在？

13. 为什么资本利得的纳税待遇是一个重要的财务问题？

14. 公司所得税是表示累进制的吗？阐明原因。

15. 债务融资和权益融资与税金的关系是怎样的？如果用债务融资更好，为什么人们并不会完全使用债务融资？

16. 为什么一家公司向另一家公司支付的股利能得到一部分的纳税减免？

17. 解释税损前移和后移的理由。

习题

转销大量无法收回的应收账款：关联概念　举例 2-1

1. Canaday 公司的应收账款余额如下（单位：百万美元）：

应收账款总额	175
坏账准备	(3)
应收账款净额	172

在信贷和收款部门的强烈反对下，两年前公司的一个客户仍被批准使用了一笔非常大的信用额度购买了价值 700 万美元产品。销售完成后不久，由于突如其来的经济衰退，客户的生意开始恶化。尽管公司已经消耗了所有购买的原材料，但到目前为止，客户只支付了 200 万美元。收款部极力回收剩余的 500 万美元，但却没有成功。客户于今天早上申请破产，并且基本上没有资产来支付大量债权人。请评估该项破产对 Canaday 公司财务报表的影响。假设该产品成本是收入的 40% 以及 300 万美元的坏账准备金可以完全复原。

出售固定资产：关联概念　举例 2-2

2. Johnson 公司两年半前花费 24 000 美元购买了一辆卡车。卡车在购买时估计寿命为 4 年。会计处理使用零残值的直线折旧法给予入账。如果这辆卡车昨天以 19 000 美元的价格出售了，那么何种应税收益应该体现在卡车出售这一行为中？

3. 如果问题 2 中 Johnson 公司的边际税率为 34%，那么与二手卡车销售相关的现金流是多少呢？

4. Heald & Swenson 公司在一年零九个月之前花费 850 000 美元购买了钻床。该项资产的预估寿命为 6 年并按下列加速法来计划折旧。

年　序	成 本 占 比
1	55%
2	20%
3	10%
4	5%
5	5%
6	5%

该钻床刚刚以 475 000 美元的价格卖出了。假设该公司的边际税率是 35%，请计算 Heald & Swenson 此项销售的应税利润和现金流量。此处我们假设折旧在每年均匀分布。

问题 5 至问题 13 是数值计算练习，目的是加强对财务报表的熟悉程度，而不实际通过借记和贷记会计科目进行。这些问题没有按照文中的具体例子来展开，但大多数问题都有提示或指示。

5. Fred Gowen 以独资企业的形式创办了 Gowen 零售公司。以下是 Gowen 零售企业第一个月的交易记录：

- 在第一个月购买了 50 000 美元的固定资产，减少 10%，其余借款。
- 售出 1 000 件产品，平均价格为 45 美元/件。一半的销售额都是赊销的，截至月底前应收账款都未收回。
- 记录与上述销售有关的 21 000 美元的销货成本。
- 现金支付购买价值 30 000 美元的存货。
- 发生其他费用（包括贷款利息）5 000 美元，这些费用均以现金支付。
- 公司的税率是 40%（纳税将在接下来的一段时间支付）。

（1）商业报告中第一个月营业收入是多少？（提示：写一份损益表，并输入收入、成本和费用，然后计算税收和净收入。）

（2）列出这一个月的现金流入和流出，显示现金流入为正值而流出为负值（使用括号表示），总结得出一个"净现金流"图。

（3）Fred 应该更多地关注净收入还是现金流量？为什么？

6. McFadden 公司在 20×2 年 12 月 31 日公布以下各项余额：

	单位：千美元
应付账款	60
应收账款	120

	单位：千美元
累计折旧	350
固定资产(净额)	900
存货	150
长期负债	400
超额支付	160
留存收益	380
总资产	1 240
总负债	500(长期负债＋流动负债)

所有剩余的账户如下,试着计算每个账户的余额

应计项目	总流动资产
现金	总流动负债
普通股	权益总额
固定资产(毛额)	

7. 要将当前的资产账户项目(现金、应收账款和存货)单独来考虑,然后再作为一个整体来考虑。下面列出来的每笔交易对每个资产账户和流动资产总额有什么影响(增加、减少、不变)?(提示:每笔交易都有数量上相等但符号上却相反的两个方面。要考虑双方是否在流动资产内抵销,或者如果一方被记录在了其他地方。)

(1) 现金购买一项固定资产

(2) 赊购一项固定资产

(3) 现金购买存货

(4) 赊购存货

(5) 客户支付的应收账款

(6) 转销客户的坏账(假设补贴已到位)

(7) 现金出售一项固定资产

(8) 现金出售存货(获利)

(9) 现金出售存货(损失)

(10) 赊销存货(获利)

8. 20×2 年 1 月 1 日,Miller 公司花费 400 000 美元购买了一台铣床。其成本预计在 20 年内以直线折旧法摊销掉。20×3 年 1 月 1 日,Miller 公司又花费 250 000 美元购买了一台重型车床,其成本预计在 40 年内以直线折旧法摊销掉。

(1) 计算 20×2、20×3 和 20×4 年 Miller 公司的折旧费用。

(2) 编制 20×2 年底、20×3 年底和 20×4 年底资产负债表的固定资产部分(针对这两个固定资产)。(提示:从总原始成本中减去每年累计折旧。)

9. Becher 工业有三家原材料供应商。该公司每年从 Johnson 公司购买价值 180 000 000 美元的原材料,但通常需要按照 30 天的账期来结算。Becher 每年自 Jensen 公司购买价值 150 000 000 美元的原材料,按照 45 天的账期结算。Docking 分销公司作为 Becher 的第三供应商,对客户提供 2/10,n/30 的付款优惠条款。Becher 可以利用 Docking 公司每年基于 90 000 000 美元购买额的折扣。请计算 Becher 公司预期的应付账款余额。(每年按照 360 天

计算。例如，计算 Johnson 的账户为 180 000 000×30/360。)

10. Belvedere 公司全年工资为 52 000 000 美元。公司在每周的周五下午向员工支付工资。上个月，账簿在支付日后的周二结账，请问月末的应计工资是多少？

11. Sanderson 金属公司有四个应计负债项目：工资、已经获得但却尚未使用的员工休假、不动产税和供应商尚未开出发票却已经到达工厂码头的存货。

工资表：Sanderson 每星期五付给员工一次工资。每年的工资总额是 47 000 000 美元。

不动产税：该公司每年支付给当地政府 3 600 000 美元的不动产税。这项税款每年都要拖欠①到 6 月 30 日该县的财政年度②结束时支付。公司每个月的应计负债反映的是它欠当地政府不动产税。

假期：Sanderson 的员工每年休假 3 周(15 个工作日)，平均每工作一个月可以获得(15/12＝)1.25 天的休假。假期不可以跨年使用，但是可以提前使用本年的假期。每年有 250 个工作日，假期的应计额反映的是已经支付的因为公司缘故还未使用的员工假期。

存货：会计部门使用供应商发票和收到的文件一起在公司的账簿上输入新的存货记录。然而，存货通常在收到相关发票前几天就会到达。这个已收到货物但没有开票的情况应反映了公司对货物的实际占有并有责任为他们支付相应的货款。

Sanderson 公司目前采用的是 20×8 年 4 月封账。这个月的最后一天是发薪日后的 7 天。到 4 月底，员工们已经花了 587 000 美元的带薪休假时间。5 个车皮的铁路运输来的车钢已于 4 月的最后一周到达。但只有其中 3 车皮的货物收到了发票。平均每车运输成本为 107 000 美元。所有之前的收据都已开具发票。

计算 Sanderson 公司 4 月末的应计余额。(提示：一些应计项目，比如工资单和存货，在月底过后几天就可以清除。而其他的，像不动产税，它会稳步增长，直到在当地政府财政年度结束时可以清除。还有一些，比如假期，在一些活动发生时稳步上升，而当员工开始度假的时候，这个项目就会减少。)

12. 20×3 年 1 月，Elliott 工业有如下交易记录：

(1) 支付了一项自 20×2 年以来的共计 120 000 美元的账单，收回了一个发生在 20×2 年的应收账款 150 000 美元。

(2) 采取赊购的方式购买了总额为 500 000 美元的存货，截至一月底仍有 30% 的货款未付清。

(3) 采取赊销方式以 600 000 美元的价格出售了价值 400 000 美元的库存，截至月底仍有 20% 的货款没有收回。

(4) 本月应计费用增加了 10 000 美元。

(5) 为发生在当月的费用额外支出共计 80 000 美元。

计算 20×3 年 1 月 Elliott 工业营运资本的变化。(提示：每个项目都有抵消项，但其总和为零。如果所有项目都是经常账户，就不会对营运资金产生影响。但如果其中一方发生在其

---

① 拖欠的物业税账单应该在发生负债的时间完成支付。然而，随着时间的推移，资产持有导致该账单的形成。因此，在财政年度结束时公司完成不动产税缴付之前，每随着纳税年度的一个月的推移，公司的不动产税负债便增加了年度应缴额的 1/12。

② 财政年度是政府组织的会计年度。许多公司和大多数政府单位使用的财政年度与日历年并不一致。Sanderson 公司的会计账则按照日历年来记录。

他地方,营运资本就会改变。)

13. Glavits 公司于 6 月 1 日(周一)开业经营,有价值 50 000 美元的存货和 7 000 美元的银行存款。这些是公司仅有的资产。所有开业的资金来源由所有者个人提供,没有其他负债。企业在银行有贷款额度,使得企业可以在其账户上签发透支支票,从而使借款额达到 20 000 美元。

Glavits 公司的销售条款是 30 天内付款,但是新公司必须在 10 天内向供应商付款。雇员的工资是公司唯一的费用,每周五下午公司需要支付员工的工资总计 1 000 美元。

6 月 3 日,该公司销售存货一批,销售收入为 9 000 美元,存货成本为 3 000 美元。6 月 10 日收到新购入的 2 000 美元的存货,没有其他的销售或存货购入。6 月 30 日,公司购买了一辆运货卡车,支付了 6 000 美元的支票。6 月 30 日(周二)对账簿进行全月结账。

运用所给的工作底稿编制 Glavits 公司 6 月份的收益表和资产负债表。在这里不考虑纳税问题。首先登记期初资产负债表,接着在各栏登记一个数字两遍,以反映该栏标题指明的交易。注意有时数字是加项而有时是减项。最后,加总来完成 6 月份的报表。

工作底稿各行	工作底稿各栏
1. 资产负债表	1. 期初资产负债表
2. 资产	2. 记录销售收入
3. 现金	3. 记录销售成本
4. 应收账款	4. 收入存货
5. 存款	5. 支付存货款
6. 固定资产(净值)	6. 购置卡车
7. 资产合计	7. 支付员工工资——第一个四周
8.(跳过)	8. 支付员工工资——最后两天
9. 负债	9. 将现金透支重新划分为贷款
10. 应付账款	10. 将净收益记录为收益和权益
11. 应计项目	11.(跳过)
12. 债务	12. 6 月份报表
13. 权益	
14. 全部负债和权益	
15.(跳过)	
16. 收益表	
17. 销售成本	
18. 成本	
19. 费用	
20. 净收益	

杠杆:关联概念 举例 2-3

14. Jacob Cornwall 个人投资了 250 000 美元开始了一个新的项目,这笔钱是他自己的钱,也是该公司的唯一资本(没有其他股权投资者或债务)。最近一年,该公司的净收益为 20 000 美元,也就意味着有 8% 的权益回报(20 000/250 000)。如果第二年公司的经营所得的净收益保持不变,但 Jacob Cornwall 从公司权益账户支出 150 000 美元给 Jack,按照以下不同税率,公司的权益回报率各是多少?

    (1) 税后利率是 6%。

    (2) 税后利率是 10%。

    (3) 评论(1)和(2)的结果之间的差异。

15. Gatwick 有限责任公司有 500 000 美元的税后利润(净收益),没有债务。所有者对企业投资 6 000 000 美元的权益。如果公司按照 10% 的利率借款 2 000 000 美元用于回购股票,那么在息税前利润保持不变的情况下的投资(权益)报酬率是多少?假设税率为 40% 的固定税率而且贷款一对一的减少收益。(企业所有者的投资权益报酬率为 ROI＝ROE＝净收益/权益)

16. Declan Ross 想卖掉他的公司。该公司没有债务,而且基于 150 000 美元的权益有 8% 的净资产收益率(ROE)。该企业可以以 5% 的税后利率借款。一位顾问建议,如果其财务报表显示净资产收益率(ROE＝净收益/权益)较高的话,那么该业务将更有价值。可不幸的是,提高盈利能力的计划目前是不可行的。这位顾问还说,杠杆有时可以用来提高净资产收益率,而且由于公司实际的净资产收益率(8%)高于税后贷款利率(5%),通过借款减少股本将会增加净资产收益率(ROE)。那么 Declan 要借多少钱才能把公司的净资产收益率提高到 12%?

提示:首先使用净资产收益率的定义计算净收入。然后假设 Declan 借了 50 000 美元,同时股本也减少了相应的数额。重新计算净利润和净资产收益率。重复不同的债务数额,直到净资产收益率接近 12% 为止。

权益账户:

参考权益账户第 41 页的举例,解答第 17～19 题

17. 在过去的一年里,Alpha 公司净收入为 150 美元,支付了 20 美元的股息,并以 40 美元的价格出售了新股票。年初的股本为 700 美元。请计算期末股本。

18. Mints 娱乐公司今年的净收益为 170 000 美元,支付的股息为每股 0.25 美元,流通股共计 100 000 股。年底时,其资产负债表显示留存收益为 250 000 美元。那么前一年年底 Mints 娱乐公司的留存收益是多少?

19. Preston 铁路公司去年成立时,其创始人出资 9 000 000 美元,发行了 300 万股面值为 1.25 美元的股票。该公司第一年赚了 750 000 美元,并支付了 325 000 美元的股息。请构建截至该年年底 Preston 铁路公司资产负债表的权益部分。

20. Digital Systems 公司于两年前赶上网络机遇而组建。投资者购买 200 万股股票,股票面值每股 4 美元,每股支付股价 12 美元。在接下来的两年,公司分别获得盈利 2 000 000 美元和 3 000 000 美元,并且在这两年分别支付了 1 200 000 美元和 1 300 000 美元的股利。在第一年年末,公司以每股 14 美元出售了 500 000 股股票。请构建 Digital Systems 公司第一年年初、第二年年初和第二年年末资产负债表的权益部分。

税收

21. Coolidge 一家的应税所得为 165 000 美元,他们生活所在的州,规定所得额超过 100 000 美元需要按照 11% 来纳税。请问,该家庭的总有效(边际)税率是多少?(提示:参考公式 2.1 和表 2-4。)

22. 使用以下税率来计算应税所得：

等级（单位：美元）	税率（%）
0～10 000	15
10 000～50 000	25
50 000～250 000	30
250 000 以上	35

计算以下应税所得额的平均税率（第 44 页）：

(1) 20 000

(2) 125 000

(3) 350 000

(4) 1 000 000

23. John Petros 在 20×2 年申报的应税所得额为 150 000 美元，其中包括以下交易：

参考：资本利得、资本损失和股息的税收处理。

(1) 20×2 年 6 月，John 以每股 40 美元的价格出售了 100 股股票，而他三个月之前购买价格是每股 35 美元。

(2) 20×2 年 10 月，John 以每股 79 美元的价格出售了 200 股股票，而他三年之前购买的价格是每股 61 美元。

John 在 20×2 年没有股息收入。

如果长期资本收益的税率为 15％，普通收入的税率为 25％，那么 John 在 20×2 年应缴税额是多少？

计算个人所得税：关联概念　举例 2-4

24. 利普斯科姆一家 2015 年的收入如下（单位：美元）：

薪水	马克	63 500
	阿什利	57 900
投资收益		
	IBM 债券	4 750
	纽约债券	1 400
	储蓄存款账户	2 600

利普斯科姆一家的住房抵押贷款包括利息共计 16 480 美元，并为此支付了 4 320 美元的房地产税。他们还缴纳了 5 860 美元的州所得税，并向知名慈善机构捐赠了 1 250 美元。另外，利普斯科姆有三个子女需要抚养。

(1) 计算利普斯科姆一家的联邦应税收入。

(2) 假设他们作为一对夫妇共同纳税，他们的应纳税额是什么？

(3) 利普斯科姆一家的平均税率和边际税率各是多少？

25. 本杰明一家在 2015 年的工资收入有 185 000 美元。他们收到了 4 500 美元的公司债券利息和 1 500 美元的州发行债券的利息。他们的股息收入为 500 美元，而且他们出售证券获得了 1 000 美元的资本利得。他们支付了 1 450 美元的房地产税和 3 000 美元的州所得税，他们捐了 550 美元给他们的教堂。此外，他们还支付了 8 000 美元的住房抵押贷款利率。他们有一个需要抚养的孩子。他们 2015 年度的应交纳税额是多少?

26. Joan Leahy 和 Harry Leahy 两人 2015 年均有收益。Harry 工资所得为 72 500 美元，Joan 有一家公司形式的小型企业,支付给她 50 000 美元的工资。此外,企业将利润 15 000 美元以股利的形式支付给了 Leahy 一家。他们俩获得银行存款利息收入 5 600 美元和 Harry 的兄弟 Lou 付给他们的贷款利息收入 350 美元。Lou 也在当年偿还了贷款本金 2 000 美元,夫妻二人得到两种债券的利息收益,分别是 20 年期的 IBM 债券的 2 200 美元和密歇根州债券的 2 700 美元。

他们以 14 000 美元的价格出售了一些 Biotech 的股票,该股票在 5 年前购买,当时的价格为 4 000 美元。两年前他们向一位不动产代理商咨询投资了 50 000 美元购买了一些乡村的土地,并在 2012 年以 46 000 美元的价格出售。

他们支付 12 500 美元的抵押贷款,其中 9 000 美元是利息,其余则直接冲抵本金。当年他们支付不动产税 2 750 美元和州所得税 6 800 美元,向教堂捐款 1 500 美元,并向 Joan 年迈的母亲支付了 3 000 美元的赡养费,此外,他们还有两个年幼的孩子需要抚养。

(1) 计算 Leahy 一家的应税所得额。

(2) 2015 年他们的所得税应缴额是多少?

(3) 计算他们的平均税率。

(4) 计算他们的边际税率。是否可能存在更多的边际税率,请解释原因。

纳税申报和免税申报的比较 关联概念　举例 2-5

27. Harry Swartz 希望投资于债券,最终他决定在两个债券之中选择。第一个是微软公司提供的,利率是 8%。第二个是由马萨诸塞州斯普林菲尔德市提供的,回报率是 6%。Harry 认为这两种债券的风险水平相似,毕竟它们上市都有 10 年了,属于成熟产品。Harry 是单身状态,2015 年的应税所得为 125 000 美元,生活在一个没有个人所得税的州。那么 Harry 应该选择哪一种债券?

28. Dick Dowen 正在考虑三个的投资选择:

(1) 芝加哥债券,回报率为 4.5%,并且在州和联邦各级都是免税的。

(2) 伊利诺伊州债券,回报率 4.75%,免征联邦税,但需要缴纳州级别的税。

(3) 麦当劳公司债券,回报率 6.7%,在州和联邦两级都需要纳税。(提示:使用总有效税率 TETR。)

如果伊利诺伊州的税率是 6%,Dick 的联邦边际税率是 30%,哪种投资方式税后收益最高?

公司所得税:关联概念　举例 2-6

29. 请根据以下税前收益(EBT)计算公司所得税(单位:美元):

(1) 37 000

(2) 57 000

(3) 88 500

(4) 110 000

(5) 5 375 000

(6) 14 000 000

(7) 17 350 000

(8) 23 500 000

30. Ed Fletcher 计划以公司形式创业,他需要 500 000 美元的投资。这笔钱他是有的,但他也可以从一个有钱的亲戚那里借到所需要的投资款(这是不太寻常的)。Ed 认为,业务开始之后,在公司中尽可能多地留存资金以支持业务增长是非常重要的。然而,他还是计划支付投资者收益,不管是他自己还是他的亲戚,每年都有 50 000 美元的回报(投资额的 10%)。这些钱大概是在其他方面可以赚到的那么多。从现金留存的角度考虑,Ed 应该借钱还是自己投资? 也就是说,哪种选择会保证公司中有更多的现金支持来发展业务? 能多多少呢? 该公司的实际有效税率为 40%。(提示:见税金和融资。)

31. Microchip 公司在以下各年产生以下的利润和亏损(单位:美元):

2013	5 000 000
2014	350 000
2015	(3 450 000)

请计算 2013 年最终需要支付的联邦所得税。3 年的公司所得税表是相同的。(提示:参考税损前移和后移。)

32. Inky 公司 2015 年公司报告有以下财务信息(单位:美元):

营业收入(EBIT)	650 000
利息	430 000
自 Printers 公司取得的股息,不计入营业收入 (Inky 拥有 Printers 3% 的股票)	20 000
支付给股东的股息	50 000

(1) Inky 公司的纳税义务是什么?(参考企业纳税表 2-5)(提示:参考向公司支付股利。)

(2) Inky 公司的边际税率是多少?

(3) Inky 公司的平均税率是多少?

(4) 解释为什么 b 和 c 之中只有一个税率是跟财务决策相关的?

33. Snyder 公司有以下的收益和费用(单位:美元):

销售收入	180 870 000
成本	110 450 000
费用	65 560 000

另外,公司持有 Bevins 公司 30% 的股权,收到 2 430 000 美元的利息和 4 700 000 美元的股利。计算 Snyder 公司的所得税负债。(提示:参考向公司支付股利。)

上机习题

34. Rachel 和 Harry 正计划结婚。两人都有很成功的事业,并且在本年预计可以获得以下收入(单位:美元):

	Rachel	Harry
工资	155 380	146 200
利息和股利	6 750	45 325

	Rachel	Harry
长期资本利得（损失）	5 798	—
全部所得	167 928	191 525
抵减项目	28 763	15 271

（1）运用 PERSTAX 程序计算他们二人作为单身的全部税金并确定如果按照结婚情况纳税将支付多少税金或节省多少税金。假设他们在当年结婚并将全年的所得额归入夫妻共同申报税率表中。假设没有州所得税。

（2）Duncan 和 Angela 也在考虑结婚，但是他们的收入都比较低，如下：

单位：美元

	Duncan	Angela
工资	56 450	378 290
抵减项目	6 048	3 224

如果二人结婚，那么他们缴纳多少税金？

35. 你已经被乌托邦国聘用开发计算机计算税金的办法。乌托邦的累进税制只包含两个等级的所得额，它适用于所有家庭，如下：

收　　入	利　　率
30 000 以下	20%
30 000 以上	30%

它的个人减免和具体的抵减项目的内容与美国的税制类似，但是减免额永远固定在每人2 550 美元的水平上。另外，对于资本利得、资本损失和股利所得也没有特别的照顾。

编写一个电子表格程序，计算一个典型的乌托邦家庭的税金。请用下面的例子来测试你的程序：

单位：美元

收入	28 950	96 250
人数	1	5
抵减项目	2 800	14 457

通过计算乌托邦国的税金来测试你所编写的程序。（提示：使用一个单一的条件指令［if 语句］来识别纳税人处于哪个收入等级，并计算纳税额。）

第3章

现金流量和财务分析

在第1章中,我们已经明确了财务分析的方向在于现金流量而不是会计结果。鉴于现金流量的重要性,我们需要彻底理解这个概念并熟悉作为公司财务报表之一的现金流量表的编写。我们将在本章的前半部分理解此概念。

然后,我们会将注意力转向财务分析,即一种专门用于从财务报表中获得关于企业经营实用信息的技术。在开始这两部分之前,我们要先介绍一些关于财务信息的背景知识。

3.1 财务信息——来自何处,何人使用它,我们希望从中得到什么

"财务信息"是指用货币度量的企业经营成果。这个概念在很大程度上指出了财务报表蕴含的重要性,但"财务信息"又不完全局限于那些报表。"财务信息"之所以重要,是因为企业内部和外部的使用者利用它们作为制定有关企业及与企业相关的决策的基础。

提供财务信息是管理层的责任。它由公司内部的会计师编写并经过审计师的复核,但是会计师和审计师都不能对它的正确性提供完全的保证。① 于是就产生了一种利益上的矛盾,因为管理层总是想将企业经营的结果描述得尽可能有利。我们将立刻讨论这个问题。

一旦编制好财务信息,它就会提供给利用它制定与企业有关决策的使用者使用。让我们从简单介绍这些使用者开始学习。

3.1.1 财务信息的使用者

财务报表是用于发布企业经营业绩的报告。它的主要使用者是投资者、债权人和管理层本身。

投资者和财务分析师 财务报表最重要的功能是向外部的投资者提供相关信息。这些人或者组织可能会购买公司的股票,也或许借钱给公司。债权人关心的是企业的稳定性和现金流量,而持股者最基本的关注点则是企业远期的成长能力。

投资者有时候亲自分析财务报告,但是多数情况下则依赖于财务分析师的报告。这些分析师为大型经纪公司或者金融机构工作。他们的工作是作为一个外部人士尽可能多地了解一家特定公司及其所处行业,以利用这些信息来预期企业的业绩,然后对这家公司的投资价值给出建议,包括是否购买或者出售公司的股票以及公司的债务状况是否安全。鉴于财务分析师的中介咨询职能,他们被看作是"投资者导向信息"的主要读者。

分析师的一项主要工作就是研究公司近期公布的财务报表。值得注意的一点是已经公布的财务报告与公司的"过去"有关,而分析师的关注点则在"未来"。然而,由当前信息反映的"过去"通常是对"未来"最好的反映。在本章我们将学习财务分析师和资深的投资者经常使用的基本分析工具。

供应商/债权人 被要求以赊销方式与公司进行交易的供应商是另一个报表使用者群体。因为他们预先为产品和服务垫付了资金,所以他们和借款人关心的事情是一样的。关键的问题是公司是否有可使用的现金以便在不久的将来偿还债务。

管理层 最后一个报表使用群体是公司自己的管理层。财务报表反映了他们在公司经营的每一个方面中存在的成功与失败。管理层可以通过研究这些结果来分析经营中的优势与劣势。而这一过程可以显示出管理层应在何处努力改正问题并提高公司业绩。

---

① 审计师通过一定的观察和测试程序后在一个合理的程度上保证财务报告是经过正确的方式编写并已经披露了全部相关资料。

3.1.2 财务信息的来源

关于任何一个上市公司财务信息的最基本的来源就是它们的**年度报告**。任何一个向公众出售股票的公司都被要求公布年度报告，而一份典型的年度报告应该包括近几年的财务信息，并附有对公司及其业务的大量说明。

一份年度报告中的财务信息是必须经过独立会计师事务所审核的。审核并不能完全确保报告的准确性，但却可以在一个合理的水平上保证报告上的数字是根据公认会计准则（GAAP）编写的并具有合理的客观性。然而，对于在说明中披露的信息，公司则具有较大的自由度。

事实上，年度报告也存在一些问题。它们总是从一个有利的角度描述过去的业绩和未来的预期。也就是说，它们偏向于报告公司今年做得像去年预期的一样好，而且会在明年做得更好。报告总是倾向于缩小或者忽略错误与失败，夸大成功，并用不实际的乐观词汇来描述未来的发展机会。

年度报告实际上是由管理层提供给股东的一份报告。但是因为管理层是为股东工作的，所以他们实际是在填写自己的成绩单。自然，报告的结论就会偏向于有利于公司真正经营者的一面。

基于这些原因，大多数年度报告已经成了一种广告宣传工具并被制作得具有视觉上的吸引力。这些报告用多种颜色的钢笔写在光滑的纸张上，并配以专业的图片。它们看起来越来越像高档的杂志而不是商业文本。

只要读者明白这种偏向，且不会认为报告中的内容都是绝对正确的，那么这个问题就不一定是不好的。彻头彻尾的欺骗是极少见的，只是真相或多或少会被描述得具有吸引力，而且年度报告总是将内容描绘得非常光明。

公司每年都会向证券交易委员会提交事务性报告，即10-K报告。这份报告与年度报告相比需要提供更详细的内容，如果你提出要求，绝大多数公司都会提供这两份报告。

经纪公司和投资咨询公司会提供关于大多数大型公司的报告，而这类报告就是通过财务分析得到的。经纪公司会作为免费服务向其客户以及潜在客户提供这些信息。而投资咨询公司提供这些报告则是需要收费的。最知名的咨询公司当属 Value Line，它提供超过6 000种股票的相关信息。咨询公司向已经付费的用户提供信息，但是这些内容往往可以在图书馆中得到。

年度报告和经纪公司提供报告的描述性章节中提到的问题并不总是纯粹的财务问题。它们可以涉及任何至关重要的业务领域，如市场、产品、竞争或合并。换句话说，很多"财务信息"并不完全是财务上的，它可以更好地描述为营销或战略信息。请牢记，财务管理工作的结果是公司经营的数字体现。因此，判断一家公司是否值得投资，首先要从其产品的市场运作是否优秀开始。

洞察：实际应用

细节中隐藏的问题

年度报告对于投资者来说是一项主要的信息来源，但由于它是由管理层提供的，所以报告往往倾向于管理层。这种倾向主要表现在夸大成绩、缩小问题和威胁上。世界顶级的软件生产商微软公司，它过去的一份年度报告就是一个典型的例子。

在20世纪90年代后期和2000年前期，微软公司受到了美国司法部根据其违反舒尔曼法案(Sherman Act)而提出的法律指控。舒尔曼法案认为,某一公司试图减少商业竞争并试图使自己处于商业垄断地位的行为是违法的。联邦政府和19个州的州政府指控微软公司并建议微软公司应该被分割成两部分,以补偿其之前违法的反竞争行为造成的后果。

有一年,这个悬而未决的诉讼案经常出现在新闻中,这无疑会成为影响投资群体对微软公司股票预期的一个重要因素。实际上,诉讼案对微软公司未来的威胁极有可能大大地影响其股票的价格。所以,在对公司远期的专业分析中包含一个对此案透彻的讨论以及一个对微软公司利益将从中受到损害可能性的评估,这样的要求是非常合理的。

然而,在微软公司的年度报告中却极少提及此案。虽然在公布报告时,案件仍在进行中。大多数慎重的投资者在仔细阅读报告后会发现,在总经理讨论中仅有6行是关于诉讼结果的。在附注部分谈及的则相对详细,因为法律要求应该在附注中对尚未审结的诉讼予以说明。然而,许多投资者并不阅读附注,它就类似于合同中的细则。

微软公司对于它在年度报告中尽可能少地提及此案的辩解是:管理层认为这些指控是没有根据的,公司终将赢得最终的胜利,因此投资者不必担心。最终,微软没有受到诉讼的伤害。然而,虽然此类诉讼的结果令人怀疑,但投资者难道不拥有获得公允、透彻的对此案引发风险披露的权利和获得管理层及其他各方有关争论观点的权利吗?或许应该这样,但在年度报告中能够发现这样的内容太不寻常了。

资料来源:Microsoft Corporation Annual Report 2000。

3.1.3   财务分析的方向

本章下面的内容提供给大家的大多数信息有些类似于在会计学学习中涉及的知识。然而,二者的目的可不一样。在会计学中,我们关心的是如何产生财务报表;而在财务学中,我们关注的则是如何利用财务报告来评价一个企业及其未来的预期表现。

CFO 经验谈

特别是:财务分析是在寻找问题,寻找出存在异常事项的地方或者根据分析结果表明将会出现问题的地方。

举例来说,现金流量表可能会反映出企业去年借了大笔的资金。会计职能仅仅是披露这一会计期间与资金流向有关的信息。但对于财务分析师来说,则必须进一步探究企业借款的原因和借款行为对企业未来的影响。

这笔借款可能是企业为了向一个令人兴奋的新项目扩张而进行的融资。看起来也许很不错,但分析师需要知道企业是否有能力支付利息以及这个新项目在产生利润之前是否会需要更多的借款。另一方面,如果企业不能收回应收账款或者积压大量无价值的存货,就可能需要更多的借款。在这种情况下,分析师就需要知道这个问题如何解决以及它对企业长期获利能力的影响。

牢记这个财务分析的方向,在财务学中,我们的态度是具有批评性和调查性的。

3.2 现金流量表

我们已经知道了收益表中的收益不等于企业或者企业所有者口袋中的现金。会计收入包括折旧一类的事项,而折旧是为了使收益表能够代表企业持续经营状况而做的很多人为调整中的一个。然而,企业在日复一日的经营中靠的是冰冷、坚硬的货币。因此,就需要一个报表向投资者说明现金流入量和流出企业的详细情况,这就是现金流量表。它向使用者说明企业的钱来自何处以及在此期间钱用到了何处。

专业术语 现金流量表更正式的名称是财务状况变动表,但人们并不经常使用这个难以理解的名称。这个名称的产生是因为资产负债表被称为财务状况表,而现金流量表则是对财务状况变动的技术分析。但普遍的用法涉及"现金流"或"资金流"等词语。现金或资金的来源与占用或来源与应用也可以用"现金流量表"这个词。

现金流量表报告了现金的流入和流出,其中,流入为正,流出为负,负数用括号表示。现金流入描述了钱来自哪里,比如出售某物。现金流出描述了如何使用金钱,比如购买某物。

现金流量表从哪里来 收益表和资产负债表可以直接从账簿上生成。现金流量表的情况则不一样,它是在收益表和资产负债表的基础上产生的。

3.2.1 如何编制现金流量表——基础例子

有助于理解现金流量表中"现金"这个概念最好的方法就是搞清楚现金流量表是如何从资产负债表和收益表的基础上产生的。下面将介绍编写现金流量表的工作原理以及计算过程。

编写某一项会计期间内的现金流量表,将用到两张资产负债表和一张收益表,即该会计期间的收益表和期初、期末的资产负债表。(期初资产负债表即为上期期末的资产负债表)

现金流量表从两个方面分析现金流量表来自何处、流向哪里。首先,根据某些项目对当期的收益做出调整,使其符合每日现金收益概念。其次,对比两张连续的资产负债表,分析企业报表中每一个项目的变化,并分析变化对现金余额的影响。

第二个想法非常重要,但可能有点棘手。资产负债表账户的变动,代表现金流入或流出,即来源或用途。比如说,一个账户发生了 5 000 美元变动,就代表了 5 000 美元的现金流。这种变动是否反映来源或用途,取决于该账户是资产还是负债,以及变动是增加还是减少。为了分析这种变动,我们用表 3-1 列出了四个简单的规则。

换言之,编制现金流量表的第二步是查看每个资产负债表账户的变化,看它是现金的来源还是用途,然后按规定的方式组织结果。

如果我们以一个企业为例来解释这些概念,可能会有些难度,所以先来考虑一个涉及我们熟悉的资产和负债的个人举例。下面的举例将有助于理解规则及其应用。

贷款买车——前两条规则 假设 Joe Jones 每年的税后收入有 50 000 美元,其中 40 000 美元用于日常生活开销。年初的时候,除了 10 000 美元的银行存款,没有其他的资产或者债务。另外,假设他这一年花 30 000 美元买了一辆汽车,其中有 25 000 来自于银行的汽车贷款。年底时他有 15 000 美元的银行存款。

表 3-1 现金流规则

资产增加————→	现金占用
负债增加————→	现金来源
资产减少————→	现金来源
负债减少————→	现金来源

Joe 的个人收入表和资产负债表如下所示。重新读一下上面一段文字,确保你已经理解

Joe 的活动在财务报表中的体现,尤其在资产负债表的开始和结尾处。

个人收入表——Joe Jones	单位：美元
收入	50 000
花费	40 000
净值	10 000

资产负债表——Joe Jones		单位：美元
	期　初	期　末
资产		
银行存款	10 000	15 000
购置车辆	0	30 000
总资产	10 000	45 000
负债和权益		
购车贷款	0	25 000
权益	10 000	20 000
总负债及权益	10 000	45 000

现在我们将从现金流的角度来考察 Joe 的活动。我们将写出现金流量表的结果,然后分析每一行。现金来源和占用在最右边列。

现金流量表——Joe Jones	单位：美元
现金收益	50 000
生活消费用现金	(40 000)
来自收益的净现金	10 000
购车使用的现金	(30 000)
来自贷款的净现金	25 000
现金净流入(流出)	5 000

项　目　调　整	单位：美元
期初现金余额	10 000
净现金流量	5 000
期末现金余额	15 000

Joe 的税后现金收入为 50 000 美元,40 000 美元的现金支出,净额为 10 000 美元。这显然是一种现金来源,并显示为正数。接下来我们将讨论资产负债表的变化。

首先考虑汽车贷款(请不要把购买和贷款结合在一起,这是两个单独的交易)。当 Joe 借了 25 000 美元时,他从贷方那里收到了钱,这显然是一个现金来源。但借款也增加了资产负债表上的负债项目,从 0 到 25 000 美元。该交易印证了第二条规则:负债增加与现金来源有关。这也是合乎逻辑的——当你借钱的时候,贷方给了你现金。

接下来,Joe 用 30 000 美元购买了一辆汽车,他的资产负债表中的汽车资产账户增加到 30 000 美元。这证实了第一条规则:任何资产增加时都要用到现金。这就更加容易理解了:

你必须花钱买一辆汽车。

在写下 Joe 的所有现金来源和用途之后,我们得到了一个被称为净现金流的结果,它的数值是 5 000 美元。

为了完成这项举例,我们将 Joe 的净现金流量与他的银行账户核对了一下。假设他所有的钱都在银行,他的期初余额加上他的净现金流量必定等于他的期末银行余额。如果不相等,就是出错了。下面有一个稍微复杂一些的例子。

买车与卖车——第三和第四条规则 假设 Sally Smith 年初有一辆价值 20 000 美元的车龄三年的豪华轿车,同时有 14 000 美元的银行贷款未偿还,她的银行存款余额为 6 000 美元。当年她的税后收入为 60 000 美元,但在生活开销上却花了 62 000 美元。为了节省开支,她以 20 000 美元的价格卖掉了自己的汽车,并花费 9 000 美元现金(没有贷款)买了一辆经济型的汽车。当她卖掉那辆旧车时,她还清了 14 000 美元的贷款。年底时,她的银行余额为 1 000 美元。

在下列损益表和资产负债表中核实以上信息。

个人收入表——Sally Smith　　　　　　　　　　　　　单位:美元

收入	60 000
花费	62 000
净值	(2 000)

资产负债表——Sally Smith　　　　　　　　　　　　　单位:美元

	期　初	期　末
资产		
银行存款	6 000	1 000
车辆——奢华	20 000	0
车辆——经济	0	9 000
总资产	26 000	10 000
负债和权益		
购车贷款	14 000	0
权益	12 000	10 000
总负债及权益	26 000	10 000

现在让我们考虑一下 Sally 活动的现金流含义。我们将再次写出最终的现金流量表,然后分析每一行。

现金流量表——Sally Smith　　　　　　　　　　　　　单位:美元

现金收益	60 000
生活消费用现金	(62 000)
来自收益的净现金	(2 000)
来自卖旧车的净现金	20 000
使用现金偿还旧车贷款	(14 000)
购置新车使用的现金	(9 000)
现金净流入(流出)	(5 000)

项 目 调 整	单位：美元
期初现金余额	6 000
净现金流量	(5 000)
期末现金余额	1 000

Sally 在这一年的收入是负值，因为她花的钱比她赚的多。任何人都可以通过提取银行账户或借款来做到这一点。我们将描述因花费超支导致现金来源为负值，而不仅仅是因为使用现金，因为收入通常是一种现金来源。

Sally 做的第一件事就是以 20 000 美元卖掉她的旧车。这显然是一种现金来源，因为她收到了卖汽车的钱。但放弃这辆汽车也使她的资产负债表中豪华车资产账户从 20 000 美元减少到 0 美元。这也印证了我们的第三条规则：资产减少代表了现金的来源。

当 Sally 卖掉她的汽车时，她还付清了汽车贷款。这就需要给贷方现金，这显然是一种用途。但这笔交易也将她的资产负债表中的贷款负债从 14 000 美元减少到 0 美元。这印证了第四条规则：负债减少是现金的使用。

使用现金流量的规则　通过前面的举例很容易看出为什么每笔交易都是现金的来源或使用。很明显，买车要用现金，就像还清贷款一样。同样，像出售汽车这样的有形资产也会产生现金，就像借贷一样。

当我们开始研究企业资产负债表时，情况会更为复杂，因为它们包含无形资产和负债，如应收账款和应计项目。对大多数人来说，很难理解为什么应收账款的增加是现金的使用，又或者为什么应计利润的增加是一个现金来源。

幸运的是，由于这些规则，我们不必认为每一张资产负债表都会变成一张现金流量表。我们所需要做的就是使用表 3-1 将资产规则应用到每一项资产，将负债规则应用于每一项负债中。换句话说，我们应该把每一笔资产视为一辆汽车，将每一项负债视为一笔贷款，而不用去考虑为什么每次增加或减少都是现金的来源或使用。[1]

3.2.2　企业现金流量

在一家企业中，收益可以通过用折旧之类的非现金项目对收益表中的净收益进行调整得到。资产负债表清楚地列出了年初和年底的资产和负债，所以每个账户的变动都可以很容易地计算出来。

披露标准　企业的现金流量表可以将企业的活动分为三类：经营活动、投资活动和筹资活动。

经营活动与日常经营有关。投资活动是指企业对固定资产等进行的购买（投资）或出售活动，同时也包括对金融资产的长期购买与出售。[2]

筹资活动发生在公司借入资金、偿还贷款、出售股票或支付股息时。它涉及的是融资和相应的还款活动。

图解　在开始数字举例之前，让我们先看看企业现金流的图表，然后把这些想法牢记

---

① 考试中，开始的时候你就可以把这条规则写在论文的一角，这样你在答题的时候就不会觉得困惑。
② "投资"一词一般是指购买将来能带来更多收益的东西。当个人提及"投资"时，他们通常指的是购买金融资产。然而，有时候也在指实物（如投资房产）或者无形资产（如教育投资）。当我们谈论公司的投资时，通常意味着购买用于经营的设备，如机器、汽车、房地产。

在心。

图 3-1 显示了现金流入和流出公司的情况。请注意,右边显示的经营活动与正常业务过程和资产负债表的往来账户有关。投资活动一般都倾向购买寿命长的资产,无论是实物资产还是金融资产。筹资活动涉及债务和股本。

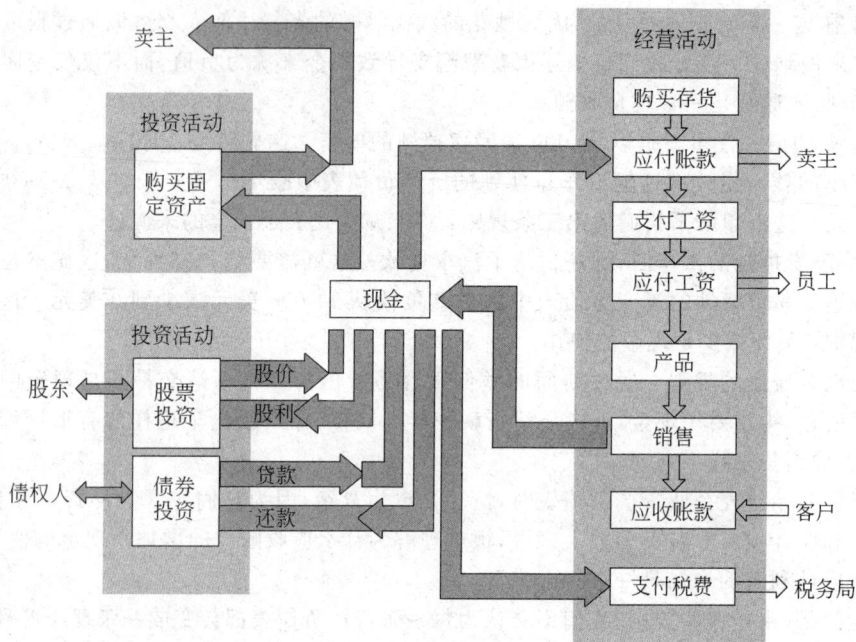

图 3-1　企业现金流量

3.2.3　编制现金流量表

现在我们可以把企业现金流量表汇总起来。最好的方法是通过一个量化的举例,如例 3-1。这一过程要求在会计期间的开始和结束时编制资产负债表,并在该期间编制收益表。

关联概念　举例 3-1

公司的现金流量表

以下是假设的 Belfry 公司的财务报表,其中资产负债表各项纵向排列,资产在上负债在下。

Belfry 公司资产负债表

（期末 12/31/×2）　　　　　　　　　　　　　　　　单位:千美元

	资　产	
	12/31/×1	12/31/×2
现金	1 000	1 400
应收账款	3 000	2 900
存货	2 000	3 200

资　产		
	12/31/×1	12/31/×2
流动资产合计	6 000	7 500
固定资产		
原值	4 000	6 000
减：累计折旧	(1 000)	(1 500)
净值	3 000	4 500
资产合计	9 000	12 000
负　债		
应付账款	1 500	2 100
应计项目	500	400
流动负债合计	2 000	2 500
长期债款	5 000	6 200
所有者权益	2 000	3 300
资本合计	7 000	9 500
负债与所有者权益合计	9 000	12 000

Belfry 公司收益表

（期末 12/31/×2）　　　　　　　　　　　　　　单位：千美元

销售收入	10 000
销售成本	6 000
毛利润	4 000
费用	1 600
折旧	500
息税前收益	1 900
利息	400
税前收益	1 500
所得税	500
净收益	1 000

　　此外,该公司在年内以 800 000 美元的价格出售股票,并支付 500 000 美元的股息。(请注意：为了方便起见,我们在损表中单独列出了折旧,而大多数财务报告都不会这么做。)

　　我们将按照下面不同的活动,分别编写 Belfry 公司的现金流量表。

　　解答：经营活动(单位：千美元)

　　经营活动是指企业正常的营业活动。通常包括购买存货、生产并销售产品、支付费用和税收,以及收回赊销的货款。这些活动的核心是净收益的产生,所以我们以净收益作为现金流量表的起点。

　　净收益包括并不影响现金流量的项目。因此,这类项目应该被剔除以调整净收益,而调整后的结果就是经营收益。

　　在 Belfry 的举例中,唯一需要调整的就是将在收益表中作为减项的折旧再重新加回来,从而计算出经营收益。

净收益	1 000
折旧	500
经营收益	1 500

我们知道,经营活动的现金流量会经过资产负债表的流动账户。因此,这类账户的变动也是经营现金流量的一部分。我们会分析出现金账户以外的其他流动资产账户余额,并根据表 3-1 的现金流量规则将这些变化分为现金来源和现金占用。而现金账户则需要另行处理。

就 Belfry 公司而言,它的应收账款从 300 万美元下降到 290 万美元,提供 10 万美元的现金来源,因为这是根据第三条规则,即资产的减少是现金来源。同样,根据第一条规则,存货从 200 万美元增加到 320 万美元,意味着存货占用了 120 万美元。

将第二条和第四条规则应用于应付账款和应计项目的变动,得到公司如下的现金来源和现金占用:

账户	来源(占用)
应收账款	100
存货	(1 200)
应付账款	600
应计项目	(100)
	(600)

流动账户变动额和经营收入的总和是经营活动产生的现金流量。在 Belfry 公司的举例中典型情况如下:

净收益	1 000
折旧	500
流动账户变化净额	(600)
经营活动现金流量	900

投资活动

在这个例子中,来自投资活动的现金很简单。唯一的一项是 Belfry 的固定资产增加了 200 万美元。从起初的 400 万美元增加到 600 万美元。根据第一条规则,这属于现金的占用。

需要注意的是,我们使用的是固定资产原值账户,而不是净值。这是因为净值是减去累计折旧后的资产数额,而累计折旧的变化正是收益表的折旧项目。既然在经营活动现金流量中已经包括了折旧,我们就没有必要重复了。

因此,投资活动的现金流量为:购买固定资产(200 万美元)

筹资活动

在这个例子中有三项融资活动。第一项是长期债务的增加,根据第二条规则,这属于现金来源,这家公司似乎是收回了一笔货款。第二项是销售股票,第三项是支付股利。出售股票导致权益(一种负债①)增加,按照第二条规则,这也是一种现金来源。支付股利显然是一种货币

---

① 所有者权益是公司欠所有者的"债务",鉴于现金流量规则,我们视其为一项资产。

的占用。它造成了权益的减少,按照第四条规则,这属于现金的占用。(股票销售和股息的来源或占用分类更加明显。当股票被出售时,公司收到了现金凭证,显然是现金流入。股息总是由公司支付给股东,因此它们清楚地表示流出。)

筹资活动的现金流量如下(单位:千美元):

长期债务增加	1 200
销售股票	800
支付股息	(500)
筹资活动现金流量	1 500

权益账户和现金账户

请注意,我们没有计算权益账户的变化额,并没有划分为现金来源和现金占用。这是因为,前面的分析中,已经将权益账户的变化额分成了三个部分,而这三个部分中已经分别包含了这些变化。让我们将这三部分列出来。所有者权益的变化等于净收益与销售股票收入之和再减去支付的股利。涉及 Belfry 的举例如下:

净收益	1 000
股票销售	800
股利	(500)
权益账户的全部变化	1 300

出售股票和支付股息已经包含在融资活动中,而净收益的影响则反映在经营活动中。

也请注意,我们还没有涉及现金账户。忽略它的原因是我们已经知道三种活动的现金流量之和必须等于现金账户余额的变化,它作为一个调整额列在现金流量表的最后。

Belfry公司的经营活动、投资活动和筹资活动的现金流量合计为正值(900-2 000+1 500=)400。所以,这跟资产负债表现金账户是一致的:

期初现金余额	1 000
净现金流量	400
期末现金余额	1 400

可接受的标准格式下,Belfry公司完整的现金流量表如下:

Belfry 公司现金流量表

期末 12/31/×2   单位:千美元

经营活动产生的现金流量	
净收益	1 000
折旧	500
流动账户变化净额	(600)
经营活动现金流量净额	900
投资活动产生的现金流量	
购买固定资产	(2 000)
筹资活动产生的现金流量	
长期债务的增加	1 200
销售股票	800

支付股利	(500)
筹资活动现金流量净额	1 500
净现金流量	400
调整	
期初现金余额	1 000
净现金流量	400
期末现金余额	1 400

概括地说,现金流量表从损益表和资产负债表中获取信息,并以描述现金流动的方式来显示这些信息。在这个过程中,并没有新的信息被创建,只是用一种更加有利于企业日常经营的方法将它们重新组合一起。

结论

根据这个例子,阅读 Belfry 公司的现金流量表可以了解它的一些情况。首先,这家公司利润丰厚,有10%的净利润率,但仍需要大量借款。显然,固定资产的购买需要额外的资金,但人们还是会怀疑这项支出的必要性。另外,存货的急剧增加也是值得关注的一点。这是否意味着一些现有的库存中存在着问题?如果是的话,就预示着企业未来可能会有更大的损失。

对企业来说,现金才是真正重要的,而不是净收益。

为了帮助大家理解这一点,我们还有另外一个关于 Belfry 公司的问题。请注意,本年 Belfry 公司从银行借款达120万美元,那么银行真的愿意提供这笔贷款吗?

CFO 经验谈

事实上,银行并不愿意再向这家公司发放更多的贷款了,年初时公司的总资本(长期债务加权益)中大约70%属于债务。后面,我们通过学习会知道这么高的比例已经超出了大多数债权人能够接受的水平。银行如果拒绝这个要求,企业会马上陷入现金危机。如果因此 Belfry 公司不能支付员工工资,那么企业会在一夜之间停产。

但是,Belfry 公司利润很高,净利润可以达到10%。所以,记住这个教训,那就是企业可能会在盈利的时候破产。小企业总是这样,而这种事情发生在大企业身上的概率也很让人咂舌。

3.3 自由现金流量

投资者经常收购(购买)整个公司。收购方的候选人通常是盈利的企业,有稳定增长的公司业绩。潜在买家最关心的问题之一就是即将被收购的这家公司是否能赚钱。

一些企业从日常运作中会获得足够的现金,来支付设备更新的费用,并购买新的资产以支持业务的不断增长。而另外一些公司也可能盈利,但却需要额外的资金来保持竞争力和业务增长。第一种情况下,买家可以直接得到被收购公司所赚取的现金,但在第二种情况下,收购方必须投资更多的资金或借款来保证被收购公司的成长。

自由现金流量(FCF)的概念让我们可以评估一家公司在不远的将来,是需要现金投入还是会有现金盈余。如果自由现金流量为正,那么企业除了可以依靠自身能力获得持续发展之外,还可以支付利息或者股利。如果自由现金流为负值,那么企业持续经营就需要借助外部的现金支持。

换言之,自由现金流量是可以提供给投资者的由公司经营而产生的现金。

3.3.1 自由现金流量计算

自由现金流量(FCF)的理念从息税前利润(EBIT)而来。回忆一下,收入减去所有成本和费用(不包括利息和税收),就得出了息税前利润(EBIT)。

由于息税前利润在利息上高于收益表,所以它不受公司融资的影响。正因为此,它也被称为营业利润,"经营"一词是指不包括融资在内的企业的实质性的业务活动。

我们考虑将息税前利润减去一个假设的税值,这个税值由息税前利润乘以一个特定税率而得到,由此就得出了一个衡量盈利能力的指标:净营业利润,通常被称为税后净营业利润(NOPAT)。如果 T 是税率,那么

$$税后净营业利润 = 息税前利润 - 税率 \times 息税前利润 = 息税前利润 \times (1-T) \quad (3.1)$$

这里需要注意的是,如果没有负债,那么 NOPAT = 净收益。

在计算 EBIT 的时候,折旧是需要在收入中减去的项目之一。但折旧是非现金费用,所以息税前利润会低估现金流的金额。增加折旧会给我们一个接近真实现金流的数字,我们称其为营运现金流量:

$$营运现金流量 = 税后净营业利润 + 折旧 \quad (3.2)$$

自由现金流是营运现金流加上对公司未来将持续保持竞争力和业务增长的假设。保持竞争力意味着要不断替换老旧的设备。由于折旧是长期资产(固定资产)的损耗,所以需要不断地购买新的固定资产。处于扩张期的公司需要不断增加基础资产,所以固定资产的购买必须超过折旧才能保持业务增长。此外,由于较大的业务需要更多现金、存货和应收账款,因此必须通过往来账户的持续增长来支持业务发展。

自由现金流,即可供投资者(股东和债券持有人)使用的资金,可以用如下公式表示:

$$自由现金流 = 营运现金流 - 总固定资产增加额 - 往来账户增加额 \quad (3.3)$$

如果自由现金流数值为正,经营性现金流就会提供足够的现金来保证资产增长并为投资者留有盈余;如果自由现金流数值为负,那么投资者为了保持往昔的稳定业绩,就只能去弥补这个亏空。

等式(3.3)中的往来账户和现金流量表的经营活动部分的差异应引起注意。在这里,我们考虑了现金账户的变化,而在现金流量表里我们并没有考虑这一点。

3.3.2 股权自由现金流

自由现金流量概念的一个扩展重点是:公司有可能将现金分发给股东,如果公司是以现有债务为根据的,那么它将继续运作。这是通过减去基于现有负债的税后利息成本以及任何需要从自由现金流中扣除的本金偿还款项。如果税率为 T,税后利息成本是利息乘以 $(1-T)$,那么等式(3.3)变为:

$$股权自由现金流 = 营运现金流 - 总固定资产增加额 - 往来账户增加额 -$$
$$(1-T) \times 利息 - 本金减少额 \quad (3.3a)$$

如果我们通过以上计算得出公司的股权自由现金流,表现良好的话,就可以分辨出这家公司将来是否可以支持自身的业绩增长,或者是否需要不断从收购方那里支取发展资金。

关联概念　举例 3-2

自由现金流量业务分析

一组投资者正在考虑购买举例 3-1 中的 Belfry 公司。他们热衷于收购这家公司，并计划向这家公司投入更多的现金，以期收购之后有更多的回报。

请使用自由现金流量睿智的原则和理念来分析 Belfry 公司的财务报表。在这个过程中，请忽略去年的股息支付和股票销售。Belfry 公司的税率为 33％。

解答：根据等式 3.1 和等式 3.2 计算出 Belfry 公司的净营业利润与经营现金流量（单位：千美元）：

$$税后净营业利润 = 息税前利润 \times (1 - T) = 1\,900 \times (1 - 0.33) = 1\,273$$

$$营运现金流量 = 税后净营业利润 + 折旧 = 1\,273 + 500 = 1\,773$$

减去总固定资产和往来账户的增加额、用于偿还债务和支付股权投资者（放款人和股东）的资金，最终得到自由现金流量。往来账户是通过举例 3-1 计算的数字加上 400 000 美元现金的增加额得到的。

$$自由现金流 = 营运现金流 - 总固定资产增加额 - 往来账户增加额$$
$$= 1\,773 - 2\,000 - 1\,000$$
$$= -1\,227$$

假设 Belfry 公司连同其债务一起被收购，可以保持其净本金不变，那么与投资者相关的计算就是权益自由现金流，即要减去需要持续支付的税后利息流出额。

$$股权自由现金流 = -1\,227 - 400 \times (1 - 0.33) = -1\,227 - 267 = -1\,494$$

这些自由现金流和股权自由现金流的负值应该会让潜在的买家感到不舒服。这意味着 Belfry 公司每年需要约 1 500 000 美元的资本注入才可以维持其发展。这也意味着新的所有者要么自己投入资金，向其他人出售新的股票，要么靠借钱来维持公司的运作。既然他们原本的计划是从收购的公司中获取现金，那么选择 Belfry 公司就是不明智的，他们应该另找一家候选公司了。

自由现金流为负值并不一定是坏事，明白这一点是非常重要的。如果公司目前的现金占用是出于对战略上的稳健增长的考虑，那么从长远来看这将使它更具价值。那些目前不是太需要现金的投资者可能会愿意收购这样的企业。

3.3.3　现金转换周期（赛道图）

另一种分析商业活动的有见地的方法涉及将现金转换成原材料、生产用的劳动力和（或）服务的想法，这些产品和（或）服务通过销售又转化成现金。这个想法如图 3-2 所示，我们通常称为现金转换周期。然而，赛道图这个词生动形象，能让人更容易记住。从赛道的左下角开始，企业用现金购买原材料和劳动力来生产产品。产品出售之后，应收账款便产生了。当应收账款被收回时，公司再次拥有现金，用于购买更多的库存和劳动力来生产更多的产品，如此循环。

从某种意义上说，该公司就像在赛道上奔跑一样，将现金转化为产品，然后出售产品，再次转化为现金。你可以想象一下，公司这样是需要时不时添置一些设备的。

考虑公司拥有资产的水平,它能在一段时间内完成更多的销售就会在赛道上领先。很明显,它跑得越快越好,前提是只要它不会因为速度太快而损坏太多东西。换言之,在商业活动中,每一美元的资产能获得更多的销售额是很重要的,这是获得成功的几个途径之一。

然而,如果一家公司只是在轨道上运行,它把所有的钱持续投入到产品中,就不会让它的所有者收益更多。成功的企业需要有能力不断购买新的资产,取代那些陈旧的资产,以保证业务增长,从而支付税款和利润。很明显,每一次在跑道上可以支取的现金流越大,公司的利润就越高。这里指的是获得能力,它显示在图 3-2 的下部。

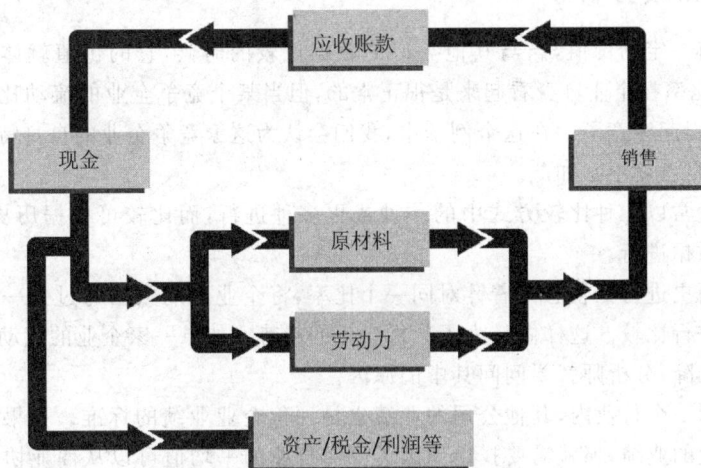

图 3-2　现金转换循环—赛道图

概括地来说,图 3-2 说明了一家成功的企业必须做两件事:第一,根据其资产水平尽量多地销售;第二,根据其成本和费用以合理的利润率出售。

这两件事其实是互相矛盾的。定价不高一般就意味着能销售得更多,但利润就会少一些。相反,较高的价格会带来更多的利润,但销量会下降。我们将在本章结尾处再来分析这个观点。

3.4　比率分析

通过阅读财务报表来判断企业的经营状况的人,他们发明了一些相对标准化的方法,用来分析报告中的信息。这项综合性的技术被称为比率分析。比率分析方法得到了财务职业界的广泛使用,因此,我们应该熟悉这项基础性技术并了解其中一些常用的比率。

比率分析是从财务报表中获取数据,然后形成相应的比率。这些数据是经过挑选后得到的,这样才会使每一个比率对企业的经营者来说具有特定的意义。

例如,有一个比率,它用于说明公司明年是否有能力偿还债务,这个比率被称为流动比率,其数据来源于流动资产和流动负债。

回忆一下第 2 章里讲过的,货币经过流动资产项目,从正常的经营活动进入企业。同样,正常的现金流出也是通过负债项目完成的。另外,"流动"的定义是指现金可以在一年内产生出来或者在一年内被使用。

显然,如果想保持偿债能力,企业至少应该保证现金收支相等。事实证明,比较同一时点上的流动资产和流动负债可以说明近期企业的经营现金流量是正的还是负的。流动比率正是这样的比率,它用流动资产除以流动负债,而且必须大于1,否则企业在下一年度就可能会出现货币短缺。[①] 流动比率衡量的是企业的流动性,即企业短期内偿还债务的能力。

数字比率都是经过设计来产生的,每一个比率都有其特定的意义,就像流动比率。我们将在本章下面内容中介绍几个常用的比率。

3.4.1 比较分析

比率本身有一定的价值,当与其他类似的数据比较的时候,它的价值就体现出来了。例如,1.8的流动比率在企业自身看起来是很正常的,但当某个竞争企业的流动比率超过3.0的时候,就一定会引起注意了。在这个例子中,我们会认为这家竞争企业的自身特点要求较大的流动性,而企业自己就不必如此。

比率分析通常以三种比较方式中的一种或更多种进行,而比较可根据历史数据、竞争企业数据和预算数据进行。

历史 与历史进行比较意味着针对同一个比率,将企业当期数据与过去一个或者几个会计期间的数据进行比较。这样做是为了分析变化的趋势。如果一家企业的流动比率在几个会计期间内急剧下降,分析师就要问问其中的原因。

竞争 在同一个行业内,其他公司的业绩也是评价企业业绩的标准。如果某个指标大大偏离了其他企业的业绩,那就需要找出原因了。而行业的平均值可以从商业协会和政府的出版物、银行的商业报告和分析师的报告中得到。

预算 无论规模大小如何,绝大多数企业都会编制未来的财务计划,我们将在第4章研究企业财务计划的编制。现在,知道财务计划中包含一套预算财务报表及其比率就足够了。当评价企业的财务业绩时,要将企业实际业绩与管理层在计划(预算)中要求的业绩做一个比较。比较计划比率与实际比率可以突出企业管理层需要关注的地方。

3.4.2 百分比财务报表

财务分析的第一步是计算出一套比率,称为百分比财务报表(common size statements),而百分比收益表使用最为频繁,下面举例说明。

假设我们准备比较同一行业内两个规模完全不同的公司的财务业绩。下面是这两家公司——Alpha 和 Beta 的收益表。

单位:美元

	Alpha	Beta
销售收入	2 187 460	150 845
销售成本	1 203 103	72 406
毛利润	984 357	78 439

---

① 流动比率一般需要稍微高于1.0。如果未来的现金流入量等于现金流出量,那么一旦先发生了现金流出,公司就会出问题了。

	Alpha	Beta
费用	505 303	39 974
息税前利润	479 054	38 465
利息	131 248	15 386
税前收益	347 806	23 079
所得税	118 254	3 462
净收益	229 552	19 617

只看这些数字很难说清楚哪家公司在控制成本和费用方面做得更好一些,因为 Alpha 公司的企业规模比 Beta 公司大得多。

通过将绝对数字转化为相对数字而得到的百分比财务报表,将使二者之间的比较变得容易一些。百分比收益表中的每一行数据都是其自身占收入的百分比,这个百分比通常紧跟在绝对数据的后面,并以百分号内的小数来表示。

关联概念　举例3-3

百分比财务报表

让我们借助百分比财务报表来比较一下 Alpha 和 Beta 公司。

解答:

	Alpha		Beta	
	美元	%	美元	%
销售收入	2 187 460	100.0	150 845	100.0
销售成本	1 203 103	55.0	72 406	48.0
毛利润	984 357	45.0	78 439	52.0
费用	505 303	23.1	39 974	26.5
息税前利润	479 054	21.9	38 465	25.5
利息	131 248	6.0	15 386	10.2
税前收益	347 806	15.9	23 079	15.3
所得税	118 254	5.4	3 462	2.3
净收益	229 552	10.5	19 617	13.0

销售额下的每一个百分比数据都是该行数值占销售收入的比例。销售成本占销售收入的比例被称为成本率;费用占收入的百分数称为费用率;而净收益占销售额的百分数有一个专用名称:销售报酬率。这是后面我们要研究的几个比率之一。

比较表中的两列比率,可以发现两个公司在经营方面的差异:Alpha 成本率为 55%,而 Beta 成本率为 48%,这是很不正常的,因为人们总是希望规模大的企业能够具有比其他小企业更有效率的规模效应。

针对这个差异有几种解释。Alpha 公司可能存在一些生产问题;Beta 公司极擅长这个领域;也可能他们两家公司生产的产品存在差异。第三种情况,有可能 Alpha 公司生产的是低端的产品,所以标价很低,而 Beta 公司生产的可能是按需要定做的高档产品,标价也相对较高。

CFO 经验谈

对这两家公司运作中的差异,我们没有明确的答案,但是百分比财务表分析可以让我们提出正确的问题。它不会提供答案,却为我们指出了找出答案的方向。

百分比财务报表对比较公司的业绩与其历史表现特别有用。成本率或费用率从今年到去年再到前年的不良变化趋势对于管理层来说是一种信号,它要求管理层不可以忽略或轻视。

一套百分比财务报表通常是分析师从事某个项目之前首要编制的报表。

同样,可以编制百分比财务负债表,以说明每项资产占总资产的百分比。编制百分比财务负债表对于分析公司是否在存货或应收账款方面占用了相对过多的资金,或者公司是否购买了多余的设备,都是十分有用的。

3.4.3 比率

在下面的内容里,我们将介绍几个财务分析中常用的比率,每个比率可用于说明公司经营活动的某个方面的情况。针对每个比率,我们会解释这个比率如何计算,分析它的基本原理并讨论它会给分析师提供怎样的信息。

比率只有用于比较分析时,才最有意义。鉴于这个原因,我们很难总结出当某个比率是多少时才是好的或是可以接受的。例如,我们将介绍一个用于衡量企业存货周转率的比率。关于这个比率,适于生产型企业的最佳值对于零售商来说可能就是十分可怕的。

在我们讨论好每一个比率之后,我们将根据 Belfry 公司的财务报表计算出它相对于 Belfry 公司的价值体现。除了每股数据计算之外,我们在其他比率分析时将继续展示接近 1 000 美元的美元数据。

平均值与期末值   假设我们有一份 Belfry 公司的年初、年末的资产负债表,它产生了一个计算上的问题。当某个比率需要用到资产负债表中的数据时,我们应该用期初数、期末数,还是用平均数?

答案取决于这个比率用于衡量什么。如果比率与企业年末的状况有关,那么期末值比较合适;如果比率用于衡量全年中一直发生的某项活动,那么,资产负债表中的平均值可以很好地反映该活动。而期初值不适合于任何情况。

如果公司相对比较稳定,并且账户余额变化不大,期末值与平均值的差别也就不是很重要了。如果公司正在快速成长或者快速萎缩,差别就很大了。

经验丰富的分析师总是在适当的时候使用资产负债表的平均值。然而,为了保证举例和计算简单易懂,我们将自始至终使用资产负债表的期末余额,我们应该意识到这个问题的存在。

比率分类   根据分析内容不同,比率可以分为几类。我们将要讨论的比率可以分为五类:流动性比率、资产管理比率、债务管理比率、获利能力比率和市场价值比率。

流动性比率分析企业短期内偿还债务的能力。**资产管理比率**显示企业如何使用资源以产生收入和利润以及降低成本的能力。**债务管理比率**分析企业如何有效地使用债权人的钱以及是否借款过多。**获利能力比率**告诉我们几个用于衡量企业赚钱能力的标准。**市场价值比率**则反映投资者对企业财务状况前景的评价。

3.4.4　流动性比率

流动性比率涉及债权人与供应商以赊销方式向企业提供产品与服务的人所关心的问题，他们想要确定企业是否有能力偿还债务。

流动比率　流动比率是衡量企业流动性的主要指标，即短期内偿还债务的能力。

$$流动比率＝流动资产/流动负债$$

流动比率的原理已经在前文介绍，如果是近期流入企业的资产就应为当前的流动资产；而近期就要偿付的负债就应当是当前的流动负债。流动资产数额应该尽量大于流动负债额，以保证企业的偿债能力，即流动比率应该大于1。一般来说，该比率高于1.5或者2.0就是令人满意的。

前面讲过，我们应指出流动比率两个反常的方面。如果有一家经营良好的大型、综合性公司，从它的资产负债表中得到的流动比率大约等于1，这是否意味着该企业存在无法偿债的风险呢？

虽然这家公司的流动比率确实很低，但回答是"否"，原因是公司的经营管理很出色。由于流动资产，如应收账款和存货会占用大量可用于其他方面的资金，所以企业会尽可能减少流动资产。如果公司与银行有一个贷款信用额度，可随时向银行借款来弥补暂时的现金短缺，那么公司是可以将流动比率保持在一个较低水平上的。

CFO 经验谈

过高的流动比率容易造成误导。存货和应收账款可能会被高估，意思就是计入这些账户中的某些个别项目根本没有任何价值或根本无法变成现金。如果这些项目仍然留在资产负债表上，那就必然会造成流动资产数额的膨胀和不真实的流动比率。

Belfry 公司的流动比率为

$$流动比率＝7\,500\,美元/2\,500\,美元＝3.0$$

流动比率是一个纯数字，一般没有单位。

速动比率或酸性测试　速动比率在概念上与流动比率类似，计算公式为

$$速动比率＝(流动比率－存货)/流动负债$$

根据流动比率解释的流动性标准是指在一段合理的时间内，企业将存货转化为现金的能力。显然，正如第2章所讲的，存货价值特别容易受到计价方法的影响并容易被高估，而存货转化为现金所用的时间也比其他的流动账户要长。

鉴于这些问题，分析师希望有一种不依赖于存货的衡量流动性的指标标准，而速动比率正是将存货从流动资产中分离出去了。速动比率也被称为酸性测试，表示它是一种特别严格的辨别力强的测试。

流动资产有时候也包括一些不能转化为现金的项目，如：预付费用。所以，计算速动比率时这类项目也应该被减去。以 Belfry 公司为例，计算如下：

$$速动比率＝(7\,500\,美元－3\,200\,美元)/2\,500\,美元＝1.7$$

和流动比率一样，速动比率也没有单位。

3.4.5　资产管理比率

资产管理比率用于说明企业经营的效率。这个比率还可以帮助分析师了解企业基本的竞争优势。

平均回收期　平均回收期(ACP)是指公司收回应收账款历经的平均天数。也就是说,企业多久可以收回赊销的账款。ACP 也称为销售额在外天数(days sales outstanding,DOS)或应收账款周期。ACP 以天为单位,计算公式如下:

$$平均回收期＝应收账款/平均日销售额$$

其中,平均日销售额等于全年销售额除以 360 天。将分子、分母分别乘以 360,可以得到一个更方便的公式:

$$平均回收期＝\frac{应收账款}{销售额}\times 360$$

将一年视为 360 天或者 12 个月是计算惯例。[①]

显然,企业应收账款周期越长,说明它的状况也就越差。虽然也有例外,但大多数的赊销交易都是以 30 天为赊销期的,而 10 日内付款有折扣优惠则可以加快还款的速度。

CFO 经验谈

客户总是希望能够延长赊销期限以推迟付款,而卖方为了保持业务员关系,也不会抱怨轻微的迟付行为。所以在一些行业内,企业日常经营中的 ACP 为 35 天或者 45 天都是很正常的。然而,如果 ACP 超过了企业赊销期限的 50%,则说明企业存在着严重的赊销问题。

应收账款的收款问题有几条重要的含义,最明显的一条可能是企业在向丧失偿付能力或者根本不愿意还款的客户提供信用。另一个可能是,客户对企业的产品质量问题有意见,这会导致客户不愿意支付货款。

合理地解释较高的 ACP 是非常重要的。虽然 ACP 代表的是平均回收期,但这并不意味着所有客户付款的速度都很慢。实际上,这或许说明大多数的应收账款都可以很快收回来,而个别的应收款时间已经太长了——6 个月或者 1 年。这类应收账款已经不可能转化为现金了。

回忆一下我们在第 2 章中讨论的内容,管理层有时候并不愿意对存在严重问题的应收账款做出处理,因为这样会意味着利润的减少。这样做的后果就是一个高估的应收账款账户。这种情况使得资产负债表实际上并不如它看上去那么有价值。

坏账应该立即经过会计处理冲销掉,如果仍然保留,至少应相应地增加坏账准备。

计算中应该选用扣除了坏账准备之后的应收账款净额的平均值。Belfry 公司的平均回收期计算如下:

$$平均回收期＝2\,900\times 360/10\,000＝104.4 \ 天$$

这个结果不乐观。看来,Belfry 公司在回收某些客户的赊销账款的时候,出现了一些问题。

存货周转率　存货周转率可以判断企业的存货是否占用了过多的资金。其公式为

$$存货周转率＝销售成本/存货$$

持有存货是需要占用资金的。存货成本包括利息、仓储费用、保险金和税金。另外,企业持有的存货越多,它面对的存货毁坏和过时的风险就很大。存货周转率反映了一年内存货周转的次数,周转率越高,意味着存货占用的资金就越少。

CFO 经验谈

低存货周转率说明账簿上记录的某些存货无处可用。使用中的存货也许周转较快,而某

---

① 以 360 天为一年和以 365 天为一年都很常见,我们有时候会同时使用这两种惯例。

些存货材料可能过时了。无论卖掉这些旧的存货能够得到什么,这些老旧的库存都应该被及时处理掉。

存货太少也会给经营带来麻烦。过低的存货会引发脱销的发生,也就是工厂的原材料用光了或者目前没有客户需要的产品,这就会造成工厂的停工或者销售受损。在过多和过少之间必有一个合适的存货量。存货周转率能够帮助我们找到这个合适的量。

另一个存货周转率公式是用销售额代替分子中的销售成本。在实践中,还是销售成本用得较多,因为人们往往会认为成本与存货是可比的,而销售额中含有费用和利润。如果比较分析具有连续性,任何一种方法都可以使用。

平均值适用这个公式。Belfry公司采用销售成本计算的存货周转率为

$$存货周转率(销售成本) = 6\,000/3\,200 = 1.9$$

用销售额计算的存货周转率为

$$存货周转率(销售额) = 10\,000/3\,200 = 3.1$$

这些结果对大多数行业来说都被认为相当糟糕了。分析师们会马上通过寻找过时的或丢失的产品来调查得出这一数字的原因。

存货周转率是一个纯粹的数字,它的单位通常是"圈"或者"次",用符号"x"来表示。

请注意,在本例中,如果分母中使用平均库存余额,结果将大不相同。这是因为年内库存变化很大。

固定资产周转率和总资产周转率　固定资产周转率和总资产周转率计算的是企业资产和年度销售额的比例关系。公式如下:

$$固定资产周转率 = 销售额 / 固定资产$$
$$总资产周转率 = 销售额 / 总资产 \tag{3.4}$$

企业的经营活动可以看作是运用企业资产连同员工的能力进行生产以产生收入和利润。这两个比率显示的是资产和销售额的关系,一般来说,在相同的资产水平下,高销售额公司的经济状况会比低销售额的公司好。

这两个比率使我们侧重于注意固定资产和总资产,而固定资产周转率应用更加广泛,需要大型设备进行经营的企业用固定资产周转率比较合适。

由于这两个比率是对企业长期业绩的衡量,所以它们也受到权益投资者和股票市场分析师的关注。资产负债表数值使用平均值比较分析,两个资产值应该是扣除累计折旧后的净值列报。那么,Belfry公司的比率如下:

$$固定资产周转率 = 10\,000/4\,500 = 2.2$$
$$总资产周转率 = 10\,000/12\,000 = 0.83$$

这个比率的单位一般为"次",用符号"x"来表示。例如,Belfry公司的固定资产周转率可以用2.2x来表示2.2次。

3.4.6　债务管理比率

债务管理解决的是企业如何用外部的钱获得各种优势的问题。其中,"外部的钱"既可以指商业信用,也可以指其他形式的负债。在财务分析中,人们主要关注的是企业不要大量地使用借款,以避免承担过多的风险。使用外部的钱存在的问题就是企业未来要有现金流出量以支付利息或者偿还贷款。如果公司的经营活动不能为还债提供足够的资金,企业就可能陷入大的困境中。

专业术语 在比率分析中，"债务"一次的含义被放大了。一些权威人士用这个词来指出了所有者权益以外的任何一种货币来源。结合前面的案例，债务指的是长期负债和流动负债。还有一个观点认为，债务仅仅限于有息债务，一般来说都是指长期借款。

理论学家倾向于第一种解释，他们会将流动负债加上长期负债从而得到总的债务，并将其用于比率分析。然而，商人则会将债务仅仅局限于长期的带有利息的借款，显然，这样会造成一些混乱。

在本书中，我们称总债务等于流动负债和长期债务之和。长期债务的含义不必多说，但债务一词，它自身指的是全部正式的借款，而无论借款期限长短，在用法有差异的地方，我们会做出解释。

债务比率 债务比率运用全部债务概念，衡量构成支持企业资产的所有者权益和全部债务之间的关系。也就是说它告诉我们在企业的资产中有多少是来自于外部的资金。

$$债务比率＝（长期债务＋流动负债）/总资产$$

较高的债务对于投资者尤其是放贷人来说，往往意味着高风险。债务管理比率一般用百分比来表示。Belfry 公司的债务比率是：

$$债务比率＝（6\ 200＋2\ 500）/12\ 000×100\%＝72.5\%$$

这也就是说，Belfry 公司近乎四分之三的资金来自于外部的支持，就多数行业来说，这都是高到值得严重关注的问题了。

债务对权益比率 债务对权益比率一般使用长期债务，所以在表述上与其他比率略有不同：

$$债务对权益比率＝长期债务：权益$$

这个比率是计算企业总资产中债务与权益的比例关系，它是衡量风险的一个重要指标，因为高额债务会带来收益表中高额的利息费用。在经济衰退时期，高额债务同样会使企业的获利能力变得十分脆弱。利息是一种固定财务费用，无论收入和利润状况如何，企业都需要支付利息。因此，在企业开始走下坡路的时候，巨额的利息费用会立刻让企业陷入危机。我们称与债务和利息相关的风险为财务风险。

这个比率的表现形式是比例，而不是小数或者百分数。例如：如果 100 元的资本之中含有 33.33 元的债务，那么根据惯用术语，负债权益比率应该表述为"1/3－2/3"或"33/67"。如果资本的 2/3 是负债，我们会说这个比率等于 2∶1。

Belfry 公司的债务对权益比率是：

$$债务对权益比＝6\ 200∶3\ 300$$

这个比率也可以表述为 1.9∶1，因为 6 200 除以 3 300 等于 1.9。在这里，Belfry 公司再次处于临界值上了，三分之二的债务三分之一的权益，对大多数非金融企业来说是非常危险的了。

利息保障倍数（TIE） 利息保障倍数更加直接地说明了利息对收益表的影响，它反映的是息税前收益（EBIT）可支付多少次利息。

$$利息保障倍数＝息税前收益/利息$$

利息保障倍数也称为"覆盖率"。例如，某个公司息税前收益是 100 美元，利息是 10 美元，那么利息保障倍数是 10。我们可以说利息被覆盖了 10 次。显然，收益覆盖利息的倍数越高，借更多的钱给这家公司也就越安全。

Belfry 公司的这个比率为：

$$利息保障倍数＝1\ 900/400＝4.8$$

利息保障倍数的单位是"次"。

现金支付率　利息保障倍数本身存在明显的问题。利息需要用现金支付,而息税前收益并不一定是一种现金来源。相反,它只是收益表中一个小计项目,与现金流量有很大的区别。换句话说,除了息税前收益,企业每年或多或少都应该有一定的现金用于支付利息。这个问题是可以得到解决的,关键是要认识到息税前收益与可比的现金数字的最大差异就是折旧,而折旧在计算息税前收益时是作为成本或者费用被减去的。

如果我们将分子中的息税前收益加上折旧,就可以得到更加准确的支付率。这个比率就是现金支付率。公式为:

$$现金支付率 = (息税前收益 + 折旧)/利息$$

Belfry 公司的现金支付率如下:

$$现金支付率 = (1\,900 + 500)/400 = 6.0$$

固定费用支付率　固定费用支付率和现金支付率,都认为利息是一种固定的财务费用。"固定"一词的含义就是无论企业的状况如何,利息都必须支付。这一点与股利不同,因为在企业收益状况不好的时候,可以减少股利的发放。

近几年,租赁作为获得资产的一种手段也被视为是一种辅助性债务。企业不是用借钱的方式购买设备,而是租赁相同的设备,不是支付利息而是支付租金。我们将在第 7 章中讨论租赁。

当租赁的设备是企业经营所必需的,或者租赁合同不可以取消的时候,无论企业经营状况如何,租赁都会变成一种固定费用,跟利息是一样的。

我们可以调整一下利息保障倍数,将额外的固定费用纳入考虑范围。因为支付的租金已经与其他的成本和费用在息税前、收益之前减掉了,现在就必须在分子中重新加上租金费用以得到可以用于支付全部固定费用的现金值。同样,分母中的利息也要加上同样的数字以得到全部的固定费用。这样得到的比率就是固定费用支付率。

$$固定费用支付率 = (息税前收益 + 租赁费)/(利息 + 租赁费)$$

如果符合条件,那么其他类似的固定费用也可以加到分子和分母之中。

假设 Belfry 公司有 700 美元的租金计入了成本和费用,它的固定费用支付率如下:

$$固定费用支付率 = (1\,900 + 700)/(400 + 700) = 2.4$$

债务管理比率对债券人和股东都是很重要的。债券人希望确定企业有资金支付本金和利息,因此就会尤为关注短期的支付率。股东则关心过高的负债和利息对企业偿债能力的影响。

息税折摊前收益和支付率变动　支付率背后的想法是比较固定或强制性付款项目与可用的支付(覆盖)现金。因此我们将折旧加上息税前利润以使它更接近计算现金支付率时使用的现金流,以及在计算固定费用时将租赁费用作为像利息一样的固定费用来考虑。在许多情况下,贷款本金必须定期偿还,所以适当增加本金还款项目也是合适的。总之,任何组合都是可能的。

在这样的背景下,息税折摊前收益这一术语近年来已经被广泛使用,它代表利息、税、折旧和摊销前的收益。最后一个术语"摊销"是一个会计条目,它以类似折旧的方式来分配无形资产的成本。就像固定资产会贬值一样,随着时间流逝,公司的专利成本也会发生变化。

如果一个公司有折旧及摊销的费用,现金支付率的分子就变成息税前收益 + 折旧 + 摊销,那么我们就得出了这个术语的缩写:EBITDA。EBITDA 支付率把所有这些思路组合在一

起,就成为:

$$息税折摊前收益支付率=(息税折摊前收益+租赁费)/(利息+租赁费+本金还款)$$

请注意,本金项目不加入分子中,因为它们不是费用项目,因此,在计算息税前收益的时候不扣除此项。

为了保持 Belfry 公司的举例简单明了,我们没有把摊销、本金还款以及 EBITDA 包括在内。

3.4.7 获利能力比率

衡量企业成功与否的最基本标准是利润。没有利润就不能分配股利,而不能分配股利或者没有分配的预期,就没有人愿意投资这只股票。

债权人同样也不喜欢无盈利企业。那些正在亏损或者几乎不能维持收支平衡的企业存在着很大的偿债风险。

获利能力比率给出了几个用于评价企业赚钱能力的方法。它计算出每一元的销售额,每一元的资产使用或者每一元的权益资本可以带来多少利润。获利能力比率一般用百分数来表示。

销售报酬率(ROS) 销售报酬率也称为利润边际或者净利润率。它是净利润占销售收入的百分比:

$$销售报酬率 = 净收益 / 销售额 \qquad (3.5)$$

我们可以在百分比收益表的最下面一行看到这个比率。它是企业整体获利能力的基本指标,反映管理层控制收益表中的收入、成本和费用的能力。

Belfry 公司的销售报酬率为:

$$销售报酬率=1\,000/10\,000=10\%$$

资产报酬率(ROA) 企业运用资产和员工的技能谋取利润。资产报酬率表示的是净资产占总资产的比例,它反映的是企业运用资产的能力。

$$资产报酬率 = 净收益 / 总资产 \qquad (3.6)$$

资产报酬率衡量的是公司利用其投资的资产以赚取利润的总体能力,Belfry 公司的资产报酬率为

$$资产报酬率=1\,000/12\,000=8.3\%$$

权益回报率(ROE) 权益回报率是最为基础的获利能力比率,它表示净收益占权益的百分比。公式如下:

$$权益回报率 = 净收益 / 权益 \qquad (3.7)$$

权益回报率是衡量企业所有者投入资本获利的能力,通过发挥借款的作用,收益回报率将资产报酬率的概念又向前推进了一步。如果企业有大量债务,那么在经济景气的时候,权益回报率往往会高于资产回报率。而经济不景气的时候,权益回报率会低于资产回报率。如果企业债务少或者没有任何债务的时候,权益回报率就接近于资产回报率。我们将在第 14 章讨论借款作用,也就是杠杆作用。Belfry 公司的权益回报率如下:

$$权益回报率=1\,000/3\,300=30.3\%$$

就大多数行业标准来说,这个数字都是相当不错的,但似乎与 Belfry 公司在资产管理领域的业绩有些冲突。原因是 Belfry 公司自由使用债务(即杠杆作用)。该公司债务对权益的比率为三分之二对三分之一,这使其所有者的回报率上升到令人兴奋的 30%。换句话说,基于

Belfry公司的资产报酬率和销售报酬率的情况,其权益回报率的情况是非常好的。但这要付出的代价就是风险的高涨。杠杆作用也是双刃剑。在顺境中,它能使平凡的结果变得伟大,但在逆境的时候,它会导致糟糕的业绩,甚至导致最终的失败。我们将在本章的最后部分继续讨论这一问题,并在第14章详尽研究杠杆作用。

3.4.8　市场价值比率

至此,我们已经讨论过的比率都是关于企业内部管理的,这些比率或多或少受到了管理层的影响。另外,还有一套比率是将财务报表的数据与股票市场对企业的评估价值进行比较。因为投资者的预期和态度会影响公司在实现市场价值中的表现。所以,这类比率的可控性比较低。管理者可以影响投资者的预期和态度,但无法控制它们。

股票价格可以反映企业的市场价值,用每股股票的价格乘以发行在外的股票份数就可以得到公司的整体价值——我们通常称之为**市值**。然而,惯例是从每股股票的角度来评价。

市盈率　市盈率是用每股股票的价格除以最新收益表中计算所得的每股收益而得出的。每股收益等于净收益除以发行在外的普通股数量,我们一般写为EPS,而市盈率可以写作P/E。

$$P/E = 股票价格/EPS$$

市盈率在股票市场中十分重要,它可以说明投资者愿意为公司每一元的盈利支付多少钱。例如,如果一家公司的市盈率是10,每股收益为4.5美元,那么它的股票价格就是45美元,股市人士会这样描述:"股价是收益的10倍。"

不同的公司有不同的市盈率,显而易见,市盈率越高越好,因为在高市盈率的情况下,一美元的收益可以给股东带来更高的价值,造成高市盈率的一个重要因素就是对公司成长能力的高预期。

人们应该审慎地看待"市盈率"这一概念。一家亏损企业的市盈率没有任何意义。也就是说,如果利润非常少,股票还具有一定的价值,那么虽然市盈率也会很高,但这时候的市盈率就没有任何意义了。

下面我们来为Belfry公司计算一下市场价值比率,这需要先确定其发行在外的股票数目以及股价。为了清楚地解释,我们假设有30万股股票,每股价格为38美元,那么每股收益如下(既然我们在计算每股数字,我们将以美元而不是千美元来说明净收入):

$$每股收益 = 1\,000\,000/300\,000 = 3.33$$
$$市盈率 = 38/3.33 = 11.4$$

市盈率是投资界人士衡量一只股票优劣的一个重要指标。一家公司的股票前景良好,往往会有较高的市盈率,也就意味着它比其他有类似每股收益的公司,在未来能卖出更好的价格。

对什么是理想的市盈率标准,随着时间的推移,也发生了很大的变化。在过去的一个世纪,广泛交易证券市场的市盈率已经从不足10增加到了40。最近几年的平均市盈率为14左右,所以Belfry公司的市盈率约11表明了投资者对公司的热情并不高。这可能是因为Belfry公司过多的债务,导致了它被视为高风险的投资。

市盈率在行业间的差距是很大的,所以,用总体市场平均水平的比较,意义不大,而同行业内的比较,则更加具有参考价值。在过去的40年中,最高的市盈率一般都集中在高科技领域,这个领域有着非同寻常的快速增长。

市净率　一家企业的账面价值是指其资产负债表上记录的所有者权益数,它等于资产数减去负债数。需要注意的是,这个值也许会与企业卖掉全部资产和偿还全部债务后实际剩余资产的值不同,可能过高也可能过低。

一家健康发展的企业总是希望其市场价值高过其账面价值,有时候这也被称为是企业的持续经营价值。其含义就是企业的资产和员工共同在未来创造的收益会高于今天资产的价值。

市净率可以体现出超额价值的概念。就像市盈率的概念,它以每股为单位。每股的市场价值就是股价,而每股的账面价值就是用全部的所有者权益除以发行在外的股票数。计算公式如下:

$$市净率 = 股票价格/每股账面价值$$

市净率可以说明市场对于企业股票的看法。比如说,小于1.0的市净率,说明市场对企业的前景并不看好,这样的企业就是在以低于账面价值销售股票。

投机者有时候会喜欢市净率低于1.0的股票,而导致股价低迷的原因是市场对于有关这个实质良好的公司的某个坏消息反映过度了。在这种情况下,公司的股价一定会在短期内迅速反弹,而低价位的投资肯定会带来巨额的利润。一些投资者会用市净率来判断出哪种公司是属于这种情况的。

用 Belfry 公司所有者权益除以发行在外的股票数就可以得到每股账面价值:

$$每股账面价值 = 3\,300\,000/300\,000 = 11$$
$$市净率 = 38/11 = 3.5$$

在表3-2中列出了前面讲过的全部比率:

表3-2　财务比率

流动比率	流动比率＝流动资产/流动负债 速动比率＝(流动资产－存货)/流动负债
资产管理比率*	平均回收期＝应收账款/平均日销售额＝应收账款×360/销售额 存货周转率＝销售成本/存货 固定资产周转率＝销售额/固定资产 总资产周转率＝销售额/总资产
负债管理比率	负债比率＝(长期负债＋流动负债)/总资产 负债权益比率＝长期负债：权益 利息保障倍数＝息税前收益/利息 现金支付率＝(息税前收益＋折旧)/利息 固定费用支付率＝(息税前收益＋租赁费)/(利息＋租赁费) 息税折摊前收益支付率＝(息税折摊前收益＋租赁费)/(利息＋租赁费＋本金还款)
获利能力比率	销售报酬率＝净收益/销售额 资产报酬率*＝净收益/总资产 权益回报率*＝净收益/权益
市场价值比率	市盈率＝股票价格/每股收益 市净率＝股票价格/每股账面价值

* 这部分的比率适用于资产负债表的平均值。

3.4.9　杜邦公式

我们前面讲过的每一个比率都可以用来衡量公司管理的某一个方面。然而,这些比率指标并不是独立的,公司某一方面的业绩会影响公司其他的业绩。

杜邦公式[①]则体现了比率之间两个内在的关系,第一个就是用 ROA 乘以销售额/销售额(＝1,所以不会改变 ROA 本身的值):

$$ROA = 净收益/总资产 \times 销售额/销售额$$

交换两个分母的位置可以得到:

$$ROA = 净收益/销售额 \times 销售额/总资产$$

请注意,我们已经形成了两个比率,两者之积等于 ROA。但我们以前看到过这两个比率,它们分别是等式(3.5)销售报酬率(ROS)和等式(3.4)总资产周转率。代入后得出了杜邦方程:

$$ROA = ROS \times 总资产周转率 \tag{3.8}$$

这个结论很重要。ROA 是衡量企业业绩的基本比率,表示企业运用资产获利的能力,但现在它是两个更多基本指标的乘积。首先,ROS 表示企业从销售中获得了多少利润;其次,总资产周转率反映了企业运用资产的能力。

这个杜邦公式使我们了解了企业经营的好坏,即通过 ROA 来衡量。我们必须控制成本和费用,并且让每一美元的资产尽量产生较多的销售额。这句话听起来很熟悉,因为在本章已经提到过(现金转换周期,图 3-2)。

扩展后的杜邦公式则是用其他比率来代替权益回报率(ROE)。我们将 ROE 先乘以销售额/销售额,再乘以总资产/总资产,即:

$$ROE = 净收益/权益 \times 销售额/销售额 \times 总资产/总资产$$

调整分母后得到:

$$ROE = 净收益/销售额 \times 销售额/总资产 \times 总资产/权益$$

公式中的最后一项是权益乘数。我们稍后会做出解释,现在发现 ROE 公式等于 ROA 的公式乘以权益乘数:

$$ROE = ROS \times 总资产周转率 \times 权益乘数$$

然后,代入公式 3.8,我们得到:

$$ROE = ROA \times 权益乘数$$

权益乘数与杠杆作用有关,即用借款来经营企业。因此,扩展的杜邦公式说明,如果用 ROE 来衡量企业的业绩,只需要在 ROA 的结果中考虑到杠杆的作用就可以了。

为了更好地理解权益乘数,我们来思考一下资产负债表的右半部分,这部分列出了企业资金的全部来源:权益、负债和其他债务[②],它们的和等于总资产,因为资产负债表的两边应该是相等的。负债和其他债务是用别人的钱,而权益是用公司自己的钱(所有者的钱)。权益乘数反映了从别人那里筹集到的资金与所有者出资的比率。

例如,假设某公司的总资产是 100 美元,所有者权益是 25 美元。这就意味着资产中的 3/4 来自于负债(75 美元),1/4 来自于权益(25 美元),那么权益乘数就等于 4(100 美元/25 美元)。根据扩展的杜邦公式,由于负债的作用,企业的 ROE 是 ROA 的 4 倍。

如果公司是盈利的且 ROA 是个正数,那么 4 倍就是件好事。例如,ROA 为 5%,ROE 就是 20%。然而,当企业状况不好的时候,借款经营就会是件坏事了。假设企业出现了亏损,

---

① 杜邦公式由提出这一等式的杜邦公司而得名。
② 在 Belfry 公司的举例中,其他债务是流动负债,但情况并不一定都是这样。

ROA 为 -5%，但不幸的是，权益乘数的作用不会改变，ROE 将变为 -20%，这实在是一个令人沮丧的结果。

扩展的杜邦公式揭示了对公司经营来说很重要的一些事情。企业经营管理本身可以用 ROA 来反映，它表示企业管理客户、员工、成本、费用和设备的能力。但实际结果，不管好坏，都可能由于借款的作用而成倍地增加。换句话说，企业融资的方式可能会大大地放大具体的经营成果。我们将在第 14 章再详细探讨这个概念的细节。

请写出 Belfry 公司的杜邦公式，并证明其关系。

3.4.10　使用杜邦公式

对比公司与行业平均的杜邦公式就可以知道，与其他竞争者相比公司的业绩如何。例如，假设 Samson 公司与其行业的平均数据如下：

	ROA	=	ROS	×	总资产周转率
Samson	12%		6%		2x
行业	15%		5%		3x

如果 Samson 试图找出 ROA 低于同行业平均值的原因，就应当将注意力集中在等式的右半部分。比较后我们就会知道 Samson 对于收益表中的成本和费用的管理，好于行业平均水平，但就资产的使用情况来说，如总资产的周转率却比竞争对手差了很多。

关于周转率的问题，它有可能存在于企业的某一个或者两个方面中。可能公司有非必需的或者低效的资产，比如被高估价值的存货和根本无效的机器，也可能是企业的促销活动并没有选对目标，所以销售额过低。现在关键的工作是找出存在的问题并解决它。

3.4.11　市场增加值（MVA）和经济增加值（EVA®）

近几年，经济增加值（EVA®）和市场增加值（MVA）已经成为广受欢迎的用来评价企业经营状况的指标，而这两个概念的核心就是创造股东财富。我们先来看 MVA。

市场增加值（MVA）　有两种计算企业权益价值的方法。权益的市场价值等于股价乘以发行在外的股票份数。同时，持股者投资形成的权益价值也反映在公司账簿的权益账户中（含留存收益）。如果市场价值大于账面价值，那么增加的这部分价值就是企业持续的经营活动所产生的。这个增加值就是 MVA，它是管理层从企业成立以来，除了股利之外，带给股东的累计价值增量。

值得注意的是，公司的市场增加值会随着股票价格的波动而上下波动，当股价低于每股账面价值的时候，企业的 MVA 就为负值。从概念上来说，MVA 类似于前面讲过的市净率，而负值的 MVA 就等同于市净率小于 1.0。

经济增加值（EVA®）　更令人兴奋的概念就是经济增加值（EVA®）。一家公司的 EVA® 是衡量其财务表现的一个指标，从概念上来讲，它类似于权益回报率（ROE）。从理论上讲，一年中公司的 EVA® 是其当年业绩增长或减少的数量。但不幸的是，股票价格或者 MVA 的波动是由于市场的力量以及公司的财务表现所导致，所以 MVA 的变动一般会跟 EVA® 不匹配。

在给出 EVA® 精确的定义之前，我们需要看看传统的净收益概念。在计算净收益时，我们从收入中减去成本、费用和利息。你可能会将利息看作是企业支付的使用债务资本的成本，然而,我们却并不会在收益表中减去支付使用权益资本的成本。这是因为股息支付和股票增值不是收益表的一部分。

这就意味着建立在净收益和权益回报率(ROE＝净收益/权益)基础上的财务分析确认债务成本(利息),但确认权益为一种免费的资本来源。这就引出了一个问题,因为权益资本确实是有成本的,最起码股东对其投资是要求回报的。如果忽略了权益成本,就会使得经营业绩看上去好于实际情况。例如,一家有着正的净收益的公司,从会计角度来讲它是盈利的,但实际上它可能存在着经营失败的可能,因为它无法向股东提供足够多的投资回报。

如果我们修改一下收益表,同时减去负债成本和权益资本的成本,而不仅仅是负债的利息费用,那么比净收益更好的可衡量企业综合业绩的指标就产生了。这正是EVA®使用到的一个概念,即**资本成本**,我们将在以后的章节中进行更多的研究。现在只需要知道资本成本是一个单一的、平均的"利率",反映了企业支付给资金提供者的回报,包括债务资本和权益资本的回报。这个比率是以税后收益为基础的,表示了企业使用资本的成本。按税后计算,该比率是该公司使用的资本基金的"成本"。EVA®的定义如下:

$$EVA® ＝ 息税前收益 \times (1-T) - (负债＋权益) \times 资本成本$$

其中,T表示以十进制表示的税率。

为了以税后收益为基础,所以将公式右边的第一项息税前收益乘以$(1-T)$。这个数就是在无资本成本情况下的税后收益。

公式右边的第二项是减去资本成本的使用费用。债务加权益等于总资本,那么资本成本乘以二者的和就是公司使用全部资本而付出的代价。这一术语与传统收益表中的利息费用相类似,只是它扩展到包含权益使用费在内了。它同样也是税后的,因为资本成本百分数是税后的。

因此,EVA®是税后收益减去全部资本的税后使用费。但这个使用费仅仅是股东和债权人对投入资金所要求的最小回报,也就是说,如果他们将这笔钱进行了其他的投资,同样也可以得到这笔回报。所以,如果EVA®是正数,那么公司的业绩就是超出了股东的预期。也就是说,正值的EVA®是这一年中对股东财务的一种额外的、附加的贡献。

这是一个非常重要的理念。如果EVA®是零,那么企业只是刚好迎合了投资者的需求和期望,不多也不少,企业表现得刚刚好。另一方面,如果EVA®是正值,即表示企业超出了股东的预期并增加了股东的价值。而负的EVA®,当然就意味着该企业正在衰退,对股东的贡献也是负的。

EVA®的理念可以应用于整个公司或大公司的某个部门的财务评估之中。但它也用来评估单个的项目。现在我们将考虑将各个业务单元看作一个整体来使用EVA®进行评估。我们将在第10章中讨论这一理念的应用。

举例3-4将会很清楚地展示出使用新的理念与基于传统会计结果(ROE)所做的财务分析的不同。

关联概念　举例3-4

EVA® 和 MVA

Saratoga公司有以下总结的财务报表:

损　益　表		单位：美元
收入	14 708	
成本/费用	11 982	
息税前收益	2 726	
利息(10%)	593	
税前收益	2 133	
税(40%)	853	
净收益	1 280	

资产负债表			单位：美元	
资产		负债和所有者权益		
流动资产	14 460	流动负债	3 009	
固定资产	7 225	长期负债	5 923	32%
		权益	12 774	68%
		全部资本	18 706	100%
总资产	21 715	全部负债和权益	21 715	

需要注意的是，Saratoga 公司以 10% 的利率支付其债务的利息。还要注意到，我们已经将负债和权益的百分比包含进了资本总额中。（在这个例子中我们也会假定 Saratoga 公司的股票和债券的市场价格在发行后没有太大的变化。）

Saratoga 公司处于一个高风险、高科技行业中，股票投资者（股东）要求相对较高的回报率。事实上，这家公司在股票市场上无法引起投资者的兴趣，除非它的预期回报率至少能达到 20%。

知道了负债和股票投资者所要求的回报率以及每一个在使用中的百分比之后，我们可以使用两种利率的加权平均数来计算出 Saratoga 公司的资本成本。这是通过简单地用这个利率乘以其在总资本中所占比例来完成的，现将结果归纳如下：

长期负债	10%×0.32	=	3.20%
权益	20%×0.68	=	13.60%
资本成本			16.80%

请注意，资本成本处于两个利率(10%和20%)之间，而更接近于股本率，因为股本占比比负债要高。

首先，我们将用传统的 ROE 方法评估 Saratoga 公司的财务表现。然后再看看 EVA® 分析方法的结果并对比。

现在写出 ROE 的等式并代入数字：

$$权益回报率(ROE) = 净收益/权益 = 1\ 280/12\ 774 = 10.0\%$$

投资者对 10% 的权益收益率的结果是不会满意的，因为它并没有达到预期 20% 的目标，但它也不会是一场灾难。毕竟，企业还是赚钱的，而 10% 的回报率对多数行业来讲也还是比较可观的。换句话说，股票投资者不会很满意，但他们也不太可能丢掉这项投资。更重要的是，ROE 的分析结果不可能让企业产生要改善经营成果的迫切想法。

EVA® 的分析法就更加现实了，因为它以支持公司运营的全部成本来计算运营费用。这样就从另外一个侧面反映出 Saratoga 公司的业绩表现了。现在让我们看看 EVA® 的方法：

$$EVA® = 息税前收益 \times (1 - T) - (负债 + 权益) \times 资本成本 \%$$
$$= 2\ 726 \times (1 - 0.4) - (18\ 706) \times 0.168$$
$$= 1\ 636 - 3\ 143$$
$$= -1\ 507$$

请注意，EVA® 并不是表现出了较低但却是正的回报，而是显示了投资价值的损失，这是真实存在的情况，是可以用美元和美分来衡量的！

股市投资者的反应很可能是："天哪！！它们每一天都在让我损失掉更多的钱！我们要快速做出一些改变！！"

当然，区别就是：在旧的分析方法下我们把股权资本视为理所当然。EVA® 分析方法则要求股东能得到预期的回报，如果得不到，投资者反应就会非常激烈！

当然，这都是一个感觉的问题。一些投资者可能在权益回报率 10% 的当口上就很愤怒了。但在大多数情况下，分析报告都是很重要的，EVA® 分析方法似乎得到了人们越来越多的关注，而最终能促使他们做出一些改变。

大约 20 年前，EVA® 分析法开始引起了人们的关注。现在在财务管理领域，它已经成为最热门的财务管理思想之一。在过去的每一年都有越来越多的公司在使用它。很多公司都将市场价值的增长归功于对 EVA® 的管理而不是传统的净收益。MVA 和 EVA® 是由 Stern Stewart&Co. 财务咨询公司提出的。Stern Stewart 坚持认为，使用 EVA® 的客户就可以在股票市场上胜过他们的同行。

3.4.12　可比信息的来源

一般来说，比率分析中最好的可比信息是行业的平均数，而行业的平均数可以通过多种渠道获取。

邓白氏（D&B）是一家信用评级机构。卖主会通过 D&B 的报告来决定是否向客户提供赊销。

D&B 有美国绝大多数企业的信用资料。这些资料包括财务信息和与企业有交易的公司对其付款情况的评价。D&B 资料的阅读者可以订购某个特定公司的信用报告以有助于其作出赊销的决定。

D&B 通过总结各方面的数据，可以提供许多个行业的平均数据。这些信息都发布在《行业常用指标和关键商业比率》上。

风险管理协会（Risk Management Association）是由银行贷款部门经理组成的机构，它在《报告研究》中公布总结出 250 个行业的比率信息。

美国商业协会（U. S. Commerce Department）发布的《季度财务报告》，这个报告会提供大多数行业的比率信息。而有关行业的政府报告通常由标准行业分类（SIC）码组织编写，它提供了有关行业活动系统的分割和分类。

价值线（Value Line）和类似的投资咨询机构可提供行业的资料和关于某公司的单独报告。

3.4.13　比率分析的局限性和缺陷

比率分析是一种很有用的分析工具，它还存在一些明显的缺陷。分析师必须十分小心，以免盲目地将这项技术用到他们见到的任何一套财务报告上。下面就是一些需要注意的问题。

多样化经营，即进行多种经营活动的大企业，造成的可能是最大的分析问题。这样的公司在不同的行业里都会有分支部门进行经营活动，它们公布的财务报告信息就是这些不同领域的经营情况合并在一起的一份财务报告。因为对比率的理解与分析很大程度上依赖于行业标准，所以不同行业的经营活动的混合必然会降低这些信息的分析价值。

会计行业为多元化经营的企业制定的财务报告标准要求这类公司披露分部信息，但它的范围与使用都有限制。

窗饰行为　这指的是年末对资产负债表所做的处理以使它看上去要好于实际，而所做出的改变并不会持续很长时间。下面有一个简单的例子：想象一下，一家企业的流动比率很低，但由于它的经营情况还算不错，所以可以借到长期借款。假设在年终前的几天，企业得到了这笔贷款，并以现金形式持有这笔贷款，并在转年偿还，这样做是在年底不影响流动负债的前提下提高流动资产数，因此也就提高了报告中的流动比率。

会计准则　允许企业在报告财务信息时有许多的自由度，这就意味着相同的公司在报告同一件事时，会存在不同的、人为的因素使得财务报告结果出现差异。折旧就是一个很好的例子。对加速折旧法和直线折旧法的选择由企业来决定，但不同的选择会使得某个会计期间的折旧额翻一番，从而使得完全相同的公司在净收益上存在着巨大的差异。

通货膨胀　经常会扭曲财务报表。若干年前购买的不动产会以初始成本记录在资产负债表上。然而，在今天的市场中，它的价值已经是报表数字的好多倍了。在通货膨胀期间，存货、销售成本和折旧会严重地扭曲企业真正的经营成果。

对财务比率的**解释**有时候不是很清楚，大家可以回忆一下前面有关流动比率和存货周转率的讨论。

以上这些问题，最关键的是记住比率分析不能给出答案，但它却可以帮助你提出正确的问题。

关联概念

举例 3-1　公司的现金流量表

举例 3-2　自由现金流量业务分析

举例 3-3　百分比财务报表

举例 3-4　EVA® 和 MVA

注：17 个财务比率的定义和解释在第 79～86 页内。每一个比率都使用举例 3-1 中财务报表中的数值做出了说明，但每个比率没有给出单独的举例来演示计算过程。

讨论题

1. 列出财务信息主要的使用者，是什么原因使他们对财务信息有如此兴趣呢？
2. 财务分析师从哪里可以得到公司的财务信息？对这些信息，他们关注的是什么？
3. 财务分析师总是很乐观，总是相信他们被告知的信息，这种说法对吗？请解释。
4. 如果一家公司的现金账户年末与年初相比有了增加，那么手中现金的增加就是一种现金来源。然而,根据现金流量标准的第二条,现金是一种资产,资产的增加意味着现金的占用。请解释这个明显的矛盾。

5. 为什么我们不计算权益账户年末与年初的差异变化,并将这个变化视为一种现金的来源或占用? 同样,为什么我们要排除现金账户?

6. 什么是自由现金流? 谁会对它最有兴趣? 为什么?

7. 用简单、概括的词语介绍比率分析的含义(写出几行即可,不用单独讨论每一个比率)。

8. 单独使用财务比率的意义不是很大,请解释原因。

9. 请解释使用流动比率衡量企业流动性的原因。

10. 既然有了流动比率,为什么还需要使用速动比率?

11. 一家公司的赊销期是 30 天,应收账款回收期是 35 天,这是否应该引起警惕? 请解释原因。

12. 请解释在比率分析中对负债的定义。

13. 为什么人们认为高额负债是一种风险? 如果让你决定某家公司的负债是否过多,你会采用什么方法? 为什么? 你认为负债超过多少属于过多?

14. 有一种说法认为,利息保障倍数比率(TIE)对财务分析的意义不大。为什么? 如果是你,你会如何修改这个比率使其变得更加有意义? (提示:考虑现金流量。)

15. 管理层能影响市场价值比率吗?

16. 一个称职的财务分析师能总是从公开的信息中正确地评估公司的财务状况吗? 请解释原因。

商业分析

1. 现金流量表的现行格式是根据经营活动、投资活动和筹资活动组织的。这种格式从 20 世纪 80 年代后期才开始使用,以前的格式首先列出所有来源,然后列出现金的所有用途,并各自给出一个小计。然后两个小计之差就是现金流量。你认为当前格式与旧的格式各有什么优点或缺点? 如果让你来选择,你倾向于哪一种?

2. 一家公司在过去 3 年保持了快速增长,在开始增长之前,公司已是盈利的。虽然今年的收入几乎是 3 年前的 3 倍,但该公司目前却处于亏损阶段。如果是你,你会先从哪里入手去分析出现这种情况的原因呢?

3. "流动性"一词在很多方面都有应用。它在资产负债表中,对资产或负债意味着什么? 当它应用到公司运营的时候又意味着什么? 涉及公司管理时,与它类似的"清算"一词,又意味着什么呢?

4. 行业平均存货周转率是 7,而你的公司是 15。这可能是好事也可能是坏事。你应该如何去判断呢? 请解释每种可能性。

5. 两年前,你投资 20 000 美元购买了 HiFly 公司的股票。自那时以来,股票的市场表现一直很好,市值增加了一倍多。在过去的两年里,你曾尝试分析过 HiFly 公司的财务报表两次,均被报表中几个注释弄得迷惑不解。不过,你也并没有担心,因为财务报表显示收入和利润都在稳步增长,而且公司审计员无保留意见的审计报告认为他们是采用公认会计原则(GAAP)编制的。但在距离上次查看自己投资情况的一周后的今天,你在线看到了令人震惊的消息——HiFly 公司的股价跌掉了 30%! 你认为这会是什么原因导致的呢?

习题

公司的现金流量表——流动账户细节：关联概念 举例 3-1

1. Waterford Wax 公司去年的流动账户如下（单位：千美元）：

	期初	期末		期初	期末
现金	160	333	应付账款	722	2 084
应收账款	1 875	3 810	应付工资	217	456
存货	438	2 676			
流动资产合计	2 473	6 819	流动负债合计	939	2 540

（1）请计算并列出与现金流量表中与经营活动现金流量有关的流动账户信息。

（2）如果你知道 Waterford Wax 公司去年的收入额增长了 20%，你是否会担心该公司的财务健康问题？为什么？（用文字解释即可。）

公司的现金流量表——经营活动细节：管理概念 举例 3-1

2. Timberline 公司去年的流动账户如下（单位：千美元）：

	期初	期末		期初	期末
现金	175	238	应付账款	205	182
应收账款	1 456	2 207	应付工资	95	83
存货	943	786			
流动资产合计	2 574	3 231	流动负债合计	3 009	265

另外，全年公司收入为 9 453 000 美元，成本和费用（包括利息和税款）共计 7 580 000 美元。其中，1 462 000 美元的折旧已经计入了成本和费用账户。

请列表计算出 Timberline 公司经营活动的现金流量，包括资产负债表账户的变化。

公司的现金流量表：关联概念 举例 3-1

3. Latigoe 公司有下列 20×8 年的财务报表。此外，该公司向股东支付股息 2 900 000 美元，并从出售新股中获得 4 800 000 美元。年内无固定资产报废。（提示：这意味着固定资产的购买和折旧等于固定资产原值和累计折旧账户的变化。）

Latigoe 公司资产负债表

期末 12/31/×8   单位：千美元

	资　产	
	12/31/×7	12/31/×8
现金	3 245	2 647
应收账款	7 943	5 614
存货	12 408	13 653
流动资产合计	23 596	21 914
固定资产		
原值	66 098	72 166

	资 产	
	12/31/×7	12/31/×8
累计折旧	(47 040)	(51 308)
净值	19 058	20 858
总资产合计	42 654	42 772
	负 债	
应付账款	1 699	2 208
应付工资	950	754
流动负债合计	2 649	2 962
长期债务	9 007	1 352
所有者权益	30 998	38 458
总资本	40 005	39 810
负债和所有者权益合计	42 654	42 772

Latigoe 公司损益表

期末 12/31/×8 单位：千美元

销售收入	67 916
销售成本	35 281
毛利润	32 635
折旧	4 268
费用	18 004
息税前收益	10 363
利息	1 096
税前收益	9 267
税	3 707
净收益	5 560

请列出 Latigoe 公司 20×8 年的现金流量表。

4. Fitch 公司的财务报表如下：

Fitch 公司资产负债表

期末 12/31/×1 单位：千美元

	资 产	
	12/31/×7	12/31/×8
现金	2 165	2 647
应收账款	4 832	5 614
存货	3 217	2 843
流动资产合计	10 214	11 104
固定资产		
原值	35 183	39 456
累计折旧	(22 640)	(24 852)
净值	12 543	14 604

	资　产	
	12/31/×7	12/31/×8
总资产合计	22 757	25 708
	负　债	
应付账款	1 642	1 420
应付工资	438	1 228
流动负债合计	2 080	2 648
长期债务	1 823	409
所有者权益	18 854	22 651
总资本	20 677	23 060
负债和所有者权益合计	22 757	25 708

Fitch 公司损益表

期末 12/31/×1　　　　　　　　　　　　　单位：千美元

销售收入	40 506
销售成本	14 177
毛利润	26 329
费用	19 487
息税前收益	6 842
利息	180
税前收益	6 662
税	2 265
净收益	4 397

Fitch 公司还出售了 250 万美元的股票，支付了 310 万美元的股息。年内无固定资产报废。（提示：这意味着固定资产购买和折旧是固定资产原值和累计折旧账户中唯一的变化。）

请列出 Fitch 公司 20×1 年的现金流量表。

5. Axtel 公司有如下财务报表：

Axtel 公司资产负债表

期末 12/31/×1　　　　　　　　　　　　　单位：千美元

	资　产	
	12/31/×7	12/31/×8
现金	3 514	2 875
应收账款	6 742	5 583
存货	2 573	3 220
流动资产合计	12 829	11 678
固定资产		
原值	22 478	24 360
累计折旧	(12 147)	(13 313)
净值	10 331	11 047

	资 产	
	12/31/×7	12/31/×8
总资产合计	23 160	22 725
	负 债	
应付账款	1 556	1 702
应付工资	268	408
流动负债合计	1 824	2 110
长期债务	7 112	6 002
所有者权益	14 224	14 613
总资本	21 336	20 615
负债和所有者权益合计	23 160	22 725

Axtel 公司损益表

期末 12/31/×1   单位：千美元

销售收入	36 227
销售成本	19 925
毛利润	16 302
费用	10 868
息税前收益	5 434
利息	713
税前收益	4 721
税	1 605
净收益	3 116

此外，Axtel 公司回购了 1 000 000 美元的股票，支付股息 1 727 000 美元。本年度折旧额为 1 166 000 美元。请列出 Axtel 公司 20×1 年的现金流量表。（提示：回购股票意味着自股东手中买回股票。假设股票按照账面价值回购，回购价格显示销售收入为负值。）

6. Fred Klein 最近创办了自己的企业。最初，他用自己的 5 000 美元的存款（所有者权益）存入了企业账户，一旦款项到账，他的资产负债表如下：

资产（美元）		负债和所有者权益（美元）	
现金	5 000	权益	5 000
合计	5 000	合计	5 000

在接下来的一个月里，也就是企业开张后的第一个月，完成了如下的交易：（所有的付款都用支票从银行账户支付。）

- 购买了价值 2 500 美元的库存，共支付了 1 500 美元，余额欠付。
- 将其中 500 美元的存货投入了生产。
- 在月末向职工支付了 1 100 美元的工资。
- 以赊销的方式出售了当月生产的全部商品，销售额 3 000 美元。
- 支付租金 1 200 美元。

(1) 编写 Fred Klein 公司月末的资产负债表。（提示：这家企业仅有流动资产账户、流动负债账户和一个权益账户。根据所给的信息计算出每个账户的余额,期末权益账户的余额应为月末流动资产账户余额与流动负债账户余额的差额。)

(2) 编写 Fred Klein 公司的收益表。(提示:Fred 的收入来自赊销。成本和费用包括卖出商品使用的存货的成本和其他一些支出,而不是 Fred 购入存货时开出的支票上的数字。税款忽略不计。)

(3) 编写 Fred Klein 公司的现金流量表。(提示:月初资产负债表仅有现金和权益两个项目,余额都是 5 000 美元,其他账户余额是 0。)

(4) 从会计意义上来说,Fred 这个月是盈利的吗?从现金流意义上来说又是怎样?(请用文字解释。)

(5) 当公司盈利时,会出现经营失败的情况吗?下个月,在什么前提下,这种情况会发生呢?(请用文字解释。)

7. Blanding Home 建筑公司今年购入了价值为 350 000 美元的起重机,同时以 80 000 美元将账面净值 20 000 美元的旧机器卖了出去。假设处置旧机器获得的利润被征收了 25% 的税款。这是今年发生的与投资活动有关的几项交易活动。请编写 Blanding 公司现金流量表中投资活动的部分,向公司财务信息的阅读者准确提供尽可能多的信息。

8. Lansing 公司是一家盈利的食品生产企业,公司通过借款、权益和留存收益等融资方式进行了一次重大的企业扩张。在过去的一年里,企业借了一笔 30 年期 500 万美元的款项用于建设新的厂房扩大经营规模。同时,公司以每股 51 美元的价格卖掉了 60 000 股面值为 4 美元的股票,以购买新的机器,还清了用于存货和应收账款的 700 000 美元到期的短期贷款,而重新借了 850 000 美元相同目的的短期款项,这笔借款年底时不会到期。今年 Lansing 公司又偿还了几年前为了购买生产机器而借的一笔长期贷款共计 500 000 美元,其中含利息 425 000 美元。最后,公司向在外发行的 700 000 股股票发放了每股 2.5 美元的股利。计算并列出 Lansing 公司现金流量表中有关筹资活动现金流量的部分。

9. Seymour 公司 20×1 年试图通过提供一种新的、低成本的产品线来迅速增加销售收入,这样做主要是考虑到目前较差的财务付款环境,旨在吸引一部分信用客户。本公司今年不出售新的股票,但是要支付 3 000 000 美元的股息。本年度折旧额为 7 851 000 元,无固定资产报废或者出售。该公司 20×1 年财务报表如下:

Seymour 公司资产负债表

期末 12/31/×1　　　　　　　　　　　　　　　单位:千美元

	资　产	
	12/31/×0	12/31/×1
现金	2 745	1 071
应收账款	19 842	24 691
存货	10 045	15 621
流动资产合计	32 632	41 383
固定资产		
原值	80 128	97 432
累计折旧	(60 225)	(68 076)
净值	19 903	29 356
总资产合计	52 535	70 739

	资 产	
	12/31/×0	12/31/×1
	负 债	
应付账款	3 114	6 307
应付工资	768	914
流动负债合计	3 882	7 221
长期债务	36 490	48 128
所有者权益	12 163	15 390
总资本	48 653	63 518
负债和所有者权益合计	52 535	70 739

Seymour 公司损益表

期末 12/31/×1   单位：千美元

销售收入	88 765
销售成本	39 506
毛利润	49 259
费用	34 568
息税前收益	14 691
利息	4 312
税前收益	10 379
税	4 152
净收益	6 227

(1) 在不准备现金流量表的情况下,检查每个资产负债表账户的变化,粗略地总结 Seymour 公司的现金来源和支出到何处,包括作为现金来源的净利润和折旧之和。

(2) 请编写 Seymour 公司的现金流量表,请对比上一个问题中你的分析结果,判断如何从财务报表中获取有用信息。

(3) 从报表来看,Seymour 是否可能面临财务困难? 尝试说明新产品和个人账户信用策略可能带来的影响。(提示：请考虑两个极端的情况：新产品做得很好或者做得很差。)

自由现金流的业务分析：关联概念 举例 3-2

10. 有一组投资者正在考虑收购 Wheelwright 公司,但是他们不想在收购完成之后继续向这家公司追加投资。Wheelwright 的管理提供了前一年的财务报表(单位：百万美元)：

Wheelwright 公司资产负债表

	资 产	
	期 初	期 末
现金	6	9
应收账款	13	20
存货	12	7
流动资产合计	31	36
固定资产		

	资　产	
	期　初	期　末
原值	100	115
累计折旧	(12)	(18)
净值	88	97
总资产合计	119	133
	负　债	
应付账款	17	21
应付工资	6	8
流动负债合计	23	29
长期债务	71	59
所有者权益	25	45
负债和所有者权益合计	119	133

Wheelwright 公司损益表

销售收入	100
销售成本	34
折旧	6
毛利润	60
费用	25
息税前收益	35
利息	7
税前收益	28
税	8
净收益	20

Wheelwright 公司年内没有支付股息,也没有发行新的股票,企业税率为 30%。

(1) 研究一下 Wheelwright 公司的自由现金流,并尝试对投资者给出一个相对合理的建议。

(2) 假设投资者将购买该公司并接受其现有债务(5 900 万美元)。这是否会改变你之前的建议?

11. Slattery 工业公司 20×2 年公布了以下的财务信息:

总收入	10.0(百万美元)
成本和费用(包含折旧)	8.0
折旧	0.5
税金	0.6
净收益	0.9
固定资产(总额)	10.0
营运资本	4.0

在未来的三年,预计该公司的收入成本、费用(不包括折旧)和营运资金会以每年 10% 的速度增长。为了支持现有的业务增长以及保持竞争优势,该公司还预计将投资 200 万美元,用

于固定资产的购买——替换老旧的设备以及添置新的设备。假定总固定资产账户的折旧率是5%，税率是40%，而Slattery工业公司没有债务，因此也就不需要支付利息。

（1）假设在没有新的债务和权益增加的情况下，粗略地推算一下20×3年、20×4年和20×5年的现金流。简单计算每年的损益表，加上折旧，减去营运资本和固定资产购买的增加值。

（2）你的预测是自由现金流吗？

（3）你的预测对于Slattery工业公司的拥有者或者管理层意味着什么？

（4）你如何评价Slattery工业实现其增长水平的能力（如固定资产的增加量）？

百分比财务报表：关联概念　举例3-3

12. Linden集团在其行业内的市场份额为10%，下面是Linden集团及其行业的损益表（单位：百万美元）：

	Linden	Indutry
销售收入	6 000	64 000
销售成本	3 200	33 650
毛利润	2 800	30 350
销售和营销费用	430	3 850
管理费用	225	2 650
财务和行政费用	650	4 560
费用合计	1 350	11 060
息税前收益	1 495	19 290
利息	230	4 500
税前收益	1 265	14 790
税	500	5 620
净收益	765	9 170

（1）请为Linden公司和整个行业编制一份通用的百分比财务报表。

（2）管理层应该通过关注哪些方面来提高绩效？应该在每个领域进行检查或寻找哪类问题？

比率分析

17个比率我们已经在第79～86页上给出了展示、解释和举例说明，并在表3-2中给予了总结。问题13：请你计算一套财务报表比率。剩下的问题要求你探究一下比率的含义和它们之间的关系。对于大多数的问题，你可以根据定义写出等式，代入已知量，解出未知量。

13. 请计算在习题5Axtel公司举例中提到的所有财务比率。假设Axtel公司在20×1年有7 267 000美元的租赁费用和1 416 000美元的摊销费用，并且在年终时，有1 268 000股流通股，每股价值28.75美元。公司必须在今年偿还债务本金1 012 000美元。

14. Norton工业20×2年全年的销售成本为650万美元，其各个月份的存货余额如下所示（期末余额）：

单位：百万美元

20×1年12月	1.20
20×2年1月	1.65
20×2年2月	1.70

20×2 年 3 月	1.38
20×2 年 4 月	1.66
20×2 年 5 月	1.93
20×2 年 6 月	1.41
20×2 年 7 月	1.81
20×2 年 8 月	1.78
20×2 年 9 月	1.26
20×2 年 10 月	1.61
20×2 年 11 月	1.63
20×2 年 12 月	1.19

（1）请用下面这些方法计算库存数字并推算出 Norton 公司的库存周转率。

① 年末

② 年初和年末的平均数

③ 季度末的平均数（使用五个季度末尾的数字）

④ 月末的平均数（使用 13 个月末的数字）

（2）哪种方法提供了 Norton 公司库存管理最精确的数字？为什么？

（3）你认为 Norton 公司目前使用的是哪种方法？为什么？（提示：参见比率分析的局限性和弱点。）

15. Patridge 公司每年有 45 000 000 美元的赊销销售额。行业公认的较好的应收账款周转期为 35 天。

（1）为了保持良好的赊销和收款级别，Patridge 公司能承受的最高的应收账款余额是多少？（提示：写出定义 ACP 的方程式，将 A/R 余额视为未知数，代入给定的或目标数字，并求解。）

（2）如果 Patridge 公司自己的应收账款回收期为 40 天，那么它必须将应收账款余额降低多少才能得到一个好的信用评级？

16. Epsom 公司生产家具，每年销售额为 4 000 万美元，毛利润为 45%。

（1）为了保持 8.0 的存货周转率（以销售成本为基础），企业可持有的最大存货量是多少？

（2）如果有 120 万美元的存货已经过时或者受损，根本无法周转了，那么企业手中那些可以变现的存货应该以多快的速度周转才能保证整体存货的周转率为 8.0？

17. Nelson Sheetmetal 公司的流动资产为 250 万美元，流动负债为 100 万美元。现在这家公司需要补充存货，而且也有一个机会让公司介入一笔短期借款以购买原材料。然而，之前的一个融资协议禁止公司以低于 1.8 的流动比率运营。那么在这种情况下，Nelson Sheetmetal 公司能以这种方式获得的最大库存量是多少？（提示：借款和存货是资产负债表上两个相等的流动项目。用 x 来表示极限流动比率，并解出。）

18. Sweet Tooth Cookies 公司几个财务比率如下：

$$权益回报率 = 15\%$$

$$总资产周转率 = 1.2$$

$$销售回报率 = 10\%$$

计算该公司权益占总资产的百分比。（提示：代入扩展的杜邦公式。）

19. Paragon 公司销售额为 2 000 美元，成本率为 60%，流动比率为 1.5，存货周转率为

3.0（以成本为基础），平均应收账款回收期（ACP）为 45 天。假设以期末值为基础，请计算资产负债表中以下几个流动项目（单位：美元）。

现金		应付账款	
应收账款		应付工资	60
存货		流动负债合计	750
流动资产合计			

20. 下面是 Blatz 公司部分财务信息。

收益表	（美元）	资产负债表	（美元）
销售成本	750	现金	250
净收益	160	固定资产净值	850

比 率	
销售回报率	10%
流动比率	2.3
存货周转率	6.0x
应收账款回收期	45 天
负债率	49.12%

计算 Blatz 公司的应收账款、存货、流动资产、流动负债、负债、所有者权益、资产回报率和权益回报率。

21. 公司通常将比率作为制订计划的基础。这种技术就是假设公司将达到某些利率的目标水平，并按照这些目标利率计算财务报告。这个过程从假设一美元收入开始。请运用下面的信息为 Lambert 公司编制资产负债表（单位：千美元）。所有结果保留到千位。

销售收入	10 000
现金	500
应付工资	50
毛利率	45%
应收账款回收期	42 天
存货周转率	7.0x
总资产周转率	1.25x
流动比率	2.0
负债：权益	1：3

资 产		负 债	
现金		应付账款	
应收账款		应付工资	
存货		流动负债合计	
流动资产合计		负债	
固定资产净值		权益	
总资产合计		负债与权益合计	

22. Tribke 公司挑出了其 20×3 年财务报表中的一部分,如下(单位:美元):

股票价格	18.37
存货余额	300 000
费用(包含销售成本)	1 120 000
净发股票	290 000
股票平均发行价	5.00
毛利率	40%
利率	8%
利息保障倍数	8
存货周转率	12x
流动比率	1.5
速动比率	0.75
固定资产周转率	1.5

完成下列简明财务报表,并计算每股比率。(提示:先从流动比率公式中减去速动比率的公式,然后把它与数值差等同起来。)

损 益 表

总收入	_____
销售成本	_____
毛利率	_____
费用	_____
息税前收益	_____
利息	_____
税前收益	_____
税	_____
净收益	_____

资产负债表

流动资产	_____	流动负债	_____
固定资产	_____	长期负债	
		权益	
		实收资本 *	_____
		留存收益	_____
		权益总计	_____
总资产		总负债和所有者权益	

* 实收资本=普通股+股票溢价

比 率

每股账面价值	每股市值	_____

经济增加值和市场增加值 举例 3-4

23. Milford 公司总结的财务报表如下(单位:千美元):

损 益 表

收入	25 720
成本/费用	16 718
息税前收益	9 002
利息（8%）	1 420
税前收益	7 582
税（35%）	2 654
净收益	4 928

资产负债表

资 产		负债和所有者权益	
流动资产	8 132	流动负债	6 075
固定资产	30 060	长期债务	17 382
		权益	14 735
总资产	38 192	总资本	32 117
		负债和所有者权益合计	38 192

Milford 公司的股权投资者一般要求预期收益至少在 25%，他们才会购买公司的股票。

以权益回报率和经济增加值的方法分别评估 Milford 公司的绩效。评论每一项分析对投资者可能产生的影响。

24. Prahm & Associates 去年的息税前收益为 500 万美元。该公司在 8% 利息的基础上，每年平均负债 150 万美元。公司年内没有支付股息也没有出售新的股票。年初时的所有者权益为 1 700 万美元。税率是 40%，Prahm 公司的资本成本为 11%。计算 Prahm 公司的经济增加值并评论与权益回报率相关的业绩表现。请用资本账户中的平均余额计算。

25. Hardigree 汉堡连锁企业持有该公司 400 000 股已发行普通股。其拥有者希望通过再公开发行 600 000 股股票，并在首次公开募股（IPO）中向公众出售（我们将在第 5 章讨论 IPO）。Benson's 汉堡是一个类似的连锁店，在该国的另一个地区运作。其股票以市盈率 25 公开交易。去年 Hardigree 有净收入 2 500 000 美元。

(1) Hardigree 可能会将它的公开募股提高多少？

(2) 公开募股意味着当前所有者的财富会发生什么变化？

26. 综合习题。Protek 公司是一家大型的电子元件生产商和批发商。因为一些用于个人电脑的新产品成功打入市场，公司最近正在经历一次爆炸性的成长过程，现在它的销售额高于过去两年总额的两倍。然而，在高速增长的同时也伴随着获利能力的显著下降和股票价格的急剧下跌。

假如你是一名财务咨询师，并已经被聘用，请分析公司的业绩并找出问题出在哪里。你的调查计划包括和管理者之间一系列的面谈以及对这个行业的单独研究。在开始工作之前，你关注的重心是你能否提出合适的问题。首先，你要分析一下公司过去 3 年的财务报告。

还有一些附加信息需要提供给你。20×1 年、20×2 年、20×3 年的折旧分别是 2 亿美元、2.5 亿美元和 2.75 亿美元。3 年内没有发行股票也没有回购股票，像很多迅速发展的公司一样，Protek 公司也没有支付股利。假设税率始终等于 34%，利率 10%。

Protek 公司损益表

期末 12/31   单位：百万美元

	20×1	20×2	20×3
销售收入	1 578	2 106	3 265
销售成本	631	906	1 502
毛利	947	1 200	1 763
费用			
营销费用	316	495	882
研发费用	158	211	327
管理费用	126	179	294
总费用	600	885	1 503
息税前收益	347	315	260
利息	63	95	143
税前收益	284	220	117
税	97	75	40
净收益	187	145	77

Protck 公司资产负债表

期末 12/31   单位：百万美元

	资 产		
	20×1	20×2	20×3
现金	30	40	62
应收账款	175	351	590
存货	90	151	300
流动资产合计	295	542	952
固定资产			
原值	1 565	2 373	2 718
累计折旧	(610)	(860)	(1 135)
净值	955	1 513	1 583
总资产合计	1 250	2 055	2 535
	负 债		
应付账款	56	81	134
应付工资	15	20	30
流动负债合计	71	101	164
资本			
长期债务	630	1 260	1 600
所有者权益	549	694	771
负债与所有者权益合计	1 250	2 055	2 535

(1) 编写 20×1 年、20×2 年、20×3 年的百分比收益表，分析每一行的变化趋势。你认为会发生些什么？（提示：考虑数值和百分数。随着公司的成长，成本和费用的绝对数也在增长。如果同时它们占销售收入的百分数也在增加，这意味着什么？你认为管理支出增加多少可以让管理层进行更加有效的管理？Protek 公司产品的定价对这点会有影响吗？）

（2）编写 20×2 年和 20×3 年的现金流量表。分析公司的钱来自何处，又用到了何处。对其自由现金流量做出评价。未来，它会有正的现金流还是负的现金流量？

（3）计算这 3 年必要的比率。分析每个比率的趋势，并将其与行业平均值进行比较。从这些信息中你可以推测出什么？对流动性、资产管理，尤其是应收账款和存货、负债管理和获利能力做出具体的评价。不要仅仅说它们高于或者低于行业平均数，或者它们将会上升或者下降。想想公司将会如何发展，并解释为什么比率会是现在这个样子。为了简便起见，全部使用期末值来计算你需要的比率。是否存在一些具体的问题会影响不止一个比率？是哪些比率？

	行业平均值	20×1	20×2	20×3
流动比率	4.5			
速动比率	3.2			
应收账款回收期	42 天			
存货周转率	7.5x			
固定资产周转率	1.6x			
总资产周转率	1.2x			
负债比率	53%			
负债权益比率	1:1			
利息保障倍数	4.5			
销售回报率	9.0%			
资产回报率	10.8%			
权益回报率	22.8%			
权益乘数	2.1			

（4）写出 Protek 公司和行业的杜邦公式，它们告诉了你什么？

（5）3 年内，共有一亿股发行在外的股票。20×1 年、20×2 年、20×3 年的股价分别为 39.27 美元、26.10 美元和 11.55 美元。计算公司的每股收益（EPS）和市盈率（P/E）。市盈率这三年发生了什么变化？投资者会对其中的什么事情产生反应？个人电脑销量的下降会如何影响你的推测？

（6）你是否会推荐对 Protek 公司的股票进行投资？为什么近期这支股票可能会是一项不好的投资？或者，为什么可能会是一项好的投资？

上机习题

27. 20×3 年年末，Northern Manufacturing 公司的财务报告如下：

Northern Manufacturing 公司　资产负债表

期末 12/31/×3　　　　　　　　　　　　　　单位：千美元

	资　　产	
	12/31/×1	12/31/×2
现金	500	200
应收账款	6 250	7 300
存货	5 180	6 470

	资 产	
	12/31/×1	12/31/×2
流动资产合计	11 930	13 970
固定资产		
原值	7 500	9 000
累计折旧	(2 400)	(3 100)
净值	5 100	5 900
总资产合计	17 030	19 870
	负 债	
应付账款	1 860	2 210
应付工资	850	220
流动负债合计	2 710	2 430
长期负债	11 320	12 335
所有者权益	3 000	5 105
总资本	14 320	17 440
负债与所有者权益合计	17 030	19 870

Northern Manufacturing 公司损益表

期末 12/31/×3 　　　　　　　　　　　　　　单位：千美元

销售收入	22 560
销售成本	11 506
毛利润	11 054
费用	5 332
折旧	700
息税前收益	5 022
利息	1 180
税前收益	3 842
税	1 537
净收益	2 305

　　另外,20×3 年 Northern Manufacturing 公司支付了 120 万美元的股利,并卖掉了 100 万美元的股票。请使用 CASHFLO 程序编写 Northern Manufacturing 公司 20×3 年的现金流量表。

　　28. Northern Manufacturing 公司的比较财务报表如下：

Northern Manufacturing 公司损益表

期末：年末 　　　　　　　　　　　　　　单位：千美元

	12/31/×1	12/31/×2	12/31/×3
销售收入	17 850	20 510	22 560
销售成本	9 100	10 665	11 506
毛利润	8 750	9 845	11 054
费用	5 180	5 702	5 332

	12/31/×1	12/31/×2	12/31/×3
折旧	600	650	700
息税前收益	2 970	3 493	5 022
利息	800	910	1 180
税前收益	2 170	2 583	3 842
税	868	1 033	1 537
净收益	1 302	1 550	2 305
股利	650	750	1 200
销售股票	0	0	1 000
租赁费	500	700	800

Northern Manufacturing 公司资产负债表

期末：年末　　　　　　　　　　　　　　　　　单位：千美元

	资　产			
	12/31/×0	12/31/×1	12/31/×2	12/31/×3
现金	995	980	500	200
应收账款	3 130	3 570	6 250	7 300
存货	2 890	3 033	5 180	6 470
流动资产合计	6 948	7 583	11 930	13 970
固定资产				
原值	5 800	6 650	7 500	9 000
累计折旧	(1 150)	(1 750)	(2 400)	(3 100)
净值	4 650	4 900	5 100	5 900
总资产合计	11 598	12 483	17 030	19 870
	负　债			
应付账款	1 860	1 650	1 860	2 210
应付工资	385	742	850	220
流动负债合计	2 245	2 392	2 710	2 430
长期债务	7 805	7 891	11 320	12 335
所有者权益	1 548	2 200	3 000	5 105
总资本	9 353	10 091	14 320	17 440
负债与所有者权益合计	11 598	12 483	17 030	19 870
股票数目		300 000	300 000	315 000
股价		78.12	70	65.88

（1）使用 ANALYS 程序为每年编写一份百分比财务报表和一套财务比率。

（2）请分析 ANALYS 程序计算所得的有关 Northern Manufacturing 公司的结果。到目前为止，公司在收入和利润增长方面都做得很成功。那么，这些比率是否解释了一些异动的因素，而这些因素是否暗示了未来要发生的一些问题？

软件开发

29. 编写一个可以生成现金流量表的程序,这没有你想象中那么困难。

首先,就像习题 27 中那样在纸上建立一张收益表和两张资产负债表。为一些单独账户,如现金、应收账款、销售收入、销售成本、利息和税金输入具体的数字,然后让程序算出合计数和小计数,如流动资产、总资产、毛利润和净收益。

然后,在纸上再建立流动账户变化表格和现金流量表,如下:

Northern Manufacturing 公司流动账户变化汇总

期末 12/31/×3   单位:千美元

账　户	来源(占用)
应收账款	xxx
存货	xxx
应付账款	xxx
应付工资	xxx
	XXX

Northern Manufacturing 公司现金流量表

期末 12/31/×3   单位:千美元

经营活动现金流量	
净收益	xxx
折旧	xxx
流动账户变化净额	xxx
经营活动现金流量	XXX
投资活动现金流量	
购买固定资产	(x xxx)
筹资活动现金流量	
长期债务增加(减少)	x xxx
销售股票	xxx
支付股利	(xxx)
筹资活动现金流量	X XXX
净现金流量	XXX
对账表	
期初现金余额	x xxx
净现金流量	XXX
期末现金余额	X XXX

根据其中一部分填写表格中小写 xxx 的项目。一些项目会比较简单,如净收益和折旧。但是很多项目是期初和期末值的差,如长期债务和应收账款的增加或减少。最后,由程序加算出小计,即大写 XXX 项目,并列出对账表。

最复杂的是在做减法的同时保持符号的正确。

程序完成之后,如果需要验证一下,可以将数据输入到 CASHFLO 程序之中,看一看能否得到相同的结果。

30. 写出一个你自己的可以用来计算百分比收益表和计算本章讲过的比率的程序。不要让这个练习变得太难,仅仅提供一年的比率和一张百分比收益表就可以了。

在纸上建立一张收益表和一张资产负债表。输入数字并由程序计算出小计和合计。待收益表中的每一项除以收入得到百分比收益表。再根据报表中的数据写出比率的分子和分母得到要计算的比率。

使用问题 28 中 Northern Manufacturing 公司 20×3 年的报表测试你的程序。比较你计算的结果与 ANALYS 程序得出的结果。

第4章

财 务 计 划

计划制订是现代企业经营中一个很大的部分,在大企业更是如此。企业持续的计划牵涉到很多方面,从现金流量和短期利润到长期战略都是如此。

一般来说,管理层次越高,花费在计划上的时间就越多,对于高层管理者来说,把他们80%的时间花费在考虑企业未来上是非常普遍的。同时,计划制订工作包含了管理活动中的每一个人。例如在你的第一份管理工作中,确定要做的第一件事情就是准备一份计划。

本章主要是解决财务计划的制订问题。简单地说,就是为企业的未来做一份财务计划。

然而,财务计划是企业计划的一部分,为了能够描述财务计划,就需要理解企业计划的性质和目的,并且明白财务要素是如何与这个宽泛的概念结合在一起的。

4.1 企业计划

用结果来描述企业计划的制定是最简单的办法了。这个过程会产生一个被称为**企业计划**的文件,它被认为是一个企业期望在未来能够实现的一幅蓝图或者是模型。企业计划通常看起来像是一份杂志(有图表而不是图画),它由描述商业活动的语言和数字所组成。

计划中的数字描述占到财务计划的一大部分。也就是说,如果计划者所做的预测变为事实的话,这些数字就是对公司未来状况的估计。这些假定环境下的叙述被称为正式的表述,也就意味着他们所认为的假设都是真实的。

企业计划中用真实而简洁的语言描述了企业的经营。它们讨论了企业广泛的战略思想,详细描述了企业的短期战略行为,扩充了企业的财务预测。

一份好的企业计划所表达的总的思想包含了很多方面的信息,如产品、市场、员工、技术、设备、资本、收入、利润以及描述组织和日常事务相关的其他信息。

4.1.1 企业计划的要素

尽管各个公司之间企业计划的详细内容都有很大不同,但是它们都遵循了一个相当标准的格式,如下:

- 目录
- 执行摘要
- 目标和战略描述
- 市场分析
- 企业经营
- 管理和员工
- 财务预测
- 突发事件

前两个部分是介绍性的。目录表仅仅是计划的标题,执行摘要是对描述内容的概述。

目标和战略部分描述了商业活动的基本特性,并且拟定了企业的长远发展方向。市场分析试图描述与竞争对手相比,企业的商业活动为什么能够成功。经营部分描述了企业怎样创立和如何分配它的产品和服务。管理和员工部分详细描述了企业项目的个人需求和某种情况下主要管理者的使命。

企业计划的最后一部分预测了企业未来的财务状况,这就是企业的财务计划。如何将这些预测联系在一起是这章讨论的主要目的。突发事件那一节告诉我们,如果事情没有按照原计划发展下去,企业应当做些什么。

4.1.2 计划制订的目的与计划信息

企业计划及其包含信息的两个主要的使用者就是公司的管理层和外部投资者。

计划制订的管理价值 企业计划有几方面的管理利益。一方面是和制订计划的过程相关,其他的是与实行计划有关。

计划过程 计划过程能够使一个企业团队为共同的目标凝聚在一起。它可以帮助每个人理解组织的目标是什么,为什么这些目标都是重要的,组织是如何达到这些目标的。创建计划需要团队考虑在将来需要做什么,确定每个人都能理解自己所要做的事情。

经营企业的路线图 一个企业计划的作用就是使组织实现它的目标的**路线图**。把实际经营绩效和计划进行比较并找出偏差,是一项重要的管理工作。当商业活动偏离计划时,这样的比较是理解企业问题和提出解决办法的最好方法。这种思想如图 4-1 所示。

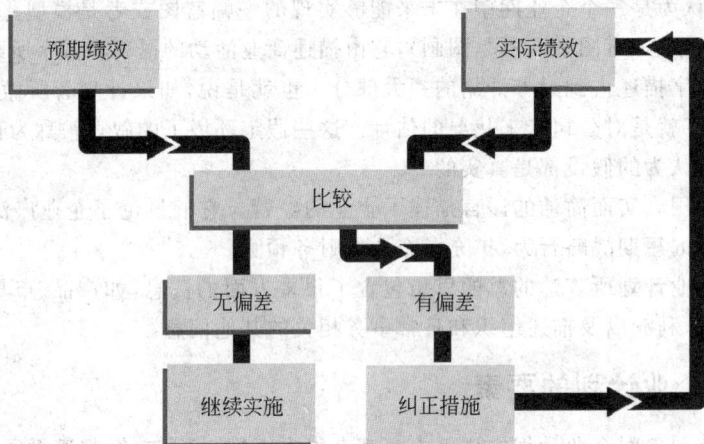

图 4-1 利用计划来指导企业绩效

目标描述 一份企业计划是一份未来的预测书,它通常反映了管理层愿意发生的事情。相应地,它可以看作是企业整体和单个部门的一组目标。

一份计划包括收入目标、部门费用限制、产品和过程的不同发展目标。不同的人负责不同的目标,通过这些可以对绩效进行考核和评价。

把奖金和企业计划目标的完成程度结合在一起是非常普遍的。在本章的后半部分我们将对计划中的目标进行详细的描述。

预测和资金需求 财务计划对于依赖外部资金的公司是非常重要的。只有通过详尽的财务计划,公司的财务经理才能知道他(她)在什么时候需要到资本市场去筹集支持公司经营所需要的额外资本。

传递信息给投资者 企业计划书就是公司的未来发展到什么样的管理性描述,它可以把那些信息传递给投资者。一份计划预测了公司的未来特性,它对公司的利润和现金流量作出了估计。财务信息告诉了权益投资者他们能得到的期望回报是什么,债务投资能从公司的哪方面经营获得资金来偿还债务。

小公司把公司计划提供给投资者,大公司把选择性的信息提供给证券分析师,分析师根据这些信息和公司历史绩效作为建议提供给客户。

大公司各部门的企业计划 大公司通常由独立经营的部门构成,这些部门或多或少地与独立公司的作用一样。大多数公司都经历着几乎连续的计划制订过程。部门提出它们自己的计划,这些计划合并就成为一个完整的公司计划。

部门和公司管理层之间通过公司计划制订进行沟通。部门最终的计划是对自己目标的描述,它反映了部门与母公司的期望是一致的。部门的计划通常是经过一段时间的审查之后由公司管理层同意,部门所做的每件事都要与它们的计划进行比较。

部门的成功与否与公司计划是相关联的。

4.1.3　可信度与细节支持

对未来的预测未必能变成现实。每个人都明白这一点,因此,公司计划都有一个可信度的问题。财务计划尤其会受到质疑,因为要想辨别计划者如何提出计划书中的数字是很困难的。下面就用一个简单的例子来说明这个问题。

假设 Poorly 公司当年有 1 亿美元的收入和 100 万美元的利润。董事会要求管理层能有更好的绩效,并且要求提出一份计划来证明业绩提高。为了满足董事会的要求,管理层制订了下面的计划。

Poorly 公司财务计划

	当年	下一年
收入	1 亿美元	1.2 亿美元
税后利润	100 万美元	1 200 万美元

从技术上来讲,这份计划书满足了董事会的要求,但明显的问题是董事会为什么应当相信它。在描述的特定情况下,他们可能不会相信这些。

问题是提供的这份"计划"缺少细节支持。阅读这份计划的人并不知道它仅仅是为了满足董事会的要求还是经过大量的实际分析之后得出的。换句话说,这份计划并没有告诉阅读的人在这些财务数据后的真实想法,从而让他们相信这份计划。

一份好的计划应该列出总结性的财务预测,但是它应该有足够的细节来支持数据,以表明他们是经过缜密的思考而得出的。例如,一份收入预测通常要包括这样的内容:产品、销售数量、产品价格,以及由什么部门或者公司来销售这些产品。这些内容应该能够详细解释"为什么一些产品会比其他产品销量大""为什么有些销售人员比其他竞争对手销售得多"。财务计划的要点就是计划者不能仅仅写下一些无根据的收入数字,而应该让阅读的人相信它。

细节支持能够表明财务计划中的这些数字是如何得出的。这些详细的分析本身可以不体现在财务计划中,但如果阅读者需要的话是可以得到的。

由于不同用途而导致的不同水平的细节支持构成了财务计划。把不同水平的细节与计划目的匹配起来是至关重要的。

4.1.4　四种类型的公司计划

总体上说,有四种不同的公司计划。每一种都有不同的目的,从而也就有不同的独立的文件。大型的、成熟的公司一般都制定这四种类型的计划,而小公司通常仅仅制订一个包含四种类型的计划书。

这四种类型的计划分别是:(1)战略计划;(2)经营计划;(3)预算计划;(4)预测计划[1][2]。

---

① 公司与公司之间的计划都是不一致的。有些公司人们谈的是年度经营计划,而有些公司是长期预测。"前景"与"远景"是通用的。计划之间的重要区别就是计划期间的跨度:多年(通常是 5 年)——长期的、战略性的;一年——中期的、经营性的;3~6 个月——短期的、预算性的;两周到 3 个月——非常短期的预测。

② 预算和预测是简略性的公司计划,通常没有前面描述的那些部分,它们是财务计划的一部分。

它们因为三种特性而各具特点,这三种特性就是:计划期的跨度(**计划期间**),计划结果的类型和财务设计的详细程度。

战略计划　战略计划包含了宽泛的、概念性的内容,主要是企业的性质、为谁服务和它的经营范围是什么。它通常是一种长期工作,管理者尽力去粗略地预测公司将做什么,以及在几年的时间内公司会发生什么样子的变化,5年时间的计划是比较普遍的一种计划。

战略计划制订开始于对公司存在性提出的疑问。为什么公司要做它现在要做的事情?做一些其他的事情会不会更好?它所服务的客户都需要什么?怎么去提供这些东西?在市场中存在着什么样的机会?威胁是什么?战略计划还要求公司制定任务和规章,来规范做什么、为什么做以及详述要实现的最高目标。

一旦这些基础建立起来,战略计划制订者将对未来几年进行广泛的考虑,以解决某些问题。在第5年末,企业还会处于同样的水平吗?它会在同样的地理位置上么?它将会发展到多大?谁将会是它的竞争者?怎样去战胜竞争者?

战略计划的制订大多数情况下可以用文字而不是数字来表达一些概念和想法,所使用的数字往往趋向于简单和近似。例如,企业的战略计划可能会建立这样一个目标:基于销售额或市场份额方面,要成为行业汇总数一数二的公司。或者企业可能会制订一个年度销售额达到5亿美元的目标,这个收入数字可能并没有太多的细节支持。

战略计划包括预测的财务报告书,它们都是近似和理想化的,通常没有太多细节支持。计划的最后1年(通常是5年)一般会给出财务结果,反映出企业所能期望达到的最好结果。

战略计划通常被称为长期计划或者五年计划。

总体上来说,系统性、战略性的思想表明公司首先应该分析自身、它的行为和竞争状况,然后提出方法,通过这种方法可以利用公司的优势,降低由公司劣势带来的不足。一份战略计划就是描述这种思想的工具。

经营计划制订　经营计划包括把企业思想转变为具体的短期计划(通常大约是1年)。这里的计划要比战略计划详细很多。

在其他几个方面,经营计划强调公司将销售多少产品,销售给谁,以及按照什么样的价格进行销售。经营计划还阐明了公司从哪里获得它的投入物和设备,这些投入物和设备的成本,以及公司期望的利润是多少。

主要的短期经营目标通常都是在经营计划中体现出来的。收入目标伴随着利润目标、销售额度和生产发展规划,都在计划中列出来,还详细说明了补偿和奖励机制。大多数公司所做的年度计划就是一份经营计划。

年度经营计划　通常是由文字和数据组成的。这份计划用文字说明了正在经营的工作,并通过包含很多细节支持的财务计划来解释支持它。

预算　在很多行业中,商业环境变化得非常快,一份年度经营计划可能在一年中的后半年就发生了变化。预算是年度计划必要的短期更新,典型的是3个月的季度预算。它们通常包括年度计划之外的细节支持。

一份预算将确定有多少资金、材料和劳动力在组织内流通,并且指定了由什么人来担负这些责任。预算过程包括尽可能预测销售产品的收入和成本。根据这些它就有可能详细地估计出每个部门将花费多少钱,主要的项目有:工资、材料以及差旅费等。

有一点非常重要,那就是如果预算时间跨度太短,就不能对企业的活动产生大的理念上的变化。方针指导思想和长期指导在预算中是不会涉及的。因此与年度计划相比,预算的文字比较少,而财务的数据会比较多。同样,一份预算也可以作为一种经营计划,因为它对企业活动的日常经营进行了详细地计划。

预测 预测是短期财务结果的简单估计,是企业的财务状况在短时期发展到什么程度的计划。"预测"通常由数字组成,很少有文字方面的描述。

预测通常包括两个方面,要么是对现金流量的预测,要么是基于一段时间的利润状况,企业的管理者考虑如何变更销售策略。

短期预测对现金需求管理是非常重要的。如果一家公司需要偿还债务或者是补发应发工资的话,就需要对未来的几个星期或者几个月的现金状况有一个大致的了解。如果认为企业的现金暂时短缺的话,就可以安排银行贷款,以便保证公司的日常经营。

现金预测是对企业短期现金需求做的财务计划。多数企业做月度现金预测[1]。

公司计划框架 在一个框架下安排不同的计划可以帮助我们加深对计划的理解。综合性的长期战略计划在图表的一边,而详细的数字化的短期预测在图表的另一边。这种思想如图 4-2 所示。从左向右观察计划跨度(覆盖时间)越来越短,内容也是从定性到定量的变化——从几乎全部是文字到全部是数字。

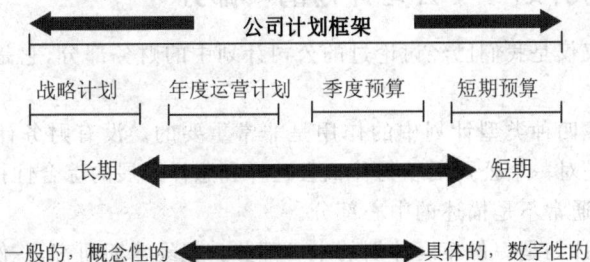

图 4-2 公司计划框架

理想的情况下,公司执行计划的整个框架过程,那是大多数的大公司经营的方式,提出了各种不同的计划。在这种环境下,战略计划和年度经营计划各自按照一年或者半年提出一次[2],而且经常还有四个季度预算和很多预测[3]。

小公司和大公司相关的计划程序 在小企业里,计划框架图经常被压缩为一个仅仅被称为公司的"公司计划"的文件。它是在公司创立时提出的,直到后来公司需要从银行或者其他外部渠道筹集资金的时候才会更新它。

小公司所提出的公司计划与大公司计划框架图中的全部内容都是相关的。这种关系如图 4-3 所示。小公司的公司计划跨越了计划框架图的三个部分。它包括了通常所说的经营(年度)计划,除此之外还有战略计划和预测。

小企业的计划必须包括大公司年度计划所包括的内容,它应当对下一年所计划的工作作

---

① 单词"计划"或者"预测"当作名词和动词的时候会有一些不同。一份预测(名词)一般是指一份短期计划,一个计划(名词)是一个长期计划。动词使用得更多,但是不和计划水平方向的跨度联系在一起。因此我们经常说的是在一个计划中预测数字或者是在一个预测中计划数字。

② 即使战略计划覆盖了五年或者更长时间,但它也是一年修正一次。

③ 经营稳定的公司可能会省略掉框图中的预算部分。公共用品公司就是一个很好的例子。它们的收入依赖于当地的居民数量,而这些是不会很快发生变化的。因此就没有必要每个季度都做预算以弥补经营环境的变化。高科技公司是和这个极端相对的例子,它的技术和市场变化非常快,因此公司经常要调整计划。

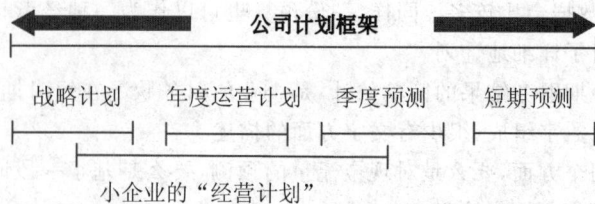

图 4-3　小企业与大企业的相关计划程序

出详细的、合理的解释,并且对质量、人员和那段时间内的资本支出作出详细的计划。

在涉及战略方面内容的时候,小企业计划并不需要包括得过于宽泛。例如,它没有必要讨论公司为什么选择这项业务而不是另外一项业务,因为有关决定已经作出了。小公司计划中也必须作出公司在未来 3～5 年内的战略计划。

一家小企业至少在第一年应当提出一份像预算一样详细的经营计划。投资者通常要从企业那里获得至少一份较为详细的计划[①]。

4.1.5　财务计划——公司计划的一部分

一份财务计划仅仅是我们已经讨论过的公司计划中的财务部分,它是对在计划期内项目财务状况的预测。

理解财务计划在四种类型计划中的作用是非常重要的。没有财务计划的公司计划是不完美的。战略计划是对一个公司活动为什么会这样和怎样开展的综合性描述。财务计划是战略计划的一部分,但通常不是描述的中心部分。

另一方面,财务计划是一份年度计划的中心部分。就经营期而言,一份财务计划就是它的企业计划,通常来说在一份年度计划中有大量的文字描述,这些文字描述通常是对怎样获得的经营数字进行解释,而不是讨论文字本身的内容。

预算和预测,尤其是后者,几乎完全是财务计划的内容。

4.2　制订财务计划

财务计划包含了把计划的物理量和经济行为转化为货币。这通常意味着首先做销售预测,然后提出为了支持这些销售行为,公司所要付诸的其他行动。那些物理量计划就产生了财务报告中的货币数字。

4.2.1　新企业和现存企业的财务计划制订

财务计划是为新企业和现存企业制订的计划。过程在内涵上都是相似的,但是在具体实施方面,对于新的或者刚开始经营的企业就会更加困难一些。

很难预测一个新的公司能出售多少商品或它需要多少支持,因为它的计划是没有历史资料可以参考的。也就是说,这一切都需要从零开始。预测一个现存企业会比较容易些,最近的结果以及现存的资产和负债都可以用来作为计划的出发点。

---

① 对小公司中公司计划的综合性看待。参考:*The Perfect Business Plan Made Simple*,William Lasher 著,New York:Random House,2005.

典型的计划制订任务 大多数财务计划都是为现存企业制定的。基本上来说,它包括了预测过去一直持续的事情的变化。这些变化通常被称为**计划假设**。一些明显的假设没有提到,就说明以前的状况保持不变。(对一家新的企业来说,每种情况都要有明确的假设。)

例如,假设在下列变化情况下,现存企业作出了下一年的经营计划。

- 单位销售额增长率为 10%
- 产品价格下降 3%
- 原材料成本每单位增长 2 美元
- 所有的劳动力成本增长 4%
- 存货周转率从 5.3 提高到 6.3
- 应收账款回收期从 45 天减少到 40 天
- 利率从 7% 增加到 9%
- 还有一些其他变化

财务计划者的任务就是根据去年公司的绩效作出计划,在预测的财务报告中要反映出这些变化。

4.2.2 一般方法、假设和债务/利息问题

在这一部分,将列出财务计划中的问题是如何解决的,并且考虑一下特殊的债务和利息预测问题。我们将从明确准备预测的内容和将从什么内容开始计划这两个方面开始介绍。

已经存在的和我们需要预测的 任何一个财务计划制定都会存在这样的问题,那就是根据上一个时期的结果来预测下一年度的财务状况[1][2]。只有收益表和资产负债表需要预测。现金流量表是根据这两个表得出的。

图 4-4 表明了计划制订者的工作内容。当年的收益状况是给定的,资产负债表也是给定的(这是下一年开始的状况)。这些项目都是通过 XX 来表示。用这些作为参照,再利用在计划中的物理量和经济假设,年末资产负债表一定可以预测出来。

如果是为一家新公司制订计划的话,所有的 XX 都是零。

计划假设 在前一部分,我们简单介绍了假设的理念。在这一部分,我们更详细地定义这个理念并说明是怎么样来做假设的。

计划假设就是在计划期间内,期望的一些物理量或者经济环境。假设所反映的就是影响公司财务结果的任何条件,有一些是来自于公司外部的,像利率和税率,其他的来自于计划管理行为,如产品定价和成本控制,甚至有一些是因为顾客行为,像对价格变化的购买力反映。

通常来说,在一个计划的财务报告中的每一行都是基于企业的一项或者是更多假定的预测。接下来会用一个简单的例子来说明这种理念。

---

[1] 为了讨论的目的,我们假定以年为周期。

[2] 大多数的时候,为了特定年份做的计划就是按照持续(当前)年的期末来进行的。也就是说计划者没有可以参照的当年的真实的财务结果。然而,因为年末是结算日,通常有对一年真实结果的相对较好的估计。

	损益表（美元）		资产负债表（美元）	下一年	
	当年	下一年		年初	年末
收入	xx	?	资产		
销售成本	xx	?	流动资产	xx	?
毛利润	xx	?	固定资产	xx	?
费用	xx	?	总资产	xx	?
息税前收益	xx	?	负债		
利息	xx	?	流动负债	xx	?
税前收益	xx	?	长期负债	xx	?
税	xx	?	所有者权益	xx	?
净收益	xx	?	负债和所有者权益合计	xx	?

图 4-4   计划事项

关联概念　举例 4-1

计划假设

今年 Crumb Baking 公司每个月销售 100 万单位的咖啡饼干，每单位单价为 1 美元，一年内销售额为 1 200 万美元。公司年末的应收账款是两个月销售额为 200 万美元。Crumb 对下一年的销售和应收账款假设如下：

1. 为了增加产品销量，公司决定产品价格下调 10%。

2. 因为价格下降，公司的销售额增加到 1 500 万美元。

3. 由于努力回收款项，使得在年末的时候只有一个月的销售额是应收账款。

请预测在这些假设条件下公司下一年的收入和年末的应收账款。假设销售在一年内是均匀分布的。

解答：在这个例子中有三个相互关联的假设条件。第一个反映了对价格的管理行为，第二个定义了顾客对这种价格下调的反应。二者联系起来，就建立了收入预测：下一年公司将按照每单位 0.9 美元价格销售 1 500 万单位的咖啡饼干，因此总的收入是：

$$收入 = 15\ 000\ 000 \times 0.9\ 美元 = 13\ 500\ 000\ 美元$$

第三个假设就是公司的信用期和账款回收活动在下一年更加有效。这可以从年末的应收账款时间从原来的两个月下降到一个月反映出来。

$$待收款 = 13\ 500\ 000\ 美元/12 = 1\ 125\ 000\ 美元$$

应收账款的计算依赖于三个假设，因为除了运用关于信用期和回收账款的效率的第三个假设外，还运用了前两个假设的收入假设。

程序性的方法　财务计划由收益项目开始，一次调整一个项目，如举例 4-1 中所描述的调整各类项目。

财务计划的编制实质就是把一些逻辑上的假设转变为计划中的预测数字。由于行项目和假设性质的不同，要意识到这些转变所需要的计算是不同的，这是非常重要的一点。有一些转变是简单的,而有一些是比较复杂的。稍后我们通过一个更复杂的例子来说明这些。

财务计划编制的过程是沿着收益表中的成本和费用项目一直到利息费用前,然后制定出资产负债表。所有的资产账户和负债账户(除了长期债务和权益)都要被预测出来。在长期项目上,计划制订过程会出现问题。

债务/利息计划制订问题 需要在财务报告中完成的下一项就是收益表中的利息费用和资产负债表中的债务。问题就在于二者之间是相互依赖的,直接预测是不可能的。

了解这个难点产生的原因是非常重要的,但理解它的解释却是比较困难的。图 4-5 和下面的内容描述了该问题。仔细阅读下面这些解释,同时指明这种描述。

损益表(美元)		资产负债表(美元)		
	下一年		下一年	
			年初	年末
收入	?	资产		
销售成本	?	流动资产	xx	?
毛利润	?	固定资产	xx	?
费用	?	总资产	xx	?
息税前收益	?	负债		
利息	?	流动负债	xx	?
税前收益	?	长期负债	xx	?
税	?	所有者权益	xx	?
净收益	?	负债和所有者权益合计	xx	?

净收益(减去股利)加上年初权益就是年末权益,这需要计算年末债务。

年末债务和年初债务平均值再乘以利息率可以计算利息费用。

图 4-5 债务/利息计划制订问题

仔细观察图 4-5,在图中,"XX"表示已经做出的预测,"?"表示还没有做出的预测。注意到在收益表中缺少了对利息费用以及它下面一些科目的预测,包括净利润。在资产状况变动表中,所有的资产和负债都有预测,而不是负债和权益。注意我们有总负债和权益数字,因为它们的和等于总资产。

为了完成收益表,就需要预测利息费用,但利息是下一年的利率和平均计划债务的乘积。我们虽然知道开始的债务额,但是却还需要知道期末数额来取得平均数。

预测期末债务需要完成期末的资产负债表,这又需要去预测期末权益。期末权益就是期初权益加上收益表中当年的净利润,减去分发的股利,再加上新出售的股票。

但是,因为无法预测期末债务,就无法预测利息费用,从而无法完成收益表,也就不能预测净利润。换句话说,问题是一个循环性的,我们需要债务来计算利息,但是又需要利息去计算债务(通过净利润和权益)。

这就意味着不管是债务还是利息,我们都不能做直接的预测。因此,我们就不能用一直在使用的直接的行对行的方法来完成财务计划,每一份财务计划都会遇到这个技术上的难点。

一个重复模拟的数字方法 运用猜测数据的技术可以解决这个问题,猜测通常是错误的,但是它给了我们通向正确答案的一个起点。

过程如下:

1. 利息:猜测利息费用的价值

2. 净利润:完成收益表

3. 期末权益:用期初权益加上净利润(如果有的话,减去股利,加上出售的新股)。

4. 期末债务:总负债和所有者权益(=总资产)减去当前负债,减去期末权益。

5. 利息:对期初和期末债务进行平均,通过利率乘以平均债务得出利息。

6. 检验结果:比较从第5步计算的利息和第1步最初猜测的利息。

a. 如果两个是显著不同的话,回到第一步,重新猜测利息价值,然后重复第2步到第6步。

b. 如果计算的利息价值接近于猜测的话,就停止计算。

这种通过重复的计算过程来解决问题的方法的程序就是著名的数字方法或者重复技术。每通过这个程序一遍就是一个重复过程。不管是最初的猜测如何,要得到可以接受的结果一般不会超过两到三次重复过程。一个例子将使这种方法非常清晰。

关联概念 举例 4-2

债务/利息计划制订问题

以下是 Hanover 公司的部分财务计划,假设利率是 10%,边际利率为 40%,包括联邦税和州税(通常都在例子中假定简单且平滑的税率),我们同时假设没有股利支付和新股出售。

单位:千美元

损益表		资产负债表		
			下一年	
下一年			年初	年末
收入	10 000	资产		
成本/费用	9 000	总资产	1 000	3 000
息税前利润	1 000	负债		
利息	?	流动负债	300	700
税前利润	?	长期负债	100	?
税	?	所有者权益	600	?
净收益	?	负债和所有者权益合计	1 000	3 000

解答:首先要注意到,在这个分析中,我们假定公司有一个非常高的利率。Hanover 公司的资产预测在一年内为原来的 3 倍。这种现象是可能的但却不常见。在这个例子中,会导致公司的债务在下一年急剧地增长。

请用上面的方法来完成我们财务计划表的预测。

1. 预测利息:在大多数实际情况下,去年支付的利息是下一年利息的合适猜测值,既然在这里没有,那么我们就假定一个值:200 000 美元。

预测在下面的 3 步中完成。我们先表示出结果,然后再详细地叙述 2 到 4 步。基于我们预测的利息,在损益表的底部和资产负债表中的负债和权益部分如下:

息税前收益	1 000	负债和所有者权益		
利息	200	流动负债	300	700
税前收益	800	长期负债	100	1 220
税	320	所有者权益	600	1 080
净收益	480	负债和所有者权益合计	1 000	3 000

下面的步骤使得我们得出这一结果。

2. 计算净收益：假设利息费用是 200 000 美元，净收益就是 480 000 美元。

息税前收益	1 000 000
利息	200 000
税前收益	800 000
税（税率 40%）	320 000
净收益	480 000

3. 期末权益：期末权益就是期初权益加上净收益。

期初权益	600 000
净收益	480 000
期末权益	1 080 000

4. 期末债务：期末债务就是总的负债和权益减去期末权益再减去期末流动负债。

总的负债和权益	3 000 000
期末权益	(1 080 000)
流动负债	(700 000)
期末债务	1 220 000

在这里，我们得出了基于猜测的利息费用的财务状况表。下面需要检验计算的债务和以此得出的利息是否和猜测的一致。

5. 利息：计算得出的债务的利息就是平均债务和利率的乘积。

平均债务 × 利率＝(100 000＋1 220 000)/2 × 0.1＝66 000

6. 结果检验：下一步就是对第 5 步计算出的利息和猜测的利息进行比较，看是否一致。和大多数情况一样，两者相差很大。原来猜测的 200 000 美元的利息要远远高于计算的利息 66 000 美元。

运用计算的 66 000 美元的利息作为下一个重复的程序测试点。确认从第 2 步到第 4 步得出下表中数值（近似到千美元）。

息税前收益	1 000	负债和所有者权益		
利息	66	流动负债	300	700
税前收益	934	长期负债	100	1 140
税	374	所有者权益	600	1 160
净收益	560	负债和所有者权益合计	1 000	3 000

给定的结果如下,平均负债是:

$$(100\ 000+1\ 140\ 000)/2=620\ 000$$

利息是:

$$620\ 000\times0.1=62\ 000$$

这样,第二次猜测的和计算出的结果仅仅有 4 000 美元/年的差距。

作为一个练习,它演示了一个有 62 000 美元利息的迭代,给出的结果精确到 150 美元之内,并以 1 137 000 美元的债务结束。

4.2.3　简单假设下的计划

财务计划可以是粗略的,也可以是非常细致的。区别就在于计划基础假设的思考和详细程度。一份粗略估计的计划对未来状况的假设是比较少的,而详细的计划则包含很多。在这一部分,我们研究的是为一家现存企业制定一份简单的、粗略的财务计划。

基于销售增长的快速估计　销售百分比法是预测现有企业的财务状况简单的、大致的方法。这种方法包括估计公司的销售增长率,并且假定所有的收益表和资产负债表项目是按照同样的速率在增长。这种方法暗含并假设公司的效率和所有的经营比率在整个增长期间保持不变。

CFO 经验谈

每个项目都是随销售(按照同一比率)增长的假设过于简单化了,这个假设在现实中通常是不适用的。大多数情况下,对方进行修改,假设大多数的(并不是所有的)项目随销售变化直接发生变化。我们把这种修改后的方法称为**修正的销售百分比法**。下面来看一个例子:

关联概念　举例 4-3

简单假设下的计划

Underhill Manufacturing 公司期望下一年的收入能够增加 15%。公司有多余的生产能力,因此不需要新的固定资产来支持这种增长。当年的收益表和年末资产负债表估计如下:

Underhill Manufacturing 公司当年的财务报表　　　单位:千美元

损益表		资产负债表	
收入	13 580	资产	
销售成本	7 470	现金	348
毛利润	6 110	应收账款	1 698
费用 *	3 395	存货	1 494
息税前利润	2 715	流动资产	3 540
利息	150	固定资产净值	2 460
税前利润	2 565	总资产	6 000
税金	1 077		
净收益	1 488	负债和所有者权益	
		应付账款	125

损益表	资产负债表	
	应付工资	45
	流动负债	170
	长期负债	1 330
	所有者权益	4 500
	负债和权益	6 000

* 包含了营销、生产和管理费用

现假定公司的州和联邦税率为 42%，利率为 12%，当年没有股利发放。

运用修正的销售百分比法来计划公司下一年的收益表和资产负债表。

解答：对这个问题，我们只知道固定资产净值增长 15%，其余的增长都需要计算才可以得到。也就是说，我们需要给下列各项都乘以 1.15：收入、销售成本、费用、所有的流动资产和流动负债。因为假设公司有额外的生产能力，只需要把损坏的机器更新，所以固定资产净值保持不变。结果如下面不完整的财务报表：

Underhill Manufacturing 公司次年的财务报表　　　　单位：千美元

损益表		资产负债表	
收入	15 617	资产	
销售成本	8 591	现金	400
毛利润	7 026	应收账款	1 953
费用 *	3 904	存货	1 718
息税前利润	3 122	流动资产	4 071
利息	—	固定资产净值	2 460
税前利润	—	总资产	6 531
税金	—		
净收益	—	负债和所有者权益	
		应付账款	144
		应付工资	52
		流动负债	196
		长期负债	—
		所有者权益	—
		负债和权益	6 531

* 包含了营销、生产和管理费用。

在这里，我们陷入了债务/利息困境。为了完成计划，我们猜测公司利息并且运用上一部分所提及的过程。这次我们已经有上一年的利息 150 000 美元作为猜测值。利息和 Underhill 公司的其他项目数值结果如下表的第一次重复。

债务/利息计算——第一次重复　　　　单位：千美元

损益表		资产负债表		
	次年		当年	次年
息税前收益	3 122	资产		

损益表		资产负债表		
	次年		当年	次年
利息	150	总资产	6 000	6 531
税前收益	2 972			
税金	1 248	负债和所有者权益		
净收益	1 724	流动负债	170	196
		债务	1 330	111
		所有者权益	4 500	6 224
		总负债和所有者权益	6 000	6 531

按照 12% 的计算平均债务的利息大约是 86 000 美元,这个值明显低于假设的 150 000 美元的利息。通过第二次或下次来完成下面的财务计划。

Underhill Manufacturing 公司次年的财务报表　　　　单位:千美元

损益表		资产负债表	
收入	15 617	资产	
销售成本	8 591	现金	400
毛利润	7 026	应收账款	1 953
费用 *	3 904	存货	1 718
息税前利润	3 122	流动资产	4 071
利息	84	固定资产净值	2 460
税前利润	3 038	总资产	6 531
税金	1 276		
净收益	1 762	负债和所有者权益	
		应付账款	144
		应付工资	52
		流动负债	196
		长期负债	73
		权益	6 262
		负债和权益	6 531

* 包含了营销、工程和管理费用。

更加准确但却简单的计划　　上面描述的修正的销售百分比方法可以进一步修改,以提供更高的规划精度,同时保持方法简单。在示例 4-3 中,我们对固定资产净值的一个明确的假设而让一切都随销售而变化。人们有可能对其他任何事物都有类似的假设,而获得的结果比一个全面的增长假设要好得多。

例如,假定工厂要更换一条新的生产线,预计每单位生产成本降低 10%。在这种情况下,预测销售成本以增加销售增长率是没有太大意义的,因为小幅度增长显然更合适一些。

管理人员通常对一些业务领域中发生的事有这样的了解,这些业务领域可以通过一个或两个简单的假设付诸实施。这些补充通常提高了计划的可信度,而不会使其复杂得多。我们将在本章后半部分讨论这项复杂的技术。

4.2.4 预测现金需求

前面我们提到制订财务计划的一个主要原因是预测公司的外部资本需求。在前面提到的例子中，我们可以很快地观察出 Underhill 公司的预测年度的年初和年末债务。如果表中的数字增长了，就表明公司需要的资金超过了公司经营所产生的，就需要从外部借款了。债务的减少表明了经营所产生的现金流量超过了公司的现金需求，因此债务可以偿还[①]。在这个例子中，Underhill 公司产生了 1 257 000 美元的现金流量，使公司的债务从 1 330 000 美元减少到 73 000 美元。

在计划中，如果债务提高了，表明再预测年度公司就需要从外部进行筹资。当然公司可以通过发行股票（权益）而不是通过借款来筹集资金。这一点表明公司期末权益数的增加超过了净收益留存收益的数量，这反过来会降低期末债务数量以使资产负债表保持平衡。

4.2.5 销售百分比法——一种公式

举例 4-3 中，在收入增长假设和固定资产单独假设条件下，我们运用修正的销售百分比法，制订了财务计划。假设固定资产也随着收入增加相应的增加，为了预测外部资本需求，销售百分比法就可以简化为一个简单的公式，我们称这个公式为外部资本需求的公式（EFR）。

外部资本需求（EFR）的原理是非常简单的：一个正在发展的公司手头必须有足够的资金来购买所需要的资产以支持它的发展。然而，这种资金需求被两种自动渠道降低了：(1)流动负债的增长[②]；(2)公司当年有利润但是没有作为股利发放[③]。换种表示方式，次年的计划：

$$
\begin{array}{r}
\text{资产的增加}\\
-\ \text{流动负债增加}\\
-\ \text{当年留存收益}\\
\hline
=\ \text{外部融资需求}
\end{array}
\tag{4.1}
$$

公式 4.1 的描述对人和财务计划都是有用的，但是当销售、利润、资产和流动负债都假定为按同一增长率增长的话，可以把公式 4.1 进行简化。

通常我们定义 g 为销售增长率，那么

$$g = \text{销售增长额/当年销售额}$$

例如，如果当年销售额为 100 000 美元，下一年的计划销售额为 115 000 美元，那么 $g = 0.15$ 或者是 15%。

对等式 4.1 来说，假设资产和流动负债按照 g 增长，就意味着：

$$\text{资产增长} = g \times \text{当年资产} \tag{4.2}$$

和

$$\text{流动负债增长} = g \times \text{当年流动负债} \tag{4.3}$$

---

① 年末债务如果负值是完全可能的，就隐含了产生的现金超过了公司初始的债务水平。负的债务一般表现为现金账户的增加。

② 流动负债提供了自由筹资，因为它们反映了不必立即付款的资产的收购。我们将在第 16 章详细地说明这一点。

③ 在未修正的销售百分比方法中，假设净收益与销售增长率相同，就可以缩短迭代的债务/利息的重复计算过程。这和假设销售回报率（ROS）保持不变是一样的。

（以下推导的外部资本需求的公式（EFR）可以跳过没有连续性的损失。在本页下半部分继续读方程 4.6。）

为了开发一种以利润和股息作为留存收益的等式，我们先回忆前面的销售报酬率（ROS）公式：

$$销售报酬率 = 净收益 / 销售额$$

解关于销售报酬率和销售额的净收益：

$$净收益 = 销售报酬率 × 销售额$$

假设净收益和销售额都是按照同一速度增长，销售报酬率就将保持不变，下一年的净收益就等于不变的销售报酬率与下一年的销售额的乘积，也就是（1+g）再乘以当年销售额：

$$下一年净收益 = 销售报酬率 × (1+g) × 当年销售额 \tag{4.4}$$

股利支付率就是福利与净收益的比率：

$$d = 股利 / 净收益$$

从这个定义可以看出，净收益被分为两部分：(1) 股利发放部分：$d × 净收益$；(2) 留存收益部分：$(1-d) × 净收益$。[1]

对下一年来说

$$当年保留盈余 = (1-d) × 下年净收益$$

用公式 4.4 中的下一年的净收益来代替的话，那么

$$当年保留盈余 = (1-d) × 销售报酬率 × (1+g) × 当年销售额 \tag{4.5}$$

现在，为了弄清楚 EFR 的关系，将 4.1 中的表达式写为公式的形式，然后用公式 4.2，4.3，4.4 代替其中的变量，得到：

$$\begin{aligned}外部资金需求(EFR) = {} & g(当年资产) \\ & - g(当年流动负债) \\ & - [(1-d) × 销售报酬率][(1+g) 当年销售额] \end{aligned} \tag{4.6}$$

虽然公式 4.6 看起来比较复杂，但是因为右边的每一项都是来自于当年的财务报表和增长率假设，因此公式 4.6 运用起来还是很方便的。

关联概念　举例 4-4

外部资本需求（EFR）

重新预测举例 4-3 中的 Underhill 公司的外部资本需求量，假定固定资产净值和净收益都是以销售增长率相同的增长率 15% 增长，但是假设公司计划下半年把利润的 25% 作为股利发放。

解答：首先要注意 Underhill 公司当年的销售、资产、流动负债及其他的支付比例，然后计算它的销售报酬率（像之前一样保留到千美元）。

当年销售额 = 13 580

当年资产 = 6 000

当年流动负债 = 170

---

① 我们将 $(1-d)$ 定义为留存收益。

d＝25.0%

销售报酬率＝净收益/销售额＝1 488/13 580＝11.0%

接下来,把数据代入公式4.6

$$外部资本需求 ＝g×(当年资产)$$
$$－g×(当年流动负债)$$
$$－[(1－d)×销售报酬率][(1＋g)当年销售额]$$

$$外部资本需求 ＝0.15×(6 000)－0.15×(170)$$
$$－[(1－0.25)×(0.11)][(1.15)×(13 580)]$$

$$外部资本需求 ＝－413.9$$

这个结果表明,在下一年度 Underhill 公司能产生足够的现金流量可以使它的负债减少
414 000 美元。

外部资本需求的方法和相应的未修正的销售百分比法都是有局限性的,因为它们假设所有
变量都是随着销售数量变化而变化的。为了证明这一点,注意一下举例 4-4 中 414 000 美元的
净现金流大大低于举例 4-3 中 1 257 000 美元的预测。这 843 000 美元差异的大约一半来自于一
个事实,那就是我们在举例 4-4 中的假定分红在举例 4-3 中是没有的。而另一半的差异则来自
于另外一个事实:销售百分比法迫使净固定资产假设增长 15%,在这种情况下是不现实的。

4.2.6　持续增长率

公司的持续增长率是对公司能力在理论上的评价。如果财务比率不发生变化,如果公司
不通过发行新股票筹集权益资本的话,此时公司的增长率就是持续增长率。这些假设与未修
正的销售百分比法的假设相同。

持续增长率仅仅是表明由利润产生的权益的增长。我们可以用一个公式来表示这个比
率,说明公司经营产生的新权益等于资本的留存收益。可以写作:

$$(1－d)×净收益$$

d 是股息支付比率,也就是作为红利支付给股东的收益部分。

这表明权益的持续增长率 g,等于新权益除以权益。

$$g_s ＝净收益×(1－d)/权益 \tag{4.7a}$$

从而

$$g_s ＝权益回报率×(1－d) \tag{4.7b}$$

因为:权益回报率＝净收益/权益

尽管持续增长率的理念中隐含了公司不通过出售股票获得权益,但它还是需要借入新的
资金,以保证通过留存收益增加权益后,公司的债务/权益比率保持不变。

持续增长理念的价值是非常理论化的,它给出了公司内增长能力的决定因素。回顾以前
关于杜邦公式的研究,权益回报率可以写为:

$$权益回报率＝销售回报率×总资产周转率×权益乘数$$

将其代入公式(4.7b),我们得到:

$$g_s ＝(1－d)[销售回报率×总资产周转率×权益乘数]$$

如果写得更加详细的话,如下:

$$g_s ＝(1－d)×净收益/销售额×销售额/资产×资产/权益 \tag{4.8}$$

公式 4.8 表明了公司的增长能力依赖于以下 4 个方面。

1. 以销售报酬率(净收益/销售额)表示的盈利能力。
2. 以总资产周转率(销售额/资产)表示的使用资产产生销售的能力。
3. 用权益乘数(资产/权益)表示的公司运用杠杆(借款)的能力。
4. 以留存收益率$(1-d)$表示的留存收益的百分比。

这些概念可以用来分析为什么特定公司的增长率与其他公司进行比较是好的还是不好的。

关联概念　举例 4-5

持续增长率

在连续几年低于平均增长率时,Slowly 公司会将本公司的持续增长率和行业平均水平进行比较。

	g_s	$=(1-d)$	* 销售报酬率	* 总资产周转率	* 权益乘数
行业平均水平	13.50%	0.75	6%	1.2	2.5
Slowly 公司	4.80%	0.4	8%	1	1.5

为什么 Slowly 公司的持续增长率远低于平均值? 通过比较,很明显地表明盈利能力不是问题。因为 Slowly 公司的销售报酬率高于行业平均值,公司的总资产周转率有点低,但是不至于造成这么大的差距。

Slowly 公司的增长率问题看起来和它的杠杆运用的程度有关。公司的权益乘数明显低于平均值,这表明与其他公司相比,Slowly 公司更多的是运用权益而不是债务来筹集资本。本公司的留存收益率$(1-d)$也低于平均值。

这些因素解释了公司为什么不能快速增长。公司盈利的大部分是作为股利发放而不是投资于增长机会。同时,公司受限于不能通过借款来筹集更多的资本。这是低风险战略但是不能使公司很快地发展。

4.2.7　复杂假设条件下的计划

销售百分比法(修正的和未修正的)适合于快速估计,但是制订正式计划就不能经常使用了,因为这两种方法会遗漏很多的细节。

在一份财务计划中,对大量单个科目做明智的估计常常是可能的。把那些单独的信息明显地体现于计划中很有意义。这需要把一些详细的假设运用到过程当中。每种假设需要按一定方式运用到计划中,这种方式依赖于相关科目的管理方法和它的会计处理。举例说明,我们将对举例 4-3 中 Underhill 制造公司的固定资产的处理仔细地研究一下。

在那个例子中,我们假设公司有多余的生产能力,也就是不需要增加新的资产,公司就可以在工厂内部进行调节,使公司获得一定量的增长。因此,固定资产净值可以认为是大致保持不变。这个假设是合理的,但是在某种程度上过于简单化了。在一些复杂的经营计划中几乎很少使用。

固定资产账户反映了在资本预算下我们所研究的各种情况。这些项目需要大量资本保证,从而应该非常仔细地分析。也就是说,大量关于固定资产的信息都是有价值的。

事实上,公司计划制订的过程通常包括一份资本计划,一张所需要资产的清单和下一时期公司所需要花费的资金。

下一个举例中,假设 Underhill 公司的资本计划已经制订好,并且表明了它所包含的信息是如何运用到财务计划当中的。

关联概念 举例 4-6

制订固定资产计划

假设下面是关于在举例 4-3 中 Underhill 制造公司的一些情况。

1. 当年期末资产负债表中包含了下面的固定资产账户(美元):

原值	5 600 000
累计折旧	(3 140 000)
折旧	2 460 000

2. 当年末所拥有的资产在下一年折旧是 450 000 美元,并且对折旧资产无其他处理。

3. 资本计划表明资产在下一年按照估计的总成本 120 万美元被收购。

4. 新设备的平均折旧期为 5 年,这里使用的是直线折旧法。在第一年末以半年的折旧计算,反映了新资产试用期不到一年。

注意:第一项和第二项不是计划假设,它们是公司会计记录中可以得到的财务事实。第三项和第四项是总结了 Underhill 制造公司资本计划中的信息得出的计划假设。

请预测 Underhill 公司下一年度的固定资产账户。

解答:我们将从预测固定资产和累计折旧开始,固定资产原值由于新资产的购置将会增加(美元):

期初固定资产原值	5 600 000
计划购进的价值	1 200 000
期末固定资产原值	6 800 000

当年的折旧来自于两个方面:年初账面上原有资产的折旧和新增资产的折旧。我们已经知道了原有资产折旧是 450 000 美元,在使用 5 年的直线折旧法之下,新资产使用了半年,其折旧为:

$$新资产的折旧 = 1\ 200\ 000/5 \times 1/2 = 120\ 000$$

下一年的总折旧是:

原有资产折旧	450 000
新增资产折旧	120 000
总折旧	570 000

因此,在年末资产负债表中固定资产账户的预测值如下:(如果要了解固定资产账户的知

识，请参照第 2 章。)

	真实的初始值	计划附加值	计划期末值
固定资产原值	5 600 000	1 200 000	6 800 000
累计折旧	(3 140 000)	(570 000)	(3 710 000)
净值	2 460 000	630 000	3 090 000

非常重要的一点就是这种方法给出了计划财务状况表中关于固定资产科目的信息：

1. 年末资产负债表账户的详细状况。
2. 现金流量表中现金流量支出的估计。
3. 损益表和现金流量表中总折旧的估计。

另一方面，举例 4-3 中所运用的方法除了给出固定资产近似值（不是非常准确的），并没有给出以上这些信息。

两种类型的计划假设（直接和间接）比率管理　财务计划假设可以直接提出关于财务项目有关的假设，也可以是间接推导出来，通常是通过比率。在举例 4-6 中，我们作出了关于资本支出的直接假设，来预测与固定资产相关的科目。

间接计划假设通常是建立在财务比率之上。不是预测一个特定的科目，而是预测相关的比率。应收账款就是一个很好的例子。管理者通常考虑应收账款从顾客那里收回现金的平均时间，而不是在资产负债表上应收账款的数量。换句话说，应收账款是通过平均收账期（ACP）这个指标来管理的。这表明关于应收账款的财务计划假设考虑 ACP。运用从这些假设计算出的应收差额就成了计划的一部分。

关联概念　举例 4-7

间接计划假设

Mylar 公司当前收入为 720 万美元，其中 120 万美元为应收账款，平均收账期（ACP）为 60 天，计算过程如下：

平均收账期（ACP）= 应收账款 / 平均每日销售额

= 应收账款 / 销售额 × 360 = 1 200 000/7 200 000 × 360 = 60 天

再对账户进行审查，在应收账款报表中，没有太长时间或明确收不回来的款项。

管理层认为平均收账期为 60 天，客户付款太慢了，因此不能接受这一点。公司计划缩短信用期和改变收账策略，使得下一年回收期能降为 40 天。在考虑了信用和收账策略变化之后，下一年的收入大致增长 10%，使得销售额增加到 790 万美元。

在假设的平均收账期（ACP）之下，公司财务计划中资产负债表的应收账款应该是多少？

解：间接计划假设是下一年的平均收账期（ACP）变为 40 天，为了使财务计划和那个假设相一致，我们计算 40 天 ACP 的年末应收账款差额。公司平均收账期为：

平均收账期（ACP）= 应收账款/销售额 × 360

然后再用下一年数据来代入公式中，其中应收账款为未知：

40 天 = 应收账款/7 900 000 × 360

解这个关于应收账款的方程得出:

$$应收账款 = 877\ 778\ 美元①$$

4.2.8 综合的举例——现存企业的复杂计划

在这一部分中,我们在相当多的假设条件下,通过对一家现存企业的分析,制订一份下一年的计划。请注意大部分假设都是在上年基础上变化的。

关联概念 举例4-8

复 杂 计 划

Macadam公司正在制订下一年的年度计划,公司期望当年能达到下面的财务成果:

Macadam公司当年的损益表 单位:千美元

	千美元	%
收入	14 200	100.0
销售成本	7 810	55.0
毛利润	6 390	45.0
费用		
营销	2 556	18.0
生产	1 065	7.5
财务和管理	1 349	9.5
总费用	4 970	35.0
息税前收益	1 420	10.0
利息	568	4.0
税前收益	852	6.0
所得税	341	2.4
净收益	511	3.6

---

① 实际上,计算通常是比较复杂的。大多数人是这样来计算平均收账期(ACP)的,即建立在应收账款的平均值的基础之上,用下面的公式来表示:

$$平均收账期(ACP) = (期初应收账款 + 期末应收账款)/2/销售额 \times 360$$

下一年的年初应收账款余额是今年的年末余额,在这里是120万美元。代入就可以得到:

$$40\ 天 = (1\ 200\ 000 + 期末应收账款)/2/7\ 900\ 000 \times 360$$

得出年末应收账款为555 556美元。

注意:因为去年年末余额较高,从而这个数字低得有点不真实。如果平均收账期的计算是基于平均的应收账款余额的话,那么目标平均收账期应当在变化的年份提高来反映这个事实。在这个例子中,全年50天的目标平均收账期应该是比较合适的,使得公司年末可以按照40天的平均收账期来经营。

Macadam 公司当年的资产负债表		单位：千美元	
资　产		负债和所有者权益	
现金	1 560	应收账款	716
应收账款	3 550	应计项目	230
存货	2 603	流动负债	946
流动资产	7 713	长期负债	4 000
固定资产		权益	
原值	12 560	股本	6 000
累计折旧	(3 620)	留存收益	5 707
净值	8 940	总所有者权益	11 707
总资产	16 653	负债和所有者权益	16 653

（损益表是以一般报告书的形式出现的，因为一些计划假设是建立在预测收入的百分比之上的，参考第 3 章。）

Macadam 公司的平均收账期和存货周转率的当前值可以从表中计算出来。

平均收账期＝应收账款/销售额×360＝3 550/14 200×360＝90 天

基于销售成本的存货周转率为

存货周转率＝销售成本/存货＝7 810/2 603＝3.0

下面一些事实（不是假设）对公司经营也是很有用的：

事　实

- 实际上所有应付账款都是因为存货的购买，销售成本大约 60% 是购买原材料。
- 公司账面的总资产在下一年有 510 000 美元的折旧。
- 资产负债表唯一的应计项目是应付工资。初步估计下一年的工资支出大概是 610 万美元。下一年的资产负债表的编制时间是在结账后的 9 个工作日内。
- 州和联邦的联合所得税是 40%（假设是统一税率）。
- 当前和将来借款利率是 10%。

管理层已经开会并且一致同意了制订下一年计划的假设条件。

计划制订的假设

收益、成本和费用

1. 在下一年，公司会有一个扩大销售的项目上马。收益的期望增长率是 20%。价格和产品组合保持不变。

2. 收益的增长需要市场/销售部门的持续努力才能实现。由此产生的增加费用被营销部门调整为计划的 19% 而不是当前的 18%。

3. 主要的降低成本的努力是在生产部门实现，希望把成本率（销售成本/收入）从当前的 55% 降到 53%。

4. 工程部门不受销售扩大的影响，由于通货膨胀，它的费用会比去年增长 4%。

5. 为了提高销售，财务和管理费用将会增加。但是，由于规模经济，费用增加的速度要比销售增长的速度低。财务管理费用计划的增长速度是 10%。

资产和负债

6. 一种新的现金管理体系使得现金余额减少20％。

7. 当前90天的收账期(ACP)被认为是不能接受的。在财务和销售方面对信用和收账期的关注日益增长,希望能将其下降到65天。

8. 高层管理者认为在经营中需要更多的存货,生产管理者在努力把基于销售成本的存货周转率从当前的3.0提高到5.0。

9. 资本计划已经有了初步的计划,有500万美元的支出。已经购买资产的平均折旧期为10年,在这里采用直线折旧法,在第一年的资产将采取折旧半年的惯例。

10. 供应商正在抱怨公司的付款政策,因为大多数应付账款应该在30天内付款,但是公司在55天才付款。因为担心供应商会停止供应原材料和商品,公司管理层决定缩短付款期到45天。

11. 下一年没有股利发放,也没有新股发售。

根据去年的财务状况和这些假设,编制 Macadam 公司下一年的财务计划,为保证计算简便,我们假定所有的资产负债表比率都是按照年末数据计算的。

解答: 我们先从收益和资产负债表中的每一行开始编制 Macadam 公司的计划,然后通过对债务和利息的重复计算来完成这些报表,最后根据已经完成的损益表和资产负债表编制现金流量表计划。

需要注意的是,每一行的科目其处理方式是不同的,有一些很简单,有一些则是需要一些计算过程的。为了方便我们以千美元为单位。

收入 收入预测是在去年的基础上增加20％,计算得出:

$$收入 = 14\ 200 \times 1.2 = 17\ 040$$

销售成本 (COGS): 销售成本的预测建立在生产效率提高的基础上,这种提高就是成本率从去年的55％降低到今年的53％,成本率就是销售成本占销售收入的比率,表现在普通规模损益表的销售成本那一行。我们已经知道下一年的成本率和它的收入,它们相乘就可以得到销售成本的计划值:

$$销售成本 = 17\ 040 \times 0.53 = 9\ 031$$

营销费用: 在普通规模的部门,其费用经常是处在一种合理的水平上,也就是把那些费用以收入百分比形式表示与行业平均值相比较,使费用保持在合理的范围之内。在这个例子中,Macadam 公司的高层管理者为了弥补营销部门的努力,把营销费用从占销售收入的18％提高到19％。这个数字就是按照下一年销售收入的19％:

$$营销费用 = 17\ 040 \times 0.19 = 3\ 238$$

要注意这个数字表明费用超过了去年所花费的27％。

生产费用: 生产是一项长期的发展活动。这个活动并不是和当年的销售直接相关联。因此,没有理由假设为了支持销售增长而提高很多。超过去年4％仅仅是为了弥补正常的通货膨胀。

$$生产费用 = 1\ 065 \times 1.04 = 1\ 108$$

财务和管理费用 财务和管理费用支付给会计、仓储、人力资源和行政管理部门。这些费用随收入的增加而提高。但由于规模经济效应,使得因规模增大之后,他们的效率增强,也就是说,他们应该增加的比率比销售增加的比率慢得多。在这里,公司假设的是10％的增长率,是假设的销售增长率的一半。

$$财务和管理费用 = 1\ 349 \times 1.10 = 1\ 484$$

在损益表中,下一行就是利息,在对资产负债表中的债务没有预测之前,我们还不能填写它,因此将它转移到当前的资产上。

现金:一个新的系统可以提高 Macadam 公司的现金管理水平,从而使其下降了 20%。这个假设在企业增长中是很激进的。

$$现金 = 1\ 560 \times (1 - 0.20) = 1\ 248$$

应收账款:Macadam 公司通过确定的平均收账期来间接管理应收账款,预测下一年的平均收账期下降到 65 天:

$$平均收账期 = 应收账款/销售额 \times 360$$

从而:

$$65 = 应收账款/17\ 040 \times 360$$

得出:

$$应收账款 = 3\ 077$$

这个预测结果表明尽管收入预期增长了,但应收账款却下降了。按照常规,应收账款会提高,那是因为账款回收的效应大于收入增长效应。这也是一个非常激进的假设。

存货:管理者已经假定存货的利用有了一定的提高,这主要是因为存货周转率从现在的3.0 提高到 5.0,这一间接假设通过定义存货周转率方程来确定存货水平。

$$存货周转率 = 销售成本/存货$$

从而:

$$5.0 = 9\ 031/存货$$

得出:

$$存货 = 1\ 806$$

管理层计划的假设是很激进的,这是非常重要的。20% 的收入增长率应该使存货大量地增长,但这里所预测的存货是下降的。主要是因为预测效率将会增加。

固定资产:固定资产预测的处理与举例 4-6 中的一样,新增资产的折旧如下:

固定资产原值	5 000
折旧	
新设备 = (5 000/10)×1/2 =	250
老设备 =	510
	760

从这些数字和固定资产账户的初始值可以看出期末账户值如下(单位:美元):

	初始	新增	期末
原值	12 560	5 000	17 560
累计折旧	(3 620)	(760)	(4 380)
净值	8 940	4 240	13 180

应付账款:Macadam 公司目前的付款期限是 55 天,可能是为了多保留些现金。这种行为是公司信用期的滥用。公司的信用期要求公司应该在 30 天内付款,从而造成公司在供应商中的信誉降低,这可能会造成供应商停止供应货物从而造成公司的生产停止。因此,管理者决定调整公司的信用政策到 45 天。虽然和 30 天内的付款信用期有一定的差距,但已经不是不能

容忍了,并且在长期内还可能得到供应商的宽容。这里的问题就是计算在这种信用政策下的应付账款。

应付账款大多数是由于存货的购买而产生的,占生产成本的60%。因此,在一年内销售成本的60%就是总的应付账款。如果款项是在45天内支付的话,年内总额的45/360是任何时候的未付数额。这种理念如下:

$$应付账款 = 购买存货 \times 45/360 = 0.60 \times 销售成本 \times 45/360$$
$$= 0.60 \times 9\,031 \times 45/360 = 677$$

(作为练习,计算在55天付款期内的应付余额。)

应计额:Macadam公司唯一的应计额反映在应付工资上,回想一下在前面提到应计额代表年内最后支付和结账日之间的未付工资(见第2章)。间隔时间为计划的年末日期和上次支付日期之间的天数。在这两个日期之间的间隔天数代表了公司应计额的时间,在这里两个日期之间的间隔天数是9个工作日。它代表了正常的一周(5天)的1.8(=9/5)倍。因此,应计额一定是一年内付给员工工资的1.8/52倍。下一年的支付总额是6 100美元,因此,应计额是:

$$应计额 = 6\,100 \times 1.8/52 = 211^①$$

这就完成了Macadam公司的损益表和资产负债表的经营项目的预测。为了完成这些表,我们运用了前面描述过的对债务和利息的重复过程方法。以今年的利息作为猜测下年的起点,就很容易完成。下面是三次重复过程的表格,从重复过程中得到的数据在斜体字中表示出来。

在这些报表中,都是以比较形式(边对边)体现出来的。今年和下一年都在报表中有所体现。损益表中包括了普通形式的描述。这个格式在计划工作表中经常用到,因为它很容易看到大多数计划工作每年的实质性变化。

Macadam 公司计划的损益表　　　　　　　　　　　单位:千美元

	当　　年		下　　年	
	金额	%	金额	%
收入	14 200	100.0	17 040	100.0
销售成本	7 810	55.0	9 031	53.0
毛利润	6 390	45.0	8 009	47.0
费用				
营销费用	2 556	18.0	3 238	19.0
生产费用	1 065	7.5	1 108	6.5
财务和管理费用	1 349	9.5	1 484	8.7
费用合计	4 970	35.0	5 830	34.2
息税前收益	1 420	10.0	2 179	12.8
利息	568	4.0	485	2.8
税前收益	852	6.0	1 694	10.0
所得税	341	2.4	678	4.0
净收益	511	3.6	1 016	6.0

---

①　实际上,应计额计算通常要比这个复杂得多。公司经常是不同的员工支付不同的工资,到工资支付日的时候并不是全部支付的。除了工资之外的很多科目也都是应计项目。

Macadam 公司计划的资产负债表　　　　　　　　　　　　　　单位：千美元

	当年	下年		当年	下年
资　产			负债和所有者权益		
现金	1 560	1 248	应付账款	716	677
应收账款	3 550	3 077	应计项目	230	211
存货	2 603	1 086	流动负债	946	888
流动资产	7 713	6 131	负债	4 000	5 700
固定资产			所有者权益		
原值	12 560	17 560	股本	6 000	6 000
累计折旧	(3 620)	(4 380)	留存收益	5 707	6 723
净值	8 940	13 180	总所有者权益	11 707	12 723
总资产	16 653	19 311	总负债和所有者权益	16 653	19 311

通过制订计划的现金流量表，表明 Macadam 公司财务计划的完成。这个可以利用第 3 章中提到的过程很容易完成。现金流量表完全是根据已经完成预测的损益表和资产负债表来编制的，没有新的计划要求。我们使用的比较格式编制现金流量表非常容易。可以从营运资本项目的计划编制开始。

Macadam 公司营运资本计划变化　　　　　　　　　　　　　单位：千美元

	期初	期末	变化值
应收账款	3 550	3 077	473
存货	2 603	1 806	797
应付账款	716	677	(39)
应计项目	230	211	(19)
营运资本的减少（增加）			1 212

紧随其后的就是预测的现金流量表：

Macadam 公司计划的现金流量表　　　　　　　　　　　　　单位：千美元

经营活动	
净收益	1 016
折旧	760
营运资本减少	1 212
经营活动产生的现金流量	2 988
投资活动	
固定资产增加值	(5 000)
投资活动产生的现金流量	(5 000)
筹资活动	
债务增加	1 700
筹资活动产生的现金流	1 700
净现金流量	(312)
对账	
期初现金	1 560

净现金流量	(312)
期末现金	1 248

4.2.9 部门计划

在举例 4-8 中,已经编制的 Macadam 公司财务计划包括了一份损益表,在损益表中,包括了主要部门的三项总费用:营销费用、生产费用和财务管理费用。

预测部门费用的经营计划(年度和季度预算),比损益表中单独数字的描述更加详细和复杂,意识到这一点是非常重要的。损益表中的数字仅仅是部门的总和。这些数字需要详细的文件来支持,表明费用的性质及其计划发生的时间。①

部门详细表的格式通常是一个表头,有时间和内容,是费用的电子数据表,在一个年度计划中,时间通常是以季度为单位的,这种思想具体反映在表格 4-6 中。

这个表格表明了在一个大的营销部门中子部门的详细费用。每个子部门都有一个这样的表格,所有的这些表格合并成营销部门的总表格。在合并表中右下角的总费用数字必须与在计划的损益表中的销售费用相匹配。

部门:销售培训—年度计划 20×1(美元)					
科目	一季度	二季度	三季度	四季度	总值
员工数量	35	36	38	38	
工资	35 万	36 万	38.2 万	38.3 万	147.5 万
加班费	7.8 万	8.6 万	3.8 万	4 万	24.2 万
差旅费	…	…	…	…	…
折旧	…	…	…	…	…
通信费	…	…	…	…	…
采购费	…	…	…	…	…
广告费	…	…	…	…	…
…	…	…	…	…	…
各种费用					
合计	XXX	XXX	XXX	XXX	X XXX

图 4-6　部门年度计划的详细情况

生产部门　营销部门、工程部门和管理部门等这些部门费用的详细花费都是相对直接和容易理解的。在生产部门,部门计划反映在收益表中的方式就相对要复杂得多了。

生产部门的花费通过成本会计过程反映在产品成本当中。这主要体现在从存货然后转移到损益表当中的销售成本。因为一个完整的生产计划必须包括生产部门、生产数量和存货水平年初和年末的费用。

将真实的生产绩效和计划进行比较,包括将产品成本的不同分为产品上费用的不同和产品数量的不同,并且要将它们单独和计划进行比较。我们在 Macadam 公司的举例中所使用的

---

① 在长期战略计划中这样详细的支持文件几乎是不存在的。

方法是一个简单表,在这个简单处理表中我们使用的是总的成本比率,这些比率是大量详细成本的高级别的总结。对于基层管理者而言,通过这种方法来了解工厂的成本是一种有效的方法,但是还需要部门计划的分析和支持。

我们在这里的目的主要是给读者一个关于计划过程的总的了解。这样的话,只要我们理解真实的公司计划是由相当多的细节所补充的,我们就可以停留在成本比率的总体水平上。

4.2.10 现金预算

现金流量预测是财务计划中非常重要的一部分。公司需要能够准确地预测现金余额,因为现金用尽之后对公司来说将会是一个灾难。例如,即使其他的事情运转正常,没有现金去偿还债务的话,公司也可能会很快地破产。因此管理良好的公司会经常注意对现金的管理。

预测现金有两种方法。我们已经谈到过第一种方法,它包括预测损益表和资产负债表以及根据这两个表格做出计划的现金流量表。

第二种方法就是著名的现金流量预算,这是更加详细的一种方法。它包括预测在可能发生日的现金的流入和支出情况。然后把每个计划期(通常是以月为单位)内的现金流入和现金流出加总就得到净现金流量。

收入通常是来自于现金销售收入,回收的应收账款、借款和出售股票。支出通常包括购买支出、工资、税收和像租金、公用事业费、供应商和外部服务的其他费用。还本付息包括利息和本金还款,也是需要现金的。

应收和应付:与时间相联系的预测   预测应收账款的回收是比较困难的,因为很难准确地知道客户会在什么时候归还他们的账款。一些通常是在销售期内付款(通常是 30 天),但是其他的一些可能是交易之后的 50 天或者 60 天还没有付款,更有甚者根本就不付款。

然而,公司通常都有一些过去每个月在销售之后的可以回收的销售收入的百分比信息。例如,通常来说一个公司的回收期可能是根据下面的时间滞后模式来制定的。

销售后的月份	1	2	3
回收的百分比	60%	30%	8%

需要注意的就是总的回收比例是 98%,这表明平均来说有 2% 的销售收入成为了坏账。

把这个模式用于每个月的收入预测可以让我们建立一个回收计划。下面的描述表明了第一季度的销售是如何回收的(单位:美元)。

	1月	2月	3月	4月	5月	6月
销售收入	500	600	700			
回收款						
1月		300	150	40		
2月			360	180	48	
3月				420	210	56
总回收款		300	510	640	258	56

如果提供及时付款折扣的话,就有一种附加的因素。在这种情况下,第一个月的回收款就会减少,这说明一些客户是采用了这些折扣政策的。

应付账款和应收账款的处理是类似的,但是更加准确,因为公司知道自己的付款政策。例如,如果一家公司在收到货物后 30 天内付款的话,它仅仅是滞后预测存货一个月去预测自己的支出。如果付款政策是 45 天的话,在收到货物的第一个月和第二个月之间平均支付货款。

债务和利息　如果一个公司是通过借款来满足日常的现金需求的话(这种情况不是很常见),那么预测短期债务和利息可能有点困难。在这种情况下,当月的利息支出是根据上一个月末的债务余额来计算的,但是那个余额变化是依赖于当月的现金流量是正的还是负的,那也就是我们不得不通过每个月预测来计算利息支出。

考虑下面表中的信息,在表中利息是每个月按照 1% 的利率来计的。假设除了利息之外的每种事情的预测已经完成并且在第一行总结出来,在年初(12 月底)是没有债务的。利息是支出/盈利现金流量的累计,当是负值的时候是债务,是正值的时候是银行存款(单位:美元)。

	12 月	1 月	2 月	3 月	4 月
息前现金流量		(500)	(800)	(700)	900
利息		0	5	13	20
净现金流量		(500)	(805)	(713)	880
月末现金流量	0	(500)	(1 305)	(2 018)	(1 138)

从左向右看,在 1 月份是没有利息支出的,但是现金流量是负的,在 1 月末有 500 美元的债务。在这个表的第二个月有 5 美元的利息支出。这个值加到当月的负的现金流量上,使得当月的债务累计达到 1 305 美元。在 3 月份的利息就是 13 美元,这个值使得当月的现金流量支出达到 2 018 美元,以此类推。

其他项目　预测其他的项目大多数是相当直接的。工资支出的薪水日是非常容易预测的,还有一些像税收和项目支出等大的支出也是比较容易预测的。

关联概念　举例 4-9

现　金　预　算

Pulmeri 公司的收入倾向于是一种季度循环的形式。现在是三月中旬管理层希望第一季度的情况能在第二季度重复。六个月时间的情况如下(单位:千美元):

	1 月	2 月	3 月	4 月	5 月	6 月
收入	5 000	8 000	9 000	5 000	8 000	9 000

从历史记录来看,公司的应收账款回收情况如下:

销售后的月份	1	2	3
回收的百分比	65%	25%	10%

公司没有提供及时付款折扣政策,而且也没有坏账存在。公司是提前一个月来购买商品和接受存货。原材料的成本是销售收入的一半。存货的票据是在收到原材料的 45 天后付款。

公司每个月的工资支出是250万美元,其他的像租赁、公用事业支出和供应商等的支出每个月基本都是稳定在150万美元。在4月中旬公司需要缴纳的税金是50万美元。Pulmeri 公司期望在3月末的时候短期债务水平保持在500万美元。在之前的盈余表中,公司的月利息是1%。

请做出公司第二个季度的现金预算。

解答:

首先,根据历史信息做出公司收入和回收账款的滞后值。

	1月	2月	3月	4月	5月	6月
收入	5 000	8 000	9 000	5 000	8 000	9 000
各月回收款						
1月		3 250	1 250	500		
2月			5 200	2 000	800	
3月				5 850	2 250	900
4月					3 250	1 250
5月						5 200
第二季度回收				8 350	6 300	7 350

接下来,销售后的下一个月收回购货成本(销售额的一半),剩余的随后的两个月内收回。

	1月	2月	3月	4月	5月	6月
购买		4 500	2 500	4 000	4 500	
付款						
2月			2 250	2 250		
3月				1 250	1 250	
4月					2 000	2 000
5月						2 250
原材料付款				3 500	3 250	4 250

最后,根据支付的薪水和其他的支出,总结出这些结果并且计算出利息费用。

Pulmeri 公司现金预算

20×1年第2季度(单位:千美元)

	1月	2月	3月	4月	5月	6月
收入	5 000	8 000	9 000	5 000	8 000	9 000
回收				8 350	6 300	7 350
支出						
材料购买				3 500	3 250	4 250
工资				2 500	2 500	2 500
普通费用				1 500	1 500	1 500
税收支出				500		
息前支出				8 000	7 250	8 250

	1 月	2 月	3 月	4 月	5 月	6 月
息前现金流量				350	(950)	(900)
利息				(50)	(47)	(57)
净现金流量				300	(997)	(957)
累计现金流量(负债)			(5 000)	(4 700)	(5 697)	(6 654)

4.3 财务计划中的管理问题

财务计划及其在企业中的应用带来了很多潜在的管理问题。因此,在制订财务计划之前,最好先了解一下这些问题。

4.3.1 财务计划目标

关于 Macadam 公司的举例 4-8 可以用来描述财务计划重要的实际应用价值。其中,平均收账期(ACP)和存货周转率反映了下一年度的财务报表组成以及重大的预期改善。实际上,这些比率以及相应的资产负债表账户都是财务负责人设立的目标。

在大多数企业中,管理层薪资通常是薪水加上奖金,在一个管理完善的公司里,管理层奖金是与可度量的管理业绩目标相关的,如平均收账期和存货周转率。对于 Macadam 公司而言,CFO 的奖金很可能在某种程度上取决于降低平均收账期以达到计划水平,而制造业副总裁的奖金将取决于提高库存周转率。

由此可见,财务计划已经成为管理公司和刺激企业业绩表现的一种工具。我们很容易识别在 Macadam 公司财务计划中包含的奖金设置及其相对应的职责部门。

- 收入增长 20%——营销/销售
- 存货周转——生产
- 53%的成本率——生产
- 平均收账期——财务、营销/销售
- 降低供应商的抱怨——财务
- 控制现金流平衡——财务
- 总体利润率与现金流量——一般管理人员、各个副总裁
- 费用计划水平下的经营部门——所有部门

内在冲突 财务计划一直被认为是管理要实现的目标,但是经常会碰到一些问题。理想的目标是组织努力的方向,但有时候却很难实现。

在 Macadam 公司的举例中,存货周转率或许可以作为一个目标。注意 Macadam 公司计划改善 67%,也就是从 3X 提高到了 5X,在多数企业中,这一年内就是一个很大的进步。所以高层管理者都希望努力改善周转率状况,但不期望在一年内实现这个目标。

CFO 经验谈

目标扩展有时候会因为激励问题造成相反的结果。不是朝着原来的目标努力,而是如果人们认为不可能完成的话,他们会放弃这种目标。

如果有其他人使用了这个计划，并且认为它就是对未来状况的准确估计，那么就会产生另外一个问题。为了更好地理解这个问题，我们估计一下假定存货周转率上升到 5.0 时的现金流量。

在可用资本状况发生变化的时候，由于存货的下降产生的现金是 797 000 美元。不过，那是在销售增加 20% 后产生的。如果存货周转率没有提高而是下降的话，存货将会确实增加 407 000 美元[（9 031/3）－2 603]，那么存货周转率发生变化产生的现金流量大约是 120 万美元。

假定 Macadam 公司以本计划的现金流量作为下一年的银行贷款的依据。如果存货假设未能实现，公司将因此而低估了 120 万美元的借款需求。这意味着公司与银行的协议很可能无法为下一年度提供足够的现金。

很明显，首席财务官应当给银行提供修正的计划。

4.3.2　财务计划中一般存在的风险

让我们更进一步讨论上面的问题。我们重新评论一下 Macadam 公司的整体计划，以便判断计划是否能够实现。在这个过程中，我们要重点关注计划所描述的由财务计划制订人员假设的企业未来现金流量。因此，结果最终可能是符合实际的，也可能是相反的。

回顾一下 Macadam 公司的一系列假设。一切都是积极的，收入可能会增长 20%，生产成本将降低 2%（在现存企业中已经很显著了），而资本管理将取得很大的成功。我们扪心自问，所有这些积极的情况都不会受到负面的影响而实现吗？答案通常都是否定的。

CFO 经验谈

Macadam 公司的情况是企业计划中的典型问题。所有的计划通常是用来改善未来状况的，不管最近的业绩是好还是坏。管理层列出的合理的假设倾向于扩展计划和过度乐观的结合。在这种情况下，人们用他们期望发生的状况替代了预期可能发生的状况。

例如：假定一个企业指定下年度的计划，该企业去年销售收入是 1 亿美元，利润为 600 万美元。高层管理者的业绩主要是通过销售收入增长和利润增长来确定的。A 报告意味着下年度将有 1.2 亿美元的销售收入和 800 万美元的利润。在这种情况下，管理者普遍会以 A 报告的水平来定义下年度的预期业绩，结果会迫使企业接受一系列不切合市场实际的计划。

这就是所谓的"自上而下"的计划，因为高层管理者制订后迫使其他人接受他们的计划。中层以及基层管理人员通常感到这样的计划是脱离实际的，所以在"自上而下"的计划中，财务计划的风险就是指大量的计划高估可实现业绩的可能。

由于重大的经营投资决策是建立在计划信息的基础上，因此过分乐观主义可能是企业计划中的一个重要问题。如果乐观的估计出现了，资源就可以充分地利用以获得成功的优势。如果情况相反的话，企业通常会遭受非常严重的损失。

这个问题还有另外一种表达。公司的计划是否准确地描述了未来可能发生的情况或者需要实现的目标。所有的计划最终都会有类似的情况，但是究竟哪个观点占主导地位以及两者之间的分离程度，通常很难确定。

低估——另一个极端　当人们知道他们的业绩是与阶梯式的计划相关时，就会出现与上面相反的问题。低估行为导致人们设置某种很容易实现的目标。而当部门管理人员递交的费用需求被包括进计划的时候，问题就尤为普遍。其哲学思想是"因为你的需求不能得到全部满足,所以尽量多要。"在生产计划目标与报酬相挂钩的时候,这种思想特别明显。

"自下而上"的计划将中层以及基层管理人员的要求和预测收集起来,而高层管理者不进行判断,"自下而上"的计划倾向于低估可实现的业绩。

低估行为在实际中对业绩影响较轻,与明显的高估相比,低估要相对好得多。

理想的过程 从理想的角度来看,财务计划的过程包含了"自上而下"和"自下而上"两种情况。一个完整的"自下而上"的传递是完美计划的起点,而高层管理人员必须以妥协的方式进行判断。最终的结果是一个符合实际的协商结果,既能扩张企业的能力,又能实现既定目标。

CFO经验谈

在经营良好的公司里,财务管理在解决脱离实际的预测问题时,通常扮演着很重要的角色。在首席财务官的指导下,财务人员对计划假设进行分析评价。脱离实际的假设会被挑选出来,反馈到相应的部门进行修改。

情境分析:很多公司采用"如果……那么……"这种表达方式制订一系列适应不同情境的计划来描述风险。其中每种情境代表了假设计划的一个变量。"如果……那么……"的意思与其是一样的,即如果是某种假设而不是另外一种发生了,那么将会出现什么情况。

在情境分析中,可以单独改变某个变量或者同时改变多个变量。在举例4-8中,Macadam公司的管理层可能认为假设20%的销售增长率太过于激进,因此制订一个基于10%的增长的计划可能会更加合理一些。[①]

另一方面,调整可能会同时涉及很多问题。此时,情境分析必须同时改变所有不确定的假设。例如,收入的低增长是伴随着资产管理较低水平改善而改善的。那么制定一个基于15%的销售收入增长,75天的平均收账期和4.0的存货周转率可能更加符合实际。

情境分析给计划制订者这样一种感觉,他们所假设的影响不会出现。分析的结果产生了一个有价值的范围,所有重大的计划结果预期都将落在这个范围之内。

沟通 计划过程可能最大的风险就是沟通了。企业整体期望的是管理部门有信心能够实现的财务计划。对计划实现的可能性进行多次充分的沟通可以消除外部对管理层管理能力的质疑。一个简单的计划将会伴随我们以上所讨论的那些风险。

洞察:伦理道德

企业计划中的判断支持和伦理道德

在企业的计划系统中,财务管理人员陷入尴尬的伦理道德困境是很常见的现象。计划是与外部人员进行沟通的载体,通常由财务部门负责组合,但是外部的沟通最终是首席执行官(CEO)的职责。这就意味着如果CEO不赞成某个计划的时候,他可能会根据自己的判断向外界传递某种信息。

所以当CEO过于相信自己的判断或者拒绝接受不利的现状时,就会出现问题,首席财务官(CFO)就陷入了进退两难的境地。CFO既要支持CEO工作,又必须为财务报告的真实性

[①] 有一点非常重要,那就是要认识到很多假设是相关的,因此其中一个变化就意味着其他的也会发生变化。收入尤其如此,它影响整个计划。例如,在Macadam公司的举例中,成本率改善的假设可能是部分地依赖于收入增加假设下的产量扩大后的日常开支的增加。因此,改变收入假设可能需要修正成本提高假设到较低的水平。

和公正性承担责任。

可以想象,假如某家大型企业的某个部门在制订计划的过程中发现,公司可能在未来失去市场份额,遭受损失。如果信息显示母公司管理人员最近要来检查,那么可能会撤掉业绩较差的战略负责人,相反,如果所提供的是一份盲目乐观的计划,那么分公司之前的总裁及其制定的政策将会延续下去,但是实际损失会更大。

主管人员希望提供乐观的计划,而分公司的 CFO 则认为这会误导企业的管理。那么 CFO 的伦理职责是什么?

分析这种困境的关键是要认识到任何计划在某种程度上都带有个人色彩。谁也不敢确定地认定管理者是在撒谎。如果某人了解所有的详细信息,那么多数人会认为他所支持的计划是脱离实际的。实际上,由于个人原因,某人对计划经常怀疑,但是这不能表明他不信任计划,乐观者认为即使存在大量相反的事实,他们还是会坚信自己的看法。

如果 CFO 拒绝与 CEO 保持一致,坚定地制订更加合理的计划,那么他将把自己推到顶头上司的对立面,这可能会导致其与老板以前良好关系的破裂。事实上,最终 CFO 也不会获胜,要知道总经理是管理人员推举出来的,负责整个企业的经营,并且是由管理人员来评价总经理的,即使有证据表明 CEO 是错误的,他们还是会支持 CEO。所以,即使 CFO 被证明是正确的也于事无补,因为损失总是会发生,而 CFO 到那时就会因此而离开。

另一方面,如果 CFO 没有坚持而放弃了他的主张,毫无疑问盲目乐观的计划将会被接受。但是这可能意味着公司的损失更加惨重,最终导致分公司被关闭或者裁员。到那时候,企业员工会质问:为什么分公司管理人员没有发现这些问题呢?

CFO 的主张会是什么? 如果是你,你会怎么做?

4.3.3　财务计划与计算机

目前,所有的财务计划都是在计算机的帮助下完成的。因此,了解计算机在计划过程中的作用以及工作原理,对财务计划制订是非常有必要的。

计算机可以轻松地进行重复性的计算,但是却不能代替人的大脑。换句话说,计算机可以根据我们的假设判断创建计划,但是并不能帮助我们进行判断。所以,必须认识到财务计划的核心本质是合理的假设,而不是计算数字,计算机可以帮助我们迅速地制订计划,但是效果未必是好的。

重复计算　重复计算的来源有两个:第一个是多年的预测数据,超过一年的数据需要折合计算到第一年。

第二个也是比较重要的一个来源就是变化。正常的计划过程包括建立一系列的假设,根据假设制订计划和评估其含义。如果计划不是令人满意的,就需要改变假设,所有的东西都要重新计算和评估。这个过程通常要持续十几次才能得到令人满意的计划。

在计算机没有发明之前,重复计算计划的数据是非常耗时耗力的,这大大限制了能够评估的项目的数目。现在,这一切都变了,在个人电脑和制表软件的帮助下,再多的假设,也是可以轻松地计算出来的,这对计划的制订有一种巨大的推动作用。

关联概念

例 4-1　计划假设

讨论题

1. 财务计划要么是对未来的一种预测,要么是描述了未来的目标,二者不能兼容。请论述上面观点的正确性。

2. 下面都是与财务计划准确性与可靠性相关的问题。逐一解释以下过程或者问题:

(1) 自上而下与自下而上的计划

(2) 目标描述计划与未来进展预期的计划

(3) 计划假设

(4) 过度乐观与低估

(5) 情境分析

3. 计划过程中,在财务结果之前,对物理量进行预测,为什么是很重要的? 例如,假定你希望企业的销售额是 5 000 万美元,利润为 500 万美元,并依此制订了收入计划和成本计划,这样做有什么问题?

4. 为什么为一个新成立的公司制订计划,比为一个已经成立的公司制订计划难度更大? 在制订计划的过程中,你需要做很多的假设吗? 为什么? 在特定情况下,清晰的假设提供了什么?

5. 简述负债/利息问题及其提供的解决问题的方法。(简要说明,不需要列出过程步骤或者举例。)

6. 项目融资报告中是如何描述计划假设的? 是否存在标准的计算程序以便将假设融入计划的数字当中? 简单估计的计划与复杂精确的计划之间的区别是什么? 一项计划可以既精确又复杂,但如何实现准确呢?

7. 用评价 EFR(外部资金需求)等式的方法估计资金需求的价值。EFR 带来的问题要比其解决的问题多吗?

8. 用现金预算预测财务报表的现金流量表,对比现金需求,特别是借款部分。哪个更有可能在财务部门运作?

9. 由于计算机的出现,制订财务计划不再是困扰企业的难题了,在计算机和合适的软件的帮助下,谁都可以给大型复杂的公司制订一份财务计划。请评论一下这个观点。

10. 假如你是一家大型家居用品制造商 Bertram 公司财务部的策划人员。公司每年都有一个年度经营计划和一个长期计划。你刚刚收到财务总监的一条通知,要求你协助他为企业的投资银行家们做一份计划书,讨论未来新债券的问题。通知要求你准备一份公司资金需求的估算,并建议你从最近的年度和长期计划开始。你对这项要求感到困惑,因为这些计划很明显反映的是未来的需求。首席财务官的观点是什么？你将采取什么办法来完成这项任务？

11. 你们正在制订 Ajax 公司明年的财务计划,该公司是一家中等规模的制造公司,目前的工厂生产能力为 80%。该公司正推出一项促销活动,预计将在新年伊始产生 20% 的收入增长。与目前几乎所有赊销业务不同的是,大约 50% 的新业务将以现金支付。除了获得支持销售增长所需的资源外,公司还没有计划进行任何改变。为下列资产负债表项目制订合理的计划假设,并解释每个理由。(提示:哪些资产负债表项目将按比例增加或低于比例地增加? 假设所需的额外现金是借来的。)

现金	应付账款
应收账款	应计项目
存货	
固定资产原值	负债
累计折旧	所有者权益

商业分析

1. Ed Perez 一直想拥有一家属于自己的餐馆,在高中和大学期间,他经常在餐饮企业兼职打工,4 年前毕业时又在一家大型餐饮连锁店工作。现在他打算开一家有特许权的家庭风格的餐馆,但初期需要投入很大一笔资金。Ed Perez 虽然已经有了不少钱,但仍需要从银行贷一笔款。

幸运的是,Ed 的大学室友 Joe Dixon 现在是当地一家银行的信贷主管。除了是好朋友之外,Joe 知道 Ed 是一个稳健、勤奋的商人,有着良好的信用记录。

Ed 约见了 Joe,打算申请贷款。寒暄之后,Joe 要求看一下 Ed 的商业计划。Ed 向 Joe 阐述了自己的想法,然后把其特许权持有者的书面信息拿给了 Joe,Joe 简单地看了一下。

Joe 靠在椅子上,认真听完了 Ed 的话之后,说:"Ed,我对你已经了解了很多年了,我相信这个想法很不错,况且你也拥有很丰富的餐饮从业经历,但是你必须拿出一份完整的包括未来 5 年长期的企业计划来,我们才可以开始考虑贷款的问题。"

(1) 为什么 Joe(银行)坚持要 Ed 准备一份企业计划书?

① 企业计划应该向银行反映哪些内容?

a. 列出银行关心的财务之外的答案。

b. 列出银行关心的财务计划问题的答案。

c. 为什么银行要求如此长的期限? 这是银行要求的长期战略计划吗?

② Ed 应该为这项计划准备什么内容?

a. 开业之前

b. 开业之后

c. 在制订财务计划过程中,Ed 可以学到什么?

(2) 银行要求 Ed 提供企业计划主要是基于什么考虑? 即 Ed 的企业计划书应该是战略性的还是生产性的? 抑或是短期性的?

2. 假设你是 Ramking 公司的 CFO,这家公司生产和销售电气设备。公司刚开始是一个独立的企业,但是后来被 Bigtech 公司收购,从 10 年前到现在,Ramking 一直是 Bigtech 公司的一个分公司。Bigtech 公司拥有一套很精密的计划系统,它要求所有的分公司都要制订战略计划、年度生产计划、季度预算、日常现金流量预测以及邻近年度末的快速预测。

这些预测主要是由财务部门完成的,不会占用其他人更多的时间。但是,战略计划占据了高层管理人员大量的精力和时间,而预测和年度生产计划则要各层管理成员都参与。

10 月中旬的一天早上的 8 点钟,高层管理团队准备召开一个会议,讨论放弃下一年度库存生产计划的准备工作。会议期间,营销副总裁 Charlie Gogetter 很明显已经感到厌烦了,他起身做了如下发言:

"我已经厌倦了将所有的时间都浪费在制订这些愚蠢的计划上,6 月份我刚刚制订了一个战略计划,这个计划花费了我整整一个月的时间,而在此期间西部销售地区都陷入了困境。6 月份我还做了第三季度的预测,9 月份还做了第四季度的预测,现在我们又要开始制订另外一个计划,这将占用销售管理人员半数的时间,直到圣诞节。"

"最重要的是好像无论什么时候我们都不是在做计划,而不过是将计划的实际业绩进行对比评论。在未被 Bigtech 公司收购以前,我们的计划做得很少,但却做得非常好。我们现在做的计划比以前规模更大、更复杂了,但我却不认为应该把时间花费在制订计划上而不是做事情上。"

"我建议应当任命一个 CFO 负责收集提交给 Bigtech 公司的信息,这样,剩下的人就可以专心继续我们的工作了。"

从某种程度上说,团队中其他人也和 Charlie 有类似的想法。Charlie 关于公司管理风格的发言在其他高管心中产生了想法。请评价一下 Charlie 的发言和建议,不要排除 Bigtech 公司过于强调制订计划的可能性。

3. 假设你刚刚被 Gatsby 公司聘任为 CFO,这家公司是高科技计算机行业中的一个新公司。当你到该公司之后,很快就发现该公司实际上没有任何计划,很多计划都是几年前公司开始建立时制订的,中间只在前年一次新融资时被修改过一次,除此之外,再也没有任何迹象表明公司制订新的计划。

公司最初是由总裁 Harvey Gatsby(创建者)依靠其发明的新科技产品创建,初期市场对配件的需求非常大,公司的成长也是非常迅速的。直到一年前,新的竞争对手进入行业,影响到了公司的业务。目前的情况是:

• 早期产品的销售开始下滑。

• 组织内部有一些人和部门的职能和价值观很模糊。

• 技术工程部门正在进行具有商业潜力的新研发活动,但是过程非常随意,没有人考虑怎样从研发项目中获得收益。

• 适应市场的新产品需要更多的资金支持。Harvey 建议你撇开原来的计划书,向投资者写一份新的计划书。

你能感觉到公司的状况很危险,而问题的根本就是管理层没有制订未来几年里具有前瞻性的计划。在你看来,挽救公司至关重要的一步就是建立一套适合的计划系统。请向 Harvey 写一份备忘录,表达你的担心及建议,内容包括以下几方面:

(1)问题——为什么过去良好的局面将终止及其意味着什么。

(2)企业要生存下去,管理层必须进行改革,换句话说,管理层必须进行大量的前瞻性思考和结构化的计划。

(3)大企业与小企业计划系统的区别描述。

(4) 根据一份细致、结构化的计划,Gatsby 公司能够预期实现的利益。

(5) 完整的财务计划系统的需求。

习题

计划假设:关联概念　举例 **4-1**

1. Lineberry Golf Cart 公司当年以 3 000 美元的平均单价销售了 7 400 台高尔夫球车。公司生产的球车的成本率为 42%,其计算公式为销售成本(COGS)除以收益。到当年年底,账期为 50 天的应收账款仍未收回,3 个月的库存在手(一个月的库存是全年销售成本的 1/12)。

高尔夫球车的业务蓬勃发展,尽管有 5% 的价格上涨,但管理层仍计划增加 10% 的销售量。该公司已经制订了提高生产效率、库存管理和收集提升工作成效的计划。根据预测,这一系列举措可以使成本比率降至 40%,年终库存降低至两个月,年底应收账款未回收天数降为 40 天。

请根据下面的格式计算出当年和下一年的收入、销售成本(COGS)、年应收账款和存货期末余额。假设一年为 360 天,并假设销售在一年中均匀分布。

	当年	下一年计划
单位		
单价		
收入		
成本率		
销售成本		
应收账款未回收天数		
应收账款余额		
存货在手月数		
存货余额		

债务、利息计划制订问题:关联概念　举例 **4-2**

2. Cambridge Cartage 公司已经完成部分下半年的财务状况预测,如下表:

Cambridge Cartage 公司的财务计划(单位:千美元)

损益表		资产负债表		
			下一年	
	下一年		年初	年末
收入	17 220	资产		
成本/费用	14 120	总资产	12 540	18 330
息税前收益	3 100	负债和权益		
利息	?	流动负债	410	680
税前收益	?	债务	5 630	?
税金	?	权益	6 500	?
净收益	?	负债和权益合计	12 540	18 330

企业借款的利息率是 10%，联邦与州的总税率为 40%。完成公司预测的损益表和资产负债表。初始债务的利息率是 10%。

3. Lap Dogs 公司正在做下一年度的计划，迄今为止已有下面所示的成果（单位：千美元）：

损 益 表

息税前收益	236
利息	？
税前收益	？
所得税	？
净收益	？

资产负债表

	当年	下一年
资产	582	745
流动负债	63	80
债务	275	？
权益	244	？
负债和权益合计	582	745

该公司所有借款需要支付 12% 的利息，其总税率为 38%。今年它支付了 20 000 美元的利息，并计划明年支付 75 000 美元的股息。请完成 Lap Dogs 公司对明年财务报表的预测。请把所有计算结果近似至 1 000 美元的单位。

4. Libris 公司今年的销售收入是 2 亿美元，预计下年度会增加 50%，达到 3 亿美元。公司目前的资产为 2.8 亿美元，资产是 4 000 万美元，债务和权益的比例是 3：1（也就是包括 75% 的债务和 25% 的权益）。公司借债的利息率为 12%，联邦和州的总税率为 39%。Libris 公司预计债务将增长 40%，比收入增长要高 10%，公司还计划在下一年度支付 1 000 万美元的股利。

(1) 下一年度计划中的负债和权益比率是多少？

(2) 这些结果说明了什么问题？

简单计划下的假设：关联概念　举例 4-3

5. Coker 公司的管理层正采用修正的销售百分比的方法做一个针对 20×9 年的快速预测，为在本月晚些时候需要做的计划细节补充做准备。预计销售额将增长 10%。所有其他的项目都将以相同的速度增长，但固定资产的增长除外，因为一个扩展计划已经在进行中，预计固定资产将增加 88 000 美元。一份大概的本年度（20×8 年）财务报表和计划工作表如下所示。公司所有债务的利息率为 9%，假定税率为统一税率 25%。明年没有分红或出售额外股票的计划。请对 Coker 公司的损益表和资产负债表进行预测。计算结果保留至千位。（提示：将一个数增加 10% 的最简单方法是将其乘以 1.1，而不是取其 10% 再相加。不需要计算小计部分。例如，收入和销售成本增加 10%，将其近似到千位再相减得到毛利，不需要计算利息、债务或权益；请使用债务/利息迭代技术。）

Coker 公司当前和预计损益表（单位：千美元）

	20×8 年	20×9 年
收入	642	
销售成本	289	-
毛利润	353	
费用	240	
息税前收益	113	-
利率	33	
税前收益	80	-
税率	25	
净收益	55	

Coker 公司当前和预计资产负债表（单位：千美元）

资产	20×8 年	20×9 年	负债和权益	20×8 年	20×9 年
流动资产	198		流动负债	87	
固定资产	552	——	债务	325	
资产合计	750		权益	338	——
			负债和权益合计	750	

6. Larime 公司在 20×1 年末时对 20×2 年的情况进行了预测。预计年末财务报表和公司底稿如下：

Larime 公司计划的损益表（单位：千美元）

	20×1 金额	20×1 %	20×2 金额	20×2 %
收入	245 622	100.0%		100.0%
销售成本	142 461	58.0%		——
毛利润	103 161	42.0%		
费用	49 124	20.0%		
息税前收益	54 037	22.0%		
利息(12%)	9 642	3.9%		
税前收益	44 395	18.1%		
所得税(43%)	19 090	7.8%		
净收益	25 305	10.3%		

Larime 公司计划的资产负债表（单位：千美元）

资产	20×1	20×2	负债和所有者权益	20×1	20×2
流动资产	178 106		流动负债	85 700	
固定资产	142 128	——	债务	78 178	
总资产	320 234		权益	156 356	——
			负债和权益合计	320 234	

管理层预计下一年的情况如下：

- 收入增长 8%
- 降价将会导致成本比率比目前水平上升 1%
- 费用将会与三个季度同期销售保持同比率增长
- 流动账户将与销售同比例增长
- 净固定资产增加到 500 万美元
- 以 12% 的利息率支付利息
- 联邦和州政府的税率是 43%

根据这些制定一份 Larime 公司完整的的收益表和资产负债表预测(结果以千美元计)。

7. Eagle Feather Fabric 公司当年的财务结果如下表所示(单位：千美元)：

损 益 表		资产负债表	
收入	36 100	资产	
销售成本	14 440	现金	1 000
毛利润	21 660	应收账款	5 000
费用	12 635	存货	2 888
息税前收益	9 025	流动资产	8 888
利息(11%)	625	固定资产净值	7 250
税前收益	8 400	总资产	16 138
税金(42%)	3 528	负债和权益	
净收益	4 872	应付账款	1 550
		应计项目	530
		流动负债	2 080
		债务	5 598
		权益	8 460
		负债和权益合计	16 138

假设没有股利发放，没有新股出售的情况下，运用修正百分比方法根据下面的数据预测下一年的财务状况。

(1) 20% 的销售增长率和 40% 的固定资产净值的增长率。

(2) 销售收入增长 15%，费用增长 10%，固定资产净值增长 20%(债务值为负值表明公司未来的现金流量超过当期的现金流量)。

外部资金需求(EFR)：关联概念 举例 4-4

8. Fleming 公司今年的派息率为 25%，股息为 80 000 美元。今年的销售回报率(ROS)为 8%，预计明年这个比率将增至 9%。如果 Fleming 公司希望从明年的留存收益中获得 305 100 美元，那么它对收入的预测应该是多少？

9. Dalmation 公司预计本年度的财务状况如下表所示(单位：千美元)：

损 益 表		资产负债表	
收入	10 500	资产	
成本/费用	9 100	流动资产	5 500
税金	560	固定资产净值	6 900

损　益　表		资产负债表	
净收益	840	总资产	12 400
股利	420	负债和权益	
		流动负债	320
		债务	5 080
		权益	7 000
		负债和权益合计	12 400

根据下面的假设用外部资金需求关系法估计公司的外部资本需求量：

(1) 销售增长率为 15%。

(2) 销售增长率为 20%，股利支付率下降到 25%。

(3) 销售增长率为 25%，没有股利发放，销售回报率（ROS）增加了 4%。

10. Lytle 货运公司预计明年有 320 万美元的息税前收益。该公司的边际税率是 40%，目前它有 800 万美元的长期债务，平均利息率为 8%。管理层预计明年需要额外资金 150 万美元，流动负债保持不变。他们计划保持 30% 的派息率。为明年资产增长提供资金所需的任何额外借贷都将有 7% 的票面利率。Lytle 不计划在明年增发股票。请采用 EFR 概念而不是 EFR 方程，计算出为了需要支持 150 万美元的额外债务，自身资产增长的代数公式。（提示：从额外债务＝新资产内部产生的资金开始。然后写出基于从息税前收益到净收益以及股利支付率的损益表的内部产生的资金的代数表达式。）

持续增长率：关联概念　举例 4-5

11. Bubar 建筑公司当前的财务状况如下（单位：千美元）：

收入	45 000	资产	37 000
净收益	3 600	权益	28 580
股利	1 800		

一般来说，其他建筑公司会把一个季度的盈利作为股利发放，一美元销售收入的盈利大约是 6 美分，大约是半年的销售收入作为资产，公司的三分之一的资产是通过债务融资取得的。

利用可持续增长率的思想来分析 Bubar 公司在不出售新权益的情况下的内部增长能力。分析公司的劣势并作进一步的分析。

12. Broxholme 工业销售收入为 4 000 万美元，资产总额达 2 750 万美元，销售回报率为 12%。已经得出可持续增长率为 10.9%。那么在这个计算过程中，假设的派息率是多少？

13. Livetree 公司制订了详细的下一年度的财务计划，并且希望在本年年末固定资产账户能达到以下情况（单位：千美元）：

原值	45 789
累计折旧	(26 328)
固定资产净值	19 461

已经完成的资本计划要求明年新设备的支出为 7 042 000 美元，这些设备将在 10 年内采

用直线折旧法折旧,不采用半年惯例。目前账簿上的资产明年折旧额为 4 258 000 美元。

请列出 Livetree 公司计划年度年末的固定资产余额。

间接计划假设:关联概念 举例 4-7

14. Winthrop 公司正在制订一个 5 年的长期计划。公司的 ACP(应收账款平均回收期)目前是 90 天,基于销售成本的存货周转率是 3X。公司预计随着信用政策和回收政策的改善,所预测的下一年的销售收入会有大幅度的增长,具体如下:

	年					
	0	1	2	3	4	5
收入	50.0	57.5	66.0	76.0	87.5	100.0
成本率	60%	59%	58%	57%	56%	55%
平均回收期(天数)	90	70	60	50	45	40
存货周转率	3X	4X	5X	6X	6.5X	7X

对于每一个计划年度:

(1) 计算销售成本。

(2) 计算年末的应收账款余额。

(3) 计算年末的存货余额。

15. 假设"本年"年末我们正在制订"下一年度"的财务计划,请利用直接的数据计算下列各种情况(为了使计算简单,比率可以采用资产负债表的年末数据)。

(1) 预计销售收入是 58 400 000 美元。管理层预计下一年的应收账款平均回收期是 45天。下一年的年末的应收账款是多少?

(2) 如果预计收入是 457 000 美元,成本率是 53%(产品成本占销售收入的比率),下一年的存货周转率是 5X,那么公司的存货是多少?

(3) 供应商要求的付款信用期是 30 天。公司为了储备现金,决定在 50 天内付款。几乎所有的应付账款都来自于公司存货的购买。原材料成本占了公司销售商品成本的 60%。下一年的预测收入是 3.78 亿美元,公司的成本率是 56%,那么在下一年度年末公司的资产负债表中应付账款的余额是多少?

复杂计划:关联概念 举例 4-8

16. Owl 公司正在做 20×2 年的年度计划,并且预计在 20×1 年末可以得到如下的财务结果(单位:千美元):

损 益 表

	金 额	%
收入	37 483	100.0
销售成本	14 807	39.5
毛利润	22 676	60.5
费用	17 721	47.3
息税前收益	4 955	13.2
利息	1 380	3.7

	金　额	％
税前收益	3 575	9.5
所得税	1 430	3.8
净收益	2 145	5.7

资产负债表

资　　产		负债和所有者权益	
现金	1 571	应付账款	1 388
应收账款	6 247	应计项目	985
存货	2 468	流动负债	2 373
流动资产	10 286		
固定资产		资本	
原值	25 608	负债	12 390
累计折旧	(14 936)	权益	6 195
固定资产净值	10 672		18 585
资产合计	20 958	负债和权益合计	20 958

管理层已经做出以下规划假设：

损益表

- 收入将会增长 10％
- 成本率提高到占收入的 37％
- 费用保持在占收入的 44％

资产负债表

- 年末现金余额将会达到 150 万美元
- 平均应收账款回收期将从目前的 60 天提高到 40 天
- 存货周转率将提高到从 6X 到 7X
- 交易的应付账款将继续在 45 天内支付
- 新的资本支出将为 500 万美元
- 新购买资产将在 10 年内用直线折旧法计提折旧，第一年折旧满一年
- 公司的工资在 20×2 年末将达到 1 370 万美元
- 没有分红或新股销售计划

以下事实也同时存在：

- 公司为其全部债务支付 10％的利息
- 州政府和联邦政府的所得税税率为统一税率：40％
- 唯一大额的应付款项来自库存采购，原材料成本占产品成本的 75％
- 现有资产明年的折旧额为 1 727 000 美元
- 唯一重要的权责发生制是工资单。20×2 年的最后一天是发薪日一周后。预测 Owl 公司 20×2 年的损益表和资产负债表。将所有计算近似到最近的 1 000 美元，并按照每年 360 天来计算。

17. Haverly 公司本年期望的财务状况如下，并且公司正在制订下一年度的年度计划。

Haverly 公司本年度损益表（单位：千美元）

	金　　额	％
收入	73 820	100.0
销售成本	31 743	43.0
毛利润	42 077	57.0
费用		
营销费用	17 422	23.6
生产费用	7 087	9.6
财务和行政费用	7 603	10.3
费用合计	32 112	43.5
息税前收益	9 965	13.5
利息	2 805	3.8
税前收益	7 160	9.7
所得税	3 007	4.1
净收益	4 153	5.6

Haverly 公司本年度资产负债表（单位：千美元）

资　　产		负债和所有者权益	
现金	8 940	应付账款	1 984
应收账款	12 303	应计项目	860
存货	7 054	流动负债	2 844
流动资产	28 297	长期债务	22 630
固定资产		权益	
原值	65 223	股本	18 500
累计折旧	(23 987)	留存收益	25 559
净值	41 236	权益合计	44 059
资产合计	69 533	负债和所有者权益	69 533

事实：

- 应付账款基本上都是存货采购，可以通过销售成本估计出来。原材料采购大约占 45％。
- 下一年度的资产折旧是 1 840 000 美元。
- 公司资产负债表中有两种应付款项。第一种就是应付工资，当前的工资支出是 3 200 万美元，下一年预计增长 12％。最后一个付薪日和结账日之间有 6 天的时间。第二种就是因为供应商的票据还没有到达，对已经到货的存货项目的估计。这个原材料未付款通常是年末应付账款余额的 10％。
- 联邦和州的联合税率是 42％。
- 现在和未来的借款利率是 12％。

公司计划的假设条件

损益表科目

(1) 产品组合不变的情况下，收入增加 13％。但是由于竞争的压力使得公司的产品价格有一定幅度的下降。

（2）价格压力使得公司下一年度成本率损失（上升）1.5%。

（3）营销部门支出过多，在下一年度将控制在占销售收入的21%。

（4）因为一项重大的研发，工程部门的费用将会上升20%。

（5）财务和管理费用将会增加6%。

资产和负债

（6）一个更加完善的现金管理系统使得现金余额减少10%。

（7）应收账款的平均回收期降低到15天（计算与目标相比的当前价值）。

（8）存货周转率（销售成本/存货）将降低到0.5x。

（9）预计资本支出为700万美元。资产的平均折旧期为5年。公司使用的是直线折旧法，第一年的资产折旧期为半年。

（10）当前的付款期是50天，公司计划缩短到40天。

（11）下一年的股利发放额为150万美元，没有新股发售。

根据这些假设和去年的财务状况，做出Haverly公司下一年的财务计划，其中包括公司计划的损益表，资产负债表和现金流量表。

现金预算：关联概念　举例4-9

18. Lapps公司生产的礼品在节假日期间非常畅销。零售商在秋季进货，所以Lapps公司10月和11月的销售收入最高，而随后的12月份则急剧下降。公司预计下半年的收入模式如下表（单位：千美元）：其中第三季度是实际数据，第四季度是计划数据。

	7月	8月	9月	10月	11月	12月
收入	5 500	6 000	7 500	8 000	9 500	4 000

之前Lapps公司的应收账款回收情况如下：

售后月份	1	2	3
款项收回比例	60%	30%	9%

一半以上的客户在第一个月内支付货款，对于这部分客户，公司提供2%的及时付款折扣。

Lapps公司需要在销售期前一个月准备存货，原材料成本占收入的40%，客户收货后45天内支付货款。

公司雇佣临时工来满足季节生产的需求，所以，预计工资将占销售额的35%。其他费用每月固定为180万美元。预计11月份税款为70万美元，10月份和12月份的现金需求分别为50万美元和80万美元。Lapps公司9月末有600万美元的短息贷款，月利息为上月末余额的1%。

请制定Lapps公司第四季度的现金预算。

19. Blue&Noble是一家小型的律师事务所，它的业务是通过计费工时来收费的（没有现金销售）。过去，律所在计费工时发生当月回收40%的账款，次月回收50%的账款，再后面一个月回收8%的账款，剩余的2%基本属于坏账了。

预测明年的收入为1月的47 500美元和2月的50 000美元。预计3月份回收现金为50 600美元，那么预计3月份的收入是多少？

第5章

金融系统、公司治理和利息

在第1章中,我们在描述金融资产和金融市场的同时涉及了金融系统的本质。在本章中我们将拓展这些概念,仔细分析经济活动中的现金流动并深入理解股票和债券市场中投资者、公司和证券的行为方式。最后,我们将深入学习利息,也就是货币的价格。

5.1 金融系统

产业化经济包括三个部分:消费、生产和政府。消费部分由两部分组成:家庭购买行为;消费生产部门提供的产品和服务行为。政府部门向消费和生产两部分提供服务并征收税款。

产业化经济这三个部分只是概念化的。在同一时间属于一个人会至少处于两个部分中,例如,工人在生产部门从事工作,生产出产品,在家庭当中就属于消费部门的一部分。

政府部门的行为很像一个生产部门。政府向其雇员支付工资并提供用税款"购买"的服务。同时,政府也发行类似于公司发行的债券。因此,我们会将政府部门和生产部门合并在一起,仅仅讨论生产和消费两个部门。

5.1.1 部门间的现金流

货币每天在生产和消费两个部门之间往返流动。工人会因为在生产过程中的工作而得到工资,而工资正是消费部门的收入。消费者花费在商品和服务上的支出又会成为生产部门的收入。生产者将收入用于购买原材料以生产更多的产品。支付包括流向消费部门的工资等,从而构成了一个货币流动的循环。这些普遍的日复一日的货币流动如图5-1所示。

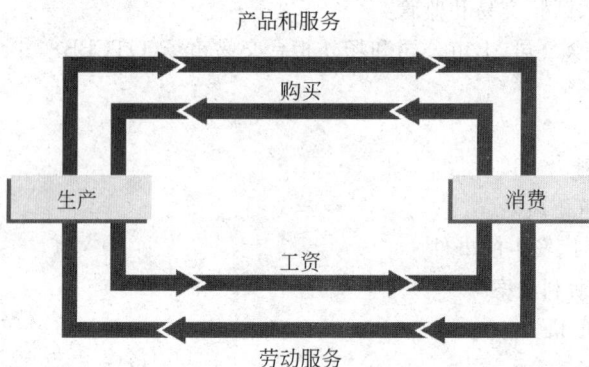

图 5-1　每天在各部门间的现金流动

5.1.2 储蓄与投资

这个系统的两个重要特点并没有在图5-1中得到体现。其中,第一个特点与消费部门有关。人们通常不会将全部收入都用于消费,而会保留一些,并将它们储存以期获得一定的回报。[①]

第二个未涉及的特点与生产部门有关。除了日常的经营行为,企业偶然也会将大量的资

[①] "回报"是让别人有偿使用我们的钱而带来的额外收入。例如,利息是贷款人为允许借款人使用他们的钱而得到的回报。

金用于诸如开办新的工厂,购买设备和开发新的企业等事情上。

换句话说,每个部门都有图 5-1 未表明的需求。消费者需要一种方法将其不准备花费的收入储存起来,而企业也需要获得额外货币以应付偶然发生的关键事情。

令人高兴的是,这两个需求同时发生了。经济系统包括货币来源——消费者储蓄和货币使用——商业项目。而所有缺少的就是将这两个方面连接起来的一种方式,也就是说,我们要将公司对额外货币的需求和获得消费者储蓄的货币联结起来。

金融市场提供了这种联系,使得金融资产的买方和卖方相遇。需要资金的公司向个人发行证券,通常是股票和债券。消费者用储蓄买证券,而企业用资金完成它们的商业项目。

消费者投资于证券是期望从购买的资产中获得回报。这种回报就债券而言,是利息;就股票而言,是股利和股票价值的升值。

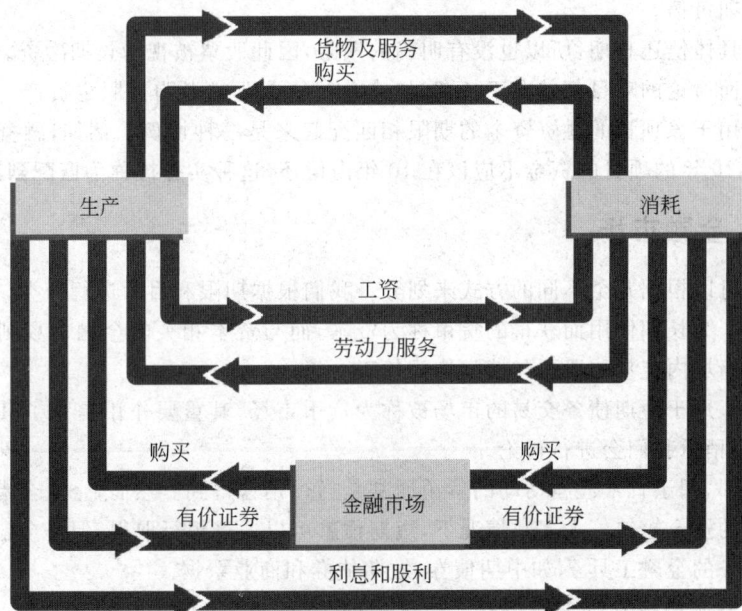

图 5-2　不同部门间的流动

图 5-2 重新展示了含有前面被遗漏的两个特点后的金融体系。总而言之,金融体系为货币从消费部门储蓄向生产部门的转移提供了通道。当生产部门使用这些钱的时候,通常被称为投资于项目,企业或者资产。因此在经济学中,经济学家认为储蓄等同于投资。[①]

金融市场对经济的健康发展很重要,它的职能和作用是本书研究的重要核心。

筹集和经营中使用资金　换个方法思考图 5-2 中的内容。我们想象一家公司花费两种货币,一种是来源于正常的利润并用于日常活动,另一种是偶然会需要的用于重大项目和建立新企业的资金,而这种资金一般通过出售金融资产得到。

图 5-2 上半部分的货币流动表现了日常活动,而第二种资金即用于支持大型项目和设备

[①] 请注意,"投资"一词有两个略有差异的含义。个人一般来说都是投资于金融资产,而公司则投资于生产设施和机器。而当经济学家们所说的储蓄等同于投资的时候,他们实际上是指消费者投资于金融资产(储蓄)等同于企业投资于生产手段。

投资的资金,一般并不来自于经营资金。企业会频繁地从金融市场融集资金,这种融资过程在图 5-2 的下半部分得到了体现。

如果某个项目的资金是通过借款得到的,我们就称此项目为债务融资。当项目的资金来自于出售公司股票或者公司的收益时,则称之为权益融资。

期间 "期间"指的是某事从现在到其结束或者终止之间的时间长度。金融投资和实物项目都是有期间的。长期项目是需要一段很长的时间才能完成的项目,长期债务就是不需在几年内就偿还的负债。"到期日"也用于表示借款的期限,债务在其应该被偿还的日子到期。

债务融资时间的长短取决于被偿还前的时间长度。短期债务通常少于一年,中期债务少于 5 年,长期负债则长于 5 年,人们通常不考虑中期债务,而仅仅考虑长于一年或者短于一年的长期或者短期负债。

股票没有具体偿还日期,所以也没有明确的期限,因此股票被视为长期融资。

我们在前面讨论的项目都趋向于长期,如建立新的企业或者购买固定资产。将项目或者资产的期限与用于该项目的融资资金的期限相匹配起来是一种惯例。例如,融资得到的用于一项预期长达 10 年的项目的资金不应该在 10 年内偿还,这种实务被称为**匹配到期日**。

5.1.3 金融市场

金融市场可以根据几个不同的方式来划分。我们根据期限和目的进行分类。

资本市场 为长期使用而获得的货币称为资本,而与资本相关的金融市场则称之为资本市场。在资本商场内交易的股票与债券均要长于一年。[①]

货币市场 用于短期债务交易的市场被称为货币市场,其重要作用是为了其他的经济活动设定利息率,稍后我们会进行讨论。

在企业内部,用于日常经营活动的货币通常是通过销售得到。然而,企业会借入短期借款以弥补临时性的资金短缺。大多数情况下,短期债款可以通过银行取得,但是金融市场内也存在处理短期债务的金融工具[②],如中期债券、短期债券和商业票据。

联邦政府特别积极发行短期债券。在过去的 75 年里,联邦政府一直是支出大于收入,使得几乎 85% 的年份出现联邦预算赤字,而每年的赤字积累起来就是**国债**。政府借债的目的是弥补赤字和偿还到期的债务。政府每年的税收收入相对于支出来说是有盈余的,但是依然存在大量的债券。超过一半的国债是短期的,所以,存在一个很活跃的短期联邦债券市场。

初级市场和二级市场 金融市场最基本的目的是促使资金从储蓄部门向生产部门流动,以满足对商业项目的投资。然而,在这个最大、最有名的市场中发生的大多数事情却与这种转换没有什么关系。

仅仅当发行证券并进行第一次购买的时候,资金才从个人投资者流向企业。在第一次买卖之后,证券就属于那些可能选择长期持有的和可能不准备长期持有的投资者。多数情况下,投资者会持有一段时间,但是最终会将所持有的证券卖出。第一次买卖之后发生的证券交易将在投资者之间进行,此时,就与发行公司毫无关系了。

---

① "资本(资产)"一词也指长期使用资本基金购买的长期资产。

② "金融工具"一词是担保或证明债务文件的另一种表达方式。

证券的首次交易,也就是货币流向发行公司,被称为初级市场交易。随后的证券交易及投资者之间的证券买卖,被称为二级市场交易。发生在像股票市场这类传统金融市场中的交易绝大多数都是二级交易。

公司的财务经理关心二级股票市场,但这时的交易并不会给公司带来直接的现金影响。二级市场决定股票价格水平并因此影响未来价格的提升空间。

CFO 经验谈

另外,高层管理者获得的报酬通常与公司的股票价格紧密地联系在一起,因而他们往往对二级市场格外关注。

直接转移与间接转移、金融中介 初级市场交易,即将货币从个人投资者向公司转移,可以通过金融中介直接或者间接地完成。让我们看一下直接转移方式。

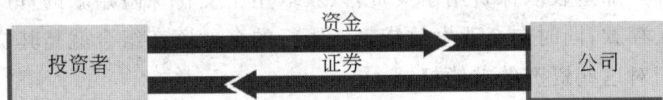

(a) 直接转移

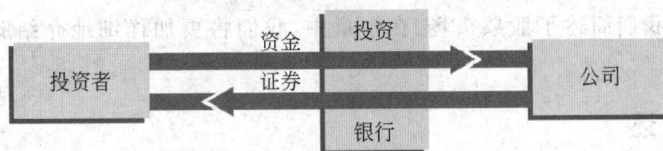

(b) 通过投资银行的间接转移

(c) 通过金融中介的间接转移

图 5-3　资金从投资者流入到企业

在直接转移中,投资者仅仅是从公司手中买入证券。这种转移如图 5-3(a)所示,但是实际情况却极少按照图示的内容发生,而且公司并不会亲自将新发行证券卖给公众。相反,它们会借助投资银行的帮助,发行新的证券。

投资银行的作用是将对预先购买新发行证券有兴趣的投资者集中在一起,是将买方和卖方联系起来的经纪人。图 5-3(b)表明了通过投资银行发生的直接转移。这种转移之所以是直接的,是因为投资银行仅仅是将证券传递给了买方。

图 5-3(c)显示了间接转移,虽然看起来与图 5-3(b)相似,但是发生的事情不尽相同。在间接转移中,一种金融中介会从众人手中收集货币,集中在一起,并用它来投资。购买的证券并不会传递给个人投资者。相反,由金融中介持有那些证券,它会发给个人投资者一份它所拥有的证券,也就是说,它给了投资者某种要求权。

共同基金公司是个很好的例子。它从个人投资者那里得到资金,并用这些资金购买股票与债券的投资组合(投资组合是指金融资产的组合)。每个投资者都会根据其投资额占共同基金的比例,得到共同基金的一定份额,但是没有哪个投资者可以得到组合中的股票和债券。

共同基金与类似的金融中介被称为**机构投资者**,它们在金融市场中扮演着重要的角色。它们持有在交易所上市股票的四分之一,并完成其中四分之三的交易,这使得它们对二级市场股票价格的设定和走势极具影响力。

下面是几种其他的金融中介。

养老基金是从工人和职员手中得到他们的退休报酬,将其投资于股票、债券和不动产。职员们持有的养老金账户代表了他们在基金中的份额。

保险公司从客户那里收取保费用于投资,以获取用于支付保险赔款的资产。

银行吸收个人存款,同时向企业发放贷款。银行的金融资产组合就是其贷款组合,而储户的账户代表了他们对这些资产的求偿权。

5.2 股票市场与股票交易

在第1章中,我们简述了股票市场,在本章中,我们将更加详细地介绍股票市场的运作原理。

5.2.1 概述

股票市场是包含在国家更广泛经济系统中的一个金融系统或者金融组织。它不仅仅是供人们买卖股票的场所,虽然很多人都会将它与纽约股票交易所(NYSE)联系起来。

相反,股票市场是由**交易所**和**经纪人**公司构成的网络。交易所实际上可以提供具体交易场所和提供对所有者转移股票行为进行管理的能力。经济人公司或者经纪人商行同样也采用公司形式。它们雇佣个人(经纪人)获得政府许可,协助人们进行证券买卖。交易所和经济公司通过从进行证券买卖的人手中获取佣金和交易费维持经营。

政府授权给交易所建立证券市场的基本权利。经纪人是股票交易所的成员,每个交易所可提供经纪企业购买的交易席位都很有限。如果拥有了一个席位就可以称为交易所的会员并被授予在交易所内从事证券经营的权利(术语"席位"在技术上已被营业执照取代,但"席位"这个词仍然被广泛使用)。

5.2.2 交易——经纪人的角色

在股票交易中,投资者必须有一个客户账户,通过经纪人购买或卖出订单。通常指令是通过电话完成。大型的经纪公司在全国各地设有办事处,人们通常与设在附近办事处的经纪人进行交易。

一旦经纪人有了客户订单,它就被提交执行,这一过程目前没有太大的变化。交易执行的方法有两种,这存在着很大的变数。传统的方法是面对面地与指定的做市商进行交易。这种方法目前正由电子通讯网络(ECN)取代,在没有人为干预的情况下输入指令数据。我们会分别简要地描述两种方法。

在传统体制下,经纪公司在交易所中由场内经纪人作为代表。当地的经纪人向这些代表提交客户订单。在交易所,每一只股票都在一个大交易场内的某个特定地点进行交易,由一个指定的操盘手监管。操盘手以前被称为专家。操盘手负责保证对其监管的股票进行有秩序的市场交易。要做到这一点,他们必须在买方找不到卖方或卖方找不到买主时,购买和/或出售自己的账户。操盘手以不同的价格买卖。他们将按照买主出价买入,这低于他们的卖出价。两者的差,叫价差,是操盘手的利润。

当场内经纪人收到一份订单时,他会与其他场内经纪人一起将订单带到该股票市场做市商的位置进行交易。交易完成后,确认信息便会反馈给本地经纪人及其客户。实际出售和转让股票的情况不会持续数天。

这个丰富多彩的过程正在被电子交易系统取代。这是一个简单的自动化系统,它使用计算机从各个交易商提供的订单中寻找匹配的买卖订单。一旦找到匹配的订单,交易将以电子方式进行收费。现在,只有很少一部分交易是面对面完成的。

图 5-4 可以完整地描述这个交易过程。

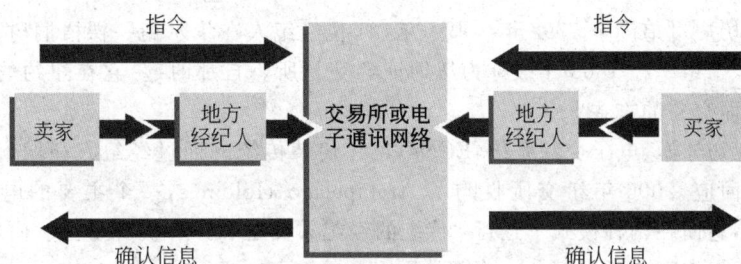

图 5-4 股票市场交易过程展示

5.2.3 交易所、暗池、高频交易和监管

美国有好几家证券交易所。三大股票市场是纽约证券交易所(NYSE)、纳斯达克(NASDAQ)股票市场和 BATS 全球市场。纽约证券交易所和纳斯达克已经运营多年,而 2005年成立的 BATS 全球市场则相对较新。

多年来,纽交所和纳斯达克一直是激烈的竞争对手。这两个交易所都被认为是全国最大的交易所。到底哪个是最大的,取决于交易市场的大小。截至 2015 年初,纳斯达克上市的公司数量约为 3 000 家,而纽约证交所约有 1 900 家。但是纽交所在上市公司的总市值方面占主导地位(公司的市值是它的股票价格乘以股票的数量)。纽交所的市值约为 25 兆美元,而纳斯达克的市值约为 8 兆 5 000 亿美元。这种上市公司数量和市值的不一致性来自于美国最古老和最大的公司倾向于在纽交所上市,而较新、较小的公司通常在纳斯达克上市。但也有例外。例如,微软和许多高科技公司一起在纳斯达克上市。大多数人都认为纽约证交所是最大的交易所。

BATS 全球市场代表更好的替代交易系统,比其他两个稍微小一些。让我们仔细看看纽约证券交易所和纳斯达克。

纽约证券交易所 纽约证券交易所位于纽约市中心的金融区,这个地区被统称为华尔街。它坐落在一个令人印象深刻的建筑中,此建筑建于 1903 年,门前有精致的雕刻和古希腊的门柱。见图 5-5。这座大楼包含了交易所的行政和电子总部以及备受尊敬的交易大厅,延续了它最重要的一个功能,但也只是做了之前的一小部分而已。见图 5-6。

图 5-5　纽约证券交易所宏伟外观

图 5-6　纽约证券交易所的交易大厅

　　纽交所的历史可追溯至 1792 年。那一年,24 位经纪人在华尔街一棵梧桐树下签署了"梧桐树协议"。这个组织在 1863 年被称为纽约证券交易所。自那时起,它在纽约的金融区几乎一直采用面对面交易的方式。

　　自 20 世纪初开始,电子交易系统(ECNs)正在代替传统的通过经纪人和做市商交易的模式。作为一种回应,2006 年纽交所收购了 Archipelago Holdings,一个主要的电子交易系统(ECN)。此后,它便在两种模式下运行:传统的经纪人交易和计算机交易。然而,传统交易量继续萎缩,今天仅占纽交所业务的一小部分了。

　　2007 年,纽交所与泛欧交易所(Euronext)合并,泛欧交易所是一个完全电子化的欧洲证券交易所,两者合并成了当时世界上最大的交易所:纽约泛欧交易所。2013 年 11 月,泛欧交易所被洲际交易所(ICE)收购,ICE 是一家负责交易和清算的美国网络公司。洲际交易所(ICE)随后出售了泛欧交易所,但在 2015 年早些时候,截至这本书的编写时,ICE 仍在继续经营纽交所。的确,在这段时间里,ICE 似乎致力于将其昔日的辉煌恢复到纽约证券交易所,并至少保留一些传统的个人交易。为此,它正在花费数百万美元整修和升级大楼和交易大厅。然而,一些专家怀疑这种复苏的可能性。

　　过去几年里,股票交易一直稳步从纽约证券交易所转移。就在 10 年前,它处理了美国大约 80% 的交易量。但到 2014 年底,这一比例下降到了 20%。最大的流向是其他交易所和场外交易,相当于今天成交量的 40%。

　　纳斯达克　纳斯达克的总部与纽约证交所形成了鲜明的对比。它位于纽约最繁华的中心,时代广场的几英里之外。它的建筑是一个七层的圆柱塔,外墙覆盖着巨大连续的电子显示屏,显示股票行情、财经新闻和广告,见图 5-7。

　　纳斯达克是一个完全电子化的证券交易所。成立的时候它并不是一个交易场所。最初,在电子联网和桌面终端的早期,它是一个自动报价系统。它听起来奇特的名字就来源于那个报价系统。1971 年,它由全国证券交易商协会(NASD)建立,并称为全国证券交易商协会自动报价系统

图 5-7　纳斯达克外观

（NASDAQ）。

起初,该系统只是给了经销商一种方法来对未上市的股票进行定价。交易由经销商和买方共同安排。所涉及的股票通常由相对较小的新公司发行。这种交易叫作场外交易(OTC)。纳斯达克很快增加了自动交易的功能,并最终处理了全国大部分的场外交易。事实上,直到20世纪80年代末,纳斯达克和场外交易条款才有了一些同义词。

除了纽约证券交易所、纳斯达克和 BATS 全球市场,还有其他几个主要城市的区域交易所。它们通常有符合当地利益的上市公司。

交易所交易的利与弊　交易所为投资者和公司提供服务,使其能够以相当于供求关系的价格迅速地进行证券交易。通过交换,买卖双方不必互相寻找或争论价格问题。交易所还提供了充分的**透明度**,使参与者能够看到价格和成交量的大小,以及等待订单的大小和来源。交易信息也定期以摘要形式公布。

此外,交易所通过美国证券交易委员会对其进行许可和监管,以确保没有人得到优惠待遇。理想情况下,这会使得交易更加安全、快速和简单。这样一个流动的市场也有助于上市公司,因为它可以很容易地评估它们的股票价值,并不时地发行更多的股票。

但是,交易所的便捷是要付出代价的。交易员根据他们的订单支付佣金,公司为上市支付费用。对于一些交易者来说,透明度并不总是一件好事。

考虑现在有一个机构投资者,比如一个共同基金,对出售一些股票感兴趣。这种销售通常是一点一点地进行,并在几天内完成。回想一下,在公开市场上销售的任何商品的价格都是由供求关系决定的。就这个讨论而言,这只是意味着如果有更多的产品公开待售,而买方的利益没有改变,那么产品的市场价格就会下降。在供应/需求术语中,我们说供应的增加导致价格下降。

现在,如果一个大的交易商下单出售,比如说 200 万股,由于交易市场的透明度,整个市场都会看到该订单,而且随着更多的股票可以出售,订单本身会增加供应量,市场价格会下降。订单一公布,就会发生这种情况。换言之,机构投资者一般不能以交易所目前的市场价格出售大量股票,因为卖出的行为使市场价格下跌。同样,大量买入订单会使市场价格上涨。因此,一个大的买家必须付出比最初的市场价格更高的价格来购买。所有这些都是因为市场的透明度,只要交易开始了,人们的买卖意图就不再是秘密了。

概括地说,机构投资者可能不愿意在交易所交易的原因有两个:成本和交易所的透明度,大宗的交易会使市场对交易者产生影响。

场外交易和暗池　如果买卖双方能够找到对方并在价格上达成一致,就不必在交易所交易。事实上,目前交易量的 40% 是场外交易,其中大部分直接在买卖双方之间进行,大约有 15% 是通过暗池进行的,暗池是帮助交易商买卖的经纪交易商组织。它们通常由大型华尔街银行经营,以造福于它们的机构客户。

暗池就像交易所一样把买家和卖家聚集在一起,但它们的监管比交易所要松得多。最重要的是,它们不是透明的。在交易结束之前,买卖订单不会被发布,买卖双方不会被确认,交易细节也不会公布。"黑暗"一词指的就是这种秘密。而传统的以交易所为基础的市场被称为"明市"。

暗池存在的原因是为了消除我们在最后一节中描述的问题。也就是说,机构交易者不能在不惊动市场的情况下交易大宗的股票,因为真正的大订单会影响供给或需求,从而最终影响市场价格。当这样的订单通过暗池来交易时,价格不会发生大的变动,因为在交易完成之前没有人知道这笔交易的进行。

高频交易 大多数金融市场的走势都是以信息为基础的。例如，一家制药公司研究出了一种癌症的治疗药物。这个信息的发布会导致公司股票价格飞速上涨。当投资者通过金融新闻媒体获得有关这一新药的信息并开始购买股票的时候，这种上涨就已经开始了。新闻服务部门将在新闻发布会上直接收到该公司的信息。

今天，这些新闻一发布到媒体，并在短短几秒钟之内就可以通过互联网传递到订阅的投资者手中，市场价格几乎马上就开始变化。

显然，任何人如果能在这种信息进入大众视野之前，也就是在股票价格开始飞涨之前买入这个股票，都可以赚到钱。但这似乎是一项不可能完成的任务，因为投资者很快都可以得到这个信息。

20世纪90年代，股票交易变得高度电脑化。这意味着买卖订单可以用电子方式输入，购买或销售完成的时间只需一小部分。在20世纪90年代后期，一些交易员意识到，如果消息在发布之后会有个反弹的过程，但在投资者得到消息之前，也就是在价格上涨前很快买进还是可以赚到钱的。由于计算机交易的速度，你只需要提前在投资者前面得到一小部分消息就可以了。事实证明，信息可以从几个方面获得。这些方面包括发行公司的发行清单、购买新闻服务的优先位置，或者拥有一个非常快速的数据网络。这是在高频率交易基础上的想法（HFT），所以它又称为高速交易。

高频交易者使用他们的电脑程序分析各种各样的事，这些事往往会影响到股票价格。基于这些分析，他们的电脑在预测到事件的几秒钟之内就可以购买它认为可以赚钱的股票，这样的速度往往会领先于价格上涨。高频交易者通常会持有股票一段时间再获利出售。他们通常在一天结束时退出交易。每笔交易的利润通常很小，但他们却有成千上万笔交易，所以他们的整体利润可能相当可观。

这种办法非常高效，所以高频交易者每天进行数千次的买进和卖出。由于每一次买入或者卖出都算是一笔交易，他们目前约占全国证券交易量的一半左右（我们制药公司的举例是最简单的情况之一，其他的则要复杂得多）。

市场 我们描述的所有行为以及其他一些行为构成了股票市场。虽然交易所体现为一个具体的交易中心，但是"市场"一词指的则是全部有内在联系的场所、组织和过程。

监管 证券市场由联邦法律和州法律共同监管，但是其中最重要的法规由联邦政府制定。《1993年证券法》要求公司在初级市场首次发行新股时，应该向潜在的投资者披露一定的信息。《1934年证券交易法》将披露要求扩展到现在正在交易的股票，并设立了证券交易委员会（SEC）来监督金融市场活动。

这些法规的主要目的在于披露信息和防止某些操纵市场和欺诈的行为。披露意味着投资者必须得到全部和准确的有关公司的信息，以及有关股票出售者的信息。操纵市场是借助在职务上的便利或者授予了特权的地位，通过影响证券的价格波动来获取利益。

例如，通过内幕信息获取短期利润是违法的，内幕信息是指公司的高层管理人员可以得到而不对公众公开的信息。① 现在我们再重新考虑前面制药公司的例子，这家制药公司即将推出一种新的癌症治疗方案，它很可能会使其股价大幅上涨。如果内部人士在公告发出之前购买了股票，并在价格上涨后抛售短期获利，那么这就是违法的。

---

① 那些可以接触到特权信息但不是雇员的会计师和律师也属于内部人士。

高频交易、暗池和监管　高频交易者一般都经营暗池,会经常与那些运行池的人联合。不幸的是,高频交易的过程加上暗池的保密性就给交易带来了滥用的机会。这种技术比我们想象中的更为复杂。2013 年和 2014 年的美国证券交易委员会和纽约州总检察长办公室调查池/高频交易行为时,宣称所调查的池给予了高频交易者一些优先权,但并没有透露暗池交易的运作方式,也没有公布靠违法的内幕信息操纵市场行为的调查结果。这项调查结果就是一些新闻机构拒绝再向高频交易者出售信息,一些金融机构退出暗池,很多的活动都将高频交易者从池中排除。

其他监管问题　证券交易委员对暗池还有另一种担忧。当局认为,透明度是美国金融体系的标志,对维护该系统的质量和全球声誉至关重要。也就是说,与暗池有关的秘密可能破坏对金融系统的信任,进而从根本上损害经济。也有人担心,由于一些参与者不完全了解他们交易的暗池是如何运作的,当其他交易者的利益被优先考虑时,他们就会受骗。

在这种情况下,就容易理解证券交易委员会有能力实施新的规则,从而限制场外交易,迫使交易员回到交易所。

尽管有这些担忧的存在,但暗池仍然受到机构投资者的欢迎。2015 年初,纳斯达克提供了一些大型华尔街银行拥有和经营的暗池。银行会把它们的资金管理外包给纳斯达克,因为它的经验和交易所会让它更有效地完成这项工作,从而使银行减少了大部分的费用支出。

在另外一个方面,Fidelitu 投资公司是全国最大的共同基金公司之一,并与其他几家基金公司一起提议设立自己的"暗池",而不是使用银行运营的"暗池"。

与此同时,对这种趋势也有一些阻力。纽交所(NYSE)的所有者,洲际交易所(ICE),以及其他交易所已经提出了规则和协议,迫使交易回到交易所。

在任何情况下,美国股市的结构似乎都处于不断变化的状态,并且很可能会持续很长一段时间。

5.2.4　私营公司、公众公司、上市公司和场外柜台交易系统(OTCBB)

假设你注意到在你的街区内有一家经营出色的小型公司,并决定购买它的股票,那么你能像买 IBM 或者微软公司的股票那样简单,只需要给经纪人打个电话就可以完成吗?

如果一家公司很小,购买它的股票就不会容易或者根本不可能。因为并不是所有的公司都会在交易所上市交易,许多公司也不用向公众出售股票。让我们追踪一个典型的商业企业的生命周期,看看企业的股票是在何时以何种方式向投资者出售的。

假设企业家从经营一家小型的非上市公司开始。因为不是上市公司,也就没有供外部人士购买的股票,公司的所有权全部集中在企业家手中。如果经营成功而且企业的所有者需要用钱用以扩张公司的业务,那么他可以实行股份制以便向其他人出售股票。我们假定他会这么做。

私营公司　在这个时候,这种公司就可以被称为**私营公司**或者少数控股公司。

私营公司的股票可以被出售,但这种买卖受到联邦法律的严格控制。一般来说,不允许有较多的持股者而且交易不可以跨越州界。这些法规旨在限制欺诈性的投资,即防止骗子向粗心大意、无知的投资者提供伪造的证券。

假定企业家通过向少数人出售股票筹集资金以扩大企业。我们可以认为事情会一切顺利,不久会有更多的机会出现。而利用这些机会就需要更多的资金,但是所有者再也没有朋友和亲戚可以求助了,为了卖出更多的股票,他不得不向更多的人发出邀约。

公众公司 向公众发行股票需要得到证券交易委员会（SEC）的允许，并对股票进行注册登记。获得许可的公司即可以被称为公众公司或者**公开交易公司**。这个获得许可和登记的程序即为公开上市。

公开上市需要投资银行的帮助，投资银行会确定是否存在能够接受该公司股票的市场以及大量股票可能被卖出的价格。如果估计的价格被公司所有者们接受，那么准备**募股说明书**就成为登记的开始。

募股说明书提供了有关该公司业务、融资情况和主要负责人背景的详细信息。当证券最终被出售时，必须向潜在投资者提供募股说明书副本。募股说明书必须提交给证券交易委员会，获得批准后才可以出售。

募股说明书的作用在于披露信息，也就是说这份文件必须真实准确地向投资者说明公司经营的本质状况或涉及的风险。举个例子，如果公司董事长最近因为证券欺诈入狱，这个情况就必须披露。同样，如果公司正在进行某个新技术的改进或者申请专利成功，也要进行披露。

法律对在准备募股说明书过程中的任何人的欺诈行为都会进行严厉的处罚，不仅包括公司的所有者和管理者，还包括会计师、律师和银行家等公司雇佣的协助来完成上市的团体。

在 SEC 审查募股说明书期间，公司不可以向公众出售股票，但可以将印有红字"草案"的募股说明书向公众公布。也就是所谓的初步（非正式）募股说明书，它表示了这份募股说明书并不是一个有实际意义的要约。

SEC 对募股说明书的认可并不表示 SEC 保证此政权是一个好的投资对象。也就是说，一家经营状况相对糟糕并无疑要失败的公司（比如说在海滩出售盐水）仍然会得到 SEC 对其募股说明书的认可，仅仅是因为 SEC 认为该公司已经披露了全部的信息。事实上，SEC 的批准甚至不能保证所有相关的信息都被披露，因为委员会没有资源来核对公司所提交的大部分信息。

首次公开发行（IPO） 一旦募股说明书得到认可，证券即可向公众公开发行，这次初始的销售被称为首次公开发行，缩写为 IPO。

IPO 构成了股票市场的一个分支并被认为具有很大的风险性。有时候，新近上市交易的公司股票价格在 IPO 之后会迅速上涨，有时也会急剧下跌。

投资银行一般会在股票实际交易之前，先将购买者排队，所以通常情况下，普通公众不会立刻涉及股票的交易，而机构投资者，如共同基金，则是常见的购买者。

IPO 是一种初级市场交易。一旦投资者购买股票，下一步的交易就要与二级市场关联了。我们将在第 8 章深度探讨 IPO 的过程。

企业家经过这些程序之后，他一定会持有大多数的公司股权。IPO 将会对出售的股票评估出一个价值，自然也会评估出由企业家自己持有的股票价值。如果一个成功的 IPO 评估的价值远远超过股票的账面价格，那么企业家将在一夜之间成为百万富翁，至少在理论上是这样的。

场外柜台交易系统 到了此时，公司的一部分股票就可能由 IPO 中购买股票的机构投资者掌握，其他部分则由企业家和上市前其他所有者掌握。现在假设某些投资者想卖掉部分或者全部的股份，该如何完成呢？

我们还没有谈及股票交易所，股票交易所仅仅交易在所内上市的股票。换句话说，如果假设公司的股票并没有在交易所上市，投资者就不可能在那里买卖股票。大多数公司符合这种情况,它们已经成为公众公司,其股票可以进行交易,但是它们并没有在交易所上市。

这样的非上市的证券可以通过场外柜台交易系统(OTCBB)来完成,它受美国金融业监管局(FINRA)的监管。OTCBB的报价往往基于最新的、小型的、稀少的交易问题。这些信息使经纪人和交易商能够代表客户买卖股票。(还有另一个组织:OTC市场集团,其非正式名称为"粉红色的床单",是OTCBB的竞争对手。)

在场外柜台交易市场中操作的小型企业一般比在交易所交易上市的股票交易费用高。因为很少有投资者对哪个特殊的小型公司有兴趣,经纪人若想将买卖双方撮合在一起进行交易会十分费力。正因为如此,比起在市场活动活跃的交易所的交易佣金来说,场外柜台交易的经纪人要收取更高的佣金和费用。

在交易所上市 如果我们假想的公司继续成长并得到投资者的支持,那么让投资者在二级市场上很容易地交易公司的股票,即使这种交易并不会给企业带来资金,对企业本身来说也是很有利的。这是因为二级市场内的平稳的交易操作将有利于公司在将来发行新股。

所以,如果交易量有保证,公司就能在交易所将股票上市交易。如果公司的规模和经营时间达到要求,这个过程就相对比较容易。然后,公司就可以成为**上市公司**。

5.2.5 股票行情

股票行情是总结某只股票最近的交易活动。它们被投资者用来实时了解他们拥有的股票或正在考虑购买的股票的情况。在互联网之前,大多数人获得报价信息的唯一可行途径是通过报纸在上一个交易日结束时公布的价格。最著名的报纸就是《华尔街日报》。如果一个投资者要做出跟前一天交易结束时行情不同的投资,那么他必须打电话给他的经纪人。

当然,互联网已经发生了巨大的变化。现在,大多数投资者从互联网上可以获取20分钟之前的报价。

现在投资者很容易找到在线报价的来源。设置您的浏览器搜索"股票行情",并点击。大多数都有一个小窗口在第一页标记搜索或报价。输入您感兴趣的公司的代码或名称,点击"进入"或单击"搜索"或"引用"即可。

图5-8是微软公司的一个典型在线报价中的一些信息的通用表示。大多数网站会显示更多的信息,包括一些图形,我们在这里只展示一些基础知识。图5-8数值信息来自于美国东部时间2015年1月29日3:25的finance.yahoo.com网站,同样的数据可以在其他网站查询到。让我们逐一回顾表格的内容,以了解在线上市提供的信息种类。随着讨论的深入我们会解释其中的含义。

通过图5-8可以首先看到公司的名称,其次是NASDAQ和MSFT。这是告诉我们,微软在纳斯达克交易所上市,股票代码是MSFT。该代码是公司名称用于引用股票市场数据的缩写。所有上市公司都有代码。

接下来我们看到了报价:42.09美元,这是最近一次交易的价格。下两行显示上一个交易日最后一笔交易的价格(收盘价)和当日价格的差异。向上箭头表示增加。这样表示,读者对价格的波动就可以一目了然。

下两行显示股票卖出的两个价格区间。第一个是去年,第二个是当日。一年的幅度反映了从最低价格到最高价格40%的变动区间。对于像微软这样反复无常的高科技股来说,这种情况并不少见。下一行是成交量,它告诉我们到目前为止已经有将近1 800万只股票易手了。对微软来说,这是很普通的一天。

微软公司（纳斯达克股票代码：MSFT）（美元）	
最新报价	42.09
前日收盘价	41.19
价格变动	↑0.90
52周内价格波动范围	35.69～50.05
当日价格波动范围	40.79～42.11
成交量	4 984 041
股息	1.24
股息率	2.60%
市盈率	16.95
每股收益	2.48

图 5-8　网上股票报价中的典型信息

接下来的两行显示了我们在第 3 章讨论的市盈率和每股收益。了解这些比率在股票报价中的存在是很重要的，因为投资者认为这些比率非常重要。

洞察：财务应用

有效的金融市场

为了能对股价的变动特点做出一定的解释，理论学家假设美国的金融市场是有效的。在这里，有效性是指信息及时地在市场中传递，以至于不可能通过讨价还价来赚钱。

这种观点认为在证券市场有一支分析师大军，分析师、经纪人和投资者通过电话和电脑等电子工具关联在一起。当有一条暗示股票当前价格可能上涨或者下跌的新消息出现的时候，它就以光速传播，而投资者会在极短的时间内抬高或者降低报价。

有效性的含义使投资者不能持续地从研究股票价格的上升中获利。全部可以得到的信息都已经反映在了股票的价格之中。打败市场则意味着可以持续地从发现差价中获得高于平均回报的收益。

并不是所有人都同意**有效市场**假设，这些我们将在第 8 章再详细讲述。

5.3　公司治理

公司治理是指企业组织和运作的关系、规则和程序。近年来，对公司治理的关注主要集中在高层管理人员和他们所服务的公司之间的财务关系的伦理和合法性方面。

这个想法与代理问题有关（第 1 章），它指的是高管和股东之间发生的利益冲突，因为高层管理人员可以让他们的公司以牺牲他人利益，尤其是以牺牲股东和大众投资者的利益为代价来为公司高管博取利益。

到目前为止，21 世纪共发生了两次严重的金融危机，这些危机被描述为公司治理的失败。基本上，一些大公司的负责人以牺牲普通美国人民利益为代价，利用他们的权力和信任来谋取私利。

第一次金融危机发生在 2000 年，由于多达 1 000 家大型上市公司的财务报告中发现欺诈行为而导致了一次股市崩盘。危机的结果是股市大幅下跌，经济衰退，最终通过了《萨班斯-奥克斯利法案》(SOX)，旨在改善上市公司的公司治理行为。

第二次金融危机发生在 2008 年，当金融体系意识到，美国住房抵押贷款支持的高达万亿美元的高等级证券充斥着"次级抵押贷款"，而这些贷款几乎肯定会违约，危机全面爆发。这次金融危机几乎摧毁了美国的银行体系，使美国陷入了 75 年来最严重的衰退。由于金融行业的薪酬体系以及金融界鼓励管理层拿别人的钱来冒险的态度，使得这次危机带来的公司治理问题比法律问题更具伦理性。

尽管危机后的衰退在 2009 年 6 月正式结束，但经济低迷和高失业率仍持续到 2014 年。联邦政府对这场危机的反应是通过了另一项法律，即《多德-弗兰克法案》，该法案加强了政府对金融体系的监管，以防止再次发生类似危机。

在本节的其余部分，将回顾导致这两次危机的事件，希望读者能更清楚地认识到公司治理的力量和风险。首先简要介绍高管薪酬和道德风险的概念。

5.3.1　管理人员报酬

最严重的滥用治理/代理的情况是，高管被过度支付薪酬，并以激励非法/不道德行为的方式出现。过度的高管薪酬有几种形式。薪水和奖金很高，但真正数额大的钱与股票有关，通常是通过股票期权。在期权计划下，高管们有权在未来几年内在有限的时间段内以低的固定价格购买股票。如果在期权期间，公司股票的市场价格高于固定买入价，执行者可以通过低固定价格买入期权，然后立即卖出股票。

5.3.2　股票报酬的道德风险

道德风险[①]　是指一种情况，它诱惑着人们从事不道德或有悖伦理的行为。不幸的是，像 Harry 那样的基于股票的薪酬计划造成了严重的道德风险。需要注意的是，公司首席执行官 Harry 的薪酬是与 Wellbridge 公司的股票价格挂钩的，并且是在有限的时间内行使期权。因此，他就有动机在 6 月底之前以任何方式来维持当前的股票价格。比如说，假设 Harry 有一条消息，如果宣布，将导致公司股票的价格每股下降 10 美元。如果这种情况在 6 月底之前发生的话，Harry 本人将为此付出 200 万美元的代价。因此，Harry 可能会压制这种不利信息，直到他行使权利出售自己的股票为止。

关联概念　举例 5-1

高管股票期权

Harry Johnson 是 Wellbridge 公司的首席执行官，公司支付他 250 万美元的薪水和 150 万美元的绩效奖金。此外，Harry 在三年前以每股 20 美元的价格获得了 200 000 股股票的期权。

---

①　当一个人能很容易地通过不道德的方式挣钱时，就会存在道德风险。例如，如果可以为一个价值 200 000 美元的房子投保 400 000 美元时，房主就会出于获利而推倒房子，这就是为什么不能为财产购买超过其价值的保险的原因。

当时该股以每股 19 美元的价格出售。

股票期权的期限自发行之日起两年，即当年 6 月底开始，三年后到期。现在是 6 月 15 日，Wellbridge 公司股票目前的售价为 48.65 美元。如果 Harry 收到他的奖金并按照 48.65 美元行使其股票期权，那么他今年能赚多少？

解答：Harry 将获得现金薪酬，包括他的薪金和奖金如下（单位：美元）：

薪金	2 500 000
奖金	1 500 000
	4 000 000

Harry 行使他的股票期权并按现行市价出售，将获得下列收益：

实收款项（200 000×48.65＝）	9 730 000
减：购买期权费用（200 000×20.00＝）	(4 000 000)
期权收益	5 730 000

Harry 本年的全部收入为

公司支付薪酬、奖金	4 000 000
期权收益	5 730 000
合计	9 730 000

首席执行官 Harry 期权的收益比其薪酬高，这种情况并不少见。需要注意到，Harry 的期权收益并不是公司免费给的。这 200 000 股新股可能以 48.65 美元的市价出售给投资者。所以，Harry 的收益是公司的成本。[1] 还要注意 Harry 的巨额薪酬。普通股东有权利质疑这样高的薪酬是否合理。然而对 CEO 来说，像 Harry 这样的薪酬水平并不少见。

为了能提高股票的价格，Harry 可能还会编造一些信息，让公司的未来比实际情况看起来更加光明。他可以对研究项目的成功性、公司的竞争地位、诉讼的可能结果以及最重要的公司的财务结果撒谎。

这种情况代表了公司治理的失败，因为该系统激发了非法/不道德的行为，却没有提供保护措施或程序来防止它发生。

股票期权与限制性股票　在 2006 年之前，股票期权是公司发行的特别有吸引力的一种激励方式。在此之前，如果行权价高于股票市场价格的话，授予期权的公司不必在其损益表上显示相关成本。这似乎是有道理的，比如说，如果在其他地方可以买到便宜物品的话，在这里购物就没有意义了。但就股票来说，它忽略了期权潜力的价值。

这一特点很有吸引力，因为公司，尤其是初创公司，通常缺乏资金，都希望尽可能快地使投资者获利。换句话说，一家现金匮乏的公司仍然可以雇佣到优秀的员工，而不用因为需要支付员工高额的薪酬而增加损益表的负担。

然而，经过多年的辩论，会计界改变了规则，2006 年开始要求承认与授予期权相关的成本。伴随着非常复杂的所得税处理流程，期权也变得不那么流行了。

近年来，用"限制股"取代股票期权已成为一种趋势。根据这些计划，一个人被许诺一定数量的股份，如果他仍在公司就职，并达到一定的业绩目标，在一段时间内就可以"行权"（保证）。

---

[1]　放弃机会而不是支付金钱的成本称为机会成本。它们没有出现在会计记录中，但仍然是真实的。

例如,500 股股票可能以每年 100 股的速度出售。道德风险问题与期权计划是对等的,因为在收到股票时,股票价格越高,高管就越难做出选择。

期权完全消失将是不可能的,因为相比较"限制股",期权对高管有更好的激励作用,可以使他更有动力去创造财富,因此期权仍是许多企业高管的首选。

创业者的道德风险 基于股票的薪酬对创始人的诱惑可能更糟。具体参考后文的关联概念举例。

关联概念 举例 5-2

创业者的道德风险

如果举例 5-1 中的首席执行官 Harry 是 Wellbridge 公司的创始人,并保留了 20% 的股票。进一步假设 Wellbridge 公司的市值[①]为 200 亿美元。这意味着 Harry 个人财富约为 40 亿美元(200×0.2)。那么 10 美元的价格下跌对他的个人财富有什么影响?

解答:在 48.65 美元的市场价格下,10 美元的价格变化意味着价值的下降:

$$10.00/48.65 = 0.206 = 20.6\%$$

这意味着我们的创始人/首席执行官的净资产[②]将会大约减少:

$$4\,000\,000\,000 \times 0.206 = 824\,000\,000(美元)$$

这是一个强大的动机,使 Harry 尽量使负面信息远离股市,或创造虚假信息,使公司看起来比现状更好,从而提高股票价格。

5.3.3 20 世纪 90 年代发生的事件

20 世纪 90 年代,股票市场出现了空前的繁荣。受到这种高涨热情的影响,很多公司的高层管理人员都曾经通过发表虚假或欺骗性财务报表来提高股价。

据统计,约有 10% 的上市公司,近 1 000 家公司,在 1998 年至 2002 年间重新申报其财务报表,以消除可疑信息对其报告的影响。大约 6 兆美元的股市价值消失,这一系列欺诈引发的现象造成的损失巨大。

投资大众失去了对金融市场的信心,惊慌的国会采取立法行动防止这种行为再次发生,其结果就是《萨班斯-奥克斯利法案》(以下简称 SOX)的制定。

5.3.4 萨班斯-奥克斯利法案[③]

政府对 20 世纪 90 年代和 21 世纪初企业欺诈的调查,揭示了导致整体问题的几个关键领域。最重要的是如下三个。

---

① 股票定期交易的公司的市场价值是当前股票价格乘以投资者持有的股票数量所得。

② 一个人的净资产是其总资产减去其总负债。这个概念既适用于公司,也适用于个人,但在公司中,这个名词一般被称为权益。

③ 这部分材料来自 Robert Prentice 和 Dean Bredeson,《一个学生引出的〈萨班斯-奥克斯利法案〉》,第二版(梅森,俄亥俄:Cengage Learning,2010)。

- 公共会计行业：审计员未能确保遵守会计准则。
- 公司治理：董事会未能控制管理层舞弊。
- 华尔街：证券分析师发表的报告偏向于与投资银行家雇主做生意的公司。

接下来我们总结一下揭示这些问题的 SOX 中的重要条款。

标题一：公共会计行业的监督

在 SOX 之前，这个行业是自律的。SOX 成立了上市公司会计监管委员会（PCAOB），来监管公共会计活动。

标题二：审计独立性

在 20 世纪 90 年代，一些审计人员与客户的关系过于密切，失去了保护投资公众的使命。SOX 定义了三个问题领域：咨询、报告和友谊。

咨询：注册会计师的咨询收入往往超过审计收入。为了保护咨询收入，审计员会允许提交可疑的财务信息。SOX 现在禁止审计员咨询税务以外的任何事情。它要求审计员向董事会审计委员会报告，审计委员会必须由外部董事组成，并且至少有一名财务专家。

友谊：SOX 将高级审计经理的任期限制为 5 年。

标题三：共同责任

SOX 要求首席执行官和首席财务官证明他们已审阅财务报表的正确性，他们负责内部财务控制。

标题四：华尔街改革——证券分析师的压力

经纪公司雇用分析师为公司做投资分析报告。但经纪公司与这些公司做了其他生意，并迫使分析师做出对其有利的报道。SOX 现在要求分析师证明他们相信自己的报告，而且他们的薪水与他们的建议无关。

5.3.5　2008 年金融危机

2008 年，一场前所未有的金融危机袭击了美国，引发了 75 年来最严重的经济衰退。它的特点是几个"系统性"极为重要的金融机构的突然失败或近乎失败（一个具有系统重要性的机构是如此之大，它的崩溃，会危及整个经济体系。）。危机由与美国房地产市场密切相关的证券市场崩溃引发。

背景：房屋所有权、抵押贷款和风险　大多数房屋都是由房屋抵押贷款购买的。合格的买家需要有首付（股本）、足够的收入和良好的信用，这样抵押贷款才能成为银行的安全投资。在危机发生前，只有大约 2% 的人会违约。

证券化　银行贷款后不持有抵押贷款。相反，它们被卖给其他金融机构，以收回银行的现金和发放贷款的费用。现金可以用来发放更多的贷款。

一批贷款和证券化　银行将抵押贷款卖给投资银行，这些银行将它们捆绑成入"池"。通过向投资者出售投资者权益将"池"中的抵押贷款证券化，从而为银行带来现金流。这类证券创造了债务抵押证券（CDOs），因为它被"池"中潜在的房屋抵押贷款的抵押[①]价值所支持。

债务抵押债券的吸引力　遍布世界各地的机构投资者，包括银行、对冲基金[②]和保险公司

---

① 抵押品是保证偿还贷款的资产。这房子是抵押贷款的抵押品。
② 对冲基金是一种投资于相对风险机会的共同基金。参与者一般只限于富有的投资者。

都在购买债务抵押债券。债务抵押债券受到欢迎是因为它的高回报率,也是因为它依靠的是传统的房屋抵押贷款,所以看起来更加安全一些。债务抵押债券是可以流动的,这意味着购买者可以在二级市场上轻易将其出售。

对 CDO 的风险分配　发行人发明了一种方法,按照不同风险等级将现金流分成了几个组别(法语也称为"部分")。这是按照收入来源将各组别排序,按照顺序来支付。支付越靠后的组别,意味着它的风险就越高。高风险(初级)的组别往往售价比低风险(高级)组别要低,这样才能增加它们对投资者的回报。

如果一个"池"中包含很多的高风险贷款:70%或80%都可能违约,即使它处在高级组别也是很危险的。我们不久将讨论的次贷危机就是这样发生的。

评级机构的作用　评级机构根据违约的可能性将债务证券等级定为 AAA 到 C。由于它们在给债务抵押证券组别评级过程中的膨胀性定级,导致了高风险贷款的日益增多,这也是这次危机爆发的原因之一。

债务抵押债券的定价　2009 年中期,以抵押贷款为基础的债务抵押债券的估值为 9 兆美元,其中大部分是由世界各地的金融机构持有。它们根据最近可比较资产的销售价格进行交易。随着危机的逐步发展,这种债务抵押债券的定价方法被证实是影响危机的一个重要方面。

次级抵押贷款市场　在 2000 年到 2003 年之间,债务抵押债券的需求急剧增加,为了满足这一需求,抵押贷款机构不得不发放更多的新贷款。它们急切地做到这一点,以赚取最初的费用,但却没有合格的借款人。在这种情况下,因为它达不到给传统的合格贷款人发放安全贷款的要求,所以抵押贷款行业创造次级贷款,只是将贷款贷给了不合格的借款人。

下面介绍的次级技术是常见的:

零首付贷款　前面提到的预付款创造了一个房屋业主对自己房屋没有权益的一个"池"。因此,如果他们丧失抵押品赎回权几乎没有损失,而且更有可能违约。

可调节利率抵押贷款(ARMs)　这种贷款收取利息的利率会随着金融市场行情而波动,但最初它的利率和付款都是很低的。然而,当利率上升时,其付款就会大幅增加。

负摊销贷款(NegAm)　早期负摊销贷款的付款低于月度利息,未支付的利息计入本金。但在接下来的一段时间,付款急剧增加,这往往导致违约。

次优级贷款——无记录　贷款被发放给借款人,但却没有其收入、资产或债务情况的证明。这意味着无知或不诚实的人也可以借钱,但他们偿还的可能性却非常小。

信用违约互换(CDS)　CDS 是买方和卖方之间的合同,卖方同意支付买方在买方拥有的债务担保下遭受的任何损失。作为回报,卖方在保险期限内收取保费。CDS 听起来像一个保险单,但它不是。重要的是,CDS 的卖方不受政府监管,他们不需要具有应对大规模买家损失的情况下需要的现金储备。

此外,CDS 的合约在二级市场上交易,这种交易会发生很多次。这意味着之前的买方可能不知道持有合同另一方的当事人是谁,也不知道它是否拥有弥补违约的资源。由于一些机构会投资于 CDS 合约的双方,它们也不清楚如果一个特定的债务担保违约,它们可能需要支付多少钱。

CDS 被大量应用于债务抵押债券,跟金融机构捆绑在一起,如果其中一个出现了危机,无疑就会影响另一个,所以,即使没有购买债务抵押债券,也会导致投资失败。

债务抵押债券和信用违约互换意想不到的效果　了解 CDO、CDS 和次级贷款之间的意想不到的后果的相互作用是很重要的。

CDO 是安全的投资,因为它们是基于传统的合格房地产贷款资格的借款人。信用违约互换是相对较新的创新,一般被视为一种分散风险、提高安全性和稳定性的方法。次级抵押贷款的风险相对较高,但投资者不知道它的占比有多少,不知道它如何渗透至低风险的 CDO。

事实上,CDO 的不安全性来源于次级贷款。信用违约互换由其他机构持有,会使其暴露在风险之下,而不是其传播的安全性、稳定性。

利率上升的触发点　2004 年,美联储开始担心通货膨胀和利率上升。这使房地产市场陷入了恶性循环,持续增加的可调节利率抵押贷款(ARM)支付,导致了数以千计的次级贷款违约,压低了房地产价格。计划转售房屋的投资者也将其投放市场,从而进一步压低了房价。

对 CDO 市场和 CDO 所有者的影响　默认情况下这减少了流入 CDO 的现金流,估值问题便产生了。突然间,没有人再关注 CDO 的任何安全性,所以没有人愿意购买它们,交易停止了。但请注意,CDO 的价格是根据最近的销售情况而定的。因为近期没有销售产生,机构再持有CDO 也不会对其资产负债表产生贡献。这也就导致金融机构大幅度降低 CDO 的账面价值。[①]

会计损失、现金损失和提款　在 2008 年,因为 CDO 的投资,金融机构出现了惊人的损失和大幅的权益减少。减持降低了资产和股本,但未触及债务。这意味着资产和股本比率降低。这种账面的改变对金融机构来说是一场灾难,金融机构必须在"安全"的水平上保持一定的比率。如果它们不这样做,就被认为是失败的,可以由监管机构来接管。

一些金融机构也有储户(银行)或股东(对冲基金),它们可以提取资金。当它们听说 CDO的损失时,会失去信心,并试图立即收回他们的投资。大规模取款被称为挤兑,可能导致机构一夜之间的失败。

当金融公司在金融危机中遭受这些损失时,它们需要以股本或贷款的形式快速注入现金才能生存。大多数机构无法私下筹集资金,要么被其他未被曝光的公司收购,要么得到联邦政府的救助,要么就失败了。

对经济的影响　由于信用违约互换的广泛使用,CDO 的"章鱼触角"已经延伸到了远远超越公司持有的 CDOS。结果就是,没有人知道下一个失败的人是谁,所以人们之间都不再敢进行生意往来。华尔街陷入了停顿。比一般经济危机更为严重的是,银行在放出贷款的时候不敢再承受一丝的风险,贷款给非金融企业的业务几乎停止了。这意味着依赖信贷进行日常业务经营的公司无法获得贷款,难以维持业务。由于银行提高了信贷标准,消费信贷也变得更加困难,这迫使人们削减债务融资的开支,而这却正是危机前经济的支柱。更糟糕的是,消费者对媒体所报道华尔街发生的事情感到恐慌,并开始缩减开支。这意味着生产商的工作量减少,工作机会减少,而裁员增加了。经济陷入到 75 年来最严重的衰退之中。

2008 年联邦政府的行为　眼前的问题是,一些"大而不能倒"的机构濒临破产。"大到不能倒"意味着机构大到政府不能让它们倒,因为那样的话会损害整个金融系统。2008 年,这类公司数量空前,政府为了维护经济体系而出手。其干预有三种形式。

- 一些公司在现行的联邦规章制度下被政府接管。
- 在给予更好的条件下,政府官员斡旋收购(合并)企业风险机构。
- 联邦政府利用贷款和股票购买的方式,"保释"了几家公司,主要是银行。

在危机的发展过程中,以下两项行动尤其重要:

---

① 注销会将资产的价值减为零。减持只是注销的一部分,它会在资产账户中留下一些价值。

Bear Stearns 的失败与救助 Bear Stearns 是一家大型的独立投资银行。在 2007 年 7 月，由于投资高级别组的 CDO，它的两个对冲基金总计亏损客户资金 15 亿美元。贝尔斯登面临无法弥补投资者投资回收的要求，要求美联储的紧急救助。

2008 年 3 月，政府以一笔贷款和一笔与摩根大通（JPMorgen）的交易拯救了 Bear Stearns，2008 年 3 月摩根大通收购了 Bear Stearns。这个紧急援助遭到相当多的公众批评。人们把它定性为"拿着纳税人的钱，鼓励华尔街大腕拯救他们因为自己承担过度风险而做的错误决定带来的损失"。因此，联邦官员在接下来的其他救助行为就变得非常谨慎了。

对雷曼兄弟的非救助 几个月后，雷曼兄弟（Lehman Brothers）陷入了同样的困境。但这次由于公众对 Bear Stearns 的担忧，联邦政府拒绝给予帮助。雷曼兄弟创下了美国历史上最大的破产纪录，几乎消失了。

很多专家认为，政府拒绝救助雷曼是一个巨大的错误。雷曼兄弟的倒闭使金融业陷入令人震惊的瘫痪状态，这可能使危机更加恶化。多年来，华尔街公司的运作都是基于这样一种假设，即政府将在"大到不能倒"的原则下保护它们不陷入崩溃。当政府拒绝雷曼兄弟的时候，整个行业感到失去了保护，金融共同体冻结，使整个经济处于危险之中。

危机的结束、挥之不去的衰退和公司治理 尽管在政府干预下金融体系运转恢复正常，但它并没有使经济走出衰退。最根本的问题是银行不再发放贷款，而政府的一些适当的政策是让银行开始放贷。接下来的几年最大的特点就是政府项目的增加，这些项目为经济注入了数百亿美元的资金，旨在使国家摆脱危机后的经济衰退。

2009 年 6 月，政府宣布经济衰退正式结束，但这个乐观的声明却未得到现实的支持。复苏是稳定的，但是非常缓慢。2015 年，美国经济似乎大体上恢复了，但美联储仍认为有必要人为地压低利率，甚至接近于零，以继续刺激经济发展。

为什么 *2008* 的金融危机是公司治理问题？ 此次危机背后的公司治理问题是存在着鼓励不道德行为而不是非法行为。系统奖励冒险（赌博）的方式，只要有赚取回报从而喜悦的一组就有因为损失而痛苦的另外一组。例如，假设一个抵押贷款机构向一个几乎不能付款的购房者发放次级贷款。贷方知道买家很有可能违约，但当贷款发生时，它又被出售给 CDO。请注意，银行在贷款被出售时获得了费用，但违约的痛苦却落在房主和 CDO 的投资者身上。银行在这个例子中的行为没有违法。所有的抵押贷款都存在违约的可能，而且在出售贷款时，贷款人总是把一些风险转移到 CDO 中。所以这个问题是伦理问题。只需在没有要求买方注意的情况下，进入 CDO 的风险是多少？我们将其称为道德风险。请考虑下一页洞察中描述的"大到不能倒"的想法所造成的道德风险。

Dodd-Frank 法案 一旦人们普遍认识到 2008 年危机的根源在于美国金融体系，尤其是大型的"华尔街"公司，国会就会采取新的立法来解决这个问题。其结果是《多德-弗兰克法案》（Dodd-Frank Act），其更正式的名称为《多德-弗兰克华尔街改革和消费者保护法》。即便是按照联邦标准来看，该法案也是极其复杂的。几年之后，总统在 2010 年签署了实施的文件。它要求各种联邦机构制定关于超过 240 个问题的行为规则，并完成 65 个以上单独的研究，评估该法案规定的影响。以下是 Dodd-Frank 法案的几个主要目标：

- 结束"大到不能倒"的金融机构的保护，也就是说，不再需要救助。
- 机构出现系统性风险时，应提前预警。
- 为破产的金融公司提供有序的程序。
- 建立独立的消费者金融保护机构，检查和监管银行和信用合作联合会。

- 建立一个金融稳定监督委员会来识别从系统上来讲会变得非常关键的公司。
- 拆散那些规模过大的金融公司。
- 用自有资金限制银行的某些证券交易行为。
- 要求抵押贷款机构确保借款人有付款能力。
- 建立对不负责任贷款的惩罚。
- 建立一个信用评级办公室,以确保评级机构不偏不倚。
- 赋予股东对高管薪酬的发言权(非强制性)。
- 建立联邦保险局,在联邦一级监督保险业。
- 通过要求发行人保留 5% 的风险来监管抵押贷款证券化。

与此同时,金融业一直在大力抵制该法案的实施。行业已经通过大量由其资助的国会说客,通过一些煽动性的活动来企图废除该法案,并对联邦机构提起诉讼以推迟执行。截至 2015 年初,执行工作仍进展缓慢,但却没有停滞。

洞察:伦理道德

政府救助造成道德风险

道德风险存在的时候,人们可以进行不平衡的博弈,如果他们赢了,他们会获取奖励,但如果他们输了,别人就会来埋单。这种情况使得赌博的诱惑力变得很大。公司高管用冒险的项目与公司的资金进行赌博。通常情况下,如果项目成功,公司就会繁荣,高管也会得到提升。另一方面,如果项目失败,这些公司会变得很糟糕,高管也可能会失去工作。但如果在公司冒险行为失败后,政府伸出了援手,公司以及决策层仍会像之前一样,而没有个人损失和处罚。救助的行为,损失全部由政府承担,也就意味着纳税公众承担了这些损失。换句话说,政府救助行为创造了博弈者从风险中获利的机会,但它却不会遭受损失,而这些损失都是由公众承担。这就鼓励了那些"大而不能倒"的公司继续承担不合理的风险。个人道德是否可以限制这个职位的高管承担的风险?也许吧,但那似乎没有发生过。华尔街文化似乎并没有朝这个方向发展,或者,此次危机的创造者们并没有表现出太多他们该有的悔恨和忏悔。

5.4 利息

投资证券意味着将资金委托给了发行证券的组织,发行方使用这些钱并向投资者支付使用费。这种支付被称为投资回报,通常以投资成本的百分比来表示。

术语"**利息**"是预定的债务投资的回报,即投资者借钱给证券发行方。主要的债券投资工具是**债券**。债券投资者实际上是向发行公司发放贷款,即便我们认为他们在购买债券。每份债券都有一个相关利率,以向投资者支付利息。

人们会经常谈及利率,仿佛利率只有一种。实际上,利率有很多种:这取决于债务的性质以及借贷双方的特点。各种不同的利率或多或少会一起上升或者下降。而"利率正在升高"的叙述指的是大致平均的利率水平,而不是具体利率。

债务投资是一项贷款并具有**期限**。债券或者贷款的期限是指从现在到偿还债务之间的时间段。债券在期限末的到期日时到期。所以"到期日"和"期限"可以说是同义词,也就是说,10 年期限债券也可以称为 10 年后**到期**。

值得注意的是债券不是分期偿还的债务,分期偿还的债务是指在贷款的期限内要定期偿还本金和利息。大多数消费信贷,包括房屋按揭和汽车贷款都是要分期偿还的,而多数的企业和政府债务就不是分期偿还的。发行债券的借款者在到期日前,通常每半年付息一次,在到期日前应该全部偿还本金。

5.4.1　利息与股票市场的关系

股票投资回报与债券投资利率是有关联的。投资者往往会在债权投资(如债券)和存款以及股权投资(如股票)之间做出选择(存款意味着借钱给银行)。换句话说,股票(权益)与债券(债务)在相互竞争,以获取投资者手中的资金。

债券投资一般比股票安全,所以当债券利息与股票回报几乎相等的时候,人们就会倾向于购买债券。结果,股票必须提供比债券更高的回报以吸引人们进行权益投资。当利率随着时间上升或者下降的时候,股票投资的回报也同样地上升或者下降,通常会保持在略高于债券利息率的水平上。

因为股票投资回报与股票价格之间的关系,所以上述这种变动对股票市场有着重要的影响。高回报通常与低价格联系在一起。如果根据议价来理解,这一点应当很清楚了。假设某一只股票被认为明年几乎不可能带来令人满意的收益,你正打算买几股,但你不能肯定这是一个很好的交易。试想,如果在其他条件不变的前提下,价格下跌一半,那么这个变化将使你买这只股票成为一个不错的选择。此时,报酬和低投资价格之比得到的投资报酬率就会比较高。

一般来说,市场通过改变股票价格来改变股票的投资回报,所以当回报升高时,股价就下降;当回报下降时,股价就升高。即股价与回报呈反方向变化。在第8章我们会更加详细地探讨这一点。

牢记上面提到的关于投资回报与利息率的内容,债券投资中利息率会影响股票投资的总体回报,这意味着股票市场总体价格水平的上升或者下降是由借款利率来决定的。利率升高,股价下跌;利率下降,股价上升。

利率不是唯一影响股票总体价格水平的因素,但是与其他因素相比,它更重要、也更容易被预测。

5.4.2　利息与经济

总体来讲,利率对经济有着重要的影响。高利率往往会抑制经济活动,而低利率则可以刺激经济活动的开展。这是因为无论是企业活动还是个人生活,大多数是靠信用来完成的。

设想一个正计划买房子的家庭,如果利率过高,那么抵押贷款的还款额就会非常高,这会导致买不起想要购买的房子。而低的利率则意味着较低的还款额,这个家庭也就更加倾向于购买房子。

当利息率比较低的时候,人们会积极购买房子、车子、冰箱和其他物品。于是就会大量生产这些商品,大量地销售自然会带来更多的工作机会和更加健康的经济发展规模。

同样的原理也适用于企业。企业往往用借来的钱去买新的设备,开发新的项目。利率高,借款就会变得很昂贵,因为无法获取足够的利润以弥补利息成本,很多项目就不被看好。利率低的话,更多的项目将会变得可行并可以得到进一步实施,越来越多的经济活动反过来也会使经济整体上更加健康地发展。

这些都导致了金融实体对利率的极大兴趣,也就解释了为何我们要弄明白利率是什么以及利率是如何被决定的。

5.4.3 债务市场

利息率是由债务市场的供求关系决定的,为了弄清楚这些因素以及它们是如何起作用的,我们需要复习一个经济学中的分析工具——供求曲线。

供应与需求—简单回顾 需求曲线是将市场中某一产品或者服务的价格与数量联系起来的曲线。它反映了在某一特定时间,购买者的愿望与能力。图中的纵坐标表示价格,横坐标表示某一时期内的购买量,图 5-9 中标为 D 的曲线反映了一条需求曲线。

全部的需求曲线都会向右下倾斜,这表明人们在价格低的时候购买得比较多,价格高的时候购买得比较少。

供应曲线则是将生产者可以提供的产品数量和价格联系起来,曲线斜向上,表示供应者愿意在高价位生产和销售更多的产品。在同一坐标轴内画出两条曲线显示出仅仅有一个可以让供应方与需求方都满意的点:两条曲线的交点。市场会在这一点达成交易,所以我们称之为平衡点。图 5-9 分别用 P^* 和 Q^* 反映了平衡点的价格和数量。

如果供应和需求的条件发生变化,曲线的位置就会发生变化,市场就会确立一个新的平衡点。假定购买者的偏好发生了变化,使他们在任何一个原有价格下都想买到更多的商品,这一变化使得图中的需求曲线向后移动到 D_1。如果同时供求并不发生变化,新的平衡点将沿着供应曲线向上移动,从而产生新的、更高的 P^* 和 Q^*。

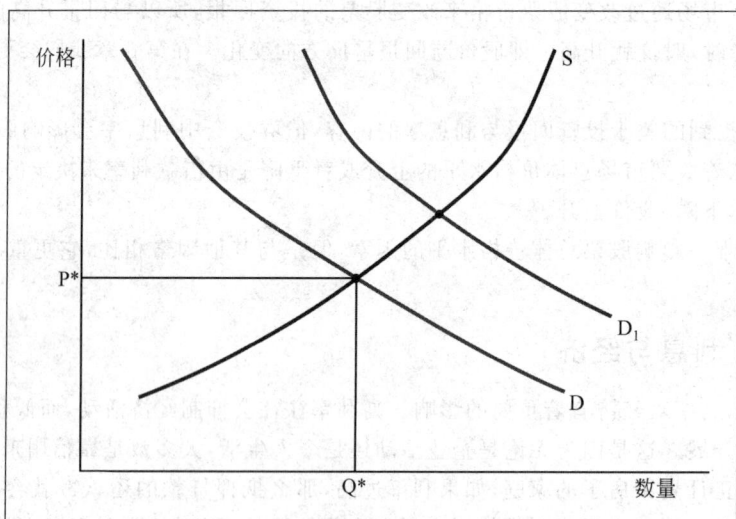

图 5-9 商品和劳务的供求曲线

货币的供和求 在债券市场中,人们借入借出货币而不是购买和出售商品。购买者称为借款方,卖方成为出借方。债务市场中供应曲线表明了人们或者公司需要借款的愿望。

此时,图中的横坐标(数量)指的是一段时期内借款的数额,纵坐标则是借款的价格,这个价格就是利息。我们可以将借款想象成一段时间内租用出借方的货币,利息则为租金。人们习惯用每年利息额与本金的百分比来表示这个价格,也就是我们熟悉的年利率。

图 5-10 是一张负债市场中的供求曲线。字母 k 代表利息率,市场中的债务性证券被称为

中期债券、短期债券和国债券,这取决于初始发行是确定的期限。为了方便,我们统一称为债券。

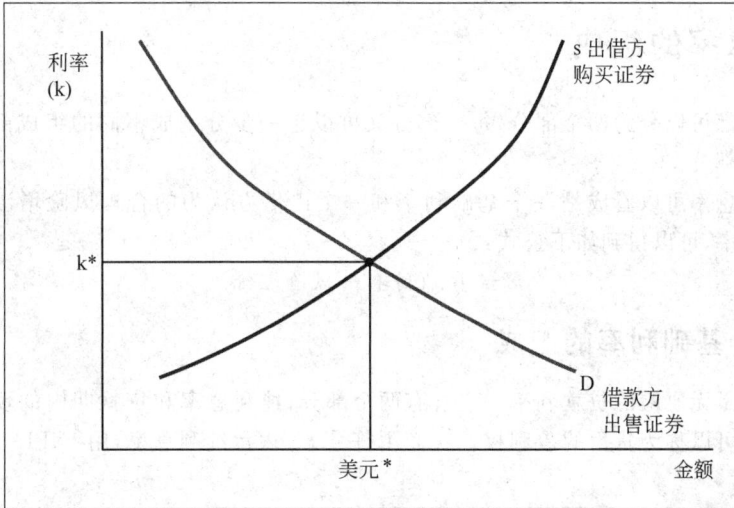

图 5-10 货币(负债)的供求曲线

借款方多为公司和政府。它们出售债券,向下倾斜的需求曲线表明,如果利率低,它们会借更多(出售更多的债券)。出借方为购买债券的个人或者组织。向上倾斜的供应曲线表明利率很高,出借方愿意借出更多的钱(买更多的债券)。

不要被债务市场内传统买卖角色的转换弄迷糊了。图 5-9 是传统意义上的供求曲线,需求者购买产品而供应者出售产品。这里,需求者出售(借入),供应者购买(借出)。这种互换仅仅是由特有的金融术语造成的,即买债权是为了借出货币。

供和求的决定因素 当我们描述某一商品或者某一服务的供求曲线时,可以说条件的变化会造成曲线的前移或者后移,在债务市场同样是这样的。

对借款的需求取决于可利用资金的商业机会和人们以及企业对借款经营这种方式的态度。如果人们对经济状况和未来前景感觉良好,就会愿意借钱买房子、汽车、度假或者买其他的物品。同样,如果产品的市场需求强劲,人们对未来也很有信心,企业就会借钱用于扩大经营或者开发新的项目;但如果这些条件得不到满足,人们仅仅会借入必须的金额。

可贷基金的供给最终取决于经济学家所称的个人消费时间偏好。消费时间偏好指的是一个人将一美元花在当前消费上还是将其用于投资以得到更多的回报。大多数人都明确地对当前消费有偏好,他们会在当前花掉全部收入中的大部分,而仅仅将一小部分用于储蓄。

人们将储蓄投资于债券或者存款账户时,这些个人储蓄加起来的钱就成为可以借贷的资金。所以,人们的消费时间偏好决定他们的存款水平和可贷资金的水平。对当前消费偏好的减少将导致人们存款和债务资金供应的增加,这一点可以在图 5-10 供给曲线的右移中得到体现。

这些条件会在经济活动过程中不断地发生变化,造成可贷货币的供给与需求曲线时常前后移动,导致市场利率大多数情况下都在上下变动。

20 世纪,多数利率的变动是很温和的,利率保持在 3%~6% 之间相对较低的水平。直到 20 世纪 70 年代初期,利率变动开始变得剧烈。20 世纪 80 年代初期,一些利率甚至超过了

20％,在 20 世纪 90 年代和 21 世纪前期,利率又趋向于较低并较稳定。虽然能够预测利率水平的能力将极具价值,但还没有谁能始终做到准确的预测。

5.5 利息率的组成

任何利率都可以分为两个部分,每一部分又可以进一步分割成不同的组成部分。先来看看这两个主要部分。

所有的利息率可以看成是一个基础利率和一个出借方认为的合理风险增溢组成。我们用 k 表示利息率,可以得到如下公式:

$$k = 基础利率 + 风险溢价 \tag{5.1}$$

5.5.1 基础利率的组成

基础利率是无风险的贷款利率。它含有两个部分,**纯利息率**和贷款期内的**预期通货膨胀率**。纯利率也可以称为货币的盈利权。我们用符号 K_{pr} 表示纯利息率,用 INFL 表示预期通货膨胀率。

$$基础利率 = K_{pr} + INFL \tag{5.2}$$

纯利息率　纯利息率与那些可观察的事物相比,是一个很抽象的概念。在现实世界中,这个利息存在于一个完美的经济体系中,没有通货膨胀,证券可以其全部的价值迅速卖出,人们总是可以实现他们的承诺。

另外,企业也能将纯利息率视为企业进行投资得到的平均回报率。当然,这种概念是未做通货膨胀调整或风险调整的。从这个意义上来讲,我们称纯利息率为货币的盈利权。纯利息率可以视为付给出借者因为损失货币升值能力的补偿。它一般在 2％～4％ 之间。

通货膨胀调整　通货膨胀指物价的普遍上涨。我们通常假定物价与工资会同时增长,即使实际上一些物品涨价的速度更快一些。

在通货膨胀背后,有一个关键概念,就是特定一揽子商品的成本。如果特定一揽子商品的成本开始为 100 美元,在年度内价格上涨了 5％,即年末成本为 105 美元。换句话说,100 美元在年末不能买到年初那么多的商品,货币将损失部分价值。

现在试想,以年利率 5％ 贷出 100 美元,二年度内通货膨胀率为 5％。假如贷款可以在年末全额收回本息共计 105 美元,那么年末的经济状况会比年初更好吗? 答案是否定的,因为年末用 105 美元买到的东西不会比年初用 100 美元买到的东西多。所以,应该预先计算收取超出通货膨胀率的利息率。

事实上,这正好是出借方应该做的。利息率通常包括一个贷款期内预期的通货膨胀率,再加上纯利息率。这个已经反映在公式(5.2)中了,公式中的 INFL 可以被看作相当于贷款期内预期的平均通货膨胀调整率。

5.5.2 风险增溢

借贷中的风险是指出借者收回的金额少于本金加上按照约定贷款利率计算出的利息的可能性。一般来说,贷款都具有不同程度的风险。某些贷款是非常安全的,所以这种不能全额偿还的可能性就是零。其他的就都具有一定的可能性,即出借方得到的比其预期收获的要少。

大多数出借方愿意贷款中含有一定的风险。然而,他们会因为承受高水平的风险而要求得到补偿,这意味着他们希望在风险贷款上得到的回报高于无风险贷款。因为出借方得到的回报是利息,所以在发放风险贷款的时候,他们会要求更高的利息率。

风险贷款的利息率与无风险贷款的利息率之间的差,被称为是贷款的"风险增溢"。公式(5.1)就解释了这个概念,其中基础利率即为无风险利率。

贷款风险种类 典型的企业贷款是通过债券完成的。在这种情况下,出借者面对来自于几个方面的风险。最容易理解的就是违约风险,即借方不能履行偿还义务的风险。其他的几种风险都与债券的价格有关系。

当人们通过购买债券而借出货币之后,他们一般都会在到期日之前就将债券卖给其他投资者以停止投资。这时涉及的风险是由于此时出售的价格可能不等于最初购买的价格。如果售价很低,卖出必然会造成损失。当投资者需要资金而不得不以任一价位出售投资时,他的状况将会是特别的糟糕。

债券损失可能会与债券价格波动有关,也可能与借入方不能偿还贷款有关。下面将讲述这三种风险,并为每一种风险写出一个风险增溢。三个风险增溢之和将是公式(5.1)中总的风险溢价,这三种风险就是违约风险、流动风险和到期风险。

违约风险是指借款人不能偿还本金和利息的全部债务。违约造成的损失可以从全部贷款额到部分贷款额再到已到期利息。违约风险与无法在贷款期末偿还本金有关,借款人任何时候不能支付期间利息也会造成违约。

出借方对违约风险增溢要求的大小取决于他们对借款公司信用水平的认识。这种认识是建立在公司财务状况和其过去偿还借款记录的基础上的。增溢率从 0~6% 或者 8%。我们应该注意到增溢率不可以无限制地增长。当某一公司具有太高的风险性,它以任何利息率都不可能筹到借款。

违约通常发生在公司的状况恶化、借款人没有资金偿还借款的情况下,但是这些情况不一定会导致经营失败或者大的损失。当经营出现问题的时候,推迟支付利息是相当普遍的。

相应的问题出现的时候,违约并不一定会出现。一家公司通过发行债券借得资金,但随后却陷入了财务困境,假如贷款本金未到期,而公司还可以支付必要的利息,但财务分析师认为每次的利息支付仅仅是一次侥幸。换句话说,公司并没有违约,但它避免违约发生的能力已经存在问题了。新的投资者不会情愿以全价购买这家公司的债券,为了卖出去,当前持有债券的个人不得不采取降价的方法来结束这项投资。

时间跨度也会影响违约风险。如果一家大型且有实力的公司发行了一年期的债券,对这个债券有兴趣的投资者可以不用关心违约,因为一年之内公司不太可能会发生严重的财务恶化情况。然而,如果发行的是一个长期债券,投资者就要关心违约风险增溢,短期债券的违约风险较小,而对于长期负债来说违约风险就很重要了。

这种思维方式表明,对于实力雄厚的公司来说,短期债的违约风险增溢很小,但长期债务的违约风险增溢较大。

流动性风险 有时候,一些公司即使不存在任何问题,它的债券也比其他公司的债券难销售。小公司在市场上是难以进行交易的,因为仅有熟悉它们的投资者和小公司内部的管理者会购买它们的债券。这样的债券就属于缺乏流动性。公司必须将价格降低,以吸引之前不了解公司的投资者,这样就有可能造成一定的损失。

流动性风险　指的是能导致这种损失的可能性,流动风险增溢即为投资者要求的承受流动性风险的补偿。

流动性风险因为证券期限的不同而不同。短期负债一般并不涉及太多的流动性风险,因为需要资金的出借人完全可以等到到期日。

到期风险　债券价格变动的首要原因是债券市场利率的变动。金融学和经济学的一条基本原理就是债券价格与利率的反向变化。我们之前对股票也做过类似的解释,但是债权市场内这种联系比股票市场更加精确和难以预测。

目前并没有令人信服的解释能够说明在价格和利率之间会有反向变化关系以及它的运作原理,但是我们在学习了第 7 章之后会完全理解这种现象。现在有两件事情需要接受:价格与利率反向变动;一定的利率变动水平影响下,长期债券(到期时间比较长)的价格变动大于短期债券。

现在我们来看第二点。一方面如果一份债权在短期内即可以到期,那么利率的变化对其价值的影响要小;另一方面,如果本金在很多年内都不必偿还,相同的利率变化将对债券的价值产生重大的影响。到期日越长,价格的变动就越大。

利率变动产生的价格变化对于投资债券的人来说,是另外一种风险。如果在购买债券后,利率上升,债券的价格就会下跌;而如果投资者想尽快将投资脱手,他必将遭受一定的损失。如果债券是短期的,这个损失就会很小甚至可以被忽略;如果债券的期限较长,损失将是巨大的。

这就意味着对于投资者而言,长期债券比短期债券更具风险。我们称之为到期风险,因为这个风险会随着债券的期限而变化。投资者要求一个到期风险增溢,它从短期债券的 $0\sim2\%$ 之间变化,或者长期债券会再高一点。在略微变化之后,它也可以称为价格风险或利息率风险。

如果投资者持有债券一直到到期日,这里讨论的损失就不会发生,它只在投资者以一个令人沮丧的价格提前卖出债券的时候才会出现。

5.5.3　合并价格

我们现在能重写公式 5.1,用讲过的几个部分代替基础利率风险增溢。

$$k = k_{PR} + \text{INFL} + \text{DR} + \text{LR} + \text{MR} \tag{5.3}$$

公式中:

k_{PR}＝纯利息率;

INFL＝通货膨胀调整(贷款期内的平均期望通货膨胀率)。

DR＝违约风险增溢。

LR＝流动性风险增溢。

MR＝到期风险增溢。

这个重要的公式说明,利率通常由纯货币的盈利权加上通货膨胀准备和三个可以识别的风险准备构成。

我们称公式 5.3 为利息率模型,即它是对利息率工作原理的抽象描述。

人们总是将公式左边的 k 称为名义利率或者标定利率,也就是我们一直讨论的市场利率。

确定利息率　公式 5.3 仅仅代表了一种理论结构。人们并不会真的考虑每一个元素,然后再将它们加总以对某一项贷款确立出利息率。利率是由供求双方决定的。如果某一特定的出借方觉得现在的利率还不够高,那么他就不会投资。

公式仅仅是现实情况的经济模型,是在考虑了投资者的需求之后对利率内涵的解释。然而,像大多数经济模型一样,它有时候并不能与现实保持一致。

例如,有时候经过合理估计的纯利率加上当前通货膨胀会等于或者超过某些市场中的现实利率,那就意味着在市场中的风险增溢一定为0或者为负值,这是没有任何意义的。

模型仅仅是一种思维方式,一种有利于我们理解的工具,有时候实际发生的某些事情并不会由模型得到解释,而且在某些时候模型并不起作用。但是即便是这样,我们也没有理由认为它毫无价值。

5.5.4 联邦政府证券、无风险利率和实际利率

公式5.3中的模型让我们可以理解在实际金融活动中的三种特殊情况。下面将按照顺序进行讨论。

联邦政府证券 所有层次的政府实体都可以发行类似于公司或者企业发行的债券。城市、州和联邦政府发行长期债券,联邦财政中也发行大量的短期证券。国库券期限为90天到一年,而中期债券为1年到10年。[①] 利息率模型,如公式5.3就可以同时应用于政府债券和公司债券。

然而,联邦政府债具有一个其他债券不具有的特点,即无违约风险。因此,当将该模型应用于国债时,公式5.3中的违约风险增溢为零。

让投资者如此有信心的原因是大部分人认为联邦政府是会永远存在的(如果不存在就根本不用考虑钱和利率的问题了)。但这个原因难以捉摸。比如说,只要有联邦政府,我们就会要求州政府存在,而州政府违约风险和相应的风险增溢肯定不会是零。继续阅读之前请仔细思考一下:你能猜出为什么联邦政府的贷款不存在违约风险吗?

答案在于联邦政府专有的一种能力,即印刷货币,这一点别的人谁也做不了。联邦政府只要印刷货币就可以偿还所有的债务。事实上,联邦政府并不会这么做,因为这样会带来严重的通货膨胀从而使经济崩溃,但是这种能力却是真实存在的,我们得出的结果就是联邦政府不可能会违约。

在实际操作中,联邦债券的流动性风险也是零,因为联邦政府债券市场是很活跃的,无法将联邦政府债券或者票据卖出的可能性非常小。当然,这种情况不可能在不是联邦政府的债券上发生。实际上,地方政府(市、县等等)负债的一个重要问题就是无流动性。

联邦政府债券的到期风险不是零,这跟任何借款人一样。

无风险利率 前面的内容提出一个无风险利率的概念。这个利率包括纯利率和通货膨胀率,但不包括任何一个我们已经讨论的风险。

政府债券没有违约风险和流动性风险,而短期债券的到期风险又非常小,所以我们能推测短期国库证券是无风险的。事实上,人们一般用90天短期国库证券利率作为当前的无风险利率。

注意一点,无风险利率与我们与我们在前面公式5.1和公式5.2中介绍的基础利率的组成是相同的。所有的利率都是无风险利率加上不同风险的风险增溢。

无风险利率是金融理论中的一个重要概念,它为投资者提供了一个可以供其选择的地方

---

① 联邦政府证券称为国库证券。

以存放货币。换句话说,如果投资者对债务市场中的各种投资机会不感兴趣,他可以用资金购买短期政府债券直到具有吸引力的机会出现。它也被看成是利率结构的一个概念性下限,如果投资者在不承受任何风险的情况下,得到无风险利率,没有哪个具有风险的投资机会能够提供更低的利率了。当我们提到无风险利率的时候,用 k_{PR} 表示。

真实利率　经济学中"真实"一词,指的是剔除通货膨胀影响后的数据或者统计资料。真实利率是去掉通货膨胀调整后的当前实际存在的利率。根据公式5.3,INFL 为零。

真实利率告诉投资者他们是否真的在获利。假定付以 8% 的利息率投资于一个长期证券,几年后会发现通货膨胀率已经涨到 10%,而在这项投资上每年要损失 2% 的购买力。

在过去的 40 年里,这种情况是很普遍的,因此,人们不情愿以较低的市场利息率购买长期债券。解决的方法就是以可变利息率签订长期合同,这样,利率可以随着通货膨胀率和名义利率的变动而上下浮动。

在一些偶然的时期,大多数投资的真实利率为负值。因此我们无法真实了解某一时点上通货膨胀率是多少,所以,这种情况是可能会发生的。而政府对通货膨胀率的统计几个月后才会得出结果。如果供求双方的力量使利息率下降,通货膨胀率就会快速上涨,而实际利率就会在某一时期内低于通货膨胀率。虽然当这种情况发生的时候,公式 5.3 所表现出来的模型不会很好地起作用。

真实无风险利率　将这两个概念放在一起就产生了真实无风险利率的概念。这个概念通常在金融领域内使用。"真实"指的是通货膨胀率调整为零,"无风险"指的是所有风险增溢为零。

看看举例5-3,我们会发现这时无风险利率与纯利率从概念上讲是完全相同的。

关联概念　举例 5-3

使用利息率模型

Sunshine 公司计划通过发行同期债券(票据)来支持一个为期三年的项目。以下为相关信息:

- 纯利息率是 2%。
- 明年通货膨胀率将为 3%,此后数年为 4%。
- Sunshine 公司的债务存在 1.5% 的违约风险增溢。
- 该公司知名度较高,只存在 0.5% 流动性风险增溢。
- 最近三年期债务到期风险增溢约为 1%。

1. 请估计 Sunshine 公司将要出售的债券(k_s)的利息率是多少。数值保留一位小数即可。

2. Moonlight 公司是一个规模大小和知名度与 Sunshine 公司差不多的竞争性企业,最近发行了利率为 11% 的三年期债券。相对于 Sunshine 公司而言,根据利息率模型,投资界会如何看待 Moonlight 公司的风险问题?

解答:1. 首先,计算贷款期间的平均通货膨胀率 INFL:

$$INFL = (3+4+4)/3 = 11/3 = 3.67 = 3.7$$

然后,编写利息率模型,最后代入 k_s

$$k_s = k_{PR} + INFL + DR + LR + MR$$

$$= 2.0 + 3.7 + 1.5 + 0.5 + 1.0$$
$$= 8.7$$

2. 假设 DR 未知,为 Moonlight 公司写出利息率模型,代入已知数字后解出 DR:

$$k_m = k_{PR} + INFL + DR + LR + MR$$
$$11.0 = 2.0 + 3.7 + DR + 0.5 + 1.0$$
$$DR = 3.8$$

债务市场似乎给 Moonlight 公司设定了 3.8% 的违约风险增溢,这个数字是 Sunshine 公司的 $(3.8/1.5=)2.5$ 倍。这意味着 Moonlight 公司被认为存在较大风险。然而 DR 所暗示的风险度量并不是精确的,所以我们不能说 Moonlight 公司的风险是 Sunshine 公司的 2.5 倍。在第 9 章将详细了解金融世界如何从数字上衡量风险。

在举例 5-4 中,我们将使用利息率模型,通过对模型的组成因素进行可变的假设来估计一些不同期限债券的利率。

关联概念   举例 5-4

在不同期限内使用利息率模型

假设你是 Bullwork 公司证券部的高级分析师。财务长正考虑通过发行债券来筹集资金建立一家新的工厂,但无法确定利率,他要求你估计出期限 1 年至 10 年的债券的利息成本。

你知道利率是由债务市场提供双方来决定的,但同时也觉得利息率模型(等式 5.3)可以在正常条件下提供一些合理的估计。下面的假设似乎提供了一个合理的开始。

1. 纯利率为 3%

2. 近期通货膨胀率会增加,然后又下降,你支持经济学家所设计的下列的模式:

年　　份	通货膨胀率/%
1	4
2	6
3	8
4	6
5~10	5

3. 一年期负债违约风险增溢为零,但期限每增加一年,违约风险增溢率会递增 0.2%,最高为 1%。

4. 一年期和两年期负债的流动性风险增溢为零,其他更长期的负债为 0.5%。

5. 一年期的到期风险是零,以后每增加一年到期风险增溢递增 0.3%,最高增加 2.5%。

列出一个表格,为不同期限的贷款估计贷款利息率并写出每个利率的组成部分。

解答:

首先,我们先为期限为 1~10 年的证券计算出通货膨胀调整。它包括计算整个贷款期内的平均通货膨胀率。要计算第三列中的数字,就要求出该行及以上所有行第二列数字的平均值。例如,五年的通货膨胀调整是 4、6、8、6 几个数字的平均值,也就是 5。

年　　份	通货膨胀率/%	通货膨胀调整/%
1	4.0	4.0
2	6.0	5.0
3	8.0	6.0
4	6.0	6.0
5	5.0	5.8
6	5.0	5.7
7	5.0	5.6
8	5.0	5.5
9	5.0	5.4
10	5.0	5.4

接下来,我们将创建一个表格,其中每一列代表模型中的一个因素。根据假定的因素情况填写,每行中各列的和即为估计的利息率。

期限	k_{PR}	＋INFL	＋DR	＋LR	＋MR	＝k
1	3.0	4.0	0.0	0.0	0.0	7.0%
2	3.0	5.0	0.2	0.0	0.3	8.5%
3	3.0	6.0	0.4	0.5	0.6	10.5%
4	3.0	6.0	0.6	0.5	0.9	11.0%
5	3.0	5.8	0.8	0.5	1.2	11.3%
6	3.0	5.7	1.0	0.5	1.5	11.7%
7	3.0	5.6	1.0	0.5	1.8	11.9%
8	3.0	5.5	1.0	0.5	2.1	12.1%
9	3.0	5.4	1.0	0.5	2.4	12.3%
10	3.0	5.4	1.0	0.5	2.5	12.4%

贷款期限越长,利率越高,这是一种普遍的现象,偶尔情况会相反。在这个例子中,利息率的上升可以追溯到风险因素的变动。随着期限的延长,每个因素的风险增溢会因为其各自的原因而增加。在这个例子中,通货膨胀因素有着不同寻常的影响。它先是上升,然后又恢复到常态,这导致设计的年利率中通货膨胀率也先上升,然后又恢复到一个稳定的水平。

5.5.5　收益曲线:利息率的期限结构

利息率通常会随着期限而变化,这种关系被称为*利息率的期限结构*。

由于描述期限结构的图即为**收益曲线**,收益是回报或利息的另外一种表述。图 5-11 是两条不同形状的收益曲线。

大部分的时候,短期利率低于长期利率,所以收益率曲线会向右上倾斜。这是一个正常的收益曲线,因为这种情况最为普遍。然而,有时候长期利率会低于短期利率,曲线向下倾斜。这称为倒置的收益曲线。

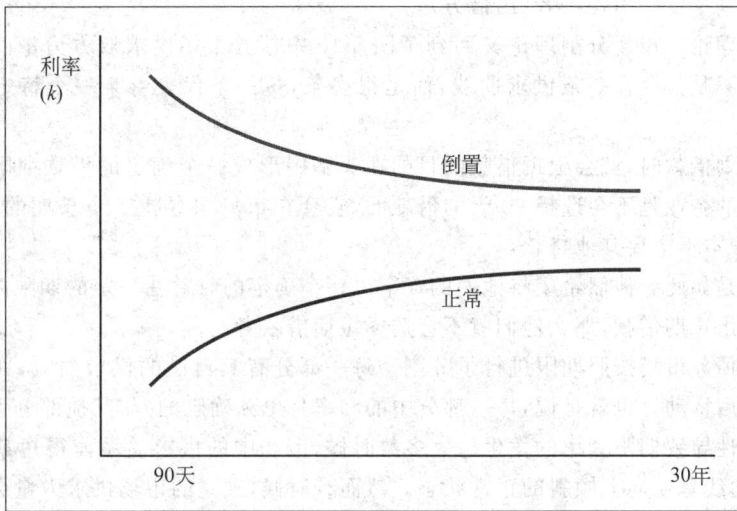

图 5-11　收益曲线

　　有很多看法正试图解释造成收益曲线呈现特殊形状的原因。也就是说为什么在任何一个方向长期利率和短期利率都不一样。目前有三种解释,都有一定的说服力。

　　预期理论　预期理论认为曲线上倾或者下倾取决于人们对于未来利率总体水平的预期。例如,假定某日无论期限长短,利率一律为 5％,每个人都期望利率能够始终保持这种水平,也就意味着收益曲线是在 5％ 的水平线。然后想象一些事情的发生导致每一个人都认为利率将上升至 10％,但是这会发生在 5％ 的利率保持了两年之后。假设你是处于这种条件下的出借方,你会愿意以 5％ 的利率发放最长为两年的贷款,因为 5％ 是这段时间内的普遍利率,但是你会愿意以 5％ 的利率发放 3 年期的贷款吗?当然不会,因为到第 3 年你的回报率仍为 5％,而别人的回报率是 10％。

　　然而,你或许愿意以两年 5％ 和一年 10％ 的利率计算得出的平均[(5＋5＋10)/3＝]6.67％ 的利率来发放贷款。这样的话,你的总收益和你发放三个一年期贷款的收益相等。

　　那么如果有人想借四年期的贷款呢?你以两年 5％,一年 10％ 计算得出的平均利率7.5％ 的收益。平均利率将随着贷款期限的延长而增加,而计算过程中的 10％ 会越来越多。这种增加就是向上倾斜的正常的收益曲线。

　　预期理论认为曲线的形状取决于人们对通货膨胀率的预期。但是因为通货膨胀率是利息率中的主要因素,如公式 5.3,对通货膨胀增长的预期等同于对利息率增长的预期。

　　流动偏好理论　流动偏好理论认为收益曲线向上倾斜的原因是人们总是偏好于短期贷款。流动性越强,收回投资就越容易。这种偏好的结果就是人们没有兴趣与动机将钱以长期的方式借出去。因此长期利率通常会更高一些,正常的收益曲线就应该向上倾斜。

　　这个观点涉及我们在讨论公式 5.3 中利息率模型发展中的两个问题。一个是流动性风险的概念,即短期贷款对人们更加有利,因为人们可以等到到期日收回本息而不必提前卖掉手中的债券。另一个是到期风险的概念,即短期债券对债券持有人(出借方)有利,因为他们不容易受到利率变化而造成的价格波动的影响。这就使得短期债券风险性相对较小,易于出售。

　　简单来说,流动性偏好意味着投资者更喜欢短期债券,因为它更容易脱手。因此,长期债券不得不提高利率以吸引购买者(出借方)。

市场分割理论　市场分割理论又回到了图 5-10 中债券市场供求双方力量的分析。它认为债券市场中不是仅存在一条供求曲线,而是很多条,每一条代表着某一个特定期限的分割市场。

当人们计划借款时,就会根据借款的目的在头脑中形成一个确定的借款期限,例如,计划筹资建立工厂的企业是不会选择 90 天的借款的,它会在市场中寻找一个长期的贷款,如果找不到,那么它根本不会要其他贷款。

出借方也是如此。他们希望将他们的资金以一个确定的收益在一定的期限内借出。如果他们有可能借出长期借款,那么他们就不会选择短期借款者。

这样导致债务市场按照期限进行了分割。每一部分有其自己的供求曲线,并有独立的力量促使曲线前后移动。也就是说,每一部分中的利率是单独确定的,与其他部分无关。

这种独立性导致期限利率的发生。大多数时候,市场中的供求关系使得短期利率低于长期利率,收益曲线呈现向上倾斜的正常状态。然而有时候,独立的市场供求力量会使得短期利率更高,收益曲线向下倾斜。

洞察:财务实务

倒置的收益曲线——经济预测

收益率曲线很少反转,但当它逆转时,通常是经济衰退或经济放缓的信号。经济学家一致认为,收益率曲线倒置并不是经济疲软的完美预测指标,但历史表明,这是一个相当不错的预测。在过去的 58 年里,一共有 9 次倒置情况,其中 7 次发生了衰退,最后一次是在 2007 年 8 月开始的。这是一个大约 78% 的准确率,可以说是相当好的经济指标了。收益率曲线反转是通过比较 3 个月期国债和 10 年期国债的收益率来定义的。如果 10 年期的利率较低,则收益率曲线被称为倒置。倒置至少要持续几个月才能算是真正意义上的倒置。

为什么倒置收益率曲线会发出经济陷入麻烦的信号呢?一种推理是基于对利率的预期。如果债券投资者认为利率普遍在下降,他们通常会通过购买长期债券来锁定下跌前的更高利率。如果足够多的投资者这么做,长期债券的价格就会上涨,从而降低其收益率。(回想一下,债券收益率和价格走势是相反的。)

另一个理由是,较低的利率与经济衰退有关,因为那时美联储会下调利率来刺激经济复苏。因此,对较低利率的预期是与由于政府压力而导致的低利率与繁荣结束和经济发展减缓有关。

在 2005 年和 2006 年初的时候,经济开始与温和的倒置收益率曲线关系密切起来。但是这个倒置并不是很明显,所以当时很多人都不相信。更重要的是,没有其他任何迹象表明经济放缓即将到来。事实上,当时的经济正处于一个非常长时间的持续稳定增长阶段。

经济学家们确实感到困惑,以至于一些金融刊物上出现了一些文章,他们怀疑一些基本的经济变化是否会削弱收益率曲线的预测能力。但是,曲线在 2006 年 7 月再次反转,一直保持到 2007 年。我们都知道,2007 年到 2008 年间的金融危机发生了什么,紧接着就是 75 年来最严重的经济衰退。

看来收益率曲线是正确的,尽管很难理解原因。2008 年与之后的危机或者经济衰退背后的因素是前所未有的,而在 2007 年之前这基本上是出乎意料的。那么,2005 年到 2007 年初

的又一次的反转真的与未来的困难有关吗？如果有,怎么办？这是很可怕的,不是吗？这里有一些危机前的历史情况值得我们思考:

曲线倒置期间	衰退开始日期
2000.7—2001.1	2001.3
1989.5—1989.8	1990.7
1980.10—1981.9	1981.7
1978.11—1980.5	1980.1
1973.6—1974.11	1973.11
1968.12—1970.2	1969.12

收益率曲线反转会预测下一次衰退吗？

虽然倒置的收益率曲线在过去的经济衰退中已经显示出了惊人的预测能力,但这个想法在不久的将来还是值得质疑的。因为在为了摆脱危机后的经济衰退的持续努力过程中,美联储从 2008 年到 2015 年初一直保持着接近于零的短期利率。在这种情况下,供求曲线倒置将需要长期利率降至 1% 以下,这通常被认为是不可能达到的。换句话说,在政策落后于我们之前,根本就不会有任何倒置。

倒置收益曲线和银行

倒置收益曲线对银行和银行股的影响更为明显。银行的主要收入来源是以低利率借贷,以较高利率放贷。这通常意味着银行通过吸收储蓄存款和定期存单来完成短期借款。(这是银行的短期贷款,因为储蓄存款可以按需收回,而 CDS 通常有六个月到几年不等的期限。)然后银行向个人和企业发放长期贷款,期限可达 30 年。

当短期利率基本上低于长期利率时,在正常收益率曲线下运行良好。但当收益曲线反转,短期利率高于长期利率时,银行的基本收入来源消失了,整个行业的收益急剧下降。这当然会把投资者逼走,银行股票价格也就相应下跌。

来源:Charlie Bilello,《等待一个倒置的收益曲线,等待戈多》,2014 年 8 月 28 日,http://pensionpartners.com/blog/? P ＝ 684;Chad Karnes《为什么一个倒置的收益曲线不能预警下一次经济衰退》,2014 年 6 月 6 日,http:www.etfguide.com/why-an-inverted-yield-curve-wont-signal-the-nextrecession/;Michael Hudson,《反向曲线的债券评级》,《华尔街日报》,2007 年 1 月 8 日;斯科特·帕特曼《明年的不确定性是一定的》,《华尔街日报》,2005 年 12 月 12 日;Clint Riley《投资者困惑:银行和平坦的收益率曲线》,《华尔街日报》,2006 年 1 月 30 日;Mark Whitehouse《债券收益率反转反映了对经济前景的不安》,《华尔街日报》,2005 年 12 月 28 日;Mark Whitehouse《经济学家的疑问:债券是否已经失去了它们的预测能力》,《华尔街日报》,2005 年 12 月 29 日。

关联概念

讨论题

1. 描述经济学家对产业经济部门的划分,并概述部门之间的财务关系。

2. 我们说企业是在花两种钱,这是什么意思呢? 每种钱来自于何处? 又如何使用呢?

3. 金融市场的首要目标是什么?

4. 解释下面的术语:初级市场、二级市场、资本市场和货币市场。

5. 请说出投资者和公司之间发生的货币直接转移和货币间接转移的区别。

6. 你的朋友 Sally 刚刚结束在纽约的旅行,留给她深刻印象的是去参观股票市场。说"参观股票市场"是否正确? Sally 参观的究竟是什么地方? Sally 是不是参观了不止一个地方? 准确解释什么是股票市场,它和 Sally 参观的地方之间是什么关系?

7. 描述投资者在做市商/专家系统下向经纪人下单买卖股票的过程。

8. 交易所交易股票的透明度意味着什么?

9. 当一个机构投资者通过一个交易所对一块股票进行大量买入或卖出时,会遇到什么问题?

10. 描述"暗池"的性质和用途。谁经营暗池? 谁又能从中获益呢?

11. 高频交易是如何工作的? 对其监管应该是怎么样的?

12. 你的朋友查理对一只新发行的股票很感兴趣。你已经看过该公司的招股说明书,觉得这是一项风险很高的投资。你把你的意见告诉了查理,他说他并不担心,因为 SEC 已经许可了这只新股上市,一定没问题的。请写一份报告来帮助查理。联邦证券章程的主要职责是什么?

13. 描述一下内部交易。为什么内部交易是违法的?

14. 解释下面的术语:私营公司、公开交易公司、上市公司、场外柜台交易系统、纳斯达克、BATS 全球市场、IPO、募股说明和红鲱鱼。

15. "期限"和"到期日"的定义是什么? 二者有何区别?

16. 公司高管有时会滥用自己的职位,以牺牲股东利益为代价,向自己支付过高的薪酬。当这种情况发生时,高管们的收益每多一美元,股东的损失就多一美元,还是投资者的损失比高管们的利润更多或更少? 请深入地解释这个问题。

17. 为什么以股票为基础的薪酬体系会给高管带来道德风险?

18. 请描述 20 世纪 90 年代导致公共会计行业未能履行其保护投资者公众利益的职责的主要利益冲突。

19. 为什么证券分析师在 20 世纪 90 年代会发布有偏见的报告? 报告有何偏颇?

20. 列出按揭贷款的传统资格,并说明每一种条件是如何保护贷款人的。

21. 证券化解决了哪些银行问题?

22. 什么是分期付款? 如何在危机发生前估计其风险?

23. 为什么信用违约互换会使危机恶化?

24. 引发危机的触发因素是什么? 如果没有发生,危机会避免吗?

25. 据说利息是股票市场的推动力。但是,债券和贷款的利息是支付的,而股票支付的是股息,而不是利息。利息似乎与股票市场无关。请解释这个明显的矛盾。

26. 讨论货币(债务)市场中商品(产品或服务)和供求关系的异同。

27. 简要说明将利率表示为一组不同因素构成的总体想法。基准利率代表什么？风险溢价是多少？解释贷款风险的概念。

28. 为什么通货膨胀对贷款人很重要？他们是如何考虑的？

29. 解释下列潜在的贷款损失的性质：违约风险、流动性风险和到期风险。

30. 是否所有贷款都或多或少地存在违约、流动性和到期风险？有些类型的贷款相对来说会没有风险吗？一个特定组织的债务是否有一定的风险？如果是的话，解释一下是谁，是什么，为什么？

31. 解释无风险利率和实际利率的概念。它们中的任何一个，近似于现实世界中存在的任何事物吗？

32. 收益率曲线是什么？简要概述三种旨在解释其形状的理论。收益率曲线如何影响贷款人的行为？

商业分析

1. Harry 是你的一位朋友，他正在上经济学课程，因为人们通常使用同一个词表达不同意思，所以有些术语把他搞糊涂了。经济学教授说，当公司购买设备和建造工厂时，就会发生投资。然而，Harry 总是听说人们将钱存进银行或者购买证券的时候，就把投资当作存钱的方法，他被这个词的不同用法搞糊涂了，请你解释一下。在寻求你的帮助后，Harry 高兴地说，他的经济学教授说的一句话他终于彻底理解了，那就是"储蓄等同于投资"。因为投资股票和债券也省了钱，很明显，储蓄等于投资！请写一个简短的解释来帮助他理解。

2. 经纪人和共同基金也做同样的事情：为你投资。这句话是对的还是错的？请解释。共同基金是什么样的金融机构？它的显著特点是什么？描述储蓄银行和保险公司与共同基金的相似之处。

3. Sharon Jacobs 是一家上市公司 Henderson 工业公司的首席执行官。Henderson 工业公司生产重型建筑设备，如推土机和起重机，并将这些设备出售给小型建筑公司。这些客户通常财务状况不佳，必须通过向银行或融资公司贷款才能支付货款。不幸的是，放款人越来越难以收回贷款。多达 30% 的客户违约，这要求放款人收回并转售设备。这通常可以避免损失，但却带来管理上的麻烦。由于建筑业的起起落落，在销售时也不可能预测哪些客户会违约。

目前，经济正在走下坡路，Henderson 工业公司也遇到了财务困难。该公司的问题反映在其股票价格上，其在过去两年中由于销售疲软而下降了 40%。

为了提高销售额，Henderson 工业公司想把新客户卖给比现有客户更为薄弱的客户。不幸的是，银行和融资公司都不会借钱给风险较高的借款人。因此，Henderson 工业公司正考虑以延期付款的方式向这些新客户提供产品。

这意味着它的月度收款会持续 2～3 年的时间，直到设备款付清为止。这项新业务的违约情况可能会比融资公司目前所经历的更糟糕，但没有人知道这会糟糕到何种程度。然而，好消息是，Sharon 认为她可以向这些新客户出售大量的设备。

除此之外，延期付款的想法也引出了一个会计问题。通常在销售时，产品的全部价格及其成本都在销售时的损益表上得到确认。任何未付的款项都是作为应收账款进行的，而不管客户的还款期限有多长。

但是,如果有一些关于收取延期付款的严重问题,那么使用分期付款销售法就看起来会更为恰当,因为只有收到客户的现金时,才能确认收入和按比例分摊的费用。

Sharon 在披露财务信息方面面临哪些道德问题,包括但不限于损益表?

假设 Sharon 有股票期权和/或有基于股票价格的奖金组合。她的薪酬计划将会如何影响她的决定?

4. 所谓的无风险利率实际上是否还是会有风险的?(这是一个本章没有讨论的棘手问题。想一想是什么构成了无风险利率,其中哪个因素是对未来的估计?)

5. 你的 Sally 姨妈有一个由不同到期日的公司债券组成的投资组合。她征求你的意见,是否应该再购买一些还是要处理掉一些?你预计近期利息率要增长,你会给她什么建议?你的建议是否取决于单独债券的到期日?

习题

1. 请参阅第 172 页上的微软股票报价。证明价格/收益(市盈率)与上市中的其他信息相一致。

高管股票期权:关联概念　举例 5-1

2. Sam Lawson 是一家大型通信公司的副总裁。他的薪酬包括 400 000 美元的薪水,200 000 美元的奖金,以及一套股票期权,允许他以每股 45 美元的价格购买 30 000 股公司股票。他可以在从下个月开始的三年内,随时行使这一选择权。该股票目前价格是每股 62.50 美元。如果目前的价格一直维持到下个月的第一天,而 Sam 行使了他的选择权,那么他今年将赚多少钱呢?

3. 阅读商业分析案例 3:Henderson 工业公司暮年的股票价格是每股 22.40 美元。首席执行官 Sharon Jacobs 有权以每股 25.50 美元的价格收购今年年底到期的 250 000 股股票。Sharon 认为,如果采用传统的会计方法,实施延期付款销售计划将会推高股票价格,使其接近两年前的水平,约为 43 美元。(该方法识别销售时在损益表上销售的商品的全部价格和成本。)如果使用分期付款销售方法,股票价格可能会保持不变,甚至可能会下降一点。

如果 Sharon 能迫使 Henderson 工业公司的审计师允许她采用传统的方法,那么她的股票期权有多少?

创业者的道德风险:关联概念　举例 5-2

4. 如果前一个问题中的 Sharon Jacobs 也是公司的创始人,并且保留了 800 万股股票,那么审计师的决定会在股票期权之外对其个人财富产生多大的影响呢?

使用利息率模型:关联概念　举例 5-3

5. Nu-mode 公司生产高品质的女装,目前它需要借钱来度过短暂的现金短缺。不幸的是,销售额下降了,贷方认为公司风险很大。首席财务官已经要求你估计一个一年期的贷款模式下应该支付的利息率。即便贷款相对较短,她也告诉你要预估 3% 的违约风险增溢,并且假设流动性和到期风险增溢都是 0.5%。未来 12 个月通货膨胀率预计将达到 4%。经济学家认为,目前的纯利息率大约是 3.5%。

6. 计算上面最后一个问题,如果在两年期贷款模式下,应该支付的利息率是多少?考虑到相对较长的贷款期限,假设 4% 的违约风险增溢以及流动性和到期风险增溢都为 0.75%。

在贷款的第 2 年,通货膨胀率预计将达到 5%。

7. Keena 现在开始攒钱为了两年后能够去读为期两年的研究生课程。她不想冒险去读研究生,所以她计划把积蓄投资于最低风险的证券:国库券(短期债券)。她需要在两年的时间里筹集到她第一年的学费,并在三年内筹集到其第二年的学费。请使用利率模型来估计她在两年和三年期的预期收益。明年的通货膨胀率预计为 4%,第二年为 5%,之后的一年为 6%。到期风险通常会使短期债券的收益率每年增加 0.1%。假定纯利息率是 1.5%。

8. Adams 公司最近以 9% 的利率借了一年期贷款。纯利息率为 3%,Adams 公司的财务状况保证了 2% 的违约风险增溢和 1% 的流动性风险增溢。一年期贷款几乎没有到期风险。那么出借方预期的通货膨胀率是多少?

9. Mounrain 体育公司上周以 12% 的利率借了两年期借款。纯利率为 2%,而 Mounrain 体育公司的财务状况保证了 3% 的违约风险增溢和 2% 的流动性风险增溢,两年期贷款的到期风险增溢为 1%。明年通货膨胀率预计将达到 3%。根据利息率模型,第二年的通货膨胀率是多少?

10. Habender 公司刚刚发行了利率为 12% 的两年期贷款。明年和后年的预期通货膨胀率分别为 4% 和 6%。Habender 公司估计贷款的违约风险增溢为 1.5%,到期风险增溢为 0.5%。因为 Habender 公司规模很小,名气也不大,像这样的短期贷款的流动风险增溢为 2%。根据这些假设,纯利息率是多少?

11. Charles Jackson 是 Jackson 公司的创始人和总裁。他最近正在为公司在财务界的形象而担心。这种担心的原因是他到银行借了一年期贷款,利率为 12%,这个利率远远高于近期公司其他的贷款利率。于是他要求你(假设你是财务人员)分析一下是什么导致了银行开出如此高的利率。

你的调查反映了以下的内容经济状况很稳定,预期近期内通货膨胀率可以保持 3% 不变。地方银行协会则认为纯利率为 4%。根据 Jackson 公司的规模和声望,流动性风险增溢应该不会高于 1%,而一年期贷款的到期风险增溢为零。过去,以 Jackson 公司的声望可以保证一个低违约风险增溢 2%。公司的财务状况一段时间以来一直很稳定。两个月前,Jackson 公司与它的一个供应商发生了争端。Charles 拒绝支付一批劣质货物的货款,但是其供应商不同意,并认为 Jackson 公司是在以质量为借口逃避付款。(提示:假设供应商向信用机构报告了此次争议。)

12. 利用利息率模型解决下面的问题。一年期国库券收益率为 12%,两年期国库券收益率为 14%。一年期到期风险增溢是零,两年期的为 1%。真实无风险利率是 3%。那么未来两年预期的通货膨胀率是多少?(提示:为每一年建立一个单独的利息率模型,将年通货膨胀率作为未知数。)

13. 明年通货膨胀率预计为 5%,此后每年的通货膨胀率将稳定在 7%。到期风险增溢:一年期贷款为零,但长期贷款会略有增加。一年期政府债券收益率为 9%,而两年期政府债券收益率为 11%。

(1) 二年期债务的真实无风险利率和到期风险增溢是多少?

(2) 预测在第二年年初发行的一年期和两年期政府债券的名义利率。

在不同期限内使用利息率模型:关联概念　举例 5-4

14. 经济学家们预测未来 10 年的年度通货膨胀率如下:

年　　份	通货膨胀率
1	3.0
2	2.5
3～6	4.0
7～10	3.0

计算今天发行的新债券的通货膨胀率,期限从 1 年到 10 年不等。

15. Motrose 公司是一家财务状况良好的大型公司,预测其利息率的时候需要用到以下信息:

- 纯利率为 4%。
- 通货膨胀率从当前的 2% 开始增长,预测年度通货膨胀率如下。

年　　份	通货膨胀率/%
1	2
2	3
3	4
4	5
5～20	6

- 1 年期违约风险增溢为 0.1%,然后每增加一年,增溢率增加 0.1%,直到最高值 1%。
- 1 年期和 2 年期债务的流动风险增溢是零,3 年、4 年、5 年期则是 0.5%,而更加长期的债务流动性风险增溢是 1%。
- 1 年期到期风险增溢为零,然后每增加一年增溢率增加 0.2%,直到最高值 2%。

(1) 利用利息率模型估计公司以下期限的债的市场利率:1～5 年、10 年、20 年。

(2) 画出公司的债务收益曲线。

(3) 在同一张图中用不同颜色的笔画出①和②的收益曲线:

① 联邦政府;

② Shaky 公司,一家目前正处于财务困境的公司。

(4) 解释这两条曲线偏离 Motrose 公司收益曲线的原因。

16. Atkins 公司刚刚发行了一系列 5～10 年期的债券。该公司 5 年期债券的违约风险是 0.5%,随着债券期限每增加一年,违约风险增加 0.2%。Atkins 公司 5 年期债券的流动性风险是 1%,每多一年则增加 0.1%。在所有债券中,1 年期债券的到期风险为 0.2%,每增加一年则增加 0.1%。Atkins 公司债券的利率和类似条件的联邦政府债券的利率有什么不同?

17. 假设联邦政府的债券利率如下:

1 年期	6.5%
2 年期	6.3%
3 年期	6.0%
4 年期	5.8%
5 年期	5.5%
10 年期	5.2%
15 年期	5.0%
20 年期	5.0%

收益曲线形状的理论是否提供了对这种利率模式的任何见解？分别讨论预期理论、流动性偏好理论和市场分割理论。

18. 实际无风险率是 2.5%。一年到期日的到期日风险增溢为 0.1%，以每年 0.2% 的速度增长，最高可达 1.0%。4 年期国库券（联邦政府债券）的利率为 6.2%，8 年期国库券利率为 7.5%，10 年期国库券利率为 8.0%。如果预测 10 年期间的通货膨胀率，可以得出什么结论？

第 2 篇

折现的现金流量和证券价值

第 **6** 章

货币的时间价值

货币的时间价值是基于这样的一种观念,即今天你手中一定数量的货币要比未来某一时刻所能得到的同样数额的货币更有价值,即使在确定能获得未来的那笔现金的情况下也是如此。

现在将一笔钱存入银行,一年后能得到比现在多的货币,以这种方式来理解,这个概念就非常容易掌握。银行存款能得到利息,因此总额会随着时间增加。如果现在将一笔钱存入银行,一年后得到一定数量的数额,未来这些数额的货币在现在的价值就是你存入银行时这些货币的价值。换句话说,现在一定数额的货币在一年后的价值一定等于现在将这笔钱存入银行一年后能得到的价值。

那笔钱将来的价值明显要取决于银行的利率。利率越高,资金增值得也就越快,为了在第2年获得既定金额的货币,现在要存进银行的资金就越少。

现在来看一个例子。一笔钱一年后终值为 1 000 美元,如果银行利率为 5%,这笔钱现在的价值是多少？这个问题等同于计算多少钱在年利率5%的情况下本利之和为1 000美元。答案是952.38美元。我们随后再来讨论这个结果是如何得出的。现在需要理解的一个重要问题是：存款952.38美元，存期一年，年利率5%，能得到利息为

$$952.38 \times 0.05 = 47.62$$

与原始存款相加，得到：

$$952.38 + 47.62 = 1\,000.00$$

因此，在5%的利率水平下，一年后的1 000美元在今天的价值是952.38美元。

我们称952.38美元为1 000美元在一年期、5%利率水平下的**现值**，或者称1 000美元为952.38美元在5%利率水平下一年后的**终值**。

如果利率为7%，1 000美元的一年期现值将是一个更小的数额，即934.58美元：

$$934.58 \times 0.07 = 65.42$$

然后

$$934.58 + 65.42 = 1\,000.00$$

换句话说，未来金额一定，利率越高，现值越小。这个结论具有现实意义，银行存款会增值，因此不必现在存入与年末期望数值相同数额的资金。

货币的时间价值是现代金融和经济领域中最重要的原则之一。它基于刚才论述的那些基本理念，但是实际应用可能会很复杂，在本章我们会进一步讨论。

"货币的时间价值"这个术语的另一种表述为**折现现金流量**，缩写为DCF。在刚才所举的第一个例子中，可以称952.38美元就是1 000美元的折现值。

从另一个角度来看相同的问题，假设你有一家公司，合同承诺一年后支付你1 000美元，但是现在你急需要尽可能多的现金。你可以拿着合同（票据）去银行，银行将按照当期利率予以贴现。如果银行的利率为5%，那么将对票据贴现952.38美元。如果利率为7%，银行只能贴现给你934.58美元。

6.1 方法综述

对时间价值的学习将包括计算数额和年金。数额问题类似于前面所讨论过的"一笔数额不大的资金，在一定的利率条件下，随着时间的延续而增值为一笔数额很大的资金"这一类问题。年金问题解决的是等额的系列列支，每笔收支都在一定的利率条件下，随着时间的延续而增值。

上述两类问题可以进一步区分为四类。每一类问题都将根据情况对现值和终值进行分析探讨。

总之，我们将解决这四类问题：

总额—现值

总额—终值

年金—现值

年金—终值

当我们对以上问题完全掌握之后，就可以将各个类型综合起来，解决更加复杂的问题。

数学 我们在对上述四类问题逐一开始研究的时候，需要建立适用于此类问题的公式。推导公式所需要的代数学对于数学基础不是很好的读者来说似乎有点困难。其实只要理解

了公式,就会发现解决财务问题所用到的数学知识是很简单的。公式的推导过程很好理解,在实际应用中不是必须掌握的。

时间线 学生在处理时间价值问题的时候,可能会有点混乱。时间线是一种图形工具,可以帮你将问题变得简单明了。时间被分成了若干时间段,并在水平线上描绘出来。零时间点就是现在,各时间段向右依次排列。

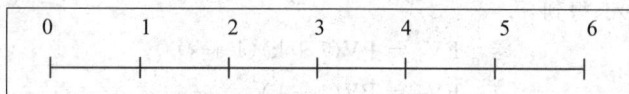

```
    0     1     2     3     4     5     6
    ├─────┼─────┼─────┼─────┼─────┼─────┤
```

时间点 1 在第一个时间段的末端,时间点 2 在第二个时间段末端,以此类推。我们可以在时间线上方或者下方做标记,以明白所处理问题的不同细节,例如利率和数值。前面所举的例子的时间线表示如下:

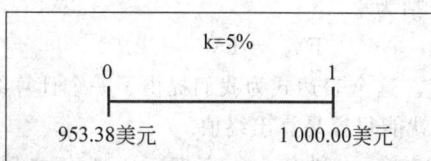

```
              k=5%
    0                      1
    ├──────────────────────┤
  953.38美元           1 000.00美元
```

大多数人不需要用到时间线来处理这样简单的问题,但是时间线在处理更加复杂的问题时会起很大的作用。在深入学习过程中,我们会在适当的时候用到时间线,会从以年为单位时间段的时间线开始研究,逐步介绍时间跨度更短的时间线。

关于本章所举例子的说明 本章中所举的例子大多数用来讲授重要的财务实务和说明计算方法。读者应该确保学习和了解每一个例子中所描述的经济环境,如下面举例 6-2。举例 6-2 中包括了延期付款条款以及现金折扣。

6.2 数值问题

数值问题包含单独一笔数额的货币在一定的利率条件下,随时间的向前或者向后延伸而发生变化的问题。随着时间的延续,这笔钱的数额将因获得利息收入而增加;反之,时间向前追溯,数额将变小。现在先来研究终值的有关问题。

6.2.1 终值

我们需要一种方便适用的方法来计算一定数额的存货在一定利率条件下,经过一段时间最终价值为多少。假设现在将一笔钱存入银行,利率为 k,一年后的价值是多少?

以 PV 表示现值,年末将要得到的金额即一年期终值为 FV_1,k 表示相当于利息率的十进制数值(用 0.05 表示 5%)。

到年底的时候,我们最初投资的资金 PV,加上这笔钱所带来的利息 kPV,就得到了年末的终值:

$$FV_1 = PV + kPV$$

将公因式 PV 提到右边,得到:

$$FV_1 = PV(1 + k) \tag{6.1}$$

现在假设将 FV_1 继续存在银行一年,并想知道这笔钱在第二年年末将变为多少。我们定义第二年年末金额为 FV_2。第二年的计算与第一年的一样,但是我们用 FV_1 代替 PV。

$$FV_2 = FV_1 + kFV_1$$

提取公因式 FV_1

$$FV_2 = FV_1(1+k)$$

现在将公式 6.1 代入,得到:

$$FV_2 = PV(1+k)(1+k)$$
$$FV_2 = PV(1+k)^2 \tag{6.2}$$

观察公式 6.1 和公式 6.2 的相似之处,FV_1 等于 PV 乘以 $(1+k)$ 的一次方,FV_2 等于 PV 乘以 $(1+k)$ 的二次方。很容易发现,如果对第三年进行相同的运算,FV_3 将等于 PV 乘以 $(1+k)$ 的三次方,以此类推可以计算未来任何一年的终值。

我们可以将这种关系概括为

$$FV_n = PV(1+k)^n \tag{6.3}$$

用以计算第 n 年的终值。这个表达式为我们提供了一个计算终值的简易方法。只要知道了现值、利率以及投资期 n,就能很容易算出终值。

举个例子,现在存款 438 美元,利率 6%,存期 5 年,5 年之后能得到多少钱?运用公式 6.3:

$$FV_5 = 438 \times (1.06)^5$$

在计算器上计算 1.06 的五次方等于 1.338 2,所以

$$FV_5 = 438(1.338\ 2) = 586.13$$

唯一比较复杂的部分就是计算 1.06 的五次方。观察公式 6.3,我们发现计算 $(1+k)^n$ 会比较单调乏味,尤其是 n 的数值比较大的时候。

鉴于 $(1+k)^n$ 的大小完全取决于 k 的值和 n 的值,而且在经济领域内,这些数值总是在一个很小的数字范围内被动,因此,查表的方法就非常可行。这张表要包括由 k 和 n 的各种常见组合所得的 $(1+k)^n$ 的值。我们称 $(1+k)^n$ 为复利终值系数,用 $FVF_{k,n}$ 来表示。表 6-1 为复利终值系数表的一部分,详细表格见附表 A-1。

表 6-1　终值系数表 $FVF_{k,n} = (1+k)^n$

n	k					
	1%	2%	3%	4%	5%	6%
1	1.010 0	1.020 0	1.030 0	1.040 0	1.050 0	1.060 0 ⋯
2	1.020 1	1.040 4	1.060 9	1.081 6	1.102 5	1.123 6 ⋯
3	1.030 3	1.061 2	1.092 7	1.124 9	1.157 6	1.191 0 ⋯
4	1.040 6	1.082 4	1.125 5	1.169 9	1.215 5	1.262 5 ⋯
5	1.051 0	1.104 1	1.159 3	1.216 7	1.276 3	1.338 2 ⋯
6	1.061 5	1.126 2	1.194 1	1.265 3	1.340 1	1.418 5 ⋯
⋮	⋮	⋮	⋮	⋮	⋮	⋮

现在可以用更为简单的方式来表达公式 6.3:

$$FV_n = PV[FVF_{k,n}] \tag{6.4}$$

终　值

现在将 850 美元存入银行,利率为 5%,3 年之后余额是多少?

解答:为了计算这个问题,先列出公式 6.4,并替换相关数值。

$$FV_n = PV[FVF_{k,n}]$$
$$FV_3 = 850[FVF_{5,3}]$$

查复利终值系数表,得到 $FVF_{5,3}$ 在 3 年期与 5% 的行列交会点处,数值为 1.157 6,代入公式:

$$FV_3 = 850[1.157\ 6] = 983.96$$

解决问题的技巧　在解决各种时间价值问题的四个公式中,公式 6.4 是最重要的。每个公式都包含四个变量。在这个例子中,变量是 PV、FV_n、k 和 n。每个问题都会给出其中三个变量的值,让你求解第四个变量。

如果变量要求解 PV 或 FV_n,那么解决办法就很简单,只要根据给出的 k 和 n 查表,再将结果代入公式即可得出相应的 PV 或 FV_n。现在再举个例子,给出终值求现值。

现金折扣的金额和延期支付等值的现值

Ed Johnson 以 25 000 美元的价格将 10 英亩土地卖给了 Harriet Smith。协议要求 Harriet 支付现金 15 000 美元,并且连续两年支付 5 000 美元。如果 Ed 的投资回报率为 6%,那么实际的购买价格是多少?

解答: Ed 实际得到的价值为当前收到的现金 15 000 美元加上两次在不同时间点收到的 5 000 美元年的现值。问题就是计算这些现值并将其添加到 15 000 美元之上。

列等式 6.4 并代入已知数字,计算在第 1 年结束时第 1 期延期支付款的现值(单位:美元)。

$$FV_n = PV[FVF_{k,n}]$$
$$5\ 000 = PV[FVF_{6,1}]$$

查表得到 $FVF_{6,1} = 1.060\ 0$,代入公式求解 PV:

$$5\ 000 = PV[1.060\ 0]$$
$$PV = 4\ 716.98$$

第 2 笔延期支付款现值的计算方法是相同的,只是期间为两年,因此查表 $FVF_{6,2} = 1.123\ 6$,计算得到现值为 4 449.98。

根据对现值的理解,实际的售价为两个现值加当时支付的现金的和,即:

$$15\ 000.00 + 4\ 716.98 + 4\ 449.98 = 24\ 166.96$$

这个数字比 Ed 的报价少了 833.04 美元。

在实际购置不动产的时候,这种销售方式的结果是尽管购置记录显示交易价格为 25 000 美元,但是实际价格却降低了 833.04 美元。销售条款规定了买家支付的时间和方式。卖方同意部分价款延期支付本身就等同于节省了买家确定数额的一笔钱。换句话说,这等同于现金折扣。

机会成本率　在上个例子中,计算现值的时候用到了卖方的投资回报率 6%,尽管没有在该利率或者其他利率下进行任何的实际投资。应用 6% 的这个利率是因为如果卖方在销售的时候得到了全部的价款,他可以用实际上延期付款的那笔钱进行投资,从而得到 6% 的收益率。因此,从某种意义上来说,由于他提供了延期支付的条款而损失了那笔钱的投资收益。

我们将损失的那笔利息收入称为提供这项折扣的**机会成本**。在这个例子中,由于卖方可供选择的是投资所能获得的回报率,因此将这个比率称为*机会成本率*。

机会成本的概念有点难以捉摸。例如,你可能辩解说,Ed Johnson 在不提供延期付款条款或相同价值的折扣的情况下,可能难以将土地卖出去。因此,提供延期付款条款,事实上根本就没有任何成本。尽管如此,我们仍然认为从 Ed Johnson 的立场来说,机会成本率是 6%。

在同一笔交易中,对于不同的当事人来说,机会成本率通常是不同的。在举例 6-2 中,Ed Johnson 的机会成本率是 6%,因为那是他进行投资时可能会获得的收益率。假设 Harriet Smith 需要贷款买土地,贷款利率为 10%,她的机会成本率就是 10%,而不是 6%。对她来说,延期支付条款相当于价值为 1 322.32 的折扣,比对于 Ed Johnson 来说,机会成本要多一些。(请通过计算 10% 的有效折扣价格来验证这一点,就像我们在举例中按照 6% 计算的那样。)

在这个例子中,延期付款条款是相当好的协议,它对买方比对卖方更有价值。

总之,以某种方式使用某种资源的机会成本,就是用除此之外的最佳的方式,使用所能获得的收入的总额。

6.2.2　财务计算器

财务计算器减少了进行时间价值计算所需的人工时间。它就像公式 6.3 那样直接用数学关系公式工作,而不是通过查表。

跳过我们所进行的数学计算,不掌握代数方法而直接使用计算器是很有诱惑力的,但这是个巨大的错误。如果你直接使用计算器,将永远不会真正理解时间价值里隐含的东西,也就无法运用得轻松自如。当然,在实际工作中,我们通常选择使用计算器,但是懂得屏幕上显示出来的数字背后所蕴含的内容是非常重要的。

在本章,我们将专注于运用财务数据表来解决问题,但是在注释中,仍会介绍计算器的使用方法。

如何运用典型的财务计算器计算时间价值

回忆一下,在任何时间价值问题中均有四个变量,其中三个变量已经给出,第四个是未知的。财务计算器针对每种变量都有一个特殊的按键。使用计算器的时候,输入三个已知变量,在每次输入后按相应的键,然后按计算键,接下来按照未知变量所对应的键,计算器随后就会显示得出的结果。

实际上有五个计算时间价值的按键,因为其中一个键要在计算年金的时候用到,目前我们讨论的数额问题计算中不会用到。当解答一个问题的时候,我们使用四个键和零键,或者说忽略第五个键。通过选择按键让计算器知道正在进行什么运算。时间价值键和它们的含义如下：

n——计息期数

I/Y——利息率(其他标注：％i,I/YR,I％YR)

PV——现值

FV——终值

PMT——付款

最后一个键是与现金有关的定期付款,当讨论到年金时还要提到它,现在可以先忽略它(在启动前清除时间值寄存器即可),或者直接清零。

计算键通常被标为 CPT 或者 2nd。一些计算器没有计算键,这样的计算器只能计算每一步的结果。

在计算之前,先翻阅计算器使用手册。你可能需要进入一种特定模式,并且在开始之前清除计算时间价值的原有记录。高级计算器还有个特点：对利息率进行适当的设定。将利息率输入,按照每年划分为几个时间段自动进行分解。默认设定一般为 12,因为一年有 12 个月,在后续学习中,我们会接触到非整年的复合时间段。现在,将计算器设置为一年为一个时间段。

用计算器来解答举例 6-1,方法如下：

1. 问题中存期 3 年,按键 3,然后按 n。

2. 利率 5％,按 5,然后按键 I/Y。

3. 现值为 850 美元,按键 850,然后按 PV。

4. 按 2nd 或者 CPT,然后按 FV。

5. 计算器显示 983.98 或者 −983.98。

一些计算器运用符号规约的目的是用正数表示现金流入,负数表示现金流出。例如,如果 PV 输入数值为正数,FV 显示为负数,含义就是 PV 为存款,FV 为取款。

用计算器计算的结果有时候会与查表计算的结果有偏离,因为表格中数值只有 4 个小数位,而计算器有 12 个或者更多的有效数字。尽管在等式中以小数的形式进行计算,但利率通常以整数输入。

在本章剩下的部分,我们将在标注中列出简短的计算器解题的方法。下面的例子说明了举例 6-2 中第一个 5 000 美元的付款。

6.2.3　总额现值的公式

公式 6.4 可用求解现值或者终值。然而,这个公式是为了使终值的计算简便而推导出来的,因为 FV_n 被分离到了等式的左边。

为了计算方便,可以建立另外一个等式,用来求解现值问题。从公式 6.3 开始讨论：

$$FV_n = PV(1+k)^n$$

现在只要简单的两边除以 $(1+k)^n$ 再将等式两边互换,就可以将 PV 分离出来。

$$PV = FV_n \frac{1}{(1+k)^n} \tag{6.5}$$

可以使用更加简练的数学符号加负指数来表示相同的等式：

$$PV = FV_n(1+k)^{-n} \qquad (6.6)$$

$(1+k)^{-n}$项可以被当作由 k 和 n 的数值决定的因数,能够将其数值制成数表。将这个因素称为复利现值系数,记为 $PVF_{k,n}$。$PVF_{k,n}$ 的值在附表 A-2 中给出。现在用这个因数重新整理公式 6-6:

$$PV = FV_n(PVF_{k,n}) \qquad (6.7)$$

按照公式 6.4 的应用方法来运用这个公式及其相应的系数表。该公式同样能解决关于现值和终值的问题,并且在计算现值时更为适用。我们可以尝试运用公式 6.7 来解答举例 6-2 中的问题。

现值系数和终值系数的关系　公式 6.4 和公式 6.7 都是由公式 6.3 推导出来的,它们实质上表述的是相同的关系。现值系数和终值系数彼此互为倒数。即:

$$FVF_{n,k} = \frac{1}{PVF_{k,n}} \qquad (6.8)$$

更多解答问题的技巧　到目前为止,我们讨论了求解 FV_n 或者 PV 的有关问题。当等式中的未知变量是 k 或者 n 的时候,求解的方法略有不同。在公式 6.4 和公式 6.7 中,k 和 n 都是以因式下标的形式出现,可以据此查表得到因式的值。这就意味着可以用传统的代数方法求解未知的 k 或者 n。

现在,对举例 6-1 进行修改来举例说明这个问题。在举例 6-1 中,我们要求解 850 美元在利率 5% 的条件下,3 年后的终值,计算结果是 983.96 美元。

关联概念　举例 6-3

解 出 利 率

假设现在知道 850 美元在 3 年后的终值是 983.96 美元,请问年利率是多少? 在这个例子中,我们已经知道 FV_3,PV 和 n,求未知的 k。

解答:运用公式 6.7,只是为了换种方法,用一般方法列出公式:

$$PV = FV_n[PVF_{k,n}]$$

代入已知数:

$$850.00 = 983.96 \times [PVF_{k,3}]$$

注意,这个等式不能用代数方法解出 k 的值。

必须采用的方法是,解出因式 $PVF_{k,3}$ 的值,在现值系数表中找出这个值,这个值的位置确定之后,就可以读出相应的未知数 k 的值。

解出上面的等式得到

$$PVF_{k,3} = 850.00/983.96 = 0.863\ 9$$

在系数表 A-2 中查找这个值,我们不用查找整个系数表,因为已经知道 n=3,只要查找期数为 3 年的那一行就可以找到。无法精确地找到 0.863 9,但是却可以找到 0.863 8。这个值已经足够接近,可以确定出 k 的值为 5%。

列与行数值之间的结果　k 和 n 的结果与系数表中的数值通常不会完全相等。也就是说,计算出来的数值大小处于表中行或者列两个数值之间。当这种情况发生的时候,最合适的解决方案要取决于所要求结果的准确性。有时候,按照数值最接近的行或者列上的数值来计算结果即可。但是当要求结果更为精确的时候,并且要用系数表来解题的时候,就要在行和列的数值之间进行判断求解。

现实中,运用财务计算器来求解时间价值问题。计算器求解不需要用到系数表就能直接得到精确的结果。在财务计算器没有发明之前,人们使用非常详尽的系数表,这个系数表包含全部的数值。在下面的例子中,为了举例的方便,只是查找系数表中最接近的数值来确定 n 或者 k。

关联概念　举例6-4

求解期间长度

假设利率为 14%,需要经过多长时间,存款余额会变为原来的两倍?

解答:不要因为例子中没有给出具体的现值或者终值而迷惑。题中已经给出了两者之间的关系。余额变为原来的两倍,那么终值为现值的两倍。可以选择求解多长时间 1 美元将变为 2 美元。用公式 6.4 来解答这个问题。

$$FV_n = PV[FVF_{k,n}]$$

求解因数并适当代入:

$$FVF_{14,n} = FV_n/PV = 2.000\ 0$$

接下来我们在附表 A-1 中查找 2.000 0 的值,在 k=14% 的这一列中查找,发现数值在 5 年和 6 年之间。

N	14%
5	1.925 4
6	2.195 0

很明显,2.000 0 相对于 2.195 0 来说与 1.925 4 更加接近,因此,最接近的正数为 5 年。请注意计算器得出的精确结果为 5.29 年。

6.3 年金问题

时间价值问题中第 2 个主要类别包括系列首付款的问题,这类问题被称为年金。年金问题通常比数额问题更复杂,更难形象化,因此时间线的运用就很重要。

6.3.1 年金

现金是指按照相等的时间间隔,收入或者支付数额相同的系列收支款。因此,连续一年每个月收到 5 美元是个年金问题。每月收付 5～10 美元不等,这一系列收付不能称为年金。不连续的几个月,每月收付 5 美元也不能称为年金。金额和时间间隔都必须是不变的才可以称为年金。

每期期末收付的年金称之为普通年金,这是通常情况。每期期初收付的年金称为先付年金。图 6-1 和图 6-2 显示了两种情况下一组总计四次,每次 1 000 美元的付款的时间线。

年金有明确的开始和结束时间点,不是永远延续的。无限期的连续收入或者支出的年金称为**永续年金**。这种年金必须按照特有方式运算,我们在本章后面将会学到。

年金的时间价值　年金在商业活动中非常普遍,并具有重要的时间价值内涵。例如,一个长期合同规定连续 10 年时间里,每年支付 5 000 美元。随即产生的问题就是这项协议现在的价值是多少。如果收款者要将所有的收款折现为现金立刻收付,那么价值总额是多少?

另一个相似问题要求一笔分 10 期存入银行并在合同到期时还本付息的年金的终值。

这些问题都可以通过分别求得每一笔款项的现值或者终值,并将结果相加得出结论。这是个乏味的过程,包括 10 次独立的计算。如果建立一个公式能够一次性计算出年金的现值或者终值将会非常方便。

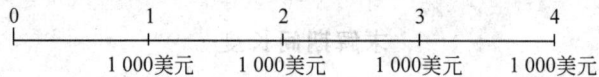

图 6-1　普通年金

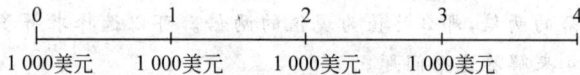

图 6-2　先付年金

我们将从终值问题开始研究。

6.3.2　年金终值:公式的推导

我们可以像研究数额问题时那样,推导出一个计算年金终值的公式。通过前面已经掌握的方法来计算三年期普通年金的终值,并由此推导出计算年金终值的公式。

将年金描绘在时间线上,用变量 PMT 代表每年的现金收付款,如图 6-3 所示。

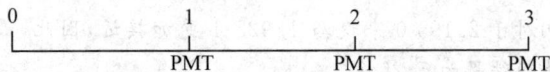

图 6-3　普通年金的时间轴描绘

终值问题　明确规定,年金终值假设每笔款项 PMT,从出现在时间线上开始到最后一个时间段结束,都按照相同的利率 k 计息。年金的终值就是所有的款项和利息的总和。这与单独计算每一笔款项 PMT 的终值再将其相加结果相同。

举例来说,假设某人连续三年每年给你 100 美元,你将收到的每一笔钱立刻存入银行。这笔年金的终值问题就是计算第三年末你将得到多少钱。很明显,由于利息收入的存在,你最终得到的将多于 300 美元。

单次付款的终值　通过计算每一笔款项的终值,可以推导出一个计算年金的公式。具体方法在图 6-4 中将会举例说明。将第三年年末点定义为时间点 3,第二年年末定义为时间点 2,以此类推。

$$FVA_3 = PMT + PMT(1+k) + PMT(1+k)^2$$

首先确认第三次付款,这次付款发生在年金结束时,没有任何的利息收入。因此它在第三年年末的价值就是 PMT。

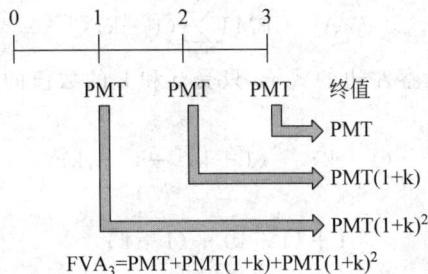

$$FVA_3 = PMT + PMT(1+k) + PMT(1+k)^2$$

图 6-4　普通年金的终值

第二次付款在时间点 2 处发生,年金终止前一年,最后一年要有利息收入。这次付款在时间点 3 处的价值应该是 $PMT(1+k)$。可以将此认为是现值 PMT 在利率为 k 的情况下的一年期终值。

现在来看第一次付款,它发生在第一年末,要计息两年,在年金终止时的价值应该为 $PMT(1+k)^2$。

这些都将在图 6-4 中描绘出,同时计算出三次付款的终值总和,将其定义为三年期年金的终值,记为 FVA_3。

三年期年金计算公式　对从图 6-4 得出的计算 FVA_3 的表达式进行改写,首先将 $(1+k)$ 改写成 $(1+k)^1$,不写 1 的指数表达是很普遍的,即使它其实就在那里。其次,因为所有指数变为零的数值都等于 1,比如 $x^0=1$,所以我们将 1 改写为 $(1+k)^0$,那么 FVA_3 的表达式转变为

$$FVA = PMT(1+k)^0 + PMT(1+k)^1 + PMT(1+k)^2 \qquad (6.9)$$

注意公式 6.9 等式右侧的规律性,每一项都包括 PMT 乘以一个幂指数项,幂指数项的次数从零开始递增到 $(1+k)$。三年期年金终值右侧共有 3 项,幂指数从 0 到 2,比总年数少 1。

对公示进行扩展　现在要求建立一个四年期的年金终值计算公式。这个公式与我们已经得到的三年期的年金终值公式相比有何不同?

四年期年金中,第一笔款项要计息三年,终值为 $PMT(1+k)^3$。第二笔款项计息两年,第三笔款项计息一年,第四笔款项没有利息收入。后三次付款与三年期年金的计息方式相同。因此,四年期年金与三年期年金的唯一不同就在于增加了 $PMT(1+k)^3$ 项。这个补充,完美地配合了我们的进程。它为下一个更高的指数增加了一个项。

可以看到,无论增加多少年,都可以相应地得出结论。每增加一年,都要增加 $(1+k)$ 的更高指数项,而最高指数项要比天数少 1。因此,我们可以把公式 6.9 推广为 n 年期年金终值计算公式。

$$FVA_n = PMT(1+k)^0 + PMT(1+k)^1 + PMT(1+k)^2 + \cdots + PMT(1+k)^{n-1} \qquad (6.10)$$

公式 6.10 可以通过数学符号 $\sum$ 来更简洁地表达:

$$FVA_n = \sum_{i=1}^{n} PMT(1+k)^{n-1} \qquad (6.11)$$

当 i 的值从 1 变到 n,公式 6.10 中每一项都按照降序排列。例如,当 $i=1$,$n-i=n-1$,得到公式 6.10 中的最后一项。当 $i=2$ 的时候,得到倒数第二项。以此类推直到 $i=n$,$n-i=0$,得到第一项。

由于 PMT 在各项中均出现,所以,可以提取公因式:

$$FVA_n = PMT\sum_{i=1}^{n}(1+k)^{n-1} \tag{6.12}$$

年金终值系数 现在观察左边的式子,只受 n 和 k 的数值的影响。例如 n＝3 年时,其和为

$$(1+k)^0 + (1+k)^1 + (1+k)^2$$

也就是:

$$1 + (1+k) + (1+k)^2$$

推广到一般,n 年期就是:

$$1 + (1+k) + (1+k)^2 + \cdots + (1+k)^{n-1}$$

按照不同的 n 和 k 的值计算出系列数值形成一个系数表,与我们建立复利终值系数表的原理相同 $[FVF_{k,n} = (1+k)^n]$,只是这个计算公式更加复杂一些。

将公式 6.12 中存在的上面的和式称为年金终值系数,记作 $FVFA_{k,n}$。可以根据不同 k 和 n 得到年金终值系数表。

最终的计算公式 年金终值系数可以代入公式 6.12 中:

$$FVA_n = PMT\sum_{i=1}^{n}\boxed{(1+k)^{n-1}}$$

$$\longrightarrow FVFA_{k,n}$$

用因子重写方程式 6.12,我们得到:

$$FVA_n = PMT[FVFA_{k,n}] \tag{6.13}$$

6.3.3 年金终值的应用

我们使用公式 6.13 来解决年金终值的有关问题。请注意在公式中有四个变量:FVA_n(年金终值),PMT(付款额),k(利率),n(期间数)。通常问题会给出其中三个变量的值,求第四个变量。解题的第一步就是写出公式,代入已知变量,其余额解题步骤与数额问题相似。

年金问题比单纯数额问题要复杂一些,因此为了使问题更加直观,需要画出时间线帮助分析。

用计算器计算年金为题 年金问题与数额问题类似,都有四个变量,其中三个已知,一个未知,但是两者的变量不完全相同。

所有的数额问题都同时包含现值和终值两部分,年金问题包括付款额和年金终值或者年金现值其中之一。因此,在年金问题中要用到 PMT 键,根据具体问题将 PV 或者 FV 其中之一设为 0。

举例 6-5 是计算年金终值的问题,因此我们使用 FV 键,而将 PV 设为零,设定 PMT 值的同时,还要确定所要处理问题的类型。注意,尽管将年金终值和现值记为 FVA 和 PVA,但是在计算器上仍然使用 FV 和 PV 键。由于四舍五入,计算器计算的答案相差了 5 美元。

关联概念 举例 6-5

年 金 终 值

Brock 公司拥有某一生产过程的专利,根据合同每年可以收到 100 000 美元的使用许可

费,合同期为10年。管理层决定将收到的每一笔使用许可费进行再投资,直到合同到期为止,以便为将来要开发的新的生产过程准备资金。如果投资的预期收益率为7%,那么该公司收到最后一笔款项时,这笔资金的总额将是多少?

解答:这个问题简明的时间线如下[①](单位:千美元):

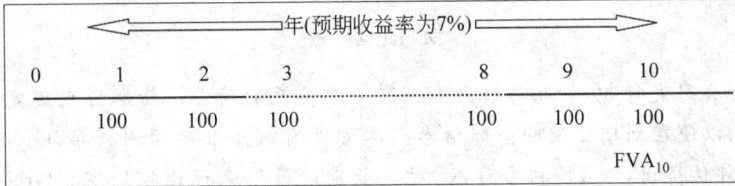

先列出公式6.13:

$$FVA_n = PMT[FVFA_{k,n}]$$

代入已知数据:

$$FVA_{10} = 100\,000[FVFA_{7,10}]$$

查表A-3得出$FVFA_{7,10} = 13.816\,4$,代入上式,求出终值:

$$FVA_{10} = 100\,000 \times [13.816\,4] = 1\,381\,640$$

请注意:实际收付的金额只是100 000美元,其余部分为再投资得到的收益。

计算器算法:

按键	输入
N	10
I/Y	7
PMT	100 000
PV	0
	答案
FV	1 381 645

偿债基金 在第5章,我们了解到企业通过发行期限长达30年或者40年的债券来借入资金。债券是不分期偿还的债务,也就是说,借款人在债务到期之前不需要偿还本金。借款人在债券到期后支付利息,同时必须一次性偿还本金。这就意味着在到期日,举债公司必须手中拥有大量的现金或者通过借入新债来偿还到期的债务。

CFO 经验谈

出借人需要认识到这样一种可能性,即借款的公司有能力支付每年的利息,但是在到期日可能没有足够的现金来偿还本金。如果借款人的财务状况恶化,或者金融市场紧缩,该公司也许很难借到新债,这种情况将导致举债公司破产,对投资者(出借人)造成极大的损失。

解决这个问题的办法是建立**偿债基金**。偿债基金就是将一系列款项存入某银行账户,用于在到期日偿还本金。存款要经过设计,以便在到期日,银行中资金余额等于应付的本金。

如果贷方为了保证安全,要求借方建立偿债基金,应该作为一项条款列入债务协议中。偿

---

① 大写K经常用来表示数千美元,代替逗号和三个零。M可以用来表示百万。

债基金问题就是要确定周期性存款的数额,以确保债券到期时有适当数额的现金。这属于付款额未知的年金终值问题。

关联概念 举例 6-6

偿债基金

Greenville 公司发行 30 年期总额为 15 000 000 美元的债券。债券协定规定 10 年后必须建立偿债基金,以便在到期日收回全部债券。尽管没有人能准确预测利率,Greenville 公关公司的关系银行评估得出,以 6% 利率存款,对于长期的计划来说比较现实。Greenville 公司计划每年存入多少钱,以便到期存款额足够收回全部债券?

解答:首先要明确年金的期限是债券期限的后 20 年,因为债券协议规定 10 年后才建立偿债基金。换句话说,零时间点不是现在,而是债券发行的第 11 年的年初。

这个问题的时间线如下:

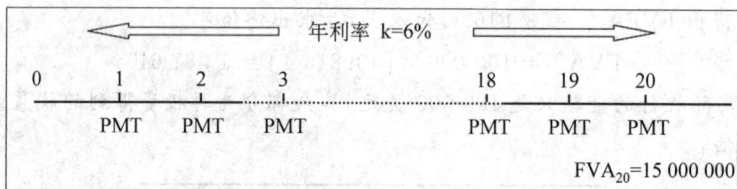

先写出年金终值计算公式,公式 6.13:

$$FVA_n = PMT[FVFA_{k,n}]$$

在这个例子中,终值已经知道,即为将要偿还的债券的本金 15 000 000 美元。格局协定,k 为 6%,偿债基金的期间 n 为 20,将这些数值代入:

$$15\ 000\ 000 = PMT[FVFA_{6,20}]$$

接下来查表 A-3 得出 $FVFA_{6,20}$ 的值为 36.785 6,代入:

$$15\ 000\ 000 = PMT[36.785\ 6]$$

最后,解出 PMT 的值:

$$PMT = 407\ 768.26$$

Greenville 公司必须从发行债券的第 11 年开始,每年存入将近 408 000 美元,才能确保在到期日偿还本金。

计算器解题方法:

按键	输入
N	20
I/Y	6
FV	15 000 000
PV	0
	答案
PMT	407 768.35

现在我们暂时放下时间价值这个问题,进一步讨论一下与利率有关的问题。

6.3.4 复利和间隔期不为一年的复利

到目前为止,我们探讨的都是一年一次的复利。尽管利率总是以年利率的形式提供,但是并不总是按照年来计息的,实际支付的利息也有很大差别。在进一步探讨之前,先确定**复利**的准确含义。

复利 复利是指已经获得的利息本身仍要获得利息。假设以 10% 的利率存款 100 美元,在第一年我们获得 10 美元的利息,年末存款余额为 110 美元。第二年获得利息 11 美元,账户余额为 121 美元。第三年获得利息 12.10 美元……利息逐年增长,因为是按照包括了前期所有利息在内的账户余额计算得出的。

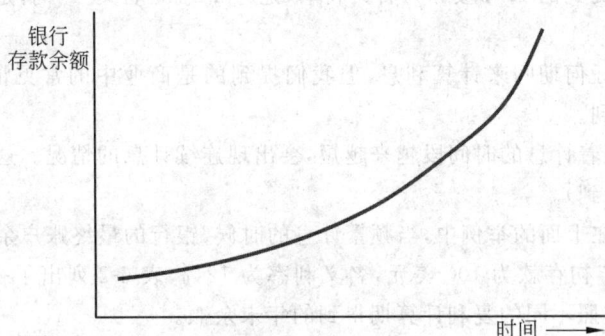

图 6-5 复利的效果

在复利的条件下,账户的余额是按照指数幂增长的。按照复利计息的金额的增长情况如图 6-5 所示。曲线随着时间变化指数增大而越来越陡。

复利计算期 利率都对应着相应的**复利计算期**。一般以一年、半年、季、月作为复利计算期。如果没有特殊说明,默认的计算期为一年。

与利息相关的复利计算期,与为资金计算利息的次数有关。计算期越短,要计息的次数越多,已经获得的利息本身能获得的利息相应也就越多。

例如,如果银行年利率为 12%,某人存款 100 美元,年末利息为 12 美元,作为第二年计息基础的金额为 112 美元,所描述的问题时间线如下:

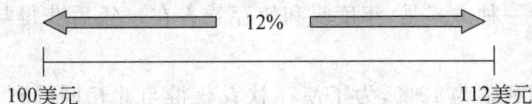

如果按照半年计息,一年分为两个部分,每半年利率 6%。在年中就要计算上半年的利息,并且在下半年也要计算利息。增加的利息就是 6 美元的 6%,即 0.36 美元。时间线如下:

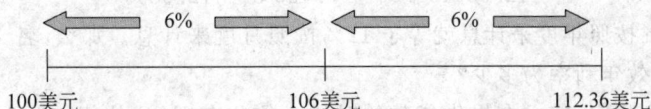

如果按照季度来计息,就是将一年分为四个部分,每一个季度利率为 3%(21%/4),在每个季度末要计息。时间线如下:

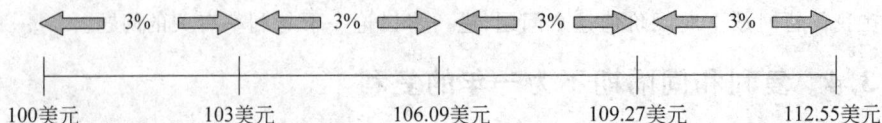

| 100美元 | 103美元 | 106.09美元 | 109.27美元 | 112.55美元 |

接下来的季度末的余额为上一个季度末的余额乘以(1+k),在这里这个数值为1.03,k在此处指的是复利计算期按照季度来计算。

如果按照月来计息,就是将一年分为12个月,每个月的利息是1%(12%/12),那么100美元在年初存入,年末的金额将为112.68美元。

现实中通常给出年利率,随后注明复利计算期。例如我们举例中按照季度来计息的情况就会标注为"12%,按照季度计息",这就意味着每个季度按照3%来支付利息。

在这个例子中提到的12%被称为名义利率,记为 k_{nom}。"名义"一词,是在这个语境下的特定用词。

我们可以按照任何期间来计算利息,但我们提到的是商业中的常见情况,按照日来计息的情况也会偶然遇到。

从理论上讲,随着计息的时间段越来越短,会出现连续计息的情况。这需要特定数学方法来解决(后面会讨论到)。

有效年利率 在上面的举例中,当频繁计息的时候,银行的最终账户余额会增大。对上面的计算进行总结:年初存款为100美元,名义利率为12%,表6-2列出了初始存款100美元, $k_{nom}=12\%$ 情况下按照不同的复利计算期得到的年末余额。

表 6-2 各种情况下年末的账户余额

复利方式	账户余额(美元)	复利方式	账户余额(美元)
按年计息	112.00	按季计息	112.55
半年计息	112.36	按月计息	112.68

这些存款者账户余额的不同,说明尽管名义利率相同、都是12%,但实际支付的利息不同。差别在于复利计算期的不同。

量化不同复利方式产生的不同效果对于防止财务计算的混乱是非常重要的。人们应该知道,在任何的名义利率下,按照月或者季度计息会比按照年来计息能多多少利息。这就导致了**有效年利率**的产生,记作 EAR。有效年利率就等于名义利率在多次复利情况下,计算得到的每年的实际利率。另一种方式是,年度复利使存款人在一年后获得与他在频繁复利的情况下相同的账户余额。

如果按照月度复利利率为12%,为了使存款者获得与此相同的利息,有效的年度利率应该为多少?表格6-2显示了,年初存款100美元,按照月度复利,年末能得到112.68美元,因此一年获得总的利息如果为12.68美元,那么有效年利率只要用利息除以本金即可得到:

$$12.68/100.00 = 0.1268 = 12.68\%$$

因此,12.68%按照年度来计息就等于12%按照月度来计息。那么,名义利率12%,以半年、季度计息的有效年利率为多少?

贷款法律制度规定,贷方在提供贷款的时候必须公布 EAR 的值。下一次在看银行的广告时可以留意这一点。

一般来讲,可以用下面的公式按照任意复利计算期计算复利的实际年利率。

$$EAR = \left(1 + \frac{k_{nom}}{m}\right)^m - 1 \tag{6.14}$$

其中,m是每年复利的次数。(按照月度复利,m=12;按照季度复利,m=4;按照半年复利,m=2。)

频繁复利的效果在利率较高的情况下更加明显。表6-3说明了这个问题。当名义利率为6%的时候,按照月度复利,比按照年度复利,实际增加的利率仅为0.17%,比名义利率实际增长2.8%(0.17/6.00=0.028=2.8%)。当名义利率为18%时,实际增加的利率是1.56%,比名义利率增长了8.7%。

表 6-3   不同利率下的复利效果   单位:%

名义利率	按月计息的 EAR	实际增加利率	比名义利率增长百分比
6	6.17	0.17	2.8
12	12.68	0.68	5.7
18	19.56	1.58	8.7

APR 和 EAR   信用卡公司对未付款金额以1.5%左右的利率按月收取利息,即对信用卡持有者的债款按月复利计息。在广告时采用年度百分比(APR)为18%(即每月利率的12倍)作为宣传。

不要将APR与EAR混为一谈。APR实际是名义利率。表6-3显示名义利率为18%,按月复利的实际年利率是19.56%。

复利计息期和时间价值公式   每一个时间价值的计算公式都包括利率k和期数n。在运用公式的时候,时间期必须是复利计算期,利率必须是每个单一复利期对应的利率。

到目前为止,我们解决的所有问题都是按照年度复利来的。复利计算期为一年,使用的利率为名义利率。对于非整年的复利期,问题要相对复杂些。我们以按照季度复利为例来说明。

假设现有一个时间价值问题,时间为5年,利率为12%。如果按照年复利,k和n的值就是简单的12和5。如果按照月度复利,计息的时间段就是一个季度,相应的利率就是3%(12%/4)。这个问题提到的时间就应该是20个季度,而不是五年。k和n的值应该变成3和20。

当我们解决非整年的资金问题时,要将给出的名义利率和时间转换为适当的k和n值,然后再代入公式计算。

如果问题以年的形式给出名义利率,用下面的公式计算k和n的值:

半年　　　$k = k_{nom}/2$　　　$n = 年 \times 2$

季度　　　$k = k_{nom}/4$　　　$n = 年 \times 4$

月份　　　$k = k_{nom}/12$　　　$n = 年 \times 12$

回想一下:一些计算器会自动将输入的利息除以与复利计算期相对应的数字。当你一直进行相同的复利计算时,这些特点会使计算更加简便。但是在不停做转换的时候,最好还是保持设定为1,输入与复利期相对应的利率。

下面做两个有关年金终值的例题来熟练掌握这些概念(举例6-7和举例6-8)。

按 月 复 利

假如你准备在两年半后花费 15 000 美元买一辆车,计划通过每月往银行账户中存入相同数额的存款来实现。存款按月计息,年利率为 12%。请问,每个月需要的存款额是多少?

解答:在这种情况下,一系列存款的终值的总额为已知条件,也就是这个年金终值问题。

因为是按月来计息,首先要计算 k 和 n 的值:

$$k = k_{nom}/12 = 12\%/12 = 1\% \quad n = 2.5 \text{ 年} \times 12 \text{ 月 / 年} = 30 \text{ 个月}$$

列出年金终值公式并代入:

$$FVA_n = PMT[FVFA_{k,n}]$$
$$15\ 000 = PMT[FVFA_{1,30}]$$

查表 A-3 得到 $FVFA_{1,30} = 34.784\ 9$,代入 $15\ 000 = PMT[34.784\ 9]$

解出 $PMT = 431.22$

计算器解题方法:

按键	输入
N	30
I/Y	1
FV	15 000
PV	0
	答案
PMT	431.22

季 度 复 利

Jeff 和 Susan Johnson 有个女儿 Molly 刚进中学,他们考虑以后送她读大学。估计 Molly 读大学的时候需要 50 000 美元的现金。尽管 Johnson 家的收入不错,但他们生活很奢侈,基本没有什么存款。Susan 分析了家庭预算后,决定为了 Molly 以后读书可以每月存入 750 美元或者每个季度存入 2 250 美元。他们现在正在寻找投资渠道,以便得到回报使这些钱在 4 年内能够达到 50 000 美元。如果按照季度获得报酬,报酬率是多少才能使他们实现预定目标? 这是否现实?

解答:我们再次认识到这仍是一个年金终值问题,因为付款流和 Johnson 家存款的事实都是为了将来的事宜。

由于问题涉及的时间为 4 年,并且按照季度获得回报:

$$n = 4 \text{ 年} \times 4 \text{ 季度 / 年} = 16 \text{ 个季度}$$

列出计算年金终值的公式 6.13:

$$FVA_n = PMT[FVFA_{k,n}]$$

代入数值:
$$100\ 000 = 4\ 500[\text{FVFA}_{k,16}]$$

求解,得出 $\text{FVFA}_{k,16}=22.222\ 22$。

查表 A-3,在 n=16 行中查找数值,得到 k 的值介于 4% 和 4.5% 之间。在这个例子中,很容易判断数值应该为 4.2%。但这是一个季度的利率,一年的名义利率应该为:
$$4.2\% \times 4 = 16.8\%$$

对于投资,这是个很高的回报率。期望连续 4 年获得这样的投资报酬率合理吗?

对于这个问题没有明确的答案。在某个时间段,这个预期报酬可能是合理的,但是如此高的报酬率一定是有风险的。因为他们家一定不会希望存在最终无法送 Molly 去读大学的风险,这家人应该试着多存一些钱并且选择一个更加保守一些的投资方式。

计算器解题方法:

按键	输入
N	16
PMT	4 500
FV	100 000
PV	0
	答案
I/Y	4.225

6.3.5 年金的现值:公式的推导

年金的现值就是年金的各项付款的现值的总额。可以通过对各笔款项单独计算得出结果,但是像计算终值那样建立一个公式,一步得出结论将更为简便。公式的推导方法与终值的计算公式推导公式相似,由于前面已经用到了这种方法,这次推导将进行得更快。

现在从画出一个 3 年期年金的时间线开始着手,写出利率为 k 的情况下各笔款项的现值。我们这次通过除以 $(1+k)$,而不是像计算终值时乘以 $(1+k)$。复习公式 6.5 和 6.6,知道由此得出款项的现值,如图 6-6 所示。

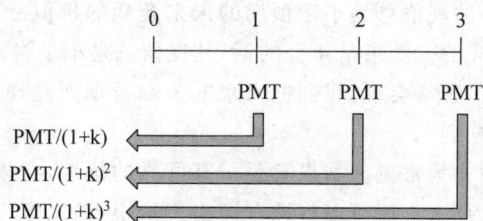

图 6-6 3 年期普通年金的现值

将第一笔款项除以 $(1+k)$,第二笔款项除以 $(1+k)^2$,以此类推,得到的数值相加,得到年金的现值。注意,这个公式实际为款项的金额乘以现值系数。因为 $1/(1+k)$ 是利率为 k 的一年现值系数:$\text{PVF}_{k,1}$;$1/(1+k)^2$ 是利率为 k 的两年现值系数,依此类推。

3 年期的年金的现值为:

$$PVA = \frac{PMT}{(1+k)} + \frac{PMT}{(1+k)^2} + \frac{PMT}{(1+k)^3} \qquad (6.15)$$

也可以写成：

$$PVA = PMT(1+k)^{-1} + PMT(1+k)^{-2} + PMT(1+k)^{-3}$$

按照$(1+k)$的降幂数排列。

注意公式的规律，每一次付款都产生一个加项，由 PMT 除以从一次方开始的$(1+k)$的幂方项。

观察图 6-6 很容易发现，年金的期数增加，等式中的加项也随之增加。例如，第四次付款会产生 $PMT(1+k)^{-4}$项，以此类推。

因此，我们可以将公式 6.15 推广为期数为任意数字 n 的一般公式：

$$PVA = PMT(1+k)^{-1} + PMT(1+k)^{-2} + \cdots + PMT(1+k)^{-n} \qquad (6.16)$$

接下来我们将公因式 PMT 从等式的右侧提取出来，用求和符号将$(1+k)$的各个幂方项用一个式子表示出来：

$$PVA = PMT\left[\sum_{i=1}^{n}(1+k)^{-i}\right] \qquad (6.17)$$

我们再次发现中括号中的式子只与 k 和 n 的值有关，并且可以根据这些变量的可能取值制成系数表。这就是年金现值系数，记为 $PVFA_{k,n}$：

$$PVFA_{k,n} = \sum_{i=1}^{n}(1+k)^{-i} \qquad (6.18)$$

年金现值系数可通过查表求得。

最后将公式 6.18 代入可以改写的公式 6.17。新的公式在通过查表 A-4 解题时运用，可以使计算更为简便：

$$PVA = PMT[PVFA_{k,n}] \qquad (6.19)$$

6.3.6　年金现值的应用

现金现值的公式 6.19 与年金终值公式 6.13 的应用是类似的。现值公式有 4 个变量，PVA（现值本身），PMT（付款额），k（利率），n（计息期数）。问题通常给出 3 个已知变量，求解未知变量的值。解题步骤与其前面用到的相似。

贴现　未来预期货币的现值总是小于预期的未来金额的价值。不管预期的金额是一笔、多笔还是年金，都会是这样的。如果是年金的话，其现值总是小于将来支付的金额。

因为这种特定的关系，通常会说，我们把未来的金额折现便是现值。进一步说，当前的估价过程本身一般被称为"贴现"。

这种表述在银行业中尤为常见。如果某公司有可靠的预期，在未来可以接收特定金额的款项，比如来自一份合同，那么它就可以将该合同出售给银行，以银行目前的利率将其合同期望金额折成现值。然后我们可以说银行正在贴现合同。银行使用的利率称为交易的贴现率。

关联概念　举例 6-9

年　金　现　值

Shipson 公司以分期付款的方式向 Baltimore 有限公司出售一台大型机器。合同规定

Baltimore 公司在 10 年的时间内,每半年支付 5 000 美元的欠款。Shipson 公司希望现在就得到现金,将合同向银行折现,获得现值。Baltimore 有限公司的信用风险良好,银行很愿意按照名义利率 14％、每半年计息一次的方式对合同进行折现。请问,Shipson 公司将获得多少现款?

解答:合同代表的是一个等额款项为 5 000 美元的年金。银行愿意以较高的利率对其折现。利率越高,银行愿意为合同支付的价格就越低。

首先计算半年复利适用的 k 和 n 的值:

$$k = k_{nom}/2 = 14％/2 = 7％$$

$$n = 10 \ \text{年} \times 2 = 20 \ \text{年}$$

时间线如下:

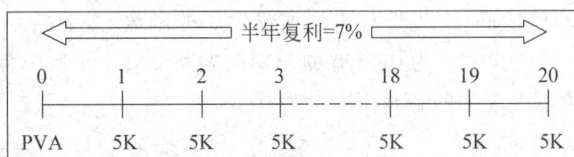

列出公式 6.19 并代入已知条件:

$$PVA = PMT[PVFA_{k,n}]$$

$$PVA = 5\ 000[PVFA_{7,20}]$$

查表 A-4 得出 $PVFA_{7,20} = 10.594\ 0$,代入上式后解出 PVA 的值:

$$PVA = 52\ 970$$

计算器解题方法:

按键	输入
n	20
I/Y	7
PMT	5 000
FV	0
	答案
PV	52 970.07

电子表格解题法　时间价值问题可以使用电子表格程序来解题,如微软的 Excel™。使用方法与使用计算器相似。假设你熟悉电子表格程序的基本操作,现在对解题方法进行说明。

在每个时间价值公式中有 4 个变量,处理的问题是属于复利还是年金,会使这 4 个变量有所不同。资金问题中的变量是 PV、FV、k 和 n。而年金问题中的变量是 PVA、FVA、k 和 n。在使用计算器的时候,对复利和年金都使用 PV 和 FV 键。可以这样用,是因为计算器的程序被设计成当我们输入 PMT 的值,PV 或者 FV 的值有一个为零时默认解决年金问题。输入的PMT 的值为零时,处理的是资金问题,因此总共有 5 个可能的变量:

$$k、n、PV、FV、PMT$$

用计算器解题的话,我们输入 3 个数字,将第 4 个输入为零,计算器将计算出第 5 个变量的值。

电子表格程序处理问题逻辑与此相似。电子表格有 5 个时间价值函数,每一个都用来计算其中一个时间价值变量,要求输入其他 4 个变量的值。我们以微软的 Excel 为例来说明。5 个函数功能如下:

求解变量	使用函数
FV	FV(k,n,PMT,PV)
PV	PV(k,n,PMT,FV)
k	RATE(n,PMT,PV,FV)
n	NPER(k,PMT,PV,FV)
PMT	PMT(k,n,PV,FV)

解决任何一个时间价值问题,先选择未知变量适用的函数,按照括号里的顺序输入 3 个已知变量的值,将第 4 个变量的值设为 0(所有的数额问题将 PMT 设为 0,年金终值 FVA 的问题将 PV 设为 0,年金现值 PVA 的问题将 FV 设为 0)。

洞察:财务实务

彩票中奖:恭喜你,你发财了——但并不会像你想象中那么富有

国家彩票积累的奖池奖金是数额很大的一笔钱,但是并没有你想象中那么多。这主要是由货币的时间价值和奖金的支付方式来决定的。大额的彩票奖金通常的支付期超过 25 年,但是彩票机构公布的获得奖金总的数额并没有考虑货币的时间价值。比如:一笔 25 000 000 美元的奖金实际上是每年支付 1 000 000 美元的年金,整个支付期为 25 年。

中奖者实际得到的是这笔年金的现值。如果这个幸运者希望立刻得到这笔钱,他必须接受这一系列付款的折现值。假设利率为 7%,应用年金现值公式计算得出这个中奖者实际得到的奖金为大约 11 700 000 美元,这也不是一个小数目,但是比起 25 000 000 美元来,就差得多了。

更加糟糕的是,彩票中奖的人是需要纳税的,通常以最高一级税率征税。我们乐观地假设中奖者雇佣的是一个优秀的税务会计师,并且达到的征税上限是 37%。这会使你立刻能得到的现金额大幅度下降,税后奖金大约是 7 400 000 美元,这比彩票机构广告打出金额的三分之一还要少。

在这个过程中有两个值得注意的小问题:第一点是利率要以小数的形式输入,而不是输入整数形式,因此用 0.07 代替 7%。第二点是现金数字的符号问题。注意有 3 个现金变量 FV、PV 和 PMT,其中总有一个数值为 0。因此在每一个问题中总有两个异号的现金变量。

理解这个问题的最好办法就是以流入和流出的形式理解。设想一个简单的问题,我们现在向银行存入一笔款项(PV),并且在若干年后连同利息取回(FV)。如果定义资金流入银行为正,那么资金流出必为负。因此如果 PV 为正,FV 必为负,无论数字是计算时输入的值,还是得出的结果。只要变量是异号的,反过来定义也可以。

如果你忘记了这个惯例,只是输入正值的话那么就可能会出现一点问题。一些应用程序可能得出个带有负号的正确答案,但是其他的应用程序可能根本就无法进行计算。因此当出现错误的时候,要最先检查输入数据的符号。

下面是包括整个计算过程的一个例子。假设我们要计算现在存款 4 000 美元,利率 7% 的情况下,6 年后的值。我们要求的是这笔钱的终值,因此选择第一个函数:

$$FV(k,n,PMT,PV)$$

输入数值如下:

$$FV(0.07,6,0,-4\ 000)$$

请注意,我们处理的不是年金问题,因此将 PMT 的值设为零,用小数的形式输入利率,并且对 PV 输入一个负值。

现在让我们将举例改变一下,以说明年金问题。假设我们要求的是一个等额款项为 4 000 美元、计息期为 6 年、利率 7% 的年金的终值。选择终值(FV)函数,并且输入如下:

$$FV(0.07,6,-4\ 000,0)$$

我们对 PMT 的值输入一个非零数字,就是告诉程序我们解决的是年金问题。由于年金终值的计算中没有出现现值(参考等式 6.13),因此对 PV 输入 0。具备这种功能的程序将显示年金的现值。启动计算机来验证以上示例,得出的结果是 6 002.92 和 28 613.16。

关联概念　举例6-10

电子表格

如举例 6-9 所示,银行经常为顾客进行合同折现。合同可以包含任意期数、任意数额的一系列等额款项,并且银行利率经常变动。为银行编写一个程序只需要将利率、合同的条款(偿付期)、等额款项的数额填入相应的表格中就可以来计算诸如举例 6-9 中合同的折现额了。

解答: 举例中,银行计算的年金现值,我们运用现值函数表示:

$$PV(k,n,PMT,FV)$$

因为这个程序值用来计算现值,我们可以设定 FV 为 0,变量 PMT 为负值来定制公式。

$$PV(k,n,-PMT,0)$$

然后,银行只需要输入适用的利率,计息期,正值的等额款。在此我们将 k 的值输入 0.07(也就是年利率 14% 的一半),半年期数为 20,等额付款 5 000 美元。注意对于非整年的时间间隔,要像使用计算器或者表格计算时那样处理。

下面是与这个问题相关的电子表格,该表格对重要公式进行了注释。输入格在编程时就被设计为直接输入现值函数的相关变量,并且等额款带有负号,终值变量为零。银行只要在表格中输入适当的值(蓝色方框内的值),就会得出棕色方框内合同的现值。

	A	B	C	D	E	F	G
1							
2					合同折现		
3							
4							
5		输入					
6							

	A	B	C	D	E	F	G
7		利率			0.07		
8							
9		偿付期数			20		
10							
11		等额付款金额			5 000		
12							
13							
14		折现值			52 970.07		
15							
16							
17							
18		E14 中的公式为 PV(E7,E9,-E11,0)					
19							
20							

分期付款　年金现值概念最广泛的应用是在处理分期付款的问题上。本金在偿付期内逐渐偿还,被称为债务,被分期偿还。汽车贷款、住房抵押贷款和很多商业贷款都以分期付款的形式偿还。

分期付款通常是结构化的,因此周期性的偿还固定金额的款项,通常根据贷款的条款按月偿付。每一次付款都包括一个月的利息和一定金额的本金。利息根据每月月初的未偿还贷款余额来确定,因此贷款的本金减少了,利息也逐渐减少。由于每个月的付款金额一定,连续的付款中用来偿还本金的部分越来越大,而利息所占的份额会越来越小。

在将年金现值公式应用于贷款中时,借到的数额总是年金的现值 PVA,每次偿还贷款的数额总是 PMT。

关联概念　举例 6-11

分期付款——求解还款额,PMT

假设你借入 10 000 美元,按照年利率 18%,4 年内按月分期付款的形式偿还,每月偿还多少贷款?

解答: 首先计算按月计息的 k 和 n 的值:

$$k = k_{nom}/12 = 18\%/12 = 1.5\%$$

$$n = 4 \text{年} \times 12 \text{个月} / \text{年} = 48 \text{个月}$$

列出公式 6.19 并代入数值:

$$PVA = PMT[PVFA_{k,n}]$$

$$10\ 000 = PMT[PVFA_{1.5,48}]$$

查表 A-4 得到 $PVFA_{1.5,48} = 34.042\,6$，所以代入上式后得到：
$$PMT = 293.75$$

计算器解题方法：

按键	输入
n	48
I/Y	1.5
PV	10 000
FV	0
	答案
PMT	293.75

关联概念　举例 6-12

分期付款——求解借款额，PVA

假设你要买一辆汽车，并且有能力每月支付 500 美元。银行提供 3 年期的汽车贷款，年利率 12％，按月计息。请问，为购买新车你能从银行贷到多少钱？

解答：按月计息：
$$k = k_{nom}/12 = 12\%/12 = 1\%$$
$$n = 3\ 年 \times 12\ 个月\ /\ 年 = 36\ 个月$$

列出公式 6.19，并代入数值：
$$PVA = PMT[PVFA_{k,n}]$$
$$PVA = 500[PVFA_{1,36}]$$

查表 A-4 得到 $PVFA_{1,36} = 30.107\,5$，代入上式后得到：
$$PVA = 15\ 053.75$$

也就是说，银行会贷给你 15 053.75 美元。

计算器解题方法：

按键	输入
n	36
I/Y	1
PMT	500
FV	0
	答案
PV	15 053.75

分期付款进度表　分期付款进度表列出了每一笔付款额、即将支付多少利息和减少多少本金。并且还显示了每一期期初和期末尚未偿付本金的余额。

要建立一个分期付款的进度表，我们必须知道贷款额、每期还款额和定期利率，也就是 PVA、PMT 和 k。用前面的例子来举例说明。表 6-4 给出了前两行的全部计算结果，在看过下面那段对第一行的解释说明之后,检验第二行的数据,并自己填写第三行和第四行的空白处。

贷款额为 15 053.75 美元,这是第一个月的期初余额。每期还款额为 500 美元,填入每一行的还款额一列中。尽管例子中的名义利率为 12%,但由于是按月计息,每月的利率为 1%。因此每个月交付的利息为当月期初余额的 1%:

$$15\,053.75 \times 0.01 = 150.54$$

由于每期还款额为 500 美元,第一个月利息为 150.54 美元,之间的差额为 349.46 美元(500.00−150.54),也就是偿还本金的数额。期末的贷款余额就是期初余额减去本金的减少值,为 14 704.29 美元(15 053.75−349.46)。这个数值称为下一期的期初余额,计算过程延续下去。

整个过程将持续 36 个月,直到最后一期期末余额为 0。在偿还贷款时要注意每期还款额中不同款项的组合比例。利息费用是逐渐减少的。用于减少本金的部分则会逐渐增加,但是,每期的还款总额是恒定的。

表 6-4　分期付款进度表的一部分　　　　　　　　　　　　　　单位:美元

期数	期初余额	每期偿还额	利息(1%)	减少的本金	期末余额
1	15 053.75	500.00	150.54	349.96	14 704.29
2	14 704.29	500.00	147.04	352.96	14 351.33
3	—	500.00	—	—	—
4	—	500.00	—	—	—
⋮	⋮	⋮	⋮	⋮	⋮

抵押贷款　用于购置房地产的贷款被称为抵押贷款。住房抵押贷款通常是普通人一生中最大的财务交易。典型的抵押贷款是一项长达 30 年的按月还款计息的分期偿还贷款,需要还款 360 次。

关联概念　举例 6-13

早期还款中的利息占比

现在有一笔偿还期为 30 年的抵押贷款,总额为 100 000 美元,利率为 6%(按年复利),那么第一笔还款中,利息占多少?

解答: 首先计算贷款的 k 和 n 的值:

$$k = k_{nom}/12 = 6\%/12 = 0.5\%$$

$$n = 30\,年 \times 12\,个月\,/\,年 = 360$$

接下来,列出公式 6.19,代入已知数值,求解每月的 PMT:

$$PVA = PMT[PVFA_{k,n}]$$

$$100\,000 = PMT[PVFA_{0.5,360}]$$

$$100\,000 = PMT(166.792)$$

$$PMT = 599.55$$

第一个月的利息是 100 000 美元的 0.5%:

$$100\,000 \times 0.005 = 500$$

所以,第一个月还款中的 500 美元都是利息,只有剩下的 99.55 是本金,换句话说,第一个月的还款中,利息占比为 83.4%。

计算器解题方法:

按键	输入
n	360
I/Y	0.5
PV	100 000
FV	0
	答案
PMT	599.55

在抵押贷款的最后几期还款中,这种情况就会反过来,还款额的大部分都用于偿还本金。换句话说,就是抵押贷款的前几年本金的偿还速度非常缓慢,但是最后几年偿还的速度就很快。

这种还款模式对房屋的所有者有两点非常重要的隐含意义。最重要的一点是抵押贷款的利息可以抵税。初期的抵押贷款还可以冲抵房屋所有者很大一笔税金,而还款的末期则不能。

现在考虑一下举例 6-13 中第一次还款。如果房屋所有者的税率在 25% 这一级,那么他由于支付还款可以减少 125 美元的纳税,因为还款中包含 500 美元的利息(500×0.25=125)。

因此,偿还贷款的实际支出如下:

付款额	599.99
税款节省额	125.00
净值	474.55

实际上,政府分担了房屋所有者的部分费用,尤其是在还款的前几年。此后,尽管资产净值增加越来越快,但是减税方面的受益却没那么大了。(在本部分内容中,资产净值指的是房屋价值中属于房屋所有者的那部分,而不包括由银行贷款支付的部分。)

还款模式对房屋所有者的另外一个隐含意义就是贷款的偿还期过了一半的时候,实际上并没有偿还一半的贷款。

关联概念　举例 6-14

还款完成一半的抵押贷款

计算举例 6-13 中,15 年后的未付款项余额,也就是抵押贷款全部还款期的一半。这代表了可以支付 180 笔 590.55 美元的金额。因为这是还款 15 年后剩余的,它代表未支付的贷款余额。

解答:像上例中那样,列出等式 6.19,但是在这里 n=180:

$$PVA = PMT[PVFA_{k,n}] = 599.55[PVFA_{0.5,180}]$$
$$= 599.55 \times [118.504] = 71\,049.07$$

因此,在 100 000 美元的抵押贷款中,大约 71 000 美元是未偿还的。换句话说,只有大约

29%的贷款本金已经还清。

计算器解题方法：

按键	输入
n	180
I/Y	0.5
PMT	599.55
FV	0
	答案
PV	71 048.78

长期的分期付款如抵押贷款还要注意另外一个引人关注的特征,注意在整个还款过程中支付的利息的总额。参考举例 6-13,在利率 6% 的水平下,即使考虑了节税因素,房屋所有者支付的利息也要占到整个贷款额的 87%：

总支付额(599.55×360)	215 838.00
减　原始贷款额	100 000.00
总的利息费用	115 838.00
税收节省额(税率 25%)	28 959.50
净利息费用	86 878.50

当然,这种结果随着利率的不同有显著的变化。在过去的 50 年中,利率在 3% 和 16% 之间变动。从 21 世纪初以来,这个利率一直处于这个范围较低的那一端。经过验证,在 8% 的利率水平下,100 000 美元的抵押贷款的税后净利息费用是 123 116.28 美元[①]。

分期付款与税收筹划　因为在商业贷款和房屋抵押贷款中利息费用是可以减税的,我们有时候对设计贷款的还款期内未来某年要缴纳的利息和偿还的本金数额很感兴趣。如果不想将整个分期付款进度表列出,就可以通过计算年初和年末的余额来解决问题。具体见举例 6-15。

可调节利率抵押贷款(ARM)　我们在第 5 章中关于 2008 年金融危机的讨论中涉及了可调整利率抵押贷款(ARM)。ARM 是一种按揭贷款,其利率会定期重置,以保持与目前的市场利率最为接近。这套系统将与变化的利率相关联的风险从贷方转移到了借方。

每当 ARM 利率重置的时候,根据抵押贷款剩余还款期的贷款余额及新的利率水平,借款人每月支付的还款额就要做出调整。就公式 6.19 来说,PVA 是利率重置时的贷款余额,k 是新的月利率,n 为贷款的剩余还款期。

关联概念　举例 6-15

某年本金和利息的支付额

现在我们来计算一下举例 6-13 中 100 000 美元抵押贷款在第 3 年的本金和利息的偿

[①]　在 20 世纪 80 年代,典型的抵押贷款利率为 12%,第一个月的还款额利率占比可达到 97%,30 年后的税后利息成本几乎是借款金额的两倍。

付额。

解答：在还款的第 3 年年初的时候,贷款余额是已经还款 24 个月后剩下的那部分 336 个月的还款额。

我们可以利用公式 6.19 解出这个问题($PVFA_{0.5,336} = 162.569$, $PVFA_{0.5,324} = 160.260$ 没有录入附表 A-4 中):

$$PVA = PMT[PVFA_{k,n}]$$
$$= 599.55[PVFA_{0.5,336}]$$
$$= 599.55 \times (162.569)$$
$$= 97\,468.24$$

同样,到第 3 年年末,还有 324 笔款项需要偿付:

$$PVA = 599.55[PVFA_{0.5,324}]$$
$$= 599.55 \times (160.260)$$
$$= 96\,083.88$$

以上两个数字的差 1 384.36 就是第 3 年偿付的本金的数额。在这一年里,12 次还款总共是 7 194.60(599.55×12)。

总付款额	7 190.60
本金减少额	(1 384.36)
可递减的利息	5 810.24

计算器解题方法:

按键	输入
n	336
I/Y	0.5
PMT	599.55
FV	0
	答案
PV	97 468.15

计算器解题方法:

按键	输入
n	324
I/Y	0.5
PMT	599.55
FV	0
	答案
PV	96 083.99

假设借款人想在签署贷款文件之前评估一下 ARM 的后果的话,就需要分两步计算。他必须在预估的重置时间内,估算出贷款余额,然后根据新的预估的 k 和 n 的值,计算新的每期

偿付款。

关联概念 举例 6-16

估计 ARM 利率重置

Roxanne Smothers 正在考虑买一幢新房子,她现在选择期限是 30 年的 200 000 美元的抵押贷款时,可以有两种选择。第一种是 7% 利率水平下的固定利率贷款,每月支付 1 331 美元。第二种是初始利率为 6% 的可调节利率抵押贷款,初始每月支付 1 199 美元。

Roxanne 担心利率可能在未来几年大幅上升。如果它的利率重置为 9%,那么请计算五年后她每月偿还的 ARM 贷款数额。

解答: 首先计算 5 年后(60 个月)的预计未支付的 ARM 余额。要做到这一点,就需要用到公式 6.19,就像例 6-14 和 6-15 中所做的那样,代入 PMT=1 199,k=0.5,n=300(未支付的期数)。

$$PVA = PMT[PVFA_{k,n}]$$
$$= 1\,199[PVFA_{0.5,300}]$$
$$= 1\,199 \times (155.207)$$
$$= 186\,093$$

接下来,利用公式 6.19 计算在 9% 利率水平下,未来 25 年 186 093 美元的抵押贷款,每月需要偿付的金额是多少:

$$k = 9/12 = 0.75; \quad n = 25 \times 12 = 300$$
$$PVA = PMT[PVFA_{k,n}]$$
$$186\,093 = PMT[PVFA_{0.75,300}]$$
$$186\,093 = PMT(119.162)$$
$$PMT = 1\,562$$

所以,如果利率上升到 9%,到了第 5 年,Roxanne 的 ARM 支付将上升到每月 1 562 美元,增长了 30%。这比固定利率抵押贷款的偿还额每月高出 231 美元。

请记住,利率可能不会上升,也可能会上升到 9% 以上。如果是你,你会选择哪种按揭贷款方式?

计算器解题方法:

按键	输入
n	300
I/Y	0.5
PMT	1 199
FV	0
	答案
PV	186 093.03

计算器解题方法：

按键	输入
n	300
I/Y	0.75
PMT	186 093.03
FV	0
	答案
PV	1 561.69

洞察：伦理道德

可调节利率抵押贷款（ARM）

金融恶棍归来——都被清除干净了——我们希望

可调整利率抵押贷款（ARMS）是 2008 年金融危机的主要原因之一。它们几乎在崩溃后消失了，但是现在它们回来了，穿着一套新衣服，被改造好，准备重新加入社会——我们希望是这样的。

ARM 起始的时候是人为地将利率定在低水平上，持续 5 年左右。在那之后，它们重新调整与波动的市场水平一致。坏消息是，那时的市场利率可能会大幅提高，使利率重置后的偿付额超出借款人的承受能力，这可能导致违约。

金融危机实际上始于大量的 ARM，因为利率上升带来了一连串的违约。在那之后，低产和中产阶级的可调节利率几乎消失了。但在危机发生后仅仅 5 年，ARM 开始出人意料地卷土重来。所以当下有个很大的问题。ARM 是否有可能使房地产行业再次陷入困境？或者这一次有什么不同吗？

为了回答这个问题，我们需要理解 2008 年的危机发生并不是因为 ARM 这个概念，而在于它是如何应用的。在危机之前，为了赚取贷款起始费，没有道德的贷款人利用 ARM 将财务上不合格、实际上可能负担不起这项贷款的人带入这个业务。公司治理问题、贷款人利用借款人，才是造成违约的原因。从理论上讲，如果一个家庭在未来几年有可预期的更高的收入（比如临近毕业的商学院毕业生），那么他选择 ARM 是可以的。但也许它不适合那些几乎无法靠最初低工资来生活的人。

下面的问题是：ARM 会造成道德风险吗？它们是否始终建立在这种基础上，那就是由佣金驱动的销售人员说服天真的借款人通过透支财务来实现他们心中对"家"的梦想？如果是这样，它们是否应该被排除在外？

当问及这一切的时候，银行高管说，今天的 ARM 市场与以往大不相同。现在 ARM 的重点是高端人群，借款人的财务规划能力很强，不太可能承担超出他们承受能力的风险。事实上，2013 年上半年，超过 100 万美元的按揭贷款中，60% 是 ARM，而贷款额在 400 000 美元和 100 万美元之间的抵押贷款中有 30% 是 ARM。但当我们看小额贷款时，这一比例就迅速下降了。例如，ARM 在 250 000 美元至 350 000 美元之间的抵押贷款占比不到 10%。最重要的是，申请 ARM 的借款者达标的难度要远远大于传统贷款。所有这些都意味着违约的可能性要小得多。

总而言之，ARM是否真的被改造了？从现在开始它会好好表现吗？希望如此……至少能持续一段时间……但谁知道呢……

资料来源：Annamaria Andriotis 和 Shayndi Raice，《可调整利率抵押贷款卷土重来》，《华尔街日报·市场》(2014 年 3 月 16 日)。

6.3.7 先付年金

到目前为止，我们处理的都是付款发生在期末的普通年金。当付款发生在期初的时候，就是先付年金的问题，计算公式也要进行相应的修改。

先付年金的终值 在到期年金中，支付开始于期初，而不是在每一期结束时付款。考虑一个年金公式的未来值如图 6-4 所示。现在回顾一下图 6-4 中的数字。因为一个周期的结束是下一个周期的开始，所以我们可以通过简单地将每一个支付时间提前一个周期来创建年金，如图 6-7 所示。现在有 0 次付款，但 3 次没有付款。

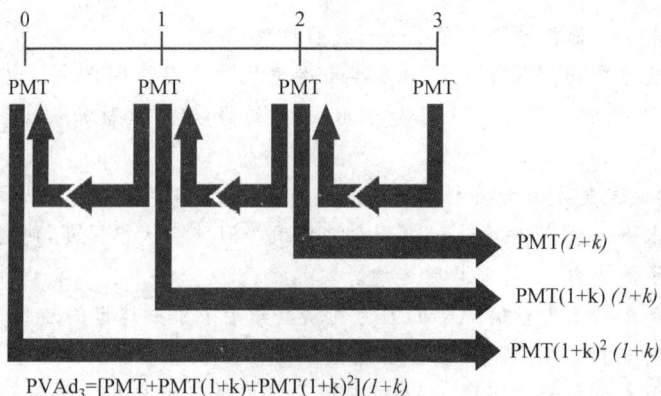

$$PVAd_3 = [PMT + PMT(1+k) + PMT(1+k)^2](1+k)$$

图 6-7 三期先付年金终值

因为每次付款都是在一个周期之前收到的，所以它在银行赚取利息中花费的时间更长。因此，年金期末的每个付款的未来价值将是以前的任何金额(1＋k)。图中以斜体显示了附加的(1＋k)。

先付年金的终值，我们称为 $FVAd_3$，那么：

$$FVAd_3 = PMT(1+k) + PMT(1+k)(1+k) + PMT(1+k)^2(1+k)$$

提取公因式(1＋k)：

$$FVAd_3 = [PMT + PMT(1+k) + PMT(1+k)^2](1+k) \tag{6.20}$$

很容易看到，无论增加多少期，先付年金中每一项都是在相应的普通年金中的项乘以(1＋k)。因此，可以将公式 6.20 推广到计算 n 期的先付年金终值：

$$FVAd_3 = [PMT + PMT(1+k) + \cdots + PMT(1+k)^{n-1}](1+k) \tag{6.21}$$

一旦我们这样做了，括号内的术语就可以像以前一样扩展成普通的年金公式。唯一改变的是在右边增加了因式(1＋k)。因此，先付年金的最终计算公式就是普通年金的计算公式乘以(1＋k)。

$$FVAd_n = PMT[FVFA_{k,n}](1+k) \tag{6.22}$$

如果使用诸如"从现在开始""从今天开始"或"立即开始"这样的词来描述支付流程，则可以在适当的情况下很容易辨认出年金现值。

高级计算器让您在分期付款的开始或结束时设置年金支付。如果设置了开始,计算器将自动处理其他的$(1+k)$乘法项。然而,如果你只是偶尔做一个年金到期的问题,那么手动乘法同样也很简单。

先付年金的现值　根据相同的逻辑,可以由图 6-7 推导出的年金现值计算公式很容易得到先付年金的现值公式。将先付年金的现值记为 PVAd。

$$PVAd = PMT[PVFA_{k,n}](1+k) \tag{6.23}$$

该公式的用法与公式 6.22 的用法相似,举例 6-17 涉及年金到期的偿债基金。

作为一种可选择的练习,可以通过公式 6.23 的拓展来解决它。

辨别年金问题的类型　在解决年金问题时最常见的错误就是弄不清楚该用现值的方法还是终值的方法。下面对如何分清楚两者做一点指导。

关联概念　举例 6-17

先 付 年 金

Baxter 公司今天开始为偿债基金存款,每季度存入 50 000 美元。Baxter 公司的银行每季度支付 8% 的利息,支付 10 年。到那时候,基金的价值总共是多少?

解答:回忆一下举例 6-6,偿债基金是关于存钱在债券到期时支付债券的,属于年金终值问题。首先来计算 k 和 n:

$$k = 8\%/4 = 2\%$$

$$n = 10\ 年 \times 4\ 季度/年 = 40\ 个季度$$

接下来写出等式 6.22,并代入已知的值。

$$FVAd_n = PMT[FVFA_{k,n}](1+k)$$

$$FVAd_{40} = 50\ 000[FVFA_{2,40}](1.02)$$

从附录(表 3)得知 $FVFA_{2,40} = 60.402\ 0$,并代入

$$FVAd_{40} = 50\ 000 \times [60.402\ 0](1.02) = 3\ 080\ 502$$

利率 k,以两种不同的方式在先付问题上使用,注意这一点十分重要。它是年金终值因子中的两个下标之一,$FVFA_{k,n}$,并且它以代数方式出现在项$(1+k)$中。用作下标,它表示附录中的年金表之一的列标题,其中大部分是以整数形式编写的。但在代数项$(1+k)$中,它是以 0.02 的小数形式出现的,比如在下面这个例子中,2% 在$(1+k)$因式中记为$(1+0.02)$,也就是 1.02。

计算器解题方法:

按键	输入
n	40
I/Y	2
PMT	50 000
PV	0
	答案
FV	3 020 099
	×1.02
FV	3 080 501

年金问题通常可以由一系列等额的付款分辨出来。不论款项的价值是否是已知,一系列的付款就意味着是年金。

年金问题经常包括一些发生在一系列付款的终结或者其他时候的交易。如果交易发生在系列付款的终结处,要解决的就是终值问题。如果交易发生在期初,就属于现值问题。下面是解释这个观点的图示:

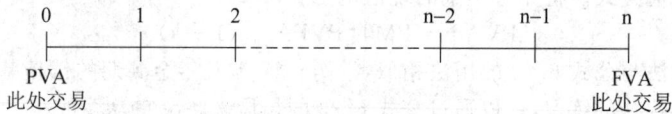

贷款问题通常属于年金的现值问题。年金本身就是一系列贷款还款。交易就是借到的资金从出借者向借款者转移。通常发生在系列还款的最初期。

存钱以便未来购买某物,通常属于年金终值问题。例如,假设我们通过每月在银行中存入一定数额的钱,用于未来购买一辆汽车,存款就相当于年金中的付款,购买汽车就是发生在系列付款结束时的交易。

6.3.8　永续年金

发生在相等的时间间隔,并无限期支付的一系列等额付款被称为永续年金。我们可以将永续年金理解为一个无期限的年金,但实际上,它并不属于年金。

终值的概念对于永续年金并没有意义,因为没有可以计算终值结束的时间点。然而,对于永续年金来说,现值是有意义的。

永续年金的现值,就像年金一样,是所有的相独立的付款的现值之和。初看起来好像没有什么意义,因为会认为无限数目的付款的现值的和也应该是无限的。

然而,在一个无限次的系列付款中,各次付款的现值是逐渐变小的数字。每一次付款对PV的增加量都要小于前面一次付款,因为后一次的折现的时间更长。从数学上来讲,一系列逐渐变小的数字的和应该是有限的。此外,计算这个有限的熟知的方法非常简单。

每次付款额为PMT,利率为k的永续年金现值,记为 PV_p,那么:

$$PV_p = PMT/k \qquad (6.24)$$

其中,k是付款当期的利率。例如,如果按照季度来付款,并按照季度来计息,k就是每个季度的利息 $k_{nom}/4$。

在给定的利率下,如果按照给定利率存款,在不复利的情况下,每期获得的付款额的总和,就是永续年金的现值。

关联概念　举例6-18

永续年金——优先股

Longhorn公司发行一种证券,承诺无期限地向证券持有者每季度支付5美元,在金融市场上投资者可以根据他们投资的钱获得8%按照季度计息的利息。Longhorn公司的这种证券能以什么样的价格出售?

解答: Longhorn公司的这种证券实际上是一个按照季度付款的永续年金。证券的价值就是所承诺的未来支付的利息的现值:

$$PV_p = PMT/k = 5.00/0.02 = 250$$

提供这样的分配方式的证券被称为优先股。我们将在第 8 章中对此深入学习。

关联概念 举例 6-19

永续年金——收入资本化

Ebertek 是一家私营企业,正在对外转让。Big 公司正在考虑收购这家企业。Ebertek 公司在过去 5 年的平均税后收入是 2 500 000 美元,基本没有偏离这个平均值,采用的利率是 10%。在谈判时比较现实的起始价格应该是多少?

解答:如果收购方认为 Ebertek 公司的收入稳定,那么这家企业公平的价格应该为无限期的未来收入的现值之和。换句话说,公正的价格应该是一个每年收入一定的永续年金的现值。本例中,企业的价值应该为

$$
\begin{aligned}
PV_p &= PMT/k \\
&= 2\ 500\ 000/0.10 \\
&= 25\ 000\ 000
\end{aligned}
$$

这个估值过程被称为在相应利率下的收入的资本化,在这个例子中,利率为 10%。本质上,我们将这一系列的收付款等同于一定数额的奖金,这笔资金可以在现有利率下产生与收付款项数额相同的利息。

在这种情况下,谈判将在开始价格点,上下波动,取决于对未来收入的预期是高于还是低于近年来的收入纪录。

连续复利 在本章前几节讨论复利问题时,我们提到了复利计算期短于一年的情况。特别提到了年、半年、季度和月,这几种复利计算期。

复利计算期从理论上讲可以短于一天。以小时、分钟、秒作为复利计算期都是有可能的。从极限的角度来讲,由于时间段可以无限制地缩小,我们有了连续复利的概念,也就是利息一经产生,便立刻加入本金账户中再次产生利息。

连续复利公式的数学推导十分复杂,因此我们仅仅列出公式,而不研究推导过程了。

$$FV_n = PV(e^{kn}) \tag{6.25}$$

其中,k 是以小数形式表示的名义利率;n 是题目中的年数。

字符 e 是高等数学中一个特殊的数,它的十进制位数值为 2.718 28……所有的财务和工程计算器都有一个 e^x 键,用于计算 e 的指数值。注意,它既可以运用公式 6.25 来求一笔资金的现值,又可以求其终值。k 和 n 的小数值可以直接代入等式中使用。

等式之间形似之处的注释 两个资金公式中任何一个都可以求解资金问题,因为两者都是公式 6.3 推导出的。两个公式中的 4 个变量是相同的,并且时间价值系数互为倒数。

两个年金公式看起来也是对称的,实则不是。年金公式是不可以交换使用的,每一个公式对应着相应的题型。此外,系数之间也不是互为倒数的关系。因此,在解题的时候,必须选择正确的年金公式。

表 6-5 总结了之前讨论过的所有时间价值公式。

连 续 复 利

Charleston 的第一家国家银行对存款提供连续复利利率。

(1) 如果存入 5 000 美元,利率为 6.5%,连续复利,存期三年半,那么总金额变为多少?

(2) 利率为 12%,连续复利的等价年利率(EAR)是多少?

解答：要解出(1)中的答案,列出公式 6.25,代入已知数值：

$$FV_n = PV(e^{kn})$$
$$FV_n = 5\ 000\left[e^{(0.065)(3.5)}\right]$$
$$= 5\ 000(e^{0.227\,5})$$

使用计算器得出 $e^{0.227\,5} = 1.255\ 457$,代入后相乘得：

$$FV_{3.5} = 6\ 277.29$$

解答(2)中的答案,计算 100 美元存款在利率 12% 连续复利的情况下,存款一年所获得的利息。

$$FV_n = PV(e^{kn})$$
$$FV_1 = 100(e^{(0.12)(1)})$$
$$= 100(e^{0.12})$$
$$= 100 \times (1.127\ 5)$$
$$= 112.75$$

因为初始存款为 100 美元,获得的利息就是 12.75 美元,等价年利率 EAR = 12.75/100 = 12.75%。

请对比此题结果与年终余额,表 6-2 所示的利率为 12% 时,不同复利计算期对应的 EAR 的值及其相关讨论。

表 6-5 时间价值公式

公式编号	公式内容	对应表
	资金	
6.4	$FV_n = PV[FVF_{k,n}]$	A-1
6.7	$PV = FV_n[PVF_{k,n}]$	A-2
	普通年金	
6.13	$FVA_n = PMT[FVFA_{k,n}]$	A-3
6.19	$PVA = PMT[PVFA_{k,n}]$	A-4
	先付年金	
6.22	$FVAd_n = PMT[FVFA_{k,n}](1+k)$	A-3
6.23	$PVAd = PMT[PVFA_{k,n}](1+k)$	A-4
	永续年金	
6.24	$PV_p = PMT/k$	
	连续复利	
6.25	$FV_n = PV(e^{kn})$	

6.3.9 综合问题

实际工作中,经常要将两个或者更多的时间价值公式组合起来求解最终答案。在这种情况下,画出时间线可以使问题更为直观。下面举两个例子来说明。

关联概念　举例 6-21

简单的多种公式组合

Exeter 有限公司将 75 000 美元投资于证券,并获得 16% 按照季度计息的回报。这个公司正在开发新产品,需要投入两年时间,成本为 500 000 美元。Exeter 公司目前的现金流状况良好,但是未来情况未知。因此,管理者希望从现在开始存款,直到投入开发时确保手头有 500 000 美元的现金。现在投资于证券的钱可以用来提供部分开发基金。银行存款利率 12%,按照月度计息。Exeter 每个月要存入多少钱才能确保足够用于产品开发的资金?

解答:在题目的开始部分有两个主要问题。Exeter 通过每月存钱积累资金(年金问题),投资于证券的钱以一定利率增长(资金问题)。

要计算公司每个月需要存入多少钱,就需要知道这些存款在两年后可以积累到多少。这是未知的,但是可以计算出来。系列存款的最终金额必须等于 500 000 美元减去证券投资最终得到的金额。

因此,要相继求出两个问题。先解决一个资金问题,求出 75 000 美元的终值。用 500 000 美元减去刚刚得出的结果,随后得出年金所要作出的贡献。随后要求解一个年金终值问题,求出为得出刚才的数值,每次应该存入的数额。

在这里必须注意,在上面两个步骤中,k 和 n 的值是不相同的。在资金问题中,按照季度计息,时间两年,利率 16%,因此 $k = 4\%$,$n = 8$ 个季度。在年金问题上,利率 12%,按月计息,时间两年,因此 $k = 1\%$,$n = 24$ 个月。时间线如下:

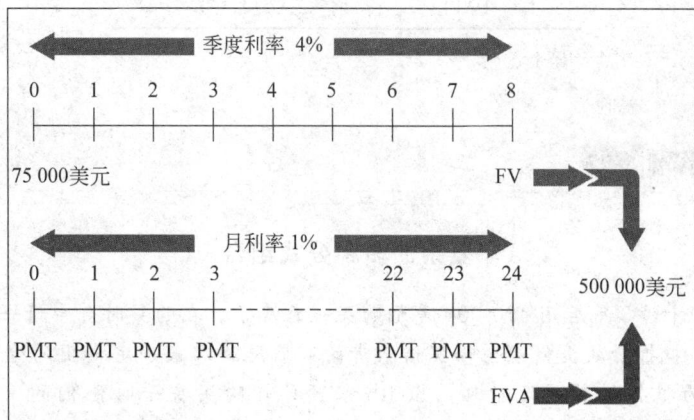

用公式 6.4 求解出 75 000 美元的终值:

$$FV_n = PV[FVF_{k,n}]$$
$$FV_8 = 75\,000[FVF_{4,8}] = 75\,000 \times [1.368\,6] = 102\,645$$

计算器解题方法：

按键	输入
n	8
I/Y	4
PV	75 000
PMT	0
	答案
FV	102 643

然后计算存款的贡献：

$$500\ 000 - 102\ 645 = 39\ 755$$

换句话说，这笔年金存款的终值是 397 355 美元，用公式 6.13 求解相应的每期存款额：

$$FVA_n = PMT[FVFA_{k,n}]$$
$$397\ 355 = PMT[FVFA_{1,24}]$$
$$397\ 355 = PMT[26.973\ 5]$$
$$PMT = 14\ 731$$

计算器解题方法：

按键	输入
n	24
I/Y	1
FV	397 355
PV	0
	答案
PMT	14 731

关联概念 举例 6-22

复杂的多种公式组合

Smith 一家计划 3 年后用 400 000 美元购买一套房子。在购买时会申请一笔传统的 30 年期的抵押贷款。抵押贷款提供者会根据借款者的家庭总收入来确定借出的金额，将家庭收入的 25% 左右作为抵押贷款的还款额。Smith 家预计在购买房子时他们的家庭收入大约是 96 000 美元，到那时抵押贷款利率大约为 9%。

光靠抵押贷款不足以支付购买房子所需要的资金，还需要积攒预付定金来补足差额。他们家已有银行存款 20 000 美元，利率为 6%，按照季度计息。计划从现在开始每一个季度存入一定金额，直到购买时为止。每一季度要存入多少钱？

解答：我们需要三条时间线来使问题更加形象化。一条用于银行中已有的 20 000 美元存款,一条用于贷款,另外一条用于未来3年的存款。像这样的问题画出时间线表是非常有必要的。

要注意本题解题的焦点在购买房子的时间点处。资金问题和存款的年金问题终结于该点,而这一点又是贷款的开始点。也就是说贷款的0时间点并不在现在,而是在3年后。尽管如此,我们还是要提到贷款的还款这个年金的现值。

题目要求我们计算每季度Smith家需要存款多少钱。我们先要知道他们总计要存款多少,也就是存款年金的终值,即表中的FVA_{12}。这个数额应该是400 000美元减去可以借到的数额,再减去已经有的存款3年后的终值,即表中的PVA和FV_{12}。

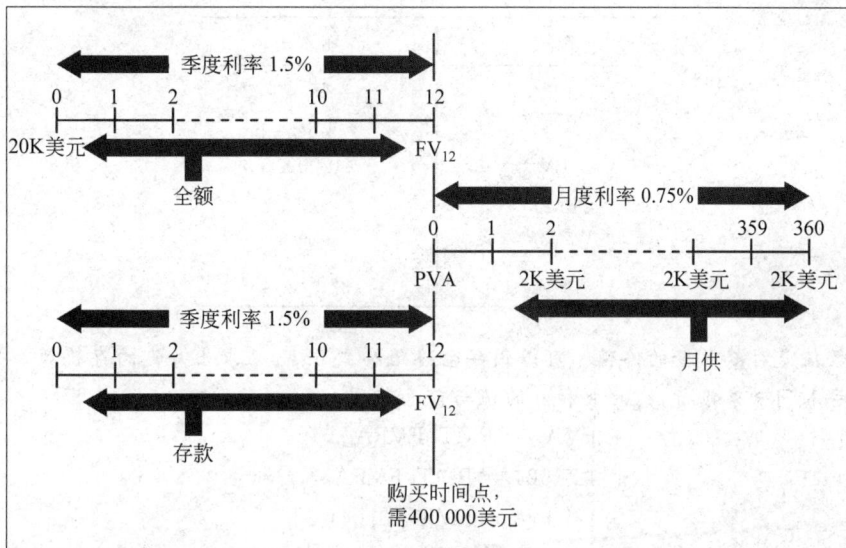

首先,用年金现值公式6.19计算可以借到的金额。30年期抵押贷款利率9%按月计息,可知k=0.75%,n=360。Smith一家的年收入是96 000美元,或者每月8 000美元。这笔钱的25%,也就是1 000美元用于还款。

$$PVA = PMT[PVFA_{k,n}]$$
$$= 2\,000[PVFA_{0.753\,60}]$$
$$= 2\,000 \times [124.282]$$
$$= 248\,564$$

计算器解题方法:

按键	输入
n	360
I/Y	0.75
PMT	2 000
FV	0
	答案
PV	248 564

接下来,用公式 6.4 来计算银行中已有的 20 000 美元的终值。按照 6% 的利息季度计息,时间 3 年,可得 k=1.5%,n=12。

$$FV_{12} = 20\ 000[FVF_{1.5,12}]$$
$$= 20\ 000 \times [1.195\ 6]$$
$$= 23\ 912$$

存款需要的总额是 400 000 美元,减去上面两个结果:

$$400\ 000 - 248\ 564 - 23\ 912 = 127\ 524$$

计算器解题方法:

按键	输入
n	12
I/Y	1.5
PV	20 000
PMT	0
	答案
FV	23 912

这个数值是存款年金的终值。可以用年金终值公式 6.13 来求出每期的存款额。

由于存入同一家银行,因此 k 和 n 的值与前面相同。

$$FVA_n = PMT[FVFA_{k,n}]$$
$$127\ 524 = PMT[FVFA_{1.5,12}]$$
$$127\ 524 = PMT[13.041\ 2]$$
$$PMT = 9\ 779$$

计算器解题方法:

按键	输入
n	12
I/Y	1.5
FV	127 524
PV	0
	答案
PMT	9 779

不要因为这个存款和已有的 20 000 美元存款在相同账户就在理解上产生混乱。为了计算方便,可以将它们理解成在不同账户中的金额。

最终得出的数字显示,Smith 一家每季度要存款 9 800 美元,也就是每月要存入 3 267 美元,以他们的收入水平来看,这笔存款似乎有点多。

6.3.10 不等额现金流和嵌入式年金

许多现实中的问题包括付款数额不等的现金流。当这种情况发生的时候,我们不能运用年金公式计算现值和终值。必须将每一笔付款作为独立的资金问题。例如,考虑如下时间线所表示的付款现金流。[1]

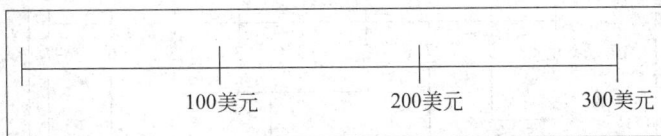

解决此题的唯一方法就是将每次付款作为独立的金额看待。求解现值或者终值时并不太难,但是如果已经知道得到的特定的现值或者终值来计算那就十分困难了。

例如,我们可能需要求出在何种利率条件下相互独立的金额的现值之和为 500 美元。

解决此类问题的正确方式是试算法,也就是猜出某一个利率值,以此算出现金流的现值,如果得出的结果不是 500 美元,就选择一个更加合适的利率重新计算。有种方法可以使第二次预测结果更加接近正确结果,下面我们举例说明:

关联概念　举例 6-23

不等额现金流的现值

请计算在多少利率下,可以使上述现金流的现值为 500 美元。

解答:我们将资金的现值公式应用于每一笔连续付款,初步猜测利率 12%,整个现金流的现值为:

$$PV = FV_1[PVF_{k,1}] + FV_2[PVF_{k,2}] + FV_3[PVF_{k,3}]$$
$$= 100[PVF_{0.12,1}] + 200[PVF_{0.12,2}] + 300[PVF_{0.12,3}]$$
$$= 100(0.929\ 0) + 200(0.797\ 2) + 300(0.711\ 8)$$
$$= 462.27$$

这个值比 500 美元小,所以我们的猜测是错的。由于我们的猜测将数值折现太多,更高的利率将金额折现更大,因此下次猜测利率应低一点。

用 11% 的利率试算会得到 471.77 美元,与 500 美元更加接近一些,但是仍不够接近。经过一系列试算之后,我们会得到答案在 8%~9% 之间。

嵌入式年金　有时候,不等额现金流也含有规律的部分,在计算现值或者终值的时候,我们可以用年金公式来减少计算次数。

以计算下面的不等额现金流的现值为例。第 3 次到第 6 次付款可以看成是一个期数为 4,每期付款额为 3 美元的年金。

不需要计算每一期的现值,我们可以将该部分看作年金,通过 PVA 公式计算。然而,必须记住年金公式得出在年金开始时的现值。在这个例子中是在时间点 2 处,而不是在 0 时间点处。因此我们要将得到的年金"现值"再向前折现两个时间段,得到在时间点 0 处的现值。

---

[1]　尽管在这里我们没有特别提出,但你应该意识到在一个付款现金流中,可能有一次或者多次的付款是负数。例如,一系列的付款表示了计划从经营中获得的利润,负数则反映了在某个期间的损失,它对现值和终值的计算带来负的贡献。

如下图：

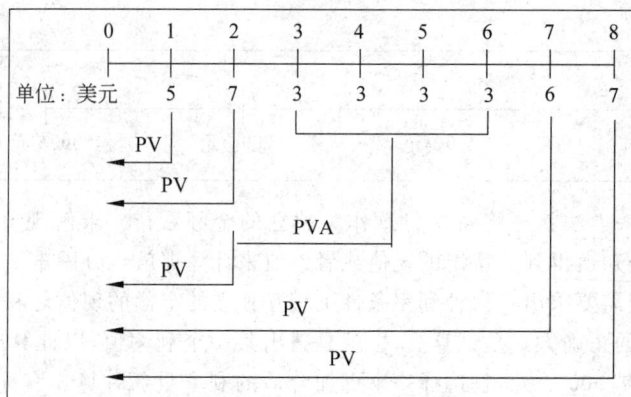

关联概念　举例 6-24

嵌入式年金

计算上面不等额现金流的现值，利率为 12%。

解答：首先将前面两次付款和最后付款作为独立的资金问题（美元）：

第 1 次付款：$PV = FV_1[PVF_{12,1}] = 5(0.8929) = 4.46$

第 2 次付款：$PV = FV_2[PVF_{12,2}] = 7(0.7972) = 5.58$

第 7 次付款：$PV = FV_7[PVF_{12,7}] = 6(0.4523) = 2.71$

第 8 次付款：$PV = FV_8[PVF_{12,8}] = 7(0.4039) = 2.83$

接下来计算在第 3 期期初年金的现值：

$$PVA = PMT[PVFA_{12,2}] = 3 \times (3.0373) = 9.11$$

$$PV = FV_2[PVF_{12,2}] = 9.11 \times (0.7972) = 7.26$$

然后将所得的 PV 值相加，得到答案为 22.84。

用计算器解决不等额现金流问题　财务计算器能够计算有限次付款的不等额现金流问题。通常程序已知利率求解现金流的现值或者已知现值求适用的利率。计算器的使用手册含有计算不等额现金流的说明。

电子表格也有进行这些操作的功能，并且比计算器更加容易使用。

不等额现金流的估值是一种很重要的财务方法——资本预算的一个关键环节。资本预算将在第 10、11 和 12 章中详细讨论。

关联概念

举例 6-1　终值计算

举例 6-2　现值计算和相当于现金折扣的延期付款

讨论题

1. 为什么在日常商业事务中,尤其是含有契约的商业事务中时间价值的概念尤为重要?

2. 为什么在计算债券或者股票价值时,时间价值的概念极为重要?

3. 在零售店打折扣就是降低价格,那么在财务领域折现意味着什么呢? 这两个概念有关联吗?

4. 计算利率 10% 的情况下,30 年后 1 美元的现值。据此对于时间期限非常长的合同能得出什么结论?

5. 请用简短的语言描述年金的时间价值公式的推导方法。

6. 延期付款条款相当于现金折扣,讨论并解释这个理论。

7. 什么是机会成本利息率?

8. 讨论偿债基金理论,它是怎样与时间价值相关联的?

9. 复利公式之间的联系比年金公式之间的联系更加紧密。请解释这个说法。

10. 描述复利和复利期的潜在含义。这两者是如何与时间价值联系起来的? 概括出有效年利率(EAR)的定义。什么是年度百分比(APR)? 年度百分率与有效年利率有关吗?

11. 在分期付款进度表中包含哪些信息?

12. 根据货币的时间价值和分期付款有关知识来论述抵押贷款。对于抵押贷款的使用,每一个房屋所有者都应该掌握哪些重点?(提示:想一想税收和抵押贷款。)

13. 讨论将无期限的系列收入资本化的理论。这项理论的应用范围是什么?有应用这项理论的金融资产吗?

14. 如果一种年金在一段时间后开始,如何计算它的现值?用几句话来描述这个过程。

商业分析

企业可以通过资本化其收益流来估值(见例 6-19)。你如何用同样的思维来评估证券、特别是大型上市公司发行的股票?是否有一种方法可以计算出一个可以与股票市场价格相比较的价值,从而告诉投资者这是否是一笔好的投资?(如果市场价格低于计算值,股票购买就很合算。)在计算股票价格的时候可能使用哪些财务数据?考虑一下第 3 章中讨论的每股收益、股息、每股账面价值等数字和比率,有没有一种衡量方法比其他方法更有意义?什么因素会使一只股票的价值超过或低于你的计算价值?

习题

终值:关联概念 举例 6-1,6-2

注:前 15 个问题是简单的应用程序,只涉及年度复利。随后的问题会变得更加复杂,需要各种不同的复利。关于所有涉及非年度复利的问题,见例 6-7 和 6-8。

1. 7% 的利率下,3 年期的 1 250.63 美元存款的终值是多少?

2. 如果按照 16% 的利息存款 30 年,那么 175 美元 30 年后的终值是多少?

3. 如果你将 207.86 美元存入一个账户,按照 4% 的利率,期限 12 年,那么最终你会有多少钱?

现值:关联概念 举例 6-2

4. 利息率 14% 的情况下,如果 12 年后确保有 15 750 美元,那么现值应该是多少?

5. 如果利率是 7%,那么你今天要在银行存多少钱才能在 9 年后拥有 42 800 美元?

求解利率和时间段数:关联概念 举例 6-3,6-4

6. 在 15 年后,1 000 美元将增长到 3 642.50 美元,那么利率是多少?

7. 14% 的利率水平下,5 000 美元的投资翻番需要多长时间?

8. 在何种利率水平下,750 美元的存款会在 15 年内增长到 3 132.83 美元?

9. 如果你在 12% 利率水平下投入 8 000 美元,那么需要多久这笔投资会变为三倍数额?

年金终值和现值:关联概念 举例 6-5

10. 如果每年存入 650 美元,在 12% 利率水平下,8 年后会变成多少钱?

11. 如果预期利率为 7%,那么你每月存入多少钱才能在 10 年后拥有 65 000 美元?

12. 每年存入 7 500 美元的存款,如果要在 15 年后变为 279 600 美元,那么利率应该为多少?

13. 如果利率为 8%,每年存入 850 美元,那么需要多少年才可以使存款变为 20 000 美元?

14. 如果利率为 10%,12 年后你要得到 3 000 美元,那么你每年要支付多少年金?

15. 如果利率为 8％,贷款额为 350 000 美元,期限为 10 年,那么每年的还款额为多少?

资金问题

终值:关联概念　举例 6-1

16. 在下面的情况下,银行中 4 500 美元的存款价值将变成多少?

(1) 利率 7％,期限 9 年

(2) 利率 10％,每半年计息,期限 6 年

(3) 利率 8％,按照季度计息,期限 5 年

(4) 利率 12％,按月计息,期限 10 年

现值:关联概念　举例 6-2

17. Lexington 房地产发展公司拥有一笔 3 年后到期的 10 000 美元的应收款。如果利率分别为以下几种,那么这笔款项的现值是多少?

(1) 9％

(2) 12％,按月计息

(3) 8％,按季度计息

(4) 18％,按月计息

求解利率:关联概念　举例 6-3

18. 在下面列出来的各项贷款中,适用的利率各为多少?

(1) 借款 500 美元,一年后还款 555 美元

(2) 借出 1 850 美元,两年后得到还款 2 078.66 美元

(3) 借出 750 美元,按季度计息,5 年后得到还款 1 114.46 美元

(4) 借款 12 500 美元,按月计息,3 年后还款 21 364.24 美元(注:在(3)和(4)的计算中,要得出年名义利率。)

求解时间段数:关联概念　举例 6-4

19. 要使下面的各项成立,要经过多长时间?

(1) 利率 7％的情况下,856 美元增加到 1 122 美元

(2)利率 12％、按月计息的情况下,450 美元增加到 725.50 美元

(3) 利率 10％、按季度计息的情况下,5 000 美元增加到 6 724.44 美元

20. Sally Gutherie 正在寻找一个投资渠道可以使她的钱在 5 年的时间里翻一番:

(1) 她必须获得多大的报酬率?(以最接近的整数百分比来表示)

(2) 按照上面求得的报酬率,经过多长时间可以使她的钱变为原来的 3 倍?

(3) 如果她无法得到比 11％更高的报酬率,要使她的钱翻一倍需要多长时间?

(4) 你认为 Sally 要使用哪种金融工具?它们是否有风险? Sally 的投资可能会发生什么情况?

相当于现金折扣的延期付款:关联概念　举例 6-2

21. Branson 公司将产品出售给 Brandywine 公司,售价为 20 000 美元。出于诚意,Branson 公司同意一般的销售金额可以在两年后支付。

(1) 如果利率为(1)6%,(2)8%,(3)10%或者(4)12%,对 Branson 公司来说,交易的实际价格是多少?

(2) 在什么情况下实际的价格会比提供给 Brandywine 公司的实际售价要低?

22. Paladin 公司为经常资金短缺的小城市报纸公司制造印刷机。为了顺应顾客的需求,Paladin 公司提供了如下的付款协议:

交货时付款 1/3

6 个月后支付 1/3

18 个月后支付剩余的 1/3

Littleton Sentinel 是一个典型的资金状况不好的报社,它正在考虑购买 Paladin 公司的印刷机。

(1) 从 Paladin 公司的角度来看,如果可以将额外的资金以 8%利率,按照季度计息方式进行投资,那么上述条款实际的折扣是多少?

(2) Sentinel 公司能以 12%的利率,按月计息方式借到有限的金额,那么对于这个报社来说,这个付款条款的折扣又是多少呢?

(3) 从机会成本的角度对同一个问题的不同角度得出结论进行调整。

23. Charlie 欠 Joe 8 000 美元,欠条上标明 5 年后归还,利率 6%,一次性支付利息。Joe 现在有个投资机会,估计可以得到 18%的回报率,但是还有种可能性就是只能得到 4%的回报率。银行可以以 14%的利率对欠条进行折现,向 Joe 提供立刻投资所需要的资金。

(1) 如果他接受了银行的服务,并且投资确实得到了 18%的回报率,那么 Joe 的盈利是多少?

(2) 如果投资得到的报酬率仅为 4%,他将亏损多少钱?

24. John Cleaver 的祖父刚刚去世,留下一份遗嘱,并已经锁在阁楼很多年了。在遗嘱的下面,John 发现了一捆 50 张尚未兑换的第一次世界大战期间美国所发行的自由公债。这些债券在 1918 年发行时价格为每张 11.50 美元,利率 3%,每年计息。(这类政府储蓄债券按照复利计息,并积累利息一次发放,而不像公司债券那样按期向债券持有人发放利息。)(提示: $[FVF_{k,a+b}]=[FVF_{k,a}]+[FVF_{k,b}]$。)

(1) 在 2015 年,这些债券价值是多少?

(2) 如果采用七八十年代比较高的利率,如 7%,这些债券的价值又是多少呢?

(3) 解释在(1)和(2)部分得出的结果的不同之处。

年金问题

年金终值:关联概念 举例 6-5

25. 每年 650 美元,时间为 8 年的年金价值为多少? 利率如下:

(1) 12%

(2) 8%

(3) 6%

26. Wintergreen 一家正在为他儿子的教育问题进行筹划。他们的儿子现在 8 岁,10 年后就要念大学了。如果利率为 7%,他们每年要存入多少钱才能在儿子开始念大学时有 65 000 美元?

27. 要使每年存入 7 500 的年金在 15 年后积累到 279 600 美元,那么适用的利率是多少?

28. 在利率 8% 的情况下,要使每年 850 美元的年金达到 20 000 美元,需要经过多少年?

偿债基金:关联概念 举例 6-6

29. Blanchard 公司希望通过发行债券来融资 12 000 000 美元,期限 20 年,但一直很难找到愿意接受这么长期贷款的贷款人。该公司的投资银行家已告知首席财务官,潜在的债券买家并不担心 Blanchard 公司是否有能力定期支付此类贷款的利息。然而,他们担心,当本金在 20 年后到期时,它的手边是否将有足够的现金偿还贷款本金。这位银行家表示,建立偿债基金可能会减轻他们的担忧;他还表示,存入此类账户的资金预计每年可赚约 6% 的利息。

如果启动这项基金,那么 Blanchard 公司在以下各个年份需要存入多少钱?

（1）债券发行之时;

（2）债券发行后的 5 年;

（3）债券发行后的 10 年;

（4）债券发行后的 15 年。

有效年利率（EAR）

30. Ralph Renner 刚刚借了 30 000 美元来购买一辆运动跑车。他选择了一项 60 个月期的贷款项目,每个月的还款额为 761.80 美元。那么 Ralph 贷款的有效年利率是多少?

年金现值:关联概念 举例 6-9

31. 如果你有一个投资机会,半年计息一次,利率为 10%,那么每半年支付 2 000 美元,总计支付 12 年的年金的总价值是多少?

32. 年金是退休储蓄中非常有吸引力的一种投资工具,因为许多人更喜欢退休时的收入流,而不是银行里的一笔总额支付。通过从银行或保险公司购买折现价值的年金来换取另外一种产品很容易。

Lisa Montgomery 刚刚退休,年龄 65 岁,退休金的储蓄额为 750 000 美元。她认为自己能活到 85 岁左右,并希望在此之前每月能有一笔有保障的收入。她的银行提供的年金投资折扣每月按照 6% 的利率计息。如果 Lisa 把全部钱投资在年金上,她的月收入会是多少?

分期付款——求解还款额:PMT 关联概念 举例 6-11

33. SamRothstein 想借 15 500 美元,按季度分期偿还,期限 5 年按照 16% 的利率季度计息。那么他每次的还款额是多少?

分期付款——求解借款额:PVA 关联概念 举例 6-12

34. Harry Clements 想买辆新车。他每月支付得起 650 美元。该银行按每月 12% 的利率发放 4 年期的汽车贷款。Harry 为了买这辆新车可以借多少钱?

35. 如果一笔 10 000 美元的汽车贷款将在 3 年内每月支付 361.52 美元。那么利率是多少?假设每月计息一次,请按年率给出答案。

分期付款进度表:表 6-4

36. 请制作一张 4 年期,利率 6% 按年计息的 10 000 美元贷款的分期还款的进度表。

抵押贷款:关联概念 举例 6-13,6-14,6-15

37. Ryan 和 Laurie Middleton 刚刚购买了他们的第一套房子,他们以传统的抵押贷款的形式(按月计息和付款)借了 178 000 美元,利率为 6%,时间为 30 年。

(1) 他们每月付款多少?

(2) 他们第一个月的付款额中支付的款项中利息有多少?

(3) 如果 30 年内一直按期付款,那么他们支付的利息总数是多少?

(4) 如果 7 年后他们决定搬家,那时他们的贷款余额是多少?

(5) 如果房屋的贷款期限是 15 年而不是 30 年,那么他们在整个贷款期限内可以少支付多少利息?

接下来的四个问题(38~41)都是关于一笔 30 年期、利率为 6%、总额为 150 000 美元的抵押贷款:

38. 每个月的还款额是多少? 请作出这笔贷款前 6 个月的分期付款进度表。

39. 作出这笔贷款最后 6 个月的分期付款进度表。(提示:在 29 年半的时候,尚未偿还的余额是多少?)

40. 如果借款者在第 5 年年末的时候一次性偿还本金 33 000 美元,那么还需要多久才能还清这笔贷款?

41. 在还款的第 25 年的付款额中支付的本金和利息各是多少?

42. Adam Wilson 刚刚贷款 250 000 美元购买了一栋新房子,贷款期限为 30 年,利率为 8%,按月计息,那么:

(1) Adam 每月的还款额是多少?

(2) 如果 Adam 每个月多还 100 美元,能够提前多长时间还清贷款?

(附录不能为(3)题和(4)题提供数据,请使用财务计算器来解决。)

(3) 假设 Adam 在前 5 年内正常还款,在第 5 年年末,贷款利率变为 6%,如果他仍然按照过去的还款额来偿还,那么在第 5 年后,他能提前多长时间还清贷款?

(4) 第 10 年,在下面两种情况下,Adam 各需要支付多少利息?

① 如果利率重置了

② 如果利率没有被重置

估计 ARM 利率重置:关联概念 举例 6-16

43. Harrison Conway 需要贷款 300 000 美元,他正在固定利率的抵押贷款和可调节利率的抵押贷款两者中进行选择。两者都是 30 年期,按月计息。固定利率为 8%,可调节利率的起始利率为 6%。Harrison 担心 10 年后会发生通货膨胀,利率可能会回到 20 世纪 80 年代时 12% 左右的水平。如果 10 年后 ARM 的利率真的变为 12%,请比较一下固定利率贷款和 ARM 的付款额。为了简化问题,假设只发生了一次利率重置。请将结果保留至整数。

先付年金:关联概念 举例 6-17

44. 从今天开始,Joe Ferro 的叔叔在接下来的两年每月都会给他 250 美元。如果 Joe 每个月把收到的这笔钱都存入银行,利率为 6%,3 年后,他会有多少钱呢?

45. 如果每季度支付 500 美元来分期偿还一笔 8 000 美元的贷款,年利率为 16%,按季度计息,需要经过多长时间才能还清贷款? 请将答案近似到月。如果每期还款发生在期初而不是期末,可以将还款时间减少多少?

永续年金——收入资本化:关联概念 举例 6-19

46. Roper Metals 公司正在就收购 Hanson sheet metal 公司进行谈判。Hanson 公司的税

后利润的平均值为 19 000 000 美元,多年来相对稳定,基本在平均值的上下微小波动。迄今为止,谈判的焦点都集中在两家公司"商业模式"的契合度上,而将定价问题忽略了。Roper 公司的 CEO 认为这次并购有风险,所以如果这次并购不能带来其他业务上的进步的话,出价必须能保证公司 20% 的收益率。

(1) 如果在保证谈判顺利开始的情况下,Roper 公司的报价在多少比较合理?

(2) 毋庸置疑,Hanson 公司的管理层希望获得较高的价格,那么他们在做资本化收益的时候应该适用较高还是较低的利率?请给出理由。

(3) 为了使自己的要求合理,Hanson 公司会给出什么理由?

连续复利:关联概念 举例 6-20

47. 当地银行一般会提供利率为 6%,按照月度计息的 5 年期存单业务。汉诺威银行(HanoverBank)一直对新的 CD_s 提供相同的名义利率,希望吸引更多客户。Sharon Shaker 去年写的一部浪漫小说刚刚收到了 50 000 美元的版税支票。因为当时不需要这笔钱,于是她就将它按照她能取得的最高的 5 年期利率存入了银行。如果她在汉诺威银行存款的话,比在另一家银行能多多少利息?

综合问题

简单综合问题:关联概念 举例 6-21

48. Tower 一家进行房屋改建需要花费 60 000 美元。他们希望通过房屋资产贷款来筹集尽可能多的费用,但是他们只能承担每月最高 600 美元的还款。银行提供的财产贷款利率为 12%,按月计息,最长期限为 10 年。

(1) 作为预付定金,他们需要多少现金?

(2) 银行存款利率为 8%,按照季度计息。如果他们延迟两年再改建房屋,那么在贷款利率和估计的成本不变的情况下,它们每个季度要存多少钱才能支付到时所需要的预付定金?

复杂综合问题:关联概念 举例 6-22

49. Steun 一家想在一年半之后买一栋度假小屋。他们预期到时要花费 75 000 美元,他们会有以下资金来源:

(1) 现在银行中有存款 10 000 美元,利率 6%,按月计息。

(2) Murray 叔叔承诺从现在开始连续 18 个月每月支付他们 1 000 美元。

(3) 在购买度假小屋的时候申请抵押贷款。他们预期能申请到每月支付 300 美元,年限为 5 年,利率为 12% 的贷款。

此外,他们计划每季度在投资账户中存款,以便补足所需贷款项中短缺的数额。如果投资账户提供利率 8%,按照季度计息,每次需要多少钱?

50. Clyde Atherton 想在两年后大学毕业时买一辆汽车。他有以下资金来源:

(1) 他在银行有 5 000 美元的存款,存款利率为 8%,按季度计息。

(2) 一年后他将从财产托管会得到 2 000 美元。

(3) 在购买汽车时他将申请一笔汽车贷款。每月支付 500 美元,年限为 4 年,年利率为 18%,按月计息。

(4) Clyde 的叔叔从现在开始每季度给他 1 500 美元,持续 1 年。

此外,他将以每月从兼职工作薪水中扣除的方式在信用合作社存款。信用合作社按照12%的利率每月支付利息。如果这辆汽车的预期花费是 40 000 美元,那么他每个月要存多少钱?

51. Joe Trenton 希望在 15 年后退休,但是却突然发现自己并没有任何储蓄来支持退休后的生活。经过一番思索之后,他决定当他的存款能够使他在退休 25 年内每年能提取 85 000美元的时候,他就可以退休了。假设退休前后的投资回报率都是 6%,并且所有存入和取出的款项都发生在年末。

(1) Joe 在接下来的 15 年内,每年必须存入多少钱才能达到退休的目标?

(2) 如果 Joe 在 25 年后退休,那么他每年需要存入多少钱?

(3) 请比较(1)和(2)结果的差异。

52. Janet Elliott 今年 20 岁,她刚刚从富裕的舅舅那里得到了 20 000 美元作为礼物。Janet 计划在 55 岁的时候退休。她希望到时候自己能有 2 000 000 美元的存款来维持奢侈的生活方式。她想将舅舅的礼物存入账户,然后每年年末向账户中存入一笔钱,直到 50 岁。之后停止存钱而只计息,直到 55 岁时账户余额达到 2 000 000 美元。假设利率为 7%,按年计息。不考虑税收。

(1) 为了达到这个目标,她每年需要存入多少钱?

(2) 在 2 000 000 美元中,有多大比例是由 Janet 存入的?(包括她从舅舅那里得到的20 000 美元。)

53. Merritt 制造公司需要累积 20 000 000 美元来偿还 13 年后到期的债券。公司的生产部门每季度能提供 100 000 美元,该账户的利率为 8%,按季度计息。为了实现 20 000 000 美元的目标,公司的其他部门每月应该提供多少资金?这些资金会存入另一个利率为 6% 按月计息的账户里。

54. Carol Pasca 刚刚过完五岁生日。作为生日礼物,她的叔叔答应每个月往她的教育基金存入 300 美元,直到她 18 岁上大学为止。Carol 的父母估计 Carol 大学四年期间,每月需要2 500 美元,但他们认为在 8 年内没办法积攒下任何积蓄。如果从 Carol 13 岁生日开始,她的父母需要每个月往她的教育基金存多少钱才能帮助她将来完成学业?假设教育基金的利率为 6%,按月计息。

55. Joan Calby 快要退休了,她希望三年后能在佛罗里达买一套公寓。她现在银行账户中有存款 40 000 美元,该账户利率为 8%,按季度计息。她手中还持有 5 张面值为 1 000 美元、两年内到期的公司债券。她计划债券到期后,将债权本金存入同一个账户。Joan 在接下来的两年内每个月能从前夫那里得到 1 200 美元的赡养费(这 24 次收款还包括一次今天就可以收到的款项)。她决定将她剩下的赡养费存进一个信用社账户,该账户的利率为 8%,按月计息。她把今天收到的款项作为第一笔存款。Joan 预计购买价值为 200 000 美元的房屋。如果抵押贷款的利率为 6%,期限为 15 年的话,她每个月应付的款项是多少?如果利率不变,期限却变为 30 年,那么每个月的应付款是多少?

不等额现金流和嵌入式年金:关联概念　举例 6-23,举例 6-24

56. Amy 今年 23 岁,她的叔叔刚刚去世,留给了 Amy 一笔钱,以委托财产管理的方式,从她 25 岁生日开始每个月付给她 500 美元,支付期为 5 年。Amy 很快要结婚了,她希望现在将这笔钱作为一套房子的预付定金。如果财产托管协议允许她未来的付款额让渡给银行,银行将以年利率9%、按月计息的方式对这笔钱进行折现。她将获得多少钱来支付房屋所有权的预付定金？

57. Lee Childs 准备在未来5年内为Haas公司做一些工作。Haas公司计划分别在第3年、第4年和第5年年底向Lee支付10 000美元。在此之前Lee不会收到任何付款。如果Lee以8%的利率对这些付款折现，那么目前的合同对他来说值多少钱？

58. 利用数额和年金的技术，计算在利率12%的情况下，以下现金流量模式的现值。结果请近似到个位（单位：美元）。

年序	1~4	5~9	10
每年现金流	20 000	30 000	40 000

59. Orion公司目前在评估一个项目的可行性。该项目开始运行时需要50 000美元，在运行后的第一年可以带来20 000美元的收入，在接下来的五年内每年有16 000美元的收入，然后项目终止。在评估的时候，Orion公司是按照15%的利率，按年来计息的。

（1）计算这个项目的净现值（净现值），将最初投资作为现在发生的现金流出（负值），加上以后的各笔现金流入（正值）的现值。

（2）正的净现值意味着什么？（文字表达）

（3）假设现金流入逐渐减少，净现值结果为负数，这样的结果意味着什么？（文字表达）

（这道题目是对资本预算方法的预习，资本预算将在第10、11和12章内详细学习。）

上机习题

60. 房屋抵押贷款的利率永远是由市场来决定的，个人借款者对此是无能为力的。但是，因为不同借款人偿还贷款所需要的时间不同，每月还款的金额是有很大差异的，这一点是借款人可以自己掌控的。

如果你是一家大城市银行的初级信贷员。这家银行抵押贷款部门的领导考虑到客户并没有意识到抵押贷款每期还款额的少量增加，对还款时间长短会产生很大的影响。他发现房屋所有者一般不会选择他们完全可以承担的短期抵押贷款，从而错失了从长远来看可以使生活变得更好的一个机会。

为了给客户解释这种情况，领导要求你整理一张表格，列出在特定的利率条件下，因为不同还款期限而导致的每期还款额的不同。表格的起始点应该为典型的30年期（360个月）的贷款。请使用TIMEVAL程序来完成下面的表格：

抵押贷款额为100 000美元的时候，随着贷款期限减少的每期还款额

利率	抵押贷款期限			
	30	25	20	15
6%				
8%				
10%				
12%				

利用上面的表格，用文字叙述的方式来解释上面的观点。随着利率的增加，会产生什么效

果？为什么？

61. Amitron公司目前正在考虑投入一个项目,该项目需要的投资额是250 000美元,并且预期会在未来产生如下表所示的现金流(收入)。请使用TIMEVAL程序来评估,如果从现值角度来考虑的话,这个项目是不是一个好的投资方向? 也就是说,预期的现金流入的现值是不是可以超过这个项目的投资额?

年	现金流入(美元)	年	现金流入(美元)
1	63 000	4	79 750
2	69 500	5	62 400
3	32 700	6	38 250

(1) 如果计算现值的相关利率为9％,10％,11％和12％,计算上述问题。在这个程序中,请注意在零点处的现金流是发生在现在的,不需要折现。只需要将初始投资输入一个负数,这个程序就将进行整体运算,从而得出结论。

(2) 运用程序中的尝试和错误命令来找出在什么样的利率下(保留到整数位),Amitron公司不会实施这个项目。

这道题目是对评估项目可行性的重要方法——资本预算的预习。我们将在第10、11和12章详细地学习这种方法。在本题的(1)部分,我们得到在不同利率水平下项目现金流入的净现值,并直观地判断出如果净现值为正数的话,这个项目就是可行的。在(2)部分,我们求得项目本身固有的回报率,我们称其为内部回报率(IRR)。这个概念将在第10章里学习,并学习如何使用它。

62. Centurion公司正在整理一项可以涵盖公司未来三年情况的财务计划,现在需要预测它的利息费用和相应的税收节约。公司最主要的债务是针对其房地产的分期偿还抵押贷款。这项贷款开始于10.5年之前,贷款额为3 200 000美元,利率为11％,按月计息,贷款期限为30年。请使用AMORTIZ程序来预测未来3年与房地产抵押贷款相关的利息费用。(提示:使用AMORTIZ程序从贷款初期开始计算,并将接下来的3年中的月数加总。)

软件开发

63. 自己编写一个程序来分期偿还一笔20 000美元的贷款,还款期限为10年,利率为10％,按年计息。输入贷款总额、每期还款额和利息率。制作像表6-4一样的电子表格,编写程序来执行表述中的计算过程。

第7章

债券、租赁的估价与特征

- 租赁 VS 购买：承租人的观点
- 租赁的优势
- 杠杆租赁

估价是确定证券出售价格的系统过程，我们称此价格为证券的固有价值。

7.1 价值基础

证券属于凭据，与实有资产的不同就在于证券本身不具有效用。房屋、汽车等属于实有资产，它们所提供遮蔽或者运输的服务功能使它们具有了实用的价值。凭据资产必须依托于某种东西才能具有价值，这是对未来收益的预期，与持有证券的预期一致，这是非常重要的一点。每一种金融资产都有相应的未来现金流量来证明它的价值。

由于预期未来的货币价值就是它在今天的现值，所以一种证券的价值就等于**预期的未来现金流量的现值**。此外，证券必须以接近于价值的价格在金融市场上出售。

对于证券的价格有很多种不同的见解。这些不同的见解产生于人们对证券未来现金流量的不同预期和计算现值时使用的不同利率。最具有争议的现金流是股票相关的现金流量，因为其未来的收益是无法确定的，所以股票的最终售价也都是带有投机性的。

估价的概念是与投资报酬的概念紧密联系的。我们即将开始的工作需要非常精确，同时必须准确地理解"投资"和"报酬"这两个术语的含义。

7.1.1 投资

投资意味着通过某种方式使用某种资源，从而产生未来收益，而不是现在就产生满足感。我们称投资者为了改善未来的状况而放弃眼前的消费。在现实生活中也就是指一个人用钱购买了证券或者将其存入银行而不是用钱来购买一部车子或者一餐美食。

从财务角度来讲，投资意味着将钱投入到某项活动中来赚取更多的钱，通常的方式就是将其委托给个人或者组织，受托者使用这些钱并付给使用者使用费。最为常见的两种委托资金的方式就是贷款和购买某企业的所有权利益。这两种方式分别被称为债务投资和权益投资。债务投资的媒介一般是债券，而权益投资的媒介一般就是股票。

7.1.2 报酬

一年期投资报酬 报酬就是投资者作出投资的所得，可以用货币金额或者年利率的形式表示。对于一年期投资，报酬就是投资者的所得除以所作的投资。

对于债务投资，报酬率为获得的利息除以贷款额，也就是我们定义为 k 的利率。以下将从货币的时间价值方面对上面的概念进行更深入的探讨。

将一笔金额 PV 借出一年，其利率为 k，获得利息 kPV，如果出借人在年末收到本金加上利息，那么这就是初始投资 PV 所带来的未来的现金流量。这个未来的现金流量称为 FV_1，表述如下：

$$FV_1 = PV + kPV$$
$$FV_1 = PV(1 + k)$$

我们发现这是货币的时间价值公式 6.1。

现在求初始投资：

$$PV = FV_1/(1+k)$$

这个公式在学习时间价值的时候讨论过。这是一年后到期金额的现值，也就是在 n＝1 的情况下的公式 6.5。

在对代表贷款的证券（通常是一种债券）进行估价时，将 PV 作为证券的价格，带来的现金流量为 FV_1。报酬 k 可以认为是使未来现金流量的现值等于价格所适用的利率。这是适合于任意投资时间长度的任意投资的基本原理解释。

权益投资（股票）比债券投资在细节方面更为复杂，因为股票的未来现金流量更加复杂一些。然而它们的基本原则是相同的。我们将在第 8 章中讨论权益投资的报酬。

长期投资报酬　当投资持有期更长，并且有很多发生在不同时间点的现金流的时候，概念仍是一样的。报酬率仍然是当未来现金流量现值等于价格的时候所适用的折现率。

例如，假设有人试图转让给你一笔投资，投资第一年年末可以得到 200 美元的报酬，第二年年末的时候可以得到 250 美元的报酬，前提是你现在需要支付 363 美元。如果你接受了这次转让，你投资的报酬就是使两次收入的现值正好等于现在投资的价格 363 美元的时候所适用的利率。这笔交易的时间轴如下：

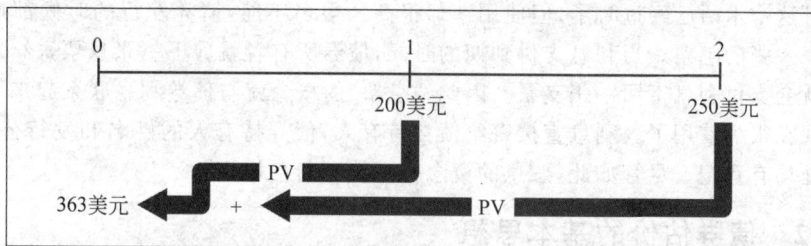

作为一项练习，通过将这两笔付款的现值按这个比率相加，表明这一假设性投资的回报将非常接近 15%。"收益率"是"回报率"的同义词。在债券和传统贷款中，这个术语的使用尤为普遍。

在本章接下来的部分，将着重研究债券的估值以及它的制度特征。[①] 我们将在第 8 章中再着重研究股票。

7.2　债务估价

债券代表的是一种债务关系，在这种关系中，发行债券的公司将钱借入，而购买债券者将钱贷出。债券发行就是使公司可以立刻向很多人借到资金的一种方式。例如，假设一个大公司要借 100 000 000 美元，通常没有人愿意借出这么多钱。如果公司的信誉较好的话，很多人会愿意出借较少的金额。如果公司发行一万张面值 1 000 美元的债券，就会有一万个人可以通过购买一张债券参与到这项贷款中来。债券让公司能够通过向很多出借人分摊借款的方式筹集到大量的资金。

在进入债券估价以前，我们需要掌握一些专业术语和实务。其中一些概念在前面已经提到过了，为了方便理解，我们在这里再重复一遍。

---

① "制度"这一术语是指在一个有序的社会中，指导事物的规则和惯例。

7.2.1 债券的术语及实务

债券是购买者提供给发行者在一定时间(偿还期)内必须偿还的贷款。债券本身就是一种本票,具有债务的法律证明效力。债券在期限的最后一天到期。期限是指从发行日开始到到期日之间的时间。例如,5年期的20年期债券的期限为15年。每一种发行的债券都有面值或票面价值,并印在文件的正面。这是发行公司打算借入的金额,实际上就是贷款的本金。

债券不是分期偿还的债务,也就意味着在到期前不偿还本金。更准确地说是债券的票面价值在到期日一次性偿还。利息在期间有规律的支付,通常是每半年支付一次。

任何出借人都可以称为在向借款人提供信用贷款,因此债券的持有者又被称为是发行债券公司的债权人。"债权人"这个术语同时指向公司提供贷款的银行和出售货物而没有立即收到货款的卖方。

最近新发行的债券称为新发行债券,正如我们想的那样,过去已经发行的债券称为旧债。

债券的票息率 大多数的债券按照发行时确定的利率支付利息,这个利息称为票息率。票息率乘以票面价值就得到支付利息的数额了。这种利息支付被称为息票支付。票息率和支付的票息通常在债券的存续期内,无论金融市场内的利率如何波动,都不会导致它的变动。

"息票"这个术语已经过时了,但使用率却很高。很多年前,债券发行的时候都贴有票息,很像是一张一张的邮票。当利息支付到期的时候,债券所有者就剪下一张息票寄给发行公司,发行公司就会支付利息寄回一张支票。因此,"息票"的概念就与债券利息联系起来了。

息票现在很少使用了。利息直接寄给债券持有人,债券持有人的姓名和发行公司或者其他经纪人处均有登记。尽管如此,票息的概念仍与债券利息相关。

7.2.2 债券估价的基本思想

现在我们有足够的背景知识可以开始债券估价的学习。要始终牢记估价只是意味着确定证券在它进行交易的金融市场中的价值。

随着利率变化进行调节 让我们来总结几个前面所得出的结论。首先,在第5章我们提到证券包括债券在内都可以在初级市场和二级市场上出售。初级市场交易是债券发行公司对债券的最初销售,二级市场交易是指随后发生在投资者之间的交易。其次,在第5章对金融市场的研究时提到过利率是不停变化的。最后,我们刚刚学过大多数的债券按照票息率来支付利息,而票息率在整个债券的存续期内是不变的。

以上结论引出了一个问题:债券按照固定利率支付利息,如果发行之后利率变化了,那么它在二级市场中应该如何出售? 下面我们举个例子来说明这个问题。

Tom Benning是一个典型的投资者,他从Groton公司以1 000美元的价格买了新发行的20年期债券。假设债券按照10%的票息率支付利息,该票息率是当时具有相同风险的债券的市场利率。从对估价的相关讨论中,我们知道Tom实际购买的是一系列未来收入。他将在20年中每年获得100美元(1 000×10%)的利息收入,并在获得最后一期利息收入的同时得到1 000美元的本金。

现在设想一下在Tom购买债券的几天后,利率上升到了12%,同时假设Tom的财务状况恰巧出现了问题,他不得不退出了债券投资,也就说他要用原来购买债券的现金来应急。

Tom不能要求发行债券的Groton公司退款。该公司借到了资金,并预期要持有20年,它不会愿意放弃它的权利的。因此,Tom为了回收资金,就必须在二级市场上寻找另外一个投资者。

我们假设 Tom 找到了 Sandra Fuentes,她是 Tom 的朋友,正好在寻找一个投资机会,Tom 询问 Sandra 是否愿意购买他持有的 Groton 公司的债券。Sandra 表示她有兴趣购买,想知道 Tom 的出价。Tom 说他几天前才刚以 1 000 美元的价格买入债券,想以原价出售。但是 Sandra 会如何回应 Tom 的出价呢?

对 Tom 来说,非常遗憾的是,Sandra 不会同意支付 1 000 美元给他的。因为利率的上升给她提供了更好的投资选择。现在发行的债券提供 12% 的利率,也就是说连续 20 年每年支付的利息是 120 美元,到期后偿还本金 1 000 美元。作为一个理性的投资者,Sandra 肯定会拒绝 Tom 提出来的价格。

但是假设 Tom 陷入了绝境,他迫切地需要卖掉他的债券,那么他会怎么做呢?很明显,现在他唯一的出路就是降低价格来吸引买家的注意。事实上,他必须降低到新的买主从这项投资中可以得到 12% 的报酬为止,也就是说他不得不将价格降低到 849.51 美元。在本章我们会详细解释如何计算出这个数字。这里的重点是要理解随着市场利率的上升,债券在二级市场中的价格会下降。

如果利率没有上升反而下降了,会发生什么呢?在这种情况下,新发行的债券将提供比 Tom 的债券更低的利率,他能以超过 1 000 美元的价格出售债券。总之,利率下降,债券的价格会随之上升。

总而言之,市场债券的价格和市场利率是按反方向变化的。这种现象是金融和经济领域中的一条基本而重要的规律。当利率下降的时候,债券的价格上升;当利率上升时,债券的价格下降。价格的变化足以保证原有投资者的报酬等于相同风险下的到期日的新发行债券的报酬。换句话说,债券通过改变价格来满足报酬率的变化。

基于以上原因,债券一般不会按照面值出售,而是由目前的市场利率与债券票息率的关系来决定价格的高低。这种现象的相关术语是非常重要的。以超过面值的价格发行债券被称为溢价发行,而低于面值的价格发行债券被称为折价发行。市场利率如果等于债券票息率,债券就按照面值发行,我们就称之为平价发行。

7.2.3 债券价格的确定

我们在前面提到了价值的观点,任何债券的价值应该等于预期债券未来现金流量的现值。因为受到债券合约的约束,债券未来的现金流是很容易预测的。

债券所有者定期收到支付的利息,在债券到期时收到债券的本金。年利息费用等于债券的面值乘以票息率,而本金就是债券面值本身。

让我们建立一个时间轴来说明这些付款的方式,以票息率为 10%,期限为 10 年,面值为 1 000 美元债券的现金流为例。大多数债券都是半年付息,但是为了方便说明,我们假设这只债券按年付息。现金流的时间轴如图 7-1 所示。

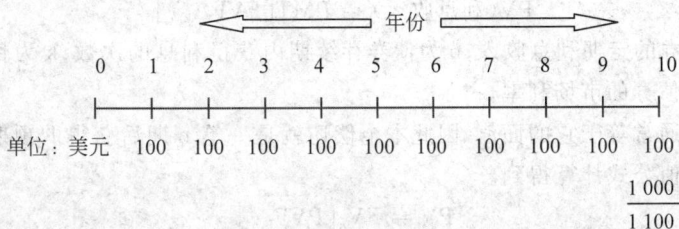

图 7-1 债券现金流的时间轴

请注意,在第 10 年收到的是最后一年利息和返还本金的总和。另外,利息费用每年总是相等的,并且定期定时发放。

在时间点 0 处的债券是不是新发行的,并不重要。这个图对于 10 年期的新债券,或者是已经发行 10 年的 20 年期的债券,或者其他任何利率为 10%,并且还有 10 年到期的债券,都是适用的。时间点 0 就是现在,而唯一重要的就是现金流在目前的价值。过去的现金流已经结束了,对于现在的买家来说那是无关紧要的。

图 7-1 使一份存续期有限的债券的现金流量形象化了。现在我们将此概念推广到还有 n 期到期的债券。每一笔利息收入用 PMT 表示,面值用 FV 表示。注意这些元素在不同的债券中数值也是不同的,这个一般的情形由图 7-2 中的时间线段来表示。

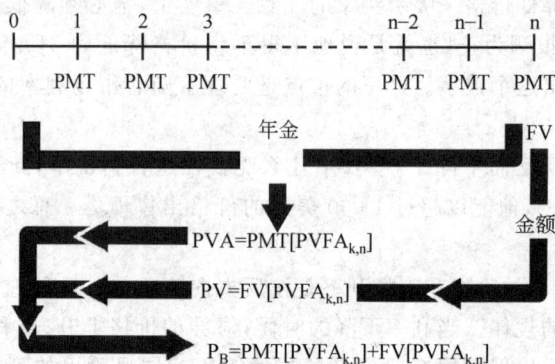

图 7-2 债券的现金流和估价

在现实生活中,多数债券都是半年付息一次的,也就是说,图中的时间线上的时间段通常是半年。在这种情况下,利息收入即 PMT 是用票息率乘以面值再除以 2 得到的。例如,图中的债券如果还有 10 年到期,面值为 1 000 美元,利率为 10%,每半年支付一次利息,那么整个时间线将包括 20 个时间期间,每笔 PMT 的值为 50 美元。

债券估价公式 就像我们说的,债券的价格等于持有而产生的所有现金流量的现值。以债券为例,现金流量包含一系列的利息收入和到期日的一次性收回的本金。因此,债券的价格记为 P_B,就是系列利息收入的现值加上偿还本金的现值。

$$P_B = PV(利息收入) + PV(本金偿还) \tag{7.1}$$

由于利息是定期支付的,并且金额一定,可以将其认为是一笔年金,用年金现值计算公式:公式 6.19 计算其现值,方便起见,我们列出这个公式:

$$PVA = PMT[PVFA_{k,n}] \tag{6.19}$$

将这个公式直接替换债券的利息,可以得到:

$$PV(利息收入) = PMT[PVFA_{k,n}] \tag{7.2}$$

其中,PMT 是债券的定期利息收入;n 为债券存续期内获得利息的次数;k 为目前市场上利息支付期数相同的债券的市场利率。

债券的本金通常等于它的面值,因此本金偿还就是一笔 n 期后获得的预期收入。它的现值可以用资金现值公式计算得到。

$$PV = FV_n[PVF_{k,n}] \tag{6.7}$$

去掉 FV$_n$ 的下标,并将 FV 看作是面值而不是终值,上式可以改写为

$$PV(本金还款) = FV[PVF_{k,n}] \tag{7.3}$$

将公式 7.2 和 7.3 代入公式 7.1 中,就可以得到一个依据未来现金流的运用时间价值方法来计算债券价格的公式:

$$P_B = PMT[PVFA_{k,n}] + FV[PVF_{k,n}] \tag{7.4}$$

整个方法在图 7-2 中列示出来了。本质上来说,债券估价首先处理了一个年金问题和一个资金问题,然后将结果相加。

两种利率和另一种报酬率　在债券估价的过程中,有两种利率值得注意,第一种是票息率,与面值一起来决定向债券持有者支付的利息的数额;第二种是 k,是计算价格时市场上具有可比性的债券的收益率。不要将以上两种利率混淆。计算现金流量的现值时使用的利率是 k。票息率唯一的用处就是计算利息。

对于债券的持有者来说,债券投资的报酬率或者收益率为 k。也就是使图 7-2 中所示的所有付款的现值等于债券的价格时所适用的利率,这个报酬率考虑到了债券到期为止所有的付款,因此,该报酬率被称为**到期报酬率**,缩写为 YTM。当人们提及一种债券的报酬率的时候,通常指的就是到期报酬率。

与债券有关的第三种报酬率被称为当年收益率。它是用于财务报表中的一条概括性信息,并且与估价过程无关。当年收益率由年利息收入除以债券当前价格得出。

正如我们一直所说的,解决债券问题只需要做两个时间价值问题并把结果加起来。这一过程中唯一棘手的部分是从常用的债券语言或术语转换为债券定价公式中的变量,等式 7.4。接下来的这个举例会让这个过程更加明晰。

注意,我们在示例的后半部分包含了一个计算器解决问题的方案,正如我们在第 6 章中的时间价值举例中所做的那样。在你理解了举例和实践问题如何处理之后,我们将介绍如何使用财务计算器来解决债券问题。

关联概念　举例 7-1

求解债券价格

Emory 公司 15 年前发行了一种票息率为 8% 的 25 年期债券。在发行时按照面值 1 000 美元来出售的。同类债券目前的收益率为 10%。Emory 公司的债券如果在现在的市场上出售,要使投资者获得 10% 的到期收益率的话,它的售价应该是多少?假设债券每半年支付一次利息,计算债券当年收益率。

解答:这是一个典型的债券问题:已经给出了债券的面值、票息率、剩余期限,要求解为达到某一特定报酬率的售价。由于报酬率为市场利率,我们实际要求解的就是该债券的市场价格。也就等同于计算在目前利率条件下债券的预期现金流量的现值。

为了解决这个问题,我们要先列出债券估价公式——公式 7.4

$$P_B = PMT[PVFA_{k,n}] + FV[PVF_{k,n}]$$

然后将已知的条件代入公式中。

因为每半年支付利息一次,利息支付数额通过票息率乘以面值再除以 2 就可以得到:

$$PMT = [\text{票息率} \times \text{面值}]/2$$
$$= (0.08 \times 1\,000)/2$$
$$= 40.00$$

结算从现在开始到债券到期日之间利息支付的期数 n。该债券每半年付息一次,因此我们将到期前的年数乘以 2 来得到 n 的值。注意 n 表示的是从现在开始到到期日为止的时间,与债券已经存在多长时间是没有关系的。在本题中,债券最初期限为 25 年,已经过去了 15 年,所以剩余期限为 (25−15)=10 年,所以:

$$n = 10 \text{年} \times 2 = 20 \text{年}$$

接下来我们需要求目前的市场利率 k。回忆在使用时间价值公式处理非整年复利问题时,我们需要根据复利期间来规定 n 和 k 的值。在此处 n 表示的是半年期的期数,k 相应的应为半年的利率。因此将年利率除以 2 就可以得到 k 的值:

$$k = 10\%/2 = 5\%$$

最后,给出的债券面值为 1 000 美元,因此

$$FV = 1\,000$$

将上面的数值代入债券估价公式中:

$$P_B = 40[PVFA_{5,20}] + 1\,000[PVF_{5,20}]$$

查附表 A-4 得到:

$$PVFA_{5,20} = 12.462\,2$$

查附表 A-2 得到:

$$PVF_{5,20} = 0.376\,9$$

代入后得到:

$$P_B = 40 \times [12.462\,2] + 1\,000 \times [0.376\,9]$$
$$= 498.49 + 376.90$$
$$= 875.39$$

这就是债券为获得 10% 的报酬率而要出售的价格。请注意,这属于折价出售,价格低于债券的面值,因为目前的利率高于债券的票息率。

债券当年收益率计算如下:

$$\text{当年收益率} = \text{年利息}/\text{价格} = 80/875.39 = 9.14\%$$

计算器解题算法:

按键	输入
n	20
I/Y	5
FV	1 000
PMT	40
	答案
PV	875.38

尽管应用债券估价公式很容易,但学生还是经常对应该先求解什么而感到困惑。下面是一道用到了我们刚刚采用方法的自测题。请在看解题步骤之前试着独立完成,这会加深你对此类问题的理解。

关联概念 举例 7-2

自 我 测 试

Carstairs 公司 5 年前发行了一种面值为 1 000 美元的 25 年期债券,票息率为 11%。同类债券目前的收益率为 8%,那么 Carstairs 公司的债券现在售价将是多少?

解答:变量如下(像往常一样,假设半年付息一次):

$$PMT = (0.11 \times 1\,000)/2 = 55 \text{ 美元}$$
$$n = 20 \text{ 年} \times 2 = 40 \text{ 年}$$
$$k = 8\%/2 = 4\%$$
$$FV = 1\,000 \text{ 美元}$$

然后,代入公式 7.4 中:

$$
\begin{aligned}
P_B &= PMT[PVFA_{k,n}] + FV[PVF_{k,n}] \\
&= 55 \text{ 美元}[PVFA_{4,40}] + 1\,000 \text{ 美元}[PVF_{4,40}] \\
&= 55 \text{ 美元} \times (19.792\,8) + 1\,000 \text{ 美元} \times (0.208\,3) \\
&= 1\,088.60 \text{ 美元} + 208.30 \text{ 美元} \\
&= 1\,296.90 \text{ 美元}
\end{aligned}
$$

$$\text{当年收益率} = 110/1\,296.90 = 8.48\%$$

计算器解题算法:

按键	输入
n	40
I/Y	4
FV	1 000
PMT	55
	答案
PV	1 296.89

先估算答案   如果我们认为债券发行时市场利率与债券的票息率相等,可以在解题前对目前的价格进行粗略估算,从而检验得出的结果是否合理。我们估算的基础是债券的价格与利率呈反方向变化。

通过举例 7-1,我们知道债券现在的价格要低于 1 000 美元面值。这是因为市场利率已经从债券发行时的 8% 上升到了目前的 10%。此外,利率上升幅度很大,因此价格应该有显著的下降。

债券发行后,利率在 8% 处上下波动后上涨,还是直接上涨到 10%,这并不重要。对现在价格产生影响的利率只有原始的票息率和当前利率。[①]

在开始处理债券问题之前,应该首先判断新的价格相对于面值而言将要表现为溢价还是折价。

总之,由于利率变化而引起的价格变化将比持有债券到到期日为止的价格变化更大。我们将在下一部分中进行详细讨论。

现在让我们再回到前面,看看举例 7-1 和 7-2 如果用财务计算器该怎么计算。

用财务计算器求解债券问题　在第 6 章中提到财务计算器有 5 个时间价值键。处理资金或者年金问题时使用其中 4 个键,而将第 5 个键的值设置为零。

在债券问题中,所有的 5 个键都会用到。计算器被编程为当输入 5 个数值的时候,自动将其认定为两个问题,并将两个问题的结果相加。在债券问题中,这些键有如下含义:

n——直到到期日为止的计息期数;

I/Y——市场利率

PV——债券的价格(即所有现金流量的现值)

FV——债券的面值

PMT——每期的息票利息支付额

未知变量为债券(PV)的价格或市场利率(I/Y),市场利率等于以目前价格购买债券的投资者所得到的收益率。为解决这类问题,我们首先要输入 4 个已知变量,然后按下计算键,然后再按未知变量的键求解。

如果你的计算器使用符号约定,那么债券持有人进出的现金流量必定有相反的迹象。这意味着 PMT 和 FV(流向债券持有人)将是一个迹象,而来自债券持有人的 PV 价格将有另外一种迹象。

精密的计算器有一个"债券模式",可以让你输入当前和债券到期的确切日期,以及一些有关本金和利息支付的其他细节。这有助于准确定价月中卖出的债券和发行不寻常准备金的债券。在快速变化的债券市场上运作的交易员一直在使用这种计算工具。时间价值键对我们的目的来说是足够用的,因为我们的目的仅仅是获得对债券交易的广泛理解。通过计算器的解决方案给出的例子分别在举例 7-1 和 7-2 的最后。

7.2.4　到期风险的再讨论

在第 5 章中,我们建立了一个利率模型,利率通常由基础利率加上贷方所承担的各种风险溢价组成。特别是模型中提到的到期风险,到期风险与债务的期限有关。现在我们来理解这个重要概念。

风险产生于债券价格随着利率变化而反向变化。当投资者购买一种债券,在债券到期前重新取回投资的现金的唯一方法就是将其出售给其他人。如果当投资者持有债券时,如果利率上升,价格下降,那么卖给其他人时就会产生损失。

---

① 债券发行时票息率不总是与当前市场利率相等,但是如果两者相等,将有助于我们理解估价过程。实际上,票息率通常以目前市场利率为基准或者接近于市场利率。然而,由于印刷和发行过程引起选择利率的时间和债券实际投放市场时间之间有差异,因此票息率和当前市场利率之间通常会有微小差异。以高于或者低于市场利率发行的债券在初级市场上分别以溢价或者折价出售。因为市场利率不断变化,所以新发行的债券几乎都会存在折价或者溢价。

在讨论价格随着利率变化而发生调整时所举的例子中，Tom Benning 就承担了这样的损失。在购买时考虑到的发生损失的可能性就是我们所讨论的风险。

到期风险还可以称为价格和利率风险。这些术语反映了债券价格随着利率变化而上下波动的事实。

到期风险这种表达方式强调了风险的等级与债券的期限有关。期限越长（到期前），到期风险就越大（价格、利息率）。原因是利率变动时长期债券的价格变化比短期债券价格变化更大。

为了说明这一点，让我们再来看看举例 7-1 中提到的债券。发行债券时的利率是 8%，目前还有 10 年到期。利率升至 10%，价格降到 875.39 美元。现在假设距离到期日时间发生变化，其他条件不变，价格将变为多少？

表 7-1 列出的期限分别为 2 年、5 年、10 年和 20 年的债券的价格以及相对 1 000 美元降低的价格。作为练习，你可以自己验证一下这些数据是否准确。表 7-1 中的每一项价格变动都是发生在利率由 8% 上涨到 10% 条件之下的。注意随着债券期限的增加价格下降的幅度。这就是到期风险的本质。债券投资中由于利率引起价格变化而造成的损失随着债务期限的延长而增加。

表 7-1　利率由 8% 升至 10% 时不同到期时间的债券的价格变化

距离到期日的时间	价格	相对 1 000 美元的降低额
2 年	964.54	35.46
5 年	922.77	77.23
10 年	875.39	124.61
20 年	828.36	171.64

认识到这个事实，投资者会在投资长期债券时要求额外的收益来补偿其所承担的额外的风险，这就是到期风险溢价。

随着时间推移　现在我们再次分析举例 7-1 中 Emory 公司发行的债券。当距离到期日还有 10 年的时候，利率由 8% 上升至 10%，价格从 1 000 美元降至 875.39 美元。

现在为了增加对债券定价过程的理解，设想出一个不太可能会发生的事件。

如果在接下来的时间里，利率保持不变（事实上是不可能发生的），Emory 公司的债券随着时间推移价格将会发生什么样的变化？价格是会保持 875.39 美元，还是会继续变动？在继续读下去之前求解这个问题来检验一下你的理解程度。

事实上，随着到期日的临近，债券的价格将会缓慢回归 1 000 美元。如果你无法理解这种现象，可以设想一下在到期日前一天债券价格为多少。在那一天购买债券的人基本得不到利息，因为最后一次利息几乎要全部分配给在最后一个时间段的大部分时间持有该债券的人。在到期日前一天购买债券的人只能得到一笔付款，也就是将在第二天收到 1 000 美元。它的价值非常接近 1 000 美元。这就告诉我们当临近到期日的时候，债券价格将会接近债券的面值 1 000 美元。

在设定的举例中，我们已经计算出到期日前两个时间点处的债券价格。表 7-1 表明举例到期日 5 年的时候，价格为 922.77 美元，举例到期日 2 年的时候，价格为 964.54 美元。价格的变化趋势在图 7-3 中可以体现出来。

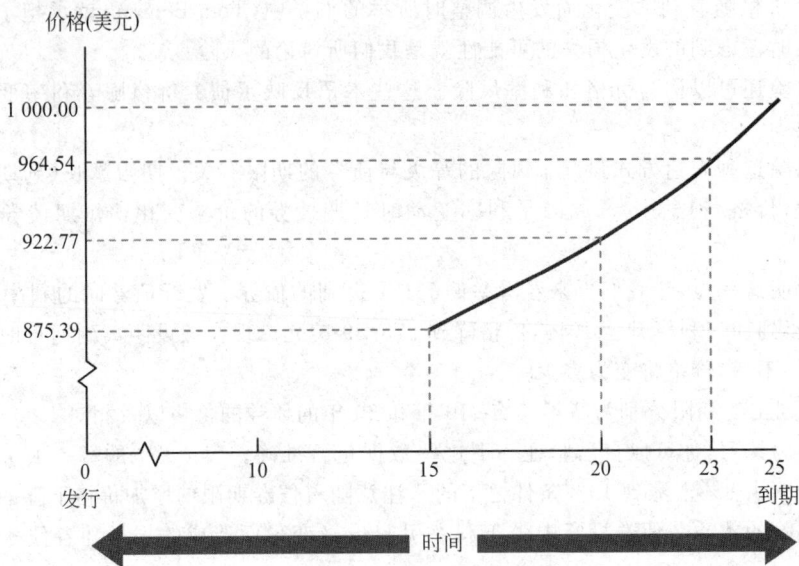

图 7-3　恒定利率条件下的价格变动

7.2.5　求解特定价格下的收益率

关于债券价格,通常要求解的只有两类问题。我们刚刚探讨的是第一种,即给出一定收益率来确定债券的价格。第二类问题与第一类问题相反。如果债券以特定价格出售,求解此时债券投资所获得的收益率。这一类问题相当于在债券估计公式 7.4 中已知 P_B 的值,求解市场利率 k。

方便起见,我们先列出公式 7.4:

$$P_B = PMT[PVFA_{k,n}] + FV[PVF_{k,n}]$$

回忆一下,当已知收益率时,求解 P_B 的过程要处理两个时间价值问题,然后将其结果相加。我们需要解出两个现值:利息收入形成的年金问题的现值和收回面值这个资金问题的现值。已知 P_B 求解 k 的值,与已知 k 的值求解 P_B 的值在概念上是相同的,但是计算过程将更加复杂。

现在回想第 6 章中讨论的时间价值问题。货币和年金问题中求解 k 的值都很容易。我们通过求解时间价值公式中的系数,再根据系数查表,从而得出结果。

尽管债券公式也使用现值系数和在第 6 章用到的现值系数表,但是这种方法并不能求出答案。在这里不起作用的原因就是公式 7.4 中同时使用两个时间价值系数。只有一个公式,不能同时求出两个系数的值,因此也就无法由此确定系数表中正确的行或者列。

这种令人遗憾的结果使我们只能通过冗长枯燥的方法来解决这个问题,即"试算错误"。从估计一个 k 值开始,由该收益率及其他已知信息运用公式 7.4 来求解债券价格。将解出的价格与题目给定的价格比较。当两者显著不同的时候,就需要再估计一个报酬率去计算另外一个价格。不断反复进行这个步骤直到求出的价格非常接近于给定的价格为止。

"试算错误"的方法并不像看上去那样可以任意进行。按照一定的逻辑,通常几次试算就可以接近正确答案了。下面的举例可以解释整个计算过程。

求解特定价格下的收益率

Benson Steel 公司在 14 年前发行了一种面值为 1 000 美元,票息率为 8% 的 30 年期债券。这种债券目前的价格为 718 美元。现在以此价格购买该债券的投资者的收益率将是多少?(假设每半年付息一次)

解答:首先基于利率和债券价格按照反方向变动原理来推测一个答案。在本例中,718 美元低于面值 1 000 美元,因此我们知道债券的收益率一定要高于票息率。初次猜测收益率为 10%,已知如下变量:

$$PMT = (0.08 \times 1\ 000)/2 = 40$$
$$n = 16 \times 2 = 32$$
$$k = 10\%/2 = 5\%$$
$$FV = 1\ 000$$

然后,将已知数据代入公式 7.4 中,得到:

$$P_B = PMT[PVFA_{k,n}] + FV[PVF_{k,n}] = 40[PVFA_{5,32}] + 1\ 000[PVF_{5,32}]$$
$$= 40 \times [15.802\ 7] + 1\ 000 \times [0.209\ 9] = 632.11 + 209.90 = 842.01$$

很明显,10% 不是正确答案,因为我们所求的收益率要使价格为 718 美元。猜测的收益率使价格低于面值,但是仍不够接近,也就是说利率要再提高一点。为了达到说明的目的,我们直接猜测利率为 14%。在我们上次尝试中唯一需要变动的就是 k。

现在 k 的值变为

$$k = 14\%/2 = 7\%$$

代入公式 7.4,得出结果:

$$P_B = 620.56$$

这个数字明显低于目标数值 718 美元,因此我们刚刚猜测利率时提高的幅度太大了。现在已知正确答案应该在 10%～14% 之间,尝试一下中间的数字,现在估计债券收益率为 12%,并按照以上步骤验证,得出:

$$P_B = 718.36$$

这个数值仅仅比实际的售价高了一点点,因此实际的收益率应该略低于 12%。大多数情况下,将 12% 定为最终结论已经足够精确了。

财务计算器可以用来解决债券问题,包括找出收益率。计算器的内部工作程序就像我们刚才所做的那样,通过试算错误来找到解决方案。收益率的计算器解法如下:

计算器解题算法:

按键	输入
n	32
I/Y	5
FV	1 000
PMT	40
	答案
PV	841.97

按键	输入
n	32
PV	718.00
FV	1 000
PMT	40
	答案
I/Y	6×2＝12.0

注：PV可能必须输入与FV和PMT相反的符号。

7.2.6 回购条款

有时候,会出现债券的发行者希望提前还清债务的情形。债券发行之后,在利率大幅下降的时候,这种情况会经常发生。

例如：假设某公司发行一种30年期债券,票息率15%,当时的市场利率也接近于这个水平。几年后,假设利率降至7%。该公司必须坚持以高于市场利率的比率支付利息直到到期日为止,除非公司可以通过某种方式与债券持有者解除贷款协议。

发行债券的公司预见到此种情况,为了保护自己,会愿意将回购条款加入债券协议中。回购条款规定发行单位有权利在到期日前购回债券。在上面的例子中,该公司更希望以新的较低的利率7%来借到款项,使用回购条款来退出按照15%支付利息的旧债券。这个过程被称为发行新债取代旧债。

购买债券的投资者不喜欢回购条款,因为他们感到这个条款为公司提供了拒绝承担按照利率来支付利息义务的可能性。在上面描述的例子中,债券的持有者在市场利率仅为7%的情况下却可以从所持有债券获得15%的报酬。如果债务能提前清偿的话,他们就会失去这15%的报酬,而重新投资的话就只能获得7%的报酬。

这种利益冲突在两方或者三方协议中协调解决。首先,回购条款中通常要规定,回购一旦执行时,要支付给债券持有者回购溢价。也就意味着,如果公司选择提前清偿债务,必须付给出借方(债券持有者)一笔额外的钱,以补偿他们的损失。溢价通常在票息率基础上增加额外的利率的形式存在,并随着到期日的临近而逐渐降低。

其次,发行者通常同意债券只能在发行一段时期后才能回购。这一段时间被称为回购保护期。最后,为了吸引购买者,有回购条款的债券比同类没有回购条款的债券要提供相对较高的利率。

回购条款有时候也可以用来使公司摆脱称为契约的债券合同有关的某些协议所带来的限制。例如,一家考虑发行债券的公司可能会被允许避免冒险,部分原因是没有公司债券可供投资。但是,如果一个有吸引力的投资项目出现后,唯一的参与方式可能是打电话给债券发行公司,以摆脱它的契约。我们将在本章后半部分继续讨论契约。

图7-4描绘了一份债券正在递减的回购溢价,该债券面值1 000美元,期限10年,回购保护期为5年,回购溢价自年利率10%开始逐渐递减。

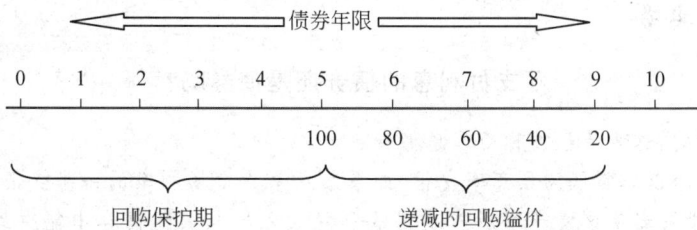

图 7-4 回购保护期和递减回购溢价

回购溢价还被称为是回购处罚。这种冲突很容易用以下观点解释。这项付款对于接受款项的投资者来说是溢价,对于发行的公司来说是处罚。回购溢价也称为回购特性。

回购条款对债券价格的影响 当某个包含回购条款的债券正处于回购保护期内,并能确定保护期一旦结束该债券就会被回购的话,这就形成了一种特殊情况。这种情况下,传统的债券估价程序失效了,因为传统估价要包含在保护期结束后按计划会产生的未来现金流量。而由于债券在保护期一结束就要被回购,因为这些现金流量不会再发生。此情况下,债券的持有者在回购前仍然能够获得正常的利息收入,回购时可以得到债券的面值以及回购溢价,如图7-5 所示。

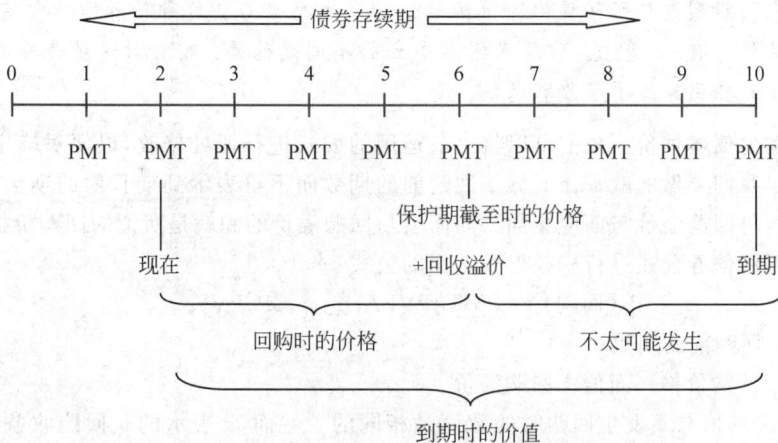

图 7-5 债券回购时的价值

请仔细观察这个图,它给出了债券的整个存续期,即按照原计划支付利息的 10 个半年期。这个债券是一个普通 5 年期的债券。举例中的前 3 年为回购保护期。我们假设已经过了一年。因此"现在"在第 2 个期间结束处给予标明。

我们假设利率大幅下降,因此该债券很可能在第 3 年末,也就是第 6 个期间结束的时候被回购。时间点 6 之后,原来计划中的现金流量就不会再发生了。

我们通常从现在开始到到期日为止,包括到期日得到的面值在内的所有的收付款的现值来确定债券的价值。也就是说,债券估价公式中使用 n=8,将面值定义为 FV。

然而实际发生的是利息支付在时间点 6 处就要结束了,并且在该点处得到 FV 加上回购溢价的最终付款。

洞察：财务实务

不支付利息的债券还是债券吗？

答案是肯定的，这种债券被称为零息债券。

设想某种债券以非常低的票息率发行，如果票息率为市场利率的一半。债券将以很大的折扣出售，因为投资者从该债券中所能获得的利息收入比从其他债券中能得到的要少得多。撇开这些较低的利息不说，投资者在到期日能够获得债券的面值，这远远比他们当初支付的要多。换句话说，选择这种债券的投资者用目前的收入换取未来的资本收益。这种资本收益不同于其他，因为它们不是来自于不断变化的市场价值。它实际上在到期日才能获得在整个期限内所产生的利息收入。

将以上想法进一步推广，将票息率定义得越来越小直至最终消失，我们就得到了零息债券。实质上零息债券就是承诺未来获得债券的面值，是现在按照面值金额的现值出售的债券。

"零"对利息税产生了一些影响。你可能认为投资者在到期前不支付任何利息税，因为期间没有获得利息收入，实际上并不是如此。事实上，利息在整个债券期限内延迟支付，直到到期日为止，而最终根据一个收入假象来纳税。

我们对一种零息债券很熟悉，那就是美国储蓄债券。这种债券的运作方式与零息债券是相同的。我们按照到期日所获得的面值的现值购买这个债券。这种债券非常便宜，面值 100 美元的债券售价只有 60 美元。和零息债券很大的不同之处是：政府对这种债券的购买者提供特殊优惠——在到期日不征收利息税。

确定回购的债券估价　我们可以将之前运用的公式进行两处修改，以便对确定回购的债券进行估价。我们要做的就是让 n 等于回购前的期数而不再表示到期日前的期数，然后在涉及最终付款时将回购溢价与面值相加。而面值与回购溢价的和就是所谓的回购价格。

我们可以将债券公式进行修改得到下面的公式：

$$P_B(回购) = PMT[PVFA_{k,m}] + CP[PVF_{k,m}] \tag{7.5}$$

其中：m ——回购前的期数；

　　CP——回购价格＝面值＋回购溢价。

PMT 和 k 的值与不发生回购时的数值是相同的。然而，k 表示的是回购收益率，缩写为 YTC，因为该收益率用来计算直到回购可能发生处的现金流量的现值。

关联概念　举例 7-4

可能会被回收的债券的价格

Northern Timber 公司 5 年前发行了一种面值为 1 000 美元的 25 年期债券。债券包含回购条款，并且允许在最初 10 年后的任何时候都可以将其回购，回购时要按票息率一次性支付一定年限的利息。债券发行时利率相当高，票息率为 18%，同类债券目前的利率为 8%。那么该债券现在的价值是多少？如果没有回购条款的话，该债券的价值又将是多少？假设每半年支付一次利息。

解答： 问题要求我们计算债券的价格。首先按照回购条款被执行（这种可能性非常大）来计算，然后按照正常情况（回购不执行）来计算。基本设想是无论在哪种情况下债券的收益率都应该是目前的市场利率。也就是说,即使债券要被回购,价格也要调整到使报酬率等于市场利率的8％,本题的分析图如下(利息的支付被省略了):

注意:时间线上方,期间长度为半年而不是一年,回购溢价为1 000美元的18％,即180美元,因此回购价格为1 180美元(1 000＋180)。

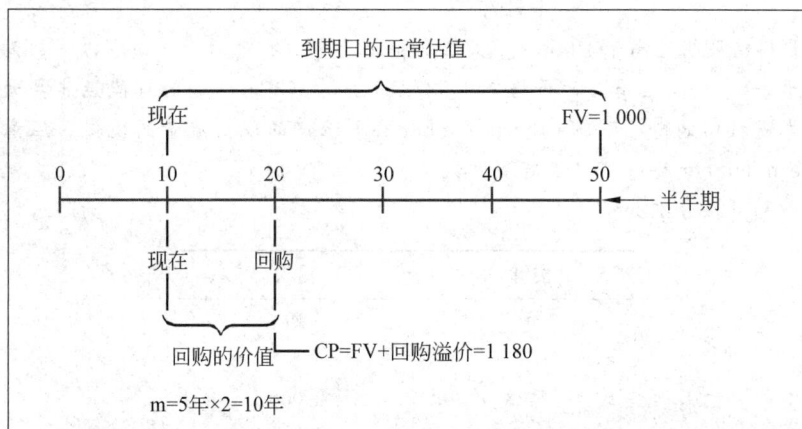

在图的顶端,时间线上方,我们标出了正常情况下债券估价的期间段以及最后收到的面值1 000美元。在时间线下方标出了可能发生回购时的相关时间段以及回购价格1 180美元。

首先,用公式7.4计算持有债券到期日时债券的价格:

$$P_B = PMT[PVFA_{k,n}] + FV[PVF_{k,n}]$$

变量如下:

$$PMT = (0.18 \times 1\ 000)/2 = 90$$
$$n = 20 \times 2 = 40$$
$$k = 8\%/2 = 4\%$$
$$FV = 1\ 000$$

代入公式,我们得到:

$$P_B = 90[PVFA_{4,40}] + 1\ 000[PVF_{4,40}]$$
$$= 90[19.792\ 8] + 1\ 000[0.208\ 3]$$
$$= 1\ 781.35 + 208.30$$
$$= 1\ 989.65$$

注意价格的上涨幅度,几乎为初始金额1 000美元的两倍。这是因为利率下降幅度非常大,债券距离到期日时间非常长。这个价格显示了如果债券不被回购,Northern Timber公司承诺的现金流量的现值。

下面用公式7.5来计算回购发生情况下的债券的价格:

$$P_B(回购) = PMT[PVFA_{k,m}] + CP[PVF_{k,m}]$$

变量如下:

$$PMT = (0.18 \times 1\ 000)/2 = 90$$
$$m = 5 \times 2 = 10$$
$$k = 8\%/2 = 4\%$$
$$CP = 1\ 000 + 0.18 \times 1\ 000 = 1\ 180$$

代入计算：

$$P_B(回购) = 90[PVFA_{4,10}] + 1\,180[PVF_{4,10}]$$
$$= 90 \times [8.110\,9] + 1\,180 \times [0.675\,6]$$
$$= 729.98 + 797.21$$
$$= 1\,527.19$$

注意：最终结果明显高于 1 000 美元，但是相比没有回购时的价格减少很多。站在债券购买者角度来看，唯一与自己有关的价格是 1 527.19 美元。因为回购的可能性非常大。这个价格代表的债券是被回购情况下 Northern Timber 公司承诺的现金流量的现值。注意如果回购债券，Northern Timber 公司可以节省多少钱。

计算器解题算法分别如下：

按键	输入
n	40
I/Y	4
FV	1 000
PMT	90
	答案
PV	1 989.64

按键	输入
n	10
I/Y	4
FV	1 180
PMT	90
	答案
PV	1 527.15

发行新债取代旧债的决策　当目前的利率远远低于债券的票息率，并且债券包含有回购条款的时候，发行公司就要决定是否要执行回购。该公司需要对回购债券所节约的利息与进行回购及发行新债以偿还旧债所产生的费用进行比较。

在最后一个例子中，债券价格的差异显示了与回购相关的利息节省，其中还包含了一项费用支出——回购溢价。然而，这个数字并没有包括广告费用以及发行新债券的成本。

发行新债券的成本被称为筹资开办成本，并且数额可能很大。这些成本主要是作为佣金费付给投资银行家，但是还包括广告的费用和印刷以及雕刻的成本。

由于存在这些成本，公司在执行回购旧债发行新债前实际收益率已经有大幅度地降低了。

存在不寻常回购的高风险债券

CFO 经验谈

有时候在债券合同条款中会隐藏着不明显的回购条款，这些回购条款会带给粗心大意的投资者很大的损失。这些条款通常以这样的条文形式出现："如果有突发事件发生，债券将按

照面值被收回。"

这样的条款中通常都要包含偿债基金条款。回忆一下,在第 6 章将偿债基金定义为使贷方得到保障的一种方式,确保借款者有足够的存款在到期时偿还本金。借款的公司在特定账户中进行存款,以使这些存款的终值能够等于债券的本金。

另外一种可以确保按时偿还本金的方法就是要求个别债券每隔几年就存一笔款项,用来回购一部分债券,而不是一次性偿还负债。例如,某公司通过发行 1 000 张 25 年期债券,每张面值为 1 000 美元。如果在到期前的五年中,该公司每年回购偿还一部分债券,而不是在到期日一次性偿还,那么该公司的还款安全性就很高。

偿债基金条款一般要求公司在到期前每年购回固定比例的债券。由于这个过程是从债券投资者利益出发的,因此协议中通常不包含回购溢价。债券回购通常由抽签决定,因此没有人知道哪种债券会被回购、哪种债券会持续到到期日为止。

现在假设某种含有偿债基金条款的债券由于利率变化而碰巧要按溢价出售。一个不走运的投资者可能用 1 100 美元来购买这份面值为 1 000 美元的债券,很快债券按照 1 000 美元被回购,造成投资者立刻损失了 100 美元。尽管债券投资被认为是相对安全的投资方式,但是这种情况仍会发生。

再举个例子。政府机构以某居住区的房地产的抵押贷款为基础发行债券。如果居民的抵押贷款持有到到期日,则债券支付利息直到到期日为止。但是如果抵押贷款提前清偿,那么就用这笔基金按照面值回购债券。因为没有人知道人们什么时候能够还清他们的房屋抵押贷款,也就无法确定以抵押贷款为基础的债券是否会被回购。

在投资前详细检查债券协议的具体细节是非常明智的做法。

洞察:实际应用

在债券的世界里,期限多长算是长期债券? ——英国将偿还"一战"债券

债券的到期日为 30 年甚至 50 年的并不少见。但是,是否有人会购买一种"永久债券",一种永远不会到期的债券? 也就是说,会不会有人愿意借钱(购买债券),同意借款人(债券发行者)每年支付利息,但除非他愿意,否则就不必退还本金? 可能永远不会。

这似乎不是一个很好的借贷(对债券买家来说),但它确实发生了。在这种情况下,英国政府在 1917 年出售永久债券("罪犯"),以帮助支付第一次世界大战的费用。那是 100 年前的事了。这些债券被称为统一公债,因为它们合并了其他一些债务。

统一公债发行方是在 2014 年宣布将于 2015 年初还清其所有一战债务时发布这一消息的。这一决定是基于借款支付的,因为当时市场利率低于统一公债支付的 3.5% 的利率。"这是英国值得骄傲的时刻,我们终于可以还清英国因第一次世界大战而欠下的债……"财政大臣 George Osborne 说。

事实证明,第一次世界大战的债务是在 1932 年再融资的,其中还包含早在 18 世纪 50 年代就有的债务。因此,2015 年的还债最终结束了英国纳税人支付利息长达 265 年的债务。这是长期债务!!!

现代永久债务被银行用来满足联邦政府为安全而规定的某些准备金要求。在这个角色中，它被认为是股权，因为它没有到期日。

资料来源：Tommy Stubbington，《英国将偿还一战债券》，《华尔街日报》，2014 年 12 月 4 日，C2 版。

7.2.7　风险发行

有时候，债券出售的价格会比用本章介绍的方法计算出的价格低很多。例如，我们用公式 7.4 对某一面值为 1 000 美元的债券进行计算，得出它的价格为 950 美元。然而，我们在查阅报纸的财经版时发现该债券的交易价格是 500 美元。

CFO 经验谈

这通常意味着发行该债券的公司存在财务问题，人们对于该公司履行协议规定的义务的能力存在质疑。换句话说，分析师认为该公司可能无法支付利息或者偿还本金。这样的风险明显会降低投资者对该证券价值的预期。

财务纯化论者会认为在这种情况下公式 7.4 仍然可以得出正确答案，前提是选择适当的利率 k 的值。争论在于增加的风险相对投资者期望获得更高的报酬率。使用较高的 k 值计算出一个较低的价格。换句话说，债券降到了一个较低的信用级别上，在该级别上，投资者要求一个较高的报酬率，以补偿自身在公司的状况更加糟糕的情况下可能损失一切的风险。

不论使用什么方法看待这个问题，如果债券发行公司的财务业绩大幅下降，就会大幅降低其证券的价格，包括债券在内。

7.3　可转换债券

可转换债券可以根据所有者的选择换成特定数量的股票。转换成股票的数量是根据债券发行时设定的**转换比率**决定的。

例如，一张面值为 1 000 美元的可转换债券，转股比例是 50：1，每张债券就能取得 50 股股票。这里，债券面值除以转换比例就是转换价格，用公式表示就是：

$$转换比例 ＝ 债券面值 / 转换价格 ＝ 转换的股份[①]。 \qquad (7.6)$$

相比之下，同一家公司的普通债券通常会比股票的风险小，但是同时收益率也会较低。而在公司正常运转的时候，转换性能使债券也能获得部分股票的收益。

可转换债券的转换价格通常比转换时的市场价格高出 15％～30％，如果股票价格比转换价格高，可转换债券持有者就可以通过转股后卖掉股票迅速获利。

因为这个潜在的因素存在，投资者往往愿意接受可转换债券的利率低于普通股的利率，也就是说，公司能以较低的利息支出获得资金，可转换债券降低了公司的筹资成本。

---

　　① 可转换债券通常都是无担保、无抵押的债券。我们会在本章讨论债券的类型。通常都将可转换债券的票面价值称为面值。

可转换债券的投资

Harry Jenson 一年前购买了 Algo 公司的 25 年期,面值为 1 000 美元、票息率为 9% 的可转换债券,当时公司的股价是 20 美元,市场上类似债券的利率为 12%,该债券以 25 美元的转换价格转换,现在这家公司股价为 29 美元。

1. Harry 将债券转换成为股票,并将其出售,计算他获得的总收益。

2. 如果他投资了 1 000 美元的股票,那么现在收益如何?

3. 上面两种投资方式有何区别?

4. 假设股价下跌,评价可转换债券的投资是否明智。

解答:

1. 用公式 7.6 计算转换股数量:

换股数量 = 债券面值 / 转换价格 = 1 000 美元 / 25 美元 = 40

以当前股价出售转换来的股票可以获得现金:

$$40 \times 29 = 1\ 160$$

另外,债券已经支付的利息为

$$1\ 000 \times 0.09 = 90$$

可转换债券总的收入为

$$1\ 160 + 90 = 1\ 250$$

去掉购买债券的成本,其投资收益为

$$1\ 250 - 1\ 000 = 250$$

收益率为 250/1 000 = 25%

2. 如果 Harry 投资了 1 000 美元的股票,可以获得股票数量为

$$1\ 000/20 = 50$$

每股收益为 29 − 20 = 9

总收益为 9 × 50 = 450

收益率为 450/1 000 = 45%

3. 投资 Algo 公司普通债券的收益率为 12%,投资股票的收益率为 45%,可转换债券的投资收益率是 25%,可转换债券投资人享有了一部分股票的较高收益。

4. 可转换债券所承担的风险没有股票的高。如果 Algo 公司的股价下跌,股票的投资者会亏损。但是 Harry 投资的可转换债券并不会受到影响而可以继续享有 9% 的票息率,虽然比普通债券 12% 的收益率低,但总比亏损好一些。

可转换债券对公司财务报表和现金流量的影响　当转换发生时,会计分录将转换债券的面值从长期债务中提取出来,类似按照转换价格出售的形式,将其计入股票账户。

需要注意的是,转换并不会产生即时的现金流量,转换的记录要在账簿上表现出来。然而,转换会给公司的现金流产生重大的影响:原始的债务已经没有了,同时也就不用支付相应的利息,但是新的股票与其他股票一样开始享有公司的分红。不过,由于很多公司不给转换的股票分红,债转股就帮公司减少了现金流出。

债转股通过将债务减少、权益增加而加强了公司资产的稳定性,这有利于改善公司的债务管理比例。

可转换债券作为延期购买股票 可以将投资可转换债券看作是一个延期的股权(股票)购买,如果股票价格大幅上涨,那么转换实质上得到了保证。也就是说,债券及其相关利率的支付即将停止,而该事项的长期影响将促进股票的出售。

7.3.1 可转换债券的优点

可转换债券能吸引发行公司和投资者是因为它具有普通债券不具有的以下优点。

发行公司可能具有的优势:

1. 可转换债券能为难以实现常规贷款的高风险行业的公司提供资金。高风险行业通常要比一般稳定的企业付出更高的利率,甚至可能根本就借不到资金。对于这些公司,可转换债券是很好的筹资方式,能引导投资者接受较低的利率或者投资他们平常不会考虑的领域。

2. 可转换债券能提供高出当前市场价格出售股票的可能。在举例 7-5 中,如果 Algo 公司的管理者能确定转换发生的时候公司股票被低估了,那么债转股之后,股票会以 25 美元的转换价格出售,而当时市场价格仅为 20 美元。

3. 在本章的后半部分我们也会学习:借款人可以通过签订债券契约等方式来约束企业的行为,从而降低风险。债券转换后,借款人就会视其持有的为股权,因此就忽略之前的约束。可转换债券对发行人的约束相对较少甚至没有。

可转换债券的购买者可能具有的优势:

1. 可转换债券为投资者提供了一个分享股票增值的机会。

2. 可转换债券能使风险得到控制,价格上具有一定的优势,对投资者具有"上不封顶、下可保底"的优点。

7.3.2 强制转换

回顾一下举例 7-5 中,假设 Algo 公司的股票价格涨到了 29 美元,Harry 决定无限期地推迟转换。如果股票维持在 29 美元或者更高,那么可以从投资中获益,直到不再看涨 Algo 公司的股票为止。这比实现转换而后持有股票对公司更加有利,因为公司不需要为此支付利息。

Algo 公司的管理者希望实现转换,原因有两个。公司不想付出更多的利息,同时又要将债务转换成股权来平衡资产负债表上的比例。因此,可转换债券通常会附加可回购条款,以便进行强制转换。可转换债券的回购条款中通常会包含等于债券一年利息的提前兑回溢价。

假设在举例 7-5 中,Algo 公司执行强制转换,Harry 便会面临两种选择:接受以 1 090 美元①的价格提前回购,或者以 1 160 美元的价格转换卖掉其股份。很明显,理性的投资者都会选择后者。

发行公司通常会在股票价格上涨到高出转换价格 10％～15％ 的时候进行强制转换。

溢价问题 发行可转换债券的目的也许并不是为了筹资,而是为以高于市场价的价格出售股权。这种情况下,如果股价不够高,导致转换价格低于赎回价,转换就可能出现麻烦(回购不会导致强制转换)。

假设在举例 7-5 中,Algo 公司的股价上升到 27 美元,转换价格为:

---

① 面值 1 000 美元加上按照 9％ 票息率计息的一年的利息,得出 1 090 美元。

$$40 \times 27 = 1\,080$$

这个数字低于赎回价 1 090 美元,因此投资人会接受提前赎回而不是转换。溢价问题是指 Algo 公司被本想回避的债务困住。[①]

7.3.3 可转换债券的估价

对可转换债券进行估价有点复杂,因为它的价值(价格)可以取决于其作为传统债券的估价,也可以取决于可转换成的股票的市场价值。让我们先看一张图来说明这个想法,然后再举一个例子。图 7-6 显示了可转换债券相对于股票价格的价值(价格)。

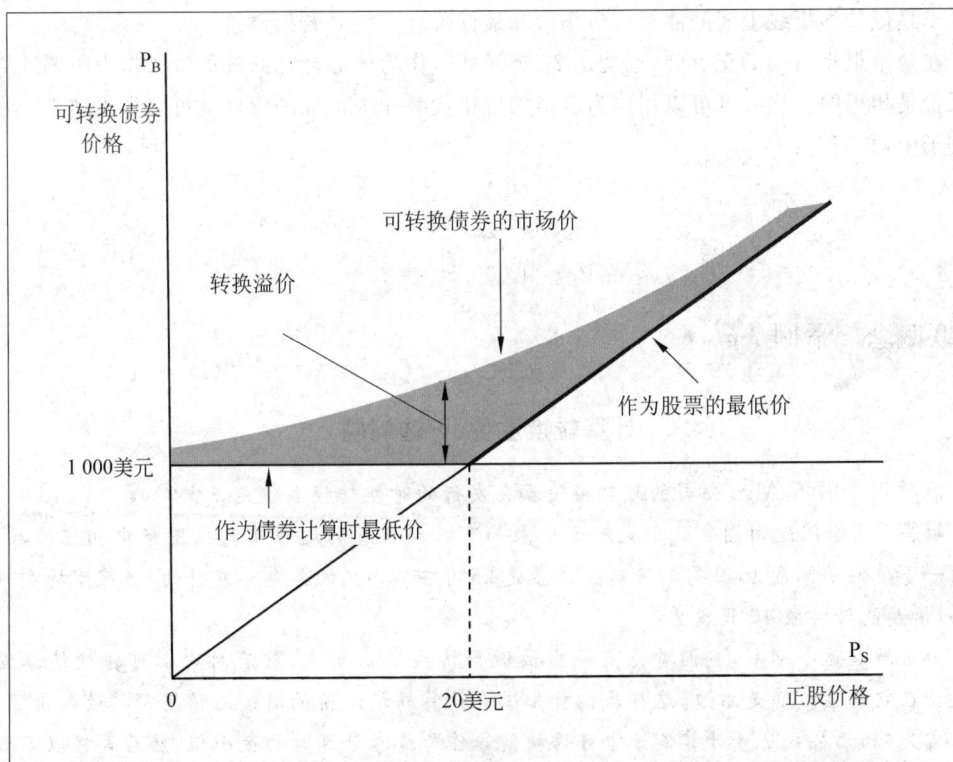

图 7-6 可转换债券的价值

假定市场上类似债券的价格是其面值 1 000 美元,这就是可转换债券作为债券的价值。在图 7-6 中,平行于横轴的水平线与竖轴相交于 1 000 美元处。假设利率不变,所以这个数字在整个例证中保持不变。必须注意,当可转换债券作为债务计算的时候是不用变现的。当通过股票价格来衡量的时候,可转换债券的价格是根据利率变化而变化的任何数值。下面,用一个简短的例证来说明这一点。

原点的对角线将可转换的价值表示为股票 它只是一个债券的股票交换数量(转换比率)乘以当前的股票价格。假设这个特定的债券可以转换成 50 股股票,所以对角线方程是:

$$P_B = 50P_S$$

---

① Algo 公司更愿意将债券转换成股票,这样既不用支付利息,又能增加资产负债表中的股权比例。

其中,P_B 和 P_S 分别表示债券和股票的价格。

请注意,股价较低的时候,可转换债券作为债券计算的价格会高于作为股票的价格;股价越高的时候,可转换债券作为股票计算价格越高。

不论股价如何,可转换债券的价值都要高于其相应的股价和债券价格。这意味着股价越高,股价线代表的可转换债券的价格越低。在图 7-6 中,这个最小值的路径由沿 1 000 美元水平方向运行的粗体线表示,并以股票线的形式向上变化。

可转换债券的市场价要比其最低价高,代表着市场价的曲线也在其最低价之上。由于股价总有可能会上涨,这种可能性给可转换债券带来了额外的价值。可转换债券的市场价是一条位于最低价格折线上面的曲线。市场价和最低价之差就是**转换溢价**。

在两条最小值线的交点处(也就是 20 美元处),作为债券计算的最低价和作为股票计算的最低价是相等的。这一点可以用作为股票的价格代替作为债券的价格就可以得出结果。在这个例子中,我们有:

$$P_B = 50P_S$$
$$1\ 000 = 50P_S$$
$$P_S = 1\ 000/50 = 20$$

关联概念 举例 7-6

计算转换溢价(可选问题)

在举例 7-5 中,Algo 公司的可转换债券在发行的时候转换溢价是多少?

解答:这个问题用图表的形式表示出来如下。在解答的过程中找出图标中相应的数据。总结一下举例 7-5,Algo 公司的可转换债券是 25 年前以 9% 的票息率发行的,当前市场利率为 12%,债券能转换成 40 股股票。

为了解决这个问题,我们首先要找出最低价格线的转折点,然后对比看可转换债券发行时股价在它的左边还是右边,这样我们就知道在计算转换溢价的时候应该用哪种最低价了。

首先,利用公式 7.4 计算例子中可转换债券作为债券计算时的最小值,然后再将以下数字代入:

$$PMT = (0.09 \times 1\ 000)/2 = 45$$
$$n = 25 \times 2 = 50$$
$$k = 12\%/2 = 6\%$$
$$FV = 1\ 000$$
$$\begin{aligned}
P_B &= PMT[PVFA_{k,n}] + FV[PVF_{k,n}] \\
&= 45[PVFA_{6,50}] + 1\ 000[PVF_{6,50}] \\
&= 45 \times [15.761\ 9] + 1\ 000 \times [0.054\ 3] \\
&= 709.29 + 54.30 \\
&= 763.59
\end{aligned}$$

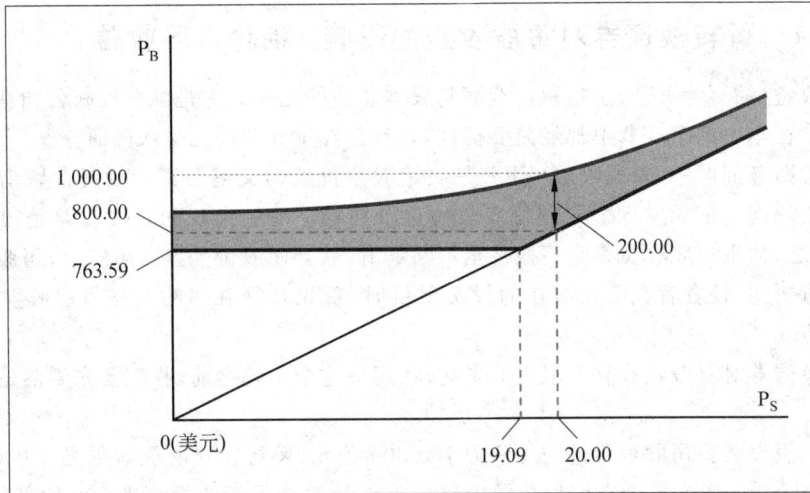

要找到转折点，就要找到可转换债券作为股票计算刚好等于这个价格时的股票价格。通过之前我们推导出的将股票价格代入债券价格的等式，可以找到这个转折点。

转换比率是每份债券可以换得 40 股股票（1 000/25＝40），那么作为股票计算时的最低价格线就是：

$$P_B = 40P_s$$

代入 $P_B＝763.59$，得出 P_s：

$$P_B = 40P_s$$
$$763.59 = 40P_s$$
$$P_s = 19.09$$

发行可转换债券的时候，股票的市场价格是 20 美元，在图中转折点的右边，这时是以股票价格作为可转换债券的最低价。算出股价 20 美元时，可转换债券作为股票计算的最低价，将股价代入代表可转换债券作为股票计算的最低价的斜线的公式即可：

$$P_B = 40P_s = 40 \times 20 = 800$$

Harry 以市场价 1 000 美元买入的，因此：

$$转换溢价 = 市场价 - 最低价 = 1\ 000 - 800 = 200$$

计算器解题算法如下：

按键	输入
n	50
I/Y	6
FV	1 000
PMT	45
	答案
PV	763.57

7.3.4　可转换债券对每股收益的影响：稀释每股收益

每股收益(缩写为 EPS)是指税后利润与股本总数的比率。它是综合反映公司获利能力的重要指标。在本书的第 3 章中曾经简要提过，并且会在第 8 章进行深入的研究。

在日常财务问题中，每股收益(EPS)是决定股票价值的关键要素。投资者做出投资决策的依据很大程度上依靠发行公司的每股收益这个数据。持续增长的每股收益是很积极的财务信号，反之，如果每股收益萎靡不振甚至不断下滑，就会使股价受挫。事实上，每股收益的地位是非常重要的，投资者在研究潜在的投资项目时，首先必须观察的就是每股收益和其相关的市盈率情况。

可转换债券对每股收益有着很大的影响，在理解这个影响之前，我们要先弄清楚"稀释"的含义。

稀释　假设某公司股东权益的总额为 100 000 美元，发行在外的股票数是 1 000 股，则每股账面价值为 100 美元。现在假设公司以同样价格又卖给了新的投资者 100 股新的股票，获得 10 000 美元的资金，之前的投资者会接受吗？

答案当然是否定的。新的投资者所带来的额外的股本可以增加公司的价值，可是公司的旧股的价值则保持不变。交易成功后，公司有 1 100 股股份，公司价值也会增加 10 000 美元，每股的价格仍然是原来的(110 000/1 100＝)100 美元。

如果新股每股的价格只有 50 美元的话，新增资本总额为 5 000 美元，加上新的股权贡献，公司的价值仅有 105 000 美元，而发行的股票总数却有 1 100 股。最终，新旧股票的价值都会变成(105 000/1 100＝)95.45 美元。

请注意，这个时候新股权投资者获得了很大的收益，他们投入的每股 50 美元马上增值变成了 95.45 美元。但是这个收益是由原股东每股(100－95.45＝)4.55 美元的损失为代价得来的。这种情况我们就称之为原股东的利益由于公司以低于旧股的价格出售新股而被稀释了。

稀释收益是稀释的简单延伸。假设公司的利率是 10％，那么在发行新股之前，每股收益为：

每股收益 ＝ 当期净利润 / 发行在外的股票股数 ＝ (100 000×0.10)/1 000 ＝ 10

新增股价为 100 美元时：

每股收益 ＝ 当期净利润 / 发行在外的股票股数 ＝ (110 000×0.10)/1 100 ＝ 10

新增股价为 50 美元时：

每股收益 ＝ 当期净利润 / 发行在外的股票股数 ＝ (105 000×0.10)/1 100 ＝ 9.55

这种情况就是原有持股人的收益被稀释了，原因就是每股收益减少了。因为每股收益降低会导致股票价格降低，所以股票投资者会非常关心收益会被稀释或者是潜在地被稀释。

可转换债券与稀释效应　可转换债券会引起稀释。现在回忆一下举例 7-5 中关于 Algo 公司的内容。股票的市场价格为每股 29 美元，而债券以每股 25 美元转换成股票。这就意味着可转换债券的持有者 Harry 如果卖掉所转换的股票后，每股可以收到 29 美元，而 Algo 公司在债转股的过程中每股只能获得 25 美元的资本注入。这和市场价格为 29 美元时发行每股 25 美元的新股产生的稀释效应是一样的。

换句话说，当公司发行可转换债券之后，在股价上升的情况下，总是会出现稀释效应。因此，未转换的可转换债券就意味着公司每股收益存在潜在的被稀释的可能性。

披露可转换债券的潜在稀释　投资者依据每股收益来做出投资决策,决定在某个公司投入多少钱。但如果公司存在尚未转换的债券,由于存在潜在的稀释风险,未来的每股收益就可能会比预期的要低。这很可能会误导投资者投入过多的资金,因此,这一点不得不重视。

为了解决这个问题,会计职业协会通过美国财务会计准则委员会(FASB)发布了准则,要求企业在财务报告中披露反映公司由于可转换债券和其他证券所引起的潜在稀释的可能性。该准则自1969年发布以来已经经过多次修订,会计准则第128条要求企业要报告基本每股收益和稀释的每股收益。

基本每股收益正如我们所了解的那样,是指预计税后利润与股本总数的比率。如果本年股本数不是恒定不变的,可以用加权股本。

稀释的每股收益不仅要考虑到现存已转换的股票,还要考虑到可转换债券,也就是描述稀释程度最大的情况。

每股收益的计算听起来很简单,但可能会很复杂,比如考虑中期股票数量的变化以及可能转换的股票数量。举例7-7就是考虑到了可转换债券的情况。

关联概念　举例7-7

稀　释

Montgomery公司是位于加利福尼亚州南部的一家制作男装的小加工企业。3年前,该公司以票息率8%发行了2 000份面值1 000美元的可转换债券,约定可以以每股40美元的价格转换成公司普通股。

Montgomery公司预期可转换债券发行后公司股票会大幅上涨,引起可转换债券迅速转换成股票。然而,一场经济危机阻挡了公司的进程,债券仍然没有转换。

去年,Montgomery公司获得了3 000 000美元的净收入,股票数量为1 000 000,边际税率为40%,计算其基本每股收益及稀释收益。

解答:

基本每股收益的计算:

基本每股收益的计算相当简单,因为该公司在整个会计期间发行在外的股票数量一直是稳定不变的。

基本每股收益 = 当期净利润 / 发行在外的股票股数 = 3 000 000/1 000 000 = 3.00

稀释的每股收益的计算:

稀释的每股收益会假设可转换债券在年初全部转换成股票。因此,计算过程中需要调整2个地方,第1个是要增加新股的数量;第2个是债务结束之后减少了利息支出从而影响了税后利润,要调整净收入。

将数据代入公式7.6得到每份债券转股的数量:

转股数量 = 债券面值 / 转换价格 = 1 000/25 = 40

每份债券的转股数量与总的债券的数量的乘积就是转股的总数,最新的发行在外的股票总数是旧的股票和新的股票数量之和。

转股总数 = 40×2 000 = 80 000 股

最新的发行在外的股票总数 = 1 000 000 + 80 000 = 1 080 000 股

之前 2 000 股债券的利息为 8%，面值为 1 000 美元，因此，转股节约的应付利息为

$$节约利息 = 0.08 \times 1 000 \times 2 000 = 160 000$$

利息可以减税 40%，支付利息可以减少税费为：

$$160 000 \times 0.40 = 64 000$$

因此，免除利息获益为：

$$160 000 - 64 000 = 96 000$$

计算稀释收益的净收益为：

$$3 000 000 + 96 000 = 3 096 000$$

$$稀释每股收益 = 3 096 000/1 080 000 = 2.87$$

这个数字比基本的每股收益降低了 0.13，由于债券转换，每股收益大幅降低了 4.3%。

7.3.5　其他可转换证券

除了债券，其他证券也具有可转换性，比如股票。本书在举例 6-18 中简单介绍过优先股，接下来在第 8 章里我们会深入研究。可转换优先股和可转换债券十分相似，二者都存在着潜在稀释。在计算稀释每股权益的时候，二者的方法是一样的。

有的不可转换证券也能以低于市场价格发行新股，存在潜在稀释的特征，计算稀释每股权益时需要调节方法，以适应这些证券的特点。最常见的例子就是认股权证，认股权证是授予持有人一项权利，在一段时间内可以以约定的价格购买一定数量公司发行的新股。我们将在第 8 章里研究认股权证。

7.4　债券的制度特征

接下来我们将讨论债券的一些重要特征以及与债券定价没有直接关系的债券协议。在进一步学习之前，一定要明确债券的基本定义。债券是一种工具，这种工具可以使一个组织（通常是一个公司或者政府机构）能够根据某种协议同时从大量的投资者手中借到资金。

7.4.1　登记、转让代理商和所有者记录

债券可以分为无记名债券和记名债券。无记名债券属于该债券的持有者，这项规定使债券由于有丢失或者被盗的可能性而存在风险。无记名债券上贴有息票，可以据此获得利息。

记名债券的所有者要在**转让代理商**处登记。转让代理商是一个组织，通常是一家银行，该银行为发行公司保存股票和债券的所有者的记录。在转让代理商的记录册上，每一份债券在任意指定的日期都有特定的所有者记录。利息在支付日直接根据登记记录寄到债券的所有者手中。

7.4.2　债券的种类

除了我们已经考虑过的可兑换性外，债券还有几个不同的特征，将债券分为不同的类别。我们将简要讨论几个更重要的种类。

担保债券和抵押债券　担保债券是以发行公司所拥有的特定资产价值作为担保的债券。

如果公司违约,担保债券的持有者可以占有并出售该资产来取回赔偿。担保交易的精髓就是与某种特定债务有关的资产在清偿债务之前不能再属于其他债权人。当担保的资产为不动产的时候,这种债券被称为抵押债券。

信用债券 信用债券是无担保债券。它仅仅凭发行公司的信用发行,没有特定的资产价值作为担保。同一公司的信用债券明显要比担保债券风险要大。因此,信用债券通常向投资者提供较高的报酬率。

次级债券和优先债务 "次级"指的是处于较低的等级或者低优先级。在债务有关术语中,次级意味着在发行债券公司破产的情况下获得还款的优先级要低于其他债券。某种债券可能比特定债券或者其他所有债券优先级要低。而相对于次级债券是具有优先权的债务,被称为优先债务。

从概念上来讲,次级债券与优先债务同时产生。例如,假设某出借者考虑提供一项贷款,但是却担心借款人将来从其他人那里借入更多债务。那时,如果借款人破产,用来清偿未付款的所有资产都不得不由很多债权人共同分配。第一个出借人就会要求在贷款协议中增加条款,要求未来发生的所有债务要处于从属地位以确保自身安全。

由于次级债券比优先债务或非次级债务危险性要高,所以它们通常被要求更高的报酬率。

垃圾债券 垃圾债券是由财务状况不稳定或者由于其他原因被认为很危险的公司发行的债券。它们支付的利率一般比实力强大的公司发行的债券利率高5%左右。因此,它们也被称为是高收益证券。

在20世纪70年代中期前,有风险的公司尤其是一些新创办的小企业根本不可能通过发行不安全的债券来融资。无论这类公司承诺的收益率为多少,投资者只是不愿意承担该公司带来的风险。然而,在那时风险共担债券这个概念形成,在投资相当安全的意识下,似乎高风险高收益率的债券也是可行的。几年的时间,垃圾债券迅速蔓延,直到其占整个国内债券市场的10%～20%。

在20世纪80年代末90年代初,当经济持续衰退的时候,由于共同分担所感觉到的安全感消失了。因此,垃圾债券不再受欢迎。

洞察:实际应用

债券可以有负利率吗?

为了借钱给别人,你愿意付钱给他吗?这就是负利率的含义。听起来不太合理,是吗?但实际上,在金融实力雄厚的政府发行的短期债券市场上,这种情况时有发生。这些证券被称为票据而不是债券,通常发行期为90天。在美国,它们一般被称为国库券或T票据。所以问题是,如果在你购买T票据的时候,每1美元的付出最后只能得到政府99美分的还款,那你会借钱给政府吗?答案有时是:会的!

这种现象通常发生在二级市场,也就是投资者之间进行票据交易时。但最近,在包括德国、瑞士和荷兰在内的几个欧洲国家都发生了这种情况(在第一次发行票据/债券时)。

事实上,投资者愿意付钱来存放他们的钱有几个原因。最重要的原因是安全。在经济极度不稳定的时候,人们从寻找更好的回报转向只为保住自己的钱而担忧!这使得对财务状况良好的德国、瑞士或荷兰债务的投资看起来会是不错的选择,即使在较小的负回报之下也是如此。

但即便是追求利润的投资者也可能选择收益率为负值的债券,这有几个原因。第一个因素与投资者对通胀的预期有关,尤其是与通缩有关。自2008年金融危机以来,通货膨胀率一直处于极低水平,更为严重的是,经济学家一直担心这会导致通货紧缩(价格下跌)的趋势。他们的想法是,当价格下跌时,人们会推迟购买,因为以后的价格可能会更低。这可能会减少需求,从而导致经济衰退。

如果投资者觉得通缩期即将来临,那么用于购买负利率债券所产生的资金,它的动力可能会比购买其他债券更加强劲。因此,负利率债券是一个安全的、值得关注的、可能有利可图的选择。

投机货币升值的投资者,如果认为某种货币兑其他货币的升值速度将高于他们所支付的利息,就会购买负利率债券。

如果利率进一步降至负值,投资者可能会获得资本收益,因为这将推高债券价格。

7.4.3　债券评级:核定不履行契约的风险

在本书第5章,我们讨论过几种与债券有关的风险,包括违约风险。在实践中,投资者和财务机构都要想尽办法评估和控制暴露出的债券的违约风险。

债券被指定要进行质量评价,来反映出它们违约的可能性。较高评级意味着较低的违约可能性。债券评级是由专门的评级机构来做的,它们将债券以及债券所属公司评定为含有或多或少的风险。最著名的信用评级机构是穆迪公司(Moody's)和标准普尔公司(Standard & Poor's)。

评级机构通过考察发行单位的财务和市场状况以及单个债券的契约条款来对债券进行评级。很重要的一点就是认识到分析是包含两个部分的。一种债券的实力主要取决于发行该债券的公司的实力,但是某些条件可以使同一家公司发行的一种债券比另外一种债券更加安全。例如,有不动产作为抵押的抵押债券就比同一公司发行的无担保的债券更安全。类似地,优先债券要优于次级债券。

对债券评级的过程从对发行公司的财务比率进行分析开始,分析手段在第3章中已经说明。在此基础上,评级机构根据它们对该公司掌握的所有信息进行综合分析,如市场状况及其他行为。例如,假设一家公司财务业绩良好,市场前景也不错,但是却陷入了一项较大的法律诉讼当中,如果这项法律诉讼很严重,那么就会降低该公司债券的评级。

债券评级并不完全是由数学公式分析出来的结果来确定的。尽管它们在很大程度上依赖于标准(比率)分析,但是还包含评级机构作出的定性判断。

信用评级的符号和等级　穆迪公司和标准普尔公司使用相似的等级标准来描述他们所评定的债券。大概了解一下这些术语的含义是很重要的。表7-2总结了两家公司使用的评级符号及其含义。在Baa/BBB级别上下的债券差别非常显著。处于该级别或该级别以上的债券为**投资级**,反之,处于下面级别的债券则被认为是低于标准的。再向下级别的债券被称为垃圾债券。

为什么评级很重要　在整个学习的过程中,我们一直强调风险与收益是相关的,投资者对于风险越高的投资要求报酬率就会越高。评级是对债券相关违约风险的主要度量手段。因为它们是投资者针对不同公司的债券要求,获得不同报酬率的重要决定依据。

表 7-2 穆迪和标准普尔的债券评级

穆迪表示法	标准普尔表示法	信用级别含义
Aaa	AAA	安全性最高,品质最好
Aa	AA	安全性高
A	A	品质好
Baa	BBB	投资级,品质中等
Ba	BB	品质较差
B	B	品质差,安全性差
Caa	CCC	品质差,有违约可能
Ca	CC	品质差,违约,有恢复可能
C	D	违约,或可能违约

事实上,一家公司债券的级别决定了该公司借款所要支付的利率。较低的等级意味着该公司需要支付较高的利率。这通常意味着该公司经营并赚取利润很困难,因为该公司要负担很高的债务筹资成本。我们刚才表述的确切描述见图 7-7。

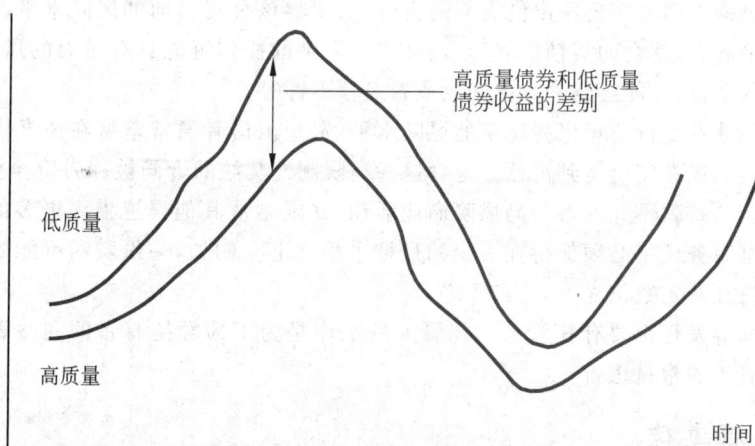

图 7-7 高质量债券和低质量债券收益差别

所有的债券收益率(利息率)都会随着时间而上下波动,但是在高安全性债券和低安全性债券所要求的利率总有很大的差异。与高安全性债券相对应的曲线意味着发行公司可以以较低的利率借到资金。最安全、品质最好的债券是联邦国库债券,该债券完全没有违约风险。如果其收益率在图 7-7 上表示,它将比其他任何债券都要低。

债券的等级会影响借款时所支付利率与高安全性债券要求的利率两者之间差异的大小,但是并不会影响整个利率结构上下的趋势。很明显,两个利率之间的差异反映了安全性低的债券的违约风险。这就是我们之前讨论到的违约风险溢价。

伴随时间流逝差异的变化 仔细观察会发现,当利率普遍较高的时候,债券与收益之间的差异要比利率普遍较低时差异大许多。这是一个很重要的事实,并有很强的逻辑性。高利率通常与衰退或者很糟糕的经济状况相联系。在这段时期,处于边缘的公司倾向于破产。换句话说,弱小公司在萧条时期的违约风险比繁荣时期的违约风险高。由于差异反映了风险水平,因此在萧条时期利率之间的差异有增大的趋势。

事实上,这种现象可以被看成是一项经济指标,意思是安全性不同的债券出现很大的利率差别,这显示出经济困难的时期就要来了。

投资级的意义 大多数债券都是由机构投资者购买的,而不是由个人购买的。这些机构投资者包括共有基金、银行、保险公司及养老基金等。这样的投资者大多按照法律规定只能进行相对安全保守的投资。因此,它们只能购买投资级债券。这就将那些债券没有被评定为投资级的公司债务严格地界定在市场之外。

7.4.4 债券契约:控制违约风险

第1章中我们讨论过债权人和股东存在利益冲突。事实上,所有的商业运行都有风险。然而,高风险水平总是带来高额报酬。利益的冲突来自于成功的风险所带来的报酬几乎全部归股东所有,而失败的处罚却总是由股东和债权人共同承担。

确实,投资即使没有失败,债权人的利益也可能受到损害。如果公司认识到风险增加,投资者对其持有的债券要求的报酬率立刻就会增加,因而造成该债券的市场价格下降。这种情况一发生,债权人就会遭受损失。

试图通过购买债券向公司出借资金的投资者,观察该公司目前的风险水平。如果他们对这个风险水平满意,就会购买债券,但是仍会担心未来的操作可能具有更大的风险,如公司实施风险很大的项目,可能会遇到财务问题或者经营不善等。

为了确保债券发行公司保持稳定的风险水平,资金出借者通常坚持在债券协议中限制借款者的行为直到债券完全得到清偿。包含这一类限制性契约的合同被称为债券契约。

典型的契约条款不允许参与高风险商业活动,并限制从其他渠道借入更多的资金。契约可能还要求其财务比率必须保持在一定的最低水平之上。例如,一份契约可能规定利息收入次数必须保持在特定数值之上,比如7之上。

每一笔债券发行都要有托管人。托管人的工作是为了债券持有者的利益管理并执行契约条款。托管人通常是银行。

洞察:伦理道德

道德债务管理

一家公司通过发行债券借债,而债券的契约性相对较弱,没有提及任何未来的额外债务。假设它希望以后再借款,但新的出借人担心安全问题,并坚持将其债务置于现有债务的优先地位。如果公司同意,就会损害持有旧债券的投资者。

很明显,如果公司破产,原始债券持有人将遭受损失,因为他们将支持新的债权人,从破产后的任何资产中优先得到偿付。但即使公司表现良好,他们也可能会受到伤害。这是因为旧债券的评级可能会因为其新的从属地位而降低。这意味着市场将认为这一评级降低问题有更大的风险,旧的债券价格会因而走低。因此,旧债券持有人如果卖出,就会蒙受损失。

如果这家公司不以某种方式来补偿旧债券持有人,是否合乎道德?如果管理层认为公司迫切需要新的资金,没有这笔新入资金,公司就会陷入大的麻烦,又该怎么办呢?如果你是首席财务官,你会怎么做?

偿债基金　债券是一种非分期偿还的债务,意思就是:借到的本金到到期日才会偿还。由于借款的公司可能没有大量的资金以偿还本金,因此对债券持有者来说就存在风险。

偿债基金将本金偿还分散到一定时间内,这可以确保很高的安全性。我们已经讨论过两类偿债基金事物。第一类要求按照周期存款,以确保到期日能有足够的资金偿付本金。这类问题属于资金的终值问题,在第 6 章的举例 6-6 中已经举例说明了。第二类是在到期日之前没有计划地清偿部分债券。我们在本章中已经讨论过这个问题。

还有一种方式通过发行系列债券,将总借款分散为几次相互独立的证券发行。

7.5　融资租赁

"租赁"是一份合同,这份合同赋予合同一方使用由合同另一方拥有的某项资产的权利,并支付款项作为回报。财产的所有者称为出租人,使用者称为承租人。租赁业务是与债务相似的一种筹资方式。

我们比较熟悉的租赁通常是房屋租赁,房东是出租人而租客是承租人[①]。近年来,汽车租赁也成为很普遍的业务。在商业活动中,公司租赁各类设备以及不动产。

7.5.1　商业租赁的发展

在 20 世纪 50 年代以前,租赁业务主要限于不动产(租赁办公室或者工厂)。从那以后,这项业务扩展至设备,到今天为止,商业活动中 30% 的设备都是租赁的。

租赁和财务报告　理解租赁早期发展的最好方式是通过举例来了解。假设 Textronix 公司有如下简化的资产负债表:

Textronix 公司资产负债表(单位:千美元)

流动资产	10	流动负债	5
固定资产	90	长期负债	45
总资产	100	权益	50
		总的负债和权益	100

我们感兴趣的是公司的债务比率,高额的债务被视为是高风险的,并且被认为是对投资者不利的。[②] 简便起见,我们主要关注资产负债率,它是由总负债除以总资产,其中总负债是流动负债加上长期负债。请注意,Textronix 公司的资产负债率是相当高的,为 50%,计算过程如下:

$$资产负债率 = (流动负债 + 长期负债)/总资产$$
$$= (5 + 45)/100$$
$$= 50/100$$
$$= 50\%$$

---

①　区分融资租赁和经营租赁是非常重要的。经营租赁通常是指暂时性使用资产,而不做出长期承诺。但是租金通常泛指融资租金和经营租金。

②　当债务金额很高的时候,继续增加债务会导致投资者降低对股票的出价,并且也会使出借方要求更高的利率,或者可能拒绝增大借款额度。

现在,我们假设管理层希望获得价值 50 000 美元的资产,但是不想动用权益资金①来购买,方法之一是以设备作为抵押品②来借款购买。这样做会使得资产负债表上的资产增加 50 000 美元,同时,长期负债也会增加 50 000 美元。新的资产负债表如下:

Textronix 公司资产负债表(单位:千美元)

流动资产	10	流动负债	5
固定资产	140	长期负债	95
总资产	150	权益	50
		总的负债和权益	150

请注意,这笔债务使得资产负债率更高了:

$$资产负债率 = (流动负债 + 长期负债)/总资产$$
$$= (5 + 95)/150 = 100/150 = 66.7\%$$

由此可见,对 Textronix 公司来说,借款购买资产是一个严重的错误。资产负债率的恶化可能意味着为资金支付更高的利率溢价,甚至可能根本借不到款项。这可能对公司的股票价格也有不好的影响。实际上这是所有权问题,因为 Textronix 公司拥有资产,资产负债表上的资产和相关的负债会同时增加。

如果加上可以使用资产而不拥有所有权,那么 Textronix 公司的资产负债表就不会受到影响,从而财务比率也不会恶化。最初,租赁也就能使公司达到这个目的,即不拥有却能使用某些东西。租赁付款在利润表上被确认为费用,但是对资产负债表没有影响。因此,租赁解决了由借款购买导致的比率问题。在 20 世纪的五六十年代,通过设备租赁的金额迅速增加。租赁成为脱离**资产负债表**的借款形式——使用一项资产而不用在资产负债表上反映它或者它的筹资过程。

误导性结果　必须要意识到我们上述的结果使得财务报表具有误导性。债务的风险来自于还款还是强制性的,如果错过还款可能会导致公司破产。事实上,租赁付款也是这样的,租赁付款是不可能撤销的。不可撤销性是指如果承租人在租赁期间偿还了设备,剩余的付款额仍然是法定义务,并且金额与未归还设备时是一样的。由于主要资产的长期租赁实质上通常都是不可撤销的,它们实际与债务有着同样的问题和风险。但是在早期,它们没有体现在资产负债表上。换句话说,投资者在阅读使用租赁融资的公司的资产负债表时,他们被误导地认为公司状况比实际情况要好。

在 20 世纪 70 年代早期,大家对处理由于租赁引起的财务报表而扭曲的会计专业能力给予了极大的关注。同时,也产生了迫切建立租赁业务的会计准则的压力,要求披露长期租赁并将其作为债务的等价物。

当时的会计准则确实要求所有的租赁业务都必须在财务报表附注中予以披露。这些在附注中的披露被认为是很有必要的。他们坚持认为富有经验的财务报表使用者会阅读附注并且完全理解公司正在做的事情,尽管它不是资产负债表融资。反对的意见认为,并不是所有的投资者都是富有经验的,或者会去认真地阅读完整的财务报表附注,并且这需要更加详细的披露来防止财务报表被误解。

---

① 留存收益或者发行新股来筹集的资金。

② 如果借款人拖欠贷款,贷款人可以出售抵押品以履行还款义务。

7.5.2　财务会计准则委员会和 FASB13

解决由租赁引起的财务结果曲解的任务落在了财务会计准则委员会（FASB）的身上。FASB 是一个专业的通过制定准则来控制财务报表如何构成的会计机构。这个委员会在 1976 年 11 月关于以上议题发布了财务准则 13 号（缩写为 FASB13，口头上则一般称为：fazbee 13）。这个准则公布了租赁的财务报告规则应该基于经济后果而不是法律技术。

对租赁的曲解是因为资产的所有权对财务报告很重要，并且租赁允许我们使用而不需要所有权。FASB13 通过重新定义所有权来解决这个问题。

在 FASB13 号之前，财务报告的所有权定义与法律一致。一项资产是由拥有处置它的权力人所拥有（通常是出售权），而其他使用它的人并不重要。FASB13 号称这个所有权的概念并不能反映经济事实。它认为资产的真正所有者是享受它的收益并且承担它的风险和责任的人。

这个准则宣称，如果在资产寿命的大部分时间里，一项租赁将那些收益和负担转移至承租人那里，那么出于财务报告的目的，承租者就是所有者，从而必须在它的资产负债表上披露。[①]

FASB 同样也强调融资租赁包括在租赁结束时将法定所有权转移给承租者，或者承租者能够以低于公允市场的价格（廉价购买权）来购买这项资产。根据这项准则，这些租赁合同只是伪装的分期付款合同，所以必须被记录为销售。出租人实际上是将等于购买价格的资金借给承租人，而持续的租金就是还款额。

经营租赁和资本（融资）租赁　FASB 称实际有两种类型的租赁，包括经营租赁和资本。资本租赁通常被称为融资租赁，因为它是获得设备永久使用权的一种方法。资本租赁实际上是转移经济上的所有权，而经营租赁则不能。

在 FASB13 中的租赁必须是资本租赁。这就意味着会计分录必须将租赁资产的价值和相关的负债体现在资产负债表上。租赁资产的价值通常是公允的市场价值，而相关的负债反映了未来期间的租金付款额。在资产负债表账户上表现的结果好像是承租者借入资金购买的资产。换句话说，自 FASB13 公布之后，经营租赁还是可以提供资产负债表外融资，但资本租赁不可以。自然地，承租人在只要可能的情况下就会将租赁归类为经营租赁。委员会通过公布四条规则来区分租赁的本质，只有满足以下所有规则的租赁业务才能被认定为经营租赁：

1. 在租赁结束后，法定所有权未转移给承租人。
2. 在租赁结束后，没有廉价购买选择权。
3. 租期必须短于资产预计经济寿命的 75%。[②]
4. 在租赁开始时，租赁付款额的现值必须低于资产公允市场价值的 90%。[③]

前两条规则将伪装的分期销售合同排除在经营租赁之外，第 3 条则表明如果在资产寿命中的大部分时间，所有权都被转移，那么资产就不再真正属于出租人，而这项租赁必须被视为融资租赁。第 4 条则可以分辨出租人是否通过租赁出售资产。如果承诺租赁付款额的现值和资产的价值相接近，那么这项业务就很可能是一次销售，并且所有权实际上转移给了承租人。

---

① 所有权的收益是指对设备的生产性使用，而负担包括提供维持、保险、财产税。
② 资产的经济寿命是指资产能够被使用的时间。这个时间通常比它的折旧期长。
③ 计算现值时，使用的利率应该是租约签订时承租人借入新的资金所支付的利率。

实际上,确定经营租赁是很容易的。它们一般期限较短,通常是1~3年。租赁付款额中通常包括设备维护费用,并且出租人通常支付保险和财产税。正因为包括这些费用,经营租赁有时候被称为服务性租赁。

经营租赁一般在提前通知的情况下(通常为30天)是可以撤销的,尽管撤销会要求支付罚金。另一方面,融资租赁都是不可撤销的。

对承租人而言,租赁在财务报表中的列报　在财务报表的列表和记录方面,经营租赁和融资租赁是不同的。经营租赁的比较简单,融资租赁的比较复杂。我们会讨论两者,但主要强调融资租赁的处理。

经营租赁　经营租赁在财务报表上的处理是非常直接的。没有有关资产负债表的分录,并且租赁付款直接在利润表上被记为费用。这就要求所有租赁的细节都在财务报表的附注中被披露。

融资(资本)租赁　在融资租赁开始的时候,承租人必须在资产负债表上记录一项资产,它反映租入设备的价值。同时它也记录一项与支付租金义务有关的补偿性负债。这两者的金额通常都与承诺付款额的现金流的现值相等,大约等于设备的公允市场价值。这项负债通常体现在资产负债表中的债务部分,一般被称为租赁负债。计算现值时使用的利率,通常是租约开始时承租人借入新的资金所必须支付的利率。

这些账户一旦被建立,它们就会被独立地摊销。① 资产就是简单地进行折旧。租赁负债就被当成了债务。当利率被设定后,②租赁付款额就好像债务付款额一样,被分为了利息和本金减少额。这个方法与第6章所讨论的贷款摊销一样。

关联概念　举例7-8

融资租赁的会计处理

Emeral公司是一家中型的建筑公司,它在纽约的北部。去年,它从GD信贷公司租入一台起重机,租期为15年,并在每年年末支付租金20 000美元。这台起重机预计在租赁结束时完全报废而不再具有价值。在租赁签约前,其他金融机构愿意以5%的利率向Emeral公司贷款。Emeral公司会在15年内对起重机使用直线折旧法折旧。

在租赁协议签订之前,Emeral公司的资产负债表如下:

Emeral公司资产负债表(单位:千美元)

流动资产	20	流动负债	10
固定资产	180	长期负债	90
总资产	200	权益	100
		总的负债和权益	200

这项租赁被视为融资租赁。

1. 签订租赁合同后Emeral公司的资产负债表,单独列示租赁资产和负债。(我们将对结

---

① 摊销资产负债表账户意味着随着时间流逝,将它们减值为零,资产通过折旧摊销,而负债在它们被支付的时候摊销。

② 通常与计算租赁付款额现值时的利率一致。

果取整数,而现在的资产负债表是取整到千位)。

2. 计算租赁生效前后的资产负债表,并讨论两者之间的差别。

3. (可选择)假设所有其他账户都不变,重新构造第一年租赁付款后的资产负债表。

解答:

1. Emeral 公司会将这项租赁资本化,而全额等于由租赁付款形成的年金现值。那个金额可以通过利用年金现值公式 6.19 计算出来:

$$
\begin{aligned}
PVA &= PMT[PVFA_{k,n}] \\
&= 20\,000[PVFA_{5,15}] \\
&= 20\,000 \times [10.379\,7] \\
&= 207\,594
\end{aligned}
$$

因此,在租赁协议签订后的资产负债表如下:

Emeral 公司资产负债表(单位:千美元)

流动资产	20	流动负债	10
租赁资产	208	租赁负债	208
固定资产	180	长期负债	90
总资产	408	权益	100
		总的负债和权益	408

2. 租赁协议签订前的资产负债率(单位:千美元)

$$
\begin{aligned}
资产负债率 &= (流动资产 + 长期负债)/ 总资产 \\
&= (10 + 90)/200 = 50\%
\end{aligned}
$$

租赁协议签订之后,租赁负债被包含在债务中,资产负债率会上升:

$$
\begin{aligned}
资产负债率 &= (流动资产 + 长期负债)/ 总资产 \\
&= (10 + 90 + 208)/408 = 75\%
\end{aligned}
$$

评论:这项租赁使得公司的资产负债率严重恶化,损害公司的发展能力,也会减弱公司从其他来源借入资金的能力。

3. (可选择)为了构建新的资产负债表,必须计算出租入的起重机在第一年的摊销额和租赁负债的金额。然后,将它们从最初的账户金额中减去。资产只需要折旧,而负债需要假设它是一笔利率为 5% 的债务来进行摊销。

首先,考虑租入的起重机账户。在第一年后,它会减少一年的折旧额。

$$
折旧 = 207\,594/15 = 13\,804
$$

然后,考虑租赁债务账户。它被当作利率为 5% 的债务。我们采用前面建立债务摊销计划表时相同的方法来计算第一年末的余额。

利息是第一年负债期初余额的 5%:

$$
利息 = 207\,594 \times 0.05 = 10\,380
$$

从租赁付款额中减去这个利息,从而计算出付款额中用于减少租赁负债(债务本金)的部分。

$$
\begin{aligned}
债务减少额 &= 租赁付款额 - 利息 \\
&= 20\,000 - 10\,380 = 9\,620
\end{aligned}
$$

从债务的期初余额中减去这个减少额得到第一年末的余额。

新的租赁负债＝期初余额－债务减少额

＝207 594－9 620＝197 974

最后,将新的资产和负债余额取至千位,并计入资产负债表中。

Emeral 公司资产负债表(单位：千美元)

流动资产	20	流动负债	10
租赁资产	194	租赁负债	198
固定资产	180	长期负债	90
总资产	394	租赁平衡账户	(4)
		权益	100
		总的负债和权益	394

由于租赁资产账户和负债账户采用不同的摊销方法,所以,直到租赁期末两者都摊销为零之前,两者的余额不会一致。为了清楚地说明,我们将两者的差额计入了一个小的平衡账户,它在租赁结束时就会消失。在实际工作中,平衡账户的金额直接计入了权益账户。

7.5.3 出租人视角下的租赁

成为出租人是一种替换借贷的投资方法。它通常是金融机构而不是个人,例如银行、金融公司。金融公司购买设备,并将它出借给客户,而不是将钱借给客户购买设备。

在第 6 章我们计算货币的时间价值时,贷款的计算由年金的现值公式 6.19 所决定。简便起见,我们给这个公式重新编号在这里列出来：

$$PVA = PMT[PVFA_{k,n}] \tag{7.7}$$

在计算债务使用这个公式的时候,PVA 是借入的金额,PMT 是债务付款额(包括利息和本金的偿还),k 是债务的利率,n 是期限。当然,$PVFA_{k,n}$ 是一个表格系数。记住,利率是出借人在这项债务投资中的回报率。

如果其中的任意 3 个变量已知,公式 7.7 可以计算出第 4 个。如果出借人希望投资的金额在经过一些时间后能获得特定的回报额,这个公式就能计算出它要求借款人所必须支付的金额。

基本的融资租赁的原理是相同的。出租人购买设备,通过租赁合同将它转移给承租人,而不是给承租人资金来购买设备。然后,它就收到租赁付款额,而不是债务还款额。租赁付款额被要求提供给出租人一个固定的回报,其计算过程与计算债务的期限和金额时是一样的。在租赁协议中,利率是指出借人的回报率或者租赁中暗含的利率。

如果租赁的资产有着持续的市场价值,那么租赁是一项安全的投资。出借人有着法定的权利,所以,如果承租人违约,出借人就能很简单地取回资产,并通过重新出售或出租来弥补投资。在承租人或者借款人破产的时候,出租人的待遇也比借款人好。

关联概念 举例 7-9

计算租赁付款和回报

假设 Prudential 保险公司正在寻找一个安全的长期回报率为 6% 的投资机会。进一步假设 Ford 汽车公司希望获得一批用于特殊目的的有轨列车,来运送新的汽车去往全国各地的分支机构。Ford 希望购买总价值 5 000 万美元的有轨列车,并希望使用 20 年直到其完全不具有任何价值。因为二手有轨列车是一个活跃的市场,所以 Prudential 保险公司认为这笔投资相对安全,它愿意买下列车并将它们出租给 Ford 公司。

1. 如果这项 20 年的租赁要达到目标的 6% 的回报率,Prudential 保险公司应该要求 Ford 公司每年支付多少租赁付款额? 假设租赁付款额在年末支付。

2. 假设 Ford 公司愿意接受这项租赁业务,但它每年愿意支付的付款额不超过 400 万美元。如果 Prudential 保险公司答应了 Ford 公司的要求,那么它每年的回报率是多少?

解答:

1. 利用年金的现值公式 7.7,来计算要求的租赁付款额:

$$PVA = PMT[PVFA_{k,n}]$$
$$50\ 000\ 000 = PMT[PVFA_{6,20}]$$
$$50\ 000\ 000 = PMT[11.469\ 9]$$
$$PMT = 4\ 359\ 236$$

2. 这里我们需要解出的是年金问题中的利率而不是付款额。方法与第 6 章中使用的相同。

$$PVA = PMT[PVFA_{k,n}]$$
$$50\ 000\ 000 = 4\ 000\ 000[PVFA_{k,20}]$$
$$PVFA_{k,20} = 50\ 000\ 000/4\ 000\ 000 = 12.500\ 0$$

根据表 A-4,这个付款额对应的回报率要低于 5%,财务计算期计算结果为 4.96%。

计算器解题算法如下:

按键	输入
n	20
I/Y	6
PV	50 000 000
FV	0
	答案
PMT	4 359 228

按键	输入
n	20
PMT	4 000 000
PV	50 000 000
FV	0
	答案
I/Y	4.96

7.5.4 剩余价值

到目前为止,我们讨论过的例子都是假设在租赁结束时设备不再具有任何价值。这实际上是假设估计资产的经济寿命等于租赁期间。在很多情况下,设备在租赁期结束时预计会有正的剩余价值。这使得定价和回报率的计算稍微复杂一些。

剩余价值意味着出租人能够预期在租赁期末时收到一笔额外的现金流。承租人可能会买下设备,或者出租人将它卖给其他人,也可能它被再次出租给该承租人或者其他的承租人。

最后一个选择通常与相对期限较短的经营租赁有关。在经营租赁中,出租人可能需要将设备租出数次来收回投资并赚取回报。我们将集中讨论在长期租赁期末,资产存在很小剩余价值的情况。

需要理解的是,剩余价值是一个很模糊的数字,是一个不准确的估计,主要是因为距离未来太遥远。设备在 20 年后的价值取决于它的状况和那时的二手市场,而这两者都很难预测。剩余价值最终结果可能会是从零至估计值的两三倍。

关联概念　举例 7-10

剩 余 价 值

重新考虑下举例 7-9 中的 1 部分,假设 Prudential 公司估计在 20 年后的租赁期末,有轨列车的价值约为 300 万美元。计算能给 Prudential 公司带来 6% 回报率的租赁付款额。

解答: 即使 Prudential 公司必须花费 5 000 万美元来获得有轨列车,但它并不是必须从租赁付款额中获得那么多补偿的。从现值的角度考虑,Prudential 公司的投资是 5 000 万美元减去预计剩余价值的现值。

首先,计算在利率为 6% 时,20 年后的剩余价值 300 万美元的现值。利用金额问题中的现值公式 6.7:

$$
\begin{aligned}
PVA &= FV_n[PVF_{k,n}] \\
&= 3\ 000\ 000[PVF_{6,20}] \\
&= 3\ 000\ 000(0.311\ 8) \\
&= 935\ 400
\end{aligned}
$$

现在从购买价格 5 000 万美元中减去这个金额。

$$
50\ 000\ 000 - 935\ 400 = 49\ 064\ 600
$$

最后,计算基于这个稍小投资额的租赁付款额,注意结果稍微减小了。

$$
\begin{aligned}
PVA &= PMT[PVFA_{k,n}] \\
49\ 064\ 600 &= PMT[PVFA_{6,20}] \\
49\ 064\ 600 &= PMT[11.469\ 9] \\
PMT &= 4\ 277\ 683
\end{aligned}
$$

计算器解题算法如下:

按键	输入
n	20
I/Y	6
FV	3 000 000
PMT	0
	答案
PV	935 414

按键	输入
n	20
I/Y	6
PV	49 064 600
FV	0
	答案
PMT	4 277 675

7.5.5 一般剩余价值

大多数租赁中都包含剩余价值,并且在出租人和承租人协商的时候都是很重要的问题。一个较高的剩余价值就意味着一个较低的付款额,所以承租人认为设备在经过一段较长时间使用后,仍然具有价值。出租人希望更高的付款额来尽快收回它们的投资,所以它们会提出相反的观点。

设备在租赁期末真实的剩余价值主要取决于它的状况,如果剩余价值最后比估计值低,那么出租人经常要求一笔罚款。理论上来讲,这样一个条款是要求承租人为他们在租赁期滥用设备而埋单。但是这对承租人来说是一个陷阱,因为无论设备的状况如何,一个不景气的二手设备市场都会压低设备的价值。

汽车租赁市场在操纵付款额和剩余价值方面算是臭名昭著。如果承租人接受较高的剩余价值,那么较低的付款额就可以实现。在签订租赁合同时,这听起来对承租人非常有利。但是,剩余价值是在租赁期结束时,顾客愿意留下汽车而支付的价格。如果他不愿意留下汽车,而且在合同中的剩余价值超过了租赁结束时的价值,就会有一笔罚款。因此,从付款额方面来考虑,这笔划算的交易会导致未来一笔很大的费用。

7.5.6 租赁 VS 购买:承租人的观点

公司账户很少有足够的资金来购买重要的设备和不动产。这就意味着在决定取得一项资产时,还需要决定融资的方式。有三种融资的可能性:权益[①]、债务和租赁。为了达到讨论

---

① 从留存收益或者发行新股中获得的资金。

的目的,我们假设公司不准备使用权益,所以就选择在债务(借钱购买)和租赁之间。

如果需要设备的公司有着良好的信贷风险,就很容易找到出借人或者借款人。公司能通过债券或者银行借款,而融资租赁是由租赁公司提供的,包括银行和金融公司。出租人通常由经纪人来操作,匹配需要设备的使用者,组织谈判并检查文件合同。

当需要取得新的资产时,采用**租赁-购买分析方法**来比较两者的成本是适当的。这个分析包括列出两种融资方式的现金流,并计算出每种现金流的现值。从现值角度考虑,成本低的方法是最好的选择。

两种方法中采用的利率都是公司目前为新债务支付的税后调整利率。使用债务利率是因为租赁和借款有着相似的风险,并且容易取得。

税后调整利率是指考虑所得税后的利率。这是因为利息是可以减税的费用,所以支付的每一美元的利息都能节约税收$(1 \times T)$,T是税率。通常,税后利率就是利率乘以$(1-T)$。例如,如果利率是10%,税率40%,那么税后债务利率是:

$$10\%(1-T) = 10\%(1-0.4) = 10\%(0.6) = 6\%$$

我们会在后面章节中详细讨论税后利率。租赁-购买分析是直截了当的,但是必须谨慎执行,以便合理考虑折旧、税收和剩余价值。理解这种方法最好的方式就是通过举例来进行。

关联概念 举例 7-11

租赁-购买分析

Halidane 运输公司是一家在芝加哥提供装甲运钞车服务的公司,它在客户所在地和银行之间移动。这家公司现在的 22 辆装甲运钞车在最大限度地满足着客户的使用需求。管理层最近希望承接一项新的业务,但是需要增加 2 辆运钞车,每辆车价值为 150 000 美元。Halidane 运输公司预期新车能够使用 10 年,为了节税,它会在 5 年内完成折旧。假设税法允许汽车每年的折旧额如下:[①]

年份	初始成本的百分比(%)	年份	初始成本的百分比(%)
1	35	4	10
2	25	5	10
3	20		

Halidane 运输公司能从银行以 10% 的利率借入 5 年期贷款 300 000 美元。

或者,它能从 BNI 租赁公司租入所需要的车 5 年,每年需要支付 70 000 美元,并且在租赁结束的时候有以市场公允价格进行购买的选择权。BNI 和 Halidane 都认为那时两辆车的价值是 30 000 美元。

租赁条款规定 Halidane 运输公司承担维修费用、财产税和保险费。公司的边际税率是40%。Halidane 运输公司是应该租赁还是购买新的装甲运钞车?

解答:为了回答这个问题,我们会列出两种选择的 5 年现金流,然后计算每种现金流的现

[①] 为了使举例易于理解,我们现在使用的是最简单的税收折旧表,并在附录的结尾处使用实际的税收系统MACRS(在第 11 章中进行讨论)。

值。净流出的现值低的方案较好。

因为所有计算的现金流都是税后的,所以使用税后的利率来计算现值是比较合适的。Halidane 公司债务利率为 10%,计算现值的折后利率是:

$$10\%(1-T) = 10\% \times (1-0.4) = 6\%$$

由于两种选择中都需要支付维修费、保险费和税收,所以在分析中不要考虑,并且括号代表的是负的现金流。

我们首先要计算借款购买资产。下面的表格列出了现金流,我们会在后面讨论。

购买(单位:千美元)	年 份					
	0	1	2	3	4	5
(1) 购买汽车	(300)					
(2) 允许的折旧/%		35	25	20	10	10
(3) 税前折旧额[(2)×300]		105	75	60	30	30
(4) 税收节约额[(3)×40%]		42	30	24	12	12
(5) 净现金流[(1)+(4)]	(300)	42	30	24	12	12

第 1 行反映的是当前(0 点)用借入的资金购买运钞车。[①] 之后 3 行计算的是与折旧有关的现金流。注意折旧本身并不是一项现金费用,但由于可以抵减税收,节约的税收列示在第 4 行。第 5 行反映的是净现金流,是购买价格和折旧的税收节约额的总和。

购买方法的现值是第 5 行的现值之和,这是一个不等额的现金流。不等额的现金流的现值需要单独计算每笔支出。

$$
\begin{aligned}
PV = & -300\,000 + FV_1[PVF_{6,1}] + FV_2[PVF_{6,2}] + FV_3[PVF_{6,3}] \\
& + FV_4[PVF_{6,4}] + FV_5[PVF_{6,5}] \\
= & -300\,000 + 42\,000 \times (0.943\,4) + 30\,000 \times (0.890\,0) + 24\,000 \times (0.839\,6) \\
& + 12\,000 \times (0.792\,1) + 12\,000 \times (0.747\,3) \\
= & -300\,000 + 104\,946 \\
= & 195\,054
\end{aligned}
$$

租赁选择中包括租赁付款额的税收抵减额,它导致了一项稳定的税后现金流出,可以当作年金。但是,在租赁期末,Halidane 公司不会拥有汽车。因为这项计划的期限是 10 年,所以必须在第 5 年末行使选择购买权,以估计的价格 60 000 美元买下汽车。

租赁(单位:千美元)	年 份				
	1	2	3	4	5
(1) 租赁付款额	(70)	(70)	(70)	(70)	(70)
(2) 税收节约额[(1)×40%]	28	28	28	28	28
(3) 税后付款额[(1)-(2)]	(42)	(42)	(42)	(42)	(42)
(4) 购买选择权					(60)
(5) 净现金流[(3)×(4)]	(42)	(42)	(42)	(42)	(102)

---

① 没有理由将债务看作现金流入而将付款看作现金流出,因此现值会相互抵消。因为我们使用的是税后利率,所以这是正确的。

计算租赁现值最简单的方法就是将其看作是年金,然后单独计算第 5 年的数据。年金的税后现值是:

$$PVA = PMT[PVFA_{6,5}] = -42\ 000 \times (4.212\ 4) = -176\ 921$$

与购买有关的现金流出是:

$$PV = FV_5[PVF_{6,5}] = -60\ 000 \times (0.747\ 3) = -44\ 838$$

与租赁有关的现金流出的现值是:

$$PV = -176\ 921 - 44\ 838 = -221\ 759$$

比较这两种选择,我们会发现租赁成本大约多 13%。但是,购买运钞车最后的花费可能会超过 60 000 美元,而租赁在这方面的风险更小。

(注意:租赁-购买计算与我们在举例 7-8 中讨论的资本租赁在财务报表中的列表无关。那是涉及公司财务报告的问题,而租赁-购买分析讨论现金流。)

通过上例的结果,我们可以发现融资租赁通常比借款更贵,这是正常的状况。因为出租人要求的回报比借款人更高,并且 FASB13 号准则取消了资产负债表外融资的大部分好处,所以很有必要怀疑为什么租赁如此流行。我们会在接下来的两个部分讨论这个问题。

7.5.7　租赁的优势

租赁通常有很多优势,增加额外的成本也是十分值得的。我们在这部分会讨论一些问题,在下一部分讨论税收的优势。

没有首付款　出租人常常不会支付资产的全部成本。他们要求借款人在这项交易中投入一部分资金。在购买汽车和房屋的时候,我们将购买者支付的部分称为首付款。出租人通常不会要求租赁人交首付款,而是会要求提供 100% 的租金。这对于那些前景很好但是目前缺乏现金的公司很有吸引力。

约束　出租人通常会限制借款人的活动,以确保借款人能够偿还债务。当借款人通过债券借款时,这些限制性条款被称为契约。典型的约束包括限制借款人能够支付的股利金额,限制它能从事的业务类型,并要求它的某些财务比率保持在可以接受的水平。出租人的约束通常会小很多或者不存在。

制造商/出资人较低的信贷标准　设备生产商有时会出租它们自己的产品,为了处置设备,它们通常会租给那些信誉不是很高的顾客。对于那些财务状况不好的公司而言,这可能是取得设备的唯一方法。

避免风险或者过时　某些设备很快就会过时。关于这点,过时意味着新的设备能做得更好或者更便宜,因此,那些使用旧设备的公司会处于竞争弱势。在某些高科技行业,这也许会在一两年之内发生。

当设备过时后,承租人能摆脱旧设备,因此,短期租赁将这种风险转移给出租人。虽然支付了高额的成本,但对于承租人是很有吸引力的。

税收能减少土地的成本　无论是出于税收还是财务报告的目的,土地都不能折旧。因此,如果一个公司拥有不动产,成本中代表土地的部分不能被确认为利润表中的费用而减少税收。

如果不动产被出租,那么对承租人而言,总的租赁付款额都能抵税,而忽略了其中一部分成本代表出租人购买的土地成本。因此,租赁实际上允许承租人出于税收的目的而对土地折旧。

增加流动性——售后回租 公司有时会短缺现金,但是拥有足够的没有被债务拖累的资产。[1] 在这种情况下,将资产出售给一家金融机构来产生流动现金,然后从同一家机构中将资产租回使用很长一段时间,这种现象并不少见。这种方法被称为售后回租,它经常被用来释放投资于不动产的资金。

勉强盈利公司的税收优势 当可以租赁时,由于税收的原因,拥有资产没有财务上的意义。这在公司预期会亏损或者数年勉强盈利的情况下发生。这种现象称为杠杆租赁,我们将在下一节进行论述。

7.5.8 杠杆租赁

拥有资产的好处之一是在计算税收的时候,能够从利润中减去折旧。长远来看,这能有效地减少这些资产的成本。例如,假设一件设备的成本为 100 000 000 美元的边际税率为 40%,那么计入折旧的每一美元成本,都能为公司节约 0.4 美元税收,在资产的整个寿命中,所有者可以少支付 40 000 000 美元。实际上,通过纳税,政府分割了所有权的成本。如果资产是通过借入的资金取得的,那么利息也能抵税。

如果公司没有盈利,它就不需要支付任何税收,那么折旧和利息就能节约了。这种情况也很普遍,航空业就是一个很好的例子。工会员工、政府条例和价格竞争的结合使得很多航空公司许多年都处于或者低于收支平衡的状况。

但是,不盈利的公司仍然需要取得新的资产。例如,航空公司必须用新飞机来取代旧飞机。如果不这样做,它们就会失去竞争力。

杠杆租赁(也称为税收租赁) 能为这个问题提供解答。在杠杆租赁中,一个盈利的出租人用自有的和计入的资金购买设备,然后与一个承租人建立融资租赁。出租人通常支付资产成本的 20%~40%,然后借入剩余部分。杠杆一词指的就是在交易中利用债务。债务的比例越高,杠杆的程度就越高。杠杆租赁如图 7-8 所示。

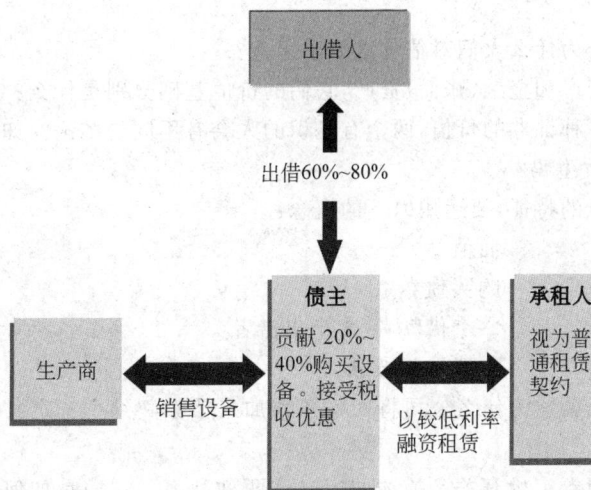

图 7-8 杠杆租赁

---

[1] 没有用于抵押债务的资产。

承租人将这笔交易视为融资租赁,但出租人出于税收的目的,在报表上的处理有所不同。通常来说,出租人将融资租赁视为债务。这就是说,他们不能对资产折旧,也不拥有所有权的税收优势。如果资产是用一部分借入的资金购买的,那么准则就改变了。这时,出租人可以对租赁资产进行折旧,也能享受相关的税后优惠。他们借入的资金利息也可以从税收中减去。

出租人通过减少租赁付款额与承租人分享额外的利润,使得所有权税收优惠,并使整个交易对其更加有利。因此,不盈利的承租人通过杠杆租赁中较低的付款额,间接地获得了一些所有权好处。

关联概念

举例 7-1　求解债券价格

举例 7-2　自我测试

举例 7-3　求解特定价格下的收益率

举例 7-4　可能会被回收的债券的价格

举例 7-5　可转换债券的投资

举例 7-6　计算转换溢价(可选问题)

举例 7-7　稀释

举例 7-8　融资租赁的会计处理

举例 7-9　计算租赁付款和回报

举例 7-10　剩余价值

举例 7-11　租赁 VS 购买分析

讨论题

1. 估价是什么? 为什么人们对估价结果感兴趣?

2. 请对比实有资产和金融(账面)资产,它们的价值基础分别是什么?

3. 为什么对同一种证券的价值,两个有见识的人会有不同的结论? 如果他们获得的信息相同,这种情况还会发生吗?

4. 描述一下债券的特征,要运用以下的概念:

期限/到期日	面值
负债比资产净值	购买债券
非分期偿还	一个借款者/多个出借者
风险	与股东相抵触

5. 什么是回购条款? 为什么公司将回购条款加入债券契约中? 定义回购保护期和回购溢价。

6. 两种利率与债券定价有关。描述并定义这两种利率。它们是如何应用的? 描述在定价时没有用到的第三种比率。

7. 如果债券按照固定利率支付利息,那么债券每年在二级市场上如何销售? 概括收益率是如何随市场利率变化而发生调整的。

8. 为何债券要包含各种契约?

9. 对债券定价可看作是两个货币时间价值问题进行描述。

10. 债券价格和利率之间有什么关系？口头描述这种关系是如何产生的。分析如何运用这种关系来估计债券的价值。

11. 什么是利率或价格风险？为什么有时又称其为到期风险？请详细解释。

12. 什么能引起到期风险？换句话说，为什么长期债券对利率变化的反应与短期债券的不同？（提示：从现值公式如何应用方面考虑。）

13. 用语言描述确定某一给定售价额债券的收益率的过程。

14. 在何种条件下债券几乎可以确定未来在某个特定利率下将被回购？这些条件如何影响债券价格？

15. 偿债基金为什么会提高资金出借方的资金安全？

16. 一般来说，资产负债表外融资是指什么？

17. 描述在 FASB13 号准则公布之前使得租赁流行的财务报告的特征。

18. 采用 FASB13 号准则会引起什么样的争论？

19. 在定义经营租赁的四条规则中，第一、二、四条规则与第三条有着本质的区别，这个区别是什么？

20. 融资租赁在资产负债表上的体现是什么？

21. 在没有剩余价值的租赁中，出租人计算租赁付款额时，必须将租赁视为一项债务。剩余价值的存在是怎样改变这个计算过程的？

22. 为什么在出租人和承租人协商时，剩余价值非常重要？

23. 折旧是非现金费用，为什么它在租赁-购买的分析中是很重要的？（简短回答即可）

24. 租赁成本通常比借款购买的成本更高，并且 FASB13 号准则减少了资产负债表表外融资的优势。那为什么租赁还这么受欢迎呢？

25. 对于不盈利的公司，杠杆租赁能提供税收优惠。

(1) 为什么称为杠杆？

(2) 简短地介绍它们是怎么运作的。

商业分析

1. 假设你是 Flyover 公司财务部门的一名分析师，该公司是一家新开办的有较高收益与风险的高科技企业。目前有一些发展机会，但是公司没有足够的资金来实施。股价正在下跌，因此不能通过出售权益来筹集新的资金。银行也不打算再向公司提供贷款，投资银行也声明信用债券是不可行的。财务主管要求你进行调查研究并提出一些可以使公司债券更有吸引力的方法，以便 Flyover 公司能借到款项。写出一个简短的备忘录概述一下你的观点。

2. Everglo 公司是一家化妆品制造商，公司负债与权益各占 50%。负债是以信用债券的形式存在的，契约关系很弱。公司的总裁、主要股东 Susan Moremoney 提议通过以公司现存资产担保发行新债券来扩大公司的负债，使其为原有的两倍，并使用筹集到的资金进军有利可图但是风险很高的欧洲市场。如果你是 Everglo 公司的财务主管，并被 Moremoney 女士授权执行这项新的财务计划，请回答以下问题：

总裁的提议是否存在道德问题？为什么呢？

在上述行为中谁将获得好处？（提示：现有的信用债券比例将如何变化？）

如果你发现自己处于此种情况中,你会怎么做?

3. 假设你是 Nidorf 有限公司的首席财务官,该公司是一家奢侈消费品制造商,该公司的产品对经济的兴衰很敏感(经济衰退时人们会大幅消减奢侈品消费)。在今天早上的经理人会议上,总裁 Charlie Suave 提出要进行扩张。你发现如果未来前景较好,扩张便是可行的;你担心如果在衰退期间资源过度分散,将会毁灭这家公司。当你表达出你的担忧时,Charlie 说他对经济状况并不担心,因为 AAA 级债券与 B 级债券之间的差别很小,这是个好的征兆。然而你注意到利率目前似乎已经降到了底部,并且根据强大公司和弱小公司之间的差别而正在变大。经过一番常规讨论,这项提议被搁置以期进行深入研究。当天,工程师 Ed Sliderule 到你办公室询问"今天早上你们究竟讨论了什么问题?"请为 Ed 准备一份简短的书面解说词。

4. Paliflex 公司需要新的资金,但在筹集资金方面遇到了困难。该公司的股票价格处于 10 年来的最低点,因此出售新股意味着以非常低的价格放弃了公司的利益。债务市场紧张,利率异常高,使借贷变得困难并且成本也非常高。事实上,Paliflex 公司并不确定是否有人会借钱给它,因为它是一家风险很大的公司。

另一方面,该公司的长期前景良好,管理层认为股价将在一两年内回升。理想的情况是,管理层希望扩大公司的股权基础,以便以后能借更多的钱,但目前股价太低了。

请给 Paliflex 公司建议一项短期和长期兼顾的资本战略,并解释为什么它能行得通。

5. Sea Craft 公司是一家玻璃钢船制造商,你刚刚成为它的 CEO。你在接受这项工作的时候,已知道这家公司的财务状况不佳。利润还算适当,但公司的债务负担非常重。公司最大的玻璃纤维模具设备快要报废了,因而需要更换,这让状况进一步恶化了。Sea Craft 公司不能从经营利润中支付设备的价款,公司的所有者,Sam Alston 也不愿意发行新股筹资,因为这会稀释他的收益。

你试图借入贷款来购买设备,并且已经与几家银行接触,你能达成一笔几乎没有首付款、利率也可以接受的贷款交易。但是,Sam 对承担更多的债务表示担忧。他希望卖出公司,然后退休,但又担心公司过高的债务会压低价格。你认为他的担忧有道理吗?

Sam 今天早上冲进了你的办公室,并称他找到了一个好办法。他读到了一篇文章说任何东西都是可以租赁的,并且知道公司已经租入了几台复印机。在他来见你的途中,去了财务部,并且发现无论是复印机还是有关的债务都没有体现在公司的资产负债表上。

他激动地进入你的房间并且说"租入模具设备可以解决债务问题。你是财务专家,为什么你就没有想到呢?为什么所有的问题都需要我来想?马上进行,本周末我要在我的办公桌上见到一份租赁合同。"在你回答之前,他又着急地前往市场部开会去了。

请准备一份委婉的备忘录来向 Sam 解释,为什么租赁对 Sea Craft 公司来说并不能像他所想象的那样理想。要求你为一个不是财务专业人员的读者准备这份备忘录。(例如,避免使用专业术语如 FASB、资本化、权益、年金和现值。)但提及融资、资产负债表、资产和债务是可以的。

习题

前两个问题涉及年度复利。在接下来的问题中,除非另有说明,否则假设所有债券每半年支付一次利息。

求解债券价格:关联概念 举例 7-1

1. 一种债券面值为 1 000 美元,每年支付 10% 的利息,将在 20 年内到期。现在的利率是

12%,那么债券的市场价格应该是多少?

2. 面值 1 000 美元的 30 年期债券是 5 年前发行的。它每年付息一次,年复利票息率为12%。市场同类债券的回报率为 8%,债券的市价是多少?

3. Altoona 公司 5 年前发行一份面值为 1 000 美元的 25 年期债券,债券按照年利率 10%每半年支付一次利息。

(1) 如果类似的新发行债券的利率为 12%,那么该债券现在的价格是多少?

(2) 如果利率为 8%,那么该债券现在价格为多少?

(3) 从投资者可得到的机会方面来解释(1)和(2)部分所得的结果。

(4) 如果利率为 10%,那么债券现在的价格应该为多少?

(5) 说明(4)部分得出的结论。

4. 计算面值为 1 000 美元债券在下面情况下的市场价格:

	票息率	剩余到期时间	目前市场利率
(1)	12%	15 年	10%
(2)	7%	5 年	12%
(3)	9%	25 年	6%
(4)	14%	30 年	9%
(5)	5%	6 年	8%

5. 在前一个问题中,每种情况下债券当前的收益率是多少?

6. Sampson 公司 5 年前发行了面值为 1 000 美元,票息率为 6% 的 25 年期债券,目前的市场利率为 10%。

(1) 如果债券每半年付息一次,那么该债券目前的价格为多少?

(2) 如果每年付息一次,该债券现价为多少? 评论(1)部分和(2)部分的不同之处。

(3) 如果债券每半年付息一次,发行时面值为 1 500 美元,那么债券现在的价格是多少?

7. FIX-It 公司最近发行了 10 年期、面值为 1 000 美元的债券,票息率为 8%。

(1) 两年后,类似债券的收益率为 6%。那么 FIX-It 公司是以什么价格出售的?

(2) 如果收益率上升到 12%,债券会卖什么价格?

(3) 保持(1)部分的假设条件,再进一步假设未来 8 年利率保持在 6%。在这段时间里,Fix-It 公司债券的价格会发生什么变化呢?

8. Mariposa 公司尚有两种债券没有付清。一种发行于 25 年前,票息率为 9%;另一种发行于 5 年前,票息率也为 9%。两种债券发行时规定期限都是 30 年,面值为 1 000 美元,目前的市场利率为 14%。

(1) 现在这两种债券的价格分别为多少?

(2) 从投资债券的风险角度讨论(1)部分的结果。

9. 长途火车运输公司将于明天发行 20 年期债券,面值为 2 000 美元。债券的票息率为8%,是计划发行债券时的市场利率。然而,利率突然上升,预计债券在市场上出售时,利率将达到 9%。明天该公司每张债券售价将会是多少?

10. Daubert 公司计划下个月发行面值为 1 000 美元,期限为 10 年,总面值为 400 000 000美元的债券。这些债券的票息率为 6%。但是,从那次印刷之后,穆迪将 Daubert 的债券评级从 Aaa 下调至 Aa。这意味着,所发行的债券必须提供给买家 7% 的回报率。当债券发行的时候,Daubert 公司的收款额会比预期少多少?可以忽略行政费用和佣金。

11. Tutak 公司几年前发行了面值为 1 000 美元的债券,在 8 年后将到期。市场上类似债券的收益率是 8%,Tutak 公司债券目前的售价为 1 291.31 美元。请计算债券的票息率。(实际上,我们一般不要求计算票息率。)(提示:代入求解票息率。)

12. John Wilson 是一个保守的投资者,他就正在关注的两种债券向你征询意见。其中之一是 Capri Fashion 公司早期发行的债券,最初发行于 22 年前,面值为 1 000 美元,期限 25 年,票息率为 6%。另外一种债券是 Gantry Elevator 公司正要发行的 30 年期债券,面值 1 000 美元,目前利率为 6%。因此,两种债券都要按照相同的票息率来付息。

(1) 每种债券目前价格为多少?请计算结果进行评论。

(2) 如果目前利率上升至 12%,不经过计算,估计每种债券的价值。

(3) 计算(2)部分的债券价格来检验你的估算能力。如果利率预期上涨,哪种债券会是更好的投资选择?

(4) 如果利率预期下降,应该选择哪种债券?长期利率可能降至远远低于 6% 吗?为什么会或者为什么不会?(提示:回想第 5 章中的利率模型以及利率构成。)

求解特定价格下的收益率:关联概念　举例 7-3

13. Smithson 公司的 A 级证券还有 10 年的时间就要到期了。债券面值 1 000 美元,票息率为 8%。债券价格如下的时候,收益率分别是多少?

(1) 770 美元

(2) 1 150 美元

(3) 1 000 美元

14. Hoste 公司七年前发行了面值 1 000 美元的 20 年期债券,票息率为 12%。该债券目前售价为 1 143.75 美元。它的到期日收益率(YTM)是多少?

15. Pam Smith 刚刚从祖母那里继承了一笔面值为 1 000 美元的 K-S 公司债券。债券的票息率为 12%,但到期日已被弄脏,无法阅读。Pam 打电话给一位经纪人,确定目前类似债券的回报率约为 8%,而她的债券售价为 1 326.58 美元。那么 Pam 继承的债券还能得到多少利息?(提示:使用迭代方法,求解 n 而不是 k。)

16. Ernie Griffin 刚刚花费 680.60 美元购买了一个 5 年的零息债券,并计划持有至到期日为止。假设 Ernie 有 25% 的边际税率。

(1) 计算一下 Ernie 前两年的税后现金流。假设年度复利。

(2) 用语言描述拥有等额 Ernie 所买的债券和 5 年期美国储蓄债券的现金流量之间的差异。

可能会被回收的债券的价格:关联概念　举例 7-4

问题 17 到 19 中均提到了 Apollo 公司的债券,所有这些都有一个回购条款。回购条款允许 Apollo 公司可以在最初 15 年后的任何时间都可以回购债券。但如果执行回购,就要按照票息率额外支付几年的利息作为对债券持有者的补偿。

17. Apollo 公司的 Alpha 债券是在 10 年前发行的,期限为 30 年,面值为 1 000 美元。当时的市场利率很高,因此债券的票息率为 20%,目前的利率为 10%。

(1) Alpha 债券应该以什么样的价格出售?

(2) 如果没有回购条款,将按照什么样的价格出售?

18. Apollo 公司的 Alpha-1 债券发行时市场利率很高。该债券的票息率为 22%,面值为 1 000 美元,期限为 30 年,到现在为止债券已发行了 13 年。如果现在的利率为 12%,计算债券现在的价格,将其与不存在回购条款情况下的价格作比较,论述其中的不同之处。

19. Apollo 公司的 Beta 债券刚巧到达回购保护期的期末,并且还有 10 年到期。该债券的面值是 1 000 美元,票息率为 16%,目前的市场利率为 10%。如果发行新债券偿还旧债券的成本为偿还旧债的金额加上回购溢价两者之和的 8%,那么 Apollo 公司是否应该发行新债券来偿还旧债?

20. 5 年前,Snyder Mfg. 发行了面值为 1 000 美元的 30 年期债券,票息率为 8%。10 年后,债券将被回购,目前的利率为 7%。什么样的买入溢价会使债券持有人可以接受目前债券的购买?(提示:将债券的价格公式与不带回购条款的公式相等。)

风险问题

21. 你的朋友 Marvin 自认为找到了一笔合算的投资交易,因此很兴奋。一位从事现金投资的经纪人为他提供了一个机会:以极具吸引力的价格购买 Galveston 画廊公司发行的债券。这只 30 年期的债券是 10 年前发行的,面值为 1 000 美元,票息率为 8%。最近利率上升,推低了债券价格,但大多数经济学家认为利率很快会再次下跌,从而推动价格回升。这使得 Marvin 和他的经纪人认为,如果他现在买进,持有一到两年,然后卖出,这种债券就会赚到钱。与 Galveston 画廊公司债券发行时类似的公司债券现在收益率为 12%。Galveston 的债券目前的价格为 300 美元,经纪人称这是一笔非常划算的交易。Marvin 知道你是个金融专业的学生,并询问了你对这个投资机会的看法。你的建议会是怎样的?

基础:可转换债券的投资 关联概念 举例 7-5

22. Pacheco 公司 10 年前发行了一批可转换债券。每份债券的初始期限为 30 年,面值为 1 000 美元,支付的票息率为 11%,并且可以将其转换为 20 股 Pacheco 公司的股票。当时,该公司股票每股价格为 30 美元。其后,股票的价格涨至每股 65 美元,并且市场利率降至 8%。这种债券现在的价值为多少?评论对于可转换债券来说债券估计过程的作用。

23. Jake Cornwall 刚刚购买了由 Pristine 公司发行的面值为 1 000 美元,票息率为 8% 的 30 年期债券。利率在票息率设定之后、债券发行之前有所上升,所以杰克得到了折扣,只支付了 950 美元。该债券可转换为 50 股股票,转换价格为每股 20 美元。没有转换功能的类似的 Pristine 公司债券的票息率为 10%,也以 950 美元的价格出售。Pristine 公司目前股票的价格是每股 15 美元。该公司每年的股息为每股 1 美元。在年终时计算下列各项:

(1) 当 Pristine 公司股票上升到每股 25 美元时,杰克就会进行转换,然后立即卖出,那么他的投资回报是多少?

(2) 如果杰克投资于 Pristine 公司的普通债券(没有转换条款),当年底的利率与他购买债券时的利率相同时,那么他的一年投资回报有多少?

(3) 如果杰克投资了 Pristine 公司的股票,那么他一年的回报是多少?

(4) 如果股价没有变动,以上三项投资的回报各是多少?

(5) 如果股票价格跌至 12 美元,利率与他购买债券之日相同,那么这三项投资的回报会是多少?

(6) 如果在今年年底前几天,杰克的投资被 Pristine 公司以 23 美元的价格强制转换,那么杰克的投资回报会是多少?

(7)论强制转换对投资者的影响。

计算转换溢价和稀释问题:关联概念 举例 7-6 和举例 7-7

24. 两年前,Maritime 工程公司以 1 000 美元的票面价值出售了 1 500 只可转换债券。这些 20 年期债券的票息率为 8%,可转换为每股 20 美元的股票。当时,该公司的股票售价为 15 美元,没有转换功能的类似债券的收益率为 10%。Maritime 工程公司股票现在的价格为 25 美元。Maritime 工程公司不派息。

(1)计算债券发行时买入的投资回报,如果今天进行转换,并立即出售收到的股票,收益会是多少?

(2)对 Maritime 工程公司股票的投资回报是多少?

(3)债券发行时的转换溢价是多少?

(4)去年,该公司净收入为 4 500 000 美元,发行股票 3 000 000 股。公司的边际税率是 34%。计算 Maritime 工程公司的基本每股收益和稀释的每股收益。

25. Lindstrom 公司的报告称,去年税后利润为 2 160 000 万美元,基本每股收益为 3 美元。Lindstrom 公司所有的债券都是可转换的,如果转换,将使该公司的股票发行量增加 15%。Lindstrom 公司的实际税率为 40%,利息保障倍数为 10。请计算 Lindstrom 稀释后的每股收益。

26. Harvester 公司的净收入为 75 000 000 美元,发行在外的普通股为 15 000 000 股。几年前,它发行了 10 000 支票息率为 8%、票面价值 1 000 美元的 30 年期可转换债券。转换价格为 25 美元,当时的股票价格约为 18 美元。该公司的总有效税率为 35%,并定期支付每股 0.50 美元的年度股息。债券发行包括一个回购条款,其回购溢价为两年的息票利息,以及 5 年的回购保护期,现在 5 年已经过去了。

管理层认为,未来几年,股票价格将稳步上涨,并预计会很快转化为股权,但这种情况尚未发生。该股票目前售价为 30 美元,管理层正考虑进行强制转换。

(1)计算 Harvester 公司的每股基本收益和稀释的每股收益。

(2)所有债券完成转换对公司的年度现金流有何影响?

(3)此时评估债券持有人所处的位置。他们为什么不转换呢?

(4)回购会促使转换发生么?为什么?也就是说,对每支债券来说,转换和回购之间的价值有什么不同?

(5)为什么管理者更加倾向于转换而不是回购?(语言表达即可)

租赁的历史发展

27. Caruthers 公司是一个小型的制造企业,它的资产负债表如下:

Caruthers 公司资产负债表(单位:千美元)

流动资产	20	流动负债	15
固定资产	130	长期负债	65
总资产	150	权益	70
		总的负债和权益	150

公司正在考虑为销售人员建立一个由 10 辆车组成的车队。这些汽车的经济寿命为 7 年，但 Caruthers 公司准备只保留它们 3 年，因为它不希望销售人员开着旧车四处工作。每辆车的成本为 20 000 美元，Caruthers 正在考虑借款来购买。

(1) 重述债务借入后的资产负债表。

(2) 计算公司现在的资产负债率和借入债务后的资产负债率。

(3) 评价在(2)部分的变化(文字表述即可)。

(4) 提供一个解决方案，并解释为什么它能避免第(2)部分出现的问题(文字表述即可)。

28. Henderson 工程公司刚刚租入一套 5 年期的计算机辅助设计系统，它需要在每年年末支付 12 000 美元。这项租赁包括一项允许 Henderson 工程公司在租赁结束时，以使用过的设备的公允市场价格购买的条款。行业数据显示这类系统通常可以使用 8 年。Henderson 工程公司也可以以 9% 的利率借入 50 000 美元来购买这项设备。

Henderson 工程公司必须要在资产负债表上将这项租赁资本化吗？为什么？

融资租赁的财务处理：关联概念　举例 7-8

29. Taunton 制造公司是一家机械工厂。公司最近租入了一项期限为 20 年的机床，需要在每年年末支付 9 000 美元。假设在这项融资租赁中没有剩余价值。Taunton 能够以 8% 的利率借入款项，并且会采用直线法对机床在未来 20 年内折旧。

在租赁有效期前，Taunton 公司的资产负债表如下：

Taunton 制造公司资产负债表（单位：千美元）

流动资产	35	流动负债	25
固定资产	315	长期负债	95
总资产	350	权益	230
		总的负债和权益	350

回答下面问题，将答案取为整数，资产负债表账户余额取至最近的千位。

(1) 构造 Taunton 公司包含资本化租赁和相关负债的资产负债表。

(2) 计算公司租赁前和租赁后的资产负债表，并讨论两种情况的差别。

(3) (选做题)假设其他账户保持不变，重新构造公司在第一年末的资产负债表。

计算租赁付款和回报：关联概念　举例 7-9

30. Wings 是波士顿地区的一家通勤航空公司。Wings 准备通过 Nantucket 资本公司租入一架新的飞机。租赁期限为 15 年，预计在期末时没有剩余价值。

(1) 如果 Wings 需要的飞机成本为 1 500 000 美元，而 Nantucket 要求的投资回报率为 12%，那么 Nantucket 每月的租赁付款额是多少？

(2) 如果达成协议每年支付 200 000 美元，那么 Nantucket 的回报率是多少？

剩余价值：关联概念　举例 7-10

31. 如果在上述问题中 Wings 和 Nantucket 资本达成协议，在租赁结束时，飞机的剩余价值为 300 000 美元，那么为了使 Nantucket 达到 12% 的回报率，Wings 每月必须支付的付款额为多少？

租赁-购买分析：关联概念 举例 **7-11**

32. Paxton 金属板制作公司准备购买一台新的、价值为 400 000 美元的冲压机,正在考虑以 10％的利率借入资金来购买设备,并在未来 6 年的年末分期付款。如果 Paxton 公司也可以选择租赁这项设备,那么就需要在未来 6 年的年末每年支付 86 500 美元。出于节税的目的,设备会在 6 年内折旧,折旧进度表如下。(这实际是一个 5 年期资产的折旧进度表,"半年惯例"指的是在第一年和最后一年按半年折旧。)

年份	占初始成本的百分比	年份	占初始成本的百分比
1	20.0％	4	11.5％
2	32.0％	5	11.5％
3	19.2％	6	5.8％

租赁包含购买选择权,Paxton 公司可以在结束时以市场价格买下设备,估计的价格为 100 000 美元,它也规定 Paxton 公司负责维修费、税收和保险。Paxton 公司的边际税率为 30％。通过租赁-购买分析来决定,单纯从财务角度考虑,哪个选择更好一些?

上机习题

33. 假设你是一个证券销售商,你的许多客户都是希望进行比较安全投资的老年人。他们始终记得那个利率十分稳定的年代(也就是 20 世纪 70 年代之前),那时无论债券期限多长,债券价格都很少会发生波动。你很难让他们中的一些人相信当利率很快变动时,债券(尤其是长期债券)是有风险的。

使用 BONDVAL 程序来创建一张电子表格,在你同客户讨论时可以使用这张表格来帮你阐述你的观点。

随期限和利率变化,面值 **1 000** 美元、票息率 **12％** 的债券的价值

债券的期限

		1	5	10	25
	6％				
市场利率	8％				
	10％				
	12％				

34. 使用 BONDVAL 程序求出下列面值为 1 000 美元债券的到期收益率。

市场价格(美元)	752.57	1 067.92	915.05
票息率	6.5％	7.24％	12.5％
期限	15.5 年	8.5 年	2.5 年

第 8 章

股票、期权及 IPO 的估价与特征

本章概要

普通股

- 普通股投资收益率
- 普通股权产生的现金流的特征
- 现值

普通股价值评估的增长模型

- 建立基于增长型的股票估价模型
- 固定增长率模型
- 期望收益率
- 两阶段增长模型
- 估价模型实际应用中的局限性

新股估值——投资银行与首次公开发行（IPO）

- 不同证券的 IPO
- 投资银行
- IPO 的推进及定价
- 询价及路演
- IPO 之后的价格

普通股的制度性特征

- 公司的组织和控制
- 投票权与表决权
- 股东对公司收益和资产的要求权

优先股

- 优先股估价
- 优先股的特征

证券分析

期权和权证

- 普通期权
- 股票期权
- 看涨期权

- 内在价值
- 期权和杠杆
- 期权交易
- 期权签订
- 看跌期权
- 期权估价模型
- 权证
- 员工股票期权

在这一章中,我们主要探讨如何确定包括普通股和优先股在内的权益证券的价值。权益现金流的特性决定了本章所要研究的股票估价过程远没有上一章探讨过的债券估价过程那样精确。

8.1 普通股

普通股的持有者拥有公司,普通股的股东选举董事,董事任命经理来管理公司。从理论上讲,这意味着普通股的股东通过董事会对公司的经营管理有发言权。

然而,大多数大公司的股票都被广大公众所持有,持有公司股票的公众人数众多,没有个人投资者或者组织能控制公司超过百分之几的股份。在这种情况下,股东几乎没有权力来影响公司的决策,股票所有权只是一种投资。

换句话说,当人们购买公司的股票时,他们并没有考虑要担当公司所有者的角色,他们在乎的只是所有股票所能给他们带来的未来现金流。从这种意义上来说,权益(股票)投资和债券投资一样,人们感兴趣的只是钱。

然而,这一规则有一个日益重要的例外。维权投资者是机构投资者(通常是对冲基金),他们购买足够多的股票,能影响甚至控制他们所投资的公司。他们的目标是改变公司的业务,从而推动股价上涨,然后以盈利的方式出售股票。

8.1.1 普通股投资收益率

在股票投资中,收益有两种形式:一种是投资者收到的股利;另一种是投资者购买股票的价格和最后出售时的价格之间的差异所带来的利得或者损失,称之为资本利得或者损失。

以上两种形式的投资收益的内涵可以用公式8.1来表达。假定投资者只购买一种股票,持有一年,然后将其抛售。把今天支付的价格称为 P_0,一年后售出的价格称为 P_1,在这期间获得的股利称为 D_1,那么投资者所获得的收益就是股利 D_1 加上价格差($P_1 - P_0$)。投资是初始的价格 P_0,收益率 k 就可以表示为

$$k = [D_1 + (P_1 - P_0)]/P_0 \qquad (8.1)$$

如果股票价格下降,那么股票投资的收益率可能是负数。这意味着,在公式中 $P_1 < P_0$。

下面,我们求解今天的价格 P_0,等式两边都乘以 P_0:

$$kP_0 = D_1 + (P_1 - P_0)$$

两边都加上 P_0，然后将 P_0 移至公式左边：

$$kP_0 + P_0 = D_1 + P_1$$

$$P_0(1+k) = D_1 + P_1$$

最后，两边同时除以 $(1+k)$，就可以得到：

$$P_0 = (D_1 + P_1)/(1+k) \qquad (8.2)$$

注意到，D_1 和 P_1 是来自于我们现在以价格 P_0 购买股票产生的未来现金流。进一步除以 $(1+k)$ 等同于乘以一年期利率为 k 的现值系数。因此，股票投资的收益率就是使投资者未来预期现金流的现值等于今天的支付，即初始价值 P_0 的利率。

因此，等式 8.2 说明任意投资的收益率就是使未来现金流等同于投资初始价值 P_0 的利率。

这一结果是基本的。任何股票投资的回报率是使未来现金流量的现值等于今天为投资支付的价格的比率。这一原则也适用于持有一年以上的投资。

股利和资本收益率 股票投资的收益可以分为两部分，也就是与股东所有权相关收入的两种来源。将公式 8.1 分为两个部分：

$$k = D_1/P_0 + (P_1 - P_0)/P_0 \qquad (8.3)$$

第一部分 D_1/P_0 被称为股利收益率，第二部分 $(P_1 - P_0)/P_0$ 被称为资本收益率。

8.1.2 普通股权产生的现金流的特征

正如前面所讲的，一个购买股票的投资者能预测得到两种形式的未来现金流：股利的现金流和最终销售股票获得的收益。

图 8-1 是反映投资者现在投资持有 n 年的时间轴，在股票价值的评估过程中，我们使用每年[①]作为时间段，并通过加下标作为每一特定年份的股利支付。

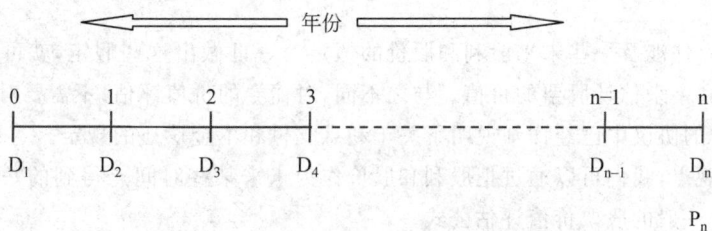

图 8-1　股票估价模型的现金流时间线

例如，D_1 和 D_2 分别表示第一年和第二年的支付股利，相应的，P_n 为第 n 年末的股票价格。用零为下标表示现值，P_0 为今天的价格，D_0 为今天的股利或者最近一期的股利。假定一个投资者今天购买股票支付 P_0，但没得到 D_0，D_0 已由上一个持有者得到。

股票和债券现金流的对比 要注意股票的现金流形式与债券的现金流形式是相似的。这两种情况，都是一系列的有规律的支付，再加上被认为是对初始投资回报的更多的支付。也就是说，股利支付相当于利息支付，同时最终的销售股价相当于债券本金的回报。

然而，实际上两者是有本质区别的，这些相似点都是表面上的。两者的不同之处值得我们

---

① 股息通常是按季度支付的，但为了估值的目的，按年度计算，可以简化估值过程。

更仔细地探索。我们将从股利和利息的比较开始。

债券的利息支付由借款人保证,因此债券人获得支付是有保证的。如果公司无力支付债券利息,就会面临破产。股利支付是没有这种保证的,这是非常重要的一点。没有任何关于股票的协议保证股利必须支付。投资者依赖于股票的价值,但是公司没有做出任何承诺或者保证。实际上,一个有股利支付长久历史的公司也可能随时停止支付股利,尤其是在经营业务逐渐变坏的情况下。

接下来,考虑到债券的利息支付在数量上是不变的,就很容易对债券进行评估,因为利息可以作为一种年金。股利很少是固定不变的。实际上人们通常希望股利是随着公司增长而增长的。

相对于债权人获得本金来说,股票所有者最后收到支付的不确定性较大。对于债券,契约中规定债券到期支付按照债券的面值偿还本金。股权所有者不得不以现行市场价格卖掉所持有的股份来实现最终支付。最终销售价格可能比初始价格高,也可能比初始价格低。

最后强调一点,在普通股投资中,公司没有任何关于股票回购和投资者的资本收益的条款规定。这意味着和债券[①]相类似,最后支付的钱来自于另外的投资者而不是发行股票的公司。

总之,和股票所有权相关的现金流来源于股利和最终销售时的资本利得。很明显,两者都是不确定的,并且是很难预测的。

8.1.3 现值

尽管预期的股利和股价都有很大的不确定性,但是股票的价值仍依赖于未来现金流的现值。从图 8-1 中可以看出,股票的价值就是 n 年股利的现值之和再加上 n 年后销售股价的现值。应该注意,一般连续每年的股利价值是不同的,通过不同的标记 D_1、D_2 依次到 D_n 标注来区分它们。

股票价值评估涉及一些未来股利和股价的假定。一旦做出这些假定,就可以用假定的现金流以合适的利率来估计股票的价值。与之不同,对债券的价值评估,不需要对未来现金流作假定,因为债券的协议中已经详细说明了关于利息支付和本金偿还的规定。

根据以上观点,我们可以通过把股利和股价作为未来某些时间点得到的一系列的独立的金额,写出一个一般的股票价值评估公式。

等式 6.7 给了我们一种未来 n 期获得支付。利率为 k 的股票的现值的表达式:

$$PV = FV_n[PVF_{k,n}] \tag{6.7}$$

现在,把图 8-1 中的股利和最终销售股价看作是 FV_n,在此,n 表示直到将来卖出得到金额的期数,FV_n 表示获得的未来现金流。第一期股利的现值为 $D_1[PVF_{k,1}]$。第二期的股利为 $D_2[PVF_{k,2}]$,因此能得到经过 n 期后股利和股价的现值。

P_0 表示今天的股票价值,它是所有这些数值的和,可以表达如下:

$$P_0 = D_1[PVF_{k,1}] + D_2[PVF_{k,2}] + \cdots + D_n[PVF_{k,n}] + P_n[PVF_{k,n}] \tag{8.4}$$

---

① 如果债券未持有至到期,它也会出售给另一个投资者,但债券持有人总是可以选择持有其直至到期并获得债券面值。

基于现金流量的股票价值评估

Joe 对 Teltex 公司的股票感兴趣。他预计由于政府的合同,公司未来两年会发展得很好,但是之后可能会不如预期,Joe 认为股票明年会支付 2 美元的股利,再下一年会支付 3.5 美元的股利。到那时他相信股票可以每股 75 美元的价格卖出,用这笔钱他可以购买他现在想买的任何东西。投资于 Teltex 公司的人们目前的收益率为 12%。Joe 最多愿意支付多少钱来购买此公司的股票?

解答:Joe 不应该支付比预计现金流的现值更多的金额。现金流有第一年末 2 美元加上两年后的股价 75 美元。用公式 8.4 计算两年,我们得到:

$$P_0 = D_1[PVF_{k,1}] + D_2[PVF_{k,2}] + P_2[PVF_{k,2}]$$
$$= 2.00[PVF_{12,1}] + 3.50[PVF_{12,2}] + 75.00[PVF_{12,2}]$$
$$= 2.00 \times [0.892\ 9] + 3.50 \times [0.797\ 2] + 75.00 \times [0.797\ 2]$$
$$= 64.37$$

如果 Teltex 公司股票的市场价格低于 64 美元,那么 Joe 应该购买,否则,就不应该投资。

内在价值与市场价值　举例 8-1 阐述了证券分析的基本准则。在这个例子中,Joe 的调查引导他预测未来股利和股价。根据他的分析,这些现金流的现值基本上就是股票的价值,我们称之为内在价值(对 Joe 来说)。

然而,如果其他的市场投资者不赞同 Joe 对股利和股价的预测,那么他们对 Textel 公司股票的内在价值的估计就会和 Joe 不同。一般地,一家企业的市场价值被认为是每一个市场观察者计算的一致的内在价值。如果 Joe 预测的价值高于所有投资者一致认为的内在价值,并且是正确的,那么他买了此股票就赚了。

这个评估得出股票的内在价值,并把它和市场价值对比的过程被认为是基础性分析。在后面章节中我们会回顾这一观点。

8.2　普通股价值评估的增长模型

当我们有一个相对较短的计划期并且有足够的依据能对将来的股利和股价做出明确的假定的时候,公式 8.4 是一个很方便的方法。然而,一般来说,我们很难详细地预测未来,而更可能会观察一个公司,简单地从目前所处的水平预测收益率和股利增长率。

假设一个企业近三四年以 5% 的增长率增长,我们预计短期内它的经营状况会有稍微的改善。未来很难确定,对公式 8.4 中需要的未来股利和股价就很难做出详细地预测。然而,大多数人会很轻松地说,对于不确定的将来,公司和股利很可能会以 6% 的增长率增长。

尽力去预测未来的状况是很重要的,这将有助于基于公司目前状况和对增长率的假定进行股票估价。

8.2.1　建立基于增长型的股票估价模型

注意到在现值评估的过程中,公式 8.4 将股利和最终销售股价作为独立的两项的数额进行处理。每一部分都乘以含有适当利率和适当期限的现值系数,在公式中代表的是 $PVF_{k,i}$,i 的数值从 1 到 n。

在第 6 章,我们分析了每一个 $PVF_{k,i}$ 的形成过程,这里回顾一下:

$$PVF_{k,i} = 1/(1+k)^i \qquad (6.5)$$

显然,乘以 $PVF_{k,i}$ 等同于除以 $(1+k)^i$。

在求现值的过程中,除以 $(1+k)^i$ 代替乘以 $PVF_{k,i}$,再次写出公式 8.4,改变公式中的符号,得到:

$$P_0 = D_1/(1+k) + D_2/(1+k)^2 + D_3/(1+k)^3 + \cdots + D_n/(1+k)^n + P_n/(1+k)^n$$

$$(8.5)$$

无穷期限的现金流 再次注意到公式 8.5 代表的股票价值评估公式涉及一系列股利和最终股价,这符合股票所有权投资的概念:买入,持有一段时间,然后卖出。然而,这种股票的价值评估还是不够简便。

P_0 是持有期限年末的价格,那时,第 n 期只代表当时的价格,如同 P_0 仅代表今天的价格一样。因此,它的价格会涉及一系列的从 n+1 期开始支付的股利和在将来的某个时点售出时的最终销售价格,将这一时期设为 m。换句话说,一个投资者在第 n 期买入直到第 m 期卖出。此投资者的估价模型将是如下公式:

$$P_n = D_n/(1+k) + \cdots + D_m/(1+k)^{m-n} + P_m/(1+k)^{m-n}$$

我们可以用这个表达式替换公式 8.5 中的 P_n,然后调整表达式,包括一系列更长期限的股利和更远时间点的股票价格。

我们可以对第 m 期做出同样的计算,也就是考虑下一次的股票销售,用另外一系列的股利和更长远将来的股价来代替 P_m。我们可以无穷期限地计算下去,直到到达预期的某个时点销售。实际上,我们已经把最终销售价格推到无穷远的未来。

然而,任何无穷远处的数值的现值都接近于零,因此,公式 8.5 就变成了一系列的无穷期限的股利的现值,不含有股票最终销售价格的现值。

简言之,我们用剩下的无穷期限的股利替代了最终销售股价。如下就是使用汇总符号处理后的更有用的价值评估表达式:

$$P_0 = \sum_{i=1}^{\infty} D_i/(1+k)^i \qquad (8.6)$$

基于市场的争论 如果从公式 8.5 转变到公式 8.6 似乎很奇怪,下面给出另外一种更加合理的方法。

假设我们对一级市场的交易进行定价,这一价格是企业首先向公众投资者提供股票的价格。把投资公众作为一个整体来设定股票的价格。换句话说,在发行股票的过程中,忽略那些个体投资者之间反复的股票交易的事实,而把它们看作是一个整体来确定股票的价格。实际上,这就是市场的真实运行情况。

这个被市场整体行为确定的价格,必须从公司流入投资整体的未来现金流为基础。但是只有一种支付是从公司向投资者转移的,那就是股利。因此,把投资公众作为一个进行价值评估的唯一的基础就是所有一系列的未来股利流,投资者没有其他任何可获得的了,这直接得出了公式 8.6。

增长率的作用 增长率的作用就像利率一样。如果我们得知今天价值 100 美元的某物品下一年度增长 6%,那么增长的数额则为

$$100 \times 0.06 = 6$$

变化后的新的价值为

$$100 \times 1.06 = 106$$

我们通常用字母 g 代表增长率，g 一般都是小数形式。例如 6% 的增长率就是 g=0.06。

增长率通常用来预测一些现值已知的变量的未来的价值。比如说，今天的股利是 D_0，我们想预测一年后的股利，假定增长率为 g，那么

$$D_1 = D_0 + gD_0 = D_0(1+g)$$

第二年的股利则在第一年的股利基础上乘以 $(1+g)$：

$$D_2 = D_1(1+g)$$

将前面得到的 D_1 代入上式，得到：

$$D_2 = D_0(1+g)^2$$

D_3 则为上式再乘以 $(1+g)$，可以依次类推我们需要的以后年份的股利。一般来说，第 i 年的股利表达式为

$$D_i = D_0(1+g)^i \tag{8.7}$$

当需要计算股利增长的以后年份的股利时，只需要连续乘以 $(1+g)$。

关联概念　举例 8-2

增　长　率

Apex 公司今年支付的股利为每股 3.50 美元。如果股利每年以 7% 的增长率增长，那么接下来 3 年的股利为多少？

解答：在这道题目中，$D_0=3.50$　$g=0.07(1+g)=1.07$，那么：

$$D_1 = D_0(1+g) = 3.5 \times 1.07 = 3.75$$
$$D_2 = D_1(1+g) = 3.75 \times 1.07 = 4.01$$
$$D_3 = D_2(1+g) = 4.01 \times 1.07 = 4.29$$

8.2.2　固定增长率模型

公式 8.6 中股票的价值是一系列无穷期限的股利流的现金之和，但是没有明确说明这些股利是多少。换句话说，D_1、D_2、D_3、…、D_n 是任何的数值，可以是任何的数值或者一组有规律的级数。

当知道了上一期支付的股利 D_0，如果股利未来以某一固定的增长率增长，那么公式 8.7 就给出了一种预测未来任何一期股利的便捷方法。

我们可以将这两种想法结合起来，将方程 8.7 替换为方程 8.6，并改写如下：

$$P_0 = \sum_{i=1}^{\infty} \frac{D_0(1+g)^i}{(1+k)^i} \tag{8.8}$$

这个表达式是固定增长率模型的基本原理。它代表无穷项分数的和，如下式：

$$P_0 = [D_0(1+g)]/(1+k) + [D_0(1+g)^2]/(1+k)^2 + [D_0(1+g)^3]/(1+k)^3 + \cdots \infty$$

注意到分子代表了一系列的股利支付，每一期股利都比前一期大，每一期股利都等于前

一期股利乘以(1＋g)，分母表示连续年份直到将来的现值系数。这些分母依次变大，每一期分母都是前一期分母乘以(1＋k)。

每一项都有 D_0，我们可以提出来，那么：

$$P_0 = D_0[(1+g)/(1+k) + (1+g)^2/(1+k)^2 + (1+g)^3/(1+k)^3 + \cdots \infty] \quad (8.9)$$

在上式右侧括号中的无穷项中，如果 k 比 g 大，那么随着分子的指数变大，分数会变小。随着指数变大，分子和分母也会随之变快。但由于 k 比 g 大，分母增大的速度会比分子增大的速度更快。任何分母比分子的分数都会是一个很小的数。随着指数变大，右边括号中的数越来越接近于零。

结果，当 k 比 g 大时，括号里整体的表达式是一个有限数。这使得尽管无穷项的数值相加，但仍可以得到一个有限的价值 P_0。

当 k 比 g 大的时候，我们称之为"正常增长率"，当 g 比 k 大的时候，我们称之为"超常增长率"。超常增长率在现实的企业经营中经常出现，但是持续的时间有限。我们接下来会深入探讨这个问题，现在将重点集中在正常增长上。

固定正常增长模型——戈登模型 公式8.8和公式8.9看起来很复杂，但是可以通过数学计算进行简化，得到一个简便的结果。我们只给出运算后的结果，公式8.8的简化后形式如下：

$$P_0 = D_0(1+g)/(k-g) = D_1/(k-g) \quad (8.10)$$

这个公式就是著名的固定增长率模型，因为它假定在未来的无限期里，所有股利以固定的增长率 g 增长。一个著名的学者迈伦、戈登建立了该模型，随后该模型便广为人知。因此以他的名字命名为**戈登模型**。

我们注意到，只有增长率是正常的时候，也就是 k 比 g 大的时候，公式才有意义。否则，分母是负数或者零，会得到负数或者无法确定的价格，价格将没有任何意义。

同时，我们也看到，分子可以表达为 $D_0(1+g)$ 或者 D_1，但是，D_0 是支付给股票所有者上一期的股利，D_1 是下一期的股利，它是今天的股票持有者得到的第一期股利。应该把 D_1 看为进入正常增长期的第一期股利，这将有助于你对后面章节内容的理解。

固定增长率模型易于应用，下面就是直接应用的举例。

关联概念 举例8-3

固定增长率模型

Atlas Motors 在以后的年份预期会以 6％的增长率增长，它最近的股利支付是每股股利 2.25 美元。与 Atlas 类似的股票的收益率为 11％，那么 Atlas Motors 的股票价格每股多少钱？

解答：写出公式8.10，代入 $D_0 = 2.25, k = 0.11, g = 0.06$，

$$P_0 = D_0(1+g)/(k-g) = 2.25(1.06)/(0.11-0.06) = 47.70$$

这个价格包括了在零期后支付的所有股利的价值，而不包括 D_0，D_0 已经被支付给当前的所有者。

零增长率模型：支付固定不变的股利 对固定股利的股票进行估价，会是一件很有趣的

事情。在这种情况下，不需要给代表股利的变量加下标，它们都是一样的，我们称之为 D_0。

在公式 8.10 中，如果让 $g＝0$，那么 $D_0＝D_1$，那么公式变为

$$P_0 = D/k \tag{8.11}$$

可以看到，公式 8.11 就像第 6 章中永续年金的公式。永续年金是指一笔无期限的有规律的、固定不变的付款。固定股利模型就是我们描述的这种情况。

关联概念　举例 8-4

固 定 股 利

Lexington 公司正处于一个发展不景气的市场，分析师预计公司长期的增长会为 0。

公司近来一直支付给股东每股 5 美元的股利。同类公司的股票收益率是 8%，那 Lexington 公司股票的售价应该是多少？

解答：利用公式 8.11，代入已知项：

$$P_0 = D/k = 5/0.08 = 62.50$$

人们通常不会假定普通股的股利永远固定不变，通常会假定股利以正增长率增长。然而，也有一种证券，优先股每年就支付固定不变的股利，不会增加也不会减少。在以后章节我们会进一步探讨。

8.2.3　期望收益率

在固定增长率的假定下，戈登模型能够表示出股票投资的收益率。通过公式 8.10 变形，很容易得到 k。在这个公式中，k 代表期望收益率，经常会写作 k_e。

$$k_e = D_1/P_0 + g \tag{8.12}$$

在下一章中，期望收益率的概念很重要。如果投资者通过了解的知识预测得出公司股票的增长率 g，那么期望收益率就如公式 8.12 给出的那样。

如果使 $D_1=D_0(1+g)$，D_0 和 P_0 分别为最后一期实际的股利支付和当前的股票价格。公式 8.12 就给出了一种投资者以价格 P_0 购买股票的投资的期望收益率。

对比公式 8.12 和公式 8.1 有一定的价值，我们再次写出公式 8.1 如下：

$$k = D_1/P_0 + (P_1 - P_0)/P_0 \tag{8.1}$$

再看一下上述公式 8.1，等式右边的两部分分别为股利收益率和资本利得收益率。对比公式 8.12 和公式 8.1 之后，发现只有等式右边第二项不同，其余各项都是相同的。这暗示两个公式的不同两项应该有相同的意义。换句话说，戈登模型中的资本利得收益率就是增长率。假定以增长率 g 增长，这很直观地表明整个公式包括股利和股价。

8.2.4　两阶段增长模型

随着企业经营状况的变化，有时候公司的预期增长率不是固定不变的。公司近来发生的事件通常会暂时影响未来发展。例如，发布新产品会给公司带来一段时间的迅速扩张，随后高增长率会慢慢地回归正常水平。

两阶段增长预测模型会涉及一年、两年甚至三年的超正常增长率和之后一期的正常增长

率。超正常增长率意味着增长率 g 大于股票的收益率 k,我们的任务就是应用建立的模型来对具有两阶段增长特征的股票进行估价。

首先,让我们看看这种投资机会的时间轴,如图 8-2 所示,上方显示公司前两年以超正常增长率 g_1 增长,随后第三年到无限期的时间以正常增长率 g_2 增长。

我们可以利用固定增长率模型来对这一股票估价,但是应该慎重使用。这个模型只给我们一种从无穷期限开始时以固定不变的正常增长率增长的股票估价的方法。

在图 8-2 中,有固定的正常增长率但不是从零期开始的,是从第二年末开始。因此,戈登模型就应用在两年末的时间点上。

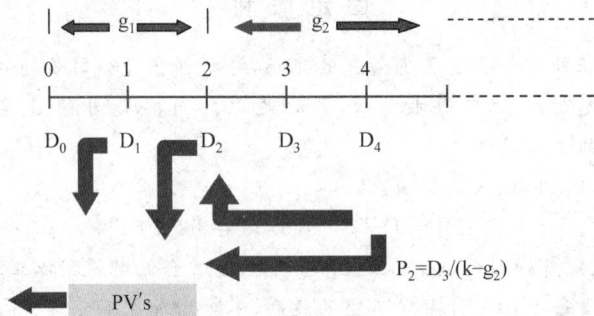

图 8-2　两阶段增长模型

这样计算,得到的结果是第二年末的价值或者说第三年初始的价值。它包括所有的第二年之后的年份支付的股利的价值,但是不包括第二年的股利 D_2。换句话说,它包括了 D_3、D_4、D_5 等。

在第二年的年末,应用戈登模型需要调整以前运用的符号。回顾公式 8.10,分子表达 D_1 是以正常增长率发展的第一期股利,而在此时,应该是 D_3,增长率是在第二年末改变的。

另外,公式 8.10 的分母包括正常增长率 g。在两个阶段增长中有两个增长率,我们必须使用的是正常增长率 g_2。在应用中正确地构建固定增长模型的方法如下:

$$P_2 = D_3/(k - g_2)$$

这一公式及时间轴所在位置可见图 8-2 中的描述。

一个今天购买股票的投资者,在将来可得到 D_1、D_2 和 P_2。两个股利收入很显然是在第一年末和第二年末的预测现金流。而 P_2 只有在投资者第二年年末卖出,才得到的实际现金流。尽管如此,我们仍视 P_2 为未来两年预期能得到的现金流。

今天持有证券的价值是它产生的现金流的现值,因此,图 8-2 表示的是 D_1、D_2 和 P_2 的现值,这在图中已有描述。

关联概念　举例 8-5

两阶段增长模型

Zylon 公司的股票以每股 48 美元售出。我们已经听到传闻,公司下周将发布新品公告。通过行业分析,我们得出这一产品会使得整个公司在两年内以 20% 的增长率增长。而两年过后增长会迅速放慢,会跌至 6% 的增长率水平。公司当前每年支付 2 美元的股利,预计会随着公司业绩增长而增长。与 Zylon 公司类似的公司收益率为 10%。是否应该以 48 美元的价格购买公司股票?

解答: 为了判断是否应该购入股票,我们将以现金流的现值为依据估计股票的价值,再和市场价格相比较。如果我们预测的价值更高,那就可得出购买股票的结论。

画出类似 8-2 的图示会有助于问题的解决。下面的时间轴显示了股利和增长率。

最近的股利支付是 D_0,为 2 美元。未来的第一期股利可以在 2 美元和第一年的增长率的基础上求得。2 美元乘以 $(1+g)$ 可得:

$$D_1 = D_0(1+g_1) = 2.00 \times 1.20 = 2.40$$

为了得到第二年的股利,再乘以 $(1+g)$,得到:

$$D_2 = D_1(1+g_1) = 2.40 \times 1.20 = 2.88$$

同理,求出 D_3,这时候公司的增长率为 g_2,也就是 6%:

$$D_3 = D_2(1+g_2) = 2.88 \times 1.06 = 3.05$$

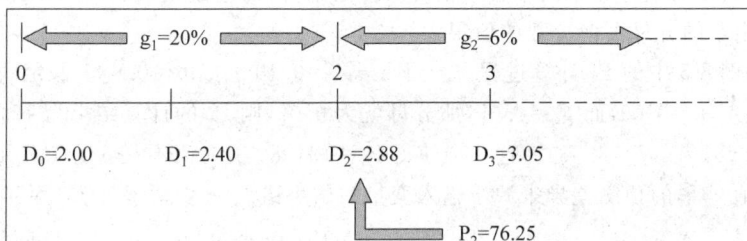

接下来,我们在增长率改变的时点,即在固定增长率开始的时点使用戈登模型。在此为第二年,所以:

$$P_2 = D_3/(k-g_2) = 3.05/(0.10-0.06) = 76.25$$

这个结果在图中也显示了。

对股票估价,剩下的工作就是计算几个要素即 D_1、D_2 和 P_2 在 0 时点的现值,再求和:

$$
\begin{aligned}
P_0 &= D_1[PVF_{k,1}] + D_2[PVF_{k,2}] + P_2[PVF_{k,2}] \\
&= 2.40[PVF_{10,1}] + 2.88[PVF_{10,2}] + 76.25[PVF_{10,2}] \\
&= 2.40[0.909\ 1] + 2.88[0.826\ 4] + 76.25[0.826\ 4] \\
&= 67.57
\end{aligned}
$$

现在我们将 67.57 美元和市场价格 48 美元做比较。很明显,我们估算的价值更大。如果我们的假定是正确的,那么股票的价值比其现在的市场价格高出近 20 美元。如果我们是正确的,这个价格短期内将会上升,那么购买股票则是理智的做法。

8.2.5 估价模型实际应用中的局限性

CFO 经验谈

我们研究的增长率模型是对现实的抽象理解,它们是现实世界的简化描述,只能尽最大可能为我们提供未来的预测。即使我们能计算出如上一个例子中的 67.57 美元这样精确的结果,也必须谨慎对待这样的结果。

要知道,估价模型中输入的数据远远比我们得到的预测结果要精确得多。在这种情况下,输入的变量是指增长率和利率。

我们研究的增长率模型是抽象的现实。它们是现实世界的简化表示,它最能为我们提供未来可能发生的事情的近似。即使计算结果如上一个例子中的 67.57 美元,我们也不要把它们看作是准确的。我们要了解,结果永远不会比进入模型的输入更准确。在这种情况下,这些投入是预计的增长率,利率预测增长率是一种猜测。预测增长率稍微改变一点,就会对预测结果产生很大的影响。例如在上个例子中,我们预测的增长率为 20%,实际的增长率所属的范围就是 15%~25%。这个范围的区间两端值会使上述例子中得到的股票现值 P_0 产生很大的差异。

况且我们也不能得到准确的利率。人们投资股票所需的回报率因他们对任何特定公司的风险而异。不同的投资者对风险有不同的感知,因此我们预测的 10%,很可能就是 9% 或 11%。

另一个导致不准确的原因来自戈登模型的分母。请注意,分母代表的是两个输入变量,也就是利率和增长率的差。如果两个数值估计较接近,它们的差额就很小,计算出的价格就会很大,因为一个很小的分母会使分数的值很大。

看一下举例 8-5 中的 P_2 计算过程。分母 $k-g_2=0.10-0.06=0.04$。假定我们预计 k 和 g_2 都改变了一点,$k=0.09$,而 $g_2=0.07$,那分母就为 0.02,则 P_2 的计算结果为 154.08 美元(分子也会变为 $2.28 \times 1.07 = 3.08$)。这将会使得 $P_0=131.89$ 美元而不是 67.57 美元。在价值评估中,股票价值 95% 的预测差异来源于输入变量的微小错误(k 变动了 10%,而 g_2 也仅仅变动了 17%)。

关键是,当涉及估计股票价格时,财务不是工程,我们的数字不会那么准确。在使用上面的模型得出来结果的时候,要牢记这一点。上述举例中股票的预测价值是 67.57 美元,与 48 美元的市场价格相比,这看上去很不错。但如果假设该股票的售价为 62 美元,而不是这个例子中的 48 美元,尽管两者的差异没有前面的那个这么大,但我们是否还能认为这是一个赚钱的投资?换句话说,购买股票后我们还能预期得到每股 5.57 美元的收益吗?

这个问题的答案可能是否定的。每股 67 美元的股票股价产生的每股 5 美元的差异可能无法弥补估价过程中内在的误差而产生的差异。在市场价格为 48 美元时,我们可以很肯定地说,我们能得到很多的收益,但当市场价格为 62 美元时,收益就没那么好了。大致上说,上面的结果暗示着股票的价值应该在 65~70 美元之间。任何比这个更高的预测都是没有意义的。

和债券估价的比较 前文关于不准确性的论述仅涉及股票的估值;债券的估值则是另外一个完全不同的概念。债券定价模型给出了这种证券的精确的估计价值,因为债券的未来现金流在数值和时间上都是合同所能保证的。除非是借债公司违约,这在高信用级别的公司债券中是非常少见的,我们可以准确地预测未来利息支付和本金支付的情况。有了这个,我们就能根据任何一笔收益来确定债券的价格。反过来说,受发行公司的稳定性和债券的条款影响的市场力量能够准确地确定债券的收益。

洞察:实际应用

调和估价理论与实践

那些日复一日从事股票投资的人不太可能从现值模型的角度来考虑股票估值。经纪人和频繁买卖的投资者更有可能利用每股收益和市盈率来预测短期内股价的变动。EPS 模型表达如下:

$$P_0 = EPS \times P/E \qquad\qquad (a)$$

P_0 表示股票的价格,EPS 表示每股收益,P/E 表示市盈率。

根据这一观点,在不同的市盈率下,市场对其收益的估值也不同。例如,如果两家公司的每股收益都为 1 美元,而它们的市盈率分别为 10 和 20,尽管它们的收益相同,但它们的股票售价却分别为 10 美元和 20 美元。换句话说,市场对同样的 1 美元的收益做出的估值是不同的。

这似乎与我们一直在研究的估值模型不一致,这些模型认为,价格只基于收益的现值。

如果你仔细观察公式(a)中所表达的关系,会让人觉得困惑。从数学角度来看,这只是一个恒等式,因为市盈率只是每股收益的价格。因此,可以推导出:

$$P_0 = EPS \times P_0/EPS$$

或者:

$$P_0 = P_0$$

上述的表达似乎没有任何意义。

但事实上,它还有更多的意义。股票市场倾向于在行业范围内修正短期市盈率。而在行业内部,业绩比较好的公司比业绩差的公司的市盈率要高。换句话说,某些受青睐的行业和某些受青睐的公司的市盈率要高于平均数值。也就是说,在短期内,市盈率相对稳定,因此价格的变化主要取决于近期的每股收益的变化。

这似乎与基于未来现金流现值的估价模型不一致,除非你意识到两件事。第一点:近期收益是未来收益的预测因素,因此今天更高的每股收益意味着未来更多的收益和股利。第二点:无数研究表明,决定市盈率高低的主要因素是预期增长,公司预期的增长率越高,市盈率就越高。

这意味着公式(a)就像是一个粗糙的戈登模型:高增长率和较高的当期收益都意味着更高的股票价格。换句话说,那些股票市场上实践者使用的简便方法和复杂的价值评估模型是一致的。这就增加了我们对每股收益模型的信心。

零股利股票 有些公司即使利润很高,也不支付股利。此外,还有很多公司公开表示,它们永远不会支付股利。然而,这些公司的股票可能还是具有很大的价值。

我们一直在使用的股票价值增长模型,是基于未来股利流的现值。如果有价值的股票却没有股利分红,那这样的模型怎么会有效呢?

这个令人困惑的问题的答案在于理解公司何时和为何公司不向股东支付股利。一个公司即使在盈利状况良好的情况下,在发展的初期甚至快速增长期也不支付股利。快速的增长需要现金流,管理层认为发放股利是无益的,反而通过借款或发行更多的股票来筹集资金,以支持公司的增长。对此股东是同意的,因为维持较高的增长率使他们拥有的公司的价值会更大。

然而,大多数人都明白,快速增长并不可能永远持续下去。当整个行业和公司的增长放缓时,即便是说过不支付股利的公司,也要开始支付股利了。换句话说,今天不支付股利的股票,预计在未来的某个时间会支付大额的股利。通过那些预期会支付的股利就能估算股票的价值。

如果一家公司真的从未支付过股利,整个投资界就无法从其投资中获得回报。这就没什么意义了。

8.3 新股估值——投资银行和首次公开发行(IPO)

到目前为止,我们对股票的讨论主要集中在存在了一段时间的股票进行估值。在这一小节中,我们将关注目前正在向公众出售的新兴市场股票。这些首次公开募股(IPO)的股票估值与已存在一段时间的股票有不同。从理论上讲,这是不应该的,但实际上,在股票市场的这一部分,事情就不那么理性了。

我们在第5章中简要提到了IPO,强调了在SEC注册的要求。在这里,我们将专注于促进和为市场带来新的股票发行上,它们可能引发抢购,也可能引领市场走入绝望的深渊。在接下来的几页中,我们会看到这个迷人而复杂的过程。

8.3.1 不同证券的IPO

最令人兴奋的是IPO出售新公司的股票,但也有其他新证券的IPO,尤其是债券。实际上,债券的IPO比股票要多,因为新的债券可以用来取代旧的、到期的债券,同时也可以筹集新的资金。

出售现有股票的新股就像IPO一样,但实际上是一种**股权再融资**(SEO)或**二级股权发行**。从定价的角度来看,这些并不特别有趣,因为旧股票的市场价值决定了新股票的价格(新股可能会略低于市场,以确保出售)。

我们关注的首次公开发行是首次公开发行新公司股票,也就是说,除了创始人和私人投资者以外的其他人首次有机会购买。当创始集团想要筹集大量资金(通常是为了支持增长)时,就会出现这种情况。

在首次公开募股中出售的股票是新的,但发行的股票通常包括一些先前发行给创始人和早期投资者的现有股票。虽然这些股票是在IPO过程中出售的,但它们实际上构成了第二次发行(请参阅第5章,新发行证券的出售是一项一级市场交易,而投资者之间随后的出售则属二级市场交易)。

8.3.2 投资银行

新公司上市的第一步是与投资银行建立关系,投资银行是专门销售新证券的机构。[①] 不同的投资银行往往会专注于不同的业务领域。例如,摩根士丹利(Morgan Stanley)在一段时间内一直是高科技和互联网公司的主要经手银行。投资银行会对新公司及其前景进行研究,以确定它是否有可能吸引足够的投资者来筹集其管理层想要的资金。如果银行认为可行,公司就会被接纳为客户。

银团 多数IPO规模太大,对一家投资银行来说风险太大,因此一家牵头银行招募了其他投行,组成了一个分享这一过程的银团。牵头的银行,主要的负责银行,也称为委托人或管

---

① 投资银行这个词在这里似乎很奇怪,因为我们通常不把银行看作营销机构。但发行新证券是一种银行功能,尽管它在美国的历史上有点脱节。在20世纪30年代的萧条时期,大量银行倒闭导致国会通过了一项广泛的银行业改革法案。1933年的"格拉斯-斯蒂格尔法案"(Glass-Steagall Act)是该法案的一部分,禁止商业银行参与投资银行业务。因此,投资银行是独立的组织。直到1999年,"格拉斯姆-斯蒂格尔法案"被废除,"格拉姆-莱赫-布莱利法案"(Gramm-Leach-Bliley Act)取而代之。一些经济学家认为,废除"格拉斯-斯蒂格尔法案"是2008年金融危机的一个主要原因。

理投资银行。规模较大的银团可以包括五十家银行之多。

登记　IPO过程中的一个早期步骤是向证券交易委员会(SEC)提交一份名为 S-1 的注册声明。该声明要求提供大量的财务和技术信息,可能长达 100 多页。这一信息的摘要被称为招股说明书,是 S-1 文件的一部分。招股说明书旨在分发给潜在投资者。牵头的投资银行在编制注册说明书时会向客户公司提供咨询意见。

承销　IPO 有很大的风险,因为没有人知道在交易开始前,市场对新股的估值会有多大。例如,假设一家公司想通过首次公开募股(IPO)筹集 20 000 000 美元,以每股 20 美元的价格出售 1 000 000 股股票。如果没有足够的买家以这个价格购买,公司要么筹集不到 20 000 000 美元,要么就不得不降低发行价才能卖出更多的股票。但更多的股票以较低的价格出售将会降低之前持股者的收益百分比。从本质上说,他们会不得不放弃很多的公司,这并不是他们想要的。但事实上,如果 IPO 的价格太低,他们会后悔莫及。

在大多数情况下,投资银行通过承销 IPO 来解决这个问题。在承销证券中,投资银行做出**坚定的承诺**,以固定的价格从新公司购买股票,然后负责将股票转售给投资者。当然,投资银行出售这些股票的价格要高于它所支付的价格。不同之处就在于**承销价差**,以及投资银行如何弥补开支并赚取利润。客户公司明白,价差是它支付给银行的服务费用的一部分。投资银行银团也被称为**承销银团**,而投资银行通常被称为**承销商**。

承销价差从募集资金的 2% 到 10% 不等。一般来说,交易规模越大,价差百分比就越低。其他 IPO 成本还包括会计和法律费用、印刷和雕刻费用以及在证券交易所上市的费用。总体而言,发行公司通常支付 3% 至 15% 的费用和手续费。再一次强调,交易规模越大,总成本百分比就越低。首次公开募股接近 50 000 000 美元的话,那么总的费用占比将不足 3%。

尽力承销　在规模较小的交易中,投资银行可能不愿承担承销风险,但可能会在尽力承销的基础上接受配售。这就意味着发行公司在银行能够出售新股的任何东西,减少了费用和佣金。

8.3.3　IPO 的推进及定价

缄默期　缄默期从登记声明提交开始,一直持续到证交会通过宣布其生效而接受该声明。这通常是在提交 20 天之内。在此期间,公司高管和投资银行代表可能会向潜在投资者出示带有"初步"字样的显著红墨水标记的招股说明书副本,但不得分享有关该公司的任何其他信息,也不得敲定任何股票订单。初步的招股说明书被称为"红头招股书"。招股说明书中包含了 IPO 股票的价格范围,但还没有确定具体的发行价格。

交易开始后,第二个缄默期持续 40 天。在此期间,任何与公司或 IPO 有关联的人都不能对公司的预期业绩进行任何预测或分析。这是为了确保所有投资者在交易初期都能平等地获得有关企业的信息。

8.3.4　询价及路演

此时,公司和银行需要决定 IPO 的价格和发行股票的数量。为了做到这一点,它们需要估计投资者对股票的需求水平。这是在路演中进行的一次名为"询价"的过程中完成的。要明白的一点是,投资银行与养老基金、保险公司、共同基金、大学捐赠基金、对冲基金[①]等机构投资者以及某些富人有着长期的关系。

路演是发行公司高管和它们的投资银行家们快速、紧张地一同前往全国各大城市的一次旅行。路演的目的是向潜在投资者介绍新公司和IPO的情况,这些投资者大多是投资银行的机构客户。该团队通常在IPO前的两周内每天做两到三次演示。每次介绍之后,银行都会询问听众中的投资者客户,根据招股说明书中的价格区间,他们愿意购买多少股票。这些回应构成了询价书,随着路演的进展,询价书就会变成一个订单列表。

路演一般会在证交会批准注册声明的时候结束,也就是在IPO前不久。此时,公司高管及其投资银行家针对投资者对该股票的需求感觉良好。最后的价格和股票数量是在正式交易开始前那天股票市场休市后的晚上才确定的。

然后,该银行将IPO股票分配给在路演期间表达兴趣的投资者。在大多数情况下,投资银行将IPO股票的绝大部分放在这些与其大型特殊关系投资者手中,而不是一般公众也就是**散户投资者**。因此,IPO买家往往是大型、强大的金融系统“内部人士”。另一种说法是,小型(散户)投资者很少有机会购买到IPO。

还有一点很重要,IPO股票的出售是一笔场外交易,这意味着它不是像普通股票交易那样拍卖过程的结果。价格是由投资银行和发行公司制定的,通常是以询价书制作过程中的信息为依据,所有的股票都是以这个价格出售的。传统交易在IPO交易后不久就开始了。

8.3.5　IPO之后的价格

中间的投资银行　投资银行是IPO过程的中心。它介于发行公司和购买新股的投资者之间。发行公司和投资者都是银行的客户,他们都信任银行家,但他们存在利益冲突。发行公司希望获得尽可能多的股票,而投资者则希望他们的资金获得很高的回报,这种情况只会在证券被低价收购时才会发生。

要知道,当一家投资银行为IPO定价时,它是在估算市场在公开交易中对股票的估值。虽然进行了仔细的分析和询价书制作,但在IPO结束和交易正式开始之前,没有人确切地知道新股的市值会是多少。然而,银行的估计变成了IPO投资者所支付的以及发行公司所得到的(减去成本和价差)。

因此,在IPO之后,当价格随着整个市场的竞购涨跌时,一定会有人不高兴。如果价格上涨,发行公司的所有者会觉得比起他们的售价来说,他们应该得到更多,由于投行的定价过低,他们的筹资减少了。但买家会很高兴,因为他们会看到投资回报很大。另一方面,如果价格保持不变或下跌,公司创始人会感觉良好,因为他们已经得到了尽可能多的现金,但投资者会感到不高兴,因为他们要么看不到任何收益,要么会因为接受银行家的建议而蒙受损失。

抑价与IPO上涨　面对这一两难局面,似乎有一种强烈的倾向,即低估IPO价格,使股票在IPO后立即上涨。这种现象被称为IPO上涨,这种现象发生在大多数IPO中,尤其是当公司处于一个令人兴奋的高科技领域,而IPO被大量“炒作”的时候。

抑价可能会发生,因为投资者(银行家们)知道,他们很快就会向同样的投资者推销另一只IPO的股票,并希望实现他们的良好意愿。相反,一些观察人士认为,抑价似乎总会发生。这是因为投资大众对新公司过于热衷,在IPO后立即以不切实际的价格买入。一段时间后,股

---

① 对冲基金是一种投资基金,它进行高风险投资,以获得显著的高回报。参与者通常仅限于富有的个人。

价过高回落,往往会低于最初的 IPO 价格。

一段集中的上涨历史 IPO 上涨是通过股票价格在第一天交易结束时相对于首次公开发行价格的百分比来衡量的。不幸的是,股票的价格有时已经下跌了。经典的 IPO 上涨是 1999 年 12 月上市的高科技公司 VA Linux 系统公司。在首次公开募股以 30 美元定价后,该股首日收盘价为 239.25 美元,上涨了 698%。当天早些时候,该指数曾达到 320 美元的峰值,上涨了 967%。但这个过程并没有持续多久。一年后,这只股票的售价仅为 8.50 美元,到 2002 年中,它的价格已接近 50 美分。

Linux 是在 2000 年股市"泡沫"破裂时上市的,随后出现了严重的市场崩盘,因而出现了经济衰退。在 6 个月的时间里,96 支 IPO 首日收盘价均上涨了 100% 或更多,而 Linux 上市的 1999 年 12 月正处在这 6 个月的时间里。事实上,以首次公开募股价格上涨的首日百分比来衡量,排名全球前十的首次公开募股的名单显示,它们都发生在 1998 年至 2000 年间。[①]

上涨策略 不管是什么原因,IPO 上涨现象已经在拥有 IPO 机会的特权投资者中产生了一种策略。这个想法是通过购买股票参与 IPO,在股价快速上涨的时候持有股票,然后在价格再次下跌前几天就卖出。华尔街的行话称,使用这种策略的投资者是一只雄鹿,而收益则是一只雄鹿的利润。

一种面向弱势投资者的流行策略是,在交易开始后尽快买入,仔细观察价格上涨,并在价格开始下跌时卖出。

市场稳定 这家领先的投资银行实际上致力于维持至少一小部分涨幅,在交易的头几天将股价保持在 IPO 价格之上。如果发行市场疲软,它就会通过购买股票来做到这一点。当然,如果需求非常疲软,稳定性是不可能的。

长期价格与散户投资者 不幸的是,无论是有意还是无意,抑价和上涨现象的结果通常对散户投资者都是不利的。他们对该公司充满热情,但无法参与 IPO,于是以暴涨的价格买进,但在股价下跌并持续下跌时,他们损失惨重。大多数 IPO 股票都有短暂的上涨,然后跌回或低于 IPO 价格,接下来的几年在整个市场内都表现不佳。

8.4 普通股的制度性特征

普通股代表了一项权益(所有者)投资,从理论上讲,这种权益包含着对公司的控制。也就是说,这种所有权暗含着股东对公司经营方式有很大的影响。

实际上,能否影响公司的经营,取决于个人投资者或团体投资者持有股票比例的大小。因为大多数管理经营决策都是由多数投票决定的,所以投票表决时,当某个投资者拥有大比例的股票或者没有人拥有公司的大比例股票时,那些持股比例小的投资者几乎没有实质的表决权。要了解这个观点,我们必须看看公司是如何运作的。

8.4.1 公司的组织和控制

公司由董事会控制,董事会成员由股东选举产生。董事会任命该公司的高级管理人员,后者任命中下层管理人员,并在日常工作中管理公司。董事会做出主要的战略决定,但只有少数

---

① 来源:Spencer Jakab,《未来的磁带》,《华尔街日报》,2012 年 5 月 18 日。C1:http://www.ritholtz.com/blog/2011/5/第一天首次公开发行股票的上涨/。

真正重大的问题,如兼并,必须由股东投票表决。

公司董事会一般由公司的高层管理人员和一定数量的外部董事组成。董事会成员可能是大股东,但并不是必须如此。

据说,当股票所有权被数量众多的人拥有或者没有一个独立的个体、组织拥有大比例的股份的时候,公司就被广泛持有。当这种情况发生时,就很难改变董事会的决策,因为组织拥有投票权的股东来反对在任者是很难实现的。在这种情况下,董事会高层管理人员有效地控制了公司,并且他们不对股东负任何责任。

由于活跃投资者的出现,这种情况最近变得不那么常见了。活跃投资者获得公司股票的比例相对较小(通常在 2% 到 8% 之间),然后煽动变革——以迅速提高盈利能力、股价和对股东(当然包括他们自己)的现金支付为目的。

由于他们在目标公司中不掌握控制权,所以活跃投资者必须争取其他股东的支持,迫使管理层和董事会采纳他们的意见。他们成功地做到了这一点,得到了像共同基金这样的机构投资者的大部分支持。结果就是,董事会现在越来越关注小股东。

权益投资者的角色　我们在这一章曾经谈到,大多数购买大型公司股票的小型散户投资者都不希望在公司的运营中扮演什么角色。他们只是对来自股票所有权的现金流感兴趣。

优先认股权　优先认股权是指公司给与股东维持持股比例的权利。发行新股时,普通股股东有权购买相当于其已拥有的流通股比例的部分新股。如果存在优先购买权,那么新股在出售给其他人之前,就赋予了现有股东优先认股权。

优先认股权是很常见的,但一般没有必要通过立法来定义它。因此,如果股东拥有优先认股权,那么这个权利在公司组建之初就被写进公司的规章制度(称为章程、规章或细则)之中。

8.4.2　投票权与表决权[①]

大多数普通股都有投票权。这意味着,董事选举和重大问题的表决,每一股都享有平等的投票权。投票表决权通常仅限于公司章程的变更问题,具体表现为公司的经营范围和公司合并等问题。

股东在依法举行的年度股东大会上对董事选举和其他事项进行投票表决。然而,大多数股东都不参加这个会议,有的甚至根本不参加投票,只是通过委托授权代理人将票投给指定的一方。一般来说,现任董事会成员通过邮件方式来为自己争取作为代理人的身份。如果公司的业绩良好,那么在重新选择董事会成员的时候,委托代理权是会被授予的。

当利益冲突的各方同时寻求委托代理权时,就会发生代理冲突。这通常发生在股东集团对管理层不满并试图接管董事会的时候。

过半数投票权和累积投票权　假设一家公司的股票由两组利益不同的股东团体持有,并且一个团体明显持有大多数发行在外的股票。传统的过半数投票权使得持多半数股份的股东能有效地对公司实时控制。这是因为每一位董事都是在一个单独的选举中选出的,所以大股东可以赢得每一个席位。

累积投票权　累积投票权是小额股份在董事会上获得席位的一种方式。在累积投票的

---

① 近年来,有几个明显的例外,CEO 被外部董事领导的集团撤职。

方法下,每一个股东的股票都会得到每一个被选举的席位的一票。然后,小份额股东可以累积起来将所有选票投到一个席位上,或者分别投在几个席位上。这意味着少数股东的投票权可以集中在一个或两个席位上,并且有可能获胜,从而获得董事会中的一些席位。

具有不同投票权的股份　公司可以发行多个类别的股票,每个类别都有不同的权利。按照这些思路,发行一种只有有限投票权的股票或没有投票权的股票会影响控制权。如果这样的股票能获得与传统的有表决权股票相同的股利,它就可能会吸引那些对控制权毫无兴趣的特定投资者。

无表决权的股票在 21 世纪初相当普遍,但自 20 世纪 30 年代就不常见了。当时,政府、证券交易所和投资者普遍对这种股票比较抵制。然而,随着兼并收购的出现,近来这种股票又重新出现了。

8.4.3　股东对公司收益和资产的要求权

股东对收入和资产都有剩余索取权。这意味着他们是公司资产的索取人中的最后一个。

在收益方面,股东在支付所有经营成本和费用后,在债券持有人收到利息和所有到期本金之后,以及在优先股股东获得股息之后,才能获得剩余的收益。这种交易听起来不太划算,但有时确实不错。

当经营状况不好的时候,股东们处于最糟糕的境地,因为公司的收益在支付给其他的索取者之后很可能就没有剩余了。这就是为什么普通股被认为是风险最大的投资。

当经营状况好的时候,在其他索取方获得支付后可能剩余的收益很大,而且这一切都属于普通股的股东。本质上来说,普通股的收益是没有上限的。

股东的剩余索取权实质上是税后净收益。它要么以股利的形式支付给股东,要么以留存收益的形式保存在公司。这两种选择显然都是对股东有利的。股利支付使投资者马上可以得到回报,而留存收益则会促进公司的收益增长,从而使股价升值。

关于资产,剩余索取权意味着如果公司破产进入清偿阶段,股东只有在其他索取方都获得支付后才能获得剩余资产。这通常意味着他们什么都得不到。

8.5　优先股

优先股是一种同时具有普通股和债券特征的证券。它通常被称为两者的混合体,即普通股和债券之间的交叉部分。

优先股永远支付固定的股利。当初始发行优先股的时候,有两件事是指定的:一是一级市场的初始售价,称为股票的票面价值,另一种是股利。两者之间的比例反映了当前具有相同风险投资的回报率,即市场利率。

例如,如果利率为 10%,一家公司想以每股 100 美元的价格发行优先股,它将提供 10 美元的股利。这将被称为 10 美元优先发行,而不是 10%优先发行。

我们可以认为 10%的利率与债券的息票利率相似。优先股的初始售价(发行价)在概念上与债券的面值相似。优先股通常以每股 25 美元、50 美元和 100 美元的价格(面值)发行。

和普通股一样,优先股没有向投资者返还资本的规定。也就是说,发行公司从来不需要偿还最初的售价。

8.5.1　优先股估价

购买优先股的投资者将永远得到固定的股利。由于所有证券都是其未来现金流的现值，所以优先股的价值相当于无限期的股利支付的现值。

在第 6 章中提到过，一个持续不断的支付流无限延伸就是一个永续年金。我们还学习了一个简单的公式来计算永恒的现值，为了方便起见，我们将在这里重复列出：

$$PV_p = PMT/k \tag{6.24}$$

我们将对优先股使用这个基本公式，但为了更合适地反映这种应用，现在将改变一下变量的符号。永久年金的支付（PMT）在这里是优先股股利，我们称之为 D_p。永续年金的现值（PVP）在这里为优先股的价值，称为 P_p，利率仍然是 k。那么优先股价值的表达式是：

$$P_p = D_p/k \tag{8.13}$$

请注意，优先股的估价模型从概念上等于本章前面讨论过的零增长率的普通股的估价模型。

跟债券一样，优先股的初始发行也是为了获得与目前利率大致相当的收益。当利率发生变化时，优先股必须向新的二级市场买家提供有竞争力的收益。这可以通过改变股价来实现。

优先股的价格，就像债券的价格一样，与市场利率成反比。然而，计算新的优先股价格要比计算债券价格容易得多。我们只需将新利率代入公式 8.13 中，并对 P_p 进行求解。

关联概念　举例 8-6

优先股的估价

Roman 工业的股利为每股 6 美元，初始发行价格为每股售价 50 美元。类似的证券发行时的利率为 9%。Roman 工业的优先股现在应该以什么价格出售？

解答：只需要将市场利率代入公式 8.13 就可以求得今天的价格：

$$P_p = D_p/k = 6/0.09 = 66.67$$

初始收益率为 6/50＝12%。市场利率从 12% 变到 9%，所以优先股股价将升至起初每股估价 50 美元以上。这是给本例计算结果的一个合理解释。

8.5.2　优先股的特征

作为一种证券，优先股相对于传统的债务和权益，具有如下一些独有的特征。

累积性特征　为了提高投资者的安全性，几乎所有优先股都有一个累积功能。累积特征一般规定，如果在任何一年或连续几年不支付优先股股利，那么在拖欠的优先股利被补齐之前，不得支付任何普通股的股利。

例如，如果一家公司陷入财务困境，在 3 年内没有支付每年 5 美元优先股的股利，那么在每个优先股股东累计收到每股 15 美元的股利之前，就不能支付普通股股利。

优先股与普通股、债券的比较　优先股的一些特征就像债券，而有些则更像普通股票。有些是介于两者之间的。让我们来考虑如下一些细节。

对投资者的支付　优先股的股利是不变的,即使公司不断成长,它也不会增加,这个事实使得它与债券的固定利息支付类似。它们不同于普通股的股利,后者通常会随着公司的业绩增长而增长。

本金的到期和偿还　债券的到期日是本金被返还的日期。优先股没有到期日,也不需要返还本金。在这方面,这就像普通股一样,它也从不返还本金。

对支付的保证　公司必须支付利息,否则债券持有人可能会迫使公司破产。普通股股利可以延期支付。优先股也可以延期支付,但却要受制于累积性特征。在这一点上,优先股介于债券和普通股之间。

破产清偿顺序　在破产的情况下,债券持有人对公司的资产有权利要求,其索取范围是债券的未付本金。普通股东只有在所有其他索赔人都得到了收益之后才有权得到剩余的股份,优先股持有人再次处于两者之间。他们对股票的初始售价有要索取求,但它必须在债权人之后获得支付。也就是说,优先股股东的索取在普通股之前,在债权人之后。

投票权　普通股股东有投票表决权,而优先股股东则没有。在这方面,优先股更像债券。

为投资者支付的税收抵扣　对支付的公司来说,利息是可以抵扣的,而普通股和优先股的股利则不能。在这方面,优先股是一种权益。

优先股在法律上是权益,但从我们刚才所说的几点来看,它在很多方面更像是债权。因此,在财务分析中,优先股通常是单独处理的。

风险顺序　以上讨论的特征决定了这三种证券相关的风险排序。债券是最安全的,普通股是风险最大的,而优先股处于两者之间。对普通股风险的补偿是,如果公司表现得特别好,通过增加股利和股价上升的回报可以非常高。这一可能性对其他两种情况就不存在了。"优先股"的优先体现在:在两种股权选择中,如果公司表现不佳或经营失败,人们宁愿拥有的是优先股。

税收与优先股投资者　美国税法对待优先股利就像对待普通股利一样,在公司支付它们的时候不能做税前扣除。这使得优先股成为相对昂贵的融资来源。

与普通股股利一样,另一家公司获得的优先股股利的70%或者更多都可以免交所得税。这部分税收免除和相对较低的风险使得优先股对机构投资者更加具有吸引力。因此,机构投资者抬高优先价格,直到它们对没有免税待遇的个人投资者失去吸引力为止。这导致的结果就是没有多少个人投资者会购买优先股。

8.6　证券分析

估值是一个更广泛的过程的一部分,目的是选择被称为**证券分析**的投资。这一术语适用于股票和债券,但大部分活动都与股票的选择有关。有两种基本的分析方法,我们将分别简要介绍。

基础分析　基础分析包括进行研究,以发现公司、企业和行业(公司的基本面)的一切可能情况。一旦分析师成为公司领域的专家,他们就可以预测未来几年的销售和支出。由此,他们可以预测公司的收益,然后根据公司的公开披露或者潜在的股利政策预测一系列的股利流,并将股利流作为我们讨论的估值模型的输入项。

技术分析　技术分析师采取不同的方法。技术人员相信市场力量决定股票的价格,更重要的是支配价格波动。他们还认为,随着时间的推移,股价变化模式往往会重复。通过研究过去的价格变化趋势,技术分析人员相信他们能够预测个别股票的价格上升或者下降的趋势。

技术分析人员将实际交易的所有股票交易量①和交易价格绘制成为图表,通过观察处理这些数据来识别股价的变动趋势。这是一项技术性工作,所以技术分析师也被称为"图表分析师"。

技术分析人员认为,人们不一定必须从潜在的现金流了解股票存在价值的原因。他们认为只需要接受股票现在的价格并根据市场状况来进行投资决策就足够了。

基本分析和技术分析　尽管许多人使用这两种分析方法,但这两个流派的观点却是相互对立的。大多数学者几乎都是基本分析派。然而,技术分析学派也有大量的追随者。

为了证明或者否定技术分析的有效性,人们做了大量的统计研究。截至目前,没有任何一方得出能让另外一方满意的结果。

有效市场假设理论(EMH)　有效市场假设理论(EMH)与美国金融市场内部的信息流动有关。该理论认为,金融市场是有效的,因为新的信息是以闪电般的速度传播的。

信息在构成股市的数千名分析师、经纪人和投资者周围移动得如此之快,以至于价格几乎立刻就会根据新信息进行调整。换句话说,当一些关于股票的新知识出现时,分析和传播的速度非常快,以至于市场价格会在几小时或更短的时间内做出反应。

例如,假设一家制药公司宣布发现了一种治疗癌症的方法。这个信息肯定会抬高公司股票的价格。EMH认为,价格上涨很快就会发生,因为分析师将立即打电话告诉客户这一消息,他们尽快出价,将会迅速地抬高股票的价格。

这意味着,在任何时候,所有可用的信息都已经反映在股票价格中,而研究价格变动的历史模式对投资者来说没有任何作用。因此,EMH是对技术分析学派有效性的直接反驳。

然而,EMH也暗示着我们也不能使用基本的分析和评估模型找到很多"划算的股票"。有很多的专家们一直在做基本分析,他们会发现并将研究的结果传播出去。

EMH的有效性还存在争议。它可能永远不会被证明是对的或错的。在学习的过程中,我们应该意识到它的存在,并对它的含义有基本的把握。下一节我们会介绍一种不同的思路。

行为金融学　许多经济和金融理论建立在人们做出理性决策的基础上,特别是关于投资。理性的决策是建立在理性、逻辑和事实的基础上的。如果投资者理性地行动,那么金融市场将是有效的。这意味着投资者将根据内在价值买入和卖出证券,这些价值被合理地确定为合理预期现金流的现值。

如果出现这种情况,市场价格将非常接近内在价值。这是因为财务信息传播得如此之快,以至于股价过低/高的股票立即被抬高/调低到其内在价值。这一思想是有效市场假说的基础。

但是到时候,我们应该如何解释这个"泡沫"? 也就是哪些是股票或股票类别被明显高估的时期? 当那个泡沫破裂的时候,涉及的股票的股价崩盘,会引起整个金融市场的剧烈动荡。最有名的例子就是 20 世纪 90 年代后期,互联网股票先是价格飞涨,网络公司形成泡沫,而后在 1999 年到 2001 年间,泡沫破裂,股价暴跌。这种现象也暗示着金融市场并不总是有效的。

---

① "交易量"是指在一段时间内交易的股票数量。低成交量的价格变化通常不会像伴随着更高成交量的相同变化那么显著。

有时候很多学者仍然认为这些泡沫以及其他的类似现象只是暂时和无关紧要的。但是最近,行为金融学领域兴起,它运用了心理学原理和金融思维,使我们能够理解在一个原本有效的市场中,非理性行为是如何持续下去的。以下是几种比较有代表性的观点。

风险承受能力:人们对风险的态度不会一成不变,而是会受到最近经历的影响。他们更愿意在经历了几次成功之后,做出一项有盈利的潜力但却有风险的投资项目。

过度自信:人总有高估自己能力的倾向。会普遍认为成功在于我们自己的天赋,而失败是别人的错,或者只是运气不好。过于自信的人往往会接受有利于自己的信息,而拒绝任何不符合自己观点的信息。

得失:人们对实际或潜在损失的压力大于对同等收益的热情。

亏本出售:人们拒绝出售亏本的股票,似乎很难承认错误,会持有他们目前不愿意购买的股票。

从众心理:人们很容易被一群人的气势和热情所吸引,这正是泡沫形成的基础。"股票价格上涨了,大家都在买,我也要赶紧跟上。"也许它上涨正是因为人们都在购买,但从长期来看,这一势头是不会持续的。

最近的焦点:人和组织倾向于根据最近发生的事情来做出决定,而往往忽视相关的早期历史。在崩盘之后的几年,相同的事情可能会再次发生。也就是说,股票市场的记忆非常短暂。

8.7 期权和权证

期权是一种有价证券,可以在不实际持有股票的情况下投资股票。期权和权证相似,但共同点并不多。我们将详细讨论期权,然后简要描述一下权证。

期权是一种合同,给予一方以固定价格从另一方购买资产的临时权利(或者,期权合同可能授予一种销售权)。在我们进入金融期权市场之前,要先了解一下期权的基本概念。

8.7.1 普通期权

期权一直被用于商业。购买房地产的期权将使人们熟悉期权运作方式,并引导人们了解股票的期权。假设一家公司想要建造一座工厂,并确定了一个理想的地点,但需要 6 个月时间才能对该项目作出最终决策。如果没有做出承诺购买,它怎么才能获得购买土地的权利呢?

解决方案就是一份期权合同,授予该公司在 6 个月内以规定的价格购买该厂址的权利。这就锁定了土地的可用性和价格,但管理者不能免费购买这块土地。当然,公司必须支付土地所有者才能获得这种特权,但这一支付成本只是房地产价值的很小一部分。期权是一种购买合同,由买方慎重选择后,能够在它期满后的有限时间里购买的合同。现在考虑以下几个可能性,以帮助我们了解金融期权。

假设 6 个月后,公司决定不建造工厂了,但是注意到房地产价格上涨了 30%。它应该怎么做?

显然,它应该行使购买土地的期权,然后出售这块土地来获取利润。随着土地的升值,尽管公司没有实际拥有它,但仍可以获得利润。这可以通过卖掉期权中的任何资产来实现。期权的最大优势在于,它们的成本远远低于基础资产。这一优势就是金融期权的优势所在。

8.7.2　股票期权

股票期权在概念上与房地产期权相似,但它们并不是为了购买股票而购买的。相反,它们是被买来投机(赌博)价格变动的。股票期权本身就是证券,可以在金融市场上交易。购买股票的期权被称为看涨期权或买入期权。出售实物资产的期权是不寻常的,但出售股票的期权却是常见的,它们被称为看跌期权或卖出期权。在接下来的部分,我们将分析买入期权和卖出期权。

期权是被称为衍生产品的一类金融资产的一个很重要的例子。衍生品之所以如此命名,是因为它的价值是以标的证券的价值为基础的,在这种情况下,标的证券就是指股票。

投资者之所以对股票期权感兴趣,是因为它们提供了投机性杠杆,这一术语适用于任何放大投资回报的技巧。期权的杠杆作用就来自于这样一个事实:期权投资的回报可能比标的股票的回报率高出许多倍。接下来我们将描述一下它是如何工作的。

8.7.3　看涨期权

假设一只股票以 55 美元的价格卖出,而有人给你一份合同,根据合同,他同意在未来 3 个月内的任何时间以每股 60 美元的价格卖给你。这是一种基本的看涨期权。它赋予所有者在特定时间里以固定价格购买股票的权利,期限通常为 3 个月、6 个月或 9 个月。在这个期限的期末,期权期满,就不能行使权利了。

期权持有人为合同支付的费用就是期权价格,我们称之为 P_{Op}。它总是比股票的价格低得多。一只价值 55 美元的标的股票的期权可能会以 2 美元或 3 美元的价格出售。

图 8-3 以图形的方式描述了这个想法。股票的当前价格就是股票现在的价格,但 60 美元被称为期权的成交价、履约价或合约价。

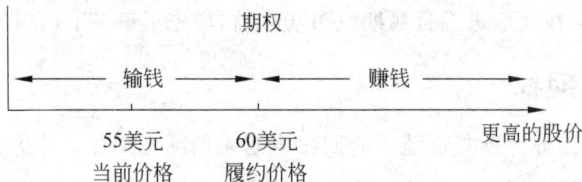

图 8-3　看涨期权的基本概念

现在问自己以下问题:你愿意为这份期权合同支付任何费用吗?为什么?如果你愿意为这笔交易埋单,有什么因素会让你多付出或者少付出呢?在继续阅读之前,请先思考一下这些问题。

投资者可能愿意购买这种期权,因为在未来 3 个月内,该股票的价格有可能超过 60 美元。如果出现这种情况,期权所有者可以以 60 美元的价格买入,然后立即以更高的市场价格卖出。例如,假设一个投资者为期权支付了 1 美元,而股票的价格为 63 美元。她会以 60 美元的价格行使期权,然后立即以 63 美元的价格卖出,每股获得了 3 美元的收益。

请注意,2 美元的利润是 1 美元投资于该期权获得的 200% 的回报。但要注意,如果股票的价格在 3 个月内不超过 60 美元,期权就到期了,1 美元就会损失掉,投资损失 100%。

有两个因素使得期权更加具有吸引力。一个价格容易波动的股票的期权价值会超过一个价格稳定的股票期权,因为波动的股票价格更有可能在规定的时间内高于交易价格。人们也会为期权付出更多的时间,直到到期,因为这给了股价更多的时间来超越履约价格。

看涨期权签订者　期权合同有两个当事方——买方和卖方。不要把买卖期权合同和买卖期权股票混为一谈。到目前为止,我们一直关注的是期权买家,他们有权以履约价格购买股票。

有关期权卖家的术语可能有点复杂。第一个出售期权合同的人是通过同意以履约价格出售股票来创造期权合同的人。他就是立权人。一旦签订了合约,期权合同就变成了一种证券,立权人把它卖给第一个买家,后者以后可能会把它卖给其他人。无论该期权卖出多少次,根据合同,当期权当前的所有者行使权利时,立权人一定会以履约价格将标的股票卖给所有者的。

看涨期权的立权人希望标的股票的价格保持稳定。如果是的话,他将从期权价值中获得收益。稍后我们将更详细地探讨如何订立期权。

8.7.4　内在价值

如果一只股票的当前价格低于买入时期权的履约价格,如图 8-3 所示,我们会说期权是赔钱的。如果股票的当前价格高于履约价格,我们就说期权是赚钱的。

当期权的标的股票价格高于履约价格时,它的当前价值就是最小的,它不取决于标的股票上升的价格,我们称之为期权的内在价值。例如,假设图 8-3 中的股票期权的当前售价为 65 美元,那么,以 60 美元购买的期权必须至少值 5 美元,因为期权所有者可以在 60 美元的价格下行权,然后立即以 65 美元的价格卖出,以获得 5 美元的收益(减去期权价格)。

一般而言,认购期权的内在价值是标的股票当前价格与期权履约价格之间的差额。这种关系反映在公式 8.14 中。

$$V_{IC} = P_S - P_{Strk} \tag{8.14}$$

式中,V_{IC}——买入期权的内在价值;

　　P_S——标的股票的当前价格;

　　P_{Strk}——买入期权的履约价格。

当股票的价格低于履约价格时,V_{IC} 就接近于 0 ($P_S < P_{Strk}$)。

从公式 8.14 中可以明显看出,期权的内在价值与标的股票 P_s 价格是线性函数关系。图 8-4 显示了一个履约价格为 60 美元的期权的价值图,称为 60 美元的期权。请注意,内在价值在履约价格的左边是水平线为零,在履约价格的右边向上倾斜呈上升趋势。

图 8-4 还显示了期权的实际市场价格 P_{Op},也就是内在价值之上的曲线。需要注意的是,期权总是以等于或者高于内在价值的价格卖出。内在价值和期权价格之间的差异称为期权的时间溢价,就如图 8-4 中的差额。

投资者愿意为期权支付高于内在价值的溢价,因为如果标的股票价格上涨,他们就有可能获利。某一期权溢价的准确形状取决于标的股票的波动性、到期时间以及市场对标的股票公司的态度。一般模型如图 8-4 所示。当股票价格接近但略低于期权履约价格时,溢价通常是最大的,随着股票价格的上涨,溢价会降低。

这种典型的模型是期权提供的杠杆随标的股票价格的变化而变化的结果。重要的是要理解这个模型形成的原因。

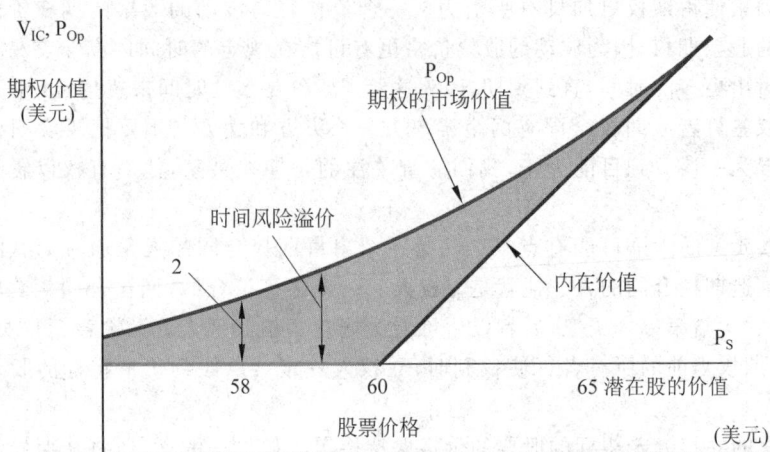

图 8-4　看涨期权的价值

8.7.5　期权和杠杆

财务杠杆是用来描述任何放大投资收益(ROI)的技术的术语。例如,假设传统的股票收益率为10%,那么对同一股票的杠杆投资就可能会导致在同一时期内的收益率达到40%或50%。遗憾的是,杠杆效应也对亏损起作用,因此,如果股票回报率为−10%,杠杆投资将会产生−40%或−50%。

期权仅仅代表了许多杠杆技术之一。我们将参考图8-4来了解它们是如何工作的。在图表中,假设标的股票的价格为58美元,看涨期权的时间溢价为2美元[①](期权价值也是2美元,因为在该股票价格下,其内在价值为0)。现在假设股票的价格上升到65美元。期权被行使,期权的标的股票被出售。为了简单起见,我们将忽略经纪佣金。

首先,让我们来看一看同一时期的股票投资。如果以58美元的价格购买,以65美元的价格出售,就获得了7美元的利润,投资回报(ROI):

$$ROI = 7/58 = 12.1\%$$

接下来看期权的投资。最初投资者支付了2美元购买了一种期权,他行使期权以60美元的价格买进了标的股票,然后以65美元的价格立即卖出,获得了5美元的收益。因为前面花费了2美元购买期权,因此,期权买家的净收益是3美元。但他在交易中只有2美元的期权价格。因此,他的ROI是:

$$ROI = 3/2 = 150\%$$

请注意期权的巨大威力,它可以使投资者的收益成倍增长。期权的投资收益率是传统股票投资收益率的(150/12.1=)12倍。当股票价格刚好低于履约价格时,这种收益的潜力对期权的价值上升有很大的贡献。

当股票以高于履约价格进行交易时,相对来说,这种期权就不是很好的投资方式了。原因有两个:股票价格必须上涨,才能获得一定的利润,除了期权的时间溢价外,买方还必须支付

---

① 我们假设这个溢价是为了说明的目的。实际溢价将取决于一些因素,比如股票的波动性和到期时间,以及当时对期权的需求。一个合理的价值是2美元。

一个正的内在价值。这使得他的投资更多,从而降低了杠杆的效应。这些因素使时间溢价伴随着高于履约价格的股票价格而减小。脚注①提供了一个数值例子。

在图8-4中,显示延伸到履约价格越远的左边,溢价更小了,这种情况下,股票获得收益的可能性就更小了。

期权到期 重要的一点是要意识到,期权只有在有限时间段内才能行权,期权到期之后就变得毫无价值了。这使得期权投资风险很大。例如,如果购买的一种期权,而标的股票价格没有超过履约价格,期权就到期了,那么购买者就损失了为此付出的价格。要注意这是100%的损失。

如果购买期权的价格包括正的内在价值(图8-4中右边为60美元),而标的股票的价值下降,期权购买者在到期时的损失是支付的时间溢价加上内在价值的减少金额。如果股票价格一路下跌,一直到履约价格,那购买者就要承担100%的损失了。

随着到期日的临近,任何期权的时间溢价都会缩减到几乎为零,因为股票价格变动的剩余时间会缩短。请注意,如果在到期前拥有一个具有正的内在价值的期权的投资者必须迅速采取行动,以避免损失掉该价值。

8.7.6 期权交易

到目前为止,我们一直讨论的是买家总是持有期权,直到他们行权或者到期。事实情况并非如此。期权在它们到期前的任何时间都可以在投资者之间买卖。以选定股票为标的股票的期权在全国多个交易所进行交易。最大、历史最悠久并且最有名的就是芝加哥期权交易所(CBOE)。

期权市场的价格流动性 期权价格随着标的证券价格的上涨和下跌而波动,但期权的相对变动要大得多。例如,在图8-4中,我们说过,当标的股票的价格为58美元时,期权可能会以2美元的价格卖出。现在,假设股票的价格上升到65美元,而还有一段时间才能到期。从图中可以看出,该期权的价格包括其内在价值(65-60=)5美元和较小的时间溢价。假设溢价为1美元(未显示),则期权价格为6美元。

这只股票价格从58美元上涨到65美元有7美元的变动,涨幅为12.1%。但它推动该期权的价值从2美元增至6美元(上涨200%),达到了3倍。由于这一现象,导致期权市场的价格波动剧烈且波动迅速。

期权到期前很少行权 在刚刚描述的情况下,假设期权所有者认为标的股票的价格不太可能进一步上涨,即使还有很长的时间才能到期,他也不愿意继续持有期权。在这种情况

---

① 假设当股票价格为65美元时,溢价为1美元。这意味着期权买家支付内在价值为(65-60=)5美元加上1美元溢价,或6美元的期权溢价。然后假设股票价格再上涨7美元至72美元。

首先,考虑投资股票的收益。它将以65美元的价格购买,以72美元的价格出售,获利7美元利润,投资收益率(ROI)为:

$$ROI=7/65=10.8\%$$

现在考虑一下这个期权的收益。买家以每股60美元的价格行权,以72美元的价格卖出股票,以获得12美元的收益。但是期权的价格是6美元,所以他在整个交易中的利润是(12-6=)6美元。他的投资收益率为:

$$ROI=6/6=100\%$$

这比从较低的起点的相同价格购买所产生的150%的收益率要少得多。因此,该期权不太有吸引力,溢价也比较低。

下，几乎所有交易员都会将期权卖给另一位投资者，而不是行权。这是因为行权只能带来5(65－60)美元的收益，这比6美元的期权价格要低得多。

行权需要舍弃时间溢价中的任何价值，在这里就是1美元。因此，期权很少在到期前行使，因为期权的时间溢价会缩小到0。

不利和风险 同时考虑期权交易的利弊是很重要的。通过杠杆作用可能会获得更高的投资收益，但也有可能承担更多的损失。另外一种描述杠杆作用的说法，即杠杆作用是双向的，既放大了损失，也放大了收益。如果被潜在的收益所吸引，而忽略了那些有可能产生的损失，将是极大的错误。

8.7.7 期权签订

投资者可以发行或签署其他投资者购买的期权合同。人们订立期权是为了出售时能获得额外的收益。但订立期权者放弃了购买者可能获得的利润。期权订立者和期权购买者从本质上来说，都对标的股票的价格变动下了赌注，但是二者的立场却是相反的。

期权可能是裸期的，也可能是备兑的。在备兑期权中，订立者在签订合约时拥有标的股票。如果股票的价格增加，那么买入期权的投资者就会行权，订立者必须以履约价格卖出标的股票。订立期权者并没有付出额外的现金，但是却错失了不订立期权所能获得的股票增值金额。

例如，假设一位投资者在前一段时间购买了一支每股40美元的股票，目前的售价为55美元，他签订了期权合同，履约价格为60美元。然后假设股票涨到了70美元，购买者行权。尽管股票现在的价格是70美元，但投资者必须以60美元的价格出售股票。从某种意义上说，他因为不能以70美元的价格出售而"失去了多赚取10美元的机会"。而事实上，与最初的成本40美元相比，他也已经获得了每股20美元的收益。

裸期期权的订立者在订立期权时并不拥有标的股票。因此，他会面临更大的风险。在上一段所述的情况下，如果期权是裸期的，订立者将不得不以70美元的价格买入股票，然后以60美元的价格卖出，与早期购买的价格相比，每股损失了10美元。

关联概念　举例8-7

股 票 期 权

以下信息是关于以Oxbow公司股票为标的股票的买入期权，期限为3个月。

标的股票价格：	30美元
3个月买入期权的履约价：	25美元
期权的市场价格：	8美元

1. 期权的内在价值是多少？

2. 此时期权的时间溢价如何？

3. 买入期权是赚钱还是赔钱的？

4. 如果投资者订立一种备兑的认购期权，获得标的股票，那么投资者投资了多少？

5. 购买买入期权的投资者最多损失多少？

6. 认购期权的订立者订立裸期期权最多损失多少？在期权到期前，Oxbow公司正以32

美元出售。

7. 购买认购期权,损失或者收益是多少?

8. 订立裸期权者,损失或者收益是多少?

9. 如果订立者在订立期权时持有备兑期权的标的股票,那么订立者的收益或者损失是多少?

解答:

1. 根据公式8.14,代入数据:

$$V_{IC} = P_S - P_{Strk} = 30 - 25 = 5$$

2. 根据时间溢价是期权价格与内在价值的差,可得:

$$时间溢价 = P_{Op} - V_{IC} = 8 - 5 = 3$$

3. 这一买入期权是赚钱的,有一个正的内在价值。

4. 投资者以市场价格购买股票之后立即出售。期权的价格抵消了一部分投资:

$$投资 = 股票价格 - 买入期权$$
$$= P_S - P_{Op} = 30 - 8 = 22$$

5. 任何一个期权购买者最多损失8美元。

6. 订立裸期权者必须从公开市场上购买股票,如果它的期权购买者行权,理论上,市场价格会上升到任意价格,那么期权订立者损失的是无限的金额。实际上,一个明智的投资者观察到股票价格有上升趋势时,会尽快购买股票来限制自己的损失。

7. 认购期权的所有者行权时支付履约价格,同时以市场价格出售。任何收益或者损失会因为支付买入期权价格而变小。

行权时的市场价格为		32
减:履约价	(25)	
期权购买价	(8)	(33)
损失:		1

8. 订立裸期权者以市场价格买入股票,当购买期权者行权时,订立者必须以履约价卖出标的股票。结果会因为收到出售期权价而增大收益。

行权时的市场价格为		(32)
加:履约价	25	
期权售出价	8	33
收益:		1

9. 订立备兑期权者以订立契约时的市场价格购买股票,然后以履约价格卖出。收益会因为期权售出价而变大。

行权时的市场价格为		(30)
加:履约价	25	
期权售出价	8	33
收益:		3

8.7.8 看跌期权

看跌期权,是一种以特定价格卖出标的证券的期权。如果投资者认为标的证券的价格会下跌,他们就会买入看跌期权。

例如,假设一只股票目前的市价为55美元,而看跌期权的履约价格为50美元。如果股票价格跌至45美元,期权买家就会赚钱,他以45美元买入股票,然后以50美元的履约价格出售给期权卖方。

当标的股票的售价低于履约价格时,在本例中是50美元,如图8-5描述的情况,则称这个期权是赚钱的。

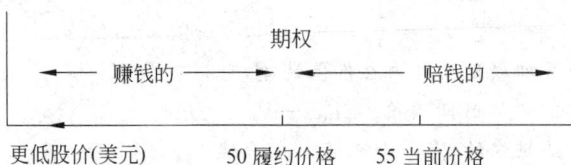

图 8-5　看跌期权的基本概念

看跌期权的内在价值是指当股票价格差额为正数时,履约价格与当前价格之间的差额;否则,其内在价格为0。这种关系用方程式8.15表示。

$$V_{IP} = P_{Strk} - P_S \qquad (8.15)$$

这里,V_{IP}——卖出期权的内在价值;

　　　P_{Strk}——履约价格;

　　　P_S——标的股票的当前价格。

当标的股票的价格高于履约价格时,其内在价值仅为0(即当期权赌输和$P_S > P_{Strk}$时)。与看涨期权一样,卖出看跌期权的原因是时间溢价高于其内在价值。这个想法如图8-6所示。

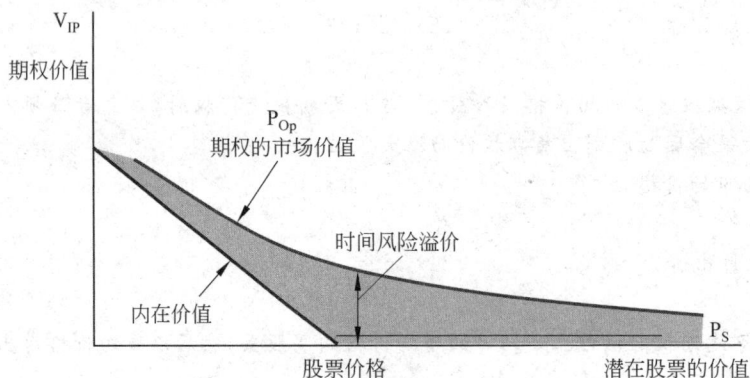

图 8-6　看跌期权的价值

8.7.9　期权估价模型

当我们在本章前面讨论股票和在第7章中讨论债券时,研究了估价模型,这些模型允许我们预测这些证券在金融市场中应该控制的价格。期权就像股票和债券一样,都是交易证券,因此,有必要思考一下期权是否也有类似的估价模型。与股票和债券相比,期权的估价问题更加困难,因为很难将期权的价值表示为未来现金流的现值。

两年前,两位著名的金融学者 Fischer Black 和 Myron Scholes[①] 建立了一个可行的期权估价模型。尽管从数学的角度来看,Black-Scholes 期权定价模型很复杂,但是已经获得了广泛的关注。模型是可行的,许多计算机操作者设计了电子编辑程序,直接将数据输入复杂的数学公式。结果现实中的实践者频繁地使用这一个模型。

Black-Scholes 期权定价模型通过以下变量的作用求得期权的价值:

- 标的股票的当前价格
- 期权的履约价格
- 期权到期前的剩余时间
- 标的股票的市场价格变动性
- 无风险市场利率

在研究中,应该注意到 Black-Scholes 模型的存在,它给出了与股票定价模型相似的合理但不精确的结果。

8.7.10　权证

请注意,我们一直在讨论的期权,到目前为止,都是纯粹的二级市场现象。也就是说,它们是在投资者之间交易的,而发行标的股票的公司则没有参与其中。尤其是在期权订立期和行使期权时,这些公司是得不到任何收益的。

权证与认购期权类似,但由标的股票的发行公司自己发行。当权证被兑现时,公司会发行新的股票以换取行使价格。因此,权证是主要的市场工具。

权证类似于看涨期权,因为它赋予所有者在指定期限内以指定价格购买股票的权利。它们的不同之处在于,权证的时间通常要长得多,通常是几年。

权证作为“甜味剂”,通常与其他融资工具一起发行,使得基础证券更具吸引力。例如,假设 Jones 公司想要借款,但其财务状况不佳,那么放款人(债券买家)已经拒绝了它的债券。假设 Jones 有良好的市场前景,其股票售价为每股 40 美元。

在这些条件下,如果公司对每一种债券附加一个或多个权证,使所有者有权在今后 5 年内以 50 美元的价格购买股票,则可能会诱使放款人购买 Jones 的债券。如果人们认为在五年到期之前其股票价格可能会超过 50 美元的话,权证就给投资者提供了购买债券的动力。

权证通常可以按自己的市场价值独立出售。这将有效地降低债券的价格,提高投资者的收益率。或者,如果股票价格超过 50 美元,债券持有人为了快速获利,就可以保留权证并兑现。

请注意,如果权证被兑现,公司将根据 50 美元的价格而不是更高的市场价格获得注资。债券不会受到股权兑现的影响。

8.7.11　员工股票期权

多年来,美国公司给予某些员工股票期权作为他们的薪酬的一部分。领取期权的雇员通常得到的工资低于他们本来会得到的工资。如果雇佣公司有光明的前景,员工们会比较喜欢期权,因为其价值往往是员工所放弃的工资的很多倍。

[①]　[美]费希尔·布莱克,迈伦·斯科尔斯.期权的定价与公司负债.(美国)政治经济学杂志,1973(81):637-654.

人们通常认为,股票期权为保持美国在创新方面的领先地位发挥了重要作用。这样做的想法是,通过选择致富的机会吸引最优秀的人加入新的、创新型的公司。如果没有期权,陷入困境的新公司就无法承受如此高的人才薪酬,也就无法继续发展。

经理股票期权问题　员工股票期权的最大受益者是公司高管,他们每年都能从中赚取数百万美元。

这种以靠获得期权而获得高薪酬的高管方案被批评者认为会制造利益冲突:高层管理人员有人为地夸大财务结果的动机,以提高公司的股价,而股价反过来又使自己的薪酬最大化。我们在第 5 章研究公司治理和萨班斯-奥克斯利法案时,称这个想法为道德风险。这里将简要介绍这些想法,供可能还没有了解这一节内容的读者参考。

多年来,投资界并不过分担心这种欺骗。也就是说,人们知道财务多报是存在的,但并不认为它们是过度的。

21 世纪初,企业高管和那些本应恪守诚信的审计师的财务报告显然不被信任。当时,投资界得知几家大公司的财务报表存在重大错误时,公司的股价暴跌。

公司诚信崩溃导致了公众对企业管理的信心丧失。一般地说,基于期权的补偿建立了一种氛围,鼓励管理层把注意力集中在短期的财务结果上,这就不可避免地导致了虚假报告的产生。

上述丑闻导致了人们加大对财务报告和审计程序的审查力度,以致国会立法旨在惩罚高管存在的欺骗行为。要求公司在发行职工股票期间,即使没有现金支付,也应该将它作为一项费用开支。这使得慷慨地发放职工股票期权,对发行公司不再具有吸引力,因为财务报告里面的费用支出会降低利润,而且会降低投资者的投资热情。

其结果是,财务会计准则委员会(FASB)从 2006 年开始对上市公司强制规定支出选项。

高科技公司在这项措施实施之前,一直极力反对这一费用支出,因为它们一直自由地使用期权作为薪酬补偿。它们声称,这将使它们处于竞争劣势,并会促使风险资本离开美国本土。然而,到目前为止,这一做法似乎并未对投资者或高科技行业产生多大影响。

无论如何,利益冲突问题和费用支出要求,使高管股票期权在最近几年变得不那么流行了。

关联概念

讨论题

1. 讨论股票投资的特征,大多数股东在投资的公司管理中起了多大作用? 为什么?

2. 比较股票投资和债券投资的现金流量的性质。

3. 用语言简单描述对投资者来说不含现金流量来源的售价的估价模型的有效性,给出两种独立的理由。

4. 为什么增长型模型会成为一种有效和方便的估价模型？

5. 正常增长的含义是什么？比较正常增长和超正常增长，哪个持续的时间更长，为什么？

6. 预期将来会有不止一个增长率的股票估价方法。能有两个以上的增长率吗？最后一个增长率需要具备哪两个特征？请描述一下。

7. 讨论股票估价模型的准确性，将它和债券估价模型相对照。

8. 不支付股利的股票会有价值吗？为什么？

9. 股票的首次公开募股价格是如何确定的？这个价格是否可能是股票的内在价值？

10. 大多数新股经历的 IPO 上涨，是否反映了推动股票走向内在价值的市场力量？

11. 具体解释一下为什么说优先股是股票和债券的混合体？描述关于优先股和估价模型的现金流。

12. 分析债券、普通股和优先股相关的风险。

13. 对比技术分析和基础分析，哪个对你来说更加有意义？

14. 有效市场假设的内容是什么？它对股票分析有什么意义？

15. 购买期权比购买标的股票更加令人振奋，因为它能够提供杠杆作用。谈谈你对这句话的理解。

16. 期权是投资，还是更像赌博？

商业分析

假设你的表弟 Charlie 去年得到一大笔遗产，他用全部资金购买了一家大型计算机公司 IBD 公司的普通股票。接下来他对公司业务很感兴趣，也密切地关注着公司的状况。近来，报纸上关于这家公司主要的战略投资的报道，包括大量地裁员和业务重组。Charlie 现在不知道该怎么做，他不理解为什么公司没有经过股东的同意就会做出如此大的变革。请你写一份简短的信，向他解释一下公司这样做的原因。

习题

股利与资本投资收益

1. Paul Dargis 分析了 5 种股票，并预测了它们在下一年支付的股利和年末的股价，预测结果如下（单位：美元）：

股票	当前股价	预期股利	预期股价
A	37.50	1.45	43.00
B	24.50	0.90	26.50
C	57.80	2.10	63.50
D	74.35	0	81.00
E	64.80	3.15	63.00

请计算 Paul 预测的 5 种股票的股利、资本收益率和一整年的收益。

基于现金流量的股票价值评估：关联概念　举例 8-1

2. Sedly 公司股票预期接下来几年的股利。

年份	1	2	3	4
股利（美元）	2.25	3.50	1.75	2.00

预计第 4 年末的股价为 37.50 美元。如果类似股票的收益率为 12%，那么 Sedly 公司将以什么价格卖出股票？

3. Fred 对棉布制衣业有深入的研究，对一家名为 Denhart Fashions 的公司尤为感兴趣，该公司是面向儿童和青少年生产棉布时尚服饰的。Fred 观察了公司过去历年的股利支付情况，对该公司的收益率做出了预测。他的结论是：公司在接下来的两年将每年支付每股 5 美元的股利，第 3 年将支付每股 6.5 美元的股利。Fred 计划现在购买该公司股票，持有 3 年后卖出。他认为到他卖出的时候，股票的价格大约为 75 美元，如果市场上相似的股票收益率为 10%，那么 Fred 最多愿意为该公司股票支付的价格是多少？

增长率：关联概念　举例 8-2

4. Mitech 公司的股价近几年每年大约以 8% 的增长率增长，当期价格是每股 30 美元。基于它过去的增长情况，预测一下未来 5 年的股价是多少？

持续增长模型（戈登模型）：关联概念　举例 8-3

5. 长期以来，Spinnaker 公司每年支付 2 美元的股利。近来，董事会投票表决决定，从现在开始股利以每年 6% 的增长率增加。如果你期望获得 10% 的收益率，那么你愿意为股票最多支付多少？

6. Pancake 公司最近每年支付 3 美元的股利，预计以后会以 5% 的增长率增长。通常，投资者购买类似股票的时候，要求能至少得到 9% 的收益率。

(1) 计算 Pancake 股票的内在价值。

(2) 如果它的当前售价是每股 76 美元，那么它是否被低估了？

7. Tyler 公司的近来股利为每股 3.55 美元。近年来，公司每年的增长率为 4%，而分析师认为公司以后的经营会更好，未来的增长率为 5%。股票当前的售价为 75 美元，类似股票的收益率在 8%～10% 之间。

(1) 分别以 8%、9% 和 10% 的利率计算公司的股价。

(2) 你认为长期投资于 Tyler 公司股票是一种好的投资方式吗？也就是说，会不会有人愿意持有该公司股票 10 年以上？

(3) 短期持有是一种明智的投资方式吗？也就是说，你打算现在购买然后在比较短的时间内卖出吗？比如说 1 年内。

(4) 以下面两个增长率代替预期的增长率 5%，然后再次计算，Tyler 公司增长率为：①维持在 4% 不变；②下降为 3%。

(5) 请评论一下(1)到(4)计算的股价范围。

8. Anderson Pipe 公司每年支付股利为 3.75 美元，预计在可预见的未来将以 8% 的增长率增长。Harley Bevins 投资于类似的股票时通常会要求 9% 的收益率。

(1) Harley 最多愿意为该股票支付什么价格？

(2) 你的答案合理吗？出现了什么问题？Harley 应该怎么做？

9. Cavanaugh 建筑公司是专门设计和建造生产服装的厂房,业绩良好,预期可预见的未来的增长率为 10%。公司每年支付每股 3.75 美元的股利,收益率为 11%。

(1) 公司股票的内在价值是多少？

(2) 这个价值合理吗？为什么？

(3) 如果公司股票的增长率是 8.5%,类似股票的收益率为 12%,那么内在价值应该是多少？

(4) 假设中相对较小的改变是引起内在价值改变的原因吗？为什么？

基于两阶段增长的价值评估：关联概念　举例 8-5

10. Miller Milk 公司最近为那些不喜欢使用普通乳制品的顾客生产了一种不含有乳糖的点心食品。管理层预计新产品的开发会使未来两年的销售额以 30% 的增长率增长。随后竞争者会开发出类似的产品,之后公司的增长率会降至行业的正常水平 3%。Miller Milk 公司近年来的股利为每年每股 2.6 美元,它会随着公司的增长而增长。类似股票的收益率为 10%。你最多愿意为 Miller Milk 公司的股票支付多少钱？

以下的 11-13 题都与 Softek 公司有关,Softek 公司是计算机软件行业的领头者,它有两种潜在的产品正在开发。第一种新产品 Alpha,获得成功的概率很大,预计会在未来两年内促使公司的增长达到 25%。然而,软件产品的寿命很短,如果新的产品研发出来,一段时间内,增长率会回归到正常的增长率水平 6% 上。

第二种产品 Beta,是 Alpha 的接替者,但管理层对它的成功不像对 Alpha 那样有信心。最近公司每年股利为 4 美元,行业内一般的收益率为 14%。

11. 假如你是一家证券公司的投资分析师,你被要求为 Softek 公司提供投资咨询服务。你已经研究了行业和公司的基本情况,现在已经准备根据未来现金流的现值来确定股票的价格。

(1) 假如 Alpha 成功推出,而 Beta 却失败了,请计算公司的股票价格。换句话说,假设未来两年的增长率为 25%,之后将维持 6% 的增长率。

(2) 假设 Beta 也是成功的,这使得公司的增长率维持在 25% 上,再次计算公司股票的价值是多少？

12. 假设 Alpha 成功了,Beta 也成功了,但做得不像 Alpha 那么好。也就是说,Softek 公司两年内增长率为 25%,然后再变为 18%,此后,它继续以 6% 的速度增长,请计算公司的股票价格(提示:不要对现在有三个不同增长期的事实感到困惑。只需计算连续的股息,乘以 1 加上实际增长率,直到你得到第一次股利而进入正常增长时期。然后应用 Gordon 模型。这个问题必须使用时间线。)。

13. 在以下条件下,你将为 Softek 公司提供怎样的投资建议？并阐明理由(不需要计算。)。

(1) Softek 目前的销售价格非常接近问题 11 中的(1)部分计算出来的价格。

(2) 它以问题 12 中计算的价格销售。

(3) 它的销售价格略高于问题 11(2)部分计算的价格。

14. Garrett 公司经历了一段金融困难时期。在过去 3 年里,其股价从每股 50 美元跌至每股 18 美元。在这段低迷时期,Garrett 公司每年都能支付 1 美元的股利。管理层认为最糟糕的时期已经过去,他们打算在未来 3 年继续支付每年 1 美元的股利,第 4 年开始每年保持 6% 的股利增长率。类似的股票收益率为 11%。

（1）如果这些预测是准确的,Garrett 的股票在 18 美元的价格下买入,是不是个不错的买入点?

（2）你认为市场对 Garrett 公司的管理决策会有什么反应?

15. General Machine Works 公司已经亏损了一段时间,但它设法维持了每年发放 1 美元的股利。该公司的战略是在处理劳动力和产品线问题的同时,通过缩小规模来进行重组。一旦这个战略实施,管理层预计公司将恢复盈利,并开始以每年约 3% 的增长率增长。GMW 的股价一段时间以来一直在稳步下跌,现在已接近每股 20 美元。

你是 Barnsted and Heath 的分析师,这是一家小型经纪公司,雇用了许多金融顾问,为客户提供股票投资方面的建议。一些顾问认为,GMW 的策略将按计划运作,并询问你是否应该告诉他们的客户,现在是购买 GMW 股票的好时机? 你会给他们什么样的建议? 假设投资者要求的收益率约为 10%,未来 3 年内股利每年将减少 10%。

16. Sudsy 公司最近支付了每股 1 美元的年度股利。分析师预计,3 年内公司仍会按照这个价格支付鼓励,在此之后,股利将以每年 5% 的固定增长率无限期增长。该股目前的交易价格为 20 美元,投资者要求在类似的股票上获得 15% 的收益率。股票市场对 Sudsy 公司股票的合理定价是多少?

优先股估价：关联概念 举例 8-6

17. Blackstone 公司 5 年前发行了每股价格为 7 美元的优先股。此次发行的风险利率为 11%。那么优先股今天的售价是多少?

18. Fox Wood work 公司 10 年前发行了面值为 50 美元的优先股,收益率为 9%。这些股票当前的售价为每股 60 美元。对于今天购买这些股票的投资者来说,他们的收益率是多少?

19. 以下几种优先股,它们返还给发行股票时购买股票的股东的收益率为 8.5%。

股票	股利	当前价格（美元）
A	5%	14.71
B	7%	41.18
C	11%	129.41

计算它们发行时的价格。

20. Koski and Hass 公司（K&H）支付每股 2 美元的股利,预期将以 5% 的增长率增长。类似股票的收益率为 9%。其股票的内在价值有多大的比例,归因于未来支付超过 20 年的股票?

股票期权：关联概念 举例 8-7

21. Seth Harris 是一位热衷于投机股票价格变化的投资者。最近,他对大多数股票价格的缓慢波动感到厌烦,认为投资期权更令人兴奋。近来他一直在关注一家女性服装制造商 Chelsea Club 公司的股票。Chelsea 的股价一年多来一直稳定,但 Seth 相信它在不久的将来会上涨,虽然增值不大。

Amanda Johnson 一年前以 37 美元的价格购买了 Chelsea Club 公司的 1 000 股股票。她认为,该股票的价格将无限期地维持在 30 美元以上,甚至还可能会小幅下跌。她的经纪人建议她将停滞增长的股票签订为期权。

Chelsea 股票的当前价格是每股 38 美元,履约价格为 36 美元,期限为 6 个月的看涨期权价格为 4 美元。今天上午,Amanda 将她持有的 1 000 股股票订立期权,Seth 通过期权交换购入。

(1) 期权的内在价值是什么?

(2) 期权的时间溢价是多少?

(3) 看涨期权是赚钱的还是赔钱的?

(4) Amanda 投资了多少?

(5) Seth 的最大利润和最大损失各是多少?

(6) Amanda 的最大利润和最大损失各是多少?

6 个月后,Chelsea 股票价格为 44 美元,Amanda 的期权即将到期,Seth 行权。

(7) Seth 的损益各是多少?

(8) Amanda 的损益各是多少?

(9) 对 Amanda 来说是否存在机会成本? 如果有,是多少?

(10) 如果 Amanda 签订的是裸期权,那么她的损益各是多少?

上机习题

22. Rollins Metal 公司正在制定一个长期的规划过程,并试图在几种战略决策中做出选择,这意味着公司未来的增长速度会有所不同。管理层认为,高增长率有助于提高公司当前的股价。然而,高增长战略要增加成本,它们通常会涉及相当大的风险。更高的风险意味着投资者要求更高的回报,这往往会压低当前的股价。

管理层在收益—成本的权衡中陷入了困境,因为收益和风险是概念比较抽象。换句话说,很难想象增长率和收益之间是如何相互作用的,也很难想象与其他影响股价的因素之间的作用。然而,管理层可以直观地将每一种战略选择与风险所暗示的增长率和所需回报率联系起来。

假设你是一名被聘来为公司解决困境的财务顾问,你觉得最好的方法就是建立收益率、增长率和股价的一个统计模型。这样你就可以直观地向管理层展示。

请使用 STCKVAL 程序编制以下图表,假设不同战略选项导致不同的增长率。该公司上期的股利是每股 2.35 美元。

要求的收益率(k)	增长率(g)			
	6%	8%	10%	12%
7%		—	—	—
9%			—	—
11%				—
13%				

基于表格中的数据,对风险和收益做出一般的评论。

23. 假设 Rollins 公司在上一个问题中可以选择的战略只能暂时地提高股票的增长率。

每一种战略选择都可能带来超常的增长率,但持续一段时间之后会恢复到正常的5%。此外,假设超常增长率是影响战略决策的一个变量。对两阶段增长率使用 STCKVAL 软件,编制以下表格,假设要求的收益率为10%。

Rollins Stock 的价格作为临时增长率和持续时间的函数,要求收益率为10%。

超常增长率(g_1)

年(n)	12%	14%	16%	18%
2				
4				
6				
8				

你能利用图表对"风险—收益"加以权衡做出评论吗?在这种假设条件下,你能对战略选择的性质做出评论吗?

软件开发

24. 为一个具有两年的超常增长率(g_1)、之后一直按照正常增长率(g_2)的模型编制程序。将增长率、上期股息(D_0)和所需收益率(k)作为输入变量。下面是编程方法:(参见图 8-2 和举例 8-5)。你将完全按照这个程序编程。

(1)在电子表格中水平地放置四个变量(表示从时间零开始的时间线)。

(2)把 D_0 代入第一个变量。

(3)接下来的两个变量均可以由前面一个变量乘以($1+g_1$)。

(4)第四个变量用第三个变量乘以($1+g_2$)。

(5)用分子中的第四个变量和分母中的($k-g_2$)应用戈登模型,计算出 P_2。

(6)计算时间线上中间两个变量的现值,再加上 P_2 的值,得到 P_0。

25. 请为一个具有 3 年超正常增长率的模型编制程序:

一家公司的市盈率在其公司历史上偏低,或因为其前景不佳,所以相对于其同行来说市盈率偏低,在这种情况下,市场会压低这家公司的股票价格。然而,市场往往会暂时对坏消息过度反应,从而推低股票价格。那么,低市盈率就可能是一个买入机会。将你的市盈率信息与你所拥有的这些公司或经济的一般信息结合起来,来判断它们的股票是否被低估、高估或定价是否合理。

第**9**章

风险和收益

    本章探讨蕴含在证券投资特别是股票投资中的风险与收益之间的关系,并准确地定义风险和收益,研究它们之间关系的本质,找出降低投资风险的方法。

    我们将要研究的主体被称为投资组合理论。这一理论背后的想法是基于对多年来各种投资回报的观察而产生的。首先回顾对这些对投资收益的观察。

9.1 研究风险和收益的原因

    正如我们之前所说,从根本上讲,有两种投资方式:债权和权益。债权包括通过购买债券或把钱存入储蓄账户来实现。权益意味着购买股票。

    人们一直在关注这两种投资工具的相对收益。很明显,股票投资的长期平均收益率远高于债权投资。事实上,在 20 世纪的大部分时间里,股票的平均收益率在 9% 至 10% 之间,而债权收益率平均在 3% 至 4% 之间。同时,通货膨胀率平均约为 3%,因此债权投资者实际上并没有取得多少收益！

平均的收益率不能代表全部。虽然从长期来看,股票收益率往往远高于债权回报率,但在较短时期内,它们还是会有巨大波动的。例如,在特定的一年或两年期间,股票投资的年收益率可高达 30% 或低至 −30%。这一区间的上限是个好消息,但其下限对大多数投资者来说,就是一场灾难。

观察股票投资收益的短期变动性是非常重要的,因为很少有人会真正做出长期投资,比如 75 年这么长的时间。大多数人投资的时间范围都要短得多,2 年、10 年或者 20 年。股票收益率的多变性意味着,如果你今天投资于股票,目标是获得收益,为孩子 5 年后读大学做准备,那么你很有可能会赔钱而不是赚钱。对大多数人来说,这种赔钱的结果发生的可能性很高。

通过观察研究,人们开始思考是否存在一种特别的投资方式,既能够取得权益投资的高收益率,又能降低风险。

对这个问题的思考导致了一些技术、技巧的发展,它们可以使投资者能够控制和管理在获取高收益的过程中所面临的风险。这些技巧涉及多种股票的投资,也就是投资组合。

在本章,我们还将深入理解风险的概念,并了解它是如何与投资结合在一起的。我们这样做的目的是在尽可能降低风险的同时,获得较高的平均收益率。

9.1.1　风险和收益的关系

人们通常用“风险”这个词来指不好的事情发生的可能性。例如,我们经常讨论发生事故或失业的风险。在金融交易中,风险往往被认为是人们投入交易的部分或全部资金丢失的可能性。例如,第 5 章中讨论了贷款违约的风险,这意味着贷款无法偿还,债权人失去投资的可能性。同样地,在投资者卖出股票之前,如果股价下跌,对股票的投资也会导致亏损。发生这种情况的可能性就是大多数人在股票投资中考虑的风险。

一般来说,提供较高收益的投资机会往往会存在较高的风险。现在举例来阐述这一观点。

假设你可以投资一只股票,通常会有两种结果。一是获得 15% 的收益率,二是股票变得毫无价值,从而导致你的资金完全损失。假设没有任何中间状态,要么获得 15% 的收益,要么失去全部投资本金。如果发生第一种情况的概率为 99%,发生第二种情况的概率为 1%,那么投资这支股票的风险就可以认为是损失全部投资额的 1% 的可能性。

假设所有的股票投资都只有两种结果,获得正的收益或者损失全部投资额,然而,每种股票发生两种结果的可能性是不同的。

想象一下存在这样理想世界是很重要的。每一只股票都有可能获得正的收益,投资者或多或少都会希望有回报,但他们也意识到每一种股票投资都有一定的风险,他们可能会失去所有的投资。

现在,假设你对我们前面假设的股票所提供的 15% 的收益不满意,你想寻找一种提供更高收益率的投资方式。**一般来说,你会发现能提供较高的收益率的股票也会有更高的全部亏损的概率**。例如,提供 20% 收益率的股票可能意味着完全损失的可能性为 3%,而提供 25% 收益率的产品可能有 10% 的亏损概率,等等。

这种关系是商业生活中一个简单事实的财务表述。高利润的商业机会通常是投资者尝试较少的风险很大的企业,投资失败的可能性很大。因此,高收益往往伴随高风险。

当然,在现实生活中,每一种投资机会不可能只有这两种结果。不同股票的投资回报率都是不相同的。出现损失全部投资额的情况也只是最差的结果。因此,风险的真正含义要更加复杂得多。然而,一般的规则仍然是一样的:更高的经济收益(回报)会带来更高的风险。

不幸的是,我们很难理解真正的"风险-回报"关系是如何运作的,也就是说,在给定的投资收益水平确定的情况下,很难预测出会伴随着多少风险。要想理解风险和收益的关系,需要做两件事情。首先,我们必须以一种可度量的方式来定义风险;其次,我们要用公式表达出收益和风险的关系。

重要的是要认识到,明确的定义风险并非上面叙述的那么简单和易于度量。我们所能得到的最坏的结果是损失全部的投资,所以,风险只是这一结果的可能性。在现实中,有许多结果不如我们想象的那么好,并且每种结果都有发生的可能性。有些结果很糟糕,比如失去了一切,而另一些则是轻微的不愉快,比如获得的回报比我们预期的少。无论如何,我们必须定义风险,以包括所有这些可能性。

投资组合理论——对风险和收益的现代思考 理论金融学中的一些观点,被称为投资组合理论,它致力于解决这个问题。该理论以一种可以衡量的方式定义了投资风险,然后将任何投资中的可衡量风险与可预测的投资预期收益水平联系起来。

投资组合理论对现实世界的实践活动产生了重大影响。这一理论对证券业的日常运作有着重要的启示,其术语一直被从业人员所使用。由于这种思维方式所起的核心作用,财务专业的学生必须熟悉其原理和术语,这一点很重要。我们将在本章中继续讨论相关内容。

9.1.2 投资收益

我们在前面两章中仔细研究了投资回报。回想一下,投资可以在代表债务或权益的证券中进行,而回报是将来自投资的未来现金流的现值等同于当前价格的折扣(利息)利率。

我们可以简单地将投资收益率理解为利率,类似于银行账户中所使用的折现率。实际上,投资收益率是将未来现金流折现为现值使用的利率,然后可以将其与其他投资的收益率进行比较。

一年期的投资 在下面的内容中,我们将通过一年期投资分析来阐述投资收益率,并将其用公式表达出来。我们在第 7 章和第 8 章中建立了收益率的表达式,但为了方便起见,我们将在这里重复有关内容。

债务投资是一种贷款,回报只是贷款的利率。这只是贷款本金利息的比率。

$$k = 支付的利息 / 贷款总额 \qquad (9.1)$$

从公式可以看出,收益率就是投资者收到的除以他所投入的,股票投资涉及收到的股利和资本的增值(损失)。如果持有一种股票一年,收益率为

$$k = [D_1 + (P_1 - P_0)]/P_0 \qquad (9.2)$$

这里 P_0 是今天的价格,P_1 和 D_1 分别是年末的价格和股利。这就是我们在第 317 页列出的公式 8.1。

期望收益和必要收益 当人们进行投资时,我们不妨假设投资人对收益率有一定的预期。如果是在银行储蓄的举例中,收益率就是利率。就股票投资而言,我们期望的收益率取决于公司将支付的股利以及我们预期的未来股票的价格。这种简单的预期收益率称为期望收益率。它是基于投资者在购买证券时所掌握的有关证券性质的信息。换句话说,期望回报基于公式 9.2 中 P_1 和 D_1 的输入值。

任何理性的投资者在投资时都会对回报有一个预期,有理性的人不会在没有预期回报的情况下进行任何投资。投资人知道,在股票投资中,由于未来的价格和股利是不确定的,他们

在进行投资时的实际回报可能不会完全达到预期。然而,他们对回报的可能性是有一定的期待的。

同时,投资者有一个观念,他们必须获得什么样的回报才能进行特定的投资。我们把这个观念称为股票的**必要收益率**。

必要收益率与投资的风险有关。人们对不同股票的投资安全性有不同的看法。如果一家公司有可能陷入困境,导致低收益或股票投资亏损,人们就会要求更高的预期收益来进行投资。

一个投资者可能会说"除非预期的收益率至少是9%,否则我不会把钱投入 IBM 股票"。这个比率就是投资者对 IBM 股票的必要收益率。相对于不同的股票投资,每个人都会有他自己所要求的必要收益率。必要收益率的形成过程就是本章的主要问题。重要的一点是,只有当普遍预期的收益率超过大多数人对该股票的必要收益率时,针对这只股票的实际投资行为才会发生。换句话说,只有当人们认为这种股票会给他们带来他们所要求的收益率时,他们才会购买这种股票。

9.1.3 风险——初始定义

我们早些时候谈到了风险的定义,并提到了一个事实:在财务中风险的定义有些复杂。我们最终将使用的定义与通常使用该词的方式略有不同。我们需要慢慢地建立这种思想,从一个简单的风险定义开始,在进一步的研究中逐步完善这一定义。风险的简单定义与我们通常认为不利事件发生的可能性是一致的。

就目前而言,对投资者来说,风险就是投资收益率低于他在投资时预期收益率的可能(概率)。请注意,这个定义包含的不仅仅是亏损。如果有人投资预期收益为10%,那么对他来说,风险可能是收益率的9%,尽管仍然取得了正的回报。让我们从两种不同类型的投资环境中来看风险的定义。

首先,考虑投资银行存款。存款人得到的利息不会比银行开户时承诺的少,因为大多数银行都是由联邦政府担保的。即使银行倒闭了,储户也会得到他们的钱,所以存款人实际上得到了承诺中的回报。银行存款的风险几乎为零,因为投资者能够取得预期收益。

其次,考虑一下股票投资。从公式9.2中可以看出,收益率是由股票的未来价格及其股利决定的。由于无法保证这些未来的金额,股票投资的收益率很可能会与购买股票时的预期不同。它可能比预期的要多,也可能更少。风险仅仅是它小于预期收益率的概率。

对风险的态度　大多数人对他们在投资活动中承担风险有消极的感觉。例如,如果投资者在收益率为8%的银行储蓄投资和收益率同为8%的股票投资之间做出选择,几乎每个人都会选择银行储蓄投资,因为它风险较小。如果预期收益率相同,人们更喜欢较低的风险。我们称之为风险厌恶型,这意味着大多数人都不喜欢承担风险。

同时,大多数人也看到了风险和收益之间的权衡。如果在预期收益率为8%的银行储蓄投资和预期收益率为10%的股票投资之间做出选择的话,有些人仍然会选择银行储蓄投资,但也有一部分人会选择股票投资。

规避风险并不意味着要不惜一切代价避免风险。简单来说,对风险的厌恶态度会被高收益率所抵消。

我们现在有足够的背景材料来对投资组合理论进行更加深入的探讨。

9.2 投资组合理论

投资组合理论是投资领域的一个统计模型。我们会使用一些统计术语和概念来研究这一理论,但是应该避免使用复杂的高等数学知识,让我们先来简单回顾一些统计概念。

9.2.1 随机变量的概念回顾

在统计学中,**随机变量**是某一过程可能发生的结果,随机变量可能是连续的或者离散的,离散变量只能取特定的数值,而连续变量可以从一个范围中任意取值。

关联概念　举例 9-1

离 散 分 布

假设连续投掷硬币 4 次,将出现人头的次数设为变量 X,那么 X 就是一个随机变量,可以取值 0,1,2,3,4。对于 4 次连续投掷,X 的取值都有一个概率,设为 P(X),如下[①]:

X	P(X)	X	P(X)
0	0.062 5	3	0.250 0
1	0.250 0	4	0.062 5
2	0.375 0		1.000 0

对于所出现的取值和取值的概率的表达成为随机变量 X 的概率分布。所有可能取值的概率和为 1。概率分布也可以表示为图 9-1 的形式。

连续投掷硬币出现人头次数为离散的随机变量,是因为它只能取特定的离散数值。取每一个数值的概率不同。在这个例子中,唯一可能的结果只能是 0,1,2,3,4。不会出现多于 4 次或者少于 0 次人头的情况,更不会出现半次的情况。

均值或者期望值　随机变量最可能的取值是统计学中的重要概念。在对称的概率分布中,如图 9-1 所示,只有一个最高点,它位于分布的中间位置。我们称最可能的取值为分布的均值或者期望值,并在随机变量 X 的上方加上一条横线来表示。在上面的投掷硬币的例子中,均值为 $\overline{X}=2$。

将随机变量分布的最高点的值作为均值,是直觉的感知,但是统计学的定义却是非常准确的。实际上,均值是随机变量所有可能取值的加权平均数,权重为每个取值的概率。表达式为

$$\overline{X} = \sum_{i=1}^{n} X_i P(X_i)$$

此处,X_i 是每一个取值,$P(X_i)$ 是每一个取值的概率。总和的符号是指 n 个可能的取值加总求和。

---

① 这个概率可以通过列举所有可能出现的 16 种头尾排序序列来计算。每个序列有相同的发生概率(十六分之一,也就是概率为 0.625)。出现头的任何次数的概率是包含的头数序列数的十六分之一。

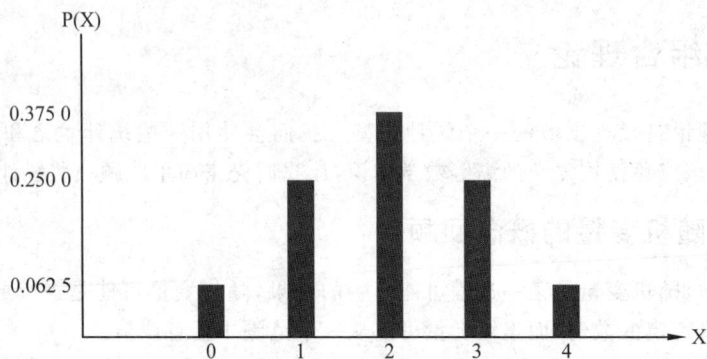

图 9-1　离散分布

　　均值只是日常生活中平均思想的一个简单的数学表达方式。也就是说,我们重复多次连续地投掷硬币,平均结果仍然是 2。这样,通过每次取值乘以每个取值的概率,再汇总求和,就得到一个均值。下文中我们再次使用这一计算方法。

关联概念　举例 9-2

计算离散分布的均值

　　相对来说,计算离散分布的均值很容易。投掷硬币的例子,只要列出所有可能的结果和对应的概率,相乘再求和。

X	P(X)	X×P(X)
0	0.062 5	0.00
1	0.250 0	0.25
2	0.375 0	0.75
3	0.250 0	0.75
4	0.062 5	0.25
	1.000 0	$\overline{X} = 2.00$

　　方差和标准差　随机变量的第二个重要特点就是可变性。通过观察变量可能偏离均值的程度反映随机变量的可比性。

　　假设我们通过估计城市中随机选择的建筑物的高度来定义一个随机变量,每层高度约为 3.7 米的楼房,研究结果可能从一层楼高 3.7 米到摩天大楼超过 305 米不等。假设平均高度是 30 层也就是约 110 米。很容易看出,一座典型的建筑的高度会与平均水平有很大的不同。有些写字楼会高达几十米甚至上百米,而所有的私人住宅低于平均数几十米甚至上百米。

　　现在,假设我们用同样的方式把电线杆的高度作为随机变量,通过对附近电线杆的高度测量,得到了平均 11 米的高度。与建筑物不同,我们会发现电线杆在 9 米左右变化不大。其中一些可能有 9.5 米或 8.8 米,但没有多少会超出这一范围。

　　问题是,在不同的分布中,变量取值偏离均值的程度是有很大的差异的。电线杆的高度会在均值上下变动不大,而建筑物高度则会在均值上下广泛分布。

在统计学中,对变量取值结果偏离均值的程度通过随机变量的**标准差**来描述,通常写成希腊字母 σ。我们可以将标准差看作是随机变量取值与平均值之间的平均(标准)距离(偏差)。例如,在我们关于建筑物的举例中,"平均"(典型)建筑的高度可能比所有建筑物的平均高度高出 20 层。尽管这种解释是不准确的,因为实际的标准差不是这样计算的,但是这样解释会让标准差的概念更加形象易懂。

直观上来讲,标准差可以理解为随机变量偏离均值的平均距离。人们可能会认为,这与平均值计算方式相同。也就是说,用任何取值与平均值的差,乘以每个结果的概率,然后对所有的结果进行求和。数学表达式为:

$$\sum_{i=1}^{n}(X_i - \overline{X})P(X_i)$$

这个公式的问题是,偏差 $[(X_i-\overline{X})]$ 由不同的符号组成,这个偏差取决于每个结果 (X_i) 所处的位置在平均值的哪一侧。因此,当求和时,它们会相互抵消。统计学家避免了这个问题,在乘以概率和求和之前,先将偏差平方。这就是统计学中的方差,数学公式表达如下:

$$\text{Var}X = \sigma_X^2 = \sum_{i=1}^{n}[(X_i - \overline{X})]P(X_i)$$

换句话说,方差就是偏离均值的差平方的均值,标准差是方差的开方。

直觉上来说,人们为了避免随机变量与均值的差符号上的影响,对偏离差平方后再求和,求出平方根就可以抵消影响。但实际上并不是这样。平方和的平方根不等于最初的数值之和。因此,标准差不是偏离均值的平均距离,但在概念上是接近的。这就是人们用标准差这个术语而不用平均偏差的原因。在任何概率分布中,方差和标准差都是传统的测量可变性的方法,它还被广泛应用在财务理论中。

对于像掷硬币这样的离散分布,要按照下面步骤来计算方差和标准差:(1)计算每一个可能的结果与均值的差;(2)求出平方;(3)乘以每一个结果的概率;(4)求和得到方差;(5)求出平方根就是标准差。当然,必须先计算平均值,然后在例 9-3 中列出计算结果。

关联概念 举例 9-3

计算离散分布的方差和标准差

计算硬币 4 次投掷为头的方差和标准差

X_i	$(X_i - X)$	$(X_i - \overline{X})^2$	$P(X_i)$	$(X_i - \overline{X})^2 \times P(X_i)$
0	-2	4	0.062 5	0.25
1	-1	1	0.250 0	0.25
2	0	0	0.375 0	0.00
3	1	1	0.250 0	0.25
4	2	4	0.062 5	0.25
				方差＝1.0
				标准差＝1.0

这个例子很特别,因为它的方差为 1,所以它的标准差也为 1。

要记住方差和标准差都是描述随机变量围绕均值变动的特征的。

变异系数　变异系数 CV,是一个与方差相关的测量方法。它是标准差与均值的比率。

$$CV = \sigma_X/X$$

变异系数本质上是变动部分占变量均值部分的大小。在我们掷硬币的例子中,连续四次掷硬币平均两次出现人头向上。标准差是 1,意思是人头向上出现的次数通常会在两次上下变动。此时变异系数为 0.5,意味着通常出现的结果占均值大小的一半。

连续随机变量　其他随机变量是连续的,这意味着它们可以在一定范围内取任意数值。例如,如果我们随机选择一群人并测量他们的身高,那么这个测量结果可以看成是随机变量,称为 H。图 9-2 显示了 H 的概率分布图形。在这个图中,水平轴上方和曲线下方之间的面积代表概率。整个面积和为 1.0。

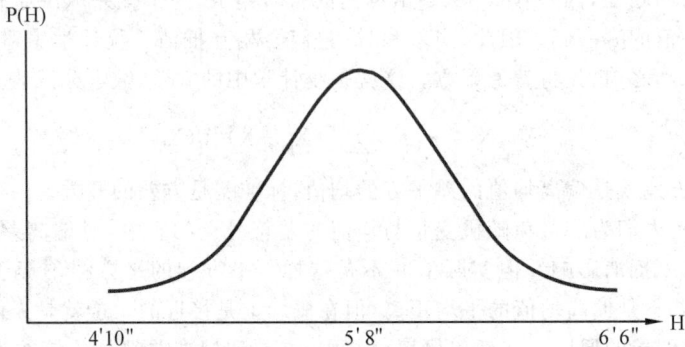

图 9-2　连续随机变量的概率分布

如果某一个随机变量是连续的,那么其实际结果的概率是指在某一范围内的概率,而不是取某一确切值的概率。例如,说"找到身高正好为 1.57 米的人的概率"是没有意义的,因为这样做的机会几乎为零。然而,说"找到身高介于 1.57 米至 1.58 米之间的人的概率"是有意义的。在连续概率分布中,这种概率是由水平轴上这些值之间的曲线下方、水平轴上方的面积表示的。

计算连续变量的方差和均值在数学运算上比离散变量复杂得多,但思路是一样的。平均值是所有可能的结果的平均值,而其每个结果都按其概率加权。当分布是对称的时候,就只有一个峰值,均值就是最高点所对应的水平轴上的值。

9.2.2　作为随机变量的股票投资收益率

在投资组合理论中,股票投资的收益被认为是一个随机变量。这是有意义的,因为收益受到大量不确定性因素的影响。在公式 9.2 中,投资收益的价值取决于股票的未来市场价格 P_1 和未来的股利 D_1。这两个数值又受到许多随机事件的影响,这些随机发行股票的公司在市场环境下经营活动中发生的不确定事件。股票价格进一步受到金融市场力量的影响。换句话说,股票未来价格和未来股利都存在不确定性或随机性。因此,k 的价值存在不确定性或随机性,我们可以认为它是一个随机变量。

收益率是一个连续的随机变量,其数值通常以百分比表示。公式 9.2 计算出的百分比结果可以转化为小数形式(例如 0.10 表示为 10%)。在简单的股票投资中,最低的回报可能是 100%,这是投资资金全部损失,但从技术上来讲,股票正的收益是没有上限的。

与任何随机变量一样,股票投资的收益也具有相应的概率分布。股票收益的概率分布,我们称之为 X,收益率称为 k_X。坐标横轴表示股票投资收益率 k_X,纵轴表示 k_X 的概率。根据曲线下方的面积,分布的形状描述了投资收益率所有可能的数值发生的概率。

曲线下的总面积为 1.0,任意一部分面积都代表收益率落在正下方横轴上两点之间的概率。例如,图中的阴影区域表示在特定年份,某一股票投资的实际回报将在 8.0%~8.5% 之间的概率。如果这一部分曲线下方的面积为 0.1 或 10%,那么股票在这一年的实际收益率在 8.0%~8.5% 之间的概率就是 10%。

平均值或期望值(最可能的结果)通常在曲线的最高点所对应的数值,它在图表中表示为 $\bar{k}_X$。

平均值是我们之前讨论过的投资者预期收益率平均值的统计学表示,这是很重要的一点。投资组合理论假设,投资界对股票未来表现的所有认知都反映在投资者感知到的收益概率分布中。特别是,概率分布均值是投资者在购买时的预期收益率。

概率分布的方差和标准差表明,实际收益与期望值之间的差异有多大。相对于较小方差的概率分布,方差较大的概率分布会出现实际结果偏离期望值的程度更大一些。

图 9-3 在概念上把方差看作概率分布的"宽度",用 σ_X^2 来表示股票 X 的收益率的方差,σ_X 就是股票 X 的标准差。方差较大的概率分布是指分布范围很宽,而坡度较缓,峰值较小。范围较窄、坡度较大、峰值很高的概率分布的方差和标准差都很小。图 9-4 显示了一个大的方差分布和一个小的方差分布。

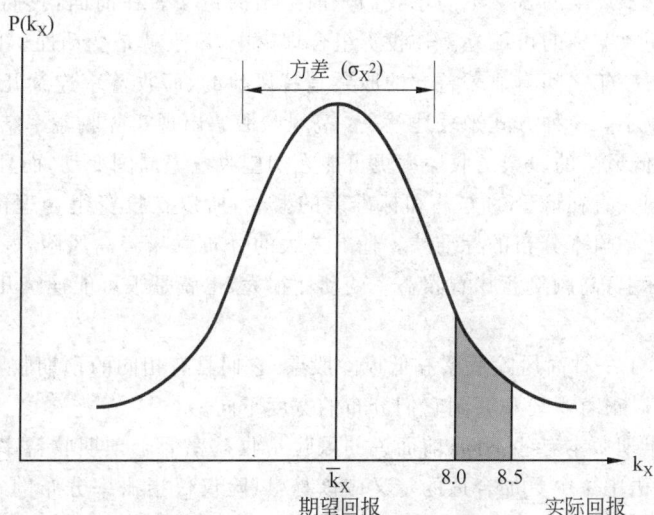

图 9-3 股票 X 的收益率的概率分布

方差较大的概率分布的曲线下方偏离均值的面积比方差小的分布要大。这种模式意味着,当分布的方差较大时,收益率的实际观察结果偏离期望值的可能性比较大。换句话说,方差比较大的概率分布,投资收益率更倾向于不同于以前,变化的程度更大。当概率分布的方差比较小的时候,连续年份的收益率在均值和期望值周围变动的可能性更大,变动的幅度较小。

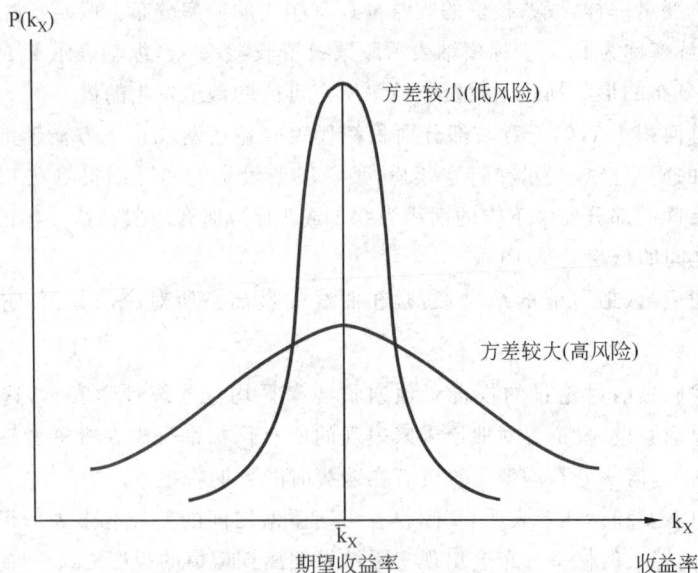

图 9-4　大小不同的两个概率分布

9.2.3　变动性的风险再定义

投资组合理论中风险的含义不同于我们先前给出的定义。在前面,我们把风险看作实际的收益率小于预期收益率的可能性。在投资组合理论中,风险就是变动性。也就是说,一只收益率在上一年到下一年之间有显著差异的股票是有风险的,而收益率连续几年变化不大的股票相对来说风险较小。换种方式来表述就是:高风险股票出现实际收益率结果偏离分布均值的可能性较大,而低风险的股票的收益率更可能在期望收益率周围变动,而且幅度不大。

但这正是我们一直在谈论的方差和标准差的概念,所以在投资组合理论中,股票投资的风险被定义为收益率概率分布的标准差。标准差大的分布意味着高风险,标准差小的分布意味着低风险。实际上,高风险意味着收益率变动性很大,也就是很可能连续几年的收益率都不同于另外几年。

图 9-4 就展示了一种高风险股票和低风险股票,它们具有相同的预期收益率,不同之处就在于方差不同,可以很直观地观察到它们分布的宽度不同。

这个定义与早期版本有些不同,前面说的风险是收益率低于预期收益率的可能性。人们会认为,在统计术语中一个更加合适的定义应该是,风险仅仅指概率分布的左边区域,因为只有在这一部分区域的收益率小于期望收益率。而将风险定义为整个的标准差,也包括收益率大于期望收益率的可能性,当然这种情况我们不会担心。

事实上,只包括左边区域的定义直观来看是有意义的。然而,这样定义数学运算会比较困难。理论家们解决了这个问题,注意到收益率的概率分布通常是对称的。左边分布较大的部分,它的右边部分也很大。虽然人们只关心小于期望值的左边部分,但是考虑到数学运算上的便利,我们把风险定义为整个变动性。事实也是如此。风险技术上的定义是有些令人不解的,因为它既包含了好消息也包含了坏消息,但是如果我们理解了它的真正含义的话,这个定义就不会困扰我们。

所以,这两个风险的定义都是正确的。实际上,风险是实际收益率小于期望收益率的概率。在财务理论中,风险是指收益率的概率分布的变动性。

说到风险的概念时,人们可能会使用"方差"或"变异性"这两个术语。但是,当需要精确的数值来表示数学方程中的风险时,使用标准差 σ 则更常见。

将风险定义为实际收益率小于期望收益率的概率,并不能告诉我们很多信息。对于几乎对称的收益率概率分布,这种收益率低于期望收益率的概率大约在 50% 左右。但是对于某些投资者来说,收益率从来会低于期望收益率很多,而对另一些投资者而言,他的收益率可能会远远低于期望收益率。在这一点上,方差的定义可能给出了一个很好的解释。如果分布的方差很大,那么收益率小于期望收益的数值可能会很大,投资者就有可能损失惨重。

对风险的另外一种态度 有另一种比较形象的表述方式,许多学生认为很有帮助。想象一下,随着时间的推移,绘制出某只股票的历史收益率。这样做的时候,我们就得到如图 9-5 中所示的上下起伏的曲线。随着时间的推移,股票的收益率会在平均值 $\bar{k}_X$ 附近上下波动。股票的收益率上下波动越大,作为投资来说的风险就越大。也就是说,波动幅度越大,股票的风险就越大。这个观点很形象地描述了概率分布的方差的含义。在图中,股票 A 是相对高风险的,股票 B 是相对低风险的。后面我们还会使用到这种方式。

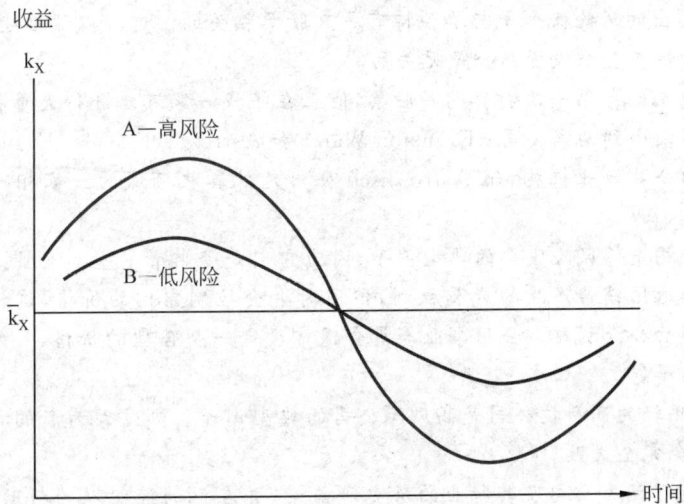

图 9-5 收益率变动性-投资风险

9.2.4 风险规避

现在我们可以更准确地定义风险规避。这个公理简单地说明,在预期收益相等的情况下,人们更喜欢风险较小的投资,而不喜欢风险较大的投资。图 9-6(a)用概率分布说明了这个公理。图中较窄的分布风险较小,比范围较广、风险更大的分布更受投资者的青睐。

只有在预期收益完全相等的情况下,上述偏好才会普遍保持。而当投资选择如图 9-6(b)所示时,"风险厌恶"的原则就不适用了。投资 A 是基于风险而优先选择的,投资 B 是根据预期收益而选择的。这取决于个人投资者对风险的承受能力。

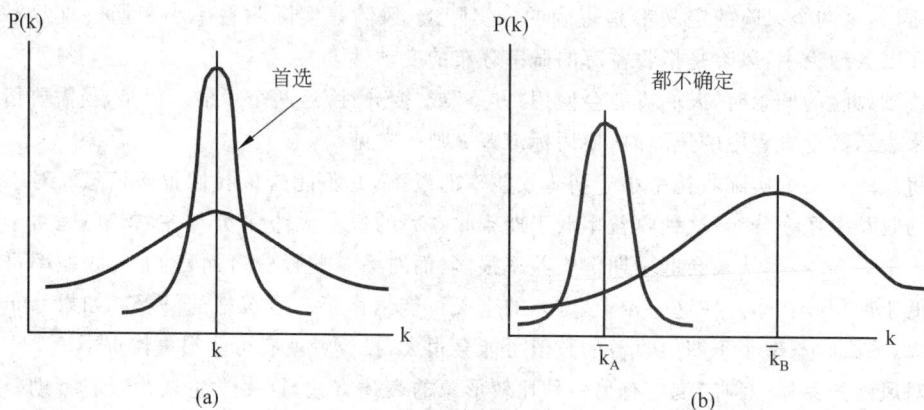

图 9-6 风险规避

关联概念 举例 9-4

独立风险的评估

我们刚刚提出的风险概念是与单独持有一只股票相关的。这可以被描述为独立的风险，因为股票的变动性与整个投资组合是无关的。

Harold Mac Grego 第一次打算购买股票，他正在寻找一家可以进行大量投资的公司。他已经将搜索范围缩小到两家公司：Evanston Water 和 Astro Tech 公司。Evanston Water 是一家为本地供水的公共事业机构，而 Astro Tech 公司是计算机领域的一家相对较新的高科技公司。

公用事业机构是低风险股票的典型例子，因为它们是受监管的垄断企业。这意味着政府赋予它们在某一地区销售产品的专属权利，但同时也会控制它们的价格，这样它们就不能通过过度收费来影响公众利益。公用事业委员会通常设定一个合理的价格，目的是为公司股东实现合理的收益率。

另一方面，年轻的高科技公司是高风险公司的典型例子。那是因为新的科技项目可能利润巨大，也可能会完全失败。

Harold 研究了两家公司及其行业的历史和前景，并在他的经纪人的帮助下，对每只股票的收益率的离散概率分布做出了如下预估：

Evanston water		Astro Tech 公司	
k_E	$P(k_E)$	k_A	$P(k_A)$
6%	0.05	−100%	0.15
8%	0.15	0%	0.20
10%	0.60	15%	0.30
12%	0.15	30%	0.20
14%	0.05	130%	0.15

从风险和收益的统计学概念的角度，预测投资决策。

解答：首先计算每种股票的期望收益率，也就是计算分布的均值。

Evanston Water			Astro Tech 公司		
k_E	$P(k_E)$	$k_E \times P(k_E)$	k_A	$P(k_A)$	$k_A \times P(k_A)$
6%	0.05	0.3%	−100%	0.15	−15.0%
8%	0.15	1.2%	0%	0.20	0.0%
10%	0.60	6.0%	15%	0.30	4.5%
12%	0.15	1.8%	30%	0.20	6.0%
14%	0.05	0.7%	130%	0.15	19.5%
		$\overline{k}_E=10.0\%$			$\overline{k}_A=15.0\%$

接下来再计算每种股票的收益率的方差和标准差。

Evanston Water

k_E	$k_E-\overline{k}_E$	$(k_E-\overline{k}_E)^2$	$P(k_E)$	$(k_E-\overline{k}_E)^2 \times P(k_E)$
6%	−4%	16	0.05	0.8
8%	2%	4	0.15	0.6
10%	0%	0	0.60	0.0
12%	2%	4	0.15	0.6
14%	4%	16	0.05	0.8
				方差=2.8
				标准差=1.7%

Astro Tech 公司

k_A	$k_A-\overline{k}_A$	$(k_A-\overline{k}_A)^2$	$P(k_A)$	$(k_A-\overline{k}_A)^2 \times P(k_A)$
−100%	−115%	13 225	0.15	1 984
−15%	4	225	0.20	45
15%	0	0	0.30	0
30%	15	225	0.20	45
130%	115	13 225	0.15	1 984
				方差=4 058
				标准差=63.7%

计算变异系数：

$$CV_E = \delta_E / \overline{k}_E = 1.7/10 = 0.17$$

$$CV_A = \delta_A / \overline{k}_A = 63.7\%/15\% = 4.25$$

讨论：如果 Harold 只考虑他投资选择的预期收益率,他肯定会选择 Astro Tech 公司股票。因为投资它的收益率比投资于第一家公用事业单位股票的收益率高一半还多。但是如果看一下两只股票的分布情况就会发现,事实没有那么简单了。投资于 Evanston Water 的话,Harold 的收益相对安全,因为他投资最糟糕的结果是 6% 的回报,而不是预期的 10%。

投资 Astro Tech 公司则完全是另外一种情况了。虽然 Harold 的期望收益率是 15%,但他有很大的可能(15%),将失去一切投资,同时他也有 20% 的机会获得零收益。像这样的收益概率会让人感到非常不安。

了解这两个发行股票的劣势也很重要。对于 Evanston Water,Harold 不太可能取得比预期收益还要高的收益了,因为最高的收益率只有 14%。公用事业委员会的定价条例保证了这一点。但对于 Astro Tech 公司,有可能在相对较短的时间内,使投资资金翻倍。在 15% 的概率获得 130% 的收益这一点上就能体现出来。对于投资者来说,这可能会抵消投资者令人沮丧的损失概率。

很明显,从公司特有的风险来看,Astro Tech 是高风险公司,而 Evanston Water 则相对安全。通过仔细观察可以发现,Astro Tech 的高风险和 Evanston Water 的低风险来自于收益概率分布的方差。但是,从标准差和变异系数的角度来分析,也可以得出这一个结论。

首先要注意的是,Astro Tech 公司的标准差是 63.7%。这意味着一个"典型"收益很有可能高于或低于预期回报率 15%。这是一个巨大的回报范围,从 -49% 到 79%。另一方面,Evanston Water 的标准偏差仅为 1.7%,这意味着一个典型的收益率可能会在预期收益率周围波动两个百分点。

人们可能会通过"Astro Tech 公司的风险是 Evanston Water 的(63.7/1.7)37 倍"来衡量两家公司的风险,但这是很片面的,因为毕竟 Astro Tech 公司的预期回报更高。比较变异系数可能会更有意义,也就是用标准差比均值。Evanston Water 的变异系数是 0.17,而 Astro Tech 公司的变异系数是 4.25,所以说 Astro Tech 公司的风险是 Evanston Water 的(4.25/0.17)25 倍是更合理的说法。

图表更加有说服力,现在我们将以上两种股票近似化成连续分布(如图 9-7 所示)。

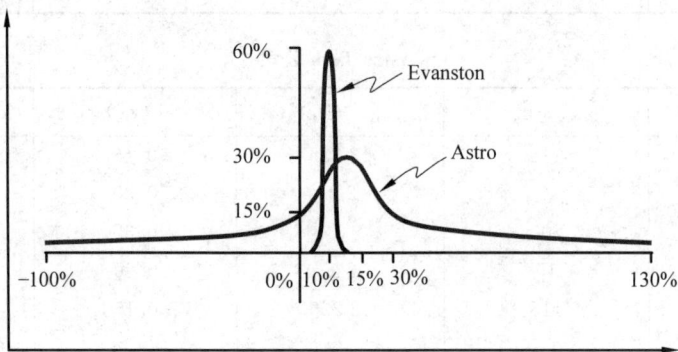

图 9-7　Evanston 及 Astro 股票连续分布

综上所述,Harold 应该选择哪种股票呢?

上述分析清楚地列出了解决办法,但只有 Harold 才能回答这个问题。这是因为他的选择取决于他对风险的厌恶程度。从风险角度考量,Evanston Water 是更好的选择,但 Astro Tech 在预期收益方面更好。这最终是一个只有投资者才能做出的个人选择。

9.2.5　风险构成——系统风险和非系统风险

投资界的一个基本事实是,各种证券的收益率往往同时上下浮动。它们并不是精确地一起移动,甚至也不是同时按比例变动,但在大多数情况下,股票收益率往往同时上下波动。

影响证券收益率变动的因素　股票投资的收益会随着影响环境的各种事件和条件而上

下波动。一些因素会影响所有股票,而另一些因素只影响特定的公司。政治、通货膨胀、利率、战争和经济事件的新闻往往促使大多数股票同时向一个方向变动。另一方面,某一行业的劳资纠纷往往只影响这一行业的股票价格。

虽然某些事件会影响所有股票的收益,但是不同股票对特定事物的反应也是不同的。假设经济衰退即将来临的消息冲击了市场,大多数股票的收益率预计会下降,但幅度不会一样。像水务公司这样的公用事业公司的收益率可能变化不大。这是因为即便在困难时期,人们对水的需求也不会有太大变化,而且公用事业是受监管的垄断企业,盈利能力或多或少受到政府的保障。另一方面,奢侈品股票的收益率会大幅度下降,因为衰退意味着对该公司产品的需求枯竭。

简而言之,所有的股票都以一个总体一致的趋势变动,但是每种股票的变动又不尽相同。

投资收益率的变动——风险　请记住,一种看待股票风险的方法是,将股票收益率随时间上下波动看作是对风险的理解(图 9-5)。所有股票的收益率整体的变动就是股票市场的整体风险。

风险分为两部分　在概念上可以将股票收益率的变动分成两个部分。第一部分是与所有其他股票一样相对于影响其收益率的事件而发生的波动。这种波动被称为"系统风险",它会影响整个经济体系。

第二部分是在去除系统风险之后使股票收益率受到影响的变动。这种变动是某些影响特定公司和行业的事件发生的结果。罢工、天气好坏、管理好坏以及需求状况等,都是影响特定公司的事件的例子。这些剩余的因素被称为"非系统风险",它只影响到特定公司。

系统风险的和非系统风险也可以分别称为市场风险和企业特定风险。

9.2.6　投资组合

大多数股票投资者持有多家公司的股票,而不是把他们的所有资金都投进一家公司的证券中。某个投资者持有的全部股票被称为"投资组合"。

投资组合的风险和收益　投资组合中的每一支股票都有自己的预期收益和风险。可以分别用股票收益概率分布的均值和标准差来表示。正如可以预期的那样,投资组合的整体也有其自身的风险和收益率。

投资组合的收益(实际的或预期的)是所有股票收益的平均值,这个平均值是以每种股票投资额所占比例的加权平均来计算的。

关联概念　举例 9-5

投资组合收益率

假设有下列投资组合:

股票	投资额(美元)	收益率
A	6 000	5%
B	9 000	9%
C	15 000	11%
	30 000	

投资组合的预期收益率和实际收益率为

$$k_P = w_A k_A + w_B k_B + w_C k_C$$

其中k_P是投资组合的回报,w是投资于每一项资产的总值的一部分。加权平均计算如下:

$$k_P = 6k/30k(5\%) + 9k/30k(9\%) + 15k/30k(11\%)$$
$$= (0.2)(0.05) + (0.3)(0.09) + (0.5)(0.11)$$
$$= 9.2\%$$

投资组合的风险是投资组合收益概率分布的方差或标准差。这取决于投资组合中所有股票收益的方差(风险),而不是一种简单的方式。我们将了解更多关于投资组合风险与每一只股票风险之间的关系。

投资者(投资组合所有者)的投资目标　正如我们早些时候所说,投资者的目标是尽力获取股票的高平均收益率,同时尽可能避免风险。这通常是通过进行多元化投资来分散投资组合的风险来实现的。

投资理论的前提是,投资组合所有者只关心他们整个投资组合的财务业绩,而不关心投资组合中单个股票的独立特性。

换句话说,投资者评估新股的风险和收益特征时,只考虑该股票将如何影响其投资组合的表现,而不是该股票的独立价值。一只股票的特性在投资组合中会有何不同之处,很快就会变得很清楚。

9.2.7　分散投资——股票投资增加对投资组合风险的影响

我们投资的基本目标是通过多样化来获得高投资收益,同时尽可能避免风险。多样化意味着在投资组合中增加不同的或多样化的股票。它是投资者管理风险的最基本工具。如果使用得当,多样化可以减少但不能消除投资组合中的风险(收益的变化)。然而,为了实现这一目标,我们必须谨慎地选择实现多样化的途径,需要分别处理非系统(企业特定风险)风险和系统(市场)风险。

企业特有风险和分散投资　如果我们通过购买大量不同公司的股票组合来实现多元化形成投资组合,可以将企业特定风险想象为一系列本质上随机的事件,这些事件会推动单只股票的收益率上升或下降。影响个别公司的刺激因素是在全国各地发生的单独事件。有的是有利因素,而有的是不利因素。

因为从投资者的角度来看,导致企业特定风险的事件是随机的,因此,当将投资分散于大量股票时,它们的影响就会被抵消。因此,我们认为,在一个相当大的投资组合中,企业特定风险可以被"分散"。换句话说,有利因素的影响会抵消不利因素的影响,如果足够多的话,那么甚至可以完全抵消。

不过,投资者还是必须谨慎投资。为了分散风险,投资组合中的公司股票最好来自不同的行业。如果投资组合中股票的公司都是农业领域的,那么干旱的影响就不是随机的了,它会打击组合中的所有公司的股票。因此,企业特定风险就不能被消除。

这是一个简单而有力的概念。对于持有大量股票的投资者来说,企业特定风险可以通过投资组合来消除。单种股票的特有风险存在,但是投资组合却能消除这种风险,这正是投资者关注投资组合的原因。

系统(市场)风险和分散投资　降低投资组合中的市场风险需要比处理企业特定风险更复杂的思维。直觉上应该很清楚,如果所有股票的收益率都上下浮动,我们不太可能通过增加股票来消除投资组合收益中的所有波动。事实上,投资组合中的系统或市场风险可以减少,但从来没有可能通过多样化完全消除。然而,即使市场风险降低,也需要仔细关注证券组合中所增加的股票的风险特征。

投资组合　为了理解这个问题,假设我们有一个股票组合,它有一个预期收益$\overline{k}_P$。为了简单起见,我们将假设所有的股票都有相同的预期收益。为了说明的目的,做这个不切实际的假设是不存在问题的,因为我们得到的观点涉及股票之间的风险相互作用,而不涉及收益率。

我们的投资组合会有其自身的风险或方差,这是由它包含的股票决定的。我们将假设投资组合在一起可以准确地反映整个股票市场的构成。也就是说,如果微软公司的股票价值占整个市场价值的 2%,我们就会把 2% 的钱花在微软的股票上,市场上其他股票我们也这样来操作。如果投资组合真的是这样构成的,那么它的收益就会像市场的整体收益一样上下波动。换句话说,投资组合的风险将等同于市场的风险。图 9-8 用标有 P 的线说明了投资组合的收益随时间变化的趋势。

投资组合中新增股票的影响　我们现在要考虑的是,投资组合中的两只新股票中的任何一只都会影响到投资组合。我们将这两只股票称为 A 和 B。每只股票的收益率的变动趋势如图 9-8 所示。请注意,我们并不是在投资组合中同时添加 A 和 B 两种股票,而是研究在投资组合中只增加一种股票对最初投资组合风险的影响。

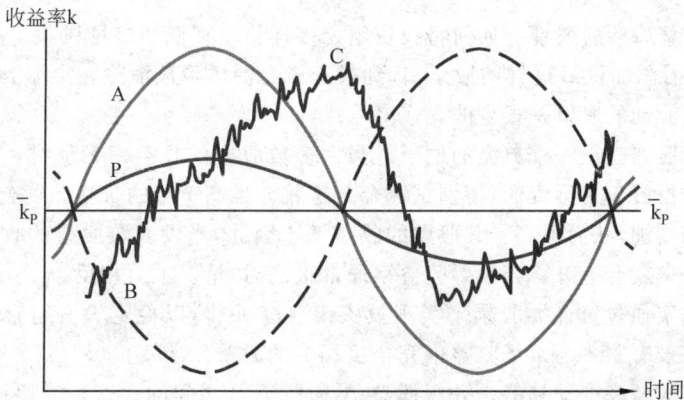

图 9-8　投资组合的内外部风险

首先来考虑股票 A,如果我们再加入一定数量的 A 股票,投资组合的风险会怎样? A 的收益率在与投资组合完全相同的时间达到它的高点和低点,并且它的峰值和低谷分别比投资组合的更高和更低。应该清楚的是,加入一定数量股票 A 将倾向于提高投资组合的最高回报率,并压低其最低回报率。换句话说,这将使投资组合的收益波动更大。这意味着它将增加投资组合的风险。

从统计的角度来看,股票 A 的收益被认为与投资组合的收益完全正相关。这意味着这两种收益在完全相同的时间,上下移动。这类股票通常会增加多元化投资组合的风险。

现在考虑股票 B 收益曲线的变动趋势。它的峰值出现在投资组合的低谷中,它的低谷与投资组合的峰值相吻合。B 类股票的收益率总是在与投资组合的收益走势相反的方向,上下移动。

如果我们加上一定数量的股票 B,投资组合的收益模式会发生什么变化呢? 很明显,峰值会变低,低谷会变高,也就是说,波动幅度不会那么大。根据定义,这意味着投资组合的风险会随着股票 B 的增加而降低。在统计方面,股票 B 的收益被认为与投资组合的收益完全负相关。这意味着收益会向相反的方向移动。这类股票将会降低投资组合的风险。

简而言之,股票 A 增加了投资组合的风险,而股票 B 降低了投资组合的风险。

投资组合中某种股票的自身风险和给投资组合带来的风险 现在分别考虑 A 和 B 类股票的相对风险,而不考虑投资组合。也就是说,现在来考虑每种股票自身的风险。图 9-8 显示了 A 和 B 的收益率的变动曲线的方差相同,也就是说,它们的峰谷高度大致相同。因此,它们的独立风险大致相同。

然而,从投资组合的意义上来讲,股票 A 是有风险的,股票 B 却是安全的,因为前者增加风险而后者降低风险。这是一个非常重要的核心概念。尽管二者在独立的基础上具有同样的风险,但它们对投资组合的风险影响却完全相反。

投资组合中,股票风险的定义主要和股票收益率的变动的时间有关,这种相关性远远超过了与股票收益率变动程度的相关性。投资组合收益率变动,与股票收益率变动的方式有关,或者说如果真的像我们假设的那样,投资组合的构成和市场是一致的,那么它的股票收益率会随着市场的变化而变化。

股票的收益随市场的变化程度,我们称之为市场风险。因此可以说,股票在投资组合意义上的风险就是它的市场风险。

选择分散市场风险的股票 如何将投资组合多样化以降低其市场风险? 图 9-8 可能暗示着这很容易:只需添加像 B 这样的股票,直到投资组合的风险被消除。实际上,这种与市场同期却以相反方向波动的股票是很少的。

金矿公司的股票就是一个典型的例子。当大多数股票的收益率下降时,人们往往会撤出证券市场而选择投资于有形资产,特别是黄金。这就会推高黄金的价格。黄金价格上涨,意味着金矿公司利润增加,从而提高了其股票的收益。因此,当大多数股票的收益率下降时,金矿类股票的收益率就会上升。当股票收益率通常很高时,情况就会相反。

尽管人们确实通过黄金类股票来实现投资组合多元化,以稳定投资组合,但没有很多人这么做。因为并没有很多与市场收益率完全负相关的股票。

有一些股票收益率变动趋势是处于股票 A 和股票 B 之间的。这种股票可以被认为是股票 A 和股票 B 的混合形式。图 9-8 曲线 C 就是一个例子。像股票 C 这种股票称其为与投资组合呈"不完全正相关"。

将一部分股票 C 添加到投资组合中通常会降低风险。如果我们认为 C 是 A 和 B 之间的杂交或交叉,它的加入是间接地将小 B 引入投资组合的一种方法。一种直观的说法是,C 包含了一些 B 的"风险特质"。

总之,市场风险一般可以减少,但不能通过分散投资组合中的 C 类股票来消除。

市场风险的重要性 让我们回到图 9-8 中的 A 和 B 股票。这个例子给出了两个不同的风险概念。从股票自身角度来看,两种股票风险相同,但在一个投资组合中,一个是高风险的,另一个则不是。哪种解释更合适,在什么情况下合适?

如果投资者关注的是投资组合而不是单只股票,那么两只股票的相对风险属性就会完全改变。现代投资组合理论就是建立在这一假设之上的。重要的是股票如何影响投资组合,而不是看它们单独考虑时的表现。它们对投资组合的影响只取决于市场风险,因为公司特定风险已经被分散了。

这是投资组合理论的一个基本结果。根据这一理论,在投资界最重要的是市场风险。这也是一个危险的结果。只有在大型投资组合中,企业特定风险才能真正被分散。对于投资组合有限的小投资者来说,这是不可能的。如果股票在一个小投资组合中占了很大一部分,那么单个业务的逆转就会摧毁一个投资组合。因此,虽然投资组合理论的思想可能适合管理共同基金,但不应盲目地应用于个人资产的管理之中。

9.2.8 对市场风险的衡量——β 的概念

因为市场风险对投资来说是如此重要,所以寻找一种方法来衡量单只股票的风险是合适的。

一种被称为股票 β 系数的统计被发展起来,通常被认为是衡量股票市场风险的指标。从本质上讲,Beta 捕捉了股票收益率随市场回报率变化而变化的特征。

β 系数的建立　通过绘制股票收益与市场收益率[①]之间的历史关系来开发股票的 β 系数。图 9-9 显示了这样的曲线。每个点表示过去的时间周期,我们在水平轴上绘制股票的返回、k_x、纵轴和市场的返回距离 k_m。这样做,对某些以往会导致历史观测的"散点图",拟合到这些数据点的回归线,被称为股票的特征线。

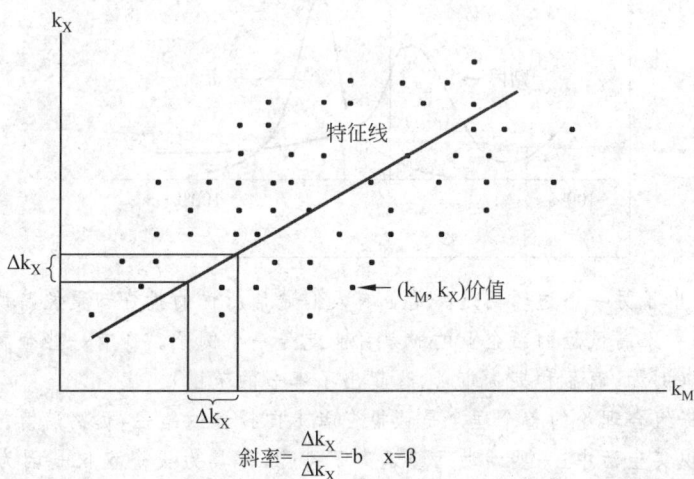

斜率 $= \dfrac{\Delta k_X}{\Delta k_x} = b$　$x = \beta$

图 9-9　β 系数的确定

特征线表示股票的返回与市场的回报之间的平均关系。它的斜率有着特别丰富的信息。斜率告诉我们,k_x 的变化的多少在 k_m 的给定变化中出现了多少。这正是我们在衡量市场风险方面寻找的东西。斜率同时也显示某种股票收益率分布的方差随市场收益率方差的变动的大小。

要注意,在特征线上移动一点,会得到变动量 Δk_M 和 ΔK_x。它们两个的关系反映在斜率上就是:

$$斜率 = \Delta k_M / \Delta k_x = b_x = \beta \tag{9.3}$$

---

① 市场回报是通过计算市场指数的回报来估算的,比如标准普尔 500 指数。

洞察：财务实务

投资还是赌博

投资是为了赚取更多的钱，也就是为了获得收益将资金投入有风险的项目。可是这难道不正是赌博的定义吗？当然是的，那么投资和赌博有什么不同吗？人们为什么会有不同的伦理和道德态度呢？

投资对社会有经济价值，而赌博却没有。撇开这一点不谈，人们可能还想问"投资于股票市场"和"去拉斯维加斯赌博"有什么不同？

通过分析两者的收益率的概率分布可能会有所收获。投资的特点就是通常收益率的概率分布会有一个正的期望收益率（均值），并且有很小的概率会获得很高的收益或者损失惨重。而赌博却经常会有一个零或者负的收益率，并且有很大可能会损失掉所有的投资额。赌博的吸引力就在于：一方面，它存在获得高于投资额几倍的收益的可能性；另一方面，它具有娱乐的价值。想一下拉斯维加斯的轮盘赌博，有可能押上一个小小的赌注就能获得房产，然而有很多人却输得分文不剩。当然赢得大奖也不是不可能。投资和赌博的收益率的概率分布情况如下：

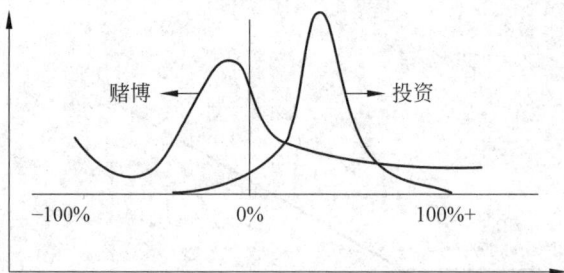

这个观点引出了另一个逻辑问题。是否有人们通常所说的投资却更像赌博的活动？答案是肯定的。购买一家高风险的新企业的股票可能就是一个例子。还有一些金融市场风险高到接近赌博的程度（例如，商品和期货市场，这超出了本书的范围）。

事实上，投资组合理论的整个理念是让投资者走向投资的路径，远离赌博。

重要的是，现实生活中，一些活动已经远离了投资，称其为投资仅仅是因为它发生在金融领域。经纪人喜欢把他们所有的产品描述为投资，因为它有一个更高尚的形象。但事实上，一些金融"投资"实际上更像是赌博。

将市场风险定义为股票收益率随市场收益率变动的程度。这正是特征线斜率的内涵所在。因此，特征线的斜率可以被用来度量市场风险的大小。这种度量方式称为 β 系数，简称 β。

通过 β 系数预测收益率 准确的理解 β 系数的含义，有助于我们在市场收益率的变动给定下，预测某种股票收益率的变动。

对 β 系数的理解 任何公司的 β 系数都是基于历史数据的分析，反映了公司收益率与市场收益率之间的关系。为了更好地理解，请分析图 9-9 中从一个数据点到下一个数据点的变化。

运用 β 系数预测投资收益

Conroy 公司的 β 系数是 1.8，股东的投资收益率为 14%。通常对于影响世界石油供给量的危机，股票市场反应是消极的。专家预测，投资者担心石油短缺和战争对经济的影响，普通股票的收益率会从 12% 下降到 8%。预测 Conroy 公司股票收益率的变动和新的收益率。

解答： β 代表着 Conroy 公司过去股票回报率相对于市场回报率的平均变化。

$$b_{Conroy} = \Delta k_{Conroy}/\Delta k_M$$

代入已知数据

$$1.8 = \Delta k_{Conroy}/4\%$$

$$\Delta k_{Conroy} = 7.2\%$$

新的收益率为

$$\Delta k_{Conroy} = 14\% - 7.2\% = 6.8\%$$

k_x 的任意两个连续值之间的变化代表了市场风险力量和企业特定风险力量的组合所引起的变动。换句话说，这种变化是股票总风险的一部分。在对 k_x 和 k_M 建立回归的时候，我们假设特征线反映了变量之间的一般关系，特征线上的数据点的移动反映的只是与市场风险相关的变动。根据这个观点，图中从一点到另外一点的变动可以分为两种变动。一种是靠近和远离特征线的变动；另一种是沿着曲线的变动。前者代表的是企业特有风险，而后者代表的是市场风险。

前例中，利用 β 系数的预测，仅仅考虑与市场风险有关的公司股票收益率与市场收益率之间的一般关系。没有讨论与企业特有风险相关的因素。

企业特定风险的影响

假设举例 9-6 中的 Conroy 公司是一个防御性武器生产的承包商，它制造了复杂的反导系统。那么预计的收益率还有效么？如果 Conroy 公司是一家生产橙汁饮料的公司的话又会如何？

解答： 如果 Conroy 公司是一个国防承包商，那么预期结果不可能正确。由于其与防御相关的业务线，战争的威胁可能会对公司产生积极的影响。换言之，这种威胁就是企业的特定风险，它会促使公司收益的上升而抵消部分市场风险带来的下跌可能。

如果 Conroy 是一家生产橙汁的公司，那么预计企业特定风险就不会因为中东危机而有什么变化了。因此，与市场有关的预测将会更加现实。

β 系数的时效性　任何公司的 β 系数都是通过观察分析股票收益率和市场收益率的历史数据得出的。使用这个统计量意味着两种收益率的关系不会随着事件的变化而改变。换句话说，使用 β 系数，假设股票的收益率在未来将与过去相对于市场收益率的变动而变动的表现相同。这种假设通常是合理的，但有时可能不合理。

关联概念 举例 9-8

商业环境的改变带来的影响

让我们再一次考虑前面举例中的 Conroy 公司,再次假设它是一个军火供应商。想想 20
世纪 90 年代初冷战结束、军事预算大幅削减的时候。使用 β 的预测在当时是否有效?

解答:在这种情况下,Conroy 公司的 β 值不确定。因为公司特征线的数据是冷战早期得
到的,那时候,人们认为军费开支和高利润的国防合同是一种可能长期存在的生活方式。20
世纪 90 年代初,时局转变,军事开支大幅削减,人们开始认为生产防御性武器是一种危险的经
济业务。因此,未来的 β 系数的值就会发生变化。

变动性 β 系数衡量市场变化的波动性。换句话说,它告诉我们,股票的回报率是比普通股
票的回报率更高还是更低。

β 值为 1.0 意味着股票的平均回报率和市场的回报率一样大。β>1.0 意味着股票的走势
大于市场。β<1.0 意味着股票倾向于随着市场的变化,但更少。β<0(负)意味着股票倾向于
逆市,也就是说,在相反的方向。这样的股票是罕见的。图 9-8 的股票 B 是一个负 β 股票。金
矿是这类股票的主要现实例子。

β 系数暗示了一种投资策略。当市场上涨时,持有高 β 股,因为它们上涨得更多。当市场
下跌时,切换到低 β 股,因为它们下跌较少。

洞察:财务实务

β 系数能否真正地体现 AT&T 的风险?

计算 β 系数的过程很简单,直接对股票收益率和市场收益率进行回归就可以了。然而很
多情况下,一些事件的影响会使得到的 β 系数不可靠。例如,在评估某公司的风险时,如果此
公司经历了重大变革,那么由历史数据得到的 β 系数实际上就没有任何意义了。因为公司现
在的经营业务和回归分析中用到的收益率时的经营业务是不同的,美国电报电话公司
(AT&T)就是个很好的例子。

1983 年之前,AT&T 是一家美国电话公司。它主要在大都市提供一种长途通信业务和
本地区通信业务,而且还经营贝尔实验。贝尔实验室掌握着通信技术和通信设施的建造技术。
但 AT&T 被法院以违反禁止垄断的反托拉斯法的名义诉讼。最后的判决结果时将 AT&T
分为 8 个独立的分公司。长途通信技术服务和贝尔实验室仍然以 AT&T 的名义经营,而本地
的通信服务则被分为 7 家独立的公司经营。

在 20 世纪八九十年代,AT&T 公司一致经营着长途通信服务和技术,在 1991 年收购了
一家主要的计算机生产商 NCR。它一直经营着这 3 种业务,直到 1996 年。AT&T 再次被分
为 3 家公司。这次长途通信技术服务仍然以 AT&T 公司的名义经营,而通信技术服务和计算
机生产业务分别以朗讯(Lucent Technologies)和 NCR 的名义经营。

2001 年,它又被分为 4 个部门:AT&T 企业、AT&T 无线、AT&T 宽带、AT&T。它们经
营着 1996 年 AT&T 公司拆分出来的所有业务,包括有线电视服务、互联网服务、手机服务和
本地通信服务。Broadband 单元在 2002 年被卖出。

2005 年，AT&T 被 SBC 收购，SBC 是 1983 年贝尔实验室分离出来的一个子公司。整个公司重新命名为 AT&T 公司。这一举动似乎又将公司变回了 1983 年的结构。自从 2005 年之后，公司的结构就没有什么变化了。

一个更加复杂的事实是：这段事件此行业本身就经历着不断的变化。1983 年之前，通信服务被垄断，手机也不存在。但是早期将业务分开后，本行业就成为一个自由进入的行业。无线手机也改变了人们的交流方式。这些改变是非常大的，因为受到管制的通信服务公司和处于自由竞争行业的通信服务公司的风险特征是不同的。

因此，今天 β 系数对 AT&T 公司还有什么意义？实际上已经没有什么意义了。因为 β 系数是由过去的数据分析得到的，而公司经历了两次变动，经营业务已经发生了变化，所以没有什么意义了。

投资组合的 β 系数 因为 β 系数能够度量市场风险，也就是股票收益率随着市场变动的程度而改变，所以考虑整个投资组合的市场风险和 β 系数就非常有意义。实际上，投资组合的 β 系数就是所有组合中的股票的 β 系数的加权平均数，权重就是每种股票的投资额所占总投资额的比例。看一下举例 9-9 中的两种组合。

关联概念　举例 9-9

投资组合的 β 系数

股票	β 系数	当前投资额	所占比重
A	0.7	800	0.8
B	1.1	200	0.2
		1 000	1.0

投资组合的 β 系数，记为 b_P，计算如下：
$$b_P = 0.8b_A + 0.2b_B = 0.8(0.7) + 0.2(1.1) = 0.78$$

对 β 系数精确位数的解释 我们计算的 β 系数通常是精确到小数点后两位的，有时候还会精确到后三位。然而，如果仔细考虑一下 β 系数的特点和投资组合的 β 系数的取得方式，就会想到研究这种精确到后几位是没有什么意义的。通常情况下，精确到后面一位就可以了。

9.2.9　β 系数的应用——资本资产定价模型

我们在前面章节讨论的一些参数都将作为财务领域中复杂的一个数学模型——资本资产定价模型（CAMP）的输入变量。这个专业术语有点令人困惑。资本资产是指股票份额，价值模型是试图解释股票市场上的股票如何定价的。

CAPM 已经存在一段时间了。它是由经济学家 Harry Markowitz 和 William F. Sharpe 在 20 世纪五六十年代发展起来的，他们因这项成果而获得了 1990 年诺贝尔经济学奖。

资本资产定价模型的应用 决定怎样定价的 CAMP 是为了解释投资者要求的收益率是怎样发生的。所要求的收益率是投资者持有股票的回报，这是一个人为了愿意把自己的钱放在某一家公司的股票上而期望得到的回报数额。这与投资者所认为的债券的风险有关。除非预期收益至少等于他们所要求的回报,否则人们就不会投资。

价格依赖于收益　一般来说,一旦确定了一定的收益率,股票的价格就会随之而定。例如,考虑公式 9.2,我们对股票投资回报的定义。如果解出当前价格 P_0,那么:

$$P_0 = (D_1 + P_1)/(1 + k)$$

此处,k 为所要求的收益率。

假设未来的股价 P_1 和股利 D_1 能确定,那么股票的当前价格 P_0 就取决于 k。

另外一个运用是股票估价模型——戈登模型。第 8 章公式 8.10,我们在这里再重复一下,k 仍未要求的收益率。

$$P_0 = D_0(1 + g)/(k - g)$$

如果已知上一期的股利,假定公司的增长率 g 能够确定,那么当前价格也取决于要求的收益率 k,在以后的内容中我们会继续使用这种关系。

上面的内容意在说明,如果我们理解要求的收益率是如何被确定的,那也就能了解资本资产定价模型在确定股票价格过程中的大部分内容了。

收益率、无风险利率和风险溢价　在这个时候,我们一般要就收益率做出几点说明。首先,利率是资金出借人获得的收益率,在概念上与股票投资的收益率是一致的。所以,可以根据意愿把这两种概念混合。具体来说,我们可以把利率和股票投资的收益率放在同一个等式内。

接下来,我们需要回顾一下第 5 章中的无风险收益率的概念。无风险收益率指的是不存在投资者实际获得的收益率小于期望收益率的可能性。由联邦政府担保的银行存款基本上是无风险的,投资短期国债也是如此。目前,3 个月国库券支付的利率通常被视为普遍的无风险利率,写为 k_{RF}。

任何投资的收益率都可以分为两部分,一部分是无风险收益率,另一部分是对风险的补偿,即风险溢价。如果某项投资为 Y,那么投资的收益率为:

$$k_Y = k_{RF} + k_{RPY}$$

在这里,k_{RPY} 就是投资 Y 的风险溢价,解出 k_{RPY} 就是:

$$k_{RPY} = k_Y - k_{RF}$$

也就是说,投资 Y 的风险溢价是投资的收益率与无风险收益率的差。投资者要求的收益率就是无风险收益率加上为承担与股票相关的风险获得的风险溢价。

资本资产定价模型的一个主要目的就是为了尽量解释风险溢价的决定因素。

概念的汇总　目前为止,我们讨论过的每一个概念,包括作为随机变量的收益率、用方差定义的风险、风险厌恶、所有投资组合的理论和 β 系数,都是支撑资本资产定价模型所必须的。

所有这些概念都可以用数学形式来表达。我们可以利用高等数学知识从风险的角度定义股票投资者所要求的收益率,从而得到一个简单的表达式,这个公式被称为证券市场线,即 SML,它是 CAMP 的核心。

CAMP 的美妙之处在于它得出了一个简单的表达结果,并可以被人们广泛接受。

证券市场线(SML)　证券市场线给出了要求的收益率的决定因素,如下:

$$\overbrace{}^{\text{股票 X 的风险溢价}}$$

$$k_X = k_{RF} + \underbrace{(k_M - k_{RF})b_X}_{\text{市场风险溢价}} \qquad (9.4)$$

其中，k_X——股票 X 的收益率；

k_{RF}——无风险收益率；

k_M——市场收益率；

b_X——股票 X 的 β 系数。

首先我们可以看到，公式的右边有两部分：无风险收益率和股票 X 的风险溢价。这与我们前面所表达的关于一般的收益率的思想是一致的。

接下来，我们将详细考虑风险溢价。风险溢价由两个部分组成：括号中的表达式和 β 系数。当然，β 系数是我们衡量股票市场风险的标准。括号中的表达式是市场收益率和无风险收益率之间的差额。

市场风险溢价　在前面的一节中，我们说投资收益和无风险收益率之间的差额是投资的风险溢价。因此，公式 9.4 中括号里的表达内容是整个市场投资的风险溢价。可以解释为对"平均"股票或为反映市场情况而构成的投资组合的投资。

市场风险溢价反映了所有投资者在某一时刻对风险的平均承受能力，也就是说，它反映了投资界对风险厌恶的程度。

股票 X 的风险溢价　股票 X 的风险溢价是市场风险，或者说"平均"市场风险溢价乘以股票 X 自身的 β 系数得到的。

虽然证券市场的表达式很简单，但是它的含义很深刻。它指出，股票投资的风险溢价是由市场风险溢价和股票的 β 系数决定的。

请注意公式汇总唯一与公司股票 X 相关的部分就是 β 系数 b_X，也就是对股票的市场风险度量。因此，如果管理者想影响公司股价，他可以采取的一个重要方法就是通过改变公司收益的变动性来改变股票的 β 系数。

证券市场线很重要的暗示是"只有市场风险起作用"。公式中不包含企业特定风险；β 系数可以反映市场风险。从另一个角度看，投资者只因为承担市场风险获得额外的回报，而不会因为企业特定风险获得回报。这是合理的，因为投资者可以通过投资组合来消除企业特定风险。

证券市场线适用于任何公司的股票投资。这就是我们用一般的 X 代表股票的原因。这个模型说明，任何公司要求的收益率可以通过将公司股票的 β 系数代入到公式 9.4 中得到。

证券市场线对证券市场的描述　证券市场线可以认为是对证券市场的描述，尤其是股票市场。可以在风险—收益坐标平面图上画一条线，纵轴表示收益率，横轴表示风险。通常用 β 系数来代表风险。图 9-10 描述了证券市场线，可以看到是一条直线。

回顾一下标准直线的表达式：

$$y = mx + b \qquad (9.5)$$

y 是纵轴变量，x 是横轴变量。如果直线用上述公式表达，那么 m 就是直线的斜率，b 就是直线在横轴上的截距。

在坐标平面内，纵轴变量为 k_X，横轴变量为 b_X。可以将公式 9.4 写成公式 9.5 的形式，然

k_X

证券市场线
$k_X = k_{RF} + (k_M - k_{RF})b_X$

k_A

k_{RF}

*
B为非均衡点
$k_e < k_B$

b_A b_B b_X

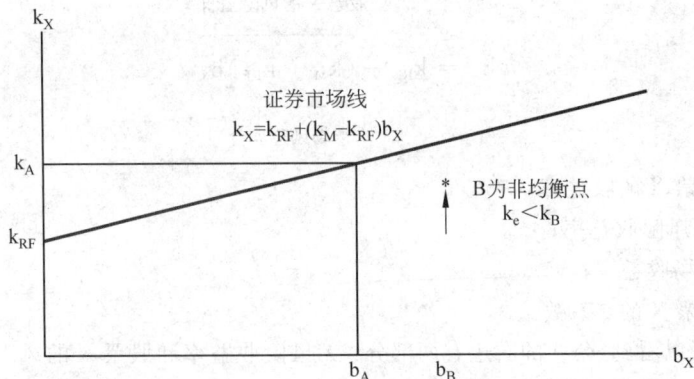

图 9-10　证券市场线

后对比二者：

$$k_X = \underbrace{(k_M - k_{RF})}\ \underbrace{b_X} + \underbrace{k_{RF}}$$

$$y = \qquad m \qquad x\ +\ b$$

（不要混淆了两个公式中的 X 和 b。X 代表一般公司的股票，x 为一般直线中横轴变量。在第一个表达式中，b 代表 β 系数，是一个变量；在第二个公式中，b 是一个固定数值，y 表示截距。）

比较表明，证券市场线的斜率为市场风险溢价（$k_M - k_{RF}$）。因此，证券市场线的斜率反映了投资者普遍感到的风险承受能力或风险厌恶程度。如果投资者变得更加厌恶风险，那么 k_M 和 k_{RF} 之间的价差将增大，人们因为承担风险会要求更高的收益率。当这种情况发生时，证券市场线会变得更陡。相反，如果人们不再担心风险，那么市场风险溢价就会缩小，证券市场线会变得平缓。

要明白，投资者对风险的态度确实会发生变化，而这些变化反映在市场收益率与无风险收益率的差值的变化上。

接下来，考虑证券市场线的纵轴上的截距。这是传统公式中的 y 截距。截距点处的 k_x 的值显然是 k_{RF}。这是有意义的，因为在图的左边，用 β 系数表示的风险是零。截距点说明投资者在无风险的情况下，总是愿意将资金投入政府债券获得收益，收益率为 k_{RF}。

证券市场线从风险和收益的角度描绘了证券市场。因为任何股票都可以被看作占据了证券市场线上由风险水平决定的某一点。例如，图中显示了股票 A，对应的为 b_A，进而就可以求出股票 A 所对应的收益率。对纵轴做垂直线，纵轴上的交点即为 k_A。

作为市场的平衡线的证券市场线　如果一个系统在一段时间内保持恒定的状态，则系统被认为处于平衡状态。如果一个系统的平衡被破坏了，就一定会有一种动力使该系统重新回到平衡状态，这时就称这个平衡状态是稳定的。

如果每种股票的收益率和风险都能在证券市场线上找到，预期收益率等于所要求的收益率，那么证券市场线就是一个平衡状态。在这种情况下，持有股票的投资者很高兴，因为他们的预期收益率和所需的收益率至少是相等的。买家和卖家都没有过剩，理论上，市场就应该是这样的。

现在假定一些股票的预期收益率小于所要求的收益率，那么情况就改变了。图中 B 点就能反映这种情况，它的预期收益率小于所要求的收益率，B 点就在证券市场线的下方。

在这种情况下,持有股票的人会倾向于出售股票,因为预期收益不能再满足他们的需求,也就是说,短期内低于他们要求的收益率了。然而,潜在买家也不会对购买这只股票感兴趣,因为预期收益率也低于他们要求的收益。换句话说,会有很多卖出股票者,而没有感兴趣的购买者。在市场上发生的任何事情,如果交易不能进行,唯一的解决办法就是出售者降低股票的价格。也就是说,这时候市场价格会下降。

现在回顾一下公式9.2,方便起见,在这里重复:

$$k = [D_1 + (P_1 - P_0)]/P_0 \qquad (9.2)$$

请注意,当前的市场价格表示为 P_0。如果 P_0 下降,D_1 和 P_1 不变,则方程左侧的 k 值增加。这意味着,随着新投资者不得不减少对未来相同现金流的支出,预期收益率将变得更高。

在图9-10中,这意味着市场力量将预期的收益率返回到证券市场线的平衡状态。因此,股票市场的均衡是稳定的,因为当外在的一些事件使收益率偏离平衡状态时,就会产生一种动力使它回到平衡状态。

在现实中,市场从来没有安静地处于均衡状态中,因为总有一些因素使股价和收益率上下波动。这一理论的要点是,对于风险和收益率,总有一种市场力量会驱使系统重回平衡状态。

利用风险—收益的概念估价　我们可以将资本资产定价模型的思想运用到股票估价的另一种方法中。该方法假设边缘投资者都以证券市场线确定的收益来买卖股票,而这些买卖行为决定了市场价格。

基于这种假设,我们可以分两步计算价格。首先,使用证券市场线来计算所要求的收益率。然后利用它代入到 Gordon 模型中求出股票价格。

关联概念　举例9-10

利用资本资产定价模型进行股票估价

Kelvin 公司最近每年股票派息1.50美元,预计将在不确定的未来按照7％的水平增长。短期国库券目前收益率为6％,普通股股票的收益率为10％。Kelvin 公司的股票相对来说不太稳定。它的收益率倾向于随着政治和经济形势的变化而变化,而且股票收益率的变动将会是股票市场平均市场收益率的2倍。Kelvin 当前的股票价格应该是多少?

解答:首先,由公式9.4列出公司的证券市场线的形式:

$$k_{kelvin} = k_{RF} + (k_M - k_{RF})b_{kelvin}$$

接下来,请注意,证券市场线的输入变量在问题描述中已给定,但没有命名。短期国库券的收益率反映了当前的无风险收益率 k_{RF},而普通股的收益率相当于市场的收益率 k_M。最后,要认识到,题目中已经给出了一个神秘的术语 β。政治和经济形势变化往往会影响所有股票,以及所有股票对市场风险的反应。因此,如果说公司股票收益率的变动是股票市场平均市场收益率的2倍,那么 Kelvin 公司的 β 系数是2.0。

将上述变量代入要求的收益率,我们得到:

$$k_{kelvin} = 6\% + (10\% - 6\%) \times 2 = 14\%$$

下面列出戈登模型,利用上述得到的值来代替分母中的 k:

$$P_0 = [D_0 + (1+g)]/(k-g) = [1.5(1+0.7)]/(0.14 - 0.07) = 22.93$$

管理层的决策对股票价格的影响 管理层的决策能够影响 β 系数和未来的增长率,这一事实使得管理决策和利用证券市场线来估价就紧密联系在一起了。

关联概念 举例 9-11

基于资本资产定价模型的战略决策

在上个举例中,Kelvin 公司现在有了一个令人振奋的新的发展机会。公司将进入一个新的领域,并且能够在这个新的领域中利用它所拥有的新技术。这个机会可能会使公司的增长率由当前的 7% 增长到 9%。因为这个项目是新的,并且没有被验证过,所以,很可能会失败,从而造成巨大的损失。另外,让人担心的是,股票市场对公司的额外风险的反应会对公司不利。管理层预计由于新的额外风险,公司的 β 系数会从 2.0 增加到 2.3。那么,这家公司应该不应该从事这个项目呢?

解答:像这样的战略决策应该基于公司管理的首要目标,即最大限度地增加股东财富,也就相当于使公司股票价格最大化。

增长率的提高将对股票价格产生积极的影响。在上一个例子中,通过检验增长率 g 对 Gordon 模型中 P_0 值的影响来验证了这一观点。g 越大,分子越大,分母越小,这两者都会导致 P_0 的增加。(请记住,g 必须小于 k。)

另一方面,观察公式 9.4 的证券市场线,我们会发现更大的 β 系数会导致更大的风险溢价,从而导致更高的要求收益率。这反过来又会以 k 的形式进入 Gordon 模型的分母,而模型中分母中较大的 k 则会导致较小的价格 P_0。

因此,新项目给公司股价带来的影响是两方面的。更快的增长率会提高股票价格,而高风险则会降低股票价格。问题是哪种影响会占主导地位。假设项目进行的话,我们可以通过计算股票的估价再进行判断。

首先计算所要求的收益率:

$$k_{kelvin} = 6 + (10 - 6) \times 2.3 = 15.2\%$$

然后利用戈登模型来计算股票价格:

$$P_0 = [D_0 + (1+g)]/(k-g) = [1.5 \times (1.09)]/(0.152 - 0.09) = 26.37$$

由此产生的 26.37 美元的股票价格高于项目前的 22.93 美元(见举例 9-10)。这表明,增长速度的正效应大于风险增加的负面影响。因此,这个项目看起来是个好的选择。

在实际操作中,我们很难准确估计这样的项目对公司增长率和 β 系数的影响。这种估计最多只能是主观的猜测。尤其对 β 系数的影响是更加不确定的。然而,这样的预估测算可以给管理层一种认识,让他们意识到他们的行为对股票价格的影响。

市场环境的变化对证券市场线的调整 当证券市场环境随时间发生变化的时候,证券市场线的平衡状态会调整它的位置来适应改变了的环境,下面我们来分析两种不同的变动。

对零风险利率改变的反应 当无风险利率发生变化时,所有其他因素都保持不变,证券市场线只是向上或向下平行移动。新的无风险利率决定新的截距,进而决定了新的平衡状态。图 9-11 说明了从 k_{RF} 到 k_{RF}' 的无风险利率的增加。

图 9-11 中所示的移动包含一个微妙之处。证券市场线的平行移动意味着它的斜率保持

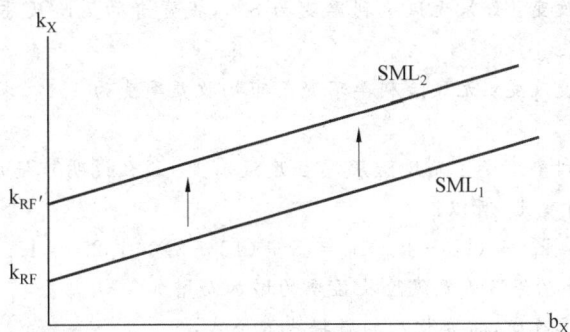

图 9-11　增长的无风险利率对证券市场线的影响

不变。而证券市场线的斜率是市场风险溢价（$k_M - k_{RF}$），它反映了投资者风险厌恶的总体程度。

如果证券市场线的斜率在 k_{RF} 变化时不发生变化，k_M 也必须随着 k_{RF} 的变化而增加或减小。这是有意义的，因为市场利率和其他利率一样，是由无风险利率加上风险溢价组成的。

对风险厌恶程度改变的反应 投资者对风险的总体敏感性的变化将反映在市场风险溢价的变化中，即（$k_M - k_{RF}$），也就是图表中证券市场线的斜率。我们假设 k_M 没有伴随 k_{RF} 发生变化。

现在假设 k_{RF} 不变，则证券市场线会围绕着固定不变的截距转动，如图 9-12 所示。

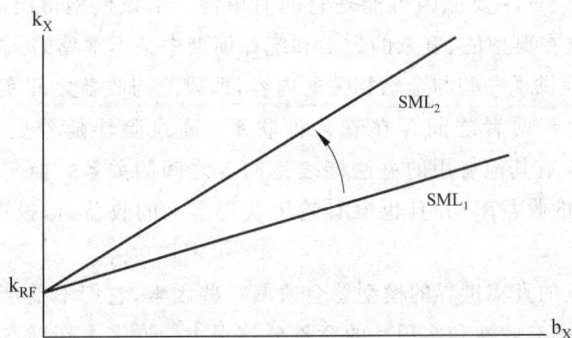

图 9-12　风险厌恶程度增大使证券市场线旋转

在图中，SML_1 到 SML_2 的转换反映了人们对风险厌恶程度的增加。换句话说，普通投资者要求任何投资都需要有更高的收益率来弥补他所承担的风险。较高的风险溢价会反映在一个更加陡峭、斜率更大的证券市场线中。这些想法在举例 9-12 中得到了说明。

关联概念　举例 9-12

证券市场线和变化的市场环境

Sidel 公司的 β 系数为 1.25，无风险利率是 6%，市场收益率为 10%。根据证券市场线可以求出所要求的收益率：

$$k_S = k_{RF} + (k_M - k_{RF})b_S = 6 + (10 - 6) \times 1.25 = 11.0\%$$

（1）无风险利率改变：如果无风险利率变为 8%，投资者的风险厌恶程度不变，计算新的要求的收益率。

（2）风险厌恶程度改变：无风险利率不变而市场收益率变为 11%，求新的要求的收益率。

解答：

（1）如果无风险利率改变了而风险厌恶程度没有变，那么说明市场风险也变化了同样的大小，而两者的差没有变化，所以：

$$k_S = k_{RF} + (k_M - k_{RF})b_S = 8 + (12 - 8) \times 1.25 = 13.0\%$$

这种情况下，利率也会随着无风险收益率的增加而增加。

（2）只有市场利率改变，将变化后的数据代入公式：

$$k_S = k_{RF} + (k_M - k_{RF})b_S = 6 + (11 - 6) \times 1.25 = 12.25\%$$

市场收益率增加，反映了更高的风险溢价，意味着投资者更加在意他所承担的风险。结果所有的风险投资利率都会增加。

这两种情况下的变化，都会使股价下跌。

9.2.10 资本资产定价模型和证券市场线的有效性和可接受性

资本资产定价模型和我们讨论过的其他模型一样，是对现实的抽象。这是对复杂的证券世界的简化，旨在帮助预测股票价格和收益率。然后可以借助这样的预测做出各种投资决策。

CAPM 被广为接受的主要原因可能是它的简单性。由该模型得出的有效等式——证券市场线，简洁易懂。这在典型的、复杂的数学和统计模型中是不常见的。

此外，CAPM 还提供了一些与金融相关的内容，即风险与收益之间实质关系的具体描述。每个人都直观地感觉到两者之间存在着某种联系：高风险伴随着更高的收益。但是，在 CAPM 出现之前，还没有其他有用的办法能表达两者之间的关系。换句话说，他们没有说明多大的风险对应多大的收益率，并且也没有暗示获得多大的收益时，投资者会投资或者不会投资。

不幸的是，能简化的真实世界的模型总会遗漏一些因素，它们不是永远有效的，CAPM 也不例外。学者们对它的有效性和实用性的意见分歧很大。许多人怀疑 SML 中是否有任何真正的预测值，然而其他人则认为这个等式是正确的，只是人们没有恰当地运用它。还有一些坚定的支持者认为这个模型是正确的。是完全有效的，并且适用于大多数的情况。

对 CAPM 最重要的攻击来自于两位著名学者 Eugene Fama 和 Kenneth French 的工作。他们发现股票的收益率和 β 系数之间没有历史的关系。[①] 当然，CAPM 假定 SML 所表达的关系确实存在。如果 Fama 和 French 是对的，那么 CAPM 就没有任何价值了。然而，其他研究人员却对他们的工作提出了质疑，无论是基于经验还是基于理论。在学术界中，这场激烈的争论仍在继续，至今还没有定论。

这一领域的顶尖学者不太可能很快就达成一致意见。CAPM 和 β 系数是相关的风险度量，它们是财务理论框架的一部分，在可预见的将来很可能仍然如此。

---

① Eugene F. Fama and Kenneth R. French，《股票预期收益的横截面（分析）》，《金融杂志》总第 47 期，1972 年第 2 期。

就我们的学习目的而言,应该理解 CAMP 所表达的思想和形成证券市场线的假设条件,并且要从风险和收益率的关系角度来理解等式的含义。我们假定大多数情况下,CAMP 是对现实最好的抽象描述。

我们还要认识到该模型的局限性。β 系数度量的模型风险只是市场风险,而不是总的风险,就如我们前面讨论的那样,它限制了 β 系数的定义。

洞察:财务实务

β 系数的实际应用

β 系数作为风险度量的概念可能是当今股票市场理论中应用最广泛的一种。投资咨询服务公司为所有交易频繁的股票发布 β 系数,而证券业内人士也总是在讨论 β 系数。

然而,很多使用这个词的人很可能并不了解它的确切含义。β 系数衡量风险,也就是收益率的变动性,它们是同向的。大多数人都知道这一点。但 β 系数衡量的是与市场相关的变动,而不是总的变动。一般人往往会忽略这一点。

β 系数只是与市场风险有关。只有投资组合的股票足够多元化的时候,投资组合风险才可以用 β 系数来度量。假如你是一个中小投资者,那么你不能只关注 β 系数来衡量风险,因为 β 系数不会反映所有的风险,如果你完全依赖 β 系数,那么你就可能会遭受巨大的损失。

关联概念

举例 9-1 离散分布

举例 9-2 计算离散分布的均值

举例 9-3 计算投掷 4 次硬币的概率分布和方差和标准差

举例 9-4 独立风险的评估

举例 9-5 投资组合收益率

举例 9-6 运用 β 系数预期投资收益

举例 9-7 企业特定风险的影响

举例 9-8 商业环境的改变带来的影响

举例 9-9 投资组合的 β 系数

举例 9-10 利用资本资产定价模型进行股票估价

举例 9-11 基于资本资产定价模型的战略决策

举例 9-12 证券市场线和变化的市场环境

讨论题

1. 投资组合理论的基本动机是什么? 通过多种股票的组合进行投资的投资者的意图是什么? 哪些实际的观察结果促使投资组合理论的产生?

2. 风险和收益的关系是什么?

3. 定义和讨论预期收益率和要求的收益率(语言叙述,不需要公式论述)。

4. 口述生活中对风险的定义,讨论财务理论中风险定义的不足之处。

5. 语言表达风险厌恶的定义,不需要参照概率分布的。如果人们是风险厌恶型的,那么为什么彩票会受到人们的欢迎? 人们为什么还去拉斯维加斯赌博呢? (提示:想想风险的大小和娱乐的价值。)

6. "为了获得更多的收益,将资金投资与有风险的项目"这句话既适用于投资又适用于赌博,尽管两者相似,但公众对投资和赌博还是有不同的道德观念。

(1) 讨论投资和赌博的相同点和不同点,为什么人们对投资更加感兴趣,而厌恶赌博?

(2) 通过分析概率分布,讨论投资和赌博之间的不同之处,描述损失全部投资额、获取巨大收益和其他可能结果的特征。

7. 为什么将股票投资收益率作为随机变量是有意义的? 如果将债券投资收益率也作为随机变量,合理吗? 储蓄投资作为随机变量会怎么样呢?

8. 在日常生活中,风险意味着一些不利因素发生的可能性;财务理论中的风险定义为收益率概率分布的标准差。

(1)为什么两种定义看起来不一致?

(2) 讨论两种定义的一致性。

9. 分析一下高风险股票和低风险股票的概率分布的形状。

10. 描述一下财务风险作为收益率上下波动的含义。从方差定义风险的角度看,这种观点是否合理?

11. 解释并讨论将风险分为两部分的观点,并描述每一部分的含义。

12. 从风险和收益的角度描述投资组合所有者的目标。他们是如何评估投资组合有关股票的风险特征的?

13. 讨论多元投资来降低投资组合的风险,考虑非系统风险和系统风险。

14. 叙述 β 系数的概念,它是用来度量什么的? 又是如何建立的?

15. 用语言描述证券市场线,关于投资者要求的收益率,证券市场线表达了什么内容? 评估证券市场线暗含的内容。

16. 证券市场线如何确定一种证券的价格?

17. 证券市场线是怎样反映风险厌恶的?

18. 资本资产定价模型的目的之一就是解释关于风险的管理决策能够影响股东的财富,用语言表达这种影响过程的作用原理。

19. 认为资本资产定价模型是对证券市场的一种真实、准确的描述,对吗?

商业分析

假如你刚刚开始在 Dewey、Cheatam 和 Howe 的经纪公司做股票分析。今天早上你在报纸上读到一篇文章说,大规模削减国防开支迫在眉睫。这家公司的经纪人 Fred Fastback 有几个客户是年老的退休人员。你知道他最近正在积极地把这些客户投进他认为风险很低的几只国防行业的股票中。他告诉你,他觉得这些股票的风险很低,因为它们有 1.0 或更少的 β 系数。你会怎么建议 Fred? 请考虑一下 β 系数的真正含义以及它的稳定性。

习题

预期收益率和要求的收益率　等式 9.2

1. Duncan 公司股票的当前价格为每股 15 美元。通常人们预计股价下年末会达到每股 18 美元,还预期年内公司会支付每股 0.5 美元的股利。(应用等式 9.2)

（1）求这家公司股票的预期收益率。

（2）如果下一年年末的股价预计为每股 17 美元,股利为 0.25 美元,请重新计算预期收益率。

（3）如果下一年年末的股价变为 13 美元,而股利实际为 0.1 美元,计算股票的实际收益率。

2. Repscallion 公司的股票的售价为 43.75 美元。Dave Jones 已经对公司和行业进行了分析,他认为公司接下来两年会分别支付每股 5 美元和 7 美元的股利。他还认为两年后股票的股价会达到高峰,达到每股 50 美元。他的策略是现在购买股票,持有 2 年,然后在股票达到峰值的时候卖出。如果 Dave 对自己的预测很有把握,并要求获得 25% 的收益率,那么他应该购买 Repscallion 公司的股票吗?（提示:将方程 9.2 的时限延长至 2 年,对结果取一般的值并求近似值。）

离散型分布的均值和标准差的计算:关联概念　举例 9-1、举例 9-2 和举例 9-3

3. Wayne Merritt 经常在克利夫兰和芝加哥开车经过。他注意到不同的交通和天气会导致他驾驶的时间有很大的不同。这使得他很难预测时间来计划他的活动安排。为了更好地计划安排,Wayne 想计算以下花费时间的平均时间,并计算实际旅途花费时间和平均时间的差距,他往返了 10 次,结果如下:

驾驶时间	次数	驾驶时间	次数
6 小时	1	7 小时	1
6.25 小时	1	7.5 小时	1
6.5 小时	2	9.33 小时	1
6.75 小时	3		

（1）计算驾驶时间的平均值和方差及变异系数。

（2）计算驾驶时间的一般的变量。对比一下方差和标准差,是否存在很大的不同? 哪个更加有意义?

离散型概率分布:关联概念　举例 9-1 和脚注

4. 假设骰子有四面而不是六面,那么投掷一次骰子有四种结果,1、2、3、4,投掷两次骰子就会有 2～8 的各种可能。

（1）求出投掷两次骰子的概率分布。

均值和标准差:关联概念　举例 9-2 和举例 9-3

（2）根据上一个举例,计算分布的均值、标准差和变异系数。

在接下来的第 5～8 个题目中,为了保持计算简单,我们假设股票收益的离散概率分布。

特别风险的评估:关联概念　举例 9-4

5. Conestoga 公司股票收益率的概率分布如下:

收益率	概率
4%	0.20
12%	0.50
14%	0.30

计算期望收益率、收益率的方差和标准差以及变异系数。

6. 投资 Omega 公司的普通股股票获得的收益率的概率分布如下：

收益率	概率
5%	0.05
8%	0.25
10%	0.40
12%	0.25
15%	0.05

画出概率分布,计算期望收益率、收益率的标准差和变异系数。

7. 计算投资到 Delta 公司的期望收益率,概率分布如下表：

将分布画在坐标轴上,和上个题目中的曲线对照,比较公司股票的风险的大小。如果让投资者选择投资股票,他们会选择 Omega 公司的还是 Delta 公司的？原因是什么？

收益率	概率	收益率	概率
−5%	0.10	15%	0.25
5%	0.25	25%	0.10
10%	0.30		

8. Manning 公司的股票当前价格为 23 美元,下一年的发展前景如下：

下 一 年 度

股价(美元)	股利(美元)	概率
25	1.00	0.25
30	1.50	0.5
35	2.00	0.25

计算一年期的期望收益率。

风险厌恶：图 9-6

9. 为了测量你对风险厌恶的程度,对下面的情形做出选择。一种是确定的情况,另一种是博弈。

游戏：投掷硬币,正面朝上,你将获得 1 000 000 美元,背面朝上,你将什么也得不到。

确定的是：你将得到 500 000 美元。

(1) 求解每种选择的期望收益率。

(2) 你会选择哪一种？

(3) 将两种选择作为概率分布,哪种选择的方差较大？确定收益的那个选择的方差是多少(不需要计算)。

(4) 假设在博弈中,硬币正面朝上,你将获得 1 200 000 美元,背面朝上仍然是什么也得不到,那么每种选择的期望收益率是多少? 你会选择哪一种?

(5) 大多数人会选择 d 中能获得确定收益的选择,假定你也选择第二种,那么博弈的金额增加到多少的时候你才会选择博弈,而放弃确定收益的选择?

(6) 将此题和图 9-6 联系起来。

资产组合收益:关联概念 举例 9-5

10. 投资组合由四种股票组成:

股票	当前市场价值(美元)	预期收益率
A	180 000	8%
B	145 000	10%
C	452 000	12%
D	223 000	5%
	1 000 000	

投资组合的预期收益率是多少?

11. Laurel Wilson 有一个五种股票的投资组合。股票上一年的收益率情况和今年的预测如下:

股票	去年		今年	
	投资额(美元)	收益率	投资额(美元)	收益率
A	50 000	8.0%	55 000	8.5%
B	40 000	6.0%	40 000	7.0%
C	80 000	4.0%	60 000	4.5%
D	20 000	12.0%	45 000	9.0%
E	60 000	3.0%	50 000	5.0%

计算公司股票去年投资组合的实际收益率和今年的期望收益率。

运用 β 系数预期投资收益:关联概念 举例 9-6

12. Threads 公司是一家生产青少年流行服装的公司。公司的 β 系数是 1.4,去年的收益率是 20%。然而,金融危机使股票市场遭受重挫,华尔街专家预测今年的平均收益率会减半。近来市场股票的收益率为 18%,请估计 Threads 公司股票投资的收益率。

资产组合中的 β 系数:关联概念 举例 9-9

13. 在 11 题中股票的 β 系数如下:

股票	β 系数	股票	β 系数
A	1.1	D	1.6
B	0.6	E	0.8
C	1.0		

计算投资组合去年和今年的 β 系数。假定投资价值的改变因股票的价格改变,而不是买卖股票。Laurel 的投资组合的风险如何?她应该担心吗?

14. 包括四种股票的投资组合如下:

股票	股票当前价值	β 系数
A	4 500	0.8
B	2 900	0.6
C	6 800	1.3
D	1 200	1.8

计算投资组合的 β 系数。

β 系数的确定   图 9-8

15. Charming 公司主要生产装饰材料。当前国库券收益率为 5.4%,证券市场收益率为 8.1%。

(1) 根据图中的特征线,计算公司的 β 系数。

(2) 购买 Charming 公司股票的投资者要求的收益率是多少?

(3) 以上(2)项中求出的收益率是否合理?为什么?(提示:想一想,投资者是拥有多元化的投资组合,还是只有几只股票?每种情况下他所面临的风险是怎样的?)

16. Holland-Wilson 公司过去 3 年的收益率和同期的市场收益率如下:

年份	H-W 公司收益率	市场收益率
1	4.0%	3.0%
2	9.0%	6.0%
3	12.0%	10.0%

画出 3 年来每年公司的收益率和市场收益率的曲线。通过两年之间(第 1 年和第 2 年,第 2 年和第 3 年,第 1 年和第 3 年)的证券市场线来预测公司的 β 系数。β 系数的范围反映了怎样的股票风险?

17. 假设你最近购买了 Topic 公司的股票,该公司在过去 3 年中的回报率在 7% 至 9% 之间。你的朋友 Bob,反对你的这项投资,并坚持你应该投资 Combs 公司,因为他购买了 Combs 公司的股票,过去 3 年的收益率一直在 10%～12% 之间。鲍伯对财务理论一无所知。Topic 公司的 β 系数是 0.7,而 Combs 公司的 β 系数为 1.2。目前国库券的无风险利率为 4.2%,而股票市场的平均收益率为 9.4%。

(1) 你应该预期从 Topic 公司股票中获得多大的收益率?Bob 应该预期获得多大的收益率?

(2) 向 Bob 解释一下为什么这些预期收益率没有反映所有的内容?

18. Erin Behlen 拥有 3 年期的投资组合,并对下一年的收益率进行了预测。他将 25 000 美元投资于 β 系数为 1.3 的 Forms 公司,将 75 000 美元投资于 β 系数为 0.8 的 Crete 公司,将 20 000 美元投资于 β 系数为 1.45 的 Stalls 公司。股票的当前收益率为 10.2%,国库券的收益率及无风险收益率为 4.6%。Erin 应该对投资组合期望获得多大的收益率？（提示：利用证券市场线来计算投资组合的 β 系数。）

19. Ramekin 陶器公司的首席财务官关心的是公司股票的价格上涨受阻的情况。他要求你先分析一下投资者在投资该公司之前可能需要的收益率。目前股票市场的收益率为 16%，90 天期限国库券收益率为 6%，而 Ramekin 公司股票的收益率通常情况下对政治、经济环境变化的反应程度是整个市场反应程度的 60%。

(1) 应用资本资产定价模型预测投资者对公司股票的要求收益率是多少？

(2) 高的要求收益率还是低的要求收益率对公司更加有利？为什么？

(3) 假设 CFO 问你，"为了提高要求收益率，管理层应该做些什么？"你应该怎样回答？

(4) 如果 CFO 想在接下来的 3 个月内达到预期效果，你应该提出怎样的建议？

20. 假设你是一名 Palantine 公司的初级财务分析师。公司的财务人员认为资本资产定价模型任何时候都能对公司的收益率进行很好的预测，并让你应用证券市场线对收益率作出预测。当前国债收益率是 6%，但可能上下波动 1%，标准普尔 500 显示证券市场的平均收益率是 10%，但可能升至 12%。公司的 β 系数是 0.8。建立一个表格显示所有可能的收益率，这里 k_{RF} 和 k_M 以 1% 的变动量变动。k_{RF} 和 k_M 是独立的，也就是说 k_{RF} 变动的时候，k_M 不一定变动。

基于资本资产定价模型的股票估价：关联概念　举例 9-10

21. Framingham 公司预计将无限期地以 4% 的速度增长。经济学家目前断言，短期政府债券（国库券）可以轻易获得 5% 的收益率。股市平均回报率为 9%。近期 Framingham 公司的 β 系数为 1.4。这家公司最近支付了每股 1.68 美元的年度股利。Framingham 公司的股票应该以什么价格出售？

22. Whole Foods 公司近来每季度支付 0.47 美元的股利。国债的收益率为 4%，股票市场的平均收益率约为 11%。Whole Foods 是一家稳定的公司。其股票的收益率对政治和经济环境的变化的反应只有普通股票的 70% 左右。分析师预计，在可预见的未来，该公司将以每年 3.5% 的速度增长。计算一个投资者愿意为该公司股票支付的合理的价格。

23. Seattle 软件公司近来每年支付 1.95 美元的股利，预计将以 15% 的速度增长。联邦政府短期债券收益率为 4%，而证券市场的平均收益率为 11%。Seattle 软件公司股票波动很大，对经济环境的反应是普通股票的 2.5 倍。然而，这是软件业的典型特征。

(1) 公司股票的每股价值是多少？

(2) 从预测的结果你能看出什么问题？合理改变一下题目中的预测数据，求出新的结果，对比并分析。

24. Aldridge 公司预期会以 6% 的增长率增长，近年来的每股股利为 2.5 美元。目前国库券的收益率为 7%，证券市场收益率为 11%。

(1) 如果公司 β 系数为 1.3，那么该公司股票的市场价格是多少？

(2) 评估公司股票对预期增长率和风险的变动的敏感程度。增长率在 5%～7% 之间变动，β 系数在 1.2～1.4 之间变动。

25. Bergman 公司在过去 7 年里经历了零增长，每年支付每股 2 美元的股利。投资者普遍预期这种业绩将继续下去。Bergman 股票目前售价为 24.39 美元。无风险利率是 3%，Bergman 的 β 系数值是 1.3。

（1）计算投资者对该公司股票的要求收益率。

（2）计算市场收益率。

（3）假如你认为公司将公开宣称未来的增长率是3％。你也相信投资者会接受这一信息，他们要求的收益率不变。你会愿意为公司股票支付的股价为多少？

26．Weisman 电子刚刚支付了每股 1.00 美元的股利，市场收益率为 10％，无风险利率为 4％，Weisman 的 β 系数为 1.5。如果该公司的股票以 27.25 美元的价格出售，那么投资者预计该公司未来的增长率是多少？

基于资本资产定价模型的战略决策：关联概念　举例 9-11

27．上题中的 Weisman 电子公司正考虑收购一家不相关的公司。管理层认为，这一变动会通过改变 β 系数，增大增长率来改变公司的股价。一位顾问估计，收购后的 Weisman 公司的 β 系数可能在 1.3 至 1.7 之间，而增长率可能保持在 9％或下降至 5％。计算基于最好和最坏情况下的 Weisman 公司的股票价值。

28．Broken Wing 公司刚刚支付了每股 2 美元的股利，在可预见的将来，它的 β 系数值为 1.3，增长率为 6％。目前市场平均收益率是 10％，而国库券的收益率是 4％。如果国库券利率下降了 0.5％，市场风险溢价（$k_M - k_{RF}$）上升了 1.0％，那么什么增长速度才能保持 Broken Wing 的股票价格不变呢？（提示：在利率变化之前先计算价格，然后将其作为 P_0 在变化的利率问题中使用，并进行求解。）

29．Lipson 股份有限公司预计，未来的固定增长率为 5％。国债收益率为 8％，市场平均收益率为 13％，Lipson 的上一次年度股利为 1.35 美元。该公司的 β 系数值历史上一直为 0.9。推出新业务将提高预期增长率至 7％，同时公司风险也大幅增加。管理层预计新业务推出后，该公司的 β 系数将上升至 1.2，那么 Lipson 公司是否应该开展新的业务？

证券市场线和市场环境的改变：关联概念　举例 9-12

30．Picante 公司的 β 系数值是 7。国债收益率为 5％，证券市场平均收益率为 10％。

（1）编写并绘制证券市场线，并找出 Picante 公司的位置。计算 Picante 公司的必要收益率并在图表上标出来。

（2）假设国债收益率突然上升到 7％，而金融环境没有其他变化。编写并绘制新的证券市场线，计算 Picante 的新的必要收益率，并标出 Picante 公司的位置。

（3）现在假设除了第（2）部分的变化外，投资者的风险厌恶程度增加，市场风险溢价为 7％。编写并绘制证券市场线，计算 Picante 股票的必要收益率，并在最后一条线上标明。

上机习题

31．第 8 章中的问题 22 涉及从事长期规划的 Rollins 金属公司。该公司正试图在几种战略中作出选择，这些战略选择意味着不同的未来增长率和风险水平。现在请返回去重读这个问题。

CAPM 给出了一些关于风险与必要收益率之间关系的新见解。我们现在可以将风险定义为 β，并通过构造一个类似于第 8 章问题 22 所要求的图表来评估风险对股票价格的影响，将左侧的 k 替换为 $\beta(b)$。

根据历史数据计算的 Rollins 公司的 β 系数为 0.8。然而，正在考虑的风险战略会影响数据。管理层认为选择这些战略使 β 系数的值上升为 2.0。国债收益率为 3%，而标准普尔指数显示证券收益率为 8%。Rollins 上期的股利为每股 2.35 美元。

（1）利用资本资产定价模型来计算下表。

Rollins 公司股票的价格与增长率和 β 系数的关系

增长率（g）

β 系数（b）	6%	8%	10%	12%
0.8				
1.2				
1.6				
2.0				

（2）β 系数对必要收益率和股价的影响受风险厌恶的总体水平的影响，而风险厌恶的一般水平以 $(k_M - k_{RF})$ 表示的市场风险溢价，也就是证券市场线的斜率。在这个问题的 a 部分，市场风险溢价为 $(8\% - 3\% =) 5\%$。然而，经济学家预测未来的衰退可能会大幅增加风险厌恶水平。上表假设市场风险溢价增加到 $7\%（k_M$ 上升到 10%，而 k_{RF} 没有变化），请重新构建表格。

（3）你的图表对风险-收益率-增长率关系有什么新的见解吗？（也就是说，在经济衰退时期，承担更多风险的收益率是怎样的？）在图表上写下隐含的必要收益率，旁边是 β 系数。然后将新的图表与第 8 章问题 22 的图表进行比较。

（4）β 系数和 CAPM 的加入真的会让管理层的规划工作变得不那么直观吗？换句话说，将战略的风险级别与 β 系数联系起来比直接与必要收益率联系起来更容易吗？

软件开发

32. 编写一个新的程序，计算 10 只股票的预期收益和 β 流，其中，10 种股票的期望收益率和 β 系数都是给定的。

计算涉及单个股票的预期收益和 β 系数的加权平均数，其中权重是单个股票占股票总价值的比重。

设置电子表格如下：

股票	市场价值	权重	β 系数	β 系数因子	k_E	k_E 因子	
1	ABC	5 530	0.064 5	0.93	0.060 0	8%	0.516 0
2	EFG	2 745	0.032 0	1.25	0.040 0	12.2%	0.390 4
⋮	⋮	⋮	⋮	⋮	⋮	⋮	⋮
10	XYZ	9 046	0.105 5	1.12	0.118 2	1.5%	1.213 3
		85 715	1.0		×××		×××

本列求和：投资组合 β 系数

投资组合 k_e

计算程序如下：

① 输入每种股票的名称、市场价值、收益率和 β 系数。

② 将市场价值所在列加总求和。

③ 计算每种股票的价值占总价值的权重。

④ 分别在每行，用 β 系数乘以权重得出 β 系数因子。同理，用期望收益率乘以 β 系数，得出 k_E 因子。

⑤ 分别汇总 k_E 因子、β 系数因子所在列。

你所编制的程序是否是通用的？它只能处理 10 种股票还是对 1 种的、2 种的和 3 种的都适用？如果想让程序适用于 n 种股票，应该对输入变量采取什么措施？

附加：假设你有 1 000 000 美元需要投资于股票。首先要查阅一些股票的 β 系数，并预测期望收益率，然后上网检索每种股票的当前价格，构成投资组合，将资金在每种股票间分配。用程序计算投资组合的期望收益率和 β 系数。

企业投资决策——资本预算

资 本 预 算

公司在正常经营过程中所花的钱可分为两类。资金每天都被用于购买存货、支付费用、给员工付薪。这些支出可视为短期支出,因为它们支持日常活动。

除了这些短期开支外,企业还不时在特殊项目上花费大量资金。例如,机器正常损耗,需要每隔几年更换一次。这些更换的支出往往相对较大,但发生次数很少。另一个例子就是新投资项目,通常需要初始投入来启动项目。初创企业的数量通常很大,但机会并不经常出现。这样的支出是长期的,因为所涉及的项目往往会持续很长时间。一般情况下,用于长期项目的资金被称为资本。

所谓的资本预算领域包括规划和调整花费在长期项目上的资本金额。它提供了项目评估的方法,来决定项目在某一时刻对特定业务是否有意义。它还为同时审议多个项目时在项目之间作出选择提供了依据。

10.1 企业项目的特征

10.1.1 项目类型和风险

项目分为三大类：置换项目、扩展项目和新投资项目。我们已经在开始部分中使用了其中的第一种和第三种。扩展项目只是涉及在已经进行的项目上扩大规模，它通常需要投资于与现有资源和设备类似的额外资源与设备。

投资任何项目都会带来风险。现在我们将对此进行定义：这种风险是指当做出决定时，在项目上获得的风险比管理层预期的要少的可能性。

广义地说，风险随项目类型而变化，从置换项目到扩展项目，再到新投资项目，风险是递增的。置换项目是最安全的，因为它进行的是已经被实施过的项目。扩展项目风险很大，因为它们是基于对公司产品市场需要的预期，而这种预期可能根本不会实现。风险最大的是新投资项目，这是公司从未做过的事。没有人知道他们是否能在一些没有尝试过的事情上取得成功。

10.1.2 独立项目和互斥项目

项目可以在两种环境中的任何一种情况下进行评估。第一种情况是没有其他可以竞争的项目。例如，一台旧机器报废了，而市场上只有一种可以替代的产品，公司就只能购买这种机器或者什么都不能买。

这种单一项目的情况被称为独立项目。我们需要对一个项目的可行性进行独立的分析。这对公司来说是一笔好交易吗？另一种方法是说，目前没有任何其他项目来竞争这一项目所需的资源。

第二种情况是在几种项目之间进行选择。这种情况在有多于一种选择的项目或者有两种提议项目，但公司的资金只能投资于一种项目的情况下发生。在第一种情况下举例，假设存在两种以上的机器能替代一台报废的机器，第一种机器相对比较便宜但是运营成本较高，并且生产的产品的质量较差；第二种机器初始的投入的成本较高，但是运营成本比较低而且生产的产品质量更好。公司会选择哪种机器呢？两种机器必须选择其中一种，因为只需要一种机器。这种情况下两个项目可以称之为互斥项目，选择了一种就得放弃另一种。

有时候，性质完全不同的两种项目是互斥的。这种情况发生在公司的资源只能选择一种项目的时候。例如：某一电子公司在计算机技术和无线电传输有新投资的机会，但是公司的资金金额只能实施一项新计划。这时，项目就是互斥的，选择一种就得放弃另外一种，虽然从商业和技术的角度它们是独立的。如果进一步说明，有限的资源不一定非得是资金，它也可以是培训的人员、工厂生产能力或者经营管理的时间。

10.1.3 项目现金流量

资本预算过程第一步要求将所考虑的任何项目都表示为一系列增量现金流。

这一要求在新企业的背景下最容易描绘出来。假设这样一家新公司将首次投资 50 000 美元，第一年将亏损 10 000 美元，预计在未来的 5 年里每年可以产生 15 000 美元的现金流，直到项目结束为止。就资本预算的目的而言，该项目可以概括为每年一系列现金流出和流入。如果我们将第 i 年的现金流称为 C_i，那么 C_0 就称为初始投资，我们可以将项目表示如下，其中括号中的数字为负,表示现金流出(单位:美元)。

C_0	(50 000)	C_4	15 000
C_1	(10 000)	C_5	15 000
C_2	15 000	C_6	15 000
C_3	15 000		

这里显示的现金流模式是很重要的。项目几乎总是涉及资金的最初现金的流出,在稍后的时间里表现为现金流入。C_0 几乎总是负的,因为它代表了启动项目所需的初始投入。其余的数字往往是正的,尽管其中可能有负的数字出现,就如以上举例的表格中的数字一样。

从概念上来说,很容易识别新投资项目的增量现金流量。当我们讨论置换项目时,理解时可能会更加困难。置换项目的增量现金流意味着节约燃料和维修保养费用或者由于高质量的产品带来的利润的增加,这种增量现金流很难量化。

事实上,资本预算中最困难和最不准确的部分是估算项目现金流量。目前,我们将继续假设将要讨论的项目的现金流量是给定的。在下一章中,我们将回到这个问题上,并更详细地分析现金流量的预测问题。

10.1.4 资本成本

资本预算理论是建立在货币的时间价值和投资收益率的基础上的。这一理论中的一个核心概念是企业资本成本的概念。资本成本是企业向长期投资者支付的使用资金的收益率。

这一概念的目的显而易见:只有当投资的收益超过投入资金的成本时,投资才有意义。

例如,假设你想开展一项业务,希望从中获得 15% 的投资收益。此外,假设自己没有钱,但你可以向一个要求 18% 利息回报的亲戚借钱。这个项目有意义吗?当然没有。你从一开始就会赔钱,因为你得为你的资金付出比用这些钱赚得更多的钱。只有当你能以不到 15% 的利率借到项目启动资金时,开展这个项目才能赚钱。在这个例子中,资本成本是指你可以通过借款来承担风险投资的利率。

一般来说,公司有两种资金来源——股本资金和债务资金。公司需要支付不同来源的投资者不同的收益率。在实践中,资本成本是能反映两种来源的资金的平均利率。

假设一家公司的资本总额的 75% 是股权资金,25% 是债务资金。股东的收益率是 10%,而债权人的收益率是 8%。资本成本是两者的加权平均数,其中权重是两种资金所占总资金的比重。计算如下:

	比重		收益率	
权益	0.75	$\times$	10%	=7.5%
债务	0.25	$\times$	8%	=2.0%

加权平均数=9.5%

换句话说,资本成本是公司向投资者提供的收益率的混合。这个想法看起来很简单,但在实践中很复杂。[①] 资本成本是一个重要概念,我们将在本书中用一整章来讨论。现在假设每个公司都清楚自己的资本成本,并用它来衡量投资机会。

10.2 资本预算方法

在下面的文章中,我们将讨论五种资本预算方法。每一种方法都包括一系列的计算和一套决策规则。任何一种资本预算方法都需要计算与投资项目有关的数据,并用决策规则来分析这个数据。对于独立项目和相互排斥的项目两种情况,每种方法的决策规则都会有一些不同(前四种方法基于现金流。第五种则是基于会计概念,在本章末尾处,会逐一讨论)。

10.2.1 回收期法

最简单的资本预算方法是回收期法。利用它,我们可以计算项目预期现金流"偿还"初始投资所需的时间,也就是衡量项目实现收支平衡所需的时间。此时间段是用于进行比较的参数。当项目开始只有一笔初始现金流时,回收期法才是最有意义的。该方法可以通过一个数字示例来理解,如举例 10-1。

关联概念 举例 10-1

回收期法

下面表格中,初始投入为 200 000 美元,产生 4 期 60 000 美元的现金流,通过在每期下面列出累积的现金流可以很容易地看出回收期。

	年 份				
	0	1	2	3	4
现金流(美元)(C_i)	(200 000)	60 000	60 000	60 000	60 000
累积现金流(美元)	(200 000)	(140 000)	(80 000)	(20 000)	40 000

回收期为 3.33 年

注意:3 年后累积现金流是 $-20\,000$ 美元,4 年之后是正的 40 000 美元。如果现金在一年内是均匀流动的,那么 3.33 年也就是 3 年 4 个月之后,能够偿还投入资金。这个时间段就是这个项目的回收期。

回收期法决策规则

独立的项目 在回收期法中决策规则的概念是:越早回收投资额越好。通常使用这种方法的公司会确定一个回收初始资本的最大回收期。独立项目决策规则很简单,被接受项目的回收期必须小于规定的最大回收期,典型的小项目的回收期大约是 3 年,可以便捷地说明这种方法如下:

---

① 为了这个初步的说明,我们简化了一下。正如在第 13 章中所看到的,债务成本必须考虑到利息的减税。

$$回收期 < 最大回收期 \rightarrow 接受$$
$$回收期 > 最大回收期 \rightarrow 拒绝$$

互斥项目 同理,我们更喜欢回收期短的项目。因此,互斥项目的回收期法决策规则简单的说法就是回收期越短越好。如果 P/B_A 和 P/B_B 分别表示项目A和项目B的回收期,那么决策规则就是:

$$P/B_A < P/B_B \longrightarrow 相对于项目B,选择项目A$$

回收期法的缺点 通常,回收期法是一种不精确的资本预算方法,有两个主要缺陷。

首先,它忽略了货币的时间价值。因此,在计算中,未来的资金与当前资金是相同的。在这个例子中,项目开始初始支出上的资金会被四年后的现金抵消。这显然是对价值的曲解,因为正确的抵消将涉及预计现金流入的0时的现值。

其次,它忽略了回收期后的现金流。即使在简单的情况下,也会导致错误的答案,这一想法在举例10-2中得到了说明。

关联概念 举例 10-2

回收期的缺点

利用回收期法来从互斥项目 A 和 B 中做出选择(单位:美元):

	项目 A	项目 B		项目 A	项目 B
C_0	(1 200)	(1 200)	C_3	400	350
C_1	400	400	C_4	200	800
C_2	400	400	C_5	200	800

解答:项目A的回收期是3年,因为它的初始投入资金载年内就可以全部收回。项目B前两年的回收额和项目A相同,但第3年的现金流减少了50美元。稍微减少的回收额意味着项目B只能在第4年才能全部收回。换句话说,项目B的回收期比项目A要长,根据决策规则应该选择项目A。但是,项目B明显比项目A要好,因为3年后项目B的现金流大于项目A的现金流。第4年和第5年的差额弥补了第3年的细小差额,但是回收期法却忽略了这一点。

为什么使用回收期法 考虑到回收期法的缺点,提出使用这种方法的疑问就是合理的。因为这种方法使用起来快捷、简便,并为我们提供一种粗略的筛选方法。

如果一种项目不能收回初始投资额,很可能它就会被拒绝而不会被进一步考虑。如果它能偿还初始额,那么在进一步的分析中会运用更加准确的方法来评估它。

现值回收期法 这是由回收期法改进的一种方法,企图弥补回收期法的一个缺陷——忽略时间价值。这种方法的计算过程是以合适的折现率将所有的现金流折现为现值,再进行分析。

这种方法逻辑上是合理的,但留下回收期法的第二个缺陷没有弥补,并且失去了快捷、简便的优点。

10.2.2 净现值法

财务和经济领域中的一个基本的原则就是基于价值做出决策时应该考虑未来现金流量的现值。净现值法运用这种思想来分析项目。我们计算项目每期的现金流量然后把它们加总求和。结果就是项目的净现值,通常写作"NPV"。"净"暗含着正的现金流对负的现金流的补偿。最终选择哪个项目以项目的净现值为依据。

计算现值的过程中将公司的资本成本作为利率。本章前面已经讨论公司的资本成本是大多数净现值计算的合适的折现率。我们可以用下面的公式表示项目的净现值:

$$NPV = C_0 + C_1[PVF_{k,1}] + C_2[PVF_{k,2}] + \cdots + C_n[PVF_{k,n}] \qquad (10.1)$$

C_1 表示项目第一年的现金流量,C_0 表示初始投资额。当然,$[PVF_{k,i}]$ 是第 6 章中我们研究的现值系数。注意 C_0 没有乘以现值系数。这是因为初始现金流量假定立刻发生,就是现在。

我们先用另外一种方式写出一个代数上的公式 10.1。如果我们回顾一下 $[PVF_{k,i}]$,定义为 $1/(1+k)^i$,那么公式可以变为

$$NPV = C_0 + C_1/(1+k) + C_2/(1+k)^2 + \cdots + C_n/(1+k)^n \qquad (10.1a)$$

在这里,除以 $(1+k)^i$ 等于将 C_i 乘以一个现值系数[1],我们随后会阐明这一点,但不会在计算中使用它。要理解这两个公式的等价性,注意使用方程 10.1 进行计算。

考虑公式 10.1 中的符号 C 很重要,请记住负数是现金流出的,正数是现金流入。正如我们前面所说的,负数往往先发生,然后正的现金流才会发生。公式 10.1 表明,净现值是所有正的现金流和所有负的现金流之间的差额。如果流入的现金较大,则净现值是正数。如果流出的现金较大,净现值就是负数。

净现值和股东财富 深入地看待资本支出项目的方法涉及它们对股东财富的影响。一个项目的净现值是预期该项目对公司价值的净影响。如果一个净现值为正数的项目被接受并成功完成,那么企业的经济价值增加就应该是项目的净现值的增加。反之,如果项目的净现值是负的,那么公司的经济价值会降低同样的数量。

因此,一个使项目净现值最大化的资本支出计划将有助于最大限度地实现股东财富的最大化,这是管理层的理想目标。这种与股东财富最大化的直接联系使得净现值法成为理论上最正确的资本预算方法。

到目前为止,我们一直在讨论未来项目的净现值,但是要认识到实际的现金流可能并不是预期的那样。因此,有一个有高计划净现值的项目在完成后可能会对股东财富产生非常不同的影响。然而,在实际现金流发生之前,预期的净现值是我们对未来最好的预测。

决策规则

单独的项目 很明显,预期现金流的现值大于现金流出的现值的项目是理想的。相反,如果现金流出的现值更大,那么这种项目不会被接受。这两种情况分别对应净现值为正的和为负的情况,规则可以表示如下:

$$NPV > 0 \longrightarrow 接受$$

$$NPV < 0 \longrightarrow 拒绝$$

值得注意的是,一个项目的总现金流入量超过了流出量,净现值也有可能是负数。原因

---

[1] 如果你不清楚这是否等于乘以现值系数 $PVF_{k,1}$,$PVF_{k,2}$ 等等,那么请回顾公式 6.5 到公式 6.7。

是,通常现金流入往往在更加遥远的未来发生,所以相对于减少现金流出的量,求现值的过程减小了,现金流入的价值更大。在这个例子中,未折现的现金流的价值总和为 6 000 美元,而唯一的现金流出为 5 000 美元。按现值计算,现金流入少于现金流出。

相互排斥的项目 现金流入现值超过现金流出现值的数额越大,项目的净现值越大,预期对股东财富的贡献就越大。换句话说,净现值越大越好。这就导致了相互排斥项目的决策规则:

$$NPV_A > NPV_B \longrightarrow 选择项目 A 而不是项目 B$$

在这里,NPV_A 和 NPV_B 分别表示项目 A 和项目 B 的净现值。

投资者通常选择净现值最大的项目。然而,实务中会出现几个问题。下面的例题中对净现值的计算和决策规则的运用进行进一步的研究,同时提出现实中使用这种方法的问题。

关联概念 举例10-3

净 现 值 法

项目 Alpha 的现金流如下(单位:美元):

C_0	C_1	C_2	C_3
(5 000)	1 000	2 000	3 000

如果公司认为 Alpha 的资本成本是 12%,这个项目是否应该被采纳?

解答: 此项目的净现值通过每期现金流以资本成本折现后加总得到。应该通过每期现金流分别乘以贴现率为 12%,年数为 1、2、3 年的现值系数来计算现值。记住,C_0 不乘现值系数,因为它本身就是现在的现金流。利用公式 10.1,我们得到:

$$NPV = C_0 + C_1[PVF_{k,1}] + C_2[PVF_{k,2}] + C_3[PVF_{k,3}]$$
$$= -5\,000 + 1\,000[PVF_{12,1}] + 2\,000[PVF_{12,2}] + 3\,000[PVF_{12,3}]$$
$$= -5\,000 + 1\,000 \times (0.892\,9) + 2\,000 \times (0.797\,2) + 3\,000 \times (0.711\,8)$$
$$= -5\,000 + 892.90 + 1\,594.40 + 2\,135.40$$
$$= -377.30$$

因为以资本成本折现,项目 Alpha 的净现值是负数,所以不应该被采纳。

在下面的内容中,我们通常以表格的形式组织类似的计算,如下所示:

年数	现金流(美元)	现值系数	现金流的现值(美元)
0	(5 000)	1.000 0	(5 000.00)
1	1 000	0.892 9	892.90
2	2 000	0.797 2	1 594.40
3	3 000	0.711 8	2 135.40
			净现值 = (377.30)

互斥项目的判断与决策

Xavier 公司是一家制造户外动力设备的公司,包括割草机和花园用拖拉机。该公司正考虑经营两个多元的投资项目。第一个项目是制造一种比公司现有的更大、功率更强的拖拉机。市场调研显示功率大的设备的需求量很大,竞争对手也正向这个经营方向发展;第二个投资机会是制造除雪机。[①] 制造这种机器的生产和工程技术和制造花园拖拉机一样,但是 Xavier 公司从来没有生产和销售过这种产品。

管理层打算以未来 5 年的预期现金流为依据进行决策,他们认为超过 5 年,将来的情况太不明确,不能作为现在决策的基础。换句话说,如果一个项目不能证明在五年内获得足够的收益,那么管理层认为它的风险较大。

在营销部门、设计部门和生产部门的合作下,财务分析师将每个项目的预期的增量现金流量总结在一起,该公司的资本成本是 9%。

Xavier 公司项目评估		单位:千美元
年　数	拖拉机	除雪机
0	(3 000)	(3 500)
1	(250)	(700)
2	500	800
3	1 000	1 200
4	1 500	2 000
5	1 500	2 000

对项目进行财务分析,回答以下几个问题。

1. 如果两个项目是独立的,那么应该选择哪一个?

2. 如果公司能够募集的最大资金数额是 4 000 000 美元,应该选择哪个项目?

3. 如果管理层愿意多考虑两年的现金流量,而接下来两年的现金流量和第 4 年以及第 5 年的相同,公司会选择哪个项目?

4. 除了这种情况之下的风险之外,还有哪些相关的风险?

解答:先计算每个项目的净现值。我们将计算过程展示在表格中,每年的现金流量乘以 9% 利率水平下相对应年数的现值系数($PVF_{9,i}$)

根据表格的计算过程,我们可以回答前面两个问题:

1. 这两个项目的净现值都是正数,在独立项目的基础上两者都可以接受。然而,两个项目相对于规模来说,净现值也不是很大。如果拖拉机项目刚刚保本,那么项目的可取性就会受到质疑。现在我们仅仅表明使用净现值法是可以接受的,稍后我们再分析准确性问题。

---

① 吹雪机(或喷雪机)本质上是一种动力铲雪机。它的工作方式像割草机,但它不是割草,而是把人行道和车道上的雪清理出去。

		现 金 流		现金流的现值	
年 数	系 数	拖拉机	除雪机	拖拉机	除雪机
0	1.000 0	(3 000)	(3 500)	(3 000)	(3 500)
1	0.917 4	(250)	(700)	(229)	(642)
2	0.841 7	500	800	421	673
3	0.772 2	1 000	1 200	772	927
4	0.708 4	1 500	2 000	1 063	1 417
5	0.649 9	1 500	2 000	975	1 300
				NPV=2	175

中间标题: Xavier 公司项目净现值分析　　　　单位：千美元

2. 这两个项目是互斥的,因为它们的初始投资总额是 650 万美元,公司只能获得 500 万美元的项目资金。从互斥项目角度来说,除雪机更加具有优势,但不是很明显。

接下来的两个问题需要更多的计算过程和仔细的判断。

3. 遥远的未来总是很难确定,未来 6 年或者更多年份的销售额和获利性很难预测。销售人员和营销人员一直在做这项工作。问题是,当对实质性数据进行决策时,一个谨慎、明智的财务经理应该在多大程度上接受这些预测? 计算一下对另外两年净现值的影响。

因为是独立项目,两个项目都是可取的,也就是说,相对于投资规模,两者的净现值足够大。很明显应该选择铲雪机,因为它的净现值较大。通过预测项目更加远期的现金流量,更方便预测。

		现 金 流		现金流量的现值	
年 数	系 数	拖拉机	除雪机	拖拉机	除雪机
6	0.596 3	1 500	2 000	894	1 193
7	0.547 0	1 500	2 000	821	1 094
	对净现值的增加值			1 715	2 287
	原净现值			2	175
	新的净现值			1 717	2 462

中间标题: Xavier 公司净现值分析　　　　单位：千美元

4. 关于两个项目的预测,有充分的理由证明并非同等可靠。除雪机对 Xavier 公司来说是一项新业务,而拖拉机是已经做过的业务的扩展。这将预示着投资除雪机的风险更大。如果真的是这样,只是简单地对比净现值的大小有效么? 可能没有。我们将在第 12 章,研究一些将风险引进资本预算过程的方法。

现在,应该可以理解净现值方法的原理了,也就是怎样计算净现值和怎样使用决策规则。在接下来的两章我们会再次讨论相关问题。

10.2.3　内部收益率法

内部收益率法专注于收益率,而不是比较净现值的大小。我们可以用两种方法来定义内部收益率。从根本上说,项目的内部收益率只是对投入资金获得的收益。我们可以通过公式10.1a 中净现值的方程来定义内部收益率。

作为一项投资的项目　在内部收益率法中,一个项目被视为一项资金的投资,本质上,就像购买金融资产一样。从这一个角度看,项目初始投入资金就像投资者购买股票和债券的支付额。随后项目的现金流入就如同投资者获得的利息和红利。

当项目开始的时候(时间为 0)只有一次现金流出,这种类比就很容易理解了。考虑例 10-3中的项目,方便起见,在这里再次重复现金流量。

C_0	C_1	C_2	C_3
(5 000)	1 000	2 000	3 000

项目需要一项初始现金流出,接下来三项现金流入。初始投入的 5 000 美元可以看作随后现金流入的"价格"。换句话说,接受这个项目意味着为了获得投资公司收到后面的现金流入,而初始投资为 5 000 美元。

回想第 7 章和第 8 章,我们将投资收益率定义为"使未来现金流量等于投入金额使用的折现率"。内部收益率是后面三项现金流入的现值等于初始流出的 5 000 美元。

从这种观点来看,内部收益率类似于债券的收益率。购买债券赋予债券所有者获得一系列利息支出和收回本金的权利。投资者支付债券的价格为了获得现金流量。使投资者的现金流量等于债券价格使用的折现率就是收益率。类似的,使项目的现金流量的净现值等于初始投出资金所适用的折现率就是内部收益率。

当存在多余一项现金流出时,这种观点就有点难以理解了。例如,在现金流入之前,有两项负的现金流量。这种情况下,内部收益率就是所有的现金流入的现值等于现金流出的现值使用的利率,也就是说,内部收益率的定义是初始投入获得的收益率。

透过公式定义内部收益率　将净现值和内部收益率概念联系在一起,便于更好地理解。这两种方法是紧密联系的,净现值和内部收益率能用同一个公式定义。

上一部分,我们用公式 10.1 来定义项目的净现值,随后提到能用另一个公式 10.1a 来定义。还提到另一种表达,内部收益率就是净现值为零使用的贴现率 k。这种情况在现金流入的净现值等于现金流出的净现值时发生,也就是两者相互抵消。这意味着内部收益率法是净现值公式使用的利率未知,净现值确定为零的解。这相当于内部收益率就是项目净现值等于零时的贴现率。

将公式 10.1a 中净现值设为零,用 IRR 代替收益率 k 来定义内部收益率,如下:

$$0 = C_0 + C_1/(1 + IRR) + C_2/(1 + IRR)^2 + \cdots + C_n/(1 + IRR)^n \qquad (10.2)$$

当以特定项目的现金流量给定,公式 10.2 中,只有 IRR 是未知的。公式的解就是项目的内部收益率。每个项目都有自身的一个内部收益率,就像每个项目都有一个净现值一样。

决策规则　内部收益率法的决策规则可以直接从投资收益率的角度考虑。

独立项目　在独立项目的情况下,我们会问这样的问题:投资项目是否很好地利用了公

司的资金？问题的答案基于公司使用这笔资金支付的收益率。本章将此收益率形容为资本成本。

回想一下，前面给出的举例是没有人愿意投资的，除非投资回报率预期会超过使用投资的资金所支付的利率。

因为一个项目的内部收益率是投入的项目资金的收益率，而资本成本反映了公司为使用长期资金需要支付的平均收益率，所以独立项目的决策规则可以归纳为：只有当投资项目的内部收益率大于公司的资本成本时，才能投资于该项目：

$$IRR > k \longrightarrow 接受$$
$$IRR < k \longrightarrow 拒绝$$

此处 k 为公司的资本成本。

互斥项目 互斥项目的决策规则也遵从将内部收益率作为投资收益率的定义。人们更喜欢投资收益率大的投资项目。因此，内部收益率越大越好。如果 IRR_A 和 IRR_B 分别是 A 和 B 的内部收益率，那么：

$$IRR_A > IRR_B \longrightarrow 选择项目 A 而不是项目 B[1]$$

内部收益率的计算 通过观察公式 10.2 可以知道，要计算一系列现金流的内部收益率，不是一件很容易的事情。一个项目的内部收益率使用一系列数值替换 C_i 时的公式的解。注意公式是变量为内部收益率、n 排序的一个多项式。这是一个复杂的多项式，因为右边的分母部分出现了未知的乘方。一般的，这样的方程式在 n>2 时不能通过代数形式来计算解出了。

通过一种替代的数字方法来计算方程的解。实际上，我们能用公式 10.1 来求得公式 10.2 的解。

公式 10.1 定义了净现值的解法，用这个公式在给定的一系列现金流（C_i）情况下，可以计算任何利率下的净现值。为了求得项目的内部收益率，我们简单地尝试将 k 不同的值代入公式 10.1，直到净现值为零。此时，k 的值就是内部收益率。

为了解决问题，我们猜测项目的 IRR，并将它代入公式来求得净现值。如果净现值不是零，那么第一次的猜测就不是正确的，需要继续猜测。然而，从第一次猜测的结果可以得到一些信息，这些信息决定了第二次猜测的方向。举例 10-5 将会清晰地展示这一猜测的过程。

内部收益率的技术问题 使用内部收益率法的过程中会涉及两个技术问题每一个使用这种方法的人都会遇到这个问题。

多解问题 项目的内部收益率被定义为公式 10.2 的解，就是用一系列的现金流替换 C_i，内部收益率视为未知数。这一表达式来源于净现值等于零时净现值的公式。

第一个问题出现了，因为公式 10.2 的变量是 IRR，以 n 排序的公式，此处 n 是项目的持续年数，所以会有 n 个解。怎么知道哪个解是正确的呢？看上去，这似乎是内部收益率法的一个很严重的问题，实际上并不是。

公式的解可能是正数、负数或者虚数[2]。

---

[1] 现在能看到，内部收益率决策原则在互斥项目选择时偶尔会导致错误的决策。

[2] 虚数是负 1（−1）的平方根的函数，是高等数学整个分支的主题。

内部收益率——互动过程

求出举例 10-3 中的一系列现金流的内部收益率：

C_0	C_1	C_2	C_3
(5 000)	1 000	2 000	3 000

如果公司的资本成本是 8%，那么这个项目是一个好的投资项目吗？如果资本成本是 10% 的话又会怎么样？

解答：我们开始猜测内部收益率为 12%，计算此时的净现值。我们已经在举例 10-3 中做过这项工作了，计算的净现值为 377.30 美元。

很明显，在 12% 收益率的情况下，项目的净现值不是零，所以需要继续猜测。为了更好地猜测，我们需要观察一下项目现金流的特点。正的现金流在将来显示在右边，这些正数因为我们取现值时折现过程受了影响。实际上，在和负的 5 000 美元求和形成净现值之前，正的现金流量通过乘以现值系数而减少了。因为越大的贴现率使正现值流减小的量越大，但是它不会影响初始投入额，因为初始额不用折现。

我们第一次猜的 12% 使正的现金流减小得太多，以至于比初始投入额 5 000 美元少了 377.30 美元。所以如果想让下次猜测的贴现率使正现金流量减少额少一些，就得选择一个更小的贴现率。

在这里，我们总结一下：一个项目的净现值与用于计算的贴现率呈反方向变动。这种关系可以用图 10-1 来描述。

这个图我们称之为**正现值曲线**，每一个有一系列现金流的项目都有和图中所示曲线类似的曲线。通常，曲线向右下方倾斜，并交于坐标轴的某一点。内部收益率就是这个交点，即净现值为 0 的点。这发生在曲线穿过 k 轴线的时候，如图 10-1 所示。

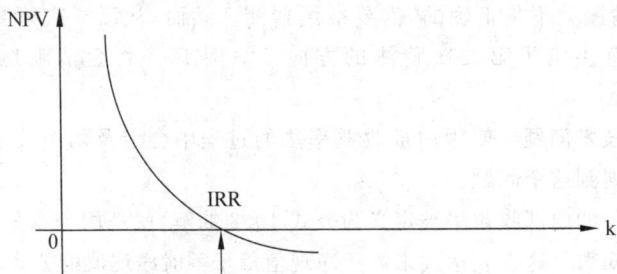

图 10-1　正现值曲线

净现值曲线向右下方倾斜是很重要的，因为一般项目开始的时候是负的现金流，随后才是正的现金流。因此，较高的贴现率对正现金流的影响比对负现金流的影响更大，会减小净现值。

求一个项目的内部收益率相当于通过测试交点两边的点来定位净现值曲线和坐标轴的交点。

当前问题是，我们第一次猜测的位置处于交点的右边，下一次猜测一定是更小的贴现率使计算的净现值更大，更接近于内部收益率。

我们将建立包含两列的表格来记录计算过程，一列是贴现率，另一列是贴现率对应的净现值。我们用例 10-3 中的计算方法证明下面显示的是正确的。净现值以最接近的整数来表示。

估计的贴现率	净现值（美元）	估计的贴现率	净现值（美元）
12%	(377)	8%	22
10%	(184)	7%	130
9%	(83)		

贴现率在 8%～9% 时，贴现值的符号发生改变。这意味着内部收益率处于 8%～9% 之间。

如果公司的资本成本是 8%，则项目刚刚保本。如果资本成本是 9%，项目会有损失，所以是不可取的。

这种方法与第 7 章给定债券的价格，求债券的收益率的迭代法是类似的。

一些财务计算器设计程序能求出一系列现金流的内部收益率。这种机器内部程序也是使用的迭代法，正如我们刚才的举例一样。

公式 10.2 的正数解的数量取决于项目的现金流量的类型。正的解的数量等于现金流改变符号的次数，也就是现金流 C_1 从负数变为正数或者从正数变为负数。

正常的现金流量只有一次符号的改变。总有一个初始现金流出 C_0，接下来是正的现金流入。有时仅在 C_0 之后正的现金流之前是负的现金流，只有一次符号改变，从负数变为正数。这意味着只有一个正解，那就是正确的内部收益率。

某些特殊的项目有一个或者两个负数的现金流量在一系列正数之间，那么求内部收益率时就会有好几个解。然而，实际上在一个合理的贴现率的范围内，是有一个解，比如在 0%～50% 这个范围内。当存在其他正数解时，它们可能是 300% 或者 400%，这种结果在合理的猜测下，使用迭代法求解时很少出现。

实际上，多解的问题是可以被忽略的。

再投资假设 我们再次观察公式 10.2，假如有一个典型的现金流量类型，即有一个负的现金流出 C_0，紧接的是一系列长期的现金流量。内部收益率法内含的假定收到现金流之后将发生什么，实际上是假定将以内部收益率再投资，直到项目寿命期结束。

再投资假设在一些特殊的风险投资项目中出现了问题。假如一个项目的内部收益率为 50%，公司不可能找到将项目产生的资金再投资而获得同样收益率的其他投资机会。因此，再投资假设无法满足。换句话说，这个收益率很高，但可能不是正确的。

在这种情况下，将内部收益率法和净现值法相比较。内部收益率高的项目，会有一个高的净现值，但是净现值法只要求以资本成本再投资。因为净现值法中的折现率仅仅是资本成本，即公式 10.1 和公式 10.1a 中的 k。这种投资实际上能够实现。

再投资问题也是个理论问题。当项目的收益率接近 50% 的时候，人们就不会担心它到底是多少了。换句话说，如果计算的内部收益率是 50%，人们不会争论它到底是 50% 还是 40%，如果项目的现金流量是正确的，哪种情况都暗示着此项目是一个好的投资机会。

10.2.4 比较净现值法和内部收益率法

内部收益率法和净现值法是两种主要的评估资本预算项目的方法。这个问题是合乎逻辑的,但两种方法的解不总是相同的。让我们在净现值曲线的帮助下,探讨前面介绍过的问题。

一个项目的净现值曲线反映了项目的净现值和计算的贴现率之间的关系。它是在给定的一系列现金流 C_i 的情况下,公式 10.1 和公式 10.1a 的图形表示。

回顾图 10-1 中的净现值曲线。相关的讨论证明了一些前期现金流出,随后现金流入的项目的净现值曲线是向右下方倾斜的。它们的形状是不相同的,它们交于坐标轴不同的位置。另外,不同项目的曲线可能会相交,如图 10-2 所示。

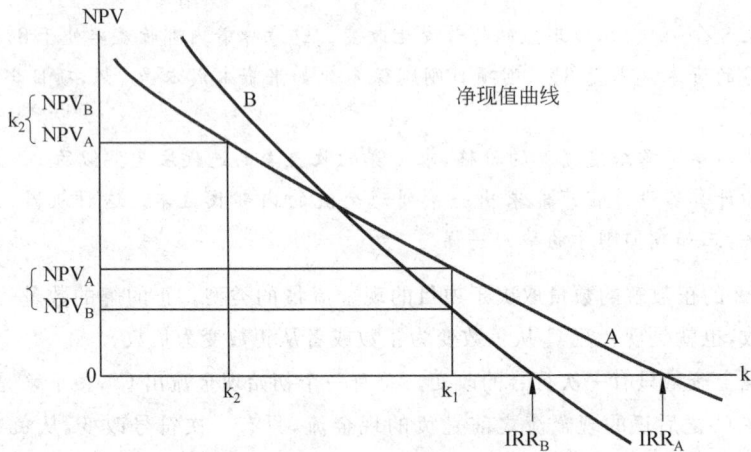

图 10-2 用净现值法和内部收益率法得到不同的答案

我们可以使用图中的净现值曲线来说明当在互斥项目之间选择时,净现值法和内部收益率法会怎样给出不同的答案。

注意图 10-2 中项目 A 与水平轴的交点在项目 B 与水平轴交点的右边。这意味着 $IRR_A >IRR_B$。因此,项目 A 和项目 B 之间,应该选择项目 A。利用净现值法时,也是选择项目 A 吗?这取决于资本成本。我们将利用净现值法,通过图示评估项目说明不同的 k 值会有不同的结论。

洞察:财务应用

修正的内部收益率法(MIRR)

IRR 的技术困难推动了一种名为修正内部收益率(MIRR)的技术的发展,它消除了再投资和多重解决方案的问题。IRR 假设现金流入在 IRR 基础上进行再投资,如果 IRR 高(比如说>25%)的话,这是不现实的。MIRR 仅仅是以资本为代价来进行再投资,这是一个比较简单的方法。现在我们考虑一个项目,假设它运行了 n 年,初始支出为 C_0,在开始和之后的现金流为 C_1 到 C_n,大部分后期的流量将为正流入,但有些可能为负流出。MIRR 将按三个步骤计算:第一,所有正现金流入的未来价值在项目结束时(n 期)计算,并加在一起。第二,所有负现金流出在 0 时按现值折现,并加到初始支出 C_0。这两个时间价值计算都是以资本成本计算的。

在这一点上,项目只是以资本成本来表示。两个数字,一个是现在的流出,另一个是未来的流入。这些计算产生了一个项目,也就是它的初始支出,还有期末一个大的现金流入,两者之间再没有其他。MIRR 是使这个项目的净现值为零的利率。这是一个使未来大额流入的现值等于初始支出的利率,也是一个在利率未知情况下的时间价值问题。

考虑下面这个三年的项目例子。Zebra 项目要求初始支出为 500 美元,第 2 年额外支出为 100 美元。预计第 1 年将产生 300 美元的现金流入,第 3 年将产生 600 美元的现金流入。资本成本率为 12%。下面的时间线包括该项目 MIRR 计算的示意图。

首先,计算第 2 年现金支出在 0 时的现值:

$$PV = FV[PVF_{12,2}]$$
$$= -100(0.797\ 2)$$
$$= -79.72$$

Zebra项目　　　　　　　　　　　　　　　　　　　(单位:美元)

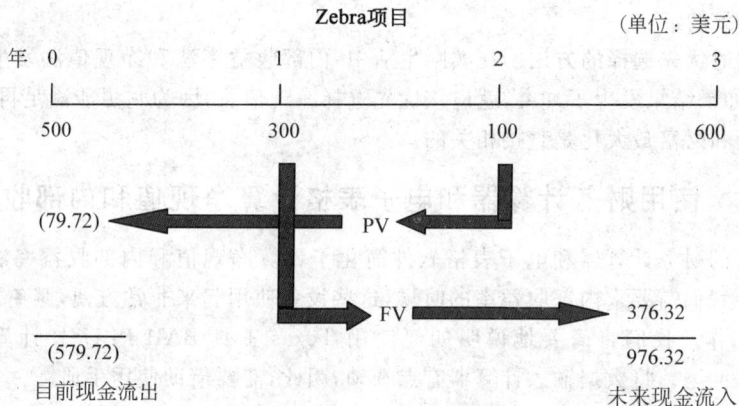

将第一步计算的数字与初始现金支出加总求出当前的现金支出:

$$当前现金支出 = -500.00 - 79.72 = -579.72$$

然后,计算第 1 年的现金流入在第 3 年时的终值:

$$FV = PV[FVF_{12,2}]$$
$$= 300(1.254\ 4)$$
$$= 376.32$$

再加上第 3 年的现金流入,就可以得到未来的总现金流入(现值和终值都是以资本为代价的。)。

$$未来总现金流入 = 600.00 + 376.32 = 976.32$$

最后,找出使未来流入金额的现值等于当前投入金额的利率。利用公式 6.4,我们得到:

$$FV = PV[FVF_{k,n}]$$
$$976.32 = 579.72[FVF_{MIRR,3}]$$
$$[FVF_{MIRR,3}] = 976.32/579.72 = 1.684\ 1$$

查附录中的表 1 得知对应的 MIRR 值约为 19%。

因此,Zebra 项目应该被接受,因为它的 MIRR 值高于 12% 的资本成本。

理解为什么 MIRR 比常规 IRR 更好用是很重要的。预测到项目结束的现金流量的依据是资本成本而不是内部收益率。这意味着 MIRR 通常会比人为夸大的 IRR 更低、更现实。例如，Zebra 项目的 IRR 是 23.0%，而它的 MIRR 是一个更保守和更现实的 19%。

为了确定任何一个项目在特定资本成本下的净现值，在水平轴上的 k 值处于做垂线交于项目的净现值曲线一点，找出对应于纵轴上的点，也就是净现值的值。

首先，选择资本成本 k_1，找到项目 A 和 B 的净现值 NPV_A 和 NPV_B。它们都显示在图中纵轴的底部。注意 NPV_A 在 NPV_B 的上方，暗示着净现值法选择项目 A，这跟内部收益率法是一样的。

现在当资本成本 k_2 也这样做时，k_2 在两净现值曲线的左方。结果净现值在纵轴的顶部。注意，这次结果是相反的，使用净现值法应该选择项目 B，和内部收益率法的结果是相反的。

基于对图表的观察，在发生这种现象时，我们对问题有了更加深入的了解。为了得到不同的结果，净现值曲线不得不超越图形的第一个有实际意义的贴现率部分。这种情况不经常发生。当这种现象发生的时候，如果资本成本小于内部收益率但差异不大，我们仍然预期两种方法的结果是一致的。

发生冲突时优先选择的方法　在实际生活中，内部收益率法和净现值法发生冲突的情况很少出现，但如果结果发生了冲突，就应该优先选择净现值法，因为它更能满足再投资的假设，也因为净现值和财富最大化是直接相关的。

10.2.5　使用财务计算器和电子表格计算净现值和内部收益率

现代先进的财务计算器和电子表格软件简化了计算净现值和内部收益率法中大量而复杂的工作。当我们需要求内部收益率的时候，这些设备使用起来非常方便，避免了前面描述的烦琐的迭代工作。我们将简要地说明如何使用 Texas 工具 BAII PLUS™ 计算器和微软的 Excel® 来解决问题。将数据输入计算器有点烦琐，因此，需要借助使用手册。

计算器　只要将相关的现金流量输入计算器，就能很快计算出项目的净现值和内部收益率。为了将现金流量输入计算器，应该先按 CF 键进入输入模式，然后按 2ⁿᵈ 和 CLR 键清除工作记录。

计算器设计程序来提示使用者一次只能输入一个现金流量数据，从初始投资额开始，输入 CF_0，也称为 C_0。输入数值，再按＋/－键使它变成负数，然后按 ENTER 键。输入完一个数字后，按 ↓ 键移到下一个输入项的提示符处。

计算器提出最多能输入 24 个不同的现金流量，从 C01，C02，…，C24。然而，每输入一个现金流量之后，计算器就会提示出频数：F01，F02，…，F24。频数能让我们在输入下一个现金流量之前重复输入上一个现金流量多达 9 999 次。如果你不输入频数，它就会假定频数为 1。例如以下数列：－500　100　200　200　200　800

可以按照以下顺序输入：

提 示 符	输 入	提 示 符	输 入
CF_0	－500	C02	200
C01	100	F02	3
F01		C03	800

你可以通过按 ↑ 和 ↓ 键在已经输入的现金流量和频数之间来回移动。也可以利用使用

手册中的程序将现金流量插入、删除或者修改。

净现值和内部收益率　一旦将项目的现金流量输入计算器,就很容易计算净现值和内部收益率。为了求净现值,先按 NPV 键,计算器会提示你输入想求的现值的贴现率 I。贴现率以整数输入(例如 12%,输入 12),然后按 ENTER 键。现在按 ↓ 键,然后 CPT(计算)。项目的净现值会出现在屏幕上,同理可以求得 IRR。

练习一下,用计算器计算举例 10-3 和举例 10-4 中的净现值和内部收益率。

电子表格　很容易用电子表格求出净现值和内部收益率。我们只需要将现金流量输入到行和列的一系列连续的表中,使用电子表格的净现值和内部收益率函数。这里有一个使用微软 Excel™ 的举例,现金流量来自于举例 10-3:

	A	B	C	D	E
1	项目的现金流量				
2		−5 000	1 000	2 000	3 000
3					
4	资本成本 k=		0.12		
5					
6	净现值=	(377.41)			
7					
8	内部收益率=	8.2%			

表格 B6 中的公式为

$$B6 = B2 + NPV(C4, C2:E2)$$

首先,看一下 NPV 函数,第一个变量就是贴现率即资本成本,表格中的 C4。注意这里以小数形式输入,和计算器输入整数形式不同。另一个变量即为项目未来现金流量的单元格范围也就是 C2 到 E2。净现值函数只计算未来现金流量的现值。这意味着我们不得不单独加上初始投入,正如我们在公式中加入 B2。

换句话说,内部收益率函数全部的现金流量,包括初始投入。单元格 B8 = IRR(B2:E2)。

10.2.6　只有单一现金流出和固定现金流入的项目

许多项目的特点是有一个初始现金流出,接着就是一系列相等的现金流入,它们时间间隔相等。为了说明,以上一个例子为例,将第 3 年的 1 000 美元转到第 1 年。

C_0	C_1	C_2	C_3
(5 000)	2 000	2 000	2 000

这种类型很容易计算,因为现金流量可以看作年金。在这种情况下,可以用年金[①]的现值公式来重新定义 NPV 和 IRR。

公式 10.1 定义净现值:

[①]　我们使用的是第 6 章中的年金现值,用 C 代替 PMT 只是为了更符合现在的表示法,将现金流表示为 C_s。

$$NPV = C_0 + C[PVFA_{k,n}] \tag{10.3}$$

在这里，C 是固定的每年的现金流入，k 是资本成本，n 是项目的寿命，C_0 是初始现金流出。要记住，C_0 是个负数。等式右边的第二项是项目正的 n 年的贴现率为 k 的现金流入的现值。

类似地，公式 10.2 定义 IRR：

$$0 = C_0 + C[PVFA_{IRR,n}] \tag{10.4}$$

公式 10.4 使用起来很方便，因为它避免了其他求内部收益率时所需要的迭代过程。

概念链接　举例 10-6

基于规范现金流，求解净现值和内部收益率

用上面刚刚描述的例子，求解项目的 NPV 和 IRR。假定资本成本为 12%。

解答：为了计算净现值，写出公式 10.3 并将现金流量代入得：

$$NPV = C_0 + C[PVFA_{k,n}]$$

$$NPV = -5\,000 + 2\,000[PVFA_{12,3}]$$

从附表（表格 A-4）中，查找相应的年金现值系数代入得：

$$NPV = -5\,000 + 2\,000(2.401\,8)$$

$$= -196.40$$

为了计算内部收益率，写出公式 10.4 并代入数值：

$$0 = C_0 + C[PVFA_{IRR,n}]$$

$$= -5\,000 + 2\,000[PVFA_{IRR,3}]$$

请注意，这是一个时间价值问题，利率是未知的。回顾一下我们解决此类包含 $PVFA_{IRR,3}$ 这种因素的问题时，可以在表 A-4 沿着第三排发现价值并在表的顶部看利率。

求解现值系数：

$$PVFA_{IRR,3} = 5\,000/2\,000 = 2.500\,0$$

在附表 A-4 中，沿着 3 年期一行找到 2.500 0，解就在 9%～10% 之间，将求得的净现值和内部收益率和举例 10-3 和举例 10-5 中计算的结果做对比，将 1 000 美元前移了两年对结果是否有很大的影响？

10.2.7　获利指数

净现值法和内部收益率法是两个最常见的资本预算方法。回收期法也经常被使用，但通常是在其他方法之前进行初步筛选的方法。尽管有新方法不断更新，但没有一种方法被证明是最好的。不过，有一种方法被大量地使用，值得简单地提及一下。本质上来说，获利指数（PI）是净现值法的一个变形。我们将借助公式 10.1a 来定义它。

获利指数将项目未来现金流的现值与项目启动所需的初始支出进行比较，并以比率的形式进行比较。

初始现金流为 C_0。因此我们定义获利指数是公式 10.1a 中 C_0 右边所有项的和与 C_0 之比：

$$PI = [C_1/(1+k) + C_2/(1+k)^2 + \cdots + C_n/(1+k)^n]/C_0 \tag{10.5}$$

PI 也被称为获利/成本的比值,反映了这样一种思想,未来正的现金流入是收益,而初始现金流出是成本。

如果在 C_0 之后几期的现金流量是负数,就是不合适的。因为在这种情况下,无法确定是否应该将它们看作是成本,加总到分母上或者看作负的现金流入从分子中消去。这个概念在只有初始现金流出是负数时最合适。而只有初始现金流量是负数的情况下是相当普遍的(我们应该在公式中写 $-C_0$,但通常情况下我们并不这么做。)。

本质上,获利指数是比率:

现金流入的现值/现金流出的现值

相反,净现值是现金流入的现值与现金流出的现值的差。

当现金流入的现值大于现金流出的现值时,获利指数大于1,这种情况等价于一个正的净现值。从现值的角度来说,获利指数越大越好,获利指数越大就意味着相对于现金流出,现金流入越大,净现值越大。

决策规则　上述的所有内容决定了获利指数的决策规则:

独立项目:

$$PI > 1.0 \longrightarrow 接受$$
$$PI < 1.0 \longrightarrow 拒绝$$

互斥项目:

$$PI_A > PI_B \longrightarrow 选择项目 A,而不是项目 B$$

PI_A 和 PI_B 分别是项目 A 和项目 B 的获利指数。

和净现值法的比较　和净现值法的决策规则相比,这种方法不是很准确。在独立项目决策时,获利指数 > 1 就等同于净现值 > 0。这两种方法通过不同的计算过程来计算相对可取的项目时,可能在互斥项目中会得出同样的选择。

关联概念　举例 10-7

获利指数(PI)

计算下面项目的获利指数,资本成本为 9% 作为独立项目,那么此项目可以接受吗(单位:美元)?

C_0	C_1	C_2	C_3
(4 500)	1 500	2 000	1 600

解答:

未来现金流量的现值计算如下:

年数	C_i	$PVF_{9,i}$	PV
1	1 500	0.917 4	1 376
2	2 000	0.841 7	1 683
3	1 600	0.772 2	1 236
			4 295

然后利用公式 10.5，获利指数为：

$$PI=4\ 295/4\ 500=0.95$$

因为获利指数<1.0，所以应该拒绝这个项目。

10.2.8 不同寿命期项目的比较

互斥项目决策有时候是很复杂的，因为互斥项目不发生在同一时期。当这种差异很明显的时候，项目之间的对比毫无意义。

例如，一家制造企业正在置换一台生产机器，必须在不同的寿命期的两种新型号机器中做出选择。假如这两种机器每年都能节约 750 美元的成本，但是预计寿命期比较长的型号机器可以持续使用 6 年，而另一型号的机器只能正常使用 3 年。当然，耐用的机器价格很高。假定两种机器的价格分别为 2 600 美元和 1 500 美元。图 10-3 给出了资本成本为 8％的情况下，两种机器的净现值和内部收益率(图 10-3 和图 10-4 都在举例 10-8 中出现)。

注意到寿命短的机器的内部收益率更高，但是寿命长的机器的净现值会更大一些。这种矛盾就是由于项目的寿命期不同而造成的。

问题主要出在净现值法上。为了使这种困难更加直观，想象一下：一台置换的机器在整个寿命期内每年都获利。问题在于，计算净现值时一个项目总共有 6 年的收益，而另一个项目只有 3 年。因此，通常寿命期较长的净现值会更大。

换句话说，6 年寿命期的机器迫使我们以 6 年的时间范围来看待，而寿命期短的项目则隐含着"假定后面 3 年什么利润都得不到"这层含义。

重置链方法 为了解决难题，我们不得不意识到如果公司购买到相对便宜的机器，那么它必须在第一个 3 年期末进行另外的置换。

理论上，任何两个不同寿命期的项目都可以使用重置链法来进行比较，即通过链接时间线直至达到相同的时间跨度。例如：一个 3 年期和一个 4 年期的项目可以通过将时间均延长至 12 年来进行对比。

洞察：财务实务

企业更偏向于哪种方法？

大型企业：

实际上，几乎所有的大型企业都使用复杂的、基于时间价值的方法来编制资本预算。然而，尽管净现值理论上来说是最好的方法，但公司却经常使用内部收益率法。这可能是因为人们对收益率比对现值更满意。我们从孩提时代就熟悉储蓄账户的利率，成年后很早就了解股票投资的收益率，商人们也在谈论关于销售、资产和股票的收益率等等。

另一方面，净现值法有点抽象，大多数人要到大学才会了解它。企业高管们了解净现值法，但对这个概念可能会有些疏离。因此，许多人倾向于使用内部收益率法，或者同时使用这两种方法。

小型公司：

小企业的情况则大不相同。研究表明，小企业倾向于将回收期法作为资本预算的基础，或者根本不做任何正式的分析。

这可能有两个原因。首先，大多数小公司经理很可能没有受过财务方面的教育，也不知道如何运用更复杂的方法。其次,小企业的重点只是关注短期的现金流量。短期来看,回收期法是可靠的方法,因为企业家认为不需要进行其他的分析了。

资料来源:L. R. Runyon,《小公司的资本预算决策》,《商业研究杂志》1983 年第 11 期,第 389-397 页;John R. Graham and Campbell R. Harvey,《首席财务官偏爱的资本预算方法》,《金融经济学杂志》,2001 年第 60 期,第 187-243 页。

这种方法有一个显著的缺陷,就是对于互斥项目来说,必须使用大量的置换链才能使时间期相等。例如,一个项目的寿命是 5 年,另一个是 8 年,我们必须将两个项目的时间期延长至 40 年才能进行比较,但这是不现实的。

等量年金法(EAA) 将每个项目转变成**等量年金**是解决时间不一致问题的最简单方法。通过从上一部分我们使用的延长项目寿命期的角度考虑,可以更好地理解这种方法。但是,这里将每个项目的净现值连在一起,然后用一个具有相同时间期的年金序列来替换,这个序列的净现值等于项目的净现值。举例 10-9 会使这种思想更好地理解。

关联概念　举例 10-8

重　置　链

在图 10-3 中比较这两个项目的正确方法是明确地对寿命期段的机器在其寿命期终结时进行机器的置换。本质上,我们将两个项目链接在一起,以涵盖与较长的寿命期限相同的时间跨度。图 10-4 很形象地描述了这个想法。那里的时间线应该取代图 10-3 中的短期时间线。

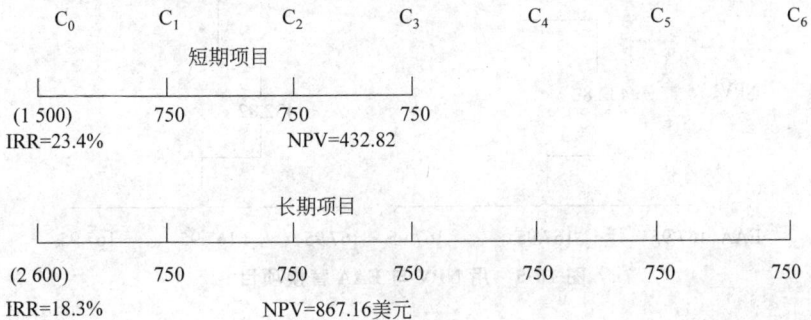

图 10-3　不同年限的项目的比较

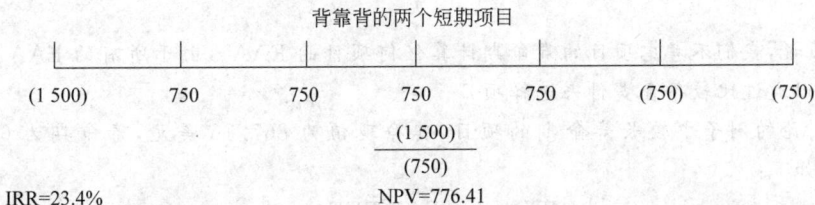

图 10-4　3 年扩展到 6 年的项目

在举例中,寿命期长的项目仍然有更大的净现值,因此,我们会选择它。既然在短期项目汇总也考虑了第 2 个 3 年期,那么使用净现值法是合理的。请注意,短期项目的内部收益率没有受到时间线的影响。

等量年金（EAA）

我们前面讨论过的短期项目有 3 年的寿命期净现值为 432.82 美元（图 10-3）。通过用净现值代入年金现值公式，建立 3 年的等量年金，同时将 3 年和合适的利率也代入：

$$PVA = PMT[PVFA_{k,n}]$$
$$432.82 = PMT[PVFA_{8,3}]$$

然后查找附表 A-4，找到现值系数，代入公式，解出每年的支付额，也就是 EAA：

$$432.82 = PMT(2.577\ 1)$$
$$PMT = 167.95 = EAA$$

图 10-5 说明了这种思想，以图 10-4 中 3 年期的项目为例。首先，我们用净现值替换了项目，然后用具有同样时间期、净现值相等的年金替换净现值。通过这种方法，我们用一系列等收益的等价现金流替换了项目。

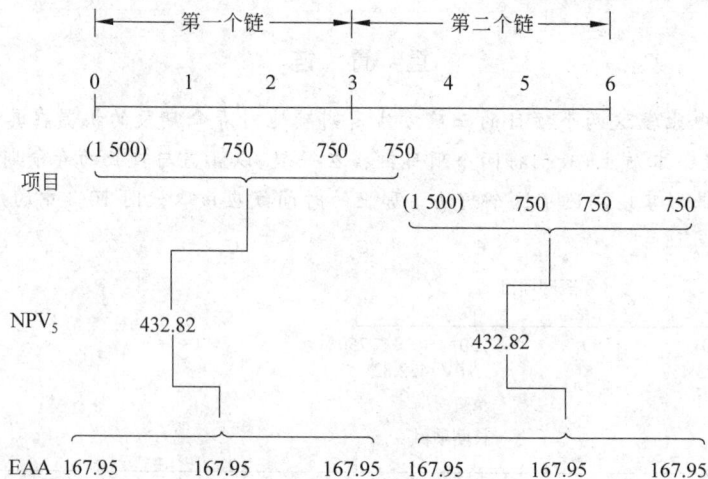

图 10-5　用 NPV 与 EAA 替换项目

由于我们可以将项目时间向前随意延长，因此可以用一条不确定长度的现金流等同于 EAA 来代表它。即使 EAA 的计算是基于原始项目寿命期数的，认识到这一点也是很重要的。

进一步说，我们不考虑项目的寿命期计算任何项目的 EAA。由于所有的 EAA 是永续年金，因而可以通过比较年金支付来选择项目。

我们讨论的例子中较长寿命期的项目，其净现值为 867.16 美元，寿命期为 6 年，它的 EAA 计算如下：

$$PVA = PMT[PVFA_{k,n}]$$
$$867.16 = PMT[PVFA_{8,6}]$$
$$867.16 = PMT(4.622\ 9)$$
$$PMT = 187.58 = EAA$$

它比短期项目的 EAA167.95 美元要大，因此可以得出结论：寿命期长的项目更好。

请注意,我们可以基于现值通过利用永续年金的现值公式来比较 EAA。这相当于用相关折现率的小数数值来除以 EAA。两个项目的资本成本是相等的,这也会导致相同的选择。

10.2.9 资本限额

公司的资本预算是在一段时间内,通常为一年的时间内,花费在项目上的全部资金。这笔资金应该为多少呢?

理论上来说,这个问题很简单。每个净现值为正数的项目预期都能增加股东财富,都应该接受。因此,最佳的资本预算应该能满足所有可以获得的项目,这些项目的净现值为正数,或者说内部收益率大于资本成本。

我们可以通过下面有如下项目的公司来阐明这种思想,内部收益率按照递减顺序排列。

项目	内部收益率	C_0(单位:百万美元)	项目	内部收益率	C_0(单位:百万美元)
A	16%	8	D	11%	3
B	14%	5	E	8%	6
C	12%	6	F	6%	7

图 10-6 描述了项目的具体情况,以折现率和资本花费为坐标轴。每个标有字母的矩形代表每个提议的项目。矩形的高度代表项目的内部收益率,宽度是每个项目需要的启动资金。通常称之为初始现金流出 C_0。

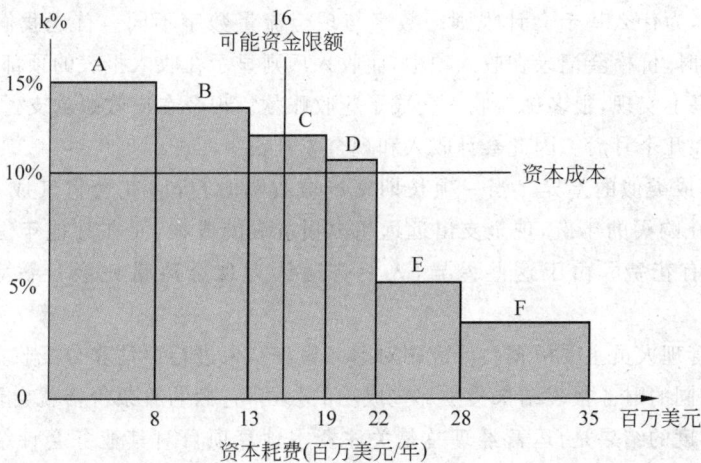

图 10-6　资本配置

再次注意到项目是以内部收益率递减的顺序排列的,公司的资本成本表现为一条水平线。这些项目可能是独立的投资机会,也可能是互斥项目中最好的选择。

图示让我们更加容易看出哪些项目的内部收益率大于资本成本来,从而被采纳。这种情况下,如果没有限额,公司可以通过接受 A、B、C、D 四个项目,放弃项目 E 和项目 F,从而使股东财富最大化。

然而,实务中,很少公司会有足够的资金接受所有净现值为正数的提议项目,一些资本限额通常会被强加给公司,如图中的限额是 1 600 万美元。当附加了资本限制时,我们不得不将资金在可获得的项目之间进行资金分配。

因为项目通常是不可分的,所以资金分配引发了一个问题。在这种情况下,我们不能只做项目 C 的一部分,因此,只能不采纳项目 C。预算资金就会在项目 B 和限额之间有剩余,部分资金未被使用。分配问题就是选择一组最好的适合限额的项目。所谓“最好”的,是指这组项目能使净现值最大。通过这样的叙述,好像很容易选择,项目 D 正好可利用剩余的资金。然而有一些情况,并不能很明显地选择。很可能选择最大化净现值的项目会选择一个或者多个可以更好地适应限额的低收益率的项目,而放弃一个高收益率的项目。

找到资本分配问题的最佳答案需要利用数学上有条件的最大化问题的方法。这个问题很复杂,超出了课本范围,但我们应该知道它是存在的。

利用高等数学来求得资本分配问题的准确答案,暗含着它的精确性依赖于考虑的项目预测的净现值和内部收益率。下一章我们将讨论相关问题。

CFO 经验谈

在实际工作中,多数经理人都是凭直觉进行资本配置,基于各种各样的原因来选择项目。这不仅仅是一些严格的财务问题。用这种选择方法,他们通常做出接近最好的选择,但却并不是最优的选择。

10.2.10　会计收益率

我们一直在使用的资本预算方法是将现金流量估计而不是将损益表预测作为输入项的。重要的是要记住,为什么基于会计规则的数字与现金流量数字不同。首先我们来考虑收入。当公司销售产品时,价格会记录在收入项中,而收入项则显示在收入报表的顶部。但大多数情况下,收款不会马上实现,很多销售收入变成了应收账款。现金在应收账款支付之前是不会流入的,这可能是在几个月后。因此会计收入和现金收入很少匹配。

折旧也会造成类似的差异。当一项长期资产被收购时,折旧就会将其成本分散到它的寿命上。因此,在购买的年份,现金支出远远超出损益表的成本,而在其他年份,成本被确认(折旧),但却没有花费。由于这些差异,人们普遍认为现金流量比会计数字更适合用于决策。

但是,高层管理人员主要根据会计准则对财务报表结果进行评估和分配收益。此外,股票市场主要根据相同的财务报表结果奖励那些成功的公司,它们的股票价格就会较高。

这种评级制度的结果是,运营经理总是关注资本预算项目对其业务会计结果的影响,这种担心可能导致他会拒绝具有良好净现值和内部收益率的项目,因为它们会对会计盈利能力产生负面影响,特别是在短期内。因此,在会计基础上以及现金流量方法基础上评估项目是个好主意,这样管理层就可以清楚地看到这两种方法的结果。会计收益率(ARR)方法,也称为平均收益率,就是这样做的。它计算项目在计划期内对项目投资的平均财务报表收益。这个数字可以与企业的持续资产回报率(ROA)进行比较,以确定项目是否会使公司在项目进行期间会看起来更好或更糟。下面的举例会使这个想法看起来更加清晰。

关联概念　举例 10-10

会计（平均）收益率（ARR）

Sparrow 项目要求购买一台价值 100 000 美元的机器,它将用直线法折旧五年以上。该机器的产品是一个新商业企业的基础,预计将产生下列收入和现金费用(收入的 50%):

年　数	收入(美元)	现金费用支出(美元)	年　数	收入(美元)	现金费用支出(美元)
1	20	10	4	120	60
2	60	30	5	120	60
3	100	50			

管理层比较保守,希望在不超过 5 年的时间内对项目进行评估。根据项目财务报表的影响,计算项目的 ARR,并针对此项目被首席执行官接受的可能性进行评估。同时估算 Sparrow 项目的现金流,并以 12% 的资本成本计算其净现值和内部收益率。对这三项评估的结果进行评论。税率为 40%。

解答: 首先,为项目创建一个损益表以及现金流量的估计。

Sparrow 项目的损益表					单位:千美元
年数	1	2	3	4	5
收入	20	60	100	120	120
现金支出	10	30	50	60	60
折旧	20	20	20	20	20
税前收益	(10)	10	30	40	40
税率(40%)	—	4	12	16	16
净收益	(10)	6	18	24	24
加上折旧得到现金流量					
加折旧	20	20	20	20	20
现金流	10	26	38	44	44

平均会计收益率(ARR)计算:

资产的账面净值为 100 000 美元,期末为 0 美元。因此,它的平均账面价值是:

$$(100\,000 + 0)/2 = 50\,000$$

Sparrow 项目的平均净收益为:

$$(-10\,000 + 6\,000 + 18\,000 + 24\,000 + 24\,000)/5 = 62\,000/5 = 12\,400$$

因此,平均会计收益率为:

$$12\,400/50\,000 = 24.8\%$$

使用财务计算器计算 NPV 和 IRR:

$$K = 12\% \quad NPV = 9\,633 \quad IRR = 15.1\%$$

分析和评论：

项目 Sparrow 的会计（平均）收益率是一个非常理想的 25％。这意味着从长远来看,该项目可能会提高公司的资产回报率,因为典型的 ROA 低于 25％。

然而,如果首席执行官对短期内对公司总体 ROA 的负面影响非常敏感的话,就可能出现问题。考虑一下 ROA 比率：

$$ROA＝总收益/总资产$$

第一年,该项目预计将出现 10 000 美元的亏损,这将使公司当年的净利润减少。与此同时,该项目的资产将为公司的总资产增加约 100 000 美元。这两种影响都会降低公司的 ROA,这可能会降低 CEO 和其他高管今年的薪酬。所以这会使他们可能不愿批准该项目。

关联概念

举例 10-1　回收期法

举例 10-3　净现值法(NPV)

举例 10-4　互斥项目的判断与决策

举例 10-5　内部收益率(IRR)——互动过程

举例 10-6　规范现金流下求解净现值和内部收益率

举例 10-7　获利指数(PI)

举例 10-8　重置链

举例 10-9　等量年金

图 10-6　　资本配置

举例 10-10　会计(平均)收益率

讨论题

1. 定义"互斥项目",并描述一下什么样子的项目才是互斥项目。

2. 资本预算以预测的增量现金流量为依据,一般不包括日常费用。长期来看,这种方法会不会对那些采取大量的资本预算得出勉强能接受的项目的公司造成一些问题?

3. 联系资本成本的观点和机会成本的概念来考虑,资本成本是项目的机会成本吗?

4. 回收期法被批评说没有使用折现的现金流量,在哪种情况下,它会变得很重要? 也就是说,哪种类型的现金流量使用回收期法、净现值法、内部收益率法会产生不同的结果?

5. 用自己的话来阐述一下净现值法的原理,为什么净现值越大越好?

6. 项目 A 和 B 有差不多大的净现值。它们的初始现金流量也是相同的。项目 A 早期的现金流量是正的,随后预期很少或者没有现金流入。项目 B 的正现金流比项目 A 要大,但是要发生在很远的未来,你能说明哪个项目好一些吗?

7. 假定一家公司花费 5 000 万美元建造一个工厂的项目,它的现金流入和流出比较接近于平衡,净现值是 25 000 美元。公司正在考虑购买一辆价值为 150 000 美元的拖车,车辆的预期现金流量的净现值大约为 25 000 美元。这意味着这两个项目是可类比的吗? 有没有一个项目比另外一个项目更好? 如果现金流量有相似的风险,两个项目的风险是一样的吗? (提示：考虑投资风险的大小与预期的财务回报。)

8. 考虑一下，将 100 000 美元存入银行 5 年的现金流量，假定每年你会取出利息，然后最终关闭账户。现在假定将同样数量的金额投入一家企业，经营 5 年，能产生一系列现金流量。解释一下，为什么企业项目的内部收益率类似于银行账户的利息？两种投资有什么不同？

9. 讨论一下，净现值曲线向右下方倾斜的项目的现金流量有什么特征？任意选择一系列正的和负的现金流量，它的净现值曲线会这样倾斜吗？或者有另外的趋势？为什么？

10. 下面一系列现金流量有两次变号，有两个内部收益率。找出两次变号。用数学方法证明 25% 和 400% 都是内部收益率公式的解。

C_0	C_1	C_2
(320)	2 000	(2 000)

在这个例子的基础上，解释"为什么在实际中多解并不多见？"

11. 在什么情况下，净现值法和内部收益率法在选择互斥项目时会有不同的结果？它们在独立项目决策中也会有相互矛盾的结果吗？为什么？

12. 为什么获利指数被描述为净现值法的变形比描述为内部收益率法的变形更合适一些？

13. 证明下面的获利指数（PI）、初始投入（C_0）、净现值（NPV）通过以下公式是相互关联的。

$$NPV = C_0(1 - PI)$$

（提示：用 C_0 和所有其他现金流量之和表示净现值和 PI 值。）

商业分析

1. 假设你是 Ajax 公司的一名财务分析师，此公司每月使用大约 100 万美元的存货。采购经理向你寻求关于采购决策方面的帮助。他现在购买 1 500 万美元的存货可以获得很大的折扣。然而，提前购买这么多的存货有废弃的风险。他知道大量采购可以通过资本预算方法进行分析，所以向你寻求帮助，问你"是否应该购买这笔有折扣的存款？"你该给他怎样的建议？资本预算合适吗？

2. 资本项目的风险是项目的收益小于预期的概率。分别以置换型、扩张型和新投资型描述构建了一个假定的项目。列出每种类型的几种失误从而引起现金流量比预期少的几种情况。你能想到几种导致项目损失的情形吗？损失会超过初始投入吗？

3. Charlie Brown 正在考虑开设一个起点和终点都是主要城市的往返航线。市场上有四种飞机可以启用，每种类型都有不同的飞行航程、载重和操作性能。Charlie 不确定他的服务需求，认为这在一定程度上取决于飞机的选择类型。业务是否可行，可能取决于哪架飞机与需求估计一致。资本预算方法是否适合分析这个问题？如果是，那么这个问题是一个独立的还是相互排斥的决策？

4. Budwell&Son 石油公司正在考虑两个钻孔计划的项目。一个项目持续 3 年，启动成本为 2 000 万美元，能很快收回投资，净现值为 1 500 万美元。另一个项目的启动成本约为 2 000 万美元，但预期寿命为 7 年，回收期较长，净现值为 1 700 万美元。该公司创始人 Budwell，倾向于较短期的项目,因为其回收期较短。然而他的儿子 Billy 在大学时接受过金融课程的学习,坚持认为判断项目是否可行的唯一方法是净现值法。因此他倾向于较长的项目。他们已经聘请你作为他们的财务顾问来解决这个问题。你对他们有什么建议?

5. Webley 公司有一个资本预算限额是 2 000 万美元。现在有 5 个内部收益率相对较高的项目,初始投资额总共需要 1 500 万美元。它们的初始投资额大致相同。第 6 个项目的内部收益率稍微小于前 5 个项目,但是需要 800 万美元的初始投资额。其他几个项目的内部收益率都比第 6 个项目要小一点。总经理宣布他们将不得不放弃第 6 个项目,因为没有足够的预算。你会给他提供什么样的建议?

习题

回收期法:概念链接　举例 10-1

1. Gander 公司正在考虑两个项目,如下(单位:美元):

年数	项目 X	项目 Y	年数	项目 X	项目 Y
0	(100 000)	(100 000)	3	40 000	0
1	40 000	50 000	4	40 000	0
2	40 000	0	5	40 000	250 000

公司采用回收期法进行资本预算,只接受回收期在 3 年或者少于 3 年的项目。

(1) 如果项目是独立的,公司会接受哪个项目?如果是互斥项目,Gander 公司不考虑项目 3 年的时间限制,那么会选择哪个项目?

(2) 思考(1)的正确答案是否有缺陷?

净现值(NPV):关联概念　举例 10-3;获利指数(PI):关联概念　举例 10-7

2. 项目的现金流如下:

C_0	C_1	C_2	C_3
(700)	200	500	244

(1) 项目的回收期是多少?

(2) 以 12% 的折现率计算项目的净现值。

(3) 以 12% 计算项目的获利指数。

3. 计算以下项目的净现值:

(1) 初始资金支出为 7 000 美元,接下来每年的现金流入分别为:3 000 美元、2 500 美元和 3 500 美元,资本成本为 7%。

(2) 初始支出为 35 400 美元,第 3 年现金流入 6 500 美元,第 4 年为 18 000 美元,资本成本为 9%。(在计算中,将前 3 笔资金流入确认为年金。)

(3) 初始支出为 27 500 美元,第 2 年是 3 000 美元的现金流入,接下来的 5 年每年现金流入为 5 500 美元,资本成本为 10%。(将后面 5 笔资金流入确认为年金,但请注意,它与第(2)部分中的年金性质不同。)

4. Clancy 公司正在考虑有如下现金流的项目：

C₀	C₁	C₂	C₃
(7 800)	2 300	3 500	4 153

（1）Clancy 公司有一项政策，就是拒绝那些回收期大于 3 年的项目，然后对通过初步筛查的项目基于时间价值进一步分析，这个项目有进一步讨论的可能吗？

（2）如果公司的资本成本为 8%，用净现值法，公司能接受此项目吗？这种推荐是明确的还是处于模棱两可阶段的？

（3）如果资本成本是 8%，基于获利指数法又能得到什么结论？这一结论是明确的或者是处于模棱两可阶段的？

内部收益率——互动过程：关联概念　举例 10-5

5. 上一个题目中的项目利用内部收益率法是应该被接受还是被拒绝？（第一步猜测内部收益率为 11%）IRR 方法似乎给出了更明确的结果吗？如果是的话，您在考虑所有四种方法之后，对这个项目是强烈推荐还是持谨慎态度？

6. 使用迭代技术为问题 2 中的项目计算 IRR（提示：从猜测值 15% 开始）。

7. 计算以下项目的内部收益率：

（1）初始现金流出为 15 220 美元，接下来每年现金流入是 5 000 美元、6 000 美元和 6 500 美元。

（2）初始现金流出为 47 104 美元，接下来每年现金流入是 16 000 美元、17 000 美元和 18 000 美元。

8. 计算 9% 的折现率水平下的项目净现值和每个项目的内部收益率：

（1）初始现金流出为 69 724 美元，接下来第 1 年现金流入是 15 000 美元，随后的 5 年每年的现金流入为 17 000 美元。

（2）初始现金流出为 25 424 美元，接下来 2 年里没有现金流入，随后 4 年每年现金流入为 10 500 美元。

（3）初始现金流出为 10 672 美元，接下来 1 年现金流出为 5 000 美元，随后 5 年每年现金流入为 5 000 美元。

9. 计算以 12% 为折现率的项目的净现值和项目的内部收益率，百分比取整数。

（1）初始现金流出为 10 000 美元，随后的现金流入为 4 000 美元。

（2）初始现金流出为 10 000 美元，随后的现金流入为 3 000 美元、4 000 美元和 5 000 美元。

（3）初始现金流出为 10 000 美元，随后的现金流入为 5 000 美元、4 000 美元和 3 000 美元。

（4）注意前面（1），（2），（3）项，过去 3 年累计的现金流入为 12 000 美元。对比它们的净现值和内部收益率，看一下第 1 年和第 3 年 2 000 美元变动的影响。

10. Grand Banks Mining 公司计划在一块荒地上开采露天矿的项目，建立生产基地和初始挖掘需要投入 500 万美元。预期第 1 年经营会比较慢，净现值流入只有 500 000 美元。在随后的 4 年每年会有 200 万美元的现金流入，之后矿藏将会全部被开采完毕。在第 6 年结束开采后的环境恢复将花费 100 万美元。

(1) 计算项目的净现值,资本成本为 12%。

(2) 计算项目的内部收益率,取最接近整数的百分比。

11. Hamstring 公司正在考虑下面的项目:

C_0	C_1	C_2	C_3	C_4
(25 000)	10 000	12 000	5 000	8 000

公司不希望考虑回收期大于 3 年的项目。如果项目的回收期小于 3 年,公司正对它利用净现值法和内部收益率法进一步考虑。公司资本成本为 9%。

(1) 项目的回收期多长? 项目能否被接受?

(2) 项目的净现值是多少? 如果是独立项目,项目可能被接受吗?

(3) 利用迭代法计算项目的内部收益率,从(2)中的净现值计算和资本成本开始。如果是独立项目,从内部收益率的角度来看,它是否可以被接受?

(4) 项目的获利指数是多少? 如果项目是独立的,利用获利指数的方法,它能被接受吗?

12. 项目 Alpha 的初始现金流出为 35 000 美元,5 年后会有唯一的现金流入是 56 367.50 美元。

(1) 如果资本成本为 8%,项目的净现值和获利指数是多少? 分别用净现值法和获利指数法评估项目的接受程度。

(2) 项目的内部收益率是多少? 利用内部收益率法来判断此项目能否被接受?

(3) 这个项目的回收期多长? 回收期对类似于 Alpha 这样的项目有意义吗? 为什么?

规则现金流下净现值和内部收益率的求解:关联概念 举例 10-6

13. Sampson 公司正考虑一个初始现金流出为 75 000 美元的项目,随后 5 年每年的现金流入为 20 806 美元,公司的资本成本是 10%。

(1) 使用单一的除法而不是现金流量的累积计算项目的回收期,为什么这种方法在这里能使用?

(2) 计算项目的内部收益率,注意此现金流量是年金。这个项目可以接受吗? 你在这部分计算的某些数据是否也在计算(1)的时候得出了? 什么原因使得这种相似的结果能够出现? 这种情况总是会发生吗?

(3) 项目的净现值是多少? 根据净现值决策规则,此项目可以被接受吗?

14. 计算下面现金流的项目的净现值、获利指数和内部收益率,每个项目计算净现值和获利指数时使用的资本成本分别为 8% 和 12%。IRR 的值取整数百分数。

(1) 初始现金流出为 5 000 美元,随后 7 年每年的现金流入为 1 050 美元。

(2) 初始现金流出为 43 500 美元,随后 4 年每年的现金流入为 14 100 美元。

(3) 初始现金流出为 78 000 美元,随后 12 年每年的现金流入为 11 500 美元。

(4) 初始现金流出为 36 432 美元,随后 6 年每年的现金流入为 8 900 美元。

互斥项目的判断和决策:关联概念 举例 10-4

15. Island 航空公司需要置换一个较为繁忙的短期航线往返飞机。市场上有两种飞机能满足航线的正常运营需求。一种飞机比另一种昂贵,但是它的燃料利用率和载重性能较好,因此能更好地长期获利。两种飞机的预期寿命为 7 年,假定 7 年后,都没有任何剩余价值。两种飞机的现金流量如下：

	低 成 本	高 成 本
初始成本	775 000	950 000
现金流入（第1~7年）	154 000	176 275

（1）计算两种飞机的回收期，并选择最好的项目。

（2）计算两种飞机的内部收益率，选择较好的项目。现金流量用年金代替。

（3）比较（1）和（2）的结论，两种结果应该是一致的。比较回收期的大小和内部收益率，是否一种方法比另一种方法更明显。

（4）假设资本成本为6%，利用年金的方法计算每个项目的净现值和获利指数。利用净现值法和获利指数法，应该分别选择哪种飞机？

（5）假设资本成本为2%，4%，6%，8%和10%。分别计算每个项目的净现值和获利指数，每个不同资本成本水平下，选择的飞机一样吗？调查每种方法下，哪种飞机更具有吸引力？

（6）利用（2）和（5）的结果在同一坐标轴中画出两种飞机的净现值曲线，在图中标出内部收益率。净现值法和内部收益率法得出的结论一样吗？为什么？

重置链和等量年金（EAA）：关联概念　举例 10-8 和举例 10-9

16. Bagel Pantry 公司正在考虑两个寿命期不同的互斥项目。公司的资本成本为12%，两个项目的现金流量如下（单元：美元）：

	项目 A	项目 B		项目 A	项目 B
C_0	(25 000)	(23 000)	C_5		6 641
C_1	14 742	6 641	C_6		6 641
C_2	14 742	6 641	C_7		6 641
C_3	14 742	6 641	C_8		6 641
C_4		6 641	C_9		6 641

（1）利用回收期法比较两个项目。

（2）用净现值法比较两个项目。

（3）用内部收益率法比较两个项目。

（4）使用重置链法比较两个项目。

（5）使用 EAA 法比较两个项目。

（6）从两个项目中做出选择，并证明自己的选择。

计算题

这一部分的题目都需要使用财务计算器来解题。

17. Callaway Associates 公司正在考虑下面的互斥项目，公司资本成本为12%。

年 数	项目 A	项目 B	年 数	项目 A	项目 B
0	(80 000)	(80 000)	3	14 000	0
1	44 000	65 000	4	14 000	5 000
2	34 000	30 000			

(1) 计算每个项目的净现值和内部收益率。

(2) 应该接受哪个项目？为什么？

18. Tutak 公司正在考虑一个初始投资为 200 000 美元的项目,在接下来的 6 年里每年的现金流入为 45 000 美元,第二个 6 年的项目的初始投入为 325 000 美元。

(1) 第二个项目每年需要产生多少现金流入才能和第一个项目有一样的内部收益率？

(2) 如果公司的资本成本为 8%,那么第二个项目每年需要产生多少现金流入,它的净现值才等于第一个项目的净现值？

19. 利用年金的现值函数(使用时间价值键 TVM,而不是现金流量的函数键 CF),补全下面项目的缺失信息。[提示：每年现金流量的年金现值减去初始投资额必须等于净现值。例如,对于项目 A,计算 5 年 35 000 美元的现金流入现值,减去初始投资(C_0),以得到项目的净现值。]

项目	C_0初始流出	年限	每年现金流	资本成本	净现值
A	100 000	5	35 000	8%	?
B	200 000	4	?	13%	35 000
C	300 000	7	50 000	?	15 000
D	400 000	?	56 098	9%	20 000
E	?	6	75 000	10%	25 000

20. 计算上一个题目中项目的内部收益率。

21. Huron Valley Homes 正在考虑一个初始投资额为 100 000 美元的项目。第 1 年项目的现金流入为 25 000 美元,第 2 年现金流入为 100 000 美元,然后的 6 年每年的现金流入为 200 000 美元。

(1) 假设项目的资本成本是 8%,求它的净现值和内部收益率。

(2) 项目最后 6 年每年必须支付多少才能使项目的净现值为 100 000 美元？

22. 考虑两个互斥项目 A 和 B,项目 A 的初始流出为 100 000 美元,接下来 5 年每年的现金流入为 30 000 美元。项目 B 初始投资为 240 000 美元,接下来前两年每年现金流入为 40 000 美元,后两年每年现金流入 80 000 美元,第 5 年现金流入是 100 000 美元。

(1) 计算两个项目的内部收益率。

(2) 用下列资本成本计算每个项目的净现值 0%、4%、8%、12%、16%,将结果记录在表格中。

(3) 资本成本为多少时,用净现值法和内部收益率法会选择同一个项目？

(4) 观察在(2)项中建立的表格,资本成本在多少之间的时候,不同方法会选择不同的项目？答案和(1)一致吗？用净现值曲线解释结果。

互斥项目的判断和决策：关联概念　举例 10-4

23. Kneelson and Botes(K&B)公司是一个为国家高速权威机构修路、建设桥梁的建筑公司。政府从私人承包商中选择投标的建筑项目。根据承包商的投标价格和它们的经营能力来选择中标的承包商。

有经验的承包商利用资本预算方法建立标书，大多数项目在开始之前都需要初始现金支出(C_0)，如雇佣费、设备、材料等。随后，政府进一步支付满足成本和利润所需要的资金(C_1,…,C_n)直到工作完成。

承包商们知道，即使他们中标，也不能确保一定能实现预期的利润，因为政府预算可能随着建筑项目实施而发生改变。如果项目的投资资金增加，官员们通常会在原来项目的基础上增加工作，使得利润和现金流量增加。但是，如果项目资金减少，官员们就会想方设法寻求成本的节约，这会使得现金流量减少。政府预算项目在一两年内通常会很好，但是更长期的项目就不一定会是这样了。

K&B 有两个 4 年期的合同可供选择，因为没有足够的现金和管理能力，所以无法承担两个项目(资源有限，为互斥项目)。一个项目是修路，已经建设了大部分，并且能很快支付。另外一个项目是建设桥梁，现金流通常会在项目接近尾声时才能获得。K&B 的评估部门将两个项目的现金流量列出如下(单位：千美元)：

	道 路 项 目	桥 梁 项 目		道 路 项 目	桥 梁 项 目
C_0	(3 000)	(4 500)	C_3	1 000	3 000
C_1	3 000	100	C_4	100	4 500
C_2	2 000	2 000			

K&B 公司不能确定自己的资本成本，但是认为会处于 10%～15% 之间。这在规模更小的公司并不多见。

假设公司已经任命你为财务顾问，请提出关于哪个项目更加有利的建议。

(1) 计算两个项目的回收期，利用回收期法应该选择哪个项目？

(2) 计算两个项目的内部收益率，用内部收益率法会选择哪个项目？ 这个选择明确吗？和回收期法得出的结果一致吗？

(3) 用从 10%～15% 之间的资本成本，每次增加 1%，计算两个项目的净现值。然后画出类似于图 10-2 的两个项目的净现值曲线。净现值法能给出一个有意义的结果吗？和回收期法、内部收益率法得出的结果一致吗？ 理论上，哪个结果最好？这种情形有帮助吗？

(4) 尽管遇到一些技术性问题，你仍然要给管理层提出一些建议，不要提供太多存在争议性的建议。

(5) 你的建议是什么？为什么？

重置链和等量年金：关联概念　举例 10-8 和举例 10-9

24. Haley 摩托公司正在考虑一个重型设备的维修保养项目。一个公司提供一份 4 年的合同，会提前支付 100 000 美元。另一个公司提供一份 8 年的合同，能提前支付 165 000 美元。无论接受哪个项目合同，公司每年能够节省 34 000 美元，不需要自己的雇员做维修工作。

(1) 如果 Haley 公司的资本成本是 10%，应该选择哪个项目？利用置换链法和 EAA 法来证明你的结论。

(2) 如果资本成本是 12%，你的结论会改变吗？如果资本成本为 14% 又会如何呢？

25. Cassidy and Sons 正在评估一个初始投资为 250 000 美元的项目。随后第 1 年需要投资 100 000 美元，第 2 年年末需要投入 50 000 美元，第 3 年年末开始，项目预期会在接下来的 8 年每年产生 90 000 美元的现金流入。

(1) 计算项目的回收期、内部收益率、净现值和获利指数。资本成本是 8%。

(2) 除了(1)中的财务计算结果外，Cassidy 对于项目还有什么好担心的？

26. Zuker 分销商负责易腐食品的仓储问题，它正在考虑更换其主要的冷库之一。一家供应商出价 250 000 美元，预期寿命为 10 年。这个冷库预计每年将节省 50 000 美元的电费。但是，从购买之后两年开始，它需要每两年翻修一次，每次需要投入 20 000 美元。另一家供应商以 300 000 美元的价格提供了一个类似容量的冷库。它会节省同样的电费，但每五年才需要进行一次翻修，每次费用为 40 000 美元。Zuker 的资本成本是 8.5%。用净现值法来决定 Zuker 应该选择哪一个供应商的产品？

27. Griffin-Kornberg 正在评估有如下资本预算的项目（单位：美元）：

项目	初始投资	年限	每年现金流量
A	3 000 000	6	719 374
B	3 500 000	5	970 934
C	4 000 000	7	904 443
D	5 000 000	4	1 716 024
E	6 000 000	6	1 500 919
F	7 000 000	5	1 941 868
G	8 000 000	7	1 725 240

A 和 B 是互斥项目，D 和 E 是互斥项目。Griffin-Kornberg 的资本成本是 9%。下一年能在项目上花费的资金最大为 14 000 000 美元。利用资本限额法来决定公司应该选择的项目。

可修正的内部收益率法（MIRR）：洞察

28. 求解以下资本预算项目的可修正内部收益率和内部收益率，并对两者之间的差异进行评论。资本成本为 12%（单位：美元）：

年数	0	1	2	3
现金流量	(800)	550	(150)	(700)

会计收益率（ARR）：关联概念　举例 10-10

29. Griffin 公司正在启动一个海上项目，以 2 000 000 美元的价格购买一艘以前拥有的小型货船，用来运送铁矿石穿越五大湖区。这艘船将按照直线折旧法在四年内完成折旧。该合资企业的运费收入和费用预测如下（单位：美元）：

年数	收入	现金费用支出	年数	收入	现金费用支出
1	500 000	800 000	3	1 500 000	900 000
2	1 000 000	800 000	4	2 000 000	1 000 000

计算这个项目的风险,并对其被管理层接受的可能性进行评估。同时估算项目现金流量,并以5%的资本成本计算其净现值和内部收益率。

上机习题

开发软件

30. 写出一个电子表格程序来计算一个项目的净现值,此项目十年期的现金流量是不规则的,不能使用电子表格软件的净现值函数。本质上,这里的任务就是利用公式10.1a,$n=10$。

首先,将折现率(k)输入一个单元格。

接下来,建立一个3行、每行11单元格(包括C_0)的表格。第一行输入现金流量。

编程计算每个时期的现值系数,使用前面输入的贴现率,并填入第2行,如下:

时期	0	1	2	...	10
现值系数	1	$1/(1+k)$	$1/(1+k)^2$	...	$1/(1+k)^{10}$

请注意,现在我们称折现率为k,但是它会在程序里显示为一个单元格的名称。

下面建立第3行,每列将前面两行的数相乘得到第3行。这使得第3行为每个现金流量的净现值。

最后加总第3行中的所有单元格的数据得到项目的净现值。

如果我们简单地在从$n+1$到10的现金流量单元格中输入0(或者保持空格),程序将只处理少于10期的项目。

我们可以通过增加水平行和程序设计逻辑,轻易地延长程序到任意合理的时期数。利用举例10-4检验程序,证明它能正确地工作。

31. Tallahassee公司正在考虑将它的一套生产设备自动化。设备需要初始投入10 000 000美元,预期寿命为10年。公司的资本成本为9%。该项目的好处是节省劳动力,提高质量,从而降低保养维修的成本。节省成本如下:

年　数	节省的成本(单位:千美元)	年　数	节省的成本(单位:千美元)
1	574	6	2 437
2	864	7	2 276
3	1 264	8	1 839
4	2 748	9	1 264
5	3 367	10	623

(1) 用上一个题目编的程序计算项目的净现值,此项目是否可以被接受?

(2) 利用程序计算的净现值结果画出净现值曲线。当折现率为6%~14%时,计算净现值。

(3) 使用迭代程序求得项目的内部收益率,百分数保持到小数点后两位。

现金流量的预测

在上一章中,我们说到过,任何需要用资本预算技术来分析的项目,都必须用一系列的现金流量预测来表示。我们将典型项目的现金流量描述为 C_0、C_1、C_2、$\cdots$、C_n,并假定它们是现成的。在这一章中,我们将探索怎样准确地预测现金流量。在下一章中,我们将探讨资本预算的现代方法,并将风险纳入其中进行分析。

11.1 现金流量预测

先将现金流量预测放入整个资本预算过程,并重点观察人们的认识。

11.1.1 资本预算过程

资本预算由两个不同的过程组成。第一个过程是与项目有关的现金流量的估算;第二个过程是使用内部收益率和净现值法等技术来评估预测的现金流量。人们倾向于把预测现金流视为理所当然的,而忽略了估算中的困难。此外,一旦作出了估计,人们倾向于将其视为一个不受错误影响的具体事实。

同样的倾向会导致资本预算的概念只与评估技术,特别是与净现值法和内部收益率联系在一起,并陷入对整个过程的准确性和精确性的错误认识之中。实际上,我们在上一章中研究的技术就像是"财务工程",它们直接而明确地处理项目中的选择任务,所以这种方法很容易让人对其正确性感到舒适和安全。

然而,这种高度精确的安全感是错误的。净现值法或内部收益率法分析的结果只是和作为输入变量的现金流量一样准确。这些预测都是对未来的估计,而对将来的估计总是很难的,会出现很多的错误。

在实践中,准确预测项目现金流是两个资本预算过程中比较困难和主观的。从某种意义上说,这是更重要的,因为这里是错误和偏见可能潜入分析过程的地方。一方面应用净现值法或者内部收益率法是一项相对简单的任务,不太可能导致错误或误解。计算可能很复杂,但在某种意义上我们不需要对正在做的事情做出任何判断。另一方面,预测项目的现金流量需要大量判断的练习,这种判断包括考虑什么、不考虑什么以及各项目之间的权衡。因此,一组特定的估算流量可能非常好,也可能非常糟糕,这取决于项目的性质和预测者。

只要有一组现金流,任何人都可以通过净现值法和内部收益率法做资本预算。但是,建立一组正确的现金流量是很难的。

在这一章中,我们将仔细研究估算现金流的方法,将特别关注这个过程中的模棱两可、不确定性和有偏见的实际问题。

11.2　项目的现金流量——概述及细节

首先我们概述整个预测过程的一般方法,然后考虑一些相关的需要特别处理的问题,最后研究具体的举例。

11.2.1　现金流量预测的一般方法

现金流量过程很复杂,但它的概念非常简单。我们只是仔细考虑一个项目所带来的所有结果,并在预计发生的未来时间内记录下每个事件的财务影响。然后,把每个时间段的每个结果加起来。

我们通常使用电子表格的格式进行预测。表格的竖列,是从现在开始到项目终结的时间段;横向的行,是产生或者需要现金的财务项。

例如:销售预测会产生来自消费者的预计现金流入量,而费用类项目会产生向员工和供应商的现金流出量模式。当每个结果都列出后,我们加总每一列,得到对未来每个期间的预测。

通过表 11-1,我们可以了解完成的产品将是什么样的。

新企业的预测往往是最复杂的,所以在简要讨论扩展项目和置换项目之前,我们会优先考虑新企业。对于那些项目,我们会剔除一些新投资项目考虑的一些问题。如果我们分门别类地思考问题,将有助于整理思路。预测新投资项目现金流量的过程概述如下:

预启动,初始流出　列举出项目启动之前所有需要花费的事项,包括必须购入的资产和必要支出,也包括费用项目对税收的影响。这些事项的总和为 C_0,也就是初始流出。

销售预测、销售数量和销售收入　将预期项目带来的增加值按时间段列在电子表格里,最好以单位进行预测,然后乘以预期价格得到销售收入。

销售成本和费用　成本计划和新的销售预测直接相关,也包括为支持业务增长而间接支出的相关费用。为此,我们假设销售收入和成本之间的关系,以及销售收入和费用的关系,都

以所分析业务的性质为基础。

资产 需要付出的现金的新资产在项目的整个寿命期里都需要被计划在内,而不论何时被需要。大多数情况下它是在初始预启动期计入初始现金流出量。不要忽略了营运资金,因为它像其他资产一样需要资金。

折旧 当为实体资产预测时,即使没有支出现金流量,预测折旧也很重要,因为它影响了税收。

税收和收益 将每期应纳税额和可扣除的事项加总,来计算项目对收益和税收的影响。计算税收增量,将它们与其他的现金流量项目同等对待。

加总及合并 调整折旧影响后的收益,与资产负债表中项目结合起来,得到每个预测期内的现金流量估计值。

扩展类项目需要和新投资项目一样的要素,但是通常需要的新设备和设施会少一些。

置换类项目因为没有新的投入,通常会节省一些成本,因此,预测现金流量的过程不那么烦琐。计划未来期间预计能接生的金额,并考虑需要实现这些节省金额的资产。大多数情况下,需要计算折旧和税费。

在下一部分中,我们将看到一些具体的实例。

11.2.2 一些具体问题

预测现金流量时记住一些具体的事项是很有帮助的。在看到例子之前我们先讨论几个具体的问题。

典型类型 几乎所有的项目在启动之前都需要初始投入资金,也就是初始现金流出。随后,现金流量一般都是正的,特例除外。典型的现金流量类型的特点是,先是现金流出,然后是现金流入。

置换类项目通常在这方面非常简单,初始现金流出是新设备的成本与旧设备残值的差。未来的现金流量就是使用新的、高效设备节省的成本或者获得的利润。一般它们立即就能获得,并且比较稳定和安全。

其他类型的项目会有负的现金流量。例如新投资项目,在初始投入之后的前几年一般会损失金额,因此会有几期负的现金流量。更多复杂的项目在不同时期都需要注入资金,可能在任何时间点产生负的现金流量。例如,期末的清理需求使得项目最后一期的现金流量为负。

递增的项目现金流量 项目现金流量最基本的概念为企业正常经营产生的现金流量是递增的。递增意味着增加,至少概念上是独立的形式。换句话说,我们必须回答以下问题:我们承担这个项目,与不承担这个项目而继续以前的业务相比,现金流量会有什么样的变化?

沉没成本 一些与项目有关的支出不应该计入资本预算现金流量预测中。沉没成本是在分析之前已经花费的资金。沉没资金一去不复返的事实不会因为项目决策而发生变化,例如,一个公司为了研究新的业务领域而花费一些支出,然后分析决定是否应该进入此领域。研究成本就不应该计入该项目的资本预算分析的现金流量中,因为在研究分析时,这个费用已经产生。

决策分析只包括未来的决策成本。研究成本已经发生,无论未来企业是否进入该领域,都不会再收回,因此它与决策是无关的。

机会成本 任何资源都不是免费的,虽然有时候它看起来是免费的。假如一家公司拥有一套闲置的生产设备,而一个正在评估的项目需要这样的资源。如果承担这个项目,这套闲置的生产设备将会被使用,而这不会有现金支出。在项目的资金预算分析中,这是否意味着该设备是零成本的呢?

在这个举例中,假设公司对该闲置设备没有其他生产用途,但是能卖到 1 000 000 美元,那么我们就称这 1 000 000 美元为该设备的机会成本,将这一数量计入分析中的现金流出量。实际上,公司实施项目中使用这个设备放弃了 1 000 000 万美元的资金流入。只有这个设备没有任何的市场价值,并且对公司来说没有其他用处时,它才是免费的。

对公司其他项目的影响　我们不得不考虑,某一项目有时候对公司的其他项目会有影响。假设一家公司销售家用型产品,正在考虑引进一类奢侈型产品。一些消费者就会转而购买奢侈型产品,导致其他家用产品的收入损失,这些损失应该在新的计划中反映为负的现金流量。

管理水平　通常,基本的管理费用被认为是固定的,被排除在项目分析之外。然而,我们有时候也必须考虑管理费用的改变。

例如,一家公司有一个主要的人事部门,该部门费用视为生产部门的费用。因为大多数项目预算只增加几个新员工,所以人事部门的工作量并没有因为增加新人员而变得很大。但是,假设一个新项目需要很多的员工,以至于为支持该项目需要增加管理费用。这种情况下,人事部门增加的成本就应该计入项目的成本汇中。换句话说,项目增加的管理费用反映在项目的现金流量之中。

税费　资本项目通常能提高收益,但更多的收益并不意味着更多的税费。重要的是计算除去由项目引起的税费增加后的现金流量。

为了得出现金流量增量,我们不得不计算税费对项目税前收益的增长性影响,并计算税收的增加,计入现金流出量。换句话说,我们分析的是税后现金流量。

现金与会计结果　当作项目预测的时候,请记住现金与现金流量的区别是很重要的。资本预算处理的是现金流量,因此,理论上我们几乎不需要注意会计净收入。然而,公司经理总是想知道项目对净收入的影响和资本预算分析的结果。因此,尽管两者是独立的,但是获得两者的数据却是很重要的。

营运资金　增加销售项目一般会增加应收账款和存货。换句话说,更高的收入需要更多的营运资金。营运资金在项目的早几年会随着收入一起增加。重要的是要认识到,如同购买其他资产一样,营运资金的增加也就意味着现金流出量。这些现金流量必须纳入项目预测中。

忽略财务费用　当预测项目的现金流量时,不要将包括一段时间获得的累计现金流量的利息费用包括在内。这是现金流量预测和与业务计划相关的财务预测的最大的区别。现金流量预测关心的是项目的价值,而不是怎样筹措,因此,我们只关注经营现金流量。

这不是说资本预算分析忽略了利息费用支出和资金的时间价值。当运用净现值法和内部收益率法时,明确地考虑了资金的时间价值。因为在那里考虑了,所以预测现金流量时就不考虑了。

旧设备　一些项目,尤其是置换类项目,涉及旧设备的处置。通常这些旧设备可以在二手市场卖出,提供一些现金流入量,能抵消一部分新设备的现金流出量。

考虑这部分现金流入量是很重要的,这部分销售收入可能会因为收入增加引起税费降低。

11.3 新投资项目的现金流量预测

新投资项目通常会比扩展类项目或重置类项目更大、更复杂。然而,新投资项目的增量现金流量也更加容易分散,因此整个项目很容易与公司其他业务分开。

关联概念　举例 11-1

新投资项目的现金流量

Wilmont 自行车公司生产传统的公路变速自行车。管理层正考虑一项新的业务计划,生产越野山地自行车。该项业务计划已经被仔细地研究过了,得到了如下信息:

新生产设备、机器的成本,包括运输费和调试费	20 000 美元
新员工的雇佣费和培训费	125 000 美元
启动前的广告费和其他各项费用	20 000 美元
增加的销售费用和管理费	120 000 美元
销售量预测 第 1 年	200
第 2 年	600
第 3 年	1 200
第 4 年及以后年份	1 500
单价	600 美元
单位生产成本(收入的 60%)	360

去年,预计越野自行车会获利,公司以 50 000 美元的价格买入一项变速杆设计的生产权。

目前,公司的生产车间已经全部利用,为了扩大生产,需要购买一个新的生产车间。该公司拥有现在生产车间附近的一块土地,可以在这块土地上建设新厂房,需要 60 000 美元。这块土地十年前以 30 700 美元的价格购入,现在市场价值预期为 150 000 美元。

如果公司生产越野山地车,那么会损失现在一部分销售额,转移给新产品。新的销售预测中的 3%,预期来自于旧的产品。旧产品和新产品的价格和直接成本大约相同。

Wilmont 的日常支出包括人力资源、行政管理、财务等方面的支出,大约占收入的 5%。销量的一次业务增加不会影响日常费用,但是数据的持续增加会需要更多的支出来支持。管理层预计日常费用的增加量大约占新产品收入的 2%。

新的收入预计会在 30 天收回。估计在开始和第一年增加的存货为 12 000 美元,之后存货周转 12 次,并以销售成本为基础。增加的应付账款预期是存货的 25%。

Wilmont 当前业务是获利的,因此新生产线的损失会减少税收。公司的边际税率是 34%。

解答:

初始投入　首先我们将考虑启动前需要的资金。也就是构成初始投资 C_0 的一部分。

我们将以千美元为单位,保留小数点后一位,这相当于预测到最接近百分数,这为预测提供了足够的细节。

营业费用的本质应该是启动前递减收入课税前扣除的费用,包括雇佣员工、培训、广告和其他各项费用。

雇佣和培训	125.0
广告及其他费用	<u>20</u>
可减税的费用	<u>145</u>
税(34%)	<u>49.3</u>
税后净费用	<u>95.7</u>
接下来,为开始需要的实体资产增加现金流量:	
设备	200
新设施	<u>60</u>
期初存货	<u>12</u>
资产小计	272
将经营项目和实物资产,得出实际的预启动初始投入:	
税后净费用	95.7
资产小计	<u>272</u>
实际预启动最初投入	367.7

接下来,我们必须认识到土地的机会成本。财产的市场价值是 150 000 美元,但如果它以此销量销售,资本利得税会因为价值的增加而增加原有的支出。公司没有得到满意的资本收益率,因此税率为 34%:

	资本增加	现 金
售价	150.0	150.0
成本	30.7	
资本增加	119.3	
税(34%)		40.6
放弃的现金		109.4
加总之后,我们得到一个数字,即为 C_0		
实际的预启动现金流出量	367.7	
土地的机会成本	109.4	
C_0 初始流出	477.1	

CEO 经验谈:重要的是要注意,像土地这样的机会成本是项目的真正成本,但它并不像其他项目那样代表当前的现金流。这可能会给非财务专业人员带来困惑。

项目启动后的现金流量

一般来说,销售增长预计开始后会很小,随后几年逐渐增长,然后达到稳定状态。通常其他的项目也是这样,前几年变化然后保持稳定。如果真的是这样的话,我们必须及时地预测出数字的改变直到稳定为止,随后的几年就是重复的。

在这个例子当中,预期在稳定之前会有 4 年的增长。然而,5 年后的就会影响税收。因此,预计每年的现金流量会改变,直到第 6 年才会保持稳定。所以,我们只预测 6 年的现金流量,长期的现金流量,我们只需要重复最后一年。表 11-1 已经列出了计算过程,接下来的段落会讨论分析。继续看这个例子的同时,请关注表 11-1。

表 11-1 预期现金流量

	公司山地自行车的预期现金流量(单位:千美元)					
	年 份					
	1	2	3	4	5	6+
收入和毛利润						
数量	200.0	600.0	1 200.0	1 500.0	1 500.0	1 500.0
收入	120.0	360.0	720.0	900.0	900.0	900.0
成本	72.0	216.0	432.0	540.0	540.0	540.0
毛利润	48.0	144.0	288.0	360.0	360.0	360.0
可扣税费用						
销售、一般和行政费用	120.0	120.0	120.0	120.0	120.0	120.0
折旧费	41.5	41.5	41.5	41.5	41.5	1.5
间接费用	2.4	7.2	14.4	18.0	18.0	18.0
旧产品销售损失	1.4	4.3	8.6	10.8	10.8	10.8
总计	165.3	173.0	184.5	190.3	190.3	150.3
利润的影响和税收						
EBT 的影响	(117.3)	(29.0)	103.5	169.7	169.7	209.7
税收	(39.9)	(9.9)	35.2	57.7	57.7	71.3
EAT 影响	(77.4)	(19.1)	68.3	112	112	138.4
增加的折旧	41.5	41.5	41.5	41.5	41.5	1.5
小计	(35.9)	22.4	109.8	153.5	153.5	139.9
运营成本						
应收账款	20.0	45.0	67.5	75.5	75.5	75.5
存货	12.0	18.0	36.0	45.0	45.0	45.0
应付账款	(3.0)	(4.5)	(9.0)	(11.3)	(11.3)	(11.3)
运营资金	29.0	58.5	94.5	109.2	109.2	109.2
营运资金的变化	(17.0)	(29.5)	(36.0)	(14.7)		
净现金流量						
净现金流量	(52.9)	(7.1)	73.8	138.8	153.5	139.9

收入

通过列出的销售量乘以预期的单价 600 美元，得到了表格上端的收入预测。有一点很重要，那就是应该预测销售量和单价，而不仅仅是预测收入。保留单价的细节能更容易预测来反映不同的假定，并能够检查整个预测的过程。

成本和毛利润

生产成本可以根据组成部分或收入的百分比来计算，这与以前在同一或类似业务中的经验预测是一致的。在这种情况下，Wilmont 有生产自行车的经验，并认为 60% 的成本比率将适合它的新业务。将这个比率应用于收入数字可以得到预期的成本线。毛利率是收入减去成本的差。

销售、一般以及行政管理费用

接下来我们计算影响税前收入的项目，从销售、一般以及行政管理费用开始，预计每年为 120 000 美元。

折旧

可扣除的部分可以分为两块：设备和建筑有不同的寿命期。设备可以在 5 年内完成折旧，而建筑必须分为 39 年摊销。假设两者都是直线折旧法，为了方便，我们忽略半年的情况，每年的折旧如下：

| 设备(200 000/5) | 40 000 | 折旧,前 5 年 | 41 538 |
| 建筑(60 000/39) | 1 538 | 之后的年份 | 1 538 |

有一点很重要，理解折旧为什么要计入现金流量预测？尽管它是非现金性支出。在计算 EBT 的时候，折旧从收入中扣除，税收从 EBT 中扣除。一旦扣除了折旧和税收，在单独计算产品时，我们再次加回折旧。

间接费用

下面产品的间接费用的预期将以增加的收入的 2% 增长。

旧产品的损失

以下间接费用是对旧产品线预计损失的业务的一种补偿。据估计，预期 3% 的销售量来自于旧产品。假设新产品的成本和价格的关系，与旧产品大致相同，我们可以估计损失的利润也占毛利润的 3%。

税前收益、税后和净收益

将这些费用项目加总，再从毛利润中扣除总和，就是它对税前利润的影响。税收是税前利润的 34%，产生了项目对税后利润的影响。

CEO 经验谈

尽管这个数据与资本预算的目的无关，但是它对经营经理来说总是很重要的，因此应该把它作为分析的一部分并加以计算。

加回折旧

这些经营项目对现金的影响是通过加回折旧计算出来的，而折旧是这个例子中唯一的非付现项目。

运营资金

最后，我们计算出为支持项目所需要的运营资金。这意味着要预测年末的应收账款、应付账款和存货的差额结算。

应收账款

假设应收账款能在 30 天内收回,这意味着应收账款(A/R)总有一个月未收回。因此,一般每年应收账款的平均水平应该是当年收入的十二分之一。如果有连续两年的平均数字,就可以对其求平均值,以得到第一年的年终数字。前两年的计算结果如下所示。第 1 年的月平均收入是 10 000 美元,第 2 年增加到 30 000 美元。在这两个水平之间,假设收入增长是平稳的,那么在年底的时候,这个数字就会超过 20 000 美元。

年份	收入(美元)	平均应收账款	年末应收账款(美元)
1	120 000	10 000	20 000
2	360 000	30 000	45 000
3	720 000	60 000	

存货

存货预测为一个月售出商品的成本,因此,用每年的成本数据除以 12,第 1 年的除外,已经假定为 12 000 美元。

应付账款

应付账款为存货的 25%。

将这些项目相加,计算每年的运营资金的变化,反映项目寿命期内所需要的现金。第 1 年的营运资金变化为 17 000 美元而不是 29 000 美元,因为假定了开始之前获得的初始存货是 12 000 美元。

通过将运营资本加总小计计算出税后的现金流量预测。这个数据加上前面计算的初始现金流出量,就表示越野自行车项目的现金流量。

C_0	C_1	C_2	C_3	C_4	C_5	C_6
(477.1)	(52.9)	(7.1)	73.8	138.8	153.5	139.9

如果销售数量稳定地保持在 1 500 的水平上,那么后面的年份的现金预测就是第 6 年的重复计算。因此这个例子中,可以增加更多的现金流量(139 900 美元)来延续我们的预测。

上面有两项资金没有计入总数,这点很重要。

沉没成本和利息

对于新的变速杆设计上已经花费的 50 000 美元没有备抵。不管越野车项目是否被接受,这些钱都已经花费了,因此这是无关紧要的。在项目分析中,只有未来依赖于项目的现金流量,才会被考虑在项目的分析中。过去的或沉没成本不能改变或收回,即使它们与项目相关,也不会考虑。

我们不考虑将现金流量累积利息作为项目成本或收入的备抵。当采用净现值法和内部收益率法的时候,资金成本明确列入资本预算。因此,在估算项目现金流量时,不需要考虑这一因素。

11.3.1 终值

可以假定项目的增量现金流量能够持续下去。这个假定是非常普遍的,尤其是对于新投资项目,因为它会随着业务一直持续下去。假如我们已经讨论的 Wilmont 公司的越野自行车项目,第 6 年的现金流量大约 140 000 美元会持续到遥远的未来是合理的。

有一个很方便的方法可以反映 Wilmont 公司资本预算使用的现金流量中的这种假定。第 7 年重复的现金流量是一个永续年金,它在第 7 年初(第 6 年末)的现值为 C_7/k,这里的 k 为资本成本。这个数值作为项目的终值,将被加到第 6 年的现金流量中来反映项目的持续。

项目的终值大小和项目前面的现金流量有关。事实上,终值假定在预测中是最重要的。终值的大小对假定增长率很敏感。

CFO 经验谈

在资本预算分析的准确性方面,终值是一个大问题。虽然短期预测是差的,乐观的长期预测可以使一个项目在净现值基础上看起来很好。由于终结期没有在一段特定时间开始,所以很难反驳它背后的假设。因此,提出项目的人往往把它们描绘成快速增长并拥有不确定的未来。一般由财务部来负责维持这类预测的合理性及保守性。

有人争论说根本不应该使用无限的预测,因为遥远的未来是不确定的。他们的观点是,如果在合理长度的期限内不能评估一个项目,那就不应该接受这个项目。

关联概念 举例 11-2

终　值

如果 Wilmont 公司的资本成本是 10%,项目的终值为:

$$140\ 000/0.10 = 1\ 400\ 000$$

也可以假定持续的现金流量以增长率 g 增加,这种情况下,终值就可以通过除以(k−g)而不是单独的 k 求得的。假定公司预计越野自行车在第 7 年以 140 000 美元开始,会有一个 3% 的增长率,项目的终值为

$$140\ 000/(0.10 - 0.03) = 2\ 000\ 000$$

11.3.2　准确性和预测值

既然看到了预测过程,那么就回顾一下本章开始讨论过的精确度问题的要点。

净现值法和内部收益率法给我们的印象很准确,因为净现值法和内部收益率法是很容易计算到小数点后几位数的,然而这种准确性并非事实。虽然净现值法和内部收益率法的计算非常精确,但是它用资本预算模型中输入的现金流量来计算,这些现金流量是未来现金流量的预测,就像所有的预测一样,可能会有错误和偏见。

在举例 11-1 中,Wilmont 的现金流估计是建立在单位销售预测基础上的。但对于新产品来说,这一预测很容易就会偏离 20%。这种可变性意味着,花费大量精力使估计的其他要素精确,通常是不值得的。例如,评估人员可能会花费大量的时间来确定山越野车项目的合适成本比率究竟应该是 60% 还是 61%。考虑到潜在销售预测的不确定性,这就会浪费时间。请注意,我们在表 11-1 的计算以千美元为单位,并保留到小数点后一位,很容易取整到千位数而没

有实质性的损失。

CEO 经验谈

预测的不准确性来源有很多,但无法预测的偏差可能是资本预算中最大的问题。项目通常是由对此项目感兴趣的人提出的,而这些人中的一部分正是预测资本预算输入现金流量的人员。这就造成了固有的利益冲突。

例如,假设一家公司的生产部门提议购买一台新的、最先进的生产机器,以取代一台即将报废的旧机器。如果购买了新机器,产品质量将持续提高,导致生产停止的设备故障也会减少。这些问题曾给生产经理造成很大的压力,并对他们的业绩评级产生了重大影响。因此,制造经理们可能会把使用这台新机器看作是一种让他们的工作变得更加轻松和容易的途径。

的确,生产部门将承担新机器的成本,但若将这一成本包含在部门预算中,就不需要再做额外的解释了。考虑到所有因素,生产部门的管理者很可能会对机器置换持完全正面的态度。

我们用一系列的现金流量来表示一台新机器需要花费更高的价钱在产品质量的提高和机器更高的稳定性的问题上。这意味着质量的提高将导致更高的客户满意度和更少的抱怨。可靠性越好,因生产停滞而损失的时间就越少。

对这些影响进行财务评估是一件非常主观的事情。我们可以说,新机器会产生积极的影响,但它的影响到底有多少,很难准确判断。即使在项目实施之后,结果也很难确定。能够使顾客更加满意,减少诉讼这些影响不能在财务报告中清楚地显示出来,如果它们真的发生了,那么也只是出现在正常的经营财务数字中。

由于上面的所有因素所致,预测项目的影响通常只是基于经验和知识的猜测结果,而不能证明对与错。但这些猜测的人们可能就是首先提议项目的生产组成员,他们认为这是一个极好的想法。因此,他们倾向于高估利润,低估成本。我们将通过简短的例子看一下这种情况。

11.3.3 修正的加速成本回收法(MACRS)——对折旧的说明

美国政府允许公司在计算税收时使用加速折旧法。在加速折旧方法下,资产的折旧在寿命期内向前移动,因此前期计提的折旧多一些,后期的折旧少一些,总的折旧额是不变的。这意味着前期的应税收入减少,税收减少,而后期的税收增多,实质上这种方法推迟了税款。

因为货币有时间价值,所以这是一种有利因素。为了更好地理解,想象推迟交一美元的税款,将它存入银行几年后取出,同时还获得了利息收入。

然而,加速折旧法也带来了一个问题,因为公司不喜欢在短期内表现出较低的利润,即使后期能得到弥补。因此,公司在计算披露给公众和股东的收益时不使用加速折旧法。重要的是要明白,使用这样两套会计规则是完全合法的,一套用于税务目的,一套用于财务报告。

折旧是一项非现金支出项目。它代表了一个虚构的成本在时间上的分配,目的是使财务结果与实际活动相匹配。它并不代表实际的支出。在资本预算中,我们感兴趣的是现金流,而不是会计结果。因此,我们将折旧纳入资本预算计算中的唯一原因就是它对税收的影响,这是真正的现金流动项目。

因此,如果一家公司将加速折旧法来计算税款,那么它应该在资本预算计算中使用该折旧。为了叙述简便,我们在上述举例中没有具体的描述,但是应该意识到税收系统是如何运作的。

修正的加速成本回收法 有很多加速方法将折旧在资产的寿命期内分摊。然而,税收准则明确地规定了怎样计提折旧。这个方法通常被称为修正的加速成本回收法(MACRS)。首先这个方法将资产分成不同的类别,并分成不同的折旧期。然后建立一个表格,显示寿命期内每一年的折旧占资产成本的比例。分类的标准和表格都相当全面,下面展示一个由 3 年、5 年和 7 年构成的代表性的样本。

类别	代表性设备		
3 年	研究设备		
5 年	汽车和计算机		
7 年	家具和设施		
年份	各类资产占资产成本的比重		
	3 年	5 年	7 年
1	33.3%	20.0%	14.3%
2	44.4%	32.0%	24.5%
3	14.8%	19.2%	17.5%
4	7.5%	11.5%	12.5%
5		11.5%	8.9%
6		5.8%	8.9%
7			8.9%
8			4.5%

每列的折旧都多一年,并且每一列的第一个数都比第二个小。这些奇怪的现象都是因为半年惯例,假定资产是在它被需要那年的年中投入使用的。因此,每一列的第一个数字代表半年的使用,留下另外半年在寿命期的年末确认。

MACRS 只适用于设备。楼房使用直线法折旧,折旧期为 27.5 年。如果用于居住的话,折旧期就是 39 年,土地不折旧。

11.3.4 扩展类项目

扩展类项目和新投资项目类似,都涉及收入和资本的增加,需要获得新的资产,并提折旧,还涉及各种费用支出。因此,我们在新投资项目中使用的现金流量预测格式(见表 11-1)也能用于扩展性项目。而重置类项目则有一些不同的结构,下面将具体讨论。

11.4 重置类项目的现金流量预测

通常,重置类项目考虑的要素比新投资项目少一些,但是识别哪些是增量更为复杂。如果不实施项目,就很难确定将来会发生什么。例如,假定一台机器正在变旧,需要置换。我们是将新机器的业绩和旧机器的业绩进行对比,还是假定旧机器会继续变坏?如果是后者,那么机器变坏会带来多少成本的增加？重置类项目的税收影响也很复杂。

关联概念　举例 11-3

重置类项目

　　Harrington Metals 公司 5 年前以 160 000 美元的价格购买了一台大型的打印机。为了使举例简单一些，我们假定当时的税收法允许在 8 年内用直线法折旧，而今天购买的这种机器可以在 5 年内用直线法折旧。这台机器不是很好，管理层正考虑用一台新机器置换它，新机器将花费 300 000 美元。如果购买新机器，那么预计旧机器可以卖得 90 000 美元。以上成本包括运输费、调试费和安装费。

　　旧机器需要 3 名操作人员，每人每年的报酬是 50 000 美元，包括津贴和工资。新机器的设计效率更高，只需要 2 名操作人员，每人的报酬不变。

　　旧机器过去有很高的维修费用和很长的停工期[①]，如下：

	年　份				
	1	2	3	4	5
停工小时数	40	60	100	130	128
维修费用（万）	保修期内	20	70	84	90

　　机器停工是很麻烦的事，但一般不会停止生产，除非停工持续到扩展期。公司已经保存了急用的有标记的存货，能够暂时重新安排生产而不引起太多的注意。生产经理预测每小时停工的成本是 1 000 美元，但没有确切的数据支持这个数字。

　　新置换的机器制造商声称公司需要每年花费 30 000 美元来维护产品，并预计每年只有 30 个小时的停工期。然而，他们不愿意在一年保质期过后继续对预测做出保证。

　　预期新机器生产的产品的质量比旧的机器生产更高。结果预期会使顾客更加满意，将来的销售会很高。管理层想将这些积极影响考虑在分析之中，但不知道怎样计算它们。

　　问题：预测一下购买的新机器接下来 5 年的增量现金流量。假定 Harrington 的边际税率为 34%，并且公司当前是获利的以至于应税收入的改变会引起税款变化 34%，可能正向，也可能负向。假设旧机器的销售收益也是以 34% 的税率来纳税。

　　解答：在这个问题中，有两种现金流量项目：一种能够相当客观的预测；另一种，需要一定程度的猜测。首先我们来考虑客观的项目。[②]

　　包含旧资产的销售收入的初始现金流量。

　　不论旧机器能带来多少收入，新机器都会花费 300 000 美元的费用。

　　旧机器的市场价值为 90 000 美元，但以这个价格销售收入会带来税款的增加，使得收入以少于销售价格的现金得到。旧机器最初以 160 000 美元的价格买入，经过 8 年的直线折旧，每年的折旧额是 20 000 美元。现在已经过去了 5 年，所以剩余价值为 60 000 美元。税后收入

---

　　① "停工时间"是指机器无法操作的期间，通常是由于维护或修理。
　　② 客观意味着可以测量或确定而没有偏见。另一方面，一个主观的项目不能被精确地测量，其价值的估计由于估计者的偏见和意见而受到扭曲。例如，一个人的身高和体重是客观的；美貌是主观的。

计算如下(单位：千美元)：

	会 计 记 账	现 金
销售价格	90.0	90.0
账面价值	60.0	
销售收益	30.0	
税(34%)	10.2	(10.2)
净现金收入		79.8

项目的初始现金流出量如下：

新机器成本	300.0
旧机器销售收入减少的现金流出量	79.8
初始流出	220.2

现在考虑一下 5 年预测期的增量现金流量。直接项目包括新折旧方式带来的税收的影响和因为减少一个员工而节省的成本。

折旧

购买新机器会改变的税如下(单位：千美元)：

	年 份				
	1	2	3	4	5
新的折旧额	60.0	60.0	60.0	60.0	60.0
旧的折旧额	20.0	20.0	20.0		
折旧额净增加	40.0	40.0	40.0	60.0	60.0
节省税款(34%)	13.6	13.6	13.6	20.4	20.4

人力成本

人力成本的节约来自于人员减少的成本节约(单位：千美元)：

	年 数				
	1	2	3	4	5
人力成本节约	50	50	50	50	50

现在我们必须考虑一下预测中主观类的项目。有三种影响是必须考虑的。它们是新旧机器不同的维修费用、停工期、产品质量。每一种影响都有一个价值,但是很难明确它们的大小。

CFO 经验谈

财务分析师的作用在分析阶段最为关键。提议购买机器的人员很可能对主观的收益过于乐观。在决策过程中,财务部门的工作就是发出质疑的声音并确保只能对主观收益进行现实的预测。

让我们逐一考虑一下这个例子中的问题。

维修成本

最具体的事项就是维修成本。我们必须预测新机器和旧机器的维修费用的差额。观察历史记录,旧机器的成本近几年来逐年增加,但是最近稳定在 90 000 美元。问题是,它仍然处于这个水平,还是随着机器变旧而继续增加?

新机器提供一年的保修期,还承诺一年后维修成本是 30 000 美元。然而,这个数字是没有保证的。我们将列出一系列维修成本的数据,继续稳定在 90 000 美元,新机器按照承诺的数额来计算(单位:千美元)。

	年　　数				
	1	2	3	4	5
旧机器	90.0	90.0	90.0	90.0	90.0
新机器	保修期内	30.0	30.0	30.0	30.0
节省	90.0	60.0	60.0	60.0	60.0

预测的维修费用的差额反映了由于置换机器节省的现金流量。可以通过改变一个或者两个项目预测来操纵分析。如果我们想让这个项目看起来更好,可以假定旧机器的成本更高,而新机器的维修费用维持在 30 000 美元。如果假定新机器的成本会更高,而旧机器的成本维持在 90 000 美元,那些项目就看起来不是很好了。

维修费用合理的预测可进行微小的改变。例如:

停工期

我们看一下停工期的预测。这里有两个变量需要考虑:使用新机器节省的实际停工时间和每一小时的价值。预测节省的停工时间和预测节省的维修费用类似。旧机器每年的停工时间是 130 小时,而新机器的停工时间承诺是 30 个小时,节省了 100 个小时。我们可以很好地讨论一下是否应该增加或者减少这个数字。

还有一个复杂的问题是,节省的每小时时间相当于节约多少钱?它肯定能节省一定的数额,但是很难说明数额的大小。我们知道会有成本或者收入,但不能准确地预测大小。

一方面,制造商主观性预测的 1 000 美元有些高,前面我们已经讨论过这种偏见了。另一方面,保守的方法就是拒绝在分析中加入任何的停工时间,因为无法确定它的价值。介于两种方法之间的方法都是可以的。

CFO 经验谈

这种情况下,大多数人会支持中间方法,也就是计算一些停工时间的价值,但是它的数值小于制造商推荐的价值。每小时 400 美元是一个合理的价格。将这个数值和节省的 100 小时的时间,得到预测的每年节省的现金流量是 40 000 美元。

产品质量

接下来我们预测一下支持新机器的最主观的声明,能提高产品的质量。再次提到,在人们证明一个项目有利可图的时候,问题不是产品的质量是否能提高,而是可以预测新旧机器生产的产品对比得出结论。问题在于一定因素的提高是否能提高顾客的满意程度,是否能转变成未来更高的销售额。

有几个方案是可能的。如果顾客或者技术服务人员抱怨旧机器的某些部分,就很容易辩论到产品质量的提高能对未来销售额有积极的影响,这比旧机器的某些部分没有问题是更加有说服力的。但是,影响很难预测。通常,当项目与声称的对现金流影响之间的联系是如此脆弱时,财务人员倾向于将它们排除在外。在这个例子中我们也是这么做的。

现在我们汇总一下新机器安装后几年的预测现金流量(单位:千美元):

	年 数				
	1	2	3	4	5
节省的人力成本	50	50	50	50	50
节省的维修费用	90	60	60	60	60
节省的停工时间	40	40	40	40	40
总计	180	150	150	150	150
税款	61.2	51	51	51	51
税后净数值	118.8	99	99	99	99
折旧节省的税	13.6	13.6	13.6	20.4	20.4
现金流量	132.4	112.6	112.6	119.4	119.4

将这些与初始投资相结合得到估计的现金流量(单位:千美元)

C_0	C_1	C_2	C_3	C_4	C_5
(220.2)	132.4	112.6	112.6	119.4	119.4

洞察:财务实务

现金流量预测准则

我们刚刚看到,部门的利益可以依赖于资本预算决策,在做出这些决策时的输入值可以在很大范围内被接受。人们也确实为了得到他们想要的东西会扭曲事实。在决策过程中故意提供有偏见的信息以获得对自己部门有利的结果,这是怎样的道德问题?

在回答问题之前,让我们回想一下,在道德环境中,一个群体往往对另一个群体拥有权力。信息权是吗?在举例 11-3 中,如果公司根据生产部门夸张的声明购买了新的机器,谁受益?谁会受到伤害?

这里有另外一个利益问题。想象一下,一位高管为一项新的冒险计划制定了一份提案。由提出这个计划的人来实施这一个项目的情况很普遍。那么,如果成功了,他(她)就会迅速提高到更高的位置上,赚很多钱。这样就可以理解高管过分夸大项目的利润,低估不利因素的动机了。高管不是在赌博,在于他(她)在赌博中获益颇丰而受损无几?如果项目失败了,谁的利益会受损害?

关联概念

举例 11-1   新投资项目的现金流量
举例 11-2   终值
举例 11-3   重置类项目

讨论题

典型的项目现金流量模式时开始有现金流出量,随后有现金流入量。然而,有一些项目的现金流量情况则是相反的。例如,我们可能为获得随后确定的现金支出,现在可能收到现金流入量。

回收期法、净现值法和内部收益率法能用于这种项目吗? 这种项目的净现值曲线是什么样的? 净现值法和内部收益率法会有不同的结果吗?

商业分析

1. 假设你是一家大型制造型企业 Belvedere 公司的一名财务分析师,此公司正在考察多元投资机会。营销副经理对一个新项目很感兴趣,此项目与公司当前业务关系很小。其他经理建议公司应该进入与公司业务相关的领域。持不同意见的人已经给你提供相关的财务预测,从这些财务预测你可以建立财务计划,包括项目的现金流量。你已经计算了每个项目的内部收益率。

项　目	IRR	评　价
A	19.67%	市场部项目,几乎完全的新领域
B	19.25%	生产部的项目,不同的领域
C	18.05%	工程部项目,熟悉的领域

你现在正和几位主管开会讨论如何做出选择,刚刚提出了自己的意见分析,以上面的信息来结束发言。

在你讲完之后,营销副总裁对你的工作提出表扬,并说:"很明显,项目 A 是最佳选择。"他还说你的财务分析显示项目 A 能得到财务部门的支持。所有人包括 CFO 都把目光转向你,你应该做出怎样的回应呢?

2. 大多数的高层管理者都是基于净利润而不是净现金流量来评估的。为什么资本预算使用的是增量现金流量而不是增量净利润?

3. Ccreighton 公司正在准备将一个大型的电话通信系统出售给一个主要的业务客户。电话业务的定性特点就是销售系统的供应商通过对系统的改变和调整得到大量的后续业务。营销部门希望能采用增量的方法竞价,基本把它看作是一个资本预算项目。他们计划以劳动力和材料的直接成本或者低于直接成本额价格来销售这个系统,确切能得到后继业务。他们计划以低于直接成本的价格预测将来的销售现金流量。

他们认为初始流出是安装这个系统的成本,可以很快通过售价收回。未来的现金流量就是来自后继业务的净现金流入。这些计算使得作为项目的销售有一个大的净现值和内部收益率。举出支持和评价这种方法的理由。

4. Webley Motors 公司是一家小型燃气发动机的制造商。公司已经花费了好几年进行一项设计。它现在正在考虑使用新产品进入市场,并预测了未来的销售和现金流量。市场营销部门和财务部门正在为董事会联合举办一次演示,希望能获得公司的批准。部分介绍内容是对该项目的资本预算分析,其中只包括预计的未来成本和收入。投资者关系部主管 Dan Eyeshade 坚称,向董事会展示的计算方法包括过去几年用于研究的资金。他表示,忽视或忽略这些成本,将欺骗董事会有关该项目的真实成本,这既不道德,也有法律上的危险。请对 Dan 的立场发表评论。如果你不同意,就准备一个论点,说服他改变主意,并提出另一种能让你们双方满意的陈述方式。

5. Capricorn 公司在一个与其现有领域相关但又与其业务相互独立的领域推出了一个新的项目。管理层建议由一家当地银行为新企业提供融资,该银行已与其接触,准备贷款。Capricorn 公司的财务部门对该企业进行了资本预算分析,预测了合理的现金流,并计算出了净现值(NPV)和看起来都非常有利的内部收益率。

然而,银行的贷款主管对分析结果并不满意。她坚持认为应该在累积现金流量基础上来计算利息,把这部分利息也计入项目的成本,并显示完成计划所需的债务的增加和减少。她基本上希望商业计划与预计的财务报表一起完成。请使用资本预算理论来劝解这位银行主管。

6. Wilson 石油公司是一家当地的家用取暖油经销商。该公司还在家庭和小型商业建筑中安装火炉和供暖系统以及相关服务。客户服务部对现有客户保持销售和服务记录,现有客户约 400 人。详细的客户记录手写完成并保存在文件柜中,一个小型计算机系统保存所有客户的姓名和地址,以供邮寄和计费之用。有一名全职职员负责维护所有记录,处理所有账单和客户查询。顾客偶尔会抱怨送货或服务迟到,但每月只收到一两次轻微的投诉。延迟交货主要是因为地域问题而不是服务部门的分配问题。

一位顾问开发了一种新的计算机系统,它将完全自动化客户服务功能。它将提供在线账单和即时访问所有客户记录。这个系统的最初费用为 100 000 美元,每年用于维护和支持的费用约为 15 000 美元。而且仍然需要一个人来运行它。该顾问说,新系统将提供更快的服务和卓越的洞察力,以客户为基础的需要,从长远来看,这将带来更好的客户关系和更多的销售。

请讨论顾问建议的利弊。在购买之前,管理层还需要什么进一步的购买理由?顾问提出建议的理由是否会不符合 Wilson 的最大利益?顾问是否会有偏见?请解释你的理由。

习题

新投资项目的现金流量——折旧:关联概念 举例 11-1

1. 一个项目预计持续 6 年,每年能产生税和折旧前的现金流量为 23 000 美元。它要求最初购买价值 60 000 美元的设备,在 4 年内折旧。相关税率为 25%。计算项目的现金流量。将你计算的所有数据取千整位。

2. Auburn 混凝土公司正在考虑购买一种新的混凝土搅拌机,以置换一个完全破旧的效率低下的旧机器。如果购买新机器将耗资 90 000 美元,预计 5 年内每年将节省 40 000 美元。在第 5 年末,它将以 20 000 美元的价格出售。搅拌机采用直线折旧法,3 年后将贬值至零残值。请对新机器的现金流量进行预测。Auburn 的边际税率是 30%。取整至千位。

重置类项目——销售旧资产:关联概念 举例 11-3

3. Flextech 公司正在考虑一个新的项目,项目需要花费 150 000 美元购买新设备,用新设备替换账面价值为 35 000 美元的旧设备。旧设备能在二手市场上以 75 000 美元的价格卖出。

公司的边际税率是 35%,计算项目的初始流出。

重置类项目——初始现金流出量:关联概念　举例 11-3

4. Tomatoes 公司正在计划一个新的项目。项目需要购买一台价格为 100 000 美元的新机器。新设备可以在 5 年内使用直线法折旧。用新机器替换账面价值为 22 000 美元的旧机器,并且旧机器预期能卖到 36 000 美元。项目需要雇佣和培训 10 个新员工,每个人的工资是 12 000 美元。所有这些事项必须在项目实施前发生。公司的边际税率是 40%,计算 C_0,请计算项目的初始流出。

5. Olson 公司打算用一台价值 85 000 美元的新机器替代旧机器。旧机器的初始成本是 55 000 美元,它的预期寿命是 11 年,现在的剩余年限是 6 年。它使用直线折旧法折旧,假设残值为零。当前的市场价值为 24 000 美元。公司的有效税率是 36%。计算和销售旧设备、购买新设备相关的现金流出量。

6. 一个 4 年期的项目每年的税率和折旧前的现金流量是 12 000 美元。项目需要购买一项价值为 50 000 美元的资产,这项资产通过 5 年直线法折旧。第 4 年末资产可以以 18 000 美元的价格卖出。公司的边际税率是 35%。计算项目的现金流量。

7. Voxland 工业公司购买了一台价值为 10 000 美元的新计算机,它使用直线法来折旧,5 年残值为 1 000 美元,然后计算机以这个价格卖出。公司的边际税率是 40%。计算从购买到最后卖出之间的年限内的现金流量。

8. 假定 Voxland 工业公司使用 5 年期、无残值的修正加速折旧法对计算进行折旧,请解上面一个题目。同时,假定这台机器 5 年后以 1 000 美元的价格卖出。(提示:使用 MACRS 来计算计算机的全部成本。但是,注意 5 年后将会有一个正的账面净值,因为 MACRS 由于半年惯例在 6 年中有 5 年的折旧。)

9. Shelton Pharmaceuticals 公司正计划引进一种新的止痛药。管理层预计以每包 8.5 美元的价格销售,第 1 年销售额可以达到 300 万美元。预计的销售额随后几年每年以 10% 的增长率增加。运营成本预期似乎收入的 70%。公司投资 2 000 万美元购买应计提折旧的设备生产产品。使用直线折旧法,折旧年限为 15 年,残值为 200 万美元。公司的边际税率为 40%。请计算项目第 3 年的经营现金流量。

新投资项目的现金流量:关联概念　举例 11-1

10. Harry 和 Flo Simone 正打算一起开一家餐厅。冰箱、厨房设备和家具预期成本是 50 000 美元。这些资产使用直线折旧法折旧,折旧期限是 5 年。建设和其他开建的成本为 30 000 美元。Simone 预计收入现金流量如下(单位:千美元):

年	1	2	3	4	5	6	7
销售收入	60	90	140	160	180	200	200

食品成本预计为收入的 35%,而其他的各种支出是收入的 25%。每年固定日常开支是 40 000 美元。所有的经营支出都是用现金支付的,收入可以立即到账。存货可以忽略不计,所以不需要考虑运营成本。假定税率是 25%。假定在损失年份不能抵免税收,忽略以前年限的税收损失。请预测 Simone 餐厅的现金流量。

11. Oxbow 正在考虑一个新的投资项目,并做了详细的 5 年现金流量预测,如下(单位:千美元):

C_0	C_1	C_2	C_3	C_4	C_5
(257)	(65)	50	90	130	170

公司的资本成本是12%。

（1）利用财务计算器计算项目的净现值和内部收益率,给管理层提出合适的建议(如果没有计算器,只需要计算净现值)。

（2）Charles Dunn 是公司的市场经理,认为只分析过去5年的现金流量是不合理的。假定第5年的现金流量会持续下去,请计算项目的净现值和内部收益率,再根据 Charles Dunn 的观点计算项目的净现值和内部收益率。

（3）Charles 进一步说,最合适的假设是超过5年的现金流量应该合并为以3%的增长率增长。根据他的假定,计算项目的净现值、内部收益率和终值。

（4）对终值假定的结果做出评论。

12. 一位非常聪明的计算机科学家 Sam Dozier 提出了一种与新产品有关的想法。他计划成立一家公司来开发这一理念,并将其推向市场。据他估计,他和一名员工将需要一年左右的时间来开发原型,另一年才能将工作模式推向市场。这几年将没有收入。此后,他预计销售额将迅速增长,预计第3年、第4年和第5年的收入分别为700 000美元、1 500 000美元和5 000 000美元。

启动该项目的特殊调研设备需要花费约500 000美元,将用修正的加速折旧法(MACRS)折旧。除此之外,还需要花费课税前扣除的费用400 000美元才能继续经营。

Sam 认为他能够使公司发展下去足以养活自己,包括支付雇员每年约200 000美元的工资。一旦销售在第3年开始,直接成本将占收入的40%,而第3、4、5年的间接成本包括 Sam 的所有雇员的工资分别为300 000美元、500 000美元和1 800 000美元。业务的性质使得营运资金的要求是最低的。预计第3年净投资200 000美元能够满足周转资金的需求。Sam 有1 500 000美元的储蓄,他认为这足以启动和经营业务,直到它开始产生收入为止。

Sam 计划在第5年年底卖掉公司,他认为那时公司的价值为2 500 000美元。

该公司将是一家 c 型公司,须缴纳联邦企业所得税。Sam 将是唯一的股东,在出售公司时将缴纳联邦(个人)所得税,忽略政府税收。

（1）对 Sam 的公司进行现金流量预测,将上年结转的税收影响和任何销售产品需要支付的资本收益税都考虑在内。没有外部的投资者投入资金,Sam 拥有的资金能负担这个项目。

（2）计算项目的净现值和内部收益率。假定资本成本为12%,从时间和 Sam 的资金角度考虑,这个新投资项目是一项好的投资项目吗?

13. Leventhal 烘焙公司想扩大经营范围,生产一系列新的糕点。该公司预计第1年销售新产品收入为350 000美元,此后每年销售收入为500 000美元。包括劳动力和材料在内的直接成本将占销售额的60%。预计每年的间接成本的增量为40 000美元。该项目将需要几个新的烤箱,总成本为500 000美元,使用直线折旧法,折旧期限为5年。当前的厂房都被使用了,没有多余的地方出卖或者出租。该公司的边际税率为35%,资本成本为12%。假设能很快取得收入,每天购买存货并支付价款,因此不需要运营资本。

（1）准备一个报告书,给出项目8年期的增量现金流量的预测。

（2）计算项目的回收期、净现值和内部收益率。

（3）给出你的建议:应该接受还是拒绝该项目?

（4）如果厂房不被使用，每年可以 30 000 美元的价格出租，你将怎样将这一部分计入分析过程？这种情况下，这个项目还是可以接受的吗？

新投资项目的现金流量——营运资本：关联概念　举例 11-1

14. Harrington 公司正引入一种新产品进入它的家用电器系列。通常家用电器的周转期是 10 年，这段时期它可以视为资本预算项目。Harrington 的项目资本预算营运资本如下：

- 项目启动前，需要投资 1 000 000 美元作为存货。
- 存货在前 6 年每年增长 100 000 美元。
- 应收账款在前 4 年将每年增长 150 000 美元，接下来 2 年每年增长 100 000 美元。
- 应付账款前 6 年每年增长 110 000 美元。
- 在过去的 4 年里，上述每个科目都是平衡的，余额为 0，4 年同等额度增加。
- 自然增长额忽略不计。

计算项目从初始投资到寿命期结束的经营现金流量。

重置类项目：关联概念　举例 11-3

15. Mesde 金属有限公司计划开始自己的送货业务，不再使用每年支付 150 000 美元的外包服务。为了这个新业务，Mesde 将购买一辆价值 200 000 美元的卡车。卡车使用直线折旧法，折旧年限是 10 年，残值为 40 000 美元。年度运营费用估计为 80 000 美元，包括卡车的保险、燃料和卡车维修费用，以及司机的工资。管理部门计划在第 5 年以 100 000 美元的价格出售这辆卡车。请预测该项目 5 年的现金流量，税率为 40%。（提示：将题目作为置换类项目，节省的费用是承包商与去年通过旧资产出售的卡车的成本之差。）

16. 假设 Meade 金属公司的前一个问题的解决方案是用一辆新卡车替换一辆旧卡车，而不是完全放弃外包送货服务。这辆旧卡车是 8 年前以 120 000 美元的价格购买的，它根据 10 年的使用寿命和 20 000 美元的残值来计算直线折旧。旧卡车的年度运营费用为 110 000 美元，市场价值为 40 000 美元。对这个置换类项目的现金流量进行一个 5 年期的预测。

17. Olson-Jackson 公司正在考虑更换一台两年前购买的机器，因为新机型有了很大的改进。这台旧机器已被直线折旧，预计 10 年的寿命，且基于 240 000 美元的初始成本和 20 000 美元的预期残值。它目前的市场价值为 180 000 美元。如果旧机器再使用 5 年，它的市场价值将变为 60 000 美元。新机器的价格为 350 000 美元，以直线折旧法折旧，折旧年限为 5 年，残值为 50 000 美元并在第 5 年年末以 50 000 美元的价格卖出。预测继续使用旧机器和购买新机器的现金流量的差额，假定税率为 40%。（注：项目的现金流量预测，这将包括改进新机器的性能所带来的经济利益，以及两种型号机器的运行成本的比较。在这个问题上，我们只关注设备的成本。）

18. Catseye 大理石公司正在考虑用一台机器代替手工生产过程。手工生产过程需要 3 名相对不熟练的工人和一名主管。每个工人每年的工资是 17 500 美元，主管工资为 24 500 美元。新机器只能由一名熟练操作人员操作，他的工资为 41 000 美元。工资税和附带福利是所有工资和薪酬的三分之一。

这台机器的成本为 150 000 美元，折旧寿命为 5 年。Catseye 选择直线折旧作为纳税用途。一份服务合同涵盖每年 5 000 美元的所有维修费用。这台机器预计将持续 6 年，届时它将没有任何残值。机器的输出在质量和数量上几乎与手工过程没有区别。机器和手工操作没有其他生产生的区别。公司的边际税率为 35%,资本成本为 10%。

(1) 计算购买机器这个项目的增量现金流量。

(2) 计算项目的回收期和净现值,你会接受还是拒绝这个项目?

(3) 假设没有其他的选择,只能解雇多余的员工,解雇成本大约是 3 个月的工资,你将怎样计入分析过程? 会因为这部分改变投资决策吗?

(4) 你会如何描述这个项目的风险?

重置类项目——主观因素:关联概念　举例 11-3

19. Blackstone 公司制造生产西部马靴和马鞍。公司正考虑用一种新型、高效的机型置换过时的皮革加工机器。旧机器是在 6 年前以 48 000 美元的价格购入的,预期寿命期是 8 年,使用直线折旧法折旧,旧机器 的预期市场价值为 15 323 美元。新机器的成本是 60 000 美元,新机器的折旧年限为 5 年,直线折旧法,假设两者的残值均为零。

新机器预期使用 8 年,然后必须被置换,假定那时它没有实际的残值。边际税率为 35%,经营成本如下(单位:美元):

	旧　机　器	新　机　器
每年的维修费用	2 000,以后每年增加 200	前两年是零,以后每年 1 500
修理残次品成本	3 000	1 000
操作员工	2 名(20 000/1)	1.5 名(24 000/1)

车间管理人员认为新机器生产的产品质量,会影响顾客的满意度,影响以后的销售。他认为每年的收益至少是 5 000 美元,但没有证据证明这个数据。税收也会产生债务。

(1) 计算在新机器预期的寿命期内项目相关的相对确定的增量现金流量和它的净现值,资本成本是 12%。

(2) 假设由领班估计的质量提升带来的收益为 5 000 美元也考虑在内。它对其他的数据有多大的影响? 请进行论述。

新投资项目现金流量/最终价值:关联概念　举例 11-1 和举例 11-2

20. Ebitts Field 公司生产棒球手套。公司的高级销售员 Charlie Botz 建议扩大业务到棒球球棒的业务。他已经提交了关于这个项目的提议,信息如下:

- 新生产设备成本是 75 000 美元,采用直线折旧法,折旧期为 5 年。
- 项目的日常开支和费用预计前两年每年是 20 000 美元,随后每年为 40 000 美元。
- 有足够的产房给生产球棒使用,厂房没有其他的使用方法和价值。
- 开始项目之前的建设生产设备和建立分销渠道需要花费 300 000 美元。
- 将生产铝制和木制球棒并销售给体育用品零售店。每单位的批发价和增量成本如下:

	铝　制	木　制
单价	18	12
成本	11	9
边际收益	7	3

- Charlie 提供如下销售预测（单位：千美元）：

	年					
	1	2	3	4	5	6
铝制	6	9	15	18	20	22
木制	8	12	14	20	22	24

第 6 年的销售水平预期将继续保持下去。

- 应收账款会在 30 天内收到。存货相当于一个月的成本，而应付账款则是预期存货的一半，假设不需要多余的现金。
- 公司的边际税率是 35%，资本成本是 12%。

（1）对 Charlie 的提议进行现金流量预测，取整数至千位。

（2）计算项目的回收期。

（3）计算项目的净现值，假定项目的寿命期是 6 年，这个项目是可接受的吗？

（4）考虑到关于剩余的业务的可能风险，资本成本是一个合适的折现率吗？

（5）如果计划期扩展到 8 年，项目的净现值是多少？

（6）如果管理层愿意以无限长的时期计算，那么净现值是多少？

（7）对（5）和（6）部分的结果加以评论。

21. Segwick 公司是一家生产男士鞋子的企业，通过自己的连锁零售商来销售。该公司正考虑增加女士鞋的业务。管理层认为这是一个新的投资项目，因为男士鞋和女士鞋生产过程有很大的不同。

该项目需要建设一套生产设施，并扩展或更改零售店来销售两种产品。店铺是租赁的，因此需要租赁更大的空间，安装新资产，注销旧资产。[①]

预期成本如下：

资产项目

新的生产设备。折旧期是 5 年（直线折旧法） 设计和生产设施的获得	750 000 美元
土地（无折旧）	480 000 美元
大楼（31.5 年的折旧期）	630 000 美元
	1 110 000 美元

租赁的零售场所

新租赁费用净额	40 000 美元
新的租赁资产、接下来 5 年折旧	200 000 美元
注销旧资产	90 000 美元
剩余 3 年每年由于注销旧的租赁资产而减少的折旧	30 000 美元

---

① 租赁改善是租户向租赁处所增加的资产，一般在租约剩余期限内折旧。

费用项目

雇佣和培训新员工	150 000 美元
初始广告和促销	200 000 美元
每年的广告和促销	50 000 美元
每年的销售人员工资	900 000 美元
额外的公司费用(千美元/年)	20,42,60,80,80,80

收入和成本

销售单位量预测如下(单位:千美元):

年 数	单 位	平均价格	年 数	单 位	平均价格
1	30	65	3	50	70
2	40	68	4 年及以后	60	75

除去折旧后的直线成本是收入的 40%。

营运资本

销售给以支票和信用卡支付的零售商,大约花费 10 天的时间全部兑现这些项目并收到现金。

存货预期是两个月销售的直接成本。

应付账款预期为存货的 1/4。

根据当年的销售和成本预测当前账目。假定需要的增量现金流量等于 2% 的收入。

其他项目

管理层预计有几家公司会流失一些男士顾客,因为这些顾客不想在非男鞋专卖店里购买鞋子。预期总的边际影响每年约为 60 000 美元。

公司花费 60 000 美元购买女士鞋子的当前流行设计。

Segwick 公司的资本成本是 10%,边际税率为 35%。

(1) 对 Segwick 公司进行 6 年期的现金流量预测。

(2) 计算项目的回收期、净现值、内部收益率和获利指数,对项目的可取性提出建议。

(3) 假定已被告知男鞋行情很稳定,每年都有同样的供货商来供货。然而经常有公司进入和退出女鞋的市场。这个信息会不会多少对你已经做好的分析带来些不舒服的感觉?为什么?

上机习题

22. Paxton Homes 公司是一家成功的中高价位房产的建筑商。公司正在考虑进入轻型商务建筑行业,建造一些商业中心和小型写字楼。因为商用和居住建筑有很大的不同,所以管理层将它视为一项新投资的项目。

进行新的业务需要在设备上投入 12 500 000 美元,费用花费 3 000 000 美元,设备的折旧期是 5 年。启动资金的一部分会来自旧卡车和吊车的出售。它们总的市场价值是 1 800 000

美元,账面价值是 600 000 美元。销售这些设备会导致接下来的 3 年里每年的折旧额减少 200 000 美元。

来自商用建筑的第一年销售收入预计为 6 000 000 美元,随后每年将增长 2 000 000 美元,直至达到 20 000 000 美元。此后,增长率不确定,每年增长幅度可能在 0% 至 6% 之间。第一年的成本和支出,包括增加的管理费用,将占第一年收入的 110%。第二年将占收入的 85%,以后将占收入的 70%。材料采购的规模效应预计将使住宅企业每年节省约 250 000 美元,但要到第四年才能实现。净营运资金需求估计为收入的 10%。联邦政府和州对增量业务的加税率将为 40%。亏损可与其他利润相抵,因此可视为以同样的税率获得税收抵免。Paxton Homes 公司的资本成本是 12%。

假如你是一名被安排评估商用建筑项目的财务分析师。请使用 CAPBUD 程序来分析这个项目并准备一个讲稿,其中给出建议,关于是否应该接受这个项目,下面是你准备讲稿的想法和思路。

(1) 利用已给的信息建立一个基本案例。预测未来直到数据不发生改变为止(8 年)。假定终值以第 8 年现金流量的延续为依据。8 年后的现金流量没有任何增长。根据假设,利用净现值法和内部收益率法判断是否应该接受这个项目。

(2) 通过将增长率由 3% 增加到 6%,测试基本案例对终值的敏感性。

① 对终值假定不同而造成的差别做出评论。

② 建筑业是一个周期性的行业,受到经济起伏跌宕的影响。在经济发展好的时候,增长率会比较大,但是在经济衰退的时候,整个行业和公司会迅速缩水。考虑到这个事实,对于终值的假定,你有什么想法?

③ 假设有 10 年的计划期,也就是假定 10 年后没有现金流量。估计项目的净现值和内部收益率,这个方法会不会使第(1)部分中的终值假定对你有些意义?

(3) 测试分析对收入增长率的敏感性。例如,假定每年收入只增加 1 000 000 美元,而不是每年增加 2 000 000 美元,直到第 8 年。那么,这是一个好的投资项目吗?如果成本或者费用比预期的收入百分比高,会是怎样的情况?

资 本 成 本

在第 10 章中,我们已经对资本成本做了简单的介绍,能够通过它掌握资本预算的基本原理。本章将更加详细地讨论这个概念,学习并掌握如何来计算公司的资本成本。

12.1 资本成本的目的

公司的资本成本就是公司为所使用的资本所付出的平均代价。这个价格为公司提供了衡量资本预算中投资机会的标准。

这个想法很简单。任何人都不应投资于回报低于投资资金成本的项目。因为一个公司的资本成本是它投资的任何资金成本的最好评价指标,如果收益低于这个值,那么公司就永远不会接受这个项目。

这相当于说,要被接受一个项目,必须有超过资本成本的内部收益率,或者按这个比率计算的净现值是正的。这些想法是在第 10 章中提出的,我们用符号 k 来表示资本的成本。

准确估计公司的资本成本,对公司的有效管理是十分重要的。否则,公司很可能会做出不正确的投资决定,这可能会危及其盈利能力和长期生存能力。

资本成本的概念类似于我们已经研究过的一个想法:个人投资者对特定股票的要求回报。在第 9 章中,我们说,投资者不会购买股票,除非股票的预期回报高于他或她对公司股票所要求的回报。此外,我们还说,这个收益是基于风险基础上的收益。

一个公司的资本成本可以被看作是所有风险水平与其自身风险水平大致相等的资本预算项目的要求回报。一个项目的预期回报就是它的内部收益率。因此,除非项目的内部收益率超过该公司的资本成本(要求回报),否则,公司不会投资于这个项目。

12.2 资本成本的概念

"资本"指的是长期使用而获得的资金。这些资金一般用于投资项目的启动,获取长期资产,或者是为了开展我们在第 10 章至第 11 章研究基于投资预算的各种项目。在公司的财务报表中,资本出现在资产负债表的右下角。

12.2.1 资本要素

资本可以根据筹资方式分为两种基本分类:债务和普通股权益。债务是通过贷款或出售债券筹集的借款。普通股是指所有者权益,主要来自于出售普通股或留存收益。

第三种资本来源是优先股的出售。优先股可以被认为是债务和股权之间的交叉,因为它同时具有二者的特征。从法律上讲,它是一种股权,但在许多金融目的中,它表现得更像债权。由于这种混合的特性,优先股有时候被视为是两种资本要素的一部分。

然而,优先股给投资者的收益通常不同于债务或普通股。因此,在资本成本的背景下,它经常作为另外一种资本要素来处理。

在本章的后半部分,为了简便起见,我们将简单地把普通股称为权益,优先股则称为优先股。因此,这三个资本组成部分是债务、优先股和权益。

12.2.2 资本结构

公司在某一时间点使用的资本要素的组合是其资本结构。我们通常用百分比来描述资本结构,指的是各组成部分的相对份额。例如,具有以下资本要素的公司可被描述为 30％债务、10％优先股和 60％权益(单位:美元)。

债务	30 000 000	30％
优先股	10 000 000	10％
普通股	60 000 000	60％
总资本	100 000 000	100％

目标资本结构 有时候以最优资本结构运营是非常重要的。然而,确定什么是最优结构存在着很大的争论。我们将在第 13 章中讨论这个问题。同时,我们将假设一家公司的管理可能有一个它认为比其他任何一个都更可取的资本组合。我们称这个特定的资本要素为公司的目标资本结构,并假设管理层在筹集资金的过程中会按照这个资本结构来进行。

在指定目标资本结构情况下，我们会在一些计算中用它来代替真实的资本结构。

按照资本结构来进行筹资

实际上，一个确切的资本结构不能持续地维持下去，因为公司可以通过每次发行一种或者多种证券来大量筹集资金。

例如，一家公司有上面所提到的资本结构，而这种组合也是它的目标资本结构。假设公司需要再筹集 100 万美元。为了做到这一点，它通常会发行和出售 100 万美元的债务、优先股或普通股。试图按 30∶10∶60 的比例来发行每种证券都是不切实际的。

为筹集额外资金而发行证券可能会导致公司的目标资本结构与所期望的比例大相径庭。因此，下一次筹集资金时，该公司可能会试图向目标资本结构靠拢。

尽管存在这一实际困难，资本成本的计算一般都是基于这样的假设：资金是按某些资本结构的确切比例筹集的。在这种情况下，我们假设公司通过出售 300 000 美元的新债券和 100 000 美元的新优先股以及 600 000 美元的普通股来筹集 1 000 000 美元。普通股权益是留存收益和出售普通股收入的集合。这个假设虽然不是很现实，但是它所产生的偏差通常是很小的。

洞察：财务实务

资本成本——直观的看法

假设一位企业家计划开一家公司，预期的盈利是 12%。他没有任何资金，但可以以 15% 的利率借到钱，这种情况下，他开始做这家公司有意义吗？

显然没有意义。企业肯定会亏本，因为它会为资金支付比用它们赚到的钱更多的成本。只有按照低于 12% 的利率借债时，这个生意才有意义。

这是资本成本背后的想法。我们不应该为一种资源付出比它能赚到的更多的钱。在这个简单的例子中，资本成本只是借来资金的比率。实际上，公司不止有一种资本，每个公司都有不同的成本。资本成本是一个单一的比率，代表这些成本的平均值。

12.2.3　投资收益和资本要素的成本

投资者通过购买证券向公司提供资本。投资者的收益由公司支付，因此这些收益是公司的成本。这是一个基本的问题。投资者购买特定类型的证券（债券、优先股或普通股）上获得的收益和筹资公司通过出售这些证券承担资本的成本是一个问题的两个方面。

对于一家公司来说，对三种资本要素的证券的投资提供了不同的回报，因为每种证券都有不同的风险特征。因此，每一种资本要素都有不同的成本，这与提供该部分的投资者的收益有关。由于收益不同，成本也不一样。

一般来说，股权投资的回报率高于债务回报率或者优先股回报率，这是因为普通股投资的风险更高，因此，公司的普通股成本高于其债务或优先股成本。由于债务是风险最小的投资，因此债务的回报率/成本往往是最低的。优先股的成本通常介于债务成本和普通股成本之间。

虽然公司所支付的成本是投资者的收益，但真正的成本和收益率保持一致还是需要一定的调整。因此，我们说成本和收益是相关的，而不是相等的。后面我们会谈到这个问题。

目前的关键问题是,债务、优先股和普通股三种资本要素都有各自的资本成本要素。每种资本成本都和持有那种证券的投资者要求的收益有关。

12.2.4 加权平均资本成本的计算——WACC

计算资本成本在概念上是相当简单的。企业从几个来源来分别筹集资金,每个来源都有自己的成本。一家企业的总资本成本是按每个来源的比例加权平均计算的成本。不同的融资方式就是上面提到的资本要素,融资就是在公司资本结构中每种资本的比例。

这个过程即为加权平均资本成本的概念,简称为 WACC,这种表达方式与我们一直使用的资本成本有相同的含义。在对这个问题的讨论中,我们习惯上使用 WACC 这种表达方式,避免与单个资本要素成本之间的概念混淆。

WACC 的计算——举例

计算 WACC 需要两组数据,所使用资本要素的组合和每个资本要素的成本。首先让我们来看一下如何处理这些数据,然后再进一步研究如何获得这些数据。下面的举例可以使我们很好地理解这个过程。

关联概念 举例 12-1

WACC 的计算

根据给定的 Zodiac 公司的资本结构的信息来计算公司的 WACC(单位:美元):

资本要素	价值	成本
债务	60 000	9%
优先股	50 000	11%
普通股	90 000	14%
	200 000	

解答:首先我们根据给定价值来计算公司的资本结构。这包括所有价值加总和计算每种资本占总资本价值的百分比。计算结果显示在下表中的前两列数字。例如,债务的权重是:60 000/200 000 = 0.30 = 30%

注意权重加起来的总和应该为 1 或者是 100%,它们就是在公司资本结构中的百分比的十进制表示。接下来就是每种资本要素的成本与各自的权重相乘,然后加总,如下表所示,这个结果就是 WACC:

资本要素	价 值	权 重	成 本	
债务	60 000	0.30	×9%	=2.70%
优先股	50 000	0.25	×11%	=2.75%
普通股	90 000	0.45	×14%	=6.30%
	200 000	1.00	WACC	=11.75%

12.2.5　资本结构和成本：账面价值和市场价值

WACC 的一个主要疑惑是：资本结构和要素成本是根据所使用资本的账面价值还是市场价值。下面,我们先讨论资本结构,然后讨论资本要素的成本。

资本结构：账面价值和市场价值　一个公司资本账户的账面价值反映了其用来融资的证券的原始出售价格,在资产负债表中体现在资本部分。市场价值反映了这些证券的当前市场价值。公司的资本结构可以按照任何一种来计算。下面我们通过一个只有债券和普通股(不包括优先股)的案例来说明二者的区别。

假设一个新的公司 Diplomat 按照每股 10 美元的价格出售 1 万股普通股融资 10 万元,同时通过出售价为 1 000 美元的债券 100 张借到了 10 万美元。交易之后,Diplomat 公司的资本结构见表 12-1,表中反映了资本的账面价值和市场价值。

表 12-1　Diplomat 公司的初始资本结构——账面价值和市场价值相等

普通股	10 000 股×10＝100 000	50.0%
债务	100 张×1 000＝100 000	50.0%
	总值：200 000	100.0%

现在假定 Diplomat 公司的普通股价格上升到每股 12 美元,而利率上升导致债券价格下降到 850 美元。这些变化并没有改变公司的账面资本情况,因此基于账面价值的资本结构仍然还是表 12-1 所示。但是,基于市场价值的资本结构发生了明显的变化,结果如表 12-2 所示：

表 12-2　Diplomat 公司的基于市场价值的资本结构

普通股	10 000 股×12＝120 000	58.5%
债务	100 张×850＝85 000	41.5%
	总值：205 000	100.0%

因为证券市场的价格随时间变化而一直在变化,这些变化在公司账面价值上并不反映出来,所以,基于账面价值和市场价值的资本结构通常是不一样的。我们的问题在于：计算WACC 的时候应该采用哪种价格基础更为恰当?

资本收益/账面价值和市场价值　投资者的收益和相关资本要素的成本可以用账面价值或者市场价值来考虑。下面我们以债券为例来说明：

假设公司按照账面价值出售一份票面利率为 10% 的债券,起初一个投资者购买债券获得10% 的收益,公司按照相同的 10% 利率借入资金。现在假定市场利率下降到 8%。

当在市场利率变化之后,和债券相关的有两种收益。最初的投资者仍然获得 10% 的收益,公司仍按照 10% 的利率支付初始贷款。然而,购买债券的新的投资者不得不付出更高的价格,而且因此仅仅获得 8% 的收益。这样的话,8% 的市场利率和 10% 的账面利率就和债券有关。

同样的一个问题是,在计算 WACC 的时候应该采用哪个利率来反映债务资本成本?

计算 WACC 的恰当观点　计算 WACC 的时候究竟应该采用账面价值还是采用市场价值更为合适? 为了回答这个问题,我们要明确理解资本预算中每种资本所表示的意义。

账面价值与公司已经拥有的资本相关。它是在过去为支持项目而筹集到的。运用账面价值计算 WACC 的结果反映出已经使用的现存资本要素成本。

市场价值与资本市场的当前状况相关。运用市场价值计算 WACC,反映了过去筹集到的资本在当前的平均成本。

在新设项目的评估方法中,我们都会使用 WACC,如内部收益率法和净现值法。历史资本由于已经耗用而不能为这些项目提供资金,公司通常不得不通过新筹集的资金来支持这些项目的运营,因此,用支持新项目而新筹集的资本成本对这些项目估价是切合实际的。

这意味着,用 WACC 反映当前市场状况是适当的,因为这些状况是对资本在将来所要花费的成本的最好估计。因此,在计算 WACC 的时候,应该运用市场价值法。

惯用方法 惯用的方法就是,假设公司在将来要么维持基于市场价格的现有资本结构,要么努力达到某种同样基于市场价格的目标资本结构。这两种资本结构中的任一种与基于市场的资本要素成本结合起来,都可以计算出 WACC。

人们在计算公司的 WACC 的时候,通常对资本结构准确性的关心程度低于对公司资本要素成本的准确性关心。具体表现为按照市场价格计算的当前资本结构有些令人厌烦,而且基于市场价值的资本结构是经常变化的。为了简便和其他一些原因,公司经常使用一个合理的目标资本结构。这其中暗含的错误通常是很小的。

12.3　计算 WACC

计算 WACC 包括 3 个独立的步骤:首先确定以市场价值为基础的资本结构,然后调整投资于证券上的各种资本要素的收益,以使他们反映公司真实的资本要素的成本,最后用这些数据来计算 WACC。

12.3.1　确定以市场价值为基础的资本结构

确定一个资本结构包括很多的步骤:明确公司所使用的各类资本要素的数目,然后加总,在确定各种资本占总资本的百分比。以账面价值为基础的资本结构很容易计算,因为负债、优先股和股本的账面价值在资产负债表上很容易得到。建立一个以市场价值为基础的资本结构比较困难。这就要求我们计算每一类资产负债表资本的所有证券的当前市场价值,然后根据这些价值建立一个结构。理解这个过程的最好方法是通过例子。

关联概念　举例 12-2

以市场价值为基础的资本结构

Wachusett 公司的资本状况如下:

债务:5 年前公司发行了 30 年期、面值为 1 000 美元、票面利率为 12% 的债券 2 000 张。现在出售报酬率为 10%。

优先股:对外发行 4 000 股优先股。每股年股利 7.5 美元,面值为 50 美元,初始收益率为 15%,现在出售收益率为 13%。

普通股:Wachusett 公司对外发行 200 000 股普通股,当前股价为 15 美元/股。

请确定 Wachusett 公司基于市场价值的资本结构。

解答：每种资本要素的市场价值就是当前该债券的市场价格乘以发行在外的证券的数量。这里可以运用第 7 章和第 8 章中的价值思想来计算债券和优先股的价格,普通股的价格已经给出了。

债务：Wachusett 公司的债券价格可以利用第 7 章中的公式 7.4 来进行计算。在这里,k＝5％,n＝50,PMT＝60,FV＝1 000。

$$P_b = PMT[PVFA_{k,n}] + FV[PVF_{k,n}]$$
$$= 560[PVFA_{5,50}] + 1\ 000[PVF_{5,50}]$$
$$= 60 \times (18.255\ 9) + 1\ 000 \times (0.087\ 2)$$
$$= 1\ 182.55$$

发行在外的债券共有 2 000 张,债券的市场价值是：
$$1\ 182.55 \times 2\ 000 = 2\ 365\ 100$$

优先股：每股股利是 750 美元,当前收益率为 13％,每股优先股价值如下(参照第 8 章公式 8.13)：
$$P_P = D_p/k + 7.50/0.13 = 57.69$$

发行在外的优先股是 4 000 股,总的市场价值是：
$$57.69 \times 200\ 000 = 230\ 760$$

普通股：Wachusett 公司的普通股市场的价值是市场价格乘以各类资本要素的权重：
$$15.00 \times 200\ 000 = 3\ 000\ 000$$

基于市场价值的权重：加总并且计算基于市场价值的各类资本要素的权重。

债务	2 365 100	42.3％
优先股	230 760	4.1％
普通股	3 000 000	53.6％
	5 595 860	100.0％

计算器解题法：

按　键	输　入	按　键	输　入
n	50	PMT	60
I/Y	5		答案
FV	1 000	I/Y	1 182.56

12.3.2　资本要素成本计算

在这一部分,我们将进一步研究债务、优先股和普通股各种总资本要素的成本计算过程。在每个案例中,首先考虑有新投资者持有每种资本要素的证券获得的当前市场收益,然后再作某些调整,使那些收益可以反映实际情况。在计算单个资本要素成本之前,我们先描述各种调整。

调整——资本市场和税收效应　尽管投资者所获得的报酬和公司支付的成本是不同的。这是因为税收和金融市场上商业活动的某些交易成本所致。

税收　税收效应仅仅适用于债务,主要是因为公司的利息支出是可以抵税的。这种效应使得债券资本成本比利息不可抵税的时候要低。

例如,如果公司的边际税率是40%[①],1美元的利息支出就减少了1美元的应纳税收入,尽管投资者获得了1美元的利息,但是公司少支付了0.40美元的税。相比较而言,1美元的股利是没有抵扣的,因而就没有税收节省。

付出一定量的利息I的成本是:

$$I(1-T)$$

在这里,T是税率,当利率是通过报酬率来表示的时候,该公司也适用。如果公司按利率k_d支付利息,实际的税后成本就是:

$$k_d(1-T)$$

例如,如果利率是10%,税率为40%,税后调整债务的成本就是:

$$k_d(1-T)=10\%\times(1-0.4)=6\%$$

让我们来回忆一下前面的论述,债务的风险最小,因此债券投资者的收益是三种资本要素中最低的。与其他的资本要素相比,税收效应降低了债券成本,使成本更加低,从而使债务真正有利可图。

筹资费用　筹资费用就是在证券发行和出售过程中发生的管理费用和支出,被认为是公司在筹资过程中投资银行提供的服务而支付给他们的佣金。

如果筹资费用率是按照百分比来表示f,投资者投资的资金为P,那么发行公司所获得的资金为:

$$P-fP=P(1-f)$$

f在方程中是十进制形式。很明显,筹资费用减少了公司发行债券所获得的资金,使得发行成本高于投资者所获得的收益。通常,我们用下式来表示:

$$资本要素成本=投资者收益/(1-f)=k/(1-f)$$

总之,资本要素的成本比投资者的报酬高$1/(1-f)$的比率。[②]

例如,如果一个特定的证券报酬率是10%,发行成本为20%,那么该资本的要素成本就是:

$$资本要素成本=k/(1-f)=10\%/(1-0.20)=12.5\%$$

债务成本　要计算基于市场收益的债券的要素成本,我们使用投资者当前所购买公司债券的收益,并且根据税收效应进行调整。大多数债券最初都没有出售给公众,而是由大的机构投资者持有。因此,发行成本是比较小的,因为不用考虑调整。

对于公司本身的证券和有相似风险的发行物,债券的市场收益是众所周知的,我们称那个收益率为k_d,那么债券的成本就是:

$$债券成本=k_d(1-T) \tag{12.1}$$

其中,(1-T)是由于利息是对公司产生的抵税效应而做出的调整。

---

①　对大多数公司而言,边际联邦所得税率是35%。然而大多数公司还需要承担州所得税,因此,40%似乎是平均总税率的一个比较合理的估计值。

②　只有当公司预期产生永续的现金流量的时候,这种关系才是严格的、正确的。如果现金流量不是永续的,它就是一个近似值。

关联概念　举例 12-3

债务成本

Blackstone 公司发行在外的债券的票面利率为 12%，如果现在购买，投资者可以获得 8% 的收益。Blackstone 公司的边际税率是 37%（包含联邦税和州政府税率）。Blackstone 公司的债券成本是多少？

解答： 首先注意，k_d 是当前的市场收益率 8%，不是票面利率。按照公式 12.1 就可以根据所给定的信息计算出公司的债券成本。

$$\text{债券成本} = k_d(1-t)$$
$$= 0.08(1-0.37)$$
$$= 5.04\%$$

优先股成本　只要股票存在，优先股就会给投资者提供持续的股利。在第 6 章和第 8 章的分析中我们把这种情况称为永续年金。

优先股的价格是永续股利的折现值，用下面公式来表示：

$$P_P = D_P / k_P \tag{12.2}$$

其中，P_P 是股票当前的价格，D_P 是优先股的股利，k_P 是投资在优先股上获得收益。整理公式 12.2 得到投资者的收益率：

$$k_P = D_P / P_P \tag{12.3}$$

优先股股利对发行公司是没有税蔽的，因此不需要进行税收调整，但是，发行成本必须考虑，公式 12.2 乘以 $1/(1-f)$，重新整理就有：

$$\text{优先股成本} = D_P / (1-f)P_P = k_P / (1-f) \tag{12.4}$$

关联概念　举例 12-4

优先股成本

几年前，Francis 公司发行了面值为 100、股利息为 6% 的优先股，新发行优先股的发行成本预期筹集金额是 11%。

1. 如果当前类似的优先股的股利为 9%，那么 Francis 公司的优先股的成本是多少？
2. 如果现在股票售价为 75 美元/股，那么 Francis 公司的优先股成本是多少？

解答： 注意这个问题的第 1 和 2 部分是相对于同一个问题给出稍有不同的信息。在第 1 部分中，市场收益已经直接给出了，而在第 2 部分，需要根据所给信息去计算。

1. 用方程 12.4 右边的最后一项，直接用发行成本对市场收益进行调整：

$$\text{优先股成本} = k_P / (1-f) = 9\% / (1-0.11) = 10.1\%$$

2. 在这个例子中，给出的是股票当前售价的 75 美元，而不是收益率。我们已经知道，面值为 100 美元的年股利率为 6% 或者每 100 美元收益 6 美元。写出公式 12.4，使用中间一项并且用所给数据进行替换：

$$\text{优先股成本} = D_P / (1-f)P_P = 6 / (1-0.11) \times 75 = 9.0\%$$

普通股成本　普通股投资的市场收益率不像债券或者优先股那样容易。债务和优先股能够给投资者根据他们支付的价格确定未来现金流量,因此计算收益是比较容易的。相反地,普通股投资的市场收益依赖于对未来股利和价格的估计,与利息和优先股股利相比,不确定性要大得多。

正是这种不确定性,普通股的市场收益需要估计。为了进行估计,在前面的章节里我们可以使用已经提出的观点。我们来看 CAMP、戈登模型和风险增溢法这三种方法。

另外一个复杂之处就是普通股权益只有两种来源:留存收益和新股发售。由于它们的成本不同,计算时需要分开对待。下面依次来研究这两种来源,先来看留存收益。

留存收益成本 因为留存收益是公司内部运营产生的,所以我们经常认为留存收益对公司来说是免费的。然而,所有留存收益归股东所有,无论是把留存收益作为股利发放还是保留。在某种程度上,管理者保留留存收益就相当于他们将股东的资金在公司内部进行再投资。

换句话说,留存收益代表以股利的形式发放股东本可能花费的资金。因此,股东要求的收益就相当于股东将得到的股利再投资于新股而应得的收益。利用这种思路,购买新股的收益就可以用来估计留存收益的成本。

没有留存收益的成本不需要对收益做调整 留存收益是公司内部唯一产生的资本来源,它们需要到金融市场去筹集。因为没有发行成本,也没有税蔽作用,所以,通过收益来计算成本并不需要进行调整。

资本资产定价模型(CAPM)——必要收益率。在第 9 章中,我们已经对资本资产定价模型(CAPM)法进行了讨论。这个模型是用来解释投资者如何确定特定股票的必要收益率。前面提到过,必要收益率就是刚好使投资者愿意购买股票的那个收益率,而且通常认为它是股票风险的函数。相反的,预期收益率就是投资者在给定一只股票当前可利用信息的情况下,对未来收益的一种期望值。

在正常的市场情况下,股票价格基本上处于均衡状态,预期收益率和必要收益率基本相等。因此,一只特定股票的市场收益率可能通过预期收益率或者必要收益率来估计。CAPM法可以估计必要收益率。在下一部分我们将研究预期收益率的估计。

CAPM法的必要收益率就是证券市场线(SML),在第 9 章中就已经给出了,方便起见,我们在这里重新说明。

$$k_X = k_{RF} + (k_M - k_{RF})b_X \qquad (12.5)$$

其中,k_X——股票 X 的必要收益率;

k_{RF}——无风险利率,通常使用 3 个月国债的当前收益率来代替;

k_M——市场收益或者一般股票的收益,通常是用市场指数来估计,如标普 500 指数;

b_X——股票 X 的 β 协方差,度量公司 X 的市场风险。

公式 12.5 对持有公司 X 股票的投资者的当前市场收益做了直观的估计。因为不需要税收或者市场调整,它也可以用来直接估计留存收益的股权成本。

关联概念 举例 12-5

留存收益成本——SML 法

Strand 公司股票的投资收益率相对不是很稳定,这反映为公司的 β 值为 1.8。标普 500 的当前收益率为 12%,并且预期保持这一水平,国债收益率是 6.5%。估计 Strand 公司的留存收益的成本。

解答：写出公式12.5并代入数据。标普500指数当前的收益率用k_M表示,国债的收益率用k_{RF}表示。

$$留存收益成本 = k_X = k_{RF} + (k_M - k_{RF})b_X = 6.5\% + (12\% - 6.5\%) \times 1.8 = 16.4\%$$

股利增长模型——预期收益率 在第8章中,我们描述了一种股票定价模型,在模型中,股利按照固定增长率持续增长,直到永远。这种模型,或者被称为股利增长模型,或者被称为戈登模型。在这里我们重新提出公式8.10,并且做一个小小的变化,把分母的k用k_e来代替,以强调是投资于股票上的收益率。

$$P_0 = D_0(1+g)/(k_e - g) \tag{12.6}$$

其中,P_0——当前的股票价格;

D_0——公司最近所支付的年股利;

k_e——投资于股票上所获得的预期收益率;

g——公司及其股利流的预期固定增长率。

通过整理12.6,就可以得出k_e,也就是对留存收益的普通股的资本的一个直接估计,结果就如公式12.7所示。[①]

$$留存收益的成本 = k_e = [D_0(1+g)]/P_0 + g \tag{12.7}$$

关联概念 举例12-6

留存收益的成本——持续增长(戈登)模型

Periwinkle公司去年每股支付股利1.65美元,当前的股票价格为33.60美元,公司预期增长率是7.5%。估计公司留存收益的成本。

解答：根据公式12.7,用Periwinkle公司的期望值收益代替就可以计算留存收益的成本。

$$
\begin{aligned}
留存收益的成本 = k_e &= [D_0(1+g)]/P_0 + g \\
&= [1.65 \times 1.075]/33.60 + 0.075 \\
&= 0.053 + 0.075 = 12.8\%
\end{aligned}
$$

风险增溢法 在第5章,我们开始对利率进行研究之前,已经认识到任何收益都可以看作是基础利率和所承担风险的溢价之和。

投资风险和相关的风险溢价随公司不同而不同,一个公司的不同证券之间的投资风险和风险溢价也不相同。债券是最安全的投资,而股票的风险就高很多了。

债券风险和股票风险的关系在公司之间是相对稳定的,也就是说,债券风险和股票风险的增量在高风险与低风险公司之间是几乎相同的,这个风险增量往往要求一种额外的风险溢价,大概在3%~5%之间。

要估计一只股票的报酬,就可以在公司债券的市场收益率基础上加3%~5%。这种方法是可行的,它们之间的关系如下:

$$k_e = k_d + rp_e \tag{12.8}$$

其中,k_d和k_e分别是债券和股票的市场收益率;rp_e是股票的风险溢价。留存收益的成本

[①] 回想在戈登模型中下一年的股利是$D_1 = D_0(1+g)$。因此公式12.6和公式12.7中的分子也可以用D_1来表示。

就相当于这个 k_e 的估计值。

留存收益成本——风险溢价法

Carter 公司长期债券的当前收益率是 12%。请估计留存收益的成本。

解答：运用公式 12.8，代入数值，风险溢价假设为 4%，那么：

$$留存收益的成本 = k_e = k_d + rp_e = 12\% + 4\% = 16\%$$

新发普通股的成本　到目前为止，我们讨论的是公司通过留存收益来筹集权益资本，当公司所需要的资本超过从公司利润中筹集的权益资本之后，就需要通过发行新股票来进行筹资。

发行新股权益与留存收益相同，除了发行新股存在发行成本之外。因此，到目前为止，前面我们所使用的估计权益资本成本的公式就需要进行调整，以反映那些发行成本。公式 12.7，也就是股利增长模型的调整最容易。在公式中，股票价格已经反映出来了，仅仅用 $(1-f)P_0$ 代替 P_0 就可以了。在这里，"f"代表股票价格中用于发行成本的那一部分。结果如下：

$$新股成本 = k_e = \{[D_0(1+g)] / [(1-f)P_0]\} + g \qquad (12.9)$$

新股成本

假设在举例 12-6 的 Periwinkle 公司中，除了留存收益之外，公司还需要筹集更多的资本，如果发行成本是新筹集资本的 12%，那么发行新股的成本是多少？

解答：写出公式 12.9，代入举例 12-6 给出的数据，包括 12% 的发行成本，那么：

$$
\begin{aligned}
新股成本 = k_e &= \{[D_0(1+g)] / [(1-f)P_0]\} + g \\
&= \{[1.65 \times (1.075)] / [(0.88) \times 33.60]\} + 0.075 \\
&= 0.06 + 0.075 = 12.5\%
\end{aligned}
$$

12.3.3　考虑权重的资本成本

一旦我们计算了基于市值的资本结构和基于市场收益的一系列要素成本，WACC 的加权平均计算就是一个简单的问题了。这个过程与我们在示例 12-1 中使用适当的权重和成本所演示的方法相同。在这里，我们不再提出相同的计算过程。

接下来，我们通过一个综合举例来进行计算，其中包括对加权平均值的计算。

12.4　边际资本成本

一个公司的边际资本成本（WACC）并非独立于筹集资本的数量。事实上，随着资金需求的增加，它往往会突然增加。WACC 的变化反映在资本边际成本（MCC）计划中，这是一个图表，显示了 WACC 随着公司在一个计划期间筹集更多的资金而发生的变化，而这个计划期间通常是一年。

WACC/MCC 这个术语有点混乱。MCC 时间表是一个图表,显示了 WACC 在筹集更多资金时所经历的价值,我们可以称之为 WACC 曲线图。"边际资本成本"(MCC)这个术语本身就意味着下一美元的融资成本。

请注意,WACC 从一个级别开始,随着所筹集的资金总量超过某个临界点,它就会一下子跳到一个更高的水平上。如果还需要筹集更多的资金,MCC 将有更多的阶梯式的跳跃,就像显示的那样。第一个跳跃或者突发点是应该给予特别关注的。

留存收益用完之后边际资本成本的跳跃 MCC 的第一次跳跃通常发生在公司的留存收益用完之后,并开始通过出售股票来筹集权益资本的时候。因为权益成本增加了,所以 WACC 在这一点上增加了。通过对最后一节中的两个例子进行比较,我们可以清楚地看到这一现象。

举例 12-6 和举例 12-8 都涉及了 Periwinkle 公司的权益资本。在前一个例子中,我们计算了留存收益的成本,在后一个例子中,我们计算了发行新股的权益成本。注意,13.5%的新股本权益成本高于12.8%的留存收益成本。差异是由于发售新股的上市成本所造成的。

我们通常假设公司在出售新股之前使用了留存收益中的所有可用资金,因此,随着公司进入外部筹集资金过程中时,权益资本的成本突然增加。但是,如果权益成本在某一点上发生变化,那么 WACC 也必须在同一时间点增加,因为权益是按照加权平均来计算的。下面这个有关数字的举例将使这些想法变得清晰。

关联概念 举例 12-9

边际资本成本

假设表 12-3 有关于 Brighton 公司的信息和它的 MCC 图表。

表 12-3 **Brighton 公司的资本结构要素资本成本和资本需求**

	资本结构	要素资本成本
债务	40%	8%
权益	60%	来自留存收益 10%
		来自新股发行 12%
预期的留存收益		3 000 000
总资本需求		10 000 000

解答:计算 WACC,首先要使用收益成本和新股成本。这是 WACC 在收益成本前后的跳跃点。这一计算将会在表 12-4 中表示出来。请注意两者之间的唯一区别是普通股的成本。

表 12-4 **Brighton 公司 WACC 的计算**

	资本结构权重	要素资本成本
以留存收益为权益		
债务	0.4×8%	=3.2%
权益	0.6×10%	=6.0%
		WACC=9.2%

	资本结构权重	要素资本成本
以发行新股为权益		
债务	0.4×8%	=3.2%
权益	0.6×12%	=7.2%
		WACC=10.4%

表 12-4 表明,Brighton 公司利用留存收益到转向利用新股票的发行,WACC 增加了 1.2%。

跳跃点的确定

下一个问题就是与筹资数量有关的跳跃点的确定。也就是说,当 WACC 增加的时候,能够筹集到的资本有多少?

这是一个比较简单的问题,假设资本按照一定的资本结构比例来筹集,在这个例子中,资本结构是这样的:普通股占 60%,因此,每筹集到的 1 美元之中,就有 60% 是股票。在发行新股前我们同时预期将有 300 万美元的留存收益可以使用。因此,我们的问题就相当于占总资本的 60% 是 300 万美元的筹资,或者是什么数目的 60% 是 300 万美元。

Brighton 公司当留存收益用完之后,可以筹集到的总资本是:

$$3\ 000\ 000/0.60 = 5\ 000\ 000$$

因此,WACC 就在 500 万美元处发生跳跃。

这个计算非常重要,WACC 的第一个跳跃点经常是通过留存收益的数量除以在资本结构中权益资本的权重而得出的。

MCC 图

Brighton 公司的结果用图 12-1 表示出来。该图表明在不同资金水平上的 WACC。正如前面所提到的,所有描绘全部是按照 MCC 曲线图体现出来的。要注意的是在 MCC 图上如何确定一个跳跃点,在这个点上,留存收益被用光。同时也要注意到,这个跳跃点是发生在留存收益用尽时已经筹集到的总资本(500 万美元)的水平上,而不是留存收益(300 万美元)的水平上的。

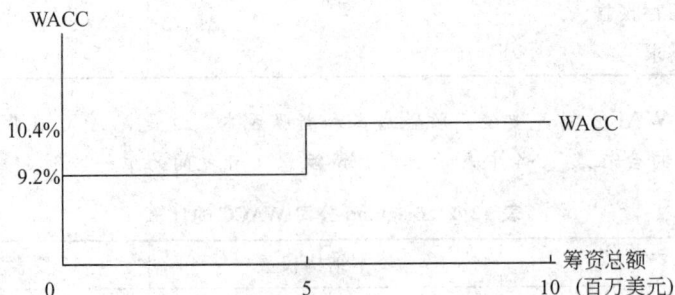

图 12-1　Brighton 公司的边际资本成本(MCC)

MCC 图中的其他跳跃点　对大多数公司而言,只要融资水平适中,除非有外部权益的介入,WACC 一般来说是保持不变的。然而,公司处于或者接近最初 WACC 的时候,是不可能无限度获得低成本的资金的。在任何时期,资本市场的内部机制对公司在任何时期可获得的新的筹资数额产生约束。

例如,假设 Brighton 公司打算筹集的资金是 2 000 万美元而不是 1 000 万美元。投资者认为这样的大型资本项目是有风险的,因此,要求更高的报酬,用于未来对债券和股票的投资。这就意味着:Brighton 公司不得不付出更高的利息借钱或者按照较低的价格出售增加的股票。如果市场是有效的话,资本边际成本在图上 1 000 万美元和 2 000 万美元之间的部分将会向上跳跃更多。①

边际资本成本和投资机会图的结合 一个公司的资本预算项目是按照 IRR 顺序由高到低排列的,在 MCC 图中表示为斧头的形状。对 Brighton 公司而言,这种思想如图 12-2 所示。每一个矩形块都代表一个项目。所有矩形块的高度和宽度分别代表了项目的 IRR 和所需要的资本数额。项目的右上边缘就是著名的投资机会图(IOS)。IOS 的水平部分就是各个项目 IRR。

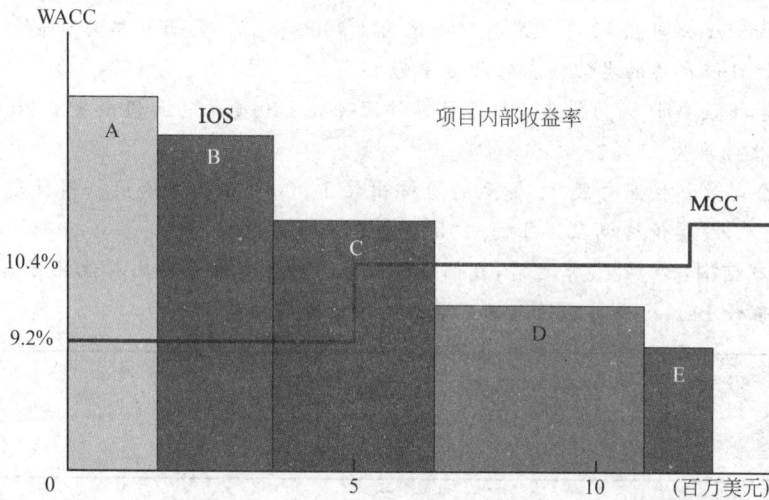

图 12-2 边际资本成本(MCC)和投资机会图(IOS)

这个图清楚地显示了哪个项目应该被接受,哪个项目不应该被接受。只要 IOS(IRR)大于 MCC,Brighton 公司就应该接受这个项目。图 12-2 表明了项目 A、项目 B 和项目 C 都应该被接受,而项目 D 和项目 E 不能被接受。请注意 MCC 的第一个跳跃使得项目 D 和项目 E 不可能被接受。如果 WACC 保持在 9.2% 不变化的话,这两个项目的 IRR 都大于或者等于资本成本。因为公司不得不通过出售股票而筹集新的权益资本,所以 MCC 发生跳跃,使得项目不能被接受。

对 MCC 的解释 图 12-2 表明 Brighton 公司应该用 9.2% 作为 WACC 值来评价前一个 500 万美元的项目。然而,由于需要追踪的不止一个 WACC,因而这种方法是非常不适用的。采用边际方法并且定义 WACC 为 IOS 和 MCC 相交那一点的收益率,可以达到同样的效果,如图中的 10.4%。

---

① 有时候,在从留存收益向外部权益转变之前,债券或者优先股的成本是增加的。这个点就是我们所描述过的 MCC 第一个跳跃点。

这是非常重要的一个点,在一个计划期内(通常是一年),一个公司的 WACC 通常由这个时期财务资源的可用性和项目的投资机会的类型来决定。

12.5 资本成本——一个综合的举例

在这一部分,我们通过考察一个综合计算的举例来决定公司的 WACC 和 MCC 曲线,同时在考察过程中对实际情况加以评论。

关联概念 举例 12-10

资本成本综合性案例

Baxter Metalworks 公司有如下资本成分。

债务:Baxter 公司在 10 年前发行了面值为 1 000 美元的、票面利率为 9% 的 30 年期的债券 5 000 张。目前在售的类似债券的收益率为 12%。

优先股:收益率 10% 的优先股在 5 年前按照每股 100 美元的面值出售了 20 000 股,现在类似证券的收益率为 13%。

权益:公司最初按照每股 10 美元的价格出售 1 000 000 股普通股。累计留存收益达到 3 000 000 美元,股票价格现在为每股 12.5 美元。

目标资本结构:在第 13 章之前,我们不去探究一种资本组合要比其他的资本组合更好的原因。现在假设 Baxter 公司已经选择了下面的目标资本结构:

债务	20%
优先股	10%
权益	70%

这表明,管理层在以后筹集资本的时候尽力地保持各种资本要素的市场价值的比率接近于这个比率。

一些其他的信息:

- 包括联邦和州政府税在内,Baxter 公司的所得税率为 40%。
- 发售普通股和优先股时的发行成本平均为 10%。
- 短期国库券的当前收益率为 7%。
- 普通股目前的收益率为 13.5%。
- Baxter 公司的 β 系数为 1.4。
- 公司与其按照 6.5% 的速率持续增长。
- 去年的每股年股利为 1.1 美元。
- 下一年公司计划中,包括 3 000 000 的盈利,其中 1 400 000 作为留存收益。

计算 Baxter 公司的资本要素权重和它的 WACC。在留存收益用完之前和之后,分别描绘出公司的 MCC。

解答:我们解答这个问题并且通过下面的步骤来描述一些要点。

1. 账面价值和权重(仅供参考)

2. 市场价值和权重

3. 比较目标、账面和市场权重,以及在实践中的运用

4. 资本要素成本

5. 计算 WACC

6. 描绘 MCC

下面依据要点进行解答:

1. **Baxter** 公司的资本要素的账面价值和权重

首先重新建立 Baxter 公司资产负债表的资本部分:

债务(5 000 股债券×1 000)		5 000 000
优先股(20 000 股×100)		2 000 000
权益		
普通股(1 000 000 股×10)	10 000 000	
留存收益	3 000 000	13 000 000
总资产		20 000 000

现在通过债券、优先股和权益占总资产的百分比率来计算账面权重。这个计算仅仅是参考,因为不用账面价值计算 WACC。

债券	5 000 000	25%
优先股	2 000 000	10%
普通股	13 000 000	65%
	20 000 000	100%

2. 市场价值和权重

为了计算基于市场价值的资本要素权重,需要清楚每种要素证券的当前市场价值。

债券:Baxter 公司债券的市场价值基于目前在外流通的债券的当前价值,这个价值不同于面值,因为市场利率不再等于债券的票面利率。计算是运用第 7 章里的公式 7.4 的债券公式来进行的。在这个举例中,k=6%,n=40,PMT=45,F=1 000。

$$P_P = PMT[PVFA_{k,n}] + FV[PVF_{k,n}]$$
$$= 45[PVFA_{6,40}] + 1\,000[PVF_{6,40}]$$
$$= 45 \times 15.046\,3 + 1\,000 \times 0.097\,2$$
$$= 774.28$$

发行在外的债券有 5 000 张,债券的市场价值是:

$$774.28 \times 5\,000 = 3\,871\,400$$

优先股:优先股面值为 100 美元,发行的收益率为 10%。因此,优先股的股利是每股 10 美元,现在的市场收益是 13%,每股优先股的价值如下(参照第 8 章,公式 8.13):

$$P_P = D_P/k = 10/0.13 = 76.92$$

发行在外的优先股共有 20 000 股,它们的市场价值为:

$$76.92 \times 20\,000 = 1\,538\,400$$

普通股:Baxter 公司的普通股的市场价值是很容易计算的,现在售价是每股 12.5 美元,在外流通的股数是 1 000 000 股。它的价值是:

$$12.5 \times 1\,000\,000 = 12\,500\,000$$

基于市场价值的权重：下面通过加总并且计算基于市场价值的资本要素的权重。

债券	3 871 400	21.6%
优先股	1 538 400	8.6%
普通股	12 500 000	69.8%
	17 909 800	100.0%

计算市场价值权重有些烦琐，尤其是当股票和债券的不同种类同时在外发行时，这种计算更为复杂。

3. 账面价值、市场价值和目标资本结构

先来比较我们已经讨论过的各种资本结构，即目标资本结构的基于账面价值和市场价值的资本结构。结果如下：

	账　面	市　场	目　标
债券	25%	21.6%	20%
优先股	10%	8.6%	10%
普通股	65%	69.8%	70%
	100%	100.0%	100%

在这个举例中，各个权重的差别不是很大。虽然实施并不是这样的，但是却经常会发生。基于市场价值的资本机构和目标资本结构非常相似时尤其是这样。

这个例子中余下的部分，我们要运用的是市场价值权重，它们和目标资本结构是非常接近的。

4. 资本要素成本

下面将运用以前的方法来计算每种资本要素的成本。

债券：债券的成本由公式 12.1 给出，它等于税率调整后债券投资者所获得的收益。

$$债券成本 = k_d(1-T)$$
$$= 0.12 \times (1-0.40)$$
$$= 7.2\%$$

优先股：公式 12.4 给出了计算优先股成本的方法，要么是通过考虑优先股与市场价格相关的股利，要么是直接通过发行成本对市场收益率进行调整。在这个例子中，给出的是市场收益率 13%，我们运用后一种方法：

$$优先股成本 = k_P/(1-f) = 13\%/(1-0.1) = 14.4\%$$

权益：权益成本要通过两步来计算，首先估计留存收益成本，然后是新股的成本。

留存收益：运用已经提到过的三种方法来计算留存收益的成本，然后归纳成统一结果。

CAPM 法：公式 12.5 给出了持有 Baxter 公司股票的投资者要求的收益，需要的是无风险利率、市场收益和 Baxter 公司的 β 值。

$$留存收益的成本 = k_B = k_{RF} + (k_M - k_{RF})b_B$$
$$= 7.0\% + (13.5\% - 7.0\%) \times 1.4$$
$$= 16.1\%$$

股利增长模型：公式 12.7 给出了当前价格、过去收到的股利和预期增长率已知的条件下 Baxter 公司股票的预期收益。

$$留存收益的成本＝k_e＝D_0(1+g)/P_0+g$$
$$=[1.1×(1+0.065)]/12.5+0.065$$
$$=0.094+0.065$$
$$=15.9\%$$

风险溢价法：风险溢价法是在公司债券收益的基础上增加 $3\%\sim5\%$ 的增溢，主要是为了弥补股票投资的额外风险。运用公式 12.8 和中间价值 4% 的额外增溢，那么：

$$留存收益的成本＝k_e＝k_d+r_{pe}$$
$$=12\%+4\%$$
$$=16\%$$

重新调整：在整个案例中，三种方法得到了比较相似的结论，总结如下：

CAPM   16.1%

股利增长模型   15.9%

风险增溢法   16%

因此，用 16% 作为留存收益的成本是比较合理的。

新股发行：通过发行新股筹集资金的权益的报酬是通过调整发行成本的股利增长模型来进行估计的，运用公式 12.9 得：

$$新股成本＝k_e＝D_0(1+g)/(1-f)P_0+g$$
$$=1.1(1+0.065)/(1-0.1)×12.5+0.065$$
$$=0.104+0.065$$
$$=16.9\%$$

注意到新股的成本比留存收益的成本要高 0.9%。

准确性的关注：前面提到过，对于权益收益/成本的计算并不是和计算出的百分数那样准确到千分之一，能够估计到千分之五通常就能达到我们的期望。

5. 计算 WACC

WACC 的计算现在是直接进行加权平均计算就可以了。我们使用市场价值的权重，由于留存收益和发行股票的成本不同，有两个不同的权益成本，所以需要计算两次 WACC，结果就是在留存收益用完之前和之后的 WACC。

计算结果在下面的表格中。在权重的那一列的项目是以基于市场价值的资本结构的百分比的十进制小数来表示的。表中跳跃点前和跳跃点后是分开计算的。各种要素资本的成本乘以各自的权重就得到了分项结果，然后把各个分项的结果相加就得到 WACC，最后的结果是用百分数来表示的，精确到 1%。

资本要素	权重	跳跃点之前		跳跃点之后	
		成本	结果	成本	结果
债券	0.216	7.2%	1.56%	7.2%	1.56%
优先股	0.086	14.4%	1.24%	14.4%	1.24%
普通股	0.698	16.0%	11.17%	16.9%	11.80%
	1.000	WACC＝13.97% 近似值＝14.0%		WACC＝14.6% 近似值＝14.6%	

6. MCC

MCC 图展示了留存收益跳跃点之前和跳跃点之后的 WACC。为了确定这一点,我们需要知道当发生跳跃时已经筹集了多少资本。

Baxter 公司预期下一年能有 1 400 000 美元年的预存收益,筹集每一美元的资本中就有 69.8% 的权益——要么是留存收益,要么是新发行股票。要确定跳跃点,我们需要回答下面的问题:多少资本中的 69.8% 是 1 400 000 美元? 要得到答案,用 1 400 000 美元除以 0.698(是在资本结构中权益资本的比重)就可以了。

计算过程是:

$$1\ 400\ 000/0.698 = 2\ 005\ 731$$

为了实际应用方便,我们将这个结果取整。假设留存收益跳跃点是在 200 万美元。Baxter 公司的 MCC 点如下图所示:

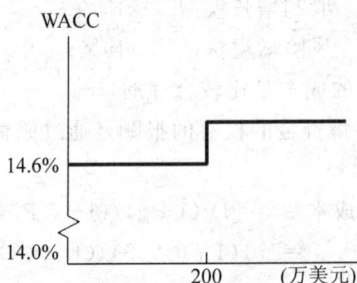

在向右移动的某个点上,MCC 将再次向上跳跃。如果 Baxter 公司超过了它的筹集资金的能力,那么各种资本要素的成本会更高。然而,与预测由于留存收益用完而发生的跳跃不同,我们不能准确地预测这些跳跃。

12.6 一个潜在的错误——处理单独融资项目

有时候某个项目的资金来源是单一的,这种情况会对 WACC 方法的实际应用产生一些问题。

例如,一个公司可能完全通过发行债券来为一个项目融资。很容易有这样的疑问,那就是是否应该使用债券的成本而不是公司的 WACC 来评价项目? 债券的资本成本往往会低一些,这样的话项目就更加容易被接受。

尽管资金的来源和使用尽可能地匹配看起来似乎是恰当的,但是在资本预算中却是错误的,因为资本预算要考虑公司全部的筹资资本的容量。公司不可能永远使用低成本的债券而从来不使用高成本的股票。也就是说,公司有个债务容量,当债务容量用尽之后,就需要用股票来筹集外部资本了。

现在考虑下面一个例子:公司借款仅仅是为了支持唯一的一个项目。如果仅仅基于债务成本而做出接受或者拒绝决策的话,会发生什么样的情况? 为了简便起见,我们假设公司没有优先股,债务和普通股的成本分别为 8% 和 12%,债务和普通股各占 50%,公司的 WACC 为 10%,要实施项目的 IRR 是 9% 大于债务成本 8%,因此项目被接受。如果按照 WACC 为 10% 来评价项目,那么项目就会被拒绝。

现在假定后来有个项目的 IRR 是 11%,并且公司试图通过借款来为项目融资,但是债权人认为公司的债务容量已经用尽,从而拒绝进一步投资。

假设可以通过发行股票来为公司的项目融资,但是它的成本为12%。(根据同样的原则)使用为项目融资持有资本要素的成本来评价项目的话,股票的成本为12%,公司就会拒绝第二个项目。

注意发生了什么事情。公司接受了IRR为9%的项目而拒绝了IRR为11%的项目。这一明显的错误"是由要尽可能在公司筹资容量限制中使资金来源及其使用相匹配"造成的。如果两个项目都是用10%的WACC来评价,那么会做出正确的接受/拒绝决策。这就非常清楚地说明了所有的项目(和公司运营风险相当)都应该运用WACC来进行评价。

洞察:财务实务

重新评价EVA

回忆一下在第3章中,我们在比率分析的研究结束时,介绍了两种新的绩效评价思想,市场价值附加值(MVA)和经济价值附加值(EVA)。现在我们对EVA进行更好地解释。

净收益作为一种传统的财务绩效评价的方法是有缺陷的,因此EVA就是比较重要的。净收益是用收益减去成本和包含利息在内的费用,从而达到所谓的"账本底线(bottom line)"。因此,传统的损益表中的费用是债务费用,忽略了权益和优先股的成本,也就是说净收益法隐含了权益和优先股是免费资金。但事实却不是这样。EVA通过考虑所有资本而不仅仅是债务的费用纠正了这个问题。这个费用就是本章中所提到的所有资本乘以资本成本所得。EVA的计算如下(其中权益包括了优先股):

EVA=EBIT(1-T)-(债务+权益)×资本成本

EBIT(1-T)就是税后营业收入,然后减去所有资本的费用。

EVA在现代管理中是一种非常重要的思想。现在如果能更好地回顾这种思想的含义,对资本成本就会有更深的理解。

关联概念

举例12-1　WACC的计算

举例12-2　以市场价格为基础的资本结构

举例12-3　债务成本

举例12-4　优先股成本

举例12-5　留存收益成本——SML法

举例12-6　留存收益的成本——持续增长(戈登)模型

举例12-7　留存收益成本——风险溢价法

举例12-8　新股成本

举例12-9　边际资本成本

表12-2　边际资本成本(MCC)和投资机会图(IOS)

举例12-10　资本成本综合性案例

讨论题

1. 将资本成本概念与个人股票投资的必要收益率概念进行比较。将这两种想法与投资风险联系起来。在资本预算/资本成本的范围内如何处理高风险的投资项目？

2. 定义资本结构和资本要素的概念。为什么资本结构对资本成本的概念很重要？在许多关于资本结构的讨论中，优先股被归为债务或普通股。然而，在涉及资本成本方面时，它又被区别对待了，为什么？

3. 假如你是一位新来的财务分析师，在一家有100多年历史的公司工作。财务总监请你和一位年轻的会计人员一起审查公司的资本结构，以便重新计算其资本成本。当你们离开财务总监办公室的时候，你的会计同事说这份工作真的很容易，因为他已经掌握了相关的信息。在准备最近的年度报告时，他整理了公司资产负债表上的资本项目，并且掌握了公司的债务、优先股和普通股的价值。他说，你们两人可以在5分钟内把这些信息汇总成一份报告，然后出去喝杯啤酒。你是怎么反应的？为什么？这和公司悠久的历史有关系吗？为什么？

4. 投资者的收益和公司的成本是一种事物的两个方面——几乎是，但不完全是这样。请解释原因。

5. 关于资本要素的成本和用来计算权重时使用的资本要素的数量有两种观点：历史价值和市场价值。我们愿意接受对权重的估计而不是对成本/收益的估计，为什么？

6. 你所在的公司正在考虑几个投资项目。你已经计算了基于市场价值和利率的资本成本，并且还运用了IRR和NPV法分析了这些项目。有几个项目是可以接受的。昨天晚上你看新闻的时候，得知大多数经济学家预测下一年的利率将会上升。你是否应该修正你的分析？为什么？

7. 在确定公司的资本成本的时候，权益成本的确定带有很大的主观性并且是最困难的。请列出这种问题的原因以及确定权益成本的最好方法。

8. 留存收益通常是公司内部经营产生的，能为公司和股东获得更多的利润，并且可以立即再投资。因此，这种资本对公司来说，成本为零。这种解释是不是正确的？请阐明你的观点。

9. 定义边际资本成本（MCC）并用文字解释"当在一个预算期内融资额增加的时候，为什么预期边际成本会发生阶梯式跳跃？"

10. 在留存收益用尽导致MCC跳跃之后，MCC图不一定可以保持平滑。这个描述是不是正确的？如果是错误的，MCC会发生什么情况？为什么？

11. 将WACC定义为MCC处于IOS之下的最高点是否恰当？如果运用这种定义的话，是不是有些项目会遗漏？

商业分析

1. 假如你是一家小型建筑公司的新任首席财务官。这家私人公司拥有200万美元的所有者权益和300万美元的浮动利率的银行贷款。建筑行业风险很大，所以通常要求权益投资收益率在20%～25%之间。银行目前对该公司贷款收取14%的利率，但利率可能在近期内会上升。公司的老板以前是一名木匠，有很好的经营能力，然而，他对财务却知之甚少。最近公司的经营状况很好,几个扩建项目正在考虑之中。每个项目都有现金流量预测。你认为这些估计都是比较合理的。

公司老板叫你去见他,提起他对项目感到困惑。他本能地觉得有些项目在财务上处于收支平衡的边缘,可能会对公司产生不利的影响,但他不知道如何证实这一点,也不知道如何在财务可行范围内选择项目。

假设公司老板理解"投资回报"这一概念,请写一份简短的备忘录来解释 IRR 和资本成本的概念,以及如何解决相关问题。不通过详细的计算,运用上面给定的数字可以对公司的资本成本做出粗略的估计并且可以在你的备忘录里运用这些结果。

2. 假如你是一家小公司的首席财务官,正在考虑一个新的投资项目。总裁和其他几位管理层成员对这个项目非常兴奋,因为他们是基于工程和市场营销方面的考虑,而不是盈利方面的考虑。你用资本预算技术分析了这个项目,发现它在基于市场收益的资本成本分析之后,不管是用 IRR 还是用 NPV 方法来评价,这个项目都是失败的。问题就在于,过去的一年里利率急剧上升,因此资本成本异常的高。

你把分析结果给了管理团队,他们非常失望。事实上,他们希望可以找出你分析报告中的不实之处,以便于他们可以继续这个项目。你已经解释了你的分析,并且除了一点之外,其他每一方面都是很好理解的。管理层坚持把现在给投资者的报酬作为公司资本要素的成本不是很合理。营销副总裁提出了下面的反对意见:"两年前,我们以 10% 的利率借入了 100 万美元,现在还没有还这笔贷款,而且我们每年仍在支付 10 万美元的利息。很明显,我们的债务成本是 10%,而不是你所使用的 14%。如果你愿意使用普通股和优先股以及债务的'真实'成本的话,我们的项目就很容易被证实在财务上是可行的。"

你该怎么回应?

CFO 经验谈

恰当的反应可能相对较少。但是值得注意的就是这种事情时刻会在公司中发生。营销部和工程部的人经常会被一些"净"项目迷惑,而这些所谓的"净"项目在财务行是没有价值的。CFO 需要时刻关注账本的底线,而他们经常被认为是在做一些让别人扫兴的事情。

3. Digitech 公司的工程部想买一台最新的美术处理电脑。这台机器要比公司现在所用的机器的处理速度快很多,但是这笔费用带来速度的提升在公司当前的情况下是不是值得,还有待商榷。总工程师(他拥有 MBA 学位,对财务原理有很好地理解)已经为购买这台新机器编制了一份极其详细的资本预算提案,得出的结论是这个计划是合理的。你是该公司的财务分析师,被指派去审查这个工程方案。你的结论强调两个主要的问题。第一,由于使用新机器而预计的成本节省似乎过于乐观。第二,分析使用了不切实际的低资本成本。

关于第二点,工程建议书有下列证明,说明所用资本成本的发展情况。

Digitech 公司的资本结构是 60% 的债务和 40% 的股票
计算机制造商为了促进销售,提供了利率为 8% 的资金
资本成本 = 8% × 0.6 = 4.8%
税后 = 4.8% × (1−T) = 4.8% × 0.6 = 2.9%

你已经考察了市场,发现 Digitech 公司的债券目前正在出售,收益率为 14%,股票收益率约为 20%。

你会怎么做?也就是说,你该如何向总工程师解释方案中过于乐观、不切实际的问题并提

出正确的计算方法?

4. Whitefish 公司在北大西洋经营着 15 艘渔船。过去几年来,捕鱼业一直很好,市场需求也很好,所以公司可以把捕到的所有的鱼都卖掉。负责运营的副总裁查理·巴斯(Charlie Bass)制定了一份资本预算提案,用于购买新船。每艘船都被视为一项与其他相同的单独项目,并且 IRR 为 22%。公司的资本成本已经被计算出来了,在留存收益发生跳跃之前为 14%,在那之后是 15%。Charlie 认为资本预算数据表明公司应该尽可能多地购买新船,通过各种渠道进行融资。如果你是 Whitefish 公司的 CFO,你会支持还是反对 Charlie 的立场?你该怎么做呢?如何来确定应该购买的新渔船的合适数量?购买大量的新渔船会造成什么样的问题或者风险?

习题

计算 WACC:关联概念　举例 12-1

1. Blazingame 公司的资本要素的市场价值如下所示(单位:美元):

债务	35 180 000
优先股	17 500 000
普通股	48 350 000

计算公式的资本成本和权重,计算公司的加权平均成本(WACC)。

2. Aztec 公司的资本成本和要素如下所示,请计算公司的 WACC(单位:美元):

资本要素	价　格	成　本
债务	23 625	12.0%
优先股	4 350	13.5%
普通股	52 275	19.2%

3. Willerton Industries 公司 12 月 31 日的资本账户余额如下(单位:美元):

长期负债	65 000 000
优先股	15 000 000
普通股	40 000 000
资本公积	15 000 000
留存收益	37 500 000

以账面价值为基础来计算公司的资本结构。

以市场价值为基础的资本结构:关联概念　举例 12-2

4. 请指出上一题目中,Willerton Industries 公司的问题。公司 7 年前发行了 20 年期、面值为 1 000 美元、票面利率为 8% 的债券,现在市场要求的收益率为 6%。对外发行的优先股的面值是 100 美元,股息是 9%,现在市场要求的收益率为 8%。另外,公司有 4 000 000 股流通在外的普通股,每股的股价为 31 美元。计算 Willerton Industries 公司以市场价值为基数的资本结构。

5. 假设公司留存收益的成本是 11%,所得税率是 40%,重新计算上述两道题。不考虑价值变动以账面价值为基础计算 WACC,再以市场价值为基数计算 WACC。两者之间有重大的区别吗?

6. 一家新成立的公司的资本要素的账面价值和市场价值以及基于市场的要素资本成本如下所示。自从公司最初融资之后,公司就没有发行过新的证券了。

要 素	价 值		成 本
	市场价值(美元)	账面价值(美元)	
债务	42 830	40 000	8.5%
优先股	10 650	10 000	10.6%
普通股	65 740	32 000	25.3%

(1) 计算公司的资本结构和基于市场价值和账面价值各自的 WACC,并且比较二者。

(2) 自从公司开始经营之后,利率发生了什么变化?

(3) 公司是不是比较成功? 为什么?

(4) 使用基于账面价值的 WACC 和基于市场价值的 WACC 是相反的,其中的含义是什么? 换句话说,如果使用账面价值的话,管理层会犯什么样的错误?

7. Hemingway 公司在 5 年前发行了面值为 1 000 美元、票面利率为 8% 的 30 年期的债券 6 000 张。债券现在出售的收益率为 5%。公司同时在外发行 15 000 股优先股,每股的股利为 6.5 美元,现在的收益率为 10%。公司的普通股的当前股价为 21 美元,发行在外的股数为 20 000 股。计算 Hemingway 公司基于市场价值的资本结构。

8. Wall 公司发行在外的普通股股数为 142 500 股,当前的股价为 28.63 美元。发行在外的距离到期日还有 20 年的债券 4 530 张,它们的面值为 1 000 美元,票面利率为 6%。相似的债券的收益率为 9%。公司按照 8% 发行在外的面值为 1 000 美元,现在的收益为 11% 的优先股有 7 500 股。计算 Wall 公司基于市场价值的资本结构。

9. Alberson 有限公司的普通股的市场价格为 5.50 美元,发行在外的股数为 100 000 股。公司的账面上表明普通股的账面价值为 40 000 美元。公司目前发行在外的优先股为 5 000 股,最初是按照面值为 50 美元发行的,年股利为每股 3 美元,当前出售的市场收益率为 8%。同时,公司在 5 年前发行了面值为 1 000 美元,票面利率为 7% 的 30 年期债券 200 张,现在出售的收益率是 10%。分别计算 Alberson 有限公司基于账面价值和市场价值的资本结构。

债务成本:关联概念 举例 12-3

10. Asbury 公司 11 年前发行了 30 年期的债券,票面利率为 9.5%,现在这些债券的市场收益率是 7%。两年前,公司发行了 20 年期的债券,票面利率 8%。标准普尔和穆迪对这两种债券的评级是一样的。

(1) Asbury 的税后债务成本是多少?

(2) 目前,20 年期的债券的市场收益率是多少?

11. Dentite 公司的债券如果现在出售的话,新的投资者可以获得收益率是 12%,公司的所得税率是 38%(包括了联邦税和州政府税)。公司债券的成本是多少?

12. Kleig 公司的债券的市场收益率是 9%,公司计划向公众发行新的债券,发行成本是

6%。公司的所得税率是42%。

（1）公司发行新债券的成本是多少？（提示：使用发行成本调整债务成本的计算公式。）

（2）假设公司直接以12%的利率向银行借款。

① 向银行借款这种债务的成本是多少？（提示：银行借款需要考虑发行成本吗？）

② 如果通过发行债券筹集60%的款项，银行借款筹集40%的款项，公司总的债务成本是多少？（提示：考虑加权平均。）

优先股成本：关联概念　举例12-4

13. Harris公司在5年前发行的优先股的收益率是9%。现在于二级市场上购买这些股票的投资者获得的收益是14%。在发行新证券的时候，公司支付的发行成本通常是12%。Harris公司优先股融资的成本是多少？

14. Fuller公司在5年前发行了面值100美元、股利8%的优先股，当前的售价是84.50美元。假设公司的发行成本是10%，Fuller公司的优先股成本是多少？

15. 几年前，Hendersen公司发行了面值为50美元、收益率为8%的优先股。当前的售价为38美元。优先股的发行成本为15%。Hendersen公司的优先股的成本是多少？

16. Simmonds公司股票的新购买者期望获得22%的收益。公司在发行新证券的时候支付的发行成本是9%。Simmonds公司的权益成本是多少？

（1）权益是来自留存收益

（2）权益是来自发行新股

留存收益成本——永续增长（戈登）模型：关联概念　举例12-6

17. Klints公司去年每股发放股利1.45美元，每股股票的市价是29.50美元，公司预测增长率是4%。请估计Klints公司的留存收益成本。

留存收益与发行新股的成本：关联概念　举例12-6和举例12-8

18. Pepperpot公司当前股票的售价是52美元。上一期的股利是4.5美元，公司期望有7%的增长率。普通股的发行成本是所筹集资本的10%。估计Pepperpot公司的留存收益的权益成本和发行新股获得权益的成本。

留存收益成本——SML法：关联概念　举例12-5

19. Longlife保险公司的β值为0.8。当前股票的平均收益率为15%，短期国库券的收益率是6%。估计Longlife公司的留存收益的成本。

留存收益成本——风险溢价法：关联概念　举例12-7

20. 在上一题中，Longlife保险公司有几种发行在外的债券当前出售的收益率是9%。这些对于公司权益的成本来讲意味着什么？

21. Hammell Industries使用10%作为留存收益成本已经很多年了。管理层计划根据目前的金融市场的变化对其进行重新估价。股票市场的平均收益率是8%，国库券利息是3.5%，Hammell Industries公司的股票价格是29.44美元，公司刚刚支付每股的股利是1.5美元，预计在可预见的未来每年增长5%。Hammell Industries的CFO向投资银行咨询发行债券事宜，获知发行类似债券的票面利率是6.5%。Hammell Industries的β值是1.4。请帮助Hammell Industries公司评估留存收益成本。

22. 假设Hammell Industries需要发行新股以增加股东权益，发行成本是12%，新发行股票的成本是多少？

边际资本成本：关联概念　举例 12-9

23. Whitley Motor 公司的资本要素如下：

债务：5 年前平价发行 25 年期债券 900 张，面值为 1 000 美元，票面利率为 7%。目前，该债券的收益率是 10%。

优先股：12 年前以每股 50 美元的价格发行 3 500 股优先股，股利是 8%。目前，该优先股的收益率是 11%。

权益：公司最初以每股 100 美元发行 10 000 股普通股，至今已有 800 000 美元的留存收益，目前，每股估价是 89 美元。Whitley 预计下年净收益为 300 000 美元，其中的一半收益转为留存收益。

公司的所得税率为 38%（包括联邦和州所得税），新股发行成本是 8%。Whitley 预计永续增长率为 3.5%。最近每股支付股利 4 美元。

请计算 Whitley 公司留存收益用尽之后发生的成本跳跃之前和之后的 WACC，以及发生跳跃时公司筹集了多少资金。

24. Longenes 公司在计算公司的资本成本时运用了公司的目标资本结构。公司的目标资本结构和当前基于市场价值的要素资本的成本如下：

资本要素	结　构	成　本
债务	25%	8%
优先股	10%	12%
普通股	65%	20%

注：债务和优先股的成本已经经过税率调整或者发行成本调整。权益成本没有进行调整。

公司期望明年获利 2 000 万美元，并且计划投资 1 800 万美元在新的项目上。公司通常把利润的 60% 作为股利发放。普通股和优先股的发行成本是 10%。

（1）计算 Longenes 公司最初的 WACC。

（2）在 MCC 图上留存收益的跳跃点在什么位置？（百万美元为单位，取小数点后一位。）

（3）在跳跃点之后公司新的 WACC 是多少？（调整具有发行成本的整个权益成本。）

（4）Longenes 公司能够以表中所示的 8% 的净成本可以筹集到 400 万美元。在那之后，公司筹集资金的债务成本增加到 12%。在债务成本增加之后公司新的 WACC 是多少？

（5）MCC 图的第二个跳跃点在什么位置？在 WACC 发生第二次跳跃时，公司所能筹集到的总资本是多少？

（6）描绘公司的 MCC。

综合资本成本举例：关联概念　举例 12-10

25. Taunton 建筑公司的资本状况如下所述：

债务：公司 10 年前发行了面值为 1 000 美元、25 年期的债券 10 000 张。债券的票面利率为 14%，现在出售的收益率是 10%。

优先股：公司在 6 年前发行了面值为 50 美元的优先股 30 000 股。每股年股利为 6 美元。类似的优先股现在的报酬是 9%。

普通股：Taunton 公司最初按照 12 美元的价格出售了 200 万股普通股。公司现在的累计留存收益是 500 万美元。公司的股票价格现在是 13.25 美元。

Taunton 公司的目标资本结构如下：

债务	30%
优先股	5%
普通股	65%
	100%

其他的信息：

- Taunton 公司的边际税率(包括州和联邦税)为 40%。
- 普通股和优先股的平均发行成本为 12%。
- 短期国库券的当前收益率是 7.5%。
- 市场收益率是 12.5%。
- Taunton 公司的 β 值是 1.2。
- 公司预期增长率为 6%。
- 上一年的每股年股利为 1.00 美元。
- Taunton 公司预期明年获利为 500 万美元。
- 公司可以按相似于公司旧债券的市场收益的成本筹集额外的 200 万美元。超过这个值之后,贷款方期望获得的收益率是 14%。
- Taunton 公司明年考虑的资本预算项目如下：这些预算项目代表了公司的投资机会表(IOS)：

项 目	IRR	资本需求	累计资本需求
A	15%	3 000 000	3 000 000
B	14%	2 000 000	5 000 000
C	13%	2 000 000	7 000 000
D	12%	2 000 000	9 000 000
E	11%	2 000 000	11 000 000

(1) 计算公司基于账面价值和市场价值的资本结构,并且和目标资本结构进行比较。目标结构是否基于市场价值的资本结构的近似值? 账面资本结构是不是相差很远?

(2) 计算基于公司现有债券市场收益的债务的成本。

(3) 计算基于现有优先股的市场收益的优先股的成本。

(4) 用三种方法来计算公司留存收益的成本：CAMP 法、股利增长模型和风险增溢。将三种结果归纳为一个统一的估计。

(5) 运用股利增长模型来估计公司通过出售新股筹集资本的权益成本。

(6) 运用基于要素成本估计的留存收益和目标资本结构来计算 WACC。

(7) MCC 图中的第一个跳跃点在什么位置(留存收益用尽的点)? 计算结果以百万美元为单位,保留一位小数。

(8) 计算发生跳跃之后的 WACC。

(9) MCC 图中的第二跳跃点在什么位置(债务成本增加的点)? 为什么第二个跳跃点存

在？计算结果以百万美元为单位,保留一位小数。

（10）计算第二个跳跃点之后的 WACC。

（11）画出 Taunton 公司的 MCC。

（12）画出与 MCC 同样拥有斧头形状的 IOS 图。哪个项目应该被接受？哪个应该拒绝？哪些被拒绝项目的 IRR 是否高于最初的 WACC？如果是的话,解释被拒绝的原因。

（13）计划期内的 WACC 是什么？

（14）假设项目 E 是自有资金,就是说它的资金来自于自身的债务融资,通过一个设备制造商贷款的成本是 9%。贷款成本是:

$$9\% \times (1-T) = 5.4\%$$

项目 E 在这种情况下是不是应该被接受？

26. Newrock Manufacturing 公司的目标资本结构如下:

债务	25%
优先股	20%
普通股	55%
	100%

投资银行家告诉公司的 CFO,公司以 6% 的利率发行债券融资的最高额度是 5 000 000 美元,超过这一金额,利率将会达到 7%。Newrock 曾平价发行面值 100 美元的优先股,年股息率是 8.5%,最近市价是每股 112.50 美元。公司有 3 000 000 股流通在外的普通股,最近每股发放股利 2 美元,最近每股的股价为 36.00 美元。预计下年公司的净收益是 1 400 000 美元,在可预见的未来增长率为 6%。债券的发行成本是 6%,股票和优先股的发行成本是 11%。所得税率是 40%。

（1）使用目标资本结构计算公司的资本成本,计算留存收益成本。

（2）描绘 Newrock 的 MCC 图,确认前两次发生跳跃的资金水平,并且计算出每次跳跃之后的 WACC。

（3）Newrock 下年的资本需求项目如下:

项 目	资本需求	IRR
A	4 000 000	11.0%
B	3 600 000	10.5%
C	8 600 000	13.2%
D	2 000 000	8.7%
E	5 500 000	9.5%
F	5 000 000	7.2%
G	4 100 000	10.5%
H	6 400 000	8.0%

假定项目 A、项目 B 是互斥的,项目 C 和项目 H 也是互斥的。画出 Newrock 的 MCC 和 IOS 图,并决定下年的理想的项目组合是什么。

第4篇

长 期 筹 资

杠杆和资本结构

在第 12 章中，我们为了介绍资本成本的概念，引入了资本结构。在本章中，我们会发现资本结构不仅仅是计算资本的加权平均成本，事实上，资本结构管理是财务总监所要做的最重要的事情之一。

如果运用得当,资本结构管理是一个改善财务业绩的有效办法,它可以使好的结果变得更好,甚至可以提高公司股票的价格。

然而,使用资本结构时必须非常谨慎,带来好处的同时也会付出一定的代价。通过资本结构改善业绩的成本可能会增加风险。风险,前面已经学过,是一个非常严肃的问题。在本章中,我们将学习资本结构给管理带来的好处和成本。

13.1　背景

在第 12 章中,我们说资本结构是企业使用的债务、优先股和权益的组合。在本章中,我们假设优先股的本质为债务形式[①]来简化资本结构的概念。因此,从现在起,当提到资本结构时就表示资本中债务和权益的组合体。

"杠杆"是一个总的概念,表示成倍增加某种效果的影响能力。这个词源于物理学中被用来增加力量的杠杆。财务杠杆是指用借款来扩大投资于经营企业汇总权益的效果。

财务杠杆中提到的借款是指公司资本结构中的债务,因此,"财务杠杆"和"资本结构"在某种意义上是同义词,"有杠杆"意味着"有债务",没有杠杆意味着公司只用权益资本经营。

这个概念可以用总资本(债务＋权益)中债务的百分比来量化。比如,10％的财务杠杆表示在一个资本结构中有 10％的债务和 90％的权益。

13.1.1　中心问题

学习资本结构要始终围绕一个中心问题:利用债务(杠杆)能否增加企业权益的价值? 也可以用另一种问法:它可以增加股票价格吗?

我们需要确切地理解这个问题的含义。为了说明这一点,假设一家拥有 100 万美元股本、没有债务的公司借入 25 万美元,回购了四分之一自己公司的股票,并收回股份。实际上,它已将四分之一的股权转换为债务。这一程序被称为**资本重组**。

直观上来说,这一过程不应该影响流通在外的股票的价格。原来股票的四分之三代表了原来四分之三的权益,所以每股的基础没有改变。

事实上,以我们刚才所描述的方式增加财务杠杆,经常会增加流通在外的股票的价格和公司价值。然而,这种情况是不确定的。在某些情况下,增加财务杠杆反而会降低股票价格和公司价值。

换句话说,资本结构和股票价格存在着联系,但这种联系并不是很明确,也没有被完全理解。在学习中,要试图更好地理解二者关系的本质,并且预测一下在什么时候增加财务杠杆会提高或者降低股票价格和企业价值。

尤其重要的是,我们想知道当其他情况都保持不变的时候,可以使股票价格最大化的最优资本结构。

介绍了一些背景之后,我们通过一个举例来看一看杠杆是如何起作用的。

[①]　这个假设是基于优先股的股利,是固定的。从这个角度来讲,优先股股利更像是利息而不是普通股股利。你可以认为无论公司的财务状况如何,公司都要对债务和优先股的投资者支付相对固定的回报。另一方面,权益提供的收益是随着经营业绩的变化而变化的。

13.1.2 杠杆中的风险

在前面几章中,我们了解了风险和收益是相关的,并且在决定股票价格时起到了很大的作用。在这里,我们发现确定价值时风险也起到了很大的作用。事实上,在权益投资中,杠杆改变了风险和收益的关系,进而影响了股票价格。在下面的学习中我们将更好地理解这一点。

业绩的衡量 在本章中,我们会经常提到 EBIT,ROE 和 EPS,在这里很有必要再回顾一下它们的含义。

EBIT:息税前收益,也称为经营收益。它在收益表中是独立于融资的最低限。换句话说,只要 EBIT 超过利息费用,它就不受企业是否采用杠杆的影响。

ROE 和 EPS 是指权益收益率和每股收益,用以下公式定义:

$$ROE = EAT/权益 \quad EPS = EAT/股票数量$$

在这里,EAT 是指税收收益,一般位于收益表中的最后一行(也称为净收益)。

权益收益率和每股收益是能够较为全面考察企业经营业绩的指标,包括经营的结果和融资的影响。对于投资者来说,当他们考虑到购买公司股票的时候,这两个指标都是非常关键的。但是每股收益更为重要一些,经常被视为企业在未来获取收益的指标,因此,也是股票市场价格重要的决定因素。

EBIT、ROE 和 EPS 在第 2 章、第 3 章中已提到,现在再回顾一下这些章节。

重新定义风险 人们习惯于把财务中的风险认为是投资回报的变化。本章将把财务风险视为用 ROE 和 EPS 的变化衡量财务业绩的变化。风险可以分为两类:经营风险和财务风险。

经营风险 经营风险是用 EBIT 衡量的公司经营业绩的变化,它由收入、成本和费用中的变化而引起,因此经营风险可用 EBIT 本身的变化来定义。[①]

财务风险 在一个没有财务杠杆的公司里(也就是没有债务),ROE 和 EPS 的变化与 EBIT 的变化一致;在一个有财务杠杆的公司里,ROE 和 EPS 的变化幅度总会大于 EBIT 的变化。公司用的财务杠杆越高,二者变化的差额就越大。

这样就可以将财务风险定义为:由于公司使用财务杠杆(债务),而使 ROE 和 EPS 产生的额外变化,这个概念可以用图 13-1 来解释。左侧一列表示在企业经营活动中产生的 EBIT,在 EBIT 上加上融资,得到 ROE 和 EPS。换句话说,EBIT 衡量的是企业的经营活动,而 ROE 和 EPS 则衡量的是整体业绩,即经营和融资的结合。

第二列和第三列表示在度量中变化的来源以及变化是如何定义成风险的。要注意经营风险本身是融进 ROE 和 EPS 中的,只要有债务融资就会出现财务风险。

13.1.3 杠杆和风险

我们从上一部分清楚地知道财务杠杆实际上是与财务风险相联系的,财务杠杆会引起财务风险。我们也将经营风险定义为 EBIT 的变化。这产生了另一种杠杆,它对经营风险的影响类似于财务杠杆对财务风险的影响,这个杠杆被称为经营杠杆。

[①] 请注意不要将经营风险和我们在第 9 章提到的企业特别风险混淆在一起。企业特别风险不仅包括 EBIT 中的变量,也包括有关特定公司或者特定行业的变量。例如,考虑一个行业的联邦管制可能会在财务状况不变的情况下压低股价。联邦管制和诸如此类的威胁就是一种企业特别风险。

业绩来源　　　　　　变量　　　　　　风险

企业经营　　　　　企业经营中
　　　　　　　　　的变量
创造

EBIT　　　　　　EBIT中的变量　→　经营风险

加

融资　　　　　债务融资影响产生　→　财务风险
　　　　　　　的额外变量

导致

ROE和EPS衡量　　　ROE和EPS　→　财务业绩
的整体业绩　　　　　中的变量　　　　中的风险

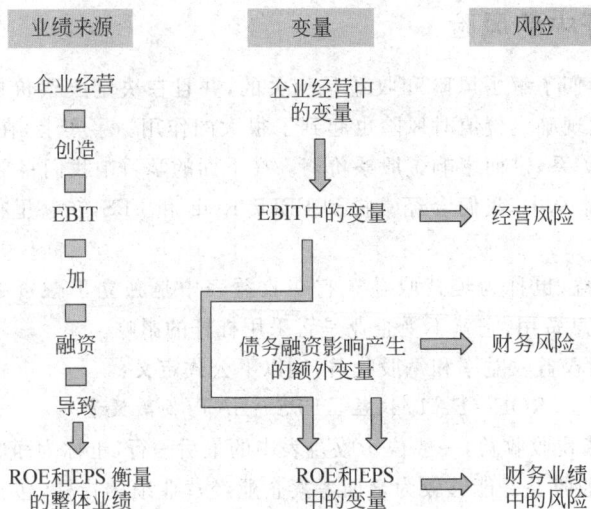

图 13-1　经营风险和财务风险

经营杠杆与一个公司的成本结构有关系,而与资本结构无关。成本结构是用来描述生产和管理过程中相关的固定成本和变动成本的。

当单独使用"杠杆"这个词的时候,一般是指财务杠杆,这是一个更为重要的概念。我们将在本章后面来讨论经营杠杆以及它与财务杠杆的关系。

13.1.4　学习杠杆的方法

在本章的剩余部分,我们将进一步学习财务杠杆。首先,考察一下财务杠杆在实际中是如何应用的。然后,用相同的方法考察经营杠杆,考察过后将二者结合起来,并看一看它们之间是如何相互作用的。

接下来,我们会花一些时间来学习资本结构理论。在学习中涉及计算较少,但是学习之后,我们能够很好地掌握相关方法,也能发现理论上和直觉上得到的结果大体上是一致的,但原因却有些不同。

13.2　财务杠杆

介绍了必要的背景之后,我们可以讨论杠杆为什么会起到这种作用,先从直观的解释开始。

13.2.1　财务杠杆的影响

杠杆增加股票价格的根本原因是在特定的情况下,它可以改善根据 ROE 和 EPS 衡量的财务业绩。

然而,它有时候也会使业绩变得更糟糕,风险增加。因此,我们不能很快确定杠杆何时带来好处,何时带来坏的影响。

为了解释杠杆是如何起作用的,我们考察一个处于上升阶段的初创公司 Arizona Ballon Corporation,简称为 ABC 的财务结果,这个公司出售跨越 Arizona 州沙漠的热气球。我们看一下 ABC 在用杠杆的三种情况下是如何经营的。看一看没有债务的情况,有 50% 的情况,有 80% 的情况。

表 13-1 中的每一列代表一种情况,每一列的上面是公司的资本结构和在外流通的股数。从左到右反映了用所借到的钱以每股账面价值 10 美元回购的股票数量。

表 13-1 资本收益率超过债务成本时增加财务杠杆的影响

Arizona Ballon Corporation 的杠杆分析   单位:千美元

	杠 杆 种 类		
	1	2	3
	0% 债务	50% 债务	80% 债务
资本			
债务	—	500	800
权益	1 000	500	200
总计	1 000	1 000	1 000
股数(10 美元)	100 000	50 000	20 000
收入	1 000	1 000	1 000
成本/费用	800	800	800
EBIT	200	200	200
利息(利息率 10%)	—	50	80
EBT	200	150	120
所得税(税率 40%)	80	60	48
EAT	120	90	72
ROE(%)	12	18	36
EPS	1.20	1.80	3.60

我们研究的问题是,当持有的经营收益(EBIT)水平不变的时候,改变杠杆,财务业绩会有什么不同?换句话说,给定某个 EBIT,杠杆是多一点好还是少一点好?

为了回答这个问题,我们先假设 EBIT 是 200 000 美元(列示在每一列的中部),下面的四行使得收益表变得完整,债务利率是 10%,税率是 40%。

权益收益率(ROE)和每股收益率(EPS)列示在最后,这些是我们最感兴趣的业绩测量指标。

有关财务杠杆的好处　在上表中,我们观察到最重要的现象是从左到右 ROE 和 EPS 是逐渐增加的,即当杠杆增加,ROE 和 EPS 也会显著增加。

要注意根据计算为什么会出现这种情况,ROE 和 EPS 是 EAT 分别除以权益和股票数得到的结果。

债务导致利息增加使 EAT 下降,然而由于债务代替了资本结构中的权益,股票被回购,权益和在外发行的股票数量也减少了。在这种情况下,权益和股票数量成比例下降的速度比收益更快,所以指标的结果还是增加的。

这是杠杆带来的好处,如果基本的获利能力还不错的话,用债务代替权益可以改善用 ROE 和 EPS 衡量的财务业绩。[①] 接下来,如果投资者对这种增加的反应是积极的,那么就会

---

① 有一种影响在举例中没有包含,即利率随着债务的增加而增加,这意味着第三列中的债务成本比所示的成本要高。然而,这种影响不会扭转 ROE 和 EPS 增加的趋势。

抬高股价。

资本收益率和债务成本 表 13-1 中杠杆带来的好处是合理的,因为 ABC 的经营收益(EBIT)表示资本的税后收益率大于债务的资本,所以,发挥借款的长处,公司借来的钱获得的收益会多于它的支付。

资本的税后收益率可用已经占用投资收益率(ROCE)来衡量。ROCE 考察的是在不考虑融资方式的情况下公司的获利能力,但是这个比率是税后的。ROCE 等于在没有可抵扣利息的情况下,用 EBIT 的税后收益除以总资本。税后 EBIT 用 EBIT 乘以(1−T)就可以得到了,T 代表税率。

计算结果可以和资产收益率、权益收益率或债务的税后成本相比较,公式 13.1 给出了计算的过程:

$$ROCE = EBIT(1 - T)/(债务 + 权益) \tag{13.1}$$

用公式 13.1 计算表 13-1 中的每种情况得出的 ROCE 都为 12%,这说明 ABC 在这三种情况下资本的税后收益率都为 12%。

如果你对 ROCE 的概念还有点模糊,请注意第一种情况,在这种情况下,因为没有债务和利息,ROCE 就等于 ROE,是 12%。

ABC 的税后债务成本是:

$$k_d(1 - T) = 10\%(1 - 0.4) = 6\%$$

在这里,k_d 指的是公司支付的利息,T 指的是税率,债务的债后成本只有 6%,仅仅是资本收益率的一半,因此借债是合理的。

只要一个企业可以获得的 ROCE 超过其债务的税后成本,似乎就可以尽可能多地利用债务。在这种情况下,每借一美元就可以给 ABC 的股东赚得 6% 的超额收益。

我们将很快了解到其他因素也会影响借钱的合理性,但是有个基本的定律:如果 ROCE 超过债务的税后成本、权益等价交换为债务时,公司的财务状况就会得到改善。

事物的另外一面——杠杆的坏处

事物都有正反两面,当一家公司的 ROCE 小于债务的税后成本时,杠杆会使结果变得糟糕。为了说明这个问题,我们重新设计了表 13-1。假设坏天气使得 ABC 的气球生意一落千丈,用表 13-2 来反映得到的结果。

表 13-2 债务成本超过资本收益率时增加财务杠杆的影响
Arizona Ballon Corporation 的财务杠杆 单位:千美元

	杠 杆 种 类		
	1	2	3
	0%债务	50%债务	80%债务
资本			
债务	—	500	800
权益	1 000	500	200
总计	1 000	1 000	1 000
股数(10 美元)	100 000	50 000	20 000
收入	800	800	800

	杠 杆 种 类		
	1	2	3
	0%债务	50%债务	80%债务
成本/费用	720	720	720
EBIT	80	80	80
利息(利息率10%)	—	50	80
EBT	80	30	—
所得税(税率40%)	32	12	
EAT	48	18	
ROE(%)	4.8%	3.6%	0
EPS	0.48	0.36	0.00

假设收入和收益下降到ROCE刚好等于4.8%的那一点(参照表13-2中第一列的ROE),ROE小于6%的债务成本。

当公司逐步将权益转换成债务时,公司的ROE和EPS随着杠杆的增加逐渐下降,公司运用资本所得的收益率(4.8%)小于其支付所借资金的成本(6%)。

这是有关杠杆的另一个基本定律:当ROCE小于债务的税后成本时,债务增加会使结果变得更糟,这会导致公司股票价格下跌。在这种情况下,增加杠杆是不合理的,财务经理是不会这么做的,除非由于其他原因而不可避免地借钱。

杠杆管理　前面的叙述暗示在特定情况下,管理层可以通过改变企业的资本结构来操纵企业的财务成果和股票价格。管理层在操纵的时候必须谨慎。

CFO 经验谈

改变资本结构虽然需要花费一些时间,但可以使经营成果在一夜之间有很大的转变。这意味着一个企业在繁荣时期可能会扩大杠杆,但是会在无法预测的衰退时期陷入困境。当那种情况发生的时候,公司的ROE、EPS和股票价格都会急剧下滑。

下面用一个举例来说明对EPS的管理。

关联概念　举例13-1

通过杠杆管理 EPS

以下是Albany公司部分的财务信息:

Albany 公司有 1 000 万美元债务时的情况			
(每股估价除外,单位:千美元)			
EBIT	23 700	债务	10 000
利息(利息率12%)	1 200	权益	90 000
EBT	22 500	资本	100 000
所得税(税率40%)	9 000	股数	9 000 000
EAT	13 500		
股票价格＝10 美元/股			

$$\text{ROE} = \text{EAT}/\text{权益} = 13\,500/90\,000 = 15\%$$
$$\text{EPS} = \text{EAT}/\text{股数} = 13\,500/9\,000\,000 = 1.50$$

请注意，Albany 公司的总资本是 1 亿美元，1 000 万美元债务的利率是 12%，州和联邦税率总计为 40%。这家公司正以每股 10 美元的账面价值出售它的股票。财务人员感觉用债务交换权益不会立即影响股票价格和企业的利率。

管理层相信这样会使公司处于最佳状态，它的股票持有者会将公司的 EPS 从目前的每股 1.50 美元抬高到每股 2.00 美元。然而，没有任何机会可以增加经营利润（EBIT）使其超过目前水平 2 370 万美元。

借更多的钱并且回购股票可以提高 Albany 的 EPS，如果是这样的话，那么什么样的资本结构可以使 EPS 达到 2.00 美元？

解答：如果 ROCE 超过了债务的税后成本，EPS 就会增加，通过公式 13.1 计算 ROCE：

$$\text{ROCE} = \text{EBIT}(1-T)/(\text{债务} + \text{权益})$$
$$= 23\,700\,000(1-0.4)/100\,000\,000$$
$$= 14.2\%$$

债务的税后成本是利率乘以 1 减去税率。

$$k_d(1-T) = 12\%(1-0.4) = 7.2\% < 14.2\%$$

因此，通过权益和债务交换可以改善 EPS。

问题的第二部分提问，如何找到可以使 EPS 等于 2.00 美元的资本结构。从概念上来讲，最简单的方法就是反复试验。简单地选择一系列的债务水平，反复计算财务结果，直到找到一个可以使 EPS 等于 2.00 美元的结果。

让我们任意增加 2 000 万美元债务，使债务增加到 3 000 万美元。以每股 10 美元的账面价值出售股票，每借来的 10 美元可以回购一股，同时减少 10 美元的权益。因此，新的权益就为 7 000 美元，重新修正的利息支出为 360 万美元（30 000 000×0.12），这种计算方法是最直接的。

Albany 公司有 3 000 万美元债务时的情况

（每股估价除外，单位：千美元）

EBIT	23 700	债务	30 000
利息（利息率 12%）	3 600	权益	70 000
EBT	20 100	资本	100 000
所得税（税率 40%）	8 040	股数	7 000 000
EAT	12 060		

$$\text{ROE} = \text{EAT}/\text{权益} = 12\,060/70\,000 = 17.2\%$$
$$\text{EPS} = \text{EAT}/\text{股数} = 12\,060/7\,000\,000 = 1.72$$

EPS 的结果是 1.72 美元小于目标值 2.00 美元，这意味着需要更多的债务。作为练习，计算出 4 500 万美元时的 EPS，这时非常接近正确值了。

另一种方法（可供选择）

这里我们选用另外一种代数方法，即使有一些复杂的计算，代数法也更为有效。接下来就要讲解这一种方法，它是解决财务问题非常重要的分析工具。写出财务比率或者利用财务报表的一部分内容来构造出一个方程式,就可以解出未知的财务值。那些对数学计算没有兴趣的同学可以跳过这一部分,这对学习的连贯性没有影响。

在本例中,我们要利用一些比率的定义、损益表中的 EBIT 到 EAT 的部分、债务和利息的关系以及资本的定义来构建方程式,从而得到我们需要的债务的准确值。

我们注意到,EPS、ROE 和每股的账面价值之间的关系很简单:

$$EPS = ROE \times 每股账面价值$$

为了使等式具有说服力,可以在本书上找到它们的定义,进行验证。

因为 Albany 公司以每股 10 美元的账面价值出售它的股票,回购股票不会改变账面价值,所以,我们可以写出:

$$EPS = ROE \times 10 = (EAT/权益) \times 10 \qquad\qquad (a)$$

接着考虑 Albany 公司的收益表底部。EAT 可以被写成:

$$EAT = (EBIT - I)(1 - T)$$

其中,I 是指利息,T 是税率。(EBIT - I)是税前收益(EBT),乘以(1 - T)就可以调整为税后收益。

利息是债务乘以利率 k_d,所以,我们可以写为:

$$I = k_d \times 债务$$

把这个等式代入 EAT 的等式中,得到:

$$EAT = (EBIT - k_d \times 债务)(1 - T)$$

进一步讨论,总资产是负债和权益的加总,那么:

$$权益 = 总资产 - 负债$$

将其与等式代入(a)得出:

$$EPS = \{[EBIT - k_d \times 债务](1 - T)/(总资产 - 负债)\} \times 10.00$$

在上面的等式中,除了债务,其他都可以从题目中得到,如果我们将债务视为未知数,把 EPS 定为 2.00 美元,这样我们就只有一个未知数和一个等式了。问题的第二部分涉及当 EPS 正好等于 2.00 美元的时候,公司的资本结构。代入已知数,我们有:

$$2.00 = \{[23\ 700\ 000 - 0.12 \times 债务](1 - 0.4)/(100\ 000\ 000 - 负债)\} \times 10.00$$

解得:负债 = 45 156 250 美元

因此,使 EPS 等于 2.00 美元的资本结构大约为 45% 的负债,55% 的权益。

13.2.2 财务杠杆和财务风险

表 13-1 和表 13-2 反映了财务杠杆是一把"双刃剑",它会使好的结果变得更好,也会使坏的结果变得更糟糕。这意味着当经营状况发生变化时,采用高杠杆的企业比那些采用较少债务企业的经营更加易变,这些结果中增加的变化量是所谓的财务风险。

我们可以通过 Arizona Balloon 公司的举例用表 13-1 和表 13-2 来解释这个概念。表 13-1 代表相对较好的时期,而表 13-2 反映的是较差时期和较低的收益。在每一个表的第一列都是没有杠杆的情况,而第三列都是有较高杠杆的情况。

为了了解财务杠杆对风险的影响,我们可以比较一下这两个表的第一列和第三列 ROE 的变化,分析过程反映在表 13-3 中。注意表中的前三行,左边一列表明当没有杠杆,经营状况从好变坏的时候,ROE 只改变了 7.2%,而右边一列采用了高杠杆,却改变了 36%。

表 13-3　财务杠杆的风险

	ROE	
	第一列	第三列
	无债务	80%的债务
好时期(表 13-1)	12.0%	36.0%
坏时期(表 13-2)	4.8%	0.0
差异	7.2%	36.0%
由财务杠杆的增加而引起的差异	=36%-7.2%=28.8%	

因为表 13-1 和表 13-2 这两个表中的第一列都没有财务杠杆,所以二者 ROE 的差异就是基本经营成果的变化。换句话说,就是经营风险[①]导致的这种变化。

第三列中 ROE 的差额代表经营活动和融资活动差额的总和,二者差额的差,就是财务风险造成的,差额在表 13-3 第四行中列示。

在 ABC 这个例子中,商业风险在 ROE 中占了 7.2%,有 80%的债务的财务风险在 ROE 中占了 28.8%(36%-7.2%)。换句话说,财务风险是经营风险的 4 倍。这个结果是合理的,80%的债务意味着高杠杆。

50%的债务(第 2 列)相关的财务风险等于经营风险,你是否能理解?

我们认为杠杆通过经营收益(EBIT)的差异扩大到 ROE 和 EPS 中,采用的杠杆越高,这种差别就越大。

13.2.3　总结:杠杆对股票价格的影响

我们对 Arizona Ballon 公司的研究证实了杠杆具有双重影响。

1. 在业绩好的时候,杠杆会强化好的结果。

2. 当经营结果发生改变的时候,杠杆增加了财务业绩的可变性,这就意味着杠杆越高,风险越大。

随着杠杆水平的增加,这种双面的效应会更加明显。

这些影响可以促使股票价格向两个相反的方向发展。第一,在好的环境下,业绩的提升会有效地使股票投资的预期收益提高。这使得股票对投资者更加具有吸引力,这样就使他们进一步抬高股票价格。

在 ABC 的举例中,假设每个人都像表 13-1 中那样预期下一年的繁荣,并且相信衰退的概率非常小,那么 ABC 没有杠杆时的预期 EPS 为 1.20 美元,当有 50%的债务时,预期 EPS 会增加到 1.80 美元。如果没有人担心会出现糟糕的经济状况,就会预期其有更高的收益。

第二种影响使股票价格投资的风险变大。我们从风险负面影响的定义中(第 9 章)知道投资者并不喜欢,因此第二种影响会吓跑一部分投资者,从而降低股票价格。

关键的问题是,哪个影响起决定作用? 在什么时候影响更大?

实际投资者行为和最佳资本结构　当债务水平较低或者处于中间水平时,投资者会比较看重杠杆的正面影响而忽略增加的风险。如果在经济前景看好时,事实也确实是这样的。因

[①]　我们一般用 EBIT 测量经营风险,但是当没有财务杠杆时,用 ROE 的结果也是一样的。

此,当杠杆较低或者处于中间水平时,杠杆的增加会提高股票价格。

随着杠杆的增加,在人们心目中对风险和糟糕业绩的担心开始超过增加报酬的好处。这样,在高水平杠杆处,杠杆进一步增加会对股票产生负面影响。

换句话说,当杠杆从零上升到非常高的水平时(其他情况保持不变),股票价格先增加到一个最大值,然后再下降。图13-2反映出了这种情况。从理论上讲,图中最大值的那一点是非常重要的,它对应的是最佳资本结构。通过定义,这就是可以使股票价格最大化的资本结构(债务百分比,杠杆水平)。

寻找最佳资本结构:一个实际问题

没有人怀疑图13-2中杠杆和股票价格的对应关系,也没有人怀疑确实存在某个最佳的债务水平可以使股票价格达到最大。但问题是,没有人有办法能精确地算出一家特定的公司在特定的时间里的最大值在哪里。

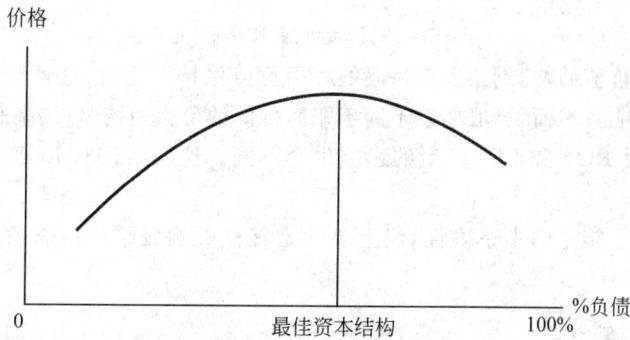

图13-2 杠杆对股票价格的影响

合适的杠杆水平会随着公司经营业务和经济形势的变化而改变。一个基本业务易变的企业采用的杠杆比业务稳定的企业低,这是因为较高的经营风险和较高的杠杆会产生风险极高的公司。

至于经济形势,投资者在前景差的时候比好的时候对风险更加敏感。因此,杠杆的最佳水平在业绩差的时候会低一些,投资者拒绝风险的增加。

可惜这些思想都不是可以量化的,我们用图13-2无法准确地在纵轴上确定最佳值。

然而,对于这个问题,至少有一种可行的理论方法,其中包括β(b)和SML。我们将在第13.4这一章节的资本结构理论的最后说明这一方法(见关联概念举例13-9。)。

这并不意味着资本结构理论是没有用处的,该理论更多的是一种总的准则向导,而不是一套管理公司的精确算法。下面是一些普遍接受的经验。

CFO经验谈

1. 一个有好的利润前景并且没有债务的公司在利率合理的情况下,如果不用债务,那么可能会错过一个机会。

2. 对大部分公司来说,30%～50%的债务比率是最佳的资本结构。

3. 超过60%的债务水平会产生过多的风险,应该避免。

这只是一些带有主观预测的粗略准则,不是定律。

目标资本结构 我们在第12章讨论资本成本时涉及了目标资本结构。目标资本结构是一个管理层最愿意采用并且在其筹资时努力保持的结构。我们现在可以更好地理解这句话的含义。

目标资本结构是最佳资本结构的估计值,它是管理层认为可以使股票价格最大化的杠杆水平。

现在回忆一下,在第13章我们不太关心目标资本结构和实际资本结构之间的确切区别,现在看来原因已经很明显了。因为我们不可能准确地找到最佳的资本结构的估计值,所以就没有必要花过多的时间去计算它。

股票不以账面价值交易,是受杠杆的影响　我们不应该忽视一个非常重要的细节:在杠杆债务代替权益的转换中,我们做了许多的假设,包括发行在外的股票数量的变化与权益变化成比例。

这种比例成立的基础是,假设股票可以按照其账面价值的市场价格回购,所以当情况变化的时候,事情可能会变得有些复杂。ROE和EPS之间的关系可以通过下面的公式反映出来:

$$EPS = ROE \times 每股账面价值$$

当股票以账面价值回购,剩余股票每股的账面价值保持不变时,这种交换对EPS和ROE本质上有相同的影响。然而,当股票以不同于账面价值的价格回购时,剩余股票的账面价值就发生了改变,交换对ROE和EPS产生的影响也会不同。这一结论对ROE是适用的,但是对EPS就不适用了。

这种现象增加了结论的不精确性,但重要的是杠杆影响股票价格驱动的大方向,而不影响精确值。

洞察:财务实务

美国在线(AOL)和时代华纳:杠杆的风险

2009年5月9日,时代华纳公司(Time Warner Inc.)宣布拆分美国在线(AOL),这预示着这场有史以来最具灾难性的公司合并时代的终结。拆分后的美国在线和时代华纳成为两个独立的企业实体,每个实体都可以自由地追求自己的利益和战略。

2001年,美国在线被认为是当时世界上最好的互联网提供商,而时代华纳在出版和电影工业方面是一个传媒巨人,他们在一宗高达1 470亿美元的交易中结合在一起,在当时被认为是新旧传媒的"联姻"。大家普遍的预期是:这将会是一个巨大的成功,两个公司都具有各自巨大的市场和专业领域。

不幸的是,这桩"联姻"从一开始就没有产生任何利润反而形成赤字。在合并仪式的几个月后,美国在线的业绩垂直下滑,并且合并后的公司,即最初命名的AOL时代华纳公司,其股票市场价值以超过1亿美元的幅度垂直下降。更加糟糕的是,"9.11"恐怖袭击之后,时代华纳的印刷出版业务在广告收入上也有了显著地下跌。这桩合并案的最终失败,被归结为一系列因素:不同的运营文化、不断变化的工艺,以及领导层人物的个性和风格。

公司"联姻"失败的另外一个原因,正如它在股市中一样,可能是由于高杠杆经营。据报道,时代华纳公司的长期负债从2001年底的2 280万美元升至2002年9月30日的2 820美元。初看上去,这个负债额与公司1.61亿美元的资产相比较,不算太多。事实上,几乎没有经济分析家会认为占公司资产的17%的负债率属于负债太多。

但是再仔细一看资产负债表的话,就会给投资者一个不同的结论。问题在于,报表中超过半数的资产是无形资产,这部分事实上没有真正的价值。超过总资产的一半,大约 8 200 万美元是公司的信誉,它是使得最终落在账面上的价值看起来远远超过公司实际拥有价值的原因。

其他的无形资产也占据了资产负债表价值大约 4 500 万美元的数据。假如投资者按照他们的思路,拒绝给予这部分资产完全的信任的话,那么公司实际的"净"资产只剩下 3 400 万美元,包括现金、应收账款、设备和不动产。在这些假设中,2 800 万美元的债务就相当于公司资产的 82%,这个数据在大多数工业企业中也是一个很大的数字,这个数据也暗示着 AOL 时代华纳公司已经高度负债运行,是一个风险很大的公司。

在 2003 年年初,该企业已经把大多数的信誉从资产负债表中拿了出来,报表显示在整个交易中有 9 900 万美元的损失。这个行为是在新的会计准则下执行的,而这使得公司的负债越发明显。

合并之后的公司一直在艰难地偿还债务和促使二者的结合有效运行。这一切在经历了 8 年的运营之后宣告结束,公司承认无以为继并宣告"离婚"。2010 年,当"离婚"尘埃落定之后,华尔街目睹了两者结合的整个过程以及各自所付出的代价。

13.2.4 财务杠杆度(DFL)——一种测量方法

财务杠杆将杠杆的该变量扩大为 ROE 和 EPS 的该变量,直到任何特定的杠杆水平上扩大的倍数是非常有意思的。

例如,假设一家公司确定 EBIT 下降了 20%,如果公司没有债务,ROE 和 EPS 也会下降20%。但是,如果公司有 30%或者 40%的债务,会下降多少? 很显然,如果管理层对 ROE 和 EPS 的改变对投资者的影响感兴趣的话,这个问题是很重要的。

我们可以用财务杠杆系数(DFL)回答这个问题,DF 让我们可以通过计算在任何一个杠杆水平下的 EPS 和 EBIT 相对变化量之间的关系,来衡量杠杆的有效性。[①] 计算公式如下:

$$DFL = \%\Delta EPS / \%\Delta EBIT \qquad (13.2)$$

这里的%ΔEPS 和%ΔEBIT 分别代表 EPS 和 EBIT 的相对变化量。

理解 DFL 含义的最佳途径是在方程两边同时乘以%ΔEBIT,重新写一下公式 13.2,得出:

$$\%\Delta EPS = DFL \times \%\Delta EBIT \qquad (13.2a)$$

这个表达式反映的是 EBIT 的相对变化量乘以 DFL 得到 EPS 的相对变化量。比如,如果一个公司的 DFL 是 1.5,EBIT 变动 20%,那么 EPS 就会变动 30%(=1.5×20%)。

如果可以获得财务报表,就可以通过假设 EBIT 的相对变化量和 EPS 的相对变化量,将其代入公式 13.2,从而计算出 DFL。然而这个方法相当烦琐,可以用下面这个较为简单的公式计算:

[①] 这里的相对变化是指百分比变化。例如:20 变化 5%就是一个单位,因为 1 是 20 的 5%。21 是 5%的正向变化,而 19 是 5%的负向变化。一般来说,数值的相对变化是用变化量除以数字本身,以百分数表达,如果我们用 ΔN 表示变量的话,那么 N 的相对变化是:

$$\%\Delta N = \Delta N / N \times 100$$

如果 N 等于 20,ΔN 等于 1,我们就可以得到:

$$\%\Delta N = 1/20 \times 100 = 5\%$$

$$DFL = EBIT/(EBIT - I) \qquad\qquad (13.3)$$

在这里,I 指利息。

公式 13.3 的推导有些复杂,只需要接受这个结果就可以了。

关联概念 举例13-2

通过财务杠杆进行预测

下面是 Moberly Manufacturing 公司部分损益表和部分资本信息(单位:千美元):

			资 本	
收入	5 580		债务	1 000
成本/费用	4 200		权益	7 000
EBIT	1 380		总计	8 000

目前有 700 000 股的普通股在外流通,公司借债的利率是 15%,假设公司可以以其利率借到所需要的足够的资金,所得税税率是 40%。

Moberly 有兴趣提高其公司的股票价格,为了达到这个目标,管理层正在考虑重新调整资本结构使债务达到 50%,希望增长的 EPS 会对股价有一个正面的影响。然而经济期前景不太好,公司的财务总监认为会有一个好的机会:明年营业环境的恶化会降低 EBIT,到时候 Moberly 公司就会以每股 10 美元的账面价值出售其股票。

请估算一下重新资本调整结构对 EPS 的影响,然后用财务杠杆度来估算一下增加的风险。

解答:我们先计算一下调整后的资本结构,将调整后的资本结构和目前的资本结构同时反映在下表中。因为权益可以以账面价值进行交易,调整就是直接将权益转化为债务,相应地减少在外发行的股票数量(单位:千美元)。

	目 前	预 计
资本		
债务	1 000	4 000
权益	7 000	4 000
总计	8 000	8 000
流通在外的股数	700 000	400 000

接下来计算一下在目前经营水平下两种资本结构的 EAT 和 EPS(单位:美元)。

	目 前	预 计
EBIT	1 380	1 380
利息(债务的 15%)	150	600
EBT	1 230	780
所得税(税率 40%)	492	312
EAT	738	468
EPS	1 054	1 170

如果经营环境不变,调整后的结构会产生较高的 EPS。下一步用公式 13.3 计算每一种结构下的 DFL。

$$\text{DFL 目前}=\text{EBIT}/(\text{EBIT}-I)=1\ 380/(1\ 380-150)=1.12$$
$$\text{DFL 预计}=\text{EBIT}/(\text{EBIT}-I)=1\ 380/(1\ 380-600)=1.17$$

现在能明白财务总监为什么担心了,EPS 在调整后的结构下更为易变。为了说明这个问题,假设经营恶化,EBIT 下降了 30%,这种情况是较为普遍的。我们用公式 13.2a 来看一下在当前和调整后的结构下会发生什么。

在目前的资本结构下,通过下面的公式可以计算出 EPS 下降的百分比:

$$\%\Delta\text{EPS 目前}=\text{DFL 目前}\times\%\Delta\text{EBIT}=1.12\times30\%=33.6\%$$

在调整后的结构下,下降的百分比是:

$$\%\Delta\text{EPS 预计}=\text{DFL 预计}\times\%\Delta\text{EBIT}=1.77\times30\%=53.1\%$$

现在将这些下降的百分比应用到预计的 EPS 中,看一看如果经营发生恶化,在两种资本结构下会得到什么结果。

目前:$1.054\times(1-0.336)=0.70$

预计:$1.170\times(1-0.531)=0.55$

这暗示着,如果采纳了调整的资本结构,同时潜在的衰退发生了,那么 EPS 的结果要比在原结构下得到的 EPS 低。很明显,采用这个方案会增加潜在的风险。

计划调整对股票价格的影响是具有争议的,我们不能肯定 EPS 增加所带来的正面影响会超过风险增加所带来的负面影响,这完全取决于目前投资者的洞察力。

这种不确定性可以用图 13-2 反映出来,问题围绕着 Moberly 在图中所处的位置和调整资本结构是否会使公司越过顶点。对这两个问题我们都不能确定。然而,用 DFL 分析交易中增加的风险,对管理层来说比只考虑 EPS 要好。

可惜的是,DFL 概念在实际中并不常用。在 Moberly 这个问题上,许多财务分析师在计算了两种情况下的 EPS 后就停止了,他们明白风险增加了,但是没有试图测量一下给决策者究竟带来了多少好处。我们相信,目前的读者将会在未来的几年中改变这种情况。

13.2.5 EBIT——EPS 分析

我们已经学到财务杠杆会提升正常水平下的经营利润,但同时也会使这些结果更加易变。如果这些知识有用的话,在对未来经营产生一系列预期的情况下,经理人就可以利用这部分知识做出有关杠杆的明智的选择。

这意味着经理人需要一种方法权衡和分析从一种杠杆到另一种杠杆所带来的结果和风险之间的关系。EBIT——EPS 分析给交易提供了图表描述,这使得选择相对比较直观。

为了说明问题,让我们回到 Arizona Ballon 公司,假设在表 13-1 中,管理层预期情况是相对较好的一年。为了使说明简化一些,我们假设选择是在第一列和第二列之间做出的。

EBIT——EPS 技术是在每一个杠杆水平下,将 EPS 作为 EBIT 的线性函数,结果反映在图中,提供了企业的最佳资产负债水平和对企业未来盈利能力的预期。观察举例 13-3 和表 13-3,并得出结论。

EBIT——EPS 分析

利用表 13-1 中的财务信息,画出 Arizona Ballon 公司的 EBIT 和 EPS 的关系。第 1 列全部都是权益的情况,第 2 列为权益占 50% 的情况。在这两种选择下,Arizona Ballon 公司的 EPS 应该是不同的,找出它们的价值。

解答:我们将以第一列全部是权益的情况开始,这个表给出当 EBIT 为 200 000 美元时, EPS 为 1.20 美元,这是在零杠杆的情况下 EBIT——EPS 中的一点,EPS 是 EBIT 的线性函数,我们只需要在图中再找出一点就可以画出图像。下面选择 EBIT 为 400 000 美元来计算 EPS(单位:千美元)。

EBIT	400 000	EAT	240 000
利息(10%)	—	股数	100 000
EBT	400 000	EPS	2.40
所得税(40%)	160 000		

这些点决定了图 13-3 中"零杠杆"这条线:

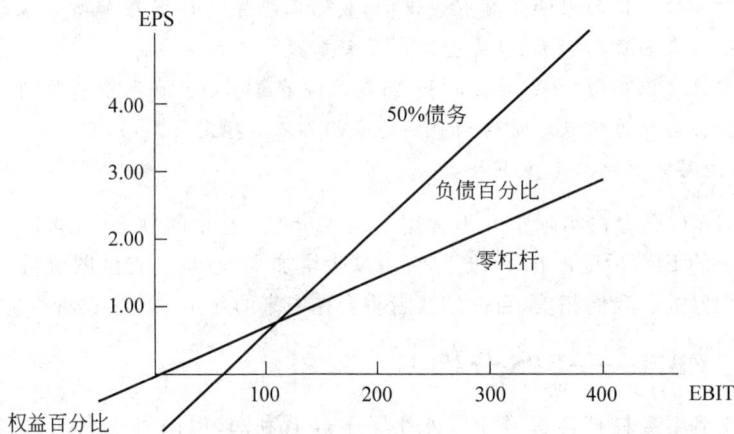

图 13-3　表 13-1 中 Arizona Ballon 公司第 1 列和第 2 列的 EBIT——EPS 分析

在 50% 债务的情况下,在表 13-1 中的第二列显示出当 EBIT 等于 200 000 美元的时候, EPS 为 1.80 美元。如我们刚才所做的那样(用 50 000 美元的利息和 500 000 美元的股票)计算出第 2 个点,当 EBIT 等于 400 000 美元的时候,EPS 等于 4.20 美元。这些点决定了图中 50% 债务的那条线。

这两条线表示,在各自杠杆假设下不同经营利润的 EPS,注意它们是相互交叉的。在交叉点两侧,我们会对最优杠杆做出不同选择。除了交点之外,我们会选择 EPS 较高的那条线。

能够找到交点是非常重要的,一般来说用以下的公式来计算 EBIT——EPS 的公式线。

$$EPS=(EBIT-I)(1-T)/股票数量$$

$$I=利息 \quad T=税率$$

将公式和上面部分的损益表相比较,分子(EBIT-I)(1-T)是税前收益 EBT 乘以(1-T)

得到的,然后再除以在外流通的股数就得到了EPS。

我们将零债务杠杆和50%债务杠杆列等式就可以得到交点:

无 杠 杆	50%的债务
(EBIT−0)(1−0.4)/100 000	(EBIT−50 000)(1−0.4)/50 000

解得:

$$EBIT\ 无差异=100\ 000$$

换句话说:当EBIT超过100 000美元时,杠杆的最优选择也就变了。

请注意图13-3的用处是多么广泛。它告诉管理层,当预期EBIT超过100 000美元的时候,公司最好选择较高的杠杆,以显示出在任何EBIT水平下公司的EPS。

这个图反映了伴随杠杆出现的风险,在EBIT低于100 000美元的这个范围内,Arizona Ballon公司较高的EPS是落在了零杠杆那条线上,较低的反而是50%债务的那条线。

CFO经验谈

分析师不会为Arizona Ballon公司的管理层做出杠杆决定。但是结合EBIT的易变性,说明管理层应该收集足够的信息来做出这个决定。如果EBIT不可能低于100 000美元,那么选择较高的杠杆是比较合适的。另一方面,EBIT的变动幅度非常大,选择较小或者零杠杆是比较明智的选择。

13.3 经营杠杆

在本章的开头已经简单地介绍过经营杠杆了,这个概念是成本而不是资本,但是作用和影响与财务杠杆相似。经营杠杆也可以结合财务杠杆一起对易变的结果产生预警。由于这个原因,即使经营杠杆不属于资本结构的范畴,我们也需要了解一下经营杠杆的作用。下面先从背景介绍开始。

13.3.1 术语和定义

"经营"是指企业除长期融资以外的营业活动,从损益表来看,这些活动包括从销售收入到经营利益(EBIT)的全部项目。

经营中的风险——经营风险　一家企业的EBIT由于不同的原因,随着时间而改变,其中的原因有:销售收入的起起落落、成本状况的变化和管理层的效率。回忆一下在EBIT的变化中已经定义过的"经营风险"。

意识到在每一项经营活动中都有变化是很重要的,可能有些项目的变化量多于其他项目的变化量,项目中的风险数量取决于经营活动本身。有些行业的需求和成本状况比较稳定,但是其他情况就不是这样。一般来说,EBIT大部分的变化量都是因为销售水平的变化。

固定成本和变动成本以及成本结构　一项经营活动的成本被分为固定成本和变动成本。当销售水平发生变化时,固定成本不会变,但是变动成本会随着销售水平的改变而改变。

固定成本包括租金、折旧、设施和管理层的工资。变动成本包括直接人工、直接材料和其他随着销售数量变化的项目,比如销售费用。不能归于任何一个确定项目的成本通常可以被分为固定成本和变动成本以便于分析。最后,所有的成本和费用都可以大致分为固定项目和变动项目。固定成本也可以被称为间接费用。

企业的成本结构是指在经营过程中固定成本和变动成本的结合,这个定义类似于在资本结构中债务和权益的结合。

经营杠杆的定义   假设成本结构和资本结构的定义相似,经营杠杆是根据成本定义的,就像财务杠杆是根据资本定义的一样。经营杠杆是指在成本结构中的固定成本。如果一家企业中大部分是固定成本,那么它的经营杠杆就会很高。

理解成本结构和经营杠杆的一个很好的方法是想象一个工厂是以两种方式中的一种来经营的。(1)许多工人和较少的机器;(2)许多机器和较少的工人。我们将第一种方式称为劳动密集型和人工型,第二种方式称为资本密集型或者自动型。

人工代表变动成本是因为当销售和生产下降时,可以让工人回家。而机器代表固定成本,即使是在衰退期,也不能让机器下岗。因此,自动型工厂要比人工型工厂经营杠杆高。

13.3.2   保本点分析

保本点分析被广泛应用于确定企业要想长期生存必须达到的活动水平。这种方式直接将销售量的影响和企业所用的固定成本和变动成本联系在一起,并且对理解经营杠杆及其影响非常有帮助。我们首先来介绍保本点模型,然后用它来解释说明经营杠杆。

保本点的概述   "保本点"是指用 EBIT(经营收入)衡量的零利润或者损失。在保本点,收益(收入)刚好等于支出(成本或者费用),企业刚好可以生存。保本点分析是一种通过考察经营活动来决定销售量的方法,企业必须出售一定量的产品才能达到零利润、零损失的情况。

我们接下来将使用的"成本",广义上也包括费用等相关项目。成本和费用既可以是固定的也可以是变动的。

13.3.3   保本点图

图 13-4 前两个图反映的是固定资本成本和可变成本,纵轴代表成本,横轴代表销售量(用字母 Q 表示)。销售量增加固定成本不变,而可变成本随着销售量的增加成比例地增长。

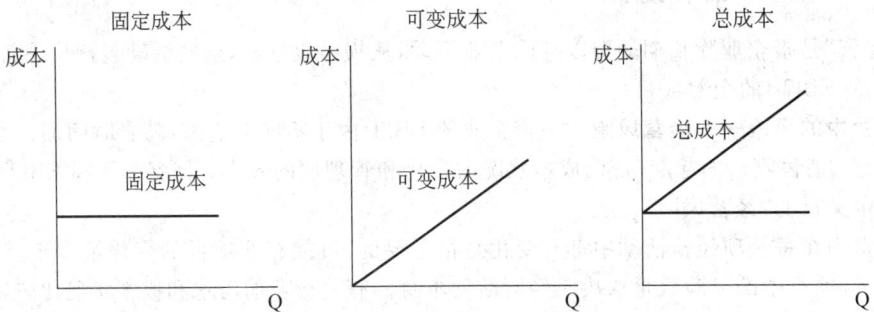

图 13-4   固定成本、可变成本和总成本

将前两个图结合起来,就得到了第三个图,图中斜线代表总成本,即固定成本和变动成本的和。

保本点图可以用图 13-5 来描述,图 13-5 是在上面总成本的图中加入了一条代表收入的斜线。不管销售是多少,收入都是 PQ,价格乘以数量。

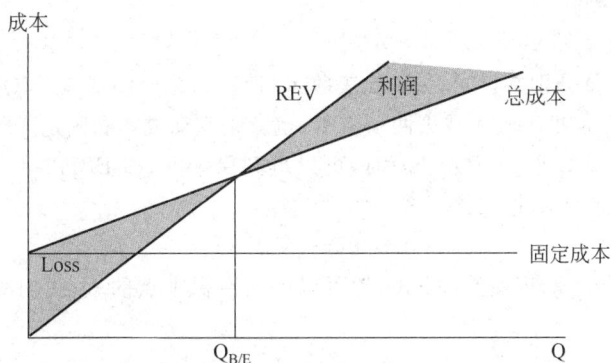

图 13-5　保本点图

保本点的销售是收入等于成本的销售量,在图中表示为总成本和收入的交叉点。保本点销售量是图中水平轴上 $Q_{B/E}$ 那个点。

不管销售量是多少,企业的利润或者损失都是收入与成本的差。这可以用这两条线纵轴高度的差来测量。交点右边两线之间的阴影部分代表盈利性的经营,左边的阴影部分代表损失部分。

边际贡献　每销售出一单位的产品,就发生一单位的变动成本,价格超过单位变动成本的差被称为销售产生的贡献。用计算公式表示如下:

$$C_1 = P - V \tag{13.4}$$

这里,C_1 是指贡献;P 是指价格;V 是指单位变动成本。

边际贡献这个词表示对利润和固定成本的贡献。注意在保本点图中单位贡献处处相等,也就是说在任何销售水平下,单位贡献都处处相等。

贡献也可以被表示成收入的百分比,用 C_1 除以价格 P,这也被称为贡献率,写作 C_M,用公式 13.4 除以 P,得到:

$$C_M = (P - V)/P \tag{13.5}$$

关联概念　举例 13-4

贡　献

假设一家公司每单位产品中的变动人工和材料是 7 美元,单位售价是 10 美元,那么贡献量和贡献率是多少?

解答:用公式 13.4 直接就可以计算出贡献量:

$$C_1 = P - V = 10 - 7 = 3$$

可以用公式 13.5 计算出贡献率:

$$C_M = (P - V)/P = 3/10 = 30\%$$

计算保本点销售量　EBIT 是收入减成本,可以用价格和数量来表达。

$$EBIT = PQ - VQ - F_c \tag{13.6}$$

这里,P——每单位的价格;

　　V——每单位的变动成本;

Q——出售的数量；

F_c——固定成本。

在这个等式中，Q分别乘以P和V代表收入（PQ）和总变动成本（VQ），但是固定成本单独用F_c表示。EBIT是指用收入减去两项成本，也就是变动成本和固定成本。

当收入（PQ）等于总成本（VQ+F_c）时，可以得到保本点，即EBIT=0。为了这个点，我们可以将EBIT=0代入公式13.6：

$$0 = PQ - VQ - F_c$$

然后把Q提出来，重新写这个公式，就可以解出在保本点的Q，我们称其为$Q_{B/E}$，保本点销售量。

$$Q(P - V) - F_c = 0$$
$$Q_{B/E} = F_c/(P - V) \tag{13.7}$$

算出保本点的销售量是用固定成本除以（P-V），即单位贡献量。也就是说，贡献量的计算就是看产出多少产品才可以弥补固定成本。

如果用销售收入而不是用销售量来表达保本点就是在公式13.7基础上再乘以价格P。如果我们称$S_{B/E}$为销售收入下的保本点，那么就可以得到：

$$S_{B/E} = P(F_c)/(P - V) \tag{13.8}$$

公式13.8中的分子和分母同时除以P，再用公式13.5替换一下，就可以得到一个有用的表达公式：

$$S_{B/E} = F_c/(P - V)/P = F_c/C_M \tag{13.9}$$

公式13.9中，销售收入的保本点计算就是用固定成本F_c除以贡献率C_M（小数形式）。

关联概念　举例13-5

保　本　点

在举例13-4中，如果该企业每月的固定成本为1 800美元，那么保本点上的销售量和销售额是多少？

解答：为了求出保本点上的销售量，写出公式13.7，并将数字代入：

$$Q_{B/E} = F_c/(P - V) = 1\,800/3 = 600$$

如果每单位的产品售价为10美元，将其代入公式13.8，得到保本点的销售额是：

$$10 \times 600 = 6\,000$$

同样，我们可以根据公式13.9，用固定成本除以贡献率，得到销售额：

$$S_{B/E} = F_c/(P - V)/P = F_c/C_M = 1\,800/0.3 = 6\,000$$

这个计算主要告诉我们，当贡献率是0.3时，销售多少固定成本才能达到1 800美元。

保本点的销售量和销售额都是一个时期的量。在本例中的时期是一个月，题中给出的固定成本是以月为基础的。

13.3.4　经营杠杆的影响

保本点分析给我们提供了一个很好的方法来理解经营杠杆是如何起作用的。我们可以用两家采取不同经营杠杆的企业来考察保本点图。这两家企业的成本结构不同，一家企业的固定成本比另一家高,结果反映在图 13-6 中。

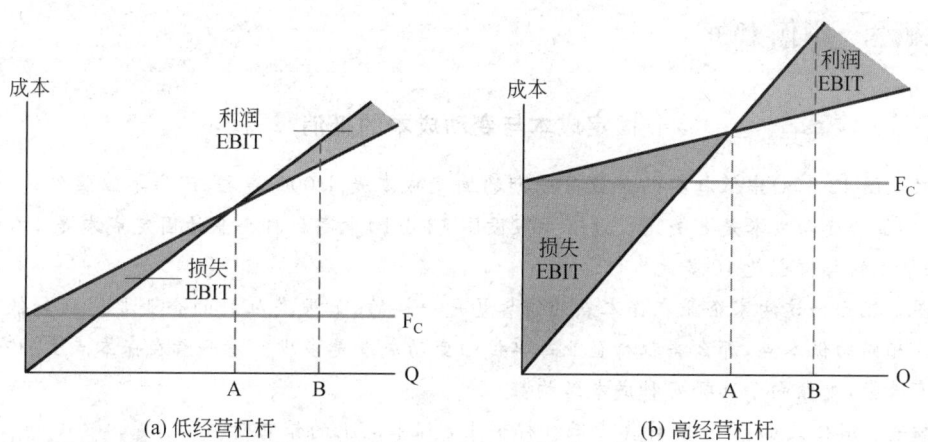

(a) 低经营杠杆　　　　　　　　　　　　(b) 高经营杠杆

图 13-6　高杠杆和低杠杆情况下的保本点图

我们假设这两家企业在保本点的销量是一样的。回忆一下,图 13-6 中反映的是保本点两边阴影处的利润或者损失。当产出扩大的时候,利润就会在保本点的右侧继续增长;如果销售量低于保本点,那么损失就会向左进一步扩大。

风险的影响　请注意在以上两个图中偏离保本点时的相对速度。右边高经营杠杆企业利润扩展的速度快于左边低杠杆的企业。然而,当产量低于保本点 A 时,其亏损扩展也较快。这是经营杠杆的本质。在低杠杆公司中,任何偏离 A 点都会引起 EBIT 的改变,但是在高杠杆的公司中,偏离的速度会更快。换句话说,杠杆越高,因给定销售量的变化引起的 EBIT 的该变量就越大。

这样,经营杠杆也可以称为由于销售量的改变而导致 EBIT 的改变量。因为将 EBIT 的变化定义为经营风险,也就是说经营杠杆越高,经营风险就越高。

这种影响可以从给出的几何图中看出,高杠杆企业中的变动成本较小,这可以使该公司的总成本比低杠杆的企业更加陡峭(相对于纵轴而言),这意味着它偏离收入线的速度更快。

另一种说法是,高杠杆企业每单位销售的贡献较高,所以当偏离保本点时该企业累积利润或者损失的速度也比较快。当然,这适用于横轴中两种销售情况之间。高杠杆企业在盈利之前比低杠杆企业有更多的固定成本需要弥补。

预期 EBIT 的影响　经营杠杆越高意味着在超过保本点时公司的经营利润越高。为了理解这一点,看一看图 13-6 中的 B 点。这两个图表表明距离保本点的相同处,固定成本高的企业可以赚得较多的 EBIT。

总之,当销售量超过保本点时,固定成本越高,利润就越高。想象一下,如果图 13-6(b)中的 F_C 向上倾斜,保本点保持不变,就会使总成本线较为平滑,扩大利润三角区。

因此,如果一家企业能够确定它的产出量,那么它最好用变动成本换固定成本。换句话说,在任何产出量水平上,增加的经营杠杆可以成倍地增加经营收益(EBIT)。

我们已经假设过高固定成本伴随着同比例的低变动成本,所以保本点或多或少会保持一致。如果这种情况不会发生,固定成本就没有什么意义了。

关联概念　举例 13-6

固定成本与变动成本的抵消

假设图 13-6(a)中低杠杆的企业每一期的固定成本是 1 000 美元,产品单位售价是 10 美元,每单位的变动成本是 8 美元。进一步假设图 13-6(b)中高杠杆企业的固定成本是 1 500 美元,每单位的售价也是 10 美元。

图中显示出这两家企业在保本点的销售量是一样的,如果高杠杆的企业要达到和低杠杆的企业相同的保本点,那么高杠杆企业每单位的变动成本是多少? 看一看在保本点上的交易,如果有选择,更倾向于选择哪种成本结构?

解答:用公式 13.7 可以计算出低杠杆企业 a 保本点上的销售量。

$$Q_{B/E-a} = F_C/(P-V) = 1\ 000/(10-8) = 500\ \text{单位}$$

这也可以是 $Q_{B/E-b}$,高杠杆企业 b 在保本点上的销售量。

现在用公式 13.7 计算高杠杆企业的销售量,可以用 V_b 代表未知的单位变动成本,将已知的固定成本和价格代入公式:

$$Q_{B/E-b} = F_C/(P-V_b)$$
$$500\ \text{单位} = 1\ 500/(10-V_b)$$
$$V_b = 7$$

而且,$C_t = 10 - 7 = 3$。

总结,我们可以得到以下结论。

	低　杠　杆	高　杠　杆
贡献	2	3
固定成本	1 000	1 500

这样,在保本点,每相差 1 美元的贡献,可以弥补相差 500 美元的固定成本。

对于高于保本点的预期销售量,结构的选择取决于收入的可变性。如果预期处于相对稳定的行业,那么高固定成本会带来比较好的经营结果。然而,如果销售情况变幻不定,特别是当销售量低于保本点的时候,较低的固定成本从长远来看是一个比较明智的选择。

13.3.5　经营杠杆系数(DOL)——一种测量方法

经营杠杆将销售收入的变化扩大成 EBIT 的变化,这可以用经营杠杆系数来测量,简写为 DOL,这个概念同前面的 DFL 非常相似。

DOL 是 EBIT 的该变量和销售收入该变量的比,计算公式如下:

$$DOL = \%\Delta EBIT/\%\Delta Q \tag{13.10}$$

我们可以先推导一下公式的来历,DOL 也可以用以下的公式表示:

$$DOL = Q(P-V)/Q(P-V) - F_C \tag{13.11}$$

这些变量的含义与之前表示的相同。

经营杠杆

Albergetti 公司出售其产品的平均价格是 10 美元,每单位的变动成本是 7 美元,每个月的固定成本是 600 美元。计算一下当销售收入高于保本点 5% 和 50% 时的经营杠杆。

解答: 首先用公式 13.7 计算一下保本点:

$$Q_{B/E} = F_c/(P-V) = 600/(10-7) = 200 \text{ 单位}$$

在保本点上加 5% 和 50% 意味着销售量是 210 单位和 300 单位时,用公式 13.11 计算每月 210 单位和 300 单位时的 DOL。当等于 210 单位时,可以得到:

$$DOL_Q = 210 = Q(P-V)/[Q(P-V) - F_c]$$
$$= 210 \times (10-7)/[210 \times (10-7) - 600]$$
$$= 21$$

当销售量等于 300 单位时,可以得到:

$$DOL_Q = 300 = 300 \times (10-7)/[300 \times (10-7) - 600] = 3$$

当销售量高于保本点时,DOL 随着产出量的增加而减少。

作为练习,尝试去证明公式 13.11 中在保本点上,DOL 是无穷大的。

13.3.6 比较经营杠杆和财务杠杆

经营杠杆将销售额和 EBIT 联系在一起,就像财务杠杆将 EBIT 和 ROE 以及 EPS 联系在一起一样。

财务杠杆可以改善 ROE 和 EPS 的业绩,并且可以将 EBIT 的改变扩大到那些相关比率的改变。相似地,经营杠杆也可以在给定的销售水平上提高 EBIT,将销售额的变化量扩大到 EBIT 的相关变化量,这种观点可以用图 13-7 来反映。

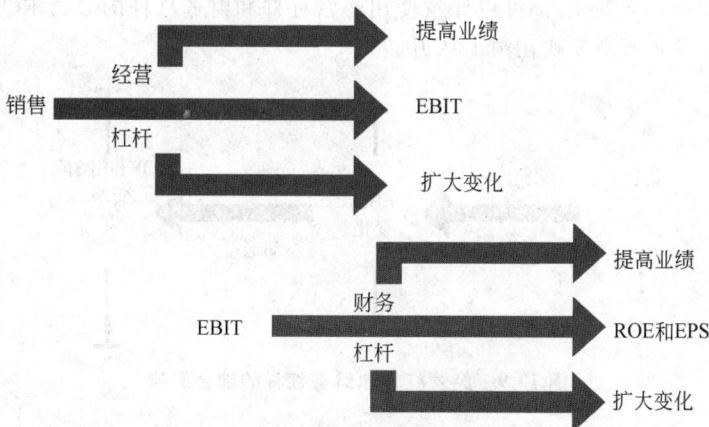

图 13-7 经营杠杆和财务杠杆的相似作用

另一个相似点与经营和财务成本的性质有关。财务杠杆表示在企业的资本结构中用债务代替权益,而经营杠杆则是在成本结构中用固定成本代替变动成本。

债务在融资中是一项固定成本,无论公司经营好坏,公司都要向投资者支付一定数量的利息。而权益是融资中的变动成本,因为如果公司的经营状况不佳,可以少支付或者不支付股东股利。因此,这两种杠杆形式都是用固定的现金流出量代替变动的现金流出量。

最后,这两种杠杆的风险也有一些相似但不完全匹配。财务风险是由财务杠杆引起 ROE 和 EPS 的额外变量,而经营风险是经营杠杆所提高的 EBIT 的变化量。这两种杠杆都使风险随着杠杆的增加而增加。然而,财务杠杆是财务风险的唯一原因,但即使没有经营杠杆,依然存在经营风险。这些想法可以用图 13-8 来总结。

	经 营 杠 杆	财 务 杠 杆
风险关系	扩大现有的商业风险	产生并扩大财务风险
现金流出量	资本结构中用固定成本代替变动成本	资本结构中用固定回报成本的债务代替变动回报成本的权益

图 13-8   经营杠杆与财务杠杆之间风险和成本的关系

比较中的最后两点没有太大的实际含义。第一,实际上在所有生产过程中都包括使用设备,也就产生了固定成本,因此,所有的企业都有经营杠杆。另一方面,许多企业没有债务,因此也就没有财务杠杆。

第二,财务杠杆比经营杠杆好控制。由于生产技术决定了生产一定量的产品所需要的最大限度和最小限度数量的机器。因而,管理层对经营杠杆的选择就相对受到了限制。另一方面,管理层可以在较大范围内选择债务的数量。

13.3.7　经营杠杆和财务杠杆的综合影响

存在于两种杠杆的一个重要结果是它们之间的相互结合。销售收入的变化通过经营杠杆扩大了 EBIT 的变化,EBIT 的该变量又通过财务杠杆顺次扩大了 ROE 和 EPS 的该变量。净影响很大程度上是两种杠杆相乘而不是相加的影响。

表明销售量的一点变化,都可以导致使用经营杠杆和财务杠杆的公司 ROE 和 EPS 一个相当大的变化。这种观点反映在图 13-9 中。

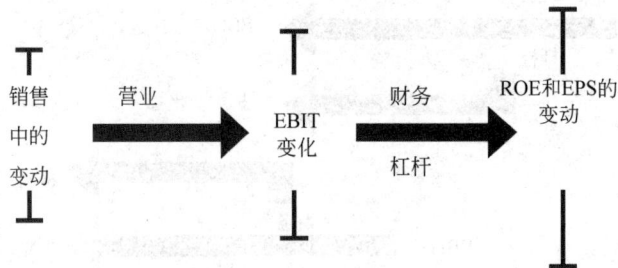

图 13-9   经营杠杆和财务杠杆的综合影响

经营杠杆和财务杠杆的综合影响可以用总杠杆系数来测量,简写为 DTL。DTL 是 DOL 和 DFL 的乘积:

$$DTL = DOL \times DFL \qquad\qquad (13.12)$$

总 杠 杆

Allegheny 公司正在考虑用机器代替手工作业,购买机器的钱以借款的形式筹集。用机器代替人工将会改变企业的成本结构,加入更多的固定成本。而借款也会使资本结构中具有更多的债务。以下是这个企业在未采取这种方案和采取后两种杠杆的结果。

	DOL	DFL
当前	2.0	1.5
预计	3.5	2.5

经济前景不是很明朗,一些经理人担心来年的销售收入会下降 10%。计算一下这个项目在财务业绩中的风险性。

解答:目前总杠杆系数是:

$$DTL = DOL \times DFL = 2 \times 1.5 = 3$$

这表明销售收入下降 10% 就会导致 EPS 下降 30%。换一种说法是,EPS 的可变性是销售收入的 3 倍。

在预计情况下,DTL 会更高:

$$DTL = DOL \times DFL$$
$$= 3.5 \times 2.5 = 8.75$$

这里,EPS 的可变性几乎是销售收入的 9 倍。销售下降 10% 就会导致 EPS 下降 88%。换句话说,EPS 就快没有了,这比下降 30% 对股票价格的影响要大得多。

结论是预计情况下的固有风险可能比我们所设想的大得多[①]。

13.4　资本结构理论

在过去的 50 年里,财务学者对资本结构做过很多思考。从本质上来说,他们都提到了本章开头的那个问题:资本结构是否会影响股票价格和企业的市场价值? 如果会,什么样的资本结构是最优的?

相比我们所做的,学者们的方法中包含较多的数学知识,但是得出的结果大体一致。资本结构是可以影响股票价格和企业价值的,而且也存在一个最优点,只是没有办法精确地找出这一点。

---

① 这两个杠杆度的概念比较有趣,连个比率的可变性会随着债务或者固定成本的增加而增加,但是它们在保本点附近更加敏感。

考虑一下公式 13.3 中的 DFL 和公式 13.11 中的 DOL。注意这两个公式中的分母在保本点都是 0。在 DOL 中,分母是 EBIT,我们讨论的这部分在保本点 EBIT 等于零。DFL 的分母是 EBT,当利息等于经营收益时,EBT 也等于 0。

在这些点的附近,分母都特别的小,所以整个分数值就特别大。因此,我们就可以得到相对较大的 EPS 或者 EBIT 的该变量,但是这些该变量的绝对值都不是太大,因为经营水平中的 EPS 和 EBIT 接近于 0。

资本结构理论是现代财务理论中最重要的元素之一,对现实世界中的问题提出了许多有价值的思想和看法。因此,专业人士非常有必要熟悉这些理论方法并且掌握其本质。幸运的是,我们不需要掌握大量的数学方法也可以做到这些。

13.4.1 背景:企业价值

资本结构理论研究的焦点放在企业的市场价值和资本成本上。如果调整资本结构可以增加市场价值,那么股票价格就会随之提高。

我们在学习理论之前,需要了解一些术语和基本原理。

符号 我们先定义一下将要用到的符号,企业的市场价值就是企业所有的债券和权益证券的市场价值。

V_d是企业债务的市场价值

V_e是企业股票(权益)的市场价值

V_f是企业总的市场价值

因此:

$$V_f = V_d + V_e \tag{13.13}$$

企业证券的投资收益率是:

$$k_d = 投资债务(债券)的收益率$$
$$k_e = 投资权益(股票)的收益率$$

在学习资本成本的时候(第12章),我们说企业的债务成本和权益成本是根据发行费用和税率调整后的投资收益率。这个理论适用于抽象的世界。它假设没有发行费用和税收,因此债务和权益的成本正好分别是k_d和k_e。资本成本是这二者的加权平均,计算公式如下:

$$k_a = 资本的平均成本$$

洞察:财务实务

杠杆和商业战略

商业战略涉及公司管理层要了解决定行业竞争的是哪些因素。商业战略中一个重要的问题是预计公司在面对困难和竞争时会怎样反应,杠杆在这些预测中起到了很关键的作用。

无论是财务杠杆还是经营杠杆,企业的杠杆越高,当企业销售量下降时,企业的损失就越多。当两种杠杆都存在时,情况就变得更加复杂。这表明当有杠杆公司的销售量受到威胁时,这些公司的反应会更加激烈。它们消减价格、增加广告并且采用特殊的促销活动以保持销售量。这会使它们所处的行业经营非常混乱,对每个人都缺乏吸引力。

基于收益现金流量的价值 任何证券的价值都是其自身现金流量的现值。所有支付给投资者的现金都来自收益,因此收益最终决定价值。

我们关注的经营收益(EBIT),是分配给债权人和权益投资人的收益流量。为了避免符号出现混乱,本节用OI表示经营收益,而不用EBIT表示。

假设OI可以完全由利息和股利组成,可以写为:

$$OI = I + D \tag{13.14}$$

这里,"I"表示每年支付给债权人的利息总额;"D"表示每年支付给股东的股利总额。

假设债务的期限是永久的,无论什么时候偿还本金,都会立即再借入相等数额的债务,因此每年的利息是固定的。因为没有留存收益,所以公司就没有发展,OI 也会保持不变,用公式 13.14 表示的股利支付也是不变的。换句话说,每年的支付 I 和 D 都是永久性的。

企业债务和权益的价值是这些永续年金的现值,计算公式如下:

$$V_d = I/k_d \tag{13.15}$$

$$V_e = D/k_e \tag{13.16}$$

这里的 k_d 和 k_e 是债务成本和权益成本,利用公式 13.13,我们也可以写成:

$$V_f = I/k_d + D/k_e \tag{13.17}$$

加权平均收益率的本质可以用以下公式来表达,其本质上等于公式 13.17:

$$V_f = OI/k_a \tag{13.18}$$

总之,这些公式告诉我们:企业的价值是由其债务和权益的成本决定的,我们可以通过资本的平均成本 k_a 来考察它们。请记住比率越低意味着价值越高。

这种考虑问题的方法意味着我们可以将收益率视为驱动因素。例如:投资者要求公司提高股票的收益率,公式 13.16 表示这会使企业的价值下降。如果债务收益率保持不变,那么资本成本 k_a 就会上升,整体价值就会下降。

图表描述 前面所述表明我们可以通过三个收益率 k_d、k_e 和 k_a 的变化,将价值视为资本结构的变化。我们特别关注资本的平均成本 k_a,因为它关系着企业整体的价值。

前文已经讨论过股票价格和企业价值会随着杠杆的增加达到最大。公式 13.18 告诉我们,当价值达到最大等于 k_a,加权平均收益率 V_f 下降到最小。这个结论可以用图 13-10 来表示,图中价值和股票价格 V_f 和 P_s,都达到了最大,而 k_a 同时达到了资本结构的最低点。

我们发现在图 13-10 中画出 k_d 和 k_e 非常有用,这样可以分析出资本结构中这两个要素的变化对平均成本的影响。

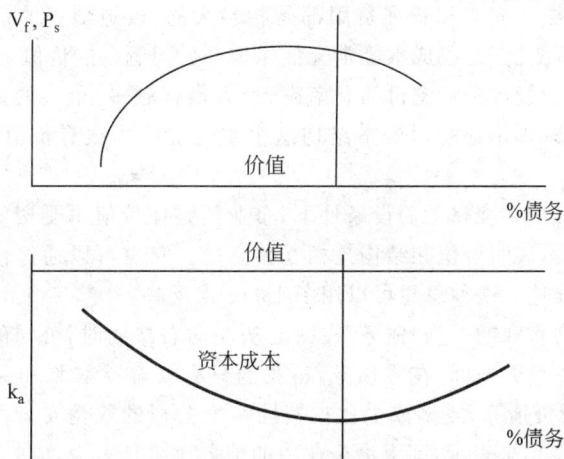

图 13-10 资本结构平均报酬和价值中的变量

13.4.2 早期的 Modigliani 和 Miller 理论

该理论开始于 1958 年,当时非常著名的学者 Franco Modigliani 和 Merton Miller 发表了

一篇有关资本结构对价值影响的文章。① 由于 Modigliani 和 Miller 经常被提到,一般称他们为
MM。

原模型中的限制性假设　MM 的著作中有财务金融领域里非常复杂的数学模型,它对企
业和个人都有许多限制,使这个理论变得很不现实。尽管如此,它提出了资本结构对价值有影
响的重要观点。后来的著作中淡化了前面的假设,形成了现在的理论。以下是一些重要的
假设:

1. 没有所得税。

2. 证券交易都是在完美高效的资本市场中进行的,市场内没有交易成本。

3. 投资者和公司在相同的利率下都可以借到他们想要借的数目。

(1) 当借钱的人增多时,利率不会上涨。

(2) 利率对投资者和公司来说是一致的。

第 2 条假设中包含着一个重要的细节,它表示在其他一些情况下,没有破产成本。这种观
点看起来比较矛盾,需要解释一下。

公司宣告破产需要经过两个程序。

第一,公司由于经营情况恶化而损失价值,然后就会进入破产程序,破产程序包括债务重
组和资金清算。

零破产成本的假设表明,在重组和清算中不会发生法律和管理费用,如果需要清算,那么
资产出售的价值接近公司的价值。

换句话说,破产成本是出售所用资产的费用和损失,不是指企业进入破产状态的价值
损失。

假设和现实很明显,最初 MM 理论的假设是不现实的,最明显的就是所得税。

第二,公司破产的法律成本和管理费用都是相当大的,被迫出售的资产通常只能收回其
价值的很小一部分。事实上,这些成本经常会耗尽破产公司剩余的价值。

第三,个人投资者一般比企业支付的利率高,个人借钱越多,个人的贷款利率越高。尽管
存在这么多的问题,MM 理论还是对资本结构这个主题提出了很有价值的见解,为以后的努
力提供了一个起点。

结论　MM 理论表明在严格的假设条件下,企业的整体价值不受资本结构的影响。这个
结论被称为独立性假设,表明价值和结构是相互独立的。它也可以通过债务和权益的成本以
及资本的平均成本来描述。这种思想可以用图 13-11 来反映。

下面的图表是非常直观的。当"债务"在图上从左向右移动时,公司的价值是不变的。股
票价格也保持不变。注意纵坐标,在零债务点,我们只有权益资本 k_e 和 k_a。同时也应该注意
到 k_d 低于 k_e,反映出投资债务,或多或少比投资同一家公司的权益安全。企业以固定的比率
借款可以用图中水平线 k_d 来表示,即无论企业中的债务比率是多少,债务成本都是 k_d。

现在考虑一下当用债务替代权益时会发生什么。因为债务的成本比较低,你可能会预测
随着债务比率的增加,资本的加权平均成本 k_a 会下降。然而事实却不是这样的,随着债务的
增加,k_e 也上升了,这就弥补了平均成本中降低的债务成本。

当债务增加时,k_e 总会升高一些,额外的债务会增加权益持有者的财务风险。当风险增加

---

① 见 Franco Modigliani 和 Merton H. Miller,《资本的成本,公司财务和投资理论》,《美国经济评论》1958 年第
48 期,第 261-297 页。

价值

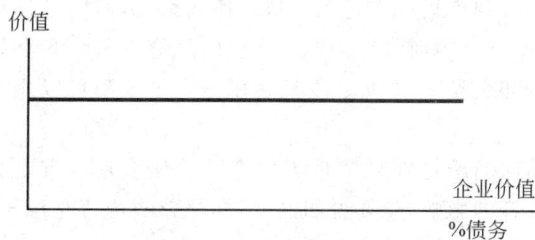

(a) 公司的价值在杠杆作用下保持不变

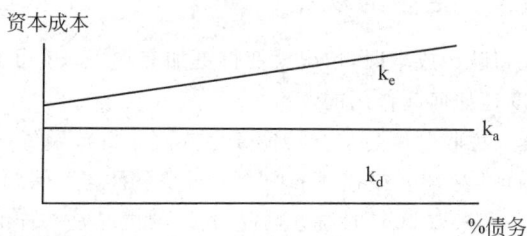

(b) 资本成本和杠杆

图 13-11　独立性假设

时,权益持有人就会要求更高的收益率。但是 k_a 不变,相关固定的价值就意味着 k_e 增长足以抵消增加债务降低成本带来的好处。

MM 理论的结论支持经营收益的观点　MM 理论的结论并不是很新颖。许多人所持有的经营收益观点和 MM 理论大部分是一致的。

这种观点主张:因为企业的价值是其预期经营收益流量的现值,在一个理性的市场中,无论资本在权益和债务之间是如何分配的,收益流量的总价值总会保持不变。从某种意义上来讲,无论做什么也是没有用的。企业投资价值的基础是收益,你不能通过调节资本结构而虚增更多的价值。

然而,直到 MM 理论的出现,没有人能够很好地解释市场上所发生的事情。也就是说,没有人能满意地解释当杠杆增加或者减少时,为什么投资价值保持不变。

套利的概念　MM 理论提出了权益投资者为了使他们的收益率最大化而采取了套利过程[1],套利通过杠杆变化而使企业的价值不变。这个观点有些复杂,本质上是说,如果一家企业的价值由于杠杆的增加而上升,那么股东就会因为股价上升而出售股票,同时借入一些钱,投资于相似的没有杠杆的公司(套利运用于有杠杆和无杠杆的公司之间)。MM 理论中统一利率假设使投资者可以自己借到资金。

股票出售使有杠杆公司的股票价格下降,而购买无杠杆公司的股票会对此公司产生股票价格上升的压力,使这两家公司的股价趋于一致。当杠杆增加时,这个过程使任何一家企业的价值都趋同(不要从我们上面的叙述中去研究这是如何起作用的,我们不准备详细地讲述这一点,只要大致理解这种理论方法就可以了。)。

---

① 套利是指在两个不同的市场同时买卖相同的东西,赚取利润。例如,假设你注意到一只股票在纽约卖 45 美元,在波士顿卖 50 美元。你可以同时在纽约下单买入并在波士顿下单卖出,将你在纽约购买的股票拿到波士顿出售,这样你就可以获利。

MM 理论给经营收益观点提供了行为支持。换句话说,MM 理论说明了当资本结构改变的时候,投资者在金融市场上的何种行为会使企业的总价值保持不变。为了做到这一点,必须假设投资中不存在税费和交易成本(如:委托费用),每个人都可以用相同的利率借到想要借到的数额。

解释结果 理解前面的结论在现实世界中意味着什么是很重要的。不是说企业的价值和它的股票价格不受杠杆的影响,想要说明的是,杠杆影响价值是源于市场的不完全有效性,像税收和交易成本,而不是因为投资者和公司的相互作用。

13.4.3 放松假设:更多的观点

当假设中不排除税收和破产成本时,情况就变得更加有趣了。在了解这些变化的影响之前,我们需要理解税收制度是如何起作用的。

融资和美国税收制度 税收制度更加支持债务融资而非权益融资,利息费用可以税前抵扣,而股利却不可以。我们用表 13-4 中描述的两个公司来解释这个问题。假设这两家公司中一家全部是权益融资,另一家采取 50% 的债务融资,其余的情况是一样的。同时,假设这两家公司将所有的税后收益都用来支付股利,利率是 20%,税率是 40%。

两家公司都将收益分配给提供资本的投资者。在全部是权益融资的公司里,这就意味着所有的 EAT 都将分配给股东。然而,另一家公司会将利息支付给债权人,EAT 则是支付给股东。

表格的最后一行反映出支付给投资者较高收益率的是有杠杆的那家公司,两者差异的原因是有杠杆的企业可以在应纳税所得额中扣除利息,因此少支付了所得税。

包含所得税的 MM 理论 如果存在税收,就必须将经营收益(OI)在投资者和政府之间分配。价值最终是基于投资者得到的收益,因此没有所得税将会降低企业的价值。然而,价值下降的数量取决于企业使用杠杆的情况,这会影响政府所征收的税额。

表 13-4 税收制度支持债务融资   (单位:千美元)

	全部权益	50%债务 50%权益
资本		
债务	0	500
权益	1 000	500
总资本	1 000	1 000
EBIT	100	100
利息(债务的 10%)	—	50
EBT	100	50
所得税(40%的 EBT)	40	20
净收益(EAT)	60	30
股利	60	30
留存收益	0	0
支付给投资者		
利息	0	50
股利	60	30
总计	60	80

政府能得到多少税收,取决于税率和资金在债务和权益投资者之间的分配。

在不存在债务的情况下,所有的 OI 都是要征税的。如果税率是 T,那么政府就能得到:

$$T(OI) \tag{a}$$

利息是可以抵税的,如果有债务,就必须支付一定的利息,那么政府就只能得到:

$$T(OI-I) = T(OI) - TI \tag{b}$$

也就是说,在没有债务的情况下,政府得到的税后差额就是公式(a)和公式(b)之间的差额,也就是 TI。这样,企业用债务融资,政府每年就少得税收 TI。

反过来说,采用债务会导致每年将永续年金 TI 分配给投资者。如果不存在债务,就不会有这笔钱。TI 也被称为有关债务融资的避税。

避税对价值的影响是永续年金 TI 按照贴现率 k_d 得到的现值:

$$避税的现值 = TI/k_d \tag{13.19}$$

利用利息等于债务乘以利率,上面的公式就可以被简化:

$$I = Bk_d \tag{13.20}$$

在这里,B 代表债务(我们使用字母 B 来表示,是因为债务以债券的形式存在)。

代入公式 13.19,可以得到:

$$避税的现值 = TI/k_d = TBK_d/k_d = TB \tag{13.21}$$

TB 也指债务收益。总之,公式 13.21 表明资本结构中有债务可以增加企业债务乘以税率那么多的价值。

比如,假设一家完全权益的企业,税率是 40%,市场价值是 200 万美元,企业进行重组,用 100 万美元的股票换同样数量的债券。理论上,企业的价值会增加:

$$0.4 \times 1\,000\,000 = 400\,000$$

达到 240 万美元。

此外,增加的价值全部由股东得到,根据债券合同和目前的利率,债券的价值是固定的。

这是一个非常重要的结论,表明当企业按照固定的比率,用债务替换权益时,企业价值和股东财富也会增加,直到融资中的债务达到 100%(实际上必须有一点权益)。结果反映在图 13-12 中。

图 13-12a 表示企业的市场价值从全部是权益开始,随着债务的增加,伴随杠杆而得到的避税限制也会增加。图 13-12b 表明各要素的走向和资本的加权平均成本。注意包含税收的债务成本是 $k_d(1-T)$ 而不是 k_d。

在图中,资本的平均成本随着低成本债务的增多而下降,同时权益的成本也会增加,但是增加的速度不足以弥补低成本债务的影响。[1]

包含破产成本的 MM 理论——权衡模型

企业的债务增加,经营失败的可能性也会增加。正如前面所说,当企业倒闭的时候,破产成本对股东来说就是额外的损失。当杠杆超过某个点时,投资者就会格外地关注破产成本,并且开始提高他们要求的收益率。换句话说,如果企业破产,投资者开始担心由于产生破产成本他们会遭受损失。这种情况首先会发生在权益投资者身上,接下来是债权人。当投资者所要求的收益率增高时,企业的资本成本也会上升。

---

[1] 米勒后来的研究表明,考虑对投资者征收个人所得税可能会削弱公司税的影响。这是因为个人税收制度对股息和资本利得收入,比利息收入更有利。参见梅顿·H.米勒. 债务和税收[J]. 财务学杂志,1977,(5):261~275。

市场价值

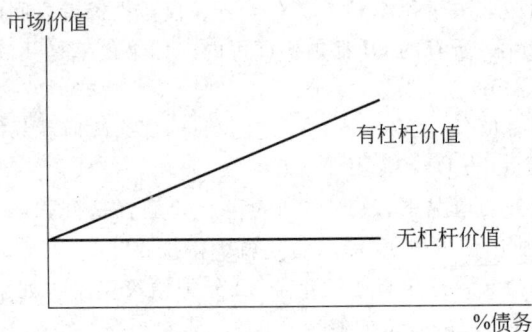

(a) 企业价值为杠杆的函数

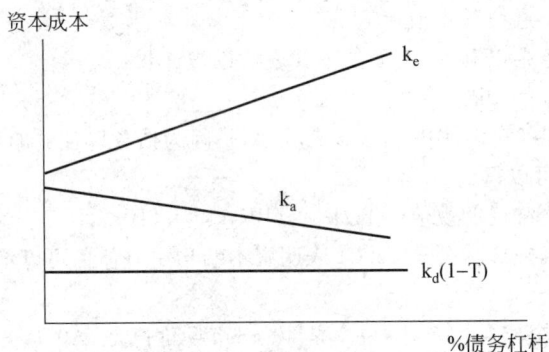

(b) 资本成本为杠杆的函数

图 13-12　包含所得税的 MM 理论

这种影响反映在图 13-13b 中。当向右移动超过关键点之后,k_e 和 k_d 开始上升。应该注意到当 k_e 开始上升时,资本的加权平均成本 k_a 并不是从一开始就随着 k_e 上升的。在资本组合中,用低成本的债务代替高成本的权益,使资本成本下降了。当 k_e 上升一点之后,k_a 就会达到最小值。

图 13-13a 表示的是企业的价值。根据公式 13.15～13.18,增加要求收益率会对价值产生下跌的影响。然而,增加的避税现值会同时增加价值。

收益率的影响不足以抵补税收的影响,增加杠杆额净影响仍然是使价值增加。然而,不久以后,增加的破产成本会超过税收影响,伴随着杠杆的增加,价值开始下降。价值的最大值和 k_a 的最小值对应。

这一思想被称为资本结构的权衡模型。该公司表示,寻求最佳资本结构的经理人,面临着债务增加带来的减税收益与债务增加带来的破产概率上升所反映的成本之间的权衡。

总结　简而言之,包含税收和破产成本的 MM 模型指出,当总杠杆率相对较低时,附加杠杆会增加公司的价值。然而,当达到最大值后进一步增加杠杆就会减少企业价值。可惜的是,这个理论没有提供找到最优点的方法。

请注意,这个方法得出的结论和我们本章前面直观上得出的理论本质上是一致的。适当的杠杆会有所帮助,过多的杠杆会产生不良作用,很难找出最优的数量。

得出这一结论的原因是不同的,MM 模型将杠杆的优势完全归因于税收,而直观的方法则依赖于业绩的改善对投资者的态度和预期的影响,两者都将杠杆的负面效应归因于风险。

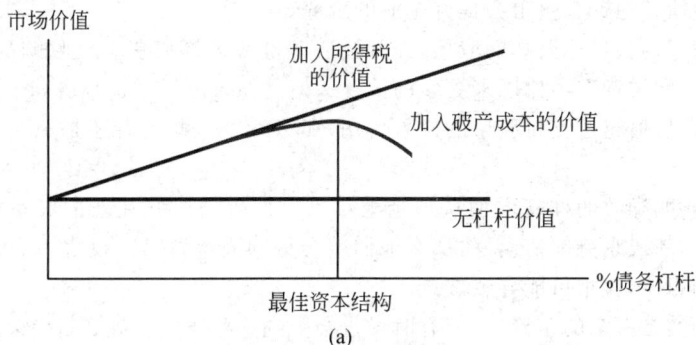

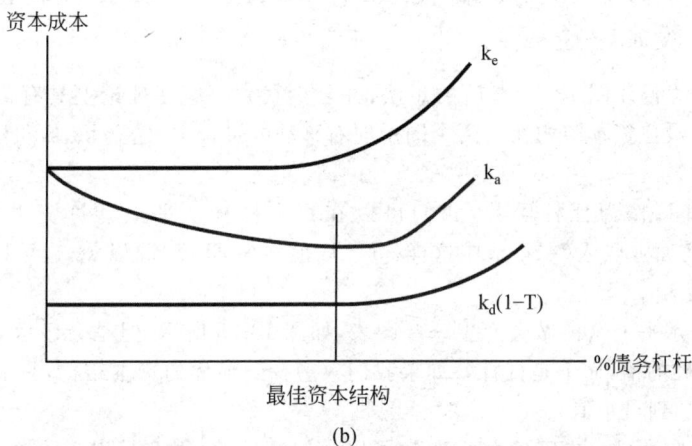

图 13-13　加入所得税和破产成本的 MM 理论

13.4.4　有关合并和收购的观点

公司可以通过许多方式进行合并。我们现在只需要了解在多种合并方式下,一家公司只是简单购买另一家目标公司的股票。

为了尽快得到控制权,收购公司不得不在短期内购买目标公司大部分的股票。这意味着公司不会只以现存的价格在股票市场上购买股票,因为在任何时间点上,股东都不会愿意以那个价格出售股票。

为了克服这个困难,收购公司会提供一个比目前价格高的股价来购买目标股票。这种股票可以直接提供给所有的目标股东,也可以直接或者间接通过企业的管理层。

这个过程意味着收购公司通常会比当前市场高得多的价格来收购目标公司。支付原来价值的 2 倍也是发生过的。

这里提出一个有趣的问题。为什么一家健全的收购公司会认为支付价格超过目标公司市场价值的 50% 或者 100% 是合理的呢?是财大气粗的人做事都这么疯狂,还是他们知道一些别人不知道的事情呢?

高溢价收购的基本原理是资本结构理论和融资购买方式。一般认为目标公司的价值被低估了,它们一般不会采用太多的债务。换句话说,它们的资本结构处于图 13-13 中的左边部分。这表明增加债务的资金重组会提升企业的价值。

收购公司为了购买目标公司的股票，经常会通过价钱来筹集资金。收购的结果是公司会换一个新的雇主，同时背上了比原来更多的债务。但是如果由于增加债务（图 13-13 中向右移动）而增加的市场价值超过支付股票的额外费用，那么不管是购买者还是原来的股东，每个人都是赢家。

换句话说，收购导致的杠杆增加从理论上讲可以产生增值并在新旧股东之间进行分配。如果增值足够大，新股东能够协商好，那么他们就会得到大笔财富。反之，如果他们错误地判断了杠杆增加的影响，就很可能导致破产。

这种观点确实有一定的正确性，但有时候也会受到一些质疑。确实，许多收购支付的溢价看起来比通过增加杠杆而提升的价值要多得多。

13.4.5　估计最优资本结构：杠杆 β 系数——按杠杆调整所需的股本收益率

现在我们努力量化图 13-13 背后的想法，并至少找到一家在理论上具有最佳资本结构的公司。该方法是最佳资本结构在这两个图中向右移动的过程中，建立 k_d、k_e 和杠杆之间的定量关系。

给定的 k_d 和 k_e 作为杠杆函数，我们可以在每个杠杆水平上计算资本的平均成本 k_a（WACC），通过将营业收入（在本节中这样称呼，以前称为 EBIT）除以 k_a，也可以估算企业在各个级别的理论值。

在几个债务水平上这样做会产生一些图表，如图 13-13 所示，但是会显示 k_a（b 图）和市场价值（a 图）的明确的值，而不是杠杆。如果我们只想找到最优的资本结构，只需要找到杠杆的价值，即 k_a 曲线达到最小值。

杠杆与债务收益（k_d）之间的关系通常可以由银行估算，很容易以表格的形式显示出来。k_e 与杠杆之间的关系更为复杂。

回想一下关于资本成本的第 12 章，我们可以使用 SML（见第 9 章和第 12 章）估算股权成本。为了方便起见，在这里，稍微修改一下表示法：

$$k_e = k_{RF} + [k_M - k_{RF}]b \tag{13.22}$$

在这里，k_e——股票的要求的收益率；

$\qquad$ k_{RF}——无风险利率（短期国库券）；

$\qquad$ k_M——市场或者"平均"的股票收益率；

$\qquad$ b——股票的 β 值，是衡量公司风险的标准。

到目前为止，我们只使用了一个历史衍生的 β 系数来代表股票的风险。然而，在这个应用程序中，我们正在考虑股票投资者的股票风险是如何变化的。这意味着 β 系数必须作为杠杆的一个功能，现在假设公司有杠杆和杠杆 β 系数并进一步假设两者之间的数学关系。

这一想法的一个众所周知的提法是 Hamada 方程[①]，其表达方式如下：

$$b_L = b_U[1 + (1 - T)(B/E)] \tag{13.23}$$

在这里，b_L——杠杆 β 系数；

$\qquad$ b_U——去杠杆的 β 系数；

---

① 见 Robert S. Hamada. 投资组合分析，市场均衡和公司融资[J]. 金融杂志，1969，13～31。

B——公司债务的市场价值；

E——公司股票（股权）的市场价值。

去杠杆的 β 系数，即 b_U，是指如果公司历史上没有债务的话，就会存在的 β 系数。杠杆 β 系数，即 b_L，是在公司债务与股本比率 B/E 所定义的杠杆水平上存在的 β 系数。这个等式可以与 SML 一起用来估计最优的资本结构。下面的举例详细说明了这种技术。

关联概念　举例 13-9

最优资本结构估计

Nome 公司自 30 年前成立以来一直没有债务。管理层对该公司的股价感到不满，并询问是否有办法在不提高利润的情况下提高它。该公司的历史 β 值为 1.2。一位投资银行家估计，NOME 的合理借款利率取决于它的杠杆率，杠杆率定义为债务占总资本的百分比。

债务 %	0%	10%	20%	30%	40%	50%	60%	70%	80%	90%
k_d	N/A	6%	6.5%	7%	8%	10%	12%	16%	N/A	N/A

总有效税率为 40%，无风险税率为 4%，市场回报率为 12%，即市场风险溢价（$k_M - k_{RF}$）为 8%。

考虑银行预测中的杠杆水平，按照 10% 的增量从 0 到 70% 的债务不等。在每一级：

(1) 使用 Hamada 方程估计杠杆 β 系数、b_L。

(2) 使用 SML 中的 b_L 来预测 k_e，即权益成本。

(3) 结合 k_e 的这个估计，以及银行家对 k_d 的估计，以及债务和权益比例的水平来计算 k_a。[记得把 k_a 乘以（1－T）。]

将银行家的预测扩展到一个包含 k_d 和 k_a 行的表中，并找到最优资本结构，其中 k_a 被最小化（大约值）。

解决方案：首先请注意，Nome 的历史 β 系数就是它的去杠杆 β 系数、b_U，因为它历史上一直没有借债。现在依次考虑每一个杠杆水平。

如果没有债务，Hamada 方程中 B＝0，那么 $b_L = b_U = 1.2$，$k_a = k_e$，sml 收益率为：

$$k_e = k_{RF} + [k_M - k_{RF}]b_U = 4 + 8 \times 1.2 = 13.6\%$$

也就是说，因为没有债务，k_a 只是股本的成本。

如果债务是资本的 10%，B/E＝10/90＝0.11。列出 Hamada 方程并代入：

$$b_L = b_U[1 + (1-T)(B/E)]$$
$$b_L = 1.2 \times [1 + (1-0.4)(0.11)] = 1.2 \times [1 + 0.6 \times (0.11)] = 1.28$$

接下来使用包含杠杆 β 系数和 b_L 的 SML，来得到 k_e。

$$k_e = k_{RF} + [k_M - k_{RF}]b_L = 4 + 8 \times 1.28 = 14.24\%$$

现在使用 10% 的债务权重和 90% 的股权权重，以及银行家对 k_d 的 6% 的估计来计算 k_a：

$$k_a = （债务占比）(1-T)k_d + （权益占比）k_e$$
$$= (0.10)(0.6)6\% + (0.90)(14.24\%)$$
$$= 0.36\% + 12.82\% = 1.18\%$$

使用相同的计算步骤，求解剩余的杠杆水平。在这里分别计算 20% 和 30% 的债务时的结果：

如果债务是20%，B/E＝20/80＝0.25，然后：

$$b_L = b_U[1+(1-T)(B/E)] = 1.2[1+0.6(0.25)] = 1.38$$
$$k_e = k_{RF}+[k_M-k_{RF}]b_L = 4+8\times1.38 = 15.04\%$$

k_a为：

$$k_a＝(债务占比)(1-T)k_d+(权益占比)k_e$$
$$＝(0.20)(0.6)6\%+(0.80)15.04\% ＝0.72\%+12.03\%=12.75\%$$

如果债务是30%，B/E＝30/70＝0.43，然后：

$$b_L = b_U[1+(1-T)(B/E)] = 1.2[1+0.6(0.43)] = 1.51$$
$$k_e = k_{RF}+[k_M-k_{RF}]b_L = 4+8\times1.51 = 16.08\%$$

k_a为：

$$k_a＝(债务占比)(1-T)k_d+(权益占比)k_e$$
$$＝(0.30)(0.6)7\%+(0.70)16.08\% ＝1.26\%+11.26\%=12.52\%$$

下表概述了上述计算结果和其余计算结果：

Nome公司的资本收益率与杠杆率（%）									
债务占比	0%	10%	20%	30%	40%	50%	60%	70%	80%	90%
k_d	N/A	6.0	6.5	7.0	8.0	10.0	12.0	16.0	N/A	N/A
k_e	13.6	14.2	15.0	16.1	17.4	19.4	22.2	27.0		
k_a	13.6	13.2	12.8	12.5	12.4	12.7	1.2	14.8		

对k_a线进行扫描，我们看到最低价值出现在40%的债务时，这表明最优资本结构接近40%的债务和60%的股权。

注：为了保持这个示例的简单性，我们假设以前没有任何债务，这意味着它的历史β值是它的去杠杆β值，但是，如果一家公司在其历史β值计算期间使用杠杆操作，则该β值将是杠杆值。如果我们知道b_L的值和相关的杠杆水平，计算一个公司的b_U就是一个简单的问题。只需写出Hamada方程，用历史β值代替b_L，用历史债务/股本的比率来代替B/E，然后按我们在示例中所做的那样进行求解。

关联概念

基本概念和计算：表13-1和13-2以及方程式13.1

举例13-1　通过杠杆管理EPS

　　　　　基础：应用DFL方程13.3

举例13-2　通过DFL预测结果

举例13-3　EBIT——EPS分析

举例13-4　贡献

举例13-5　保本点

举例13-6　固定成本与变动成本的抵消

举例13-7　经营杠杆的程度

举例13-8　总杠杆的程度

举例13-9　最有资本结构估计

讨论题

1. 使用杠杆被视为利用了资金提供者。在股东和债券持有人之间,谁是使用者? 谁是提供者? 请给出一定的解释或者说明来支持这个观点。反之,使用方又得到了什么?

2. 研究杠杆的中心问题是杠杆是否会影响股票价格,是否存在最优的资本结构。但是这个问题看似有些不真实、不确定。为什么股东会对这个问题这么感兴趣?(想一想管理层的目标和现实中的合并。)

3. 将本章阐述的经营风险、财务风险和第 10 章里描述的风险联系起来。

4. 为什么对投资者来说,ROE 和 EPS 是非常重要的衡量业绩的方法?

5. 经营风险和财务风险不存在,取决于任何一种杠杆。杠杆只是使风险变得更加重要,这种说法是否正确? 请解释你的理由。

6. 请简单说明一下财务杠杆正反两面的影响。换句话说,它的好处是什么,随之而来又带来了哪些成本?

7. 用 ROCE 检验了一下增加杠杆的合理性,也就是说,检验能告诉我们什么? 它在什么时候会显示出公司做错了决定?

8. 相对于大部分经营中产生的风险,融资增加的风险是微不足道的。这种说法对不对? 请解释说明。

9. 总体描述杠杆是如何影响股票价格的。影响因素在起什么作用?

10. 解释固定成本和变动成本的区别。当时期变长时,这些概念有什么变化? 换句话说,一个在一年期中典型的固定成本,在五年期中也同样是固定成本吗? 十年期呢? 当我们谈论经营杠杆时,相关的时期是什么?

11. 为什么劳动密集型产业比自动化产业经营杠杆要低呢? 自动化产业中相关的固定成本是什么? 通过出售机器设备为什么不能消除这些成本?

12. 用简短的语言解释保本点分析。

13. 用贡献和固定成本的概念描述保本点的概念(简要回答)。

14. 总结一下经营杠杆对 EBIT 的影响。

15. Braithwaite Tool 公司正在考虑用借来的钱,将车房进行彻底的现代化和自动化改造。详细讨论一下由这项计划带来的负面影响。

16. 解释什么是破产成本。为什么它对投资者来说是非常重要的? 什么时候投资者开始担心破产成本?

17. 描述 MM 原始现值模型的结果。尽管这个模型有很多的限制条件,为什么它还是很重要的?

18. 总结最初的 MM 理论支持经营收益的观点。

19. 概括 MM 理论提出的套利过程,套利是什么之间的差?

20. 解释税收制度是如何支持债务融资的。

21. 简单叙述增加税收后的 MM 模型。

22. 简单叙述增加税后和破产成本后的 MM 理论。

23. 比较带有税收和破产成本的 MM 理论和我们通过研究 Arizona Balloon 公司得出的结论。

商业分析

1. Armageddon 公司陷入了困境之中：销售下滑，利润下降。此外，公司的信用评级已经降低，因此公司未来借款的利率会非常高。目前的长期借款占资本的 60%，但以固定利率计算，因此不会受到影响。

该公司的主要股东是 Apocalypse 集团。集团已安排了一次与管理层讨论公司现状的会议。每个人都对这次会议感到非常紧张，执行团队正在开会，讨论应该如何向 Apocalypse 集团做报告。

营销总监 Charlie Gladhand 笑着走进了会议室。他解释说，他读过一篇关于杠杆的文章，其中包含了解决公司目前问题的方法。这篇文章讲述了几家成功的公司，为了使其所有者满意，通过借钱来提高其价值。Charlie 建议 Armageddon 公司可以在以后的几天通过大量借款来迷惑 Apocalypse 集团。

请评论 Charlie 的建议。

2. 假设你对投资 Peters 公司非常感兴趣，因为该公司的 EPS 在过去的三年中飞速增长。根据调查，该公司同期的债务权益比也有显著增长，现在是 4∶1。这个消息对你投资 Peters 公司有什么影响？

3. 假如你是 Axelrod Trucking 公司的 CEO，这是一家私人企业，所有者 Joe Axelrod 正在考虑出售公司然后退休，他想通过各种可能的方式抬高公司的价值。Joe 在一本经营杂志上读过一篇有关杠杆的文章，并发给你一份备忘录，让你重组企业的资本，使资本结构达到最优，从而使公司价值最大化，请准备一份对 Joe 的简短回复。

4. Revere 公司目前盈利良好，资本结构中 20% 为负债。它的 EPS 在行业公司中也是属于比较好的。高层管理人员的薪酬很大程度上是根据公司股票的年终价格来计算的。现在是 10 月份，公司总裁 Harry Upscale 正在寻找办法在 12 月 31 日前提高股票价格。Harry 自己也投资了公司的股票，在购买和出售时密切关注着 EPS 的变化。他也明白杠杆可以放大 EPS。然而，他对财务的了解并不多。Harry 强烈建议财务主管将其资本重组为 65% 的债务，以提高 EPS，并提高股价。

假设你是公司财务部的一名分析师。财务主管要求你分析 Harry 的建议，做成书面报告，以便于他和老板讨论这个问题。你计算了公司目前的 DFL 为 2.2，在计划的杠杆水平下是 5.8。起草一份财务主管给 Harry 的备忘录，向他介绍一下：为什么他的想法可能行不通，甚至会起到相反的作用？

5. Appleridge 公司是一家大型资本货物制造商。（市场对资本货物的需求通常在经济好与坏的时期之间波动很大。）公司最近生意一直很好，预计在可预见的将来也会如此。该公司目前属于劳动密集型企业。首席工程师 Mike Quickwrench 提出了一个大的计划，将工厂改造成现代化的大型企业。这样，预计明年的总成本会减少 10%，Mike 向管理团队提出这个计划，希望有一个正面的答复。其他高管都沉浸在 Mike 的热情中，准备开展这项计划。如果你是 Appleridge 公司的首席财务官，你认为在计划实施之前应该全面讨论一下这个问题，你的顾虑会是什么？你会通过什么方式使你在他们面前显得不是彻底反对这项计划的？

6. Wycombe 公司目前经营状况良好，对多元化经营很感兴趣，因此它正在寻找收购目标。Albe 公司是在它在一家投资银行的帮助下找到的。Albe 公司盈利颇丰，规模约为

Wycombe 公司的一半。通过市场价值可以反映出它们之间规模上的差别，并且这两个公司都是通过权益融资的。银行家支付高于市场价值 30% 的价格收购 Albe。Wycombe 的主席很难对这个问题进行裁决并征询你的意见。构建并解释一种方法使溢价更加合理化。如果 Albe 和 Wycombe 的经营状况都不是特别好，是否会影响你的观点？面对这种情况应该怎么办？

习题

基本概念和计算：针对表 13-1、表 13-2 和公式 13.1

1. 以下是 Connecticut 计算机公司选出的部分财务结果：

	10%债务	40%债务	75%债务
债务	10 000		
权益	90 000		
总资本	100 000		
股数(@5)	18 000		
EBIT	18 000		
利息(15%)	1 500		
EBT	16 500		
所得税(40%)	6 600		
EAT	9 900		
ROE			
EPS			

公司正在考虑资本重组，将杠杆从目前 10% 的水平增加到 40% 或者 75%。

(1) 计算 Connecticut 目前资本结构中的 ROE 和 EPS。

(2) 假设 EBIT 保持不变，股票继续以账面价值出售，如果 Connecticut 借钱回购了股票，使其资本结构中的债务达到 40%，重新填写上面报表中的在外流通股数、ROE 和 EPS(填写表中的第 2 列)。

(3) 假设 Connecticut 公司继续资本重组直到债务达到 75%，重新计算这些数据(填写表中的第 3 列)。

(4) 增加的杠杆是如何影响财务业绩的？这些变化对 Connecticut 公司的股票价格有什么影响？为什么会有这些影响？(提示：分别考虑债务从 10% 上升到 40% 的情况和 40% 上升到 75% 的情况。)

2. 重新考虑习题 1 中的 Connecticut 公司的情况，假设企业正面临一些困难，EBIT 下降到了 8 000 美元。

(1) 假设 EBIT 保持在 8 000 美元，重新填写习题 1 表中第 3 列的数据。

(2) 在这些条件下，根据股价和资本重组的合理性来解释这些结果。

(3) 这些结果能不能用更简单的方法预测出来？请用 ROCE 的概念得出相同的结论。

3. 假设上面两题中的 Connecticut 公司的 EBIT 是 15 000 美元，请计算增加杠杆时的结果。解释这些结果。

4. Watson Waterbed Works Inc. 的 EBIT 是 275 万美元,公司的利率是 15%,联邦和州的所得税税率是 40%,公司目前没有债务,权益为 1 200 万美元,在外有 150 万美元的流通股,以账面价值出售。

(1) 计算 Watson 公司目前资本结构中债务比例是 20%、40%、60% 以及 80% 的情况下的 EAT、ROE 和 EPS。

(2) 比较在不同杠杆水平下的 EPS 和 EPS 之间的差。随着杠杆从一点增加到许多,较多的债务会有什么影响?

通过杠杆效应管理 EPS:关联概念　举例 13-1

5. Tanenbaum Tea 公司想要在股票市场上的 EPS 达到 3 美元,在预计的财务计划下,公司明年的获利能力不会得到改善。下面是公司计划的情况。

Tanenbaum Tea 公司			
在 20×1 年的财务计划(单位:千美元)			
EBIT	18 750	债务	13 000
利息(利率 12%)	1 560	权益	97 000
EBT	17 190	资本	110 000
所得税(税率 40%)	6 876		
EAT	10 314	股数	3 700 000

Tanenbaum Tea 公司的股票以账面价值出售,增加债务代替权益会帮助公司达到 EPS 目标吗? 如果可以,债务比率达到多少可以产生满意的 EPS?

6. Canterbury Coach 公司的 EBIT 是 362 万美元,总资本为 2 000 万美元,其中有 15% 的债务,在外流通的 425 000 股股票以账面价值出售。公司支付 12% 的利息,联邦和州政府的税率为 40%。Canterbury 计划资本重组将债务提高到 30%、45%、60% 或者 75%。

(1) 在目前的利率水平下,较多的债务会有更好的结果吗? 为什么?

(2) 计算当前和预计情况下,公司的 EAT、ROE、EPS 和 DFL,并将结果制成一张表。

(3) 根据你制成的表讨论当杠杆增加,业绩和增加风险(由 DFL 反映)之间的关系。一些情况是不是比另一些要合理? 什么经营特点会使高杠杆的问题较少?

通过 DFL 进行预测:关联概念　举例 13-2

7. Balfour 公司有如下的经营结果和资本结构(单位:千美元):

收入	6 000	债务	1 200
成本/费用	4 500	权益	8 800
EBIT	1 500	总计	10 000

这家企业正在考虑将资本结构中的债务比例增加到 60%,目前股票每股以账面价值 25 美元交易,利率是 9%,联邦和州政府的税率是 42%。

(1) 计算在当前和预计资本结构下的 EPS。

(2) 计算两种资本结构的 DFL。

(3) 如果经营利润下降 5%、10% 或者 25%,用 DFL 预测每种结构中的 EPS。

（4）预计资本结构和目前的资本结构作为经营易变函数，哪一种更为合理？

（5）采取预计的资本结构会不会提高股票价格？请做简短说明。

8. 推导下面的公式：EPS＝ROE×（每股账面价值）。（提示：写出 ROE、EPS 和账面价值的定义，然后互相代替。）

EBIT-EPS 分析：关联概念　举例 13-3

9. 你是 Pinkerton Interactive Graphic Systems(PIGS)的分析师。PIGS 处于一个全新、快速成长的领域，在大多数新领域中，企业都是快速成长的，而 PIGS 未来的业绩存在着不确定性。

企业预期明年的经营利润为 400 万美元，而去年的经营利润是 100 万美元。为了支持这种快速增长，企业准备筹集 1 500 多万美元的新资本。企业现有的资本中有 40％的债务。

PIGS 可以按照管理层选择的任何债务权益比来筹集资金，CFO 正在考虑三种可能性：全是权益、800 万美元的债务和 700 万美元的权益以及全部是债务。

目前的债务和新债务的利率都是 10％，联邦和州政府的税率是 40％。公司可以按等于账面价值的市场价格以每股 10 美元出售股票来筹集权益资金。

CFO 让你准备一份解决方案，帮助管理层做出债务/权益决策。你也可以提出一份自己的意见。

（1）用 EBI-EPS 分析来计算这三种选择的资本结构。（计算当 EBIT 等于 100 万美元、200 万美元和 400 万美元时，每一种资本结构下的 EPS，然后画出每一种选择下的 EBIT 和 EPS。参考图 13-3，并且在图中指出去年的 EPS。）

（2）讨论各种选择对股票价格的影响。

（3）假设经营利润是 400 万美元，在下列不同假设下提出你的建议。用所做的 EBI-EPS 分析解释你的观点。

① 400 万美元经营利润的计划是最佳方案，任何 200 万～400 万美元之间发生的可能性都是相等的。

② 获利 400 万美元有 60％的可能性，比 400 万美元好的可能性几乎不存在，结果只能是在 0～400 万美元之间。

③ 400 万美元是一个很容易达到的目标，甚至有可能在 400 万～800 万美元之间。

贡献和保本点：关联概念　举例 13-4 和举例 13-5

10. Cranberry Wood Products 公司的单位产品中有 9.50 美元直接人工和 12.40 美元直接材料。销售和运输费用是 3.10 美元，其他所有的成本都是固定成本，每个月总计为 140 000 美元，每单位产品的售价是 32.00 美元。

（1）Cranberry Wood Products 公司的贡献和贡献率是多少？

（2）企业在保本点的销售量是多少？

（3）用两种方法计算保本点的销售额。

固定成本和变动成本的抵消和经营杠杆：关联概念　举例 13-6 和举例 13-7

11. 参考上题 Cranberry Wood Products 公司的情况：

(1) 当销售量超过保本点 20％、30％和 40％时,计算 DOL。

(2) 假设增加设备会使每个月固定成本增加 20 000 美元,当保本点保持不变时,变动成本总额会下降多少?

(3) 在增加固定设备前后,DOL 有什么不同?

第 12～15 题都是围绕 Burl Wood Products 公司(BWP)展开的,这家公司是一个高品质家具的生产商。

12. BWP 公司预计明年以每单位 50 美元的平均价格销售 100 000 单位的商品。变动成本约为收益的 40％,固定成本约为 240 万美元。BWP 有 100 万美元的债务,利息为 8％,边际税税率为 40％。在外发行的 100 000 股股票以账面价值 30 美元出售。请计算 BWP 的贡献、贡献率、EAT、DOL 和 EPS。

13. BWP 预备购置一台机器设备,计划使产品质量提高一级,生产效率小幅增加。这台机器价值 100 万美元,将以结款方式筹集,利息为 9％。产品质量的提高预期会对 BWP 公司的竞争地位产生重要影响。管理层预期销售量提高 5％,尽管计划价格上涨 10％。效率的提高和价格上涨的共同影响会导致变动成本变为收益的 36％,而固定成本会提高 19％。

(1) 计算 BWP 公司新情况下的贡献、贡献率、EAT、DOL 和 EPS。

(2) 如果 BWP 所有的计划都实现了,那么股票价格会受到怎样的影响? 预测股票价格变化需要考虑哪些因素?

14. 计算 BWP 在新机器购置前和购置后的 DFL 和 DTL。

15. 利用前面两题所提供的信息,计算 BWP 公司在新的机器购置前和购置后的保本点销售量和销售额。

总杠杆(DTL):关联概念   举例 13-8

16. Spitfire Model 航空公司修正的收益表如下:生产 100 000 单位产品(单位:千美元):

收入	10 000
变动成本	6 500
固定成本	2 200
EBIT	1 300
利息(利率 10％)	500
EBT	800
所得税(税率 40％)	320
净收益	480
股数	20 000

(1) Spitfire Model 公司的边际贡献是多少? 保本点的销售额是多少?

(2) 计算 Spitfire Model 航空公司目前的 DFL、DOL 和 DTL。

(3) 计算目前的 EPS,如果销售下降 25％,估计 EPS 会下降多少? 首先用 DFL,然后重新计算调整后的收益表。(假设负 EBT 会导致负的税后。)

17. Singleton Metal Stamping 公司正在考虑购买一台价值 1 000 万美元的计算机控制的贴花机器。购买机器的钱全部用借款支付,这将会改变 Singleton 的资本结构。在目前的销售状况下增加 150 万美元的固定成本,减少 200 万美元的变动成本。公司当前的财务状况反映在下面的表格中(单位:千美元):

收入	18 000 ·		
变动成本	10 000	债务	5 000
固定成本	5 000	权益	15 000
EBIT	3 000	总计	20 000
利息(利率10%)	500		
EBT	2 500	股数	75 000
所得税(税率40%)	1 000	EPS	2.00
EAT	1 500		

(1)重新填写购买机器后的财务报表,计算购买机器前后的保本点。

(2)计算购买机器前后的 DFL。

(3)计算购买及其前后的 DOL。(提示:在用公式 13.11 时不需要 Q,因为 PQ 是收入,VQ 是总的变动成本。)

(4)计算购买机器前后的 DTL。

(5)讨论 EPS 随着销售的可变性以及这种变化的原因。

(6)如果预期销售保持目前的水平,购买机器是不是一个很好的选择?给出两个原因说出为什么是或者为什么不。这个项目怎样做才是合理的?

资本结构理论:背景——企业价值

18. Schoen 公司债券的平均票面利率是 7.5%,每年支付 300 万美元的利息。公司在外发行的股数是 450 万股,所有的收益全部用来支付股利。每股收益(EPS)是 3.50 美元。Schoen 公司的权益资本成本是 12%。利用 MM 模型(在金融市场上,没有所得税和交易成本),计算公司的总价值(负债价值和权益价值的加总)。(提示:利用公式 13.15~公式 13.17。)

19. 假设上题中的 Schoen 公司需要交纳 40% 的所得税。

(1)假设债务无法避免,重新计算企业的价值,并和上题计算出的价值相比较。也就是说,假设利息在计算收益中可以减去,而在计算所得税中不可被扣除。对于投资者来说,理论上损失了多少价值?哪些投资者承担了这个损失?是股东还是债权人?

(2)什么是企业债务的避税价值?什么是债务收益?计算包含债务收益的理论上的企业价值,并和上一题中计算出的结果相比较。谁得到了由于避税产生的价值增值?

(3)假设破产成本也考虑进去,在这种情况下,投资者可以得到习题 19(2)中计算出的债务收益的全部好处吗?

评估最优资本结构:关联概念 举例 13-9

20. Griffin Ross 建筑公司(GRC)在新英格兰的几个城市建造高档住宅。该公司受制于建筑业的起起落落,历史 β 系数为 2.1。GRC 传统上的资本结构约为 20% 的债务和 80% 的股权。GRC 的所有者 Griffin Ross 对出售该业务感兴趣,并聘请您研究如何增加其市场价值。你认为如果公司在其最优资本结构下运作,总价值可能会增加,但你不知道最优水平是什么样子的。

21. 一位商业银行家根据 GRC 的杠杆水平,给出了 GRC 可以借入款项的利率水平的估计：

债务%	0%	10%	20%	30%	40%	50%	60%	70%	80%	90%
k_d	7%	7%	7.5%	8%	9%	11%	13%	18%	N/A	N/A

总有效税率为35%，无风险税率为5%，市场收益率为11%，即市场风险溢价（$k_M - k_{RF}$）为6%。

计算GRC的权益成本k_e，以及其平均资本成本k_a（WACC）。用债务占总资本的百分比得出杠杆率，杠杆率按照10%的增量从0%到70%变化。利用该结果估计GRC最优资本结构。

［提示：GRC的β系数是在债务与股本之比为20/80的水平上进行的。计算去杠杆β系数。写出公式14.23，代入b_L和B/E，然后求解b_U，按示例13-9的步骤进行求解。（参见举例13-9末尾的标注）。］

股利和股票回购

股利和回购（也称为回购）是公司将赚来的部分钱分配给股东的两种方式。股利是直接的。股利只是向所有股票的所有者支付的现金。回购涉及的范围更广。在回购中，一家公司以略高于当前市场价格的价格，从股东手中购买自己的部分股票。股利和回购都被称为分配。

在本章中，我们将首先关注普通股股利，即公司支付给权益投资者的普通股股票股利。[①]

---

① 虽然支付给优先股股东的也称为"股利"，但是在这里我们不涉及优先股。

14.1　股利——背景

股利在现代金融中是一个有趣的难题。股利对投资者的重要性以及支付股利对股票的影响上存在着分歧。实践者倾向于认为股利对价格很重要,而学者们认为理论上它们不应该有太大大别。这场辩论意义重大,因为股利在金融结构中占据着核心作用。要进一步理解这个问题,我们需要回顾相关背景。

14.1.1　股利是价值的基础

股利是金融系统的一个关键部分,因为股利在决定股票价值方面起着关键的作用。请记住,在第 8 章中,我们得出的结论是,股票价格完全取决于预期的未来股利。我们需要重新审视这些想法,并在目前的讨论中稍作修改。

我们可以从个人投资者和整个市场的角度来分析股利和价值的关系。

个人的观点　一个人购买一只股票是因为当这些股票最终被出售时,他期望从股利和收益中获得可接受的收益。今天的股价是那些未来现金流以适当比率贴现的现值。如果投资者计划持有一只股票长达一年,这些想法可以写成如下公式:

$$P_0 = D_1/(1+k) + D_2/(1+k)^2 + \cdots + D_n/(1+k)^n + P_n/(1+k)^n \qquad (14.1)$$

其中:P_0——今天的股票价格;

　　　D_i——第 i 年的股利(i=1,2,$\cdots$,n);

　　　P_n——第 n 年出售的股票的价格;

　　　k——权益的预期收益率。

这个公式在第 8 章的公式 8.5 中更加详细。

由于:

$$[PVF_{k,i}]=1/(1+k)^i$$

因此,$P_0 = D_1[PVF_{k,1}] + D_2[PVF_{k,2}] + \cdots + D_n[PVF_{k,n}] + P_n[PVF_{k,n}]$

它比公式 8.4 更方便计算。

整个市场的观点　在第 8 章中,我们关注用未来无限期的剩余股利现值代替 P_n 来计算整个市场的价值。我们讨论了购买者在第 n 年使用的公式类似于公式 14.1,并且从理论上讲可以用进一步向未来延伸的卖价来替代 P_n。我们可以尽可能多地运用这一步骤,以得到在无限远的未来的股票卖价,而在这个时间点上股票的现值为零。因此,我们在公式中用的是无限远的股利流而不是有限的股利。

我们目前的观点　有限和无限的股利流模型对价值的表达都是合理的。在第 8 章我们重点关注有限流量,在这里我们将从一个有限时间的角度来使用这一模型。

股利和比率　在进一步了解股利之前,我们需要介绍一个新的财务比率,并且复习一下之前学过的一些财务比率。

股利支付率　股利支付率是支付的股利与收益的比率。我们通常把它写作 d,用小数或者百分数来表示,它即可以用整体来计算,也可以用每股来计算:

$$D=股利/收益＝每股股利/EPS$$

例如:支付率为 40% 表示企业每赚一美元就要支付 40 美分的股利。

这里包含的一个微妙之处需要被指出。股利是以现金支付的,但是收益数字并不代表有那么多的现金,这是因为净收益(净利润)包括收入和成本的应计项目。因此,在任何特定的年份,可以用于支付的现金不是比收益中的现金多就是比收益中的现金少。

更重要的是,一个企业在其有大量现金需求时,即使以最保守的支付率来支付适当的股利,其也会面临困难。这些困难可能包括资本支出和债务偿还。

股利支付率有时候可以转换成留存比率,通常记做 r,它是留存收益与收益的比率:

$$r = 1 - d \text{ 和 } d = 1 - r$$

我们需要复习的财务比率是每股收益 EPS 和市盈率 P/E,它们的定义在现在看来已经很明显了。如果需要的话,可以回顾一下第 3 章。

每股收益 = EPS = 净收益 / 发行在外的普通股数量

股票价格 / 每股收益 = P/E = 股票价格 /EPS

再次回顾一下第 8 章,股票投资的收益率包括股利收益率和资本利得收益率,公式 8.3 表示的是投资期为一年的股票收益率。

$$k = D_1/P_0 + (P_1 - P_0)/P_0 \tag{8.3}$$

其中,D_1 是股利;P_0 和 P_1 分别是年初和年末的股票价格;D_1/P_0 是投资 P_0 美元所获得的股利收益率;$(P_1 - P_0)/P_0$ 是股票价格的增长率,即资本利得收益率。

关联概念 举例 14-1

股利和比率

Bokberry 公司保持的股利支付率为 40%,目前每年支付的股利为每股 2.5 美元,公司的市盈率 P/E 为 19。

(1) 计算 Bokberry 公司的 EPS 和股票价格。

(2) 如果 Bokberry 公司的支付率为 55%,那么一个持有 500 股的股东将会得到的股利收益是多少?

(3) 如果 Bokberry 公司发行在外的股票数量是 50 万股,那么在这两种支付率下分别需要从留存收益中留出多少权益资本才适合于资本预算?

解答:

1. 首先,根据股利支付率求 EPS

d＝每股股利/EPS

0.4＝2.50/EPS

EPS＝2.50/0.4＝6.25

然后,根据 EPS 和 P/E 求股票价格

P/E＝股价/EPS

19＝股价/6.25

股价＝19×6.25＝118.75

2. 当支付率为 55% 时:

每股股利＝d×EPS＝0.55×6.25＝3.44

每股股利的增加额:

3.44－2.50＝0.94

乘以股票数量,得到股利收益的增加额:

　　　　500×0.94＝470

3. 利润总额:

　　　　6.25×3 500 000＝21 875 000

乘以留存比率(1−d)得到适当的留存收益,

当 d＝40%时,21 875 000×0.60＝13 125 000

当 d＝55%时,21 875 000×0.45＝9 843 750

差 额＝3 281 250

14.1.2　理解股利政策

股利的政策表面看上去很简单,它关系到一家公司应该拿出其多少收益来作为股利。选择的范围可以从零到全部。然而,有些选择不是很明显,因此理解这个选择中所有暗含的意思对我们来说很重要。

股利的随意性　我们需要记住,股利的分配是可以选择的。公司董事会有权决定每一笔股利的数额,包括是否应该支付任何股利。

尽管股利在估值计算中很重要,但是不能保证每一期都分配股利。不管过去是否支付股利,购买普通股都不包括对未来股利的保证。

股利政策　公司的收益属于其股东。股利决定是管理层代表股东就如何处理其收益做出的选择。理论上,只有两种选择。收益可以作为股利支付,也可以留在企业进行再投资。这两种选择都对股东有利,但方式不同。(收益也可用于从愿意出售的股东手中回购股票。我们稍后再讨论这一点。)

股利选择给予股东即时现金支付,让他们可以随心所欲地消费或再投资。另一方面,保留收益涉及将资金投资于有望提高盈利能力的商业项目。这些较高的利润将导致股价上涨,这意味着股东将会持有更有价值的金融资产,最终会以更高的价格出售。了解这两种机制创造收益的不同特点是非常重要的。

股利给了股东当期收入,他们可以立即使用。当期收入对一些投资者来说很重要,因为他们需要靠它生活。对其他人来说,这不那么重要,因为他们不需要它,只会把它重新投资。

另一方面,只要不出售股票,就不会立即获得股价增值,但许多人不想这么做。因此,留存收益会产生递延收益。

股利政策是在近期支付股利多与少之间做出的选择。这意味着在两个股东之间的交易是有利的。这不是股东获不获得股利的问题,而是获得当前收益还是递延收益的问题。

14.2　关于股利的争论

股利的中心问题是,支付股息或支付更大的股利,而不是支付较小的股利,对公司的股票价格是否有正面、负面或中性的影响。这个问题也可以用股东的偏好来说明。股东是否像刚才所描述的那样更喜欢当前或递延收益?想必,做他们喜欢做的事情会使股票更受欢迎,其价格也会被抬高。换句话说,我们想知道管理层是否有可能通过操纵公司的股利支付政策,部分实现股东财富最大化的目标。

关于投资者对分红的偏好或反对股利的看法有三个主要论点，一些与之相关的较小但相关的理论往往把事情联系在一起。它们没有一个是对的或错的。

14.2.1　股利无关论

许多理论家赞同的立场是，如果股息真的重要的话，股利对股价的影响很小。这一观点背后的理由可以从方程式14.1中看出。在这个方程中，假设像 D_1 和 D_2 这样的早期股息减少或消除，从而增加留存收益。留存的额外收益可能会使公司增长得更快。这反过来又会导致最终出售。股票的价格，P_n 更高，也可能使以后的股息，如 D_n 更大。

股利无关假说认为，减少或消除早期股利对 P_0 的负面影响被 n 期卖价上涨的正效应抵消。因此，以 P_0 为代表的股票当前价格多少与早期股利的变化无关。

调整现金流　如果投资者对当前收益没有偏好，则无关论是合理的。如果投资者对当前收益有偏好，则我们解释起来就会有一些困难。

对当前收益的偏好意味着人们不仅关心投资产生的现金流量的形式，还关心整个现金流流量的现值（证券价格）。例如：退休人员需要通过投资获得当前收益以使生活过得更舒服一些，如果他们所持有的股票减少股利分配，他们就会沮丧，而不管整个流量的现值是不是变化的。

这会不会意味着如果管理层在近期减少或者不分配股利，需要当前收益的投资者会出售他们的股票？从理论上来讲，答案是否定的，因为需要现金的投资者一般会出售一部分股票以获得现金。额外留存收益的保留会使未出售的那部分股票增值，因此，尽管一部分股票出售了，一部分股东持有的股票数量下降了，但原来投资的那部分股票价值会保持不变。

很容易想象公司股利提供了过多的现金会有的反面情况。在这种情况下，获得过多的现金会用来购买该公司更多的股票，这会有效地减少股利并增加投资者在公司的风险。

总而言之，理论上可以通过购买或者出售股票使投资于成长性公司的股票达到任何水平，以调整当前收益。

关联概念　举例 14-2

调整现金流量

Jack 和 Wendy Winter 是退休人员，他们将大部分积蓄购买了 Ajax 公司 10 000 股股票。Ajax 以每股 10 美元的价格出售股票并且每年支付每股 0.50 美元的股利，这个公司在一段时间里股利没有增长。Winter 靠 Ajax 的股利补贴他们退休后的收益。

今年 Ajax 不再继续分配股利，但是因为有额外的留存收益，公司股利开始以每年 5% 的速度增长。Winter 如何保持他们的收益和他们在 Ajax 中的位置？假设没有购买和出售证券的成本。

解答：当每股股价 10 美元的时候，Winter 原来持有的 Ajax 公司 10 000 股的股票总价值为 100 000 美元。这是他们想要保持投资的本金。同时，他们必须每年产生 5 000 美元（10 000×0.50）的收益来代替不再分配股利。

增长一年后，Ajax 的股票价格是 10.50 美元，Winter 可以通过出售股票增加 5 000 美元的现金：5 000/10.50＝476 股。

以这个增值后的价格,剩余的 9 524 股价值为:10.50×9 524＝100 002。

因此,Winter 投资的总数量保持不变。(我们取整数,因此数字不是非常准确。)作为练习,请计算一下第二年需要出售多少?

交易成本 只有所有股票交易都不需要成本时,前面所说的理论才会很好地起作用。大多数正规的经济理论都是在一个假设的经济环境下起作用的。假设资本市场是完全有效的,这表示证券交易不需要成本。在这样一个世界里,人们不会关心股利支付。

然而,在现实中,金融市场充满了非有效性,包括经纪佣金等交易成本。考虑一下举例 14-3。如果他们出售股票时必须支付佣金,那么在调整当前收益时就会有成本,他们最后就不可能保持对 Ajax 的投资。

实际上,如果佣金率很低,出售股票产生的当前收益就有可能保持不变。但如果这个比率很高,出售股票就可能会成为一个代价高昂的过程。因而,股利的停止很可能会使 Winter 像其他人一样放弃对 Ajax 的投资。如果公司的大多数股东受到这种影响,Ajax 的市场价值就会下降。

显然,交易成本越大,股利无关论就变得越不合理。

公司内部的观点 从公司的角度来看,股利是一种现金流出。具体来说,支付股利会减少留存收益,而留存收益是资本预算项目的资金来源。

在第 12 章中,我们讨论了当公司在项目完成之前,留存收益耗尽时会发生什么。结论是,如果在留存收益用完后需要更多的股权,公司就要通过出售更多的股票来筹集资金。这意味着支付的股利可能会导致需要出售新股,因为它减少了留存收益。

如果新股票在一个完全有效的市场上出售而不引起发行费用①,这就不会造成问题。在这种情况下,公司对支不支付股利就不会太在意。用于支付股利的现金可以用出售股票得到的现金来代替。

CFO 经验谈

如果存在发行费用,那么出售股票就会产生费用,支付股利就会发生额外的成本。公司对不支付股利有一定的内部偏好。由于较多的成本最终会减少收益,因此,股东也有这种偏好。

毋庸置疑,在现实世界中确实存在着发行费用,并且它们是非常重要的。

14.2.2 股利偏好论

股利偏好理论坚持股东一般都更愿意接受股利,这种理论是基于未来的不确定性,并且确信股东更倾向于当前的股利而不是未来的资本利得,因为今年支付的股利比未来预期收到的更确定。这一观点也可以理解为股东不相信管理层能够运用目前的资金使企业在未来变得更加强大、股票更有价值。

这一理论不是关于货币时间价值,它不表明人们喜欢今天的股利是因为今天的股利更加值钱,而是说人们觉得现在得到股利会更加确定一些。这通常被称为"一鸟在手论",源于一句俗语"双鸟在林不如一鸟在手"(因为你可能抓不住灌木丛中的任何一只)。

14.2.3 股利厌恶论(税收效应理论)

股利厌恶者坚称投资者一般更加倾向于"公司为了日后能够提高股票价格而不分配股

---

① 发行费用是指与发行新股权有关的交易成本。

利"。这一理论是建立在税前资本利得上的,它的推理也是基于当前税法的。

这个论点的含义是:股利是按照普通收益进行征税的,而资本利得则是按照较低的"资本利得税"征收的。注意在公式14.1中的股利政策包括用早期的股利来代替第n期时较高的股票出售价格。当前的股利是普通收益,而增值的价格代表的是当股票出售时的资本利得。因此,不得不在今天的股利和日后较高股价之间进行调整以反映这样一个事实:投资者在税后得到的增值比股利多,这使得递延利得更加具有吸引力。

2003年,股利税率被临时调整为等同于资本利得率。这一变动原计划在2008年到期,但是在不止一次被延期之后,到2013年这一规定被永久化。因此,到2015年底,股利厌恶理论并没有多少逻辑上的支持。但美国国会不断地调整资本利得的税率。大部分情况下,确定的资本利得税率比普通收益的税率低,这样可以促进投资,进而刺激经济。但事实上,也不总是这样的。这是一个很敏感的政治问题,因为资本利得大部分都是随着财富的增加而增加的,所以对富人来说,优惠的税率很重要。

还有两种不太明显的与资本利得相关的税收利益,它们支持股利厌恶论。第一,对资本利得征收的税可以递延到股票出售时。第二,如果股票在投资者有生之年没有出售,那么资本利得税就可以避免。当股票传给后代的时候会以它们当时的市场价值作为征税基础,这样增值部分就不用再交税了。所以,综合考虑,我们可能不应该完全忽视厌恶股利的观点,因为凡事没有绝对,同时它也有一些逻辑上的支持。我们在第2章中已经讨论了资本利得税。

14.2.4 其他理论观点

毕竟我们还不能确定是支持股利还是反对股利,还有一些理论可以帮助我们理解整体情况。

客户影响 客户的论点是,个人投资者确实有一定的股利偏好,因为他们需要或多或少的当前收益。由于存在交易成本,这种偏好使得通过买卖股票来调整现金流变得更加昂贵、更加不方便。

分辨不同偏好的客户类型是很容易的。例如,靠固定收入生活的退休人员可能需要股息收入来补充养老金和社会保障金。另一方面,如果预期收益更高的话,拥有大量可支配收入的年轻专业人士可能愿意押注长期资本收益。人们倾向于选择能够满足自己需要的公司。退休人员可能更喜欢像公用事业这样稳定的公司,并且倾向于接受支付固定股利。年轻的专业人士更喜欢高科技创业公司,这些企业根本不支付股利,但可能会提供巨大的股价增值。

每一家公司都发展出一批符合其派息特点的投资者客户,因此,客户效应一词就意味着,一旦客户群建立,改变股利发派的做法是不明智的。这样的改变肯定会使股东疏远公司,甚至离开公司。因为他们至少部分地因为喜欢公司的股利政策才会投资这家公司。股利政策的改变会使股东出售股票,对公司的股价也会有一定的压力。

剩余股利理论 剩余股利理论侧重于公司对资本的内部需求。前面我们提到,股利会减少留存收益,因此,当一家公司有需要用于项目的权益时,就很可能会被迫使出售额外的股票。此外,我们还注意到,由于上市成本的原因,发行新股的权益资金要比留存收益的成本高得多。

在剩余股利概念下,公司认识到留存收益成本的有效性,并在支付任何股利前先为所有可行的项目提供充足的资金。剩余的则都是作为股利分配给股东。"剩余"一词来自股利的剩余状态。举例14-3说明了这一想法。

CFO 经验谈

　　剩余股利理论有一种直观的吸引力,但它并不是大多数公司的工作方式。大多数管理层首先看到股利的价值,而提前取消股利分配。此外,大多数公司可以提出几乎无限数量的、纸面上看上去不错的资本项目。因此,一家真正遵守剩余理论的公司可能永远不会支付股利。除此之外,这项政策会产生波动很大的利润收益,而大多数公司都会试图避免这种情况。

关联概念　举例 14-3

剩余股利理论

　　Aquafine Filters 公司的资本结构是 60％的权益和 40％的债务,公司有一组正净现值的资本项目,这些项目的原始投资共计 4 500 万美元。当股价为 75 美元的时候,市盈率 P/E 是 15,公司现在发行在外的股票数量是 800 万股。如果公司采用的是剩余股利政策,那么今年的每股收益将是多少?

　　解答:Aquafine Filters 公司的收益可以从市盈率和每股收益中获得:

$$P/E = 股价/EPS$$

代入 P/E 和股价:

$$15 = 75/EPS$$

$$EPS = 75/15 = 5$$

代入 EPS 公式计算收益:

$$EPS = 收益 / 股票数量$$

$$5 = 收益 /8\,000\,000$$

$$收益 = 40\,000\,000$$

用于 4 500 万美元的资本计划 60％的资金需要从权益中获得:

$$45\,000\,000 \times 0.60 = 27\,000\,000$$

　　因此,需要从权益中拿出 2 700 万美元的资金用于资金计划才能得到上述收益,剩余的权益则用于股利分配,因此每股收益为:

$$18\,000\,000/8\,000\,000 = 2.25$$

　　股利信号传递论　不管是对还是错,在金融市场上都会从公司支不支付股利中读出一些信息。实际上,股利被视为管理层向股东传递信息的一种方式。人们似乎更相信美元和美分所传递的信息,而不是语言传递的信息。这种现象被称为"股利的信号或信息效应"。尤其是当收益发生变化时。

　　如果收益下降,定期股利的延续支付将被管理层视为一种声明,表明公司的经营业务从根本上讲是健全的,经济下滑是暂时的。因此,公司通常会在收入暂时减少的情况下继续支付正常的股利。给股东的信息是:"每股收益略有下降,但不必担心。一切都会好的。""从长远来看,我们预期会有足够的资金,这里仍然会有你定期的股利。"

　　同样,股利的增加是管理层对未来信心的一种更强的表述。伴随着盈利增长的股利增长是一种声明,即预期收益的改善将是永久性的,并意味着总体上光明的未来。在经济低迷的情况下,增加股利显然是为了减轻股东的恐慌。

　　另一方面,股利的下降被认为是糟糕的消息。股利下降通常是在盈利持续下降之后发生的,并告诉市场,管理层并不期望公司像过去一样可以产生足够的现金。投资者通常会做出负面反应,倾向于抛售股票,压低股价。如果股利下降不是因为收益下降的话,这将是我们收到的一个既奇怪又糟糕的信息。

因此,管理层有时会在经济低迷的情况下维持甚至提高股利,以防止出现严重问题对投资者产生负面反应。但是这种做法显然是不适当的。

信号传递效应是非常真实的,因此很难判断投资者对现金股利的偏好是什么。例如,假设一家公司有稳定的收益,但降低了其定期股利,向股东解释它需要更多的资金用于投资资本项目。尽管如此,公司的股票价格还是会下跌,是因为投资者喜欢更高的股利,还是因为他们不太相信管理层的解释,并怀疑运营问题即将来临?这是很难判断的。

预期理论　预期理论是对信号效应的一种细化。它认为,投资者会对公司下一次股利形成一个预期,如果这些预期得不到满足,投资者可能会感到恐慌,即使实际支付的股息是稳定的或增加的。

例如,假设一家股利为每股 2.00 美元的公司在业务上取得了显著改善,人们期望下一次股利应该是 2.20 美元。那么假设公司实际支付 2.10 美元的股利,增幅小于预期。预期理论认为,投资者的反应很可能是负面的,因为预期没有得到满足,而且股价很可能会下跌。

14.2.5　结论

没有人确切地知道股利支付多少,才会导致股票价格增加还是降低。大多数实践中的金融专业人士认为股利对价格有积极的影响。学者们倾向于认为这种观点不能被证实。实际上,大多数公司都会支付股利。

14.3　实务考量

14.3.1　法律和契约对股利的限制

公司并不是想支付多少股利就支付多少,如何支付,是由法律和契约限制的。

法律的限制

法律对公司股利发放的制约,在不同的州有所不同,但是都有两个普遍的特点。

第一,支付股利是不能耗尽资本的;它们必须来自留存收益。这条规则保护了债权人的权益。假设 Able 要创立一家公司,投资 1 000 美元作为权益资金,他也相信 Baker 会借给他另外的 1 000 美元。一旦公司开业了,Able 就是唯一的股东。如果 Able 宣布要分配 2 000 美元的现金股利给他自己,那么公司就没有经营资金了,它就会关闭。这将相当于 Able 偷了 Baker 1 000 美元。为了避免这种情况的发生,法律要求公司在支付股利之前必须先赚到钱,支付的股利必须是过去收益的累积。

第二,如果一家公司破产了,即负债超过了资产,它也不能分配股利,制定这条规则也是为了保护债权人。一个破产的企业可能会面临破产程序,它的资产都要用来拍卖以尽可能地来偿还债务。一个企业预计的程序中可能会有出售它的资产并用获得的现金向股东支付股利,这就会使企业的资产在最后一刻消失了,留给债权人的就只有本应该是股东承担的损失。

契约的限制

债务合同　营业贷款和债券发行的同时都有一些对借贷公司的限制条款,以确保其偿还借款,这样的合约就被称为契约,制定这些限制条款的目的是为了使公司保留现金,坚持谨慎、保守的经营原则(见第 7 章)。

在某些情况下,用条约来限制或者禁止公司支付普通股股利是比较普通的。比如,一个债权人可能规定如果息税前收益低于债务额度(利息和本金)的两倍,就不能支付现金股利。这些限制条款在经营出现困难时通过阻止现金流入股东手中的方式保护了债权人的收益。

优先股 普通股股息支付的另一个常见限制是优先股股利的累积特征。回想一下,优先股在不确定的将来支付固定股利,但这种支付不太保证。一般来说,这种积累的特点说明了如果支付了一项或多项优先股利,那么直到优先股股利达到了一定数量才能支付普通股利。

14.3.2 股利政策

股利政策指的是一家企业决定究竟支付多少股利才是合理的。它包括股利支付的数量和随着时间支付数量改变的形式。我们来明确一些定义。

稳定指的是一段时间内股利政策的稳定性,稳定的股利政策是在一段时间内各期股利不变但是偶尔也会有些增加。有稳定增长率的股利会以或多或少的固定比率增长。

股利下跌通常传播的都是坏的消息,管理层都试图避免股利下滑。结果"稳定"一般意味着股利上升或者持平,而不会下滑。

其他政策 有三项股利政策是非常普遍的。

目标支付比率政策 采用这项政策的企业选择了使其合适的长期支付比率。但是,这不代表企业每年会盲目地选择支付比率,而是会使股利围绕收益上下波动。从我们学过的信号理论中得知,这会对股票的市场价格产生负面影响。考虑到收益的变化,实际支付比率可能会低于目标支付比率。

稳定的每股股利政策 除非公司经营状况恶化得非常严重使得其继续经营的能力遭到了质疑,否则,公司就会无视收益的变化,而继续支付稳定的股利。如果情况变好,公司业绩持续增长,股利就会不断增长。稳定的每股股利政策是迄今为止最常用的股利政策。

如果收益允许下的低正常股利加额外股利政策 采用这种政策的管理层或多或少都确保股东低水平的正常股利,但是保持偿付额外股利与否的能力,这个理论降低了企业支付股利的水平而没有产生负面影响。换句话说,公司试图通过避免股东指望额外支付来战胜股利下跌的信号影响。可惜的是,人们很快又习惯了额外支付。

洞察:财务实务

股 利 巨 头

一些投资者非常关注股利。他们通常希望自己的股票能产生可靠的现金流,同时希望能获得更高的收益。一般情况下,这种通货保值是债券、银行存款和存款单等固定收益工具所无法提供的。

股票仅仅支付股利以取悦于这些以股利为焦点的人群是不够的。令人惊奇的是,只是支付高股利还不够,这些人对那些能够反映股利增长的持续性历史的股票感兴趣。

股利增长使得投资者更喜欢那些被称为股利贵族的精英俱乐部成员的公司。公司要获得股利贵族的身份,必须入围标普 500(S&P),并且连续 25 年保持股利的持续增长。一旦公司业绩有微小的滑落,即使与上一年业绩持平,也会从股利贵族的名单上被除名。要想成为精英俱乐部中的一员,需要花很长时间。这些贵族们甚至还有自己的业绩指数,该指数丝毫不逊于标普500这样的美国领先的、基于广泛的股票市场的指标。

14.3.3　股利支付程序

从前面所学的,我们已经把股利看作每年的现金流量。实际上,许多公司都是按照季度[①]来支付股利的。

关键日期

每季度与股利相关的日期有4个。

宣告日　每季度的股利数额都是由公司董事会批准的,即使公司支付股利的数额不变,也需要董事会每季度批准。董事会批准股利的日子被称为宣告日。

登记日　股票是注册证券,这就意味着有名单记录着每股股票所有人的名字。当股票出售后,名单上所有权就从卖方转到了买方[②]手中。当董事会宣告了股利,它就确定了登记日。在股权登记日,只有在股东名册上的股东才有权分得股利。

支付日　董事会确定向股东发放股利的日期。

除权日　因为股票出售后要花几天的时间来更新所有者的记录,所以公司不会承认登记日之前做的交易并对其支付股利。考虑到交易记录的延迟性,经纪公司同意剥离在登记日之前的两个交易日。为了股利目的的交易,这一剥离日成为除权日。

图14-1反映了几个日期之间的关系。在股票市场活动中除权日是非常重要的。在除权日之前购买股票的投资者就可以得到下一期的股利,而在除权日之后购买股票的就不可以了。比如,在图中不能获得股利的股票交易是从5月10日早上开始的。

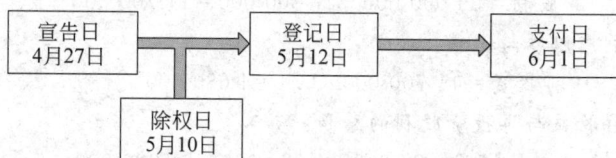

```
┌──────────┐      ┌──────────┐      ┌──────────┐
│  宣告日   │ ──→ │  登记日   │ ──→ │  支付日   │
│ 4月27日  │      │ 5月12日  │      │  6月1日  │
└────┬─────┘      └──────────┘      └──────────┘
     │
┌────┴─────┐
│  除权日   │
│ 5月10日  │
└──────────┘
```

图14-1　股利宣布和支付流程

除权日之后股票价格一般会下跌,这反映了新购买者的股利损失。有趣的是下降幅度一般为20%～30%,而小于所支付的股利。相信其中的差异是由于投资者相信税后的股利比税前的更有价值。

股利再投资计划

大多数公司都会给股东提供选择性的股利再投资计划(DRIP),也就是说公司希望保留参与计划股东手中的股利,而代替给他们额外的股票。

如果一个公司支付的股利为0.5美元,某人手中有100股,那么他的股利账户中就有50美元。如果此时股票的价格是25美元,那么这个人得到的不是钱而是两股股票。

再投资计划所需要的股票可能有两个来源,这取决于计划本身。第一种方法是将未分配的股利都集中起来,用于购买公开市场上现存的股票。然后再把它们分配给参与计划的股东。

---

① 人们所用的每年的数据一般是用最近的一个季度的数据乘以四。
② 大多数公司都用所谓的"过户代理"的专业公司来做登记股权这一类的琐事。

这种方案仅仅是给股东提供服务,对公司并没有什么好处。

第二种方案是公司以略低于市场价格的价格发行新股。这种防范有两个好处,它可以避免购买现存的股票的经费,还可以给公司提供一个没有发行费用的新权益资本的来源。

税收政策 理解再投资的税收待遇是非常重要的。在再投资的过程中,股东可以有效地收到现金并且用这部分钱来购买更多的股票。公司是从自身利益出发来进行这些交易的。由于这个原因,国内税收署将再投资股利作为应征税项目,即使股东手中从来没有拿到过现金。

关联概念　举例 14-4

股利再投资计划

Dinsmore 公司的股利再投资计划中有 40% 的股东参与。管理层试图估计需要多少的权益对今年的收益是合理的。公司象征性地支付了其收益的 30% 作为股利。EPS 预期是 6.50 美元,发行在外的普通股票为 600 万美元。Dinsmore 公司可能要从留存收益和再投资计划中筹集多少权益资本?

解答:根据 EPS 和发行在外的股票数量计算 Dinsmore 公司的收益为

$$收益 = 6.50 \times 6\ 000\ 000 = 39\ 000\ 000$$

留存收益是留存比率($r = 1 - d$)乘以收益:

$$留存收益 = 0.7 \times 39\ 000\ 000 = 27\ 300\ 000$$

股利是用收益减去留存收益:

$$股利 = 39\ 000\ 000 - 27\ 300\ 000 = 11\ 700\ 000$$

再投资是用股利乘以参与比率:

$$再投资 = 11\ 700\ 000 \times 0.4 = 4\ 680\ 000$$

新的权益是留存收益与再投资股利的总和:

$$新的权益 = 27\ 300 + 4\ 680\ 000 = 31\ 980\ 000$$

14.3.4　股票分割和股票股利

公司有时候会通过股票分割和股票股利来改变公司发行在外的股票数量,这种交易增加了股东持有的股票数量却没有其他实际的影响。

股票分割 股票分割是指按照目前发行在外的股票同比例地发行新股,我们将用 2∶1 的比例来解释这一概念。

一个有 10 万股流通股的公司准备用 2∶1 的方式来发行新股,这样使现在所有股东持有的股票增加了一倍,分割后在外流通的股票达到了 20 万股。

意识到分割后每个股东所持有的股票比例与原来是一样的,这一点很重要。因此,股票分割不会影响股东的所有权和控制权。

因为分割后两倍的股票仅仅代表同一家公司的所有权,因此每股的价值只是原来的一半。但是每个股东持有的股票数量是原来的两倍,因此,每个股东的财富并没有发生变化。事实上,分割除了改变计算股票数量的方法,其他什么也没有改变。

分割的比例不一定非要是 2∶1,它可以是任何的比例。比如,1.5∶1 的分割比例意味着股东每拥有两股就可以得到一股新股,1.25：1分割的比例意味着每拥有四股就可以得到一股新股。不管是哪种情况,效果都是一样的。股东在公司的股份比例没有变,则股东的财务就没有变。

反向股利也是可能的。比如,一家公司可能回购其所有的股票,并每两股发行一股新股,这样就会使发行在外的股票数量缩小50%,而股价则是原来的两倍。

股票股利　像我们前面描述的发行额外的新股,并且新股数量小于或者等于原来在外流通的股票数量的20%,这个程序就被称为股票股利而不是股票分割。比如,1.1：1的分割比例是指每10股会得到一股新股,也就是10%的股票股利。

股票分割和股票股利的会计处理　股票股利实际上就是比例较小的股票分割,这两种处理从概念上是一致的,它们都不会产生任何实际的经济价值。然而,它们之间的会计处理却有很大的不同。股票分割的会计处理很简单,而股票股利的处理却很复杂。我们将用例子来说明二者之间的区别。

资产负债表中的权益被分成了三个部分:
- 普通股表示所有流通在外的股票的票面价值。
- 资本溢价表示出售股票所得比原账面价值高的数量。
- 留存收益表示所有过去未被分配为股利的收益。

表14-1反映的是Eagel公司的权益情况,这家公司以每股4美元的价格出售了200万股票面价值为3美元的股票,随后又赚了400万,这些收益没有作为股利进行分配。

表14-1　Eagel公司的股东权益　　　　　　　　　　　单位：千美元

普通股(在外流通200万股,每股3美元)	6 000 000
资本溢价	2 000 000
留存收益	4 000 000
普通权益总计	12 000 000
每股的账面价值	6.00

股票分割的会计处理　股票分割对权益账户的影响十分简单,股票数量的增加和账面价值的减少是成比例的。如果Eagel的股票是按2：1的比例分割的,那么股票数量就是原来的两倍,账面价值是原来的一半,这一结果反映在表14-2中。

表14-2　Eagel公司在2：1股票分割之后的股东权益　　　　单位：千美元

普通股(在外流通400万股,每股1.5美元)	6 000 000
资本溢价	2 000 000
留存收益	4 000 000
普通权益总计	12 000 000
每股的账面价值	3.00

注意表中三个账户的金额没变,变化的只是在外流通的股数、票面价值和每股的账面价值。同时也要注意分割后的每股当前的市场价值没有相关的参考指标。

股票股利的会计处理　在股票股利中,发行了新股但是股票的票面价值没有改变。因此,为了新发行股票的票面价值就不得不增加普通股的股数。除此之外,即使新股出售的价格与发行股票股利之前的股票市场价格相等,也不得不增加资本溢价的金额。为了平衡账户,将使留存收益的减少额与额外普通股和资本溢价之和相等。

我们用 Eagle 公司 10% 的股票股利来说明一下,10% 的股票股利导致了 20 万股的新股,假设在股票股利之前,股票是以每股 10 美元的价格出售的,那么,普通股账户增加的新股票面值为:

$$200\ 000 \times 3 = 600\ 000$$

当股票的市场价格是 10 美元时,股票的市场价格比股票的票面价值多 7 美元,资本溢价账户增加了:

$$200\ 000 \times 7 = 1\ 400\ 000$$

同时,留存收益减少了 2 000 000 美元,是前面两者之和。

因为前面两个账户数额增加的总额用留存收益的减少来弥补,所以权益总额没有变化。然而,因为额外的股份,每股的账面价值改变了。结果在表 14-3 中显示。

表 14-3　Eagle 公司分配完 10% 的股票股利后的股东权益　　　　单位:千美元

普通股(在外流通 220 万股,每股 3 美元)	6 000 000
资本溢价	3 400 000
留存收益	2 000 000
普通权益总计	12 000 000
每股的账面价值	5.45

据说,账户记录的股利将新股的市场价格计入了两个实收的账户中。即使在权益总额不变的情况下,它们也好像反映出创造了新的市场价值。这是一种误导,股票股利没有创造任何新的经济价值。

股票分割和股票股利的基本原理　看起来股票分割和股票股利并没有任何实际的经济意义,但为什么公司还要这样做? 理由如下。

股票分割可以使股价保持在一定的范围内　许多财务专业人士认为,如果每股股价太高,那么股票就会失去对小投资者的吸引力。假设 IBM 每股的售价是 20 000 美元,如果投资者没有那么多的钱,就没有人愿意投资这家公司,那么大多数的小投资者就会被排除在 IBM 的市场之外。

为了保持公司权益来源的广泛性,公司会时不时地分割其公司的股票,使其股价保持在一个适当的范围内。大多数人都认为股价在 30~80 美元之间是比较合适的。

通过股票分割保持股票市场的广泛性对上升的股价可以产生压力,因为这种方式使潜在的购买者最大化了,这种说法的真实性是备受争论的。然而,几乎所有的公司都通过分割股利使其股价保持在一定的范围之内。查一下网上列出的所有大盘,会发现很少有股票的交易价格能超过 100 美元。

无成本地给股东分派股利

股票股利被用作信号工具。当公司想要向股东传递正面的信号,而又不能支付那么多的股利时,公司就会采用股票股利。

如果企业经营得格外好但又需要保留现金用于投资项目时,那么这家企业会在分配完常规现金股利后采用股票股利。相反,如果企业经营得非常糟糕并且没有现金用来分配股利,但是管理层又想通过给股东些什么来传递正面的信息,那么可能也会采用股票股利。很明显,这样做的股票价值是值得怀疑的。

对股价和价值的影响 股票分割和股票股利会增加在外流通的股数而不会改变公司潜在的经济价值。学者们和大多数的专业人士都接受这些会导致股票市场价格同比例下降的交易,因此股东们没有得到实际的利得。

然而,在一些投资者中有一种潜在的观点,即投资者从股票分割和股票股利中可以得到什么。这很可能来自于交易,尤其是股票分割通常伴随着股价的上升。因此,股票分割和股票股利通过上涨的股价传递的是一种积极的信号影响。

现有的统计数据表明的确没有免费的午餐,并且股价会随着股票分割和股票股利成比例地下降。

争论中潜在的观点 重要的是不要混淆股票股利和我们上一部分讨论的股利再投资计划。在股利再投资计划中,股东实际上购买了额外的股票,因为不是每个人都参加,所以公司股东持有的股权比例改变了。

14.4 股票回购

我们在这一章的开头提到了股票回购。回想一下,我们曾说过,公司通过两种方式向股东分配资金:分红和回购股票。有一点非常重要:尽管回购不像股利那么常见,但它们并不是不寻常的。我们将在本章的其余部分专门讨论回购问题,这通常被称为股票回购。

回购有几个原因,但最重要的是它是股利的有效替代品。

14.4.1 股票回购是股票股利的替代品

持有现金支付股利的公司可以用现金来购买自己的股票。

了解这两种分配方法的效果很重要。股利是直接的,每一股都有股利,所以所有股东都按他们对公司所有权的百分比获得现金。但在回购中,只有选择出售部分或出售全部的股权才能获得现金。他们所有的股票都得到现金。那些不出售股权的人,没有直接得到任何报酬,但是他们通常会得到很大的好处。

回购减少了已发行股票的数量,从而增加了剩余股份的每股收益。如果市场在回购后对股票附加与以前相同的市盈率,剩余的股票的价格将会上涨。因此,剩余的股东将看到他们的股票价值升值,而不是现金红利。我们可以用一个举例的计算题来阐明这一观点。

在举例14-5假设的情况下,回购股票会导致剩余股票的价格上涨,而剩余的股票升值就等于股利。公司已经花掉了可用的现金,股东们已经得到了价值,但没有支付股利。

注意,回购可以替代潜在的资本收益来代替当前的现金收入。因此,为了消费他们所得到的价值,股东必须出售他们的一些股票。

回购股票的方式 股票可以通过三种方式回购,第一种方式是在公开市场上购买股票。但是,如果要购买大量的股票,这很难迅速做到,而且不影响市场价格。

第二种方式是设定一个开标价格,使任何有兴趣出售股票的股东都设立一个固定的价格,邀请股东来为他们的股票开价,这个价格可能会比目前的市场价格稍微高一些。如果太多的股票被报价,那么公司就会按照比例购买提供的所有股票。

第三种方式是公司与持有较大比例的大股东签订转让协议。这些大股东通常是一些机构投资者,如信托资金、养老金或者保险公司。这种方法可能会有一些风险,因为与大投资者协商的价格一般会高于股票的市场价格。本质上公司是用属于股东的钱以一个带有溢价的价格来购买大股东持有的股票,这显然对不想被购买的股东是不公平的,剩余的股东可以因此来起诉公司。

关联概念 举例 14-5

股票回购

Johnson 公司的税后收益为 500 万美元,在外流通的股票为 250 万,并且市盈率 P/E 为 10。管理层有 100 万美元的现金可以支付给股东。比较将现金作为股利支付给股东的用它来回购股票的影响。

解答:首先计算 Johnson 公司的每股收益 EPS 和股票市场价格:

$$EPS = EAT/股票数量 = 5\,000\,000/2\,500\,000 = 2$$
$$市场价格 = EPS \times P/E = 2.00 \times 10 = 20.00$$

如果 Johnson 公司将现金用于分配股利,那么每股股利为:

$$每股股利 = 1\,000\,000/2\,500\,000 = 0.4/股$$

如果公司将 100 万美元的现金回购股票,那么回购的股票数量为:

$$1\,000\,000/20 = 50\,000\,股$$

回购股票后,剩余股票数量为:

$$2\,500\,000 - 50\,000 = 2\,450\,000$$

如果收益不变,那么 EPS 将是:

$$EPS = 5\,000\,000/2\,450\,000 = 2.04/股$$

最后,如果 P/E 保持不变,那么剩余股票的市场价格将是:

$$市场价格 = EPS \times P/E = 2.04 \times 10 = 20.40$$

洞察:财务应用

股票回购可能是一种冒险的政策

近年来,股票回购变得越来越受欢迎,但一些专家对他们的观点提出了质疑。再次购买或回购是一种投资,回想起来,这可能是一种明智的做法,也可能是一种愚蠢的错误。

如果将回购视为一项投资,比如一年后,将回购价格与一年后的股票市场价格进行比较,评估因减持股票所节省的股利。如果股票的价格高于一年前支付的价格,投资就会获得正回报。但如果价格较低,则回报是负值,投资就是一个错误,也许这会是一个代价高昂的错误,可能会导致首席财务官和首席执行官的工作失误。

另一种看法是意识到回购和股价上涨是以牺牲那些卖出者为代价的价值转移给持续的股东。但是,如果价格在回购后下降,价值将传递给那些以牺牲那些没有卖出的人为代价的人。

成功回购的关键是当股票的市场价格低于其真实价值或内在价值时购买。问题是准确估算它的内在价值是非常困难的。换句话说,回购不仅是一种股利交替,也是一个附加等级的战略举措,特别是当它是长期回购计划的一部分时。

这个问题很复杂,因为公司喜欢在现金充裕时回购股票,这通常发生在生意比较好的时候。当一家公司做得很好的时候,它的股票价格通常就会很高,又使回购变得昂贵和危险。

回购的另一个问题是,它们经常被用来提升市盈率。如果回购后的收益没有改善,防止每股收益下降的唯一方法可能是再次回购。还有另一次,还有另一次……也就是说,公司骑虎难下,不能放手了。

14.4.2 股票回购的其他问题

机会主义的股票回购 如果一家公司的股票被低估了[①],那么回购股票对剩余的股东来说是有利的。如果股票市场突然处于低迷时期且这种情况又被认为是暂时的,那么这种情况就会发生。让我们来讨论下面的一个例子。

例子中的情况在 1987 年股票市场下跌时的确发生过。股票在几个星期内损失了约 30%的价值,然后又恢复了稳定。许多公司的管理层都认为这是一个回购公司股票的好机会,都蜂拥而至回购自己的股票。事实证明,这个决定是正确的,因为不久之后市场就恢复了。可惜的是,判断股票何时被低估是非常困难的。

关联概念 举例 14-6

机会主义回购

Cataonic 公司以每股 10 美元的账面价值出售了 10 万股的在外流通股,这意味着市场认为这个公司值 10 万美元,这就是它权益的账面价值。公司还有 10 万美元可用的现金。

如果股票市场突然崩溃,公司损失了 30%的价值,那么 Cataonic 公司的股票价格下跌到 7 美元。然而,管理层相信在一段时间内市场会恢复,公司将会再次以账面价值出售股票。

如果市场恢复且再次以其权益的账面价值评估公司,那么计算公司用 10 万美元的现金回购股票的影响。(注意:这个例子是用来解释购买贬值股票的影响,市场不再以公司的账面价值来给公司定价。)

解答: 当每股 7 美元的时候,公司将会获得:

$$100\ 000/7 = 14.286\ 股$$

还剩下:

$$100\ 000 - 14.286 = 85.714\ 股$$

也就是还有 85.714 股流通在外。

当市场恢复的时候,公司权益的账面价值和市场价值将是 90 万美元,因为有 10 万美元是耗费在购买股票上。因此,每股的市场价格为

$$900\ 000/85.714 = 10.50\ 美元$$

这个数额比市场低迷之前每股价值还高 0.5 美元。管理层利用市场价格暂时下跌为剩余股东赢得额外的价值。当然,公司赚钱的代价是失去了以每股 7 美元出售股票的股东。

股票回购可以处理多余的现金 一段预期不会重复的高收益期可能会在一个时期内给公司留下一笔钱。如果没有充足的资本投资机会来花掉这笔资金,公司可以将它分配给股东。

---

① 如果证券在金融市场上以低于真实价值的价格出售,我们就说这种证券价格被低估了。很显然,这也反映了对真实价值的不同看法。

公司可以通过支付一定时期的股利来分配掉这笔钱。然而,这样的支付可能会因为信号效应产生新的问题。经理人不愿意先增加股利再减少股利,因为他们预期股利下降产生的负面效应会大于支付额外的股利带来的正面效应。

股票回购是解决这个两难问题的一个很好的办法,它有效地把钱分配给股东,但是又不会产生对未来股利分配方式的预期。

股票回购可以重组资本 我们在第13章就清楚地看到债务方向的资本重组包括股票回购。实际上,资本重组是回购的一个主要原因。在一个债务的资本重组中,企业也仅仅是借一笔钱,并且用这笔钱来回购自己的股票。

14.5 分配平衡转移

在过去的40年里,总分配占收入的百分比一直保持在略高于25%的水平,但是这一情况从股利转向回购已经有了很大的转变。在20世纪70年代初期,回购相对来说微不足道,大约占分配额的5%。而今,这两种方法分配的现金数量大致相等。

最近回购变得如此流行,以至于它们在一些公司的交易量中占了很大一部分。例如,在2014年第一季度,IBM花了82亿美元购买了4 520万股自己的股份。这意味着,在该季度交易的所有IBM股票中,约有13%是由IBM自己购买的。[①] 回购的行为导致了在2012年至2015年间,股票价格出现了创纪录的上涨,或许还导致一些公司估值过高。

我们将结束对分配——股利和回购的讨论,看看围绕这场持续的"回购狂潮"的一些问题和可能的原因。

2003年前的税收政策 回想一下,回购会增加剩余股份的每股收益,这会导致它们的价值增加,最终被出售时会带来资本收益。因此,当一家公司选择回购而不是股利时,它会将股利收入作为递延资本收益交易给那些不出售股票的股东。在2003年之前,这就节省了这些股东的资金,因为股利会被征收更高的税。当然,这也是公司转向回购的原因之一。但这种有利于回购的税收倾向最终在2003年底结束,当时股利的税率与资本利得率相等。因此,税收理由并不能解释为什么企业会继续向回购转移。

避免信号效应 股利有信号(信息)效应。开始分配或提高股利被视为管理层对未来有信心的迹象,投资者竞相购买公司股票就会抬高股票价格。减少或取消股利则会产生相反的效果,而股票价格就会被压低。减少股利带来的负面效应一般比相同幅度的股利增长所带来的正面效应要强。因此,公司不愿意在生意好的时候增加股利,因为它们担心如果将来股利回到较低的水平的负面影响将超过之前股利增长所带来的积极影响。

回想一下,一项旨在避免这一问题的股利政策涉及一小部分定期股利,如果业务良好和(或)资金到位,还会增加年终"额外"股利。但这种政策并不是十分有效,因为人们很快就习惯了额外红利,并会对其减少红利或取消做出消极反应。

事实证明,回购并没有股利那样的信号效应。这导致了一种更加可行的替代政策:一种小规模的定期股利,再加上可变的回购活动。这一观点得到了以下事实的支持:过去40年的年度股利总额增长平稳,而年度回购总额则显示出大幅涨跌。

高层管理者的私利 很多金融分析师担心,至少一部分企业急于回购股票的行为来自于

---

① 参见 Dan Strumpf:《公司的回购狂潮给市场带来的好处》,《华尔街日报》,2014年9月16日,A1,A2。

高管的薪酬计划。换言之,"回购所能带来的利益优势在高管身上的体现要远远高于普通股的持股者"[1],这种想法是:高管奖金至少部分是基于每股收益或每股收益的增长。这就产生了一个很大的动机,即向回购方向迈进,这增加了每股收益。当然,高管们强烈否认这种观点,称他们最关心的是股东的最大利益。

市场业绩　研究表明,在购买股票的那一年之后的大约四年内,那些回购大量自己股票的公司往往会在市场上表现更好[2]。大规模回购通常至少是流通股票的 5%。这可能会导致有意提升财务形象的公司加入回购俱乐部。但没有人期望当前的回购能提高长期的业绩。

高买低卖　关于成功投资的秘诀,有一种老生常谈的秘诀:低买高卖。当然,这种想法的真相是显而易见的,以至于如果把它称为一种战略或建议,会被视为一种玩笑。但公司在回购股票时却似乎采取了相反的做法。

回购有一个明确的周期性模式。在利润高企、企业现金充裕的繁荣时期,回购活动总是处于峰值的。它在经济衰退和萧条期间会急剧下降。但股票价格在繁荣时期也会处于顶峰,在衰退时期也处于低谷。因此,回购公司可能不会卖得很低,但它们肯定是在高价时买入的,同时也放弃了许多低价机会。(请注意,我们前面提到的机会主义回购是一个例外。)

忽略对企业的再投资　回想一下我们之前讨论过的剩余股利政策:如果有资本预算项目的投资机会,我们就不应该用现金支付股利。这是因为公司通过推进这些项目可以为股东赚到更多的钱,而不是用来支付股利。同样的想法也适用于回购。如果资本预算项目中有更好的投资机会,就不应该用现金来购买自己的股票。这里还有一个更微妙的问题:许多项目都是为了保持公司竞争力而需要置换和扩张。因为后者在短期内会产生更大的影响,如果公司选择放弃新的项目,而倾向于做回购活动,那么从长远来看,公司将失去市场地位。

用借来的钱为回购提供资金　为了使经济走出衰退,美联储自 2008 年以来一直保持极低的利率。再加上所谓的回购狂潮,导致了杠杆回购的想法。杠杆意味着借贷,因此杠杆回购意味着通过利用借来的资金回购股票来提高每股收益。如果公司有意重组资本,这是可以的。但如果目标仅仅是提高每股收益的话,这将是一个非常危险的策略。较高的每股收益所带来的正面影响将很快耗尽,债务将却将长期存在。

关联概念

举例 14-1　股利和比率

举例 14-2　调整现金流量

举例 14-3　剩余股利理论

举例 14-4　股利再投资计划

股票分割:基础

股票分割和股票股利的会计处理:表 14-1～表 14-3

举例 14-5　股票回购

---

[1]　Maxwell Murphy,John Kester.《回购可以带来利润,垫付》.《华尔街日报》,2014-10-28(B1,B6).

[2]　Mark Hulbert.《投资者应该如何进行股票回购》.《华尔街日报》,2013-05-04(B7).

举例 14-6　机会主义的回购

讨论题

1. 股利是股票的机制基础。如果这种说法是真的,那么我们该如何解释不分配股利的公司通常有较高的市场价值?(这样的公司通常相对年轻并处于高增长领域。)首先用个人价值模型(股利伴随着股价,公式 14.1)解释这一现象,并且结合整体市场模型(无限股利流)。你能够解释一下管理层宣称他们的公司将不会分配股利的这种情况吗?(提示:这一宣告合理吗?)

2. 假定股利对权益投资者的福利很重要,那么他们为什么还能接受股利的随意性?

3. 详细解释一下,股利决策意味着要做出怎样的选择,这些选择的结果是已知的还是不确定的?

4. 有关股利的一个争论,这个争论是什么? 它为什么这么重要?

5. 假设你是一名投资分析师,你的客户中有几位富裕的老人。他们中有一位叫作 Charlie Haverty 的人,坚决反对投资分配巨额股利的公司。这是因为在 1965 年,一个非常成功的投资分析师曾经建议他要避免购买这样的股票,从此他就一直坚持这个原则。然而,他却从来没有真正理解过这个建议背后的原因。今天你会给 Charlie 什么样的建议? 为什么分析师会建议他在 1965 年那么做? 当时的那个建议是否比现在的好?

6. 你是一个大信托基金的财务分析师,你在给 Truebright 服装公司做财务分析,这是一个给年轻人做时尚棉质衣服的公司。最近公司收到了外国同行的竞争,眼看就要失去在时尚市场上的竞争优势了。公司的每股收益 EPS 在过去的 3 年里从 2 美元下跌到了 1.80 美元,然后又下降到了 1.20 美元。尽管公司这两年的收益一直在下降,但是股利却始终保持不变,每股为 1 美元。去年公司的股利增加到 1.50 美元。你想一下股利为什么会在之前保持不变,然后又开始上升? 这会怎样影响你的建议?

7. 解释两种现金分配方法是如何操作的,并描述它们对股东的影响。每个人都会收到现金吗? 如果没有收到,是否有股东被遗漏?

8. 回购如何帮助企业管理股利的信号传递效应?

商业分析

1. 假如你是 Super Tech 公司的财务人员,这是一家处于高速发展的计算机行业的高科技企业,管理层最近准备制定一项长期的股利政策。这家公司的收益很好,但是公司的投资机会所需要的资金要比收益多得多。

毫无疑问,公司在不久的将来需要出售更多的权益为公司的增长提供资金。因此,管理层尽可能地将股票价格最大化,包括选择正确的股利政策。

一天早上,总工程师 Susan Mathematica 来到会议室,表示要帮助公司解决这个问题。她说她正在学习一门高级的财务课程,她的老师向她保证股利不会影响到股票价格,根据 Susan 所说的,这是因为投资者有能力调整自己在投资中的现金流量。因此,她建议不用支付任何股利,而将这些钱都用作项目投资。

你对 Susan 的建议会做出怎样的回答？你会不会认为她错误地传递了她老师的部分信息？她的建议有没有可能是对的？但是理由却是错的？你会建议 Super Tech 公司怎么做？

2. Tangleferm 公司通常用 60% 的收益来分配股利,最近一些非常好的增长机会,这些项目风险很小但是需要大量的现金。大多数管理人员认为公司应该做两件事来筹集所需的资金。(1)出售更多的股票;(2)在未来的两三年里暂停支付股利,在暂停支付股利的同时向股东们解释将要发生的事情。如果你是公司的 CFO,准备如何回答其他人的建议？采取这两种方法是否会引起一个特别的问题？

3. 你是一个银行官员,正考虑给一个家庭所有的小公司贷款。这家企业的主人是一位勤劳保守的妇女,她成立这家公司已经有好几年了。她的两个成年的孩子正在经营这家公司,他们同样聪明勤劳,但是他们喜欢冒风险、生活奢侈。你既想借这笔贷款,又担心公司的经营方向会发生变化。你会怎么处理这笔贷款？怎样保护你的银行投资？

4. 你的好朋友 Fred Flinderbinder 悄悄告诉你,他父母投资股票的那家公司现在的情况很好。Fred 说,这家公司一般会支付每股 2 美元的股利,这是股票市场市场价格 50 美元的 4%。昨天他的朋友收到一封来信,公司说不会再发现金股利了,但是会每 10 股发行 1 股新股。Fred 计算了一下,这样每股值 5 美元,是正常现金股利的 2.5 倍！Fred 告诉你这些,是因为他知道你懂财务。他征求你的看法,显然希望得到你的赞同。你应该跟 Fred 说些什么呢？

5. Blazingame Mill Words 公司最近出售了一宗拥有了 30 年的土地,已经支付了所有的费用(包括税费),公司将得到的 1 000 万美元存入银行。因为没有合适的投资项目,董事会想把这部分钱分给股东,大多数董事会成员都是高收入者,而且他们本身就是公司的大股东。讨论一下公司处理这笔钱的选择。

习题

股利和比率：关联概念　举例 14-1

1. Argo Pamphlet 公司的股利支付率时 35%,目前每年支付的股利为每股 1.3 美元。

(1) Argo 公司的每股收益 EPS 是多少？

(2) 如果公司的市盈率 P/E 是 14,那么 Argo 股票的市场价格是多少？

(3) 如果 Argo 公司将股利支付率减少了 20%,其他情况没变,那么当前每股收益会损失多少？

(4) 如果支付率的变化不影响股票价格,一个拥有 1 000 股的股东需要出售多少股票以弥补他当前的损失？不考虑税收影响和交易成本。

调整现金流：关联概念　举例 14-2

2. Randal Flapjack 是一位退休的快餐厨师,他依靠 Utopia 州的固定收益生活,那里所有的金融市场都是完全有效的。Randal 持有 Sugarcooky 公司的 2 万股股票,该公司每年支付每股 1 美元的股利。Sugarcooky 公司的市盈率 P/E 是 10,这些年保持的支付比率是 50%,已经有一段时间没有增长了。最近管理层宣告将使 Sugarcooky 公司的股利支付率减少至 25%,但是期望从现在开始收益以 5% 的速度增长。

（1）Sugarcooky 公司目前的股价是多少？

（2）由于管理层的决定，Randal 当前的收益损失是多少？

（3）如果 Randal 将钱全部投资在 Sugarcooky 公司，但是他又需要保持他目前的收入，那么他在第一年应该出售多少股？

（4）如果该公司的 P/E 保持不变，那么它到年底所持有的剩余股票的价值是多少？它的投资还会增加吗？为什么？

3. Biltmore 实业公司在过去很长一段时间内平均每年以 6% 的速度增长，目前的股票价格是 4 美元，最近的每股股利是 2.50 美元。Biltmore 宣布计划不再继续分配股利，以利用一些增长机会。分析师预计：由于这种增长机会，公司在未来两年内的股票价格会每年至少增长 10%。Elmer Bartlett 持有 Biltmore 公司 4 000 股股票，他依靠这些股利来补贴他的退休收入，而现在他必须开始出售 Biltmore 的股票来代替损失的股利收入。如果不考虑税收和交易费用的话，在未来两年内，Elmer 每年必须出售多少股票来代替他损失的股利收入？

剩余股利理论：关联概念　举例 14-3

4. Holderall Rope and Yarn 公司在外流通的股票有 200 万股，公司资本结构中有三分之二的权益。公司预期明年的收益是 1 000 万美元，但是因为投资项目的资本需要 1 200 万美元。假设公司可以按现存的资本结构中债务/权益的比例来筹集资金，同时公司坚持剩余股利政策，那么明年的每股收益是多少？

股利再投资计划：关联概念　举例 14-4

5. Montauk 公司有一项股利再投资计划，其中 25% 的股东参加了这项计划，公司去年的每股收益是 4.20 美元，它的支付率是 50%，目前尚有 200 万股流通在外的股票。Montauk 通过再投资计划可以筹集到多少新资本？

6. Segwick Petroleum 有限责任公司有一项股利再投资计划，Segwick 的股利支付率是 40%，有 30% 的股东参与了这项计划，公司的净资产收益率（ROE）是 10%，这项计划提供的无发行费用的权益增加了百分之多少？

7. Harrison Hardward 参与了公司的股利再投资计划，该项计划明年的净收益是 200 万美元，并有 20% 的股东参与了该计划。管理层预计花费 237.5 万美元在新的资本项目上，并且保持当天的资本结构，即保持没有发行新股时 64% 的权益。明年 Harrison 公司在该项计划中采用的股利支付率是多少？

股利分割：基础

8. 假如你持有 Jennings 公司的 1 000 股股票，该股票目前的售价是 88 美元。在每种股票分割之后，计算你将持有公司多少股票和股票的市场价格。

（1）2∶1 的股票分割

（2）3∶1 的股票分割

（3）3∶2 的股票分割

（4）3∶4 的股票分割

（5）5∶3 的股票分割

股票分割和股票股利的会计处理：表 14-1～表 14-3

9. 以下是 Addington Book 公司的权益情况，目前公司以每股 3 美元的价格出售股票（单位：美元）：

普通股（发行在外 800 万股票，每股 3 美元）	16 000 000
资本溢价	4 000 000
留存收益	12 000 000
普通权益总计	32 000 000
每股账面价值	4.00

（1）公司原来出售股票的平均价格是多少？

（2）重新编制上面的权益表，以反映 4∶1 的股票分割。

（3）重新编制上面的权益表，以反映 12.5% 的股票股利。

10．Seinway 公司宣告了 10% 的股票股利，在这之前公司以每股 34 美元的价格出售股票，公司资产负债表中权益的每个部分如下图所示（单位：美元）：

普通股（1 000 万股票，每股 0.5 美元）	5 000 000
资本溢价	56 000 000
留存收益	87 500 000
总计	148 500 000

在出售股票之后，重新列出权益账户并计算股票的价格。

11．Wysoski 公司正考虑股票股利，企业的资本包括 300 万股票面价值为 1 美元的股票，这些股票发行时的平均价格是 8 美元，公司留存收益总计 2 000 万美元。列出现在和在下面几种股票股利之后的权益账户。

（1）Wysoski 宣告一个 5% 的股票股利，目前的每股价格是 15 美元。

（2）Wysoski 宣告一个 10% 的股票股利，目前的每股价格是 20 美元。

（3）Wysoski 宣告一个 15% 的股票股利，目前的每股价格是 23 美元。

12．Alligator Lock 公司计划实行 2∶1 的股票分割，假设你持有 Alligator 公司 5 000 股的普通股票，并且目前每股股票售价是 120 美元。请解答下面的问题。

（1）你手中持有的 Alligator Lock 公司股票现在总价值是多少？在股票分割之后会是多少？

（2）Alligator Lock 公司的 CFO 说因为公司的股价在价格范围之外，所以股票价值下降的比例小于股票分割。如果股票价值下降的比例是 45%，那么你可以得到多少股票股利？

股票回购：关联概念　举例 14-5

13．Featherstone 公司准备了 800 万美元作为下一期的股利，同时也在考虑股票回购。目前 Featherstone 公司有 1 000 万股股票在外流通，以每股 40 美元出售。当每股收益是 2 美元的时候，市盈率 P/E 是 20。

（1）如果支付股利，那么每股股利是多少？

（2）如果回购股票，那么在外流通的股票还剩多少？新股的每股收益是多少？

（3）如果市盈率 P/E 保持在 20，新股的价格是多少？剩余的股东每股会赚多少？

（4）还有什么其他的考虑？

14．Parnell Bolts 公司流通在外的有 2 000 万的普通股，并且有 3 000 万美元的净收益，股票的市盈率 P/E 是 15。公司有 500 万美元的现金用于支付下季度的股利,同时正在考虑股票回购。

    (1) 如果 Parnell 支付现金股票,那么按照年来计算,股票的股利收益是多少?

    (2) 如果选择按照股票市场价格进行回购,那么能够回购多少股票?

    (3) 如果留存收益保持不变,那么市场回购后的每股收益是多少?

    (4) 如果市盈率 P/E 保持不变,那么新股的股价是多少?

机会主义回购:关联概念　举例 14-6

15. Tydek 公司刚刚输掉了一场诉讼,它的股票价格下跌了 40%,降到了 6 美元。公司现在在外流通的普通股有 350 万股,每股的账面价值是 10 美元,有 500 万美元的可用资金。CFO 认为股价是暂时性的下跌,这是一个投资公司股票的好机会,如果 Tydek 公司将 500 万美元都用来购买自己的股票,那么市场价格与账面价值的比率就会返回原先的水平。这样,剩余股票的价格会比原来的股票下跌时的价格高多少?

16. 股票市场萧条的时候,Westin Metal 公司普通股的价格会低于其一段时期的历史平均价值。股票价格是 35 美元,此时公司在收益为 700 万美元时的市盈率 P/E 是 19。在目前估计暴跌之前,Westine 通常保持的 P/E 至少是 24。尽管市场一般处于低迷时期,但是公司却经营良好,并且 CFO 考虑当市场恢复时进行权益回购以提高仍持有公司股票的股东的地位。他确定了公司拥有的一片闲置的不动产,它是公司 20 年以前以 200 万美元的价格购置的,现在的出售价格是 900 万美元。利用这样一种交易所得,既能用于回购,也不会影响股利和资本预算。CFO 让你去衡量一下他的计划对股票价格的影响,并对他是否应该将计划方案提交给董事会提出建议。假设需要两年的时间市场才会恢复,届时,Westin 的市盈率 P/E 又回到 24。假设公司以前每年收益的增长率是 5%,公司的边际税率是 37%。股票的回购量是接近 1 000 股的任何数量。

第15章

营运资本管理

- 经济订货批量(EOQ)模型
- 安全库存、再订货点和订货提前期
- 跟踪存货：ABC 系统
- 准时生产(JIT)存货系统

营运资本由产生大多数公司日常活动的资产负债表账户所组成。营运资本管理就是控制账户的平衡，但更加重要的是基本功能的运行方式管理。下面我们将探讨营运资本管理以及因其所产生的财务和其他部门之间的关系。

15.1 营运资本基础

"营运资本"是指企业在日常经营中所要求的资产和负债。资产包括现金、应收账款和存货，负债通常是应付款项和应计款项。

从长期项目中识别这些科目很重要，如资产负债表中，资产一方的工厂设备和负债一方的长期借款和权益。长期资产是指长期持有(至少一年)并通常由不需要同样时间偿还的负债来筹集或支持的资产。

营运资本项目是短期科目，大多数连续周转，意味着该科目是短期持有。存货就是一个很好的例子。尽管公司总有库存，但是分批购进和出售，其周转速度是很快的。重要的是，一般的经营活动定期产生和清偿营运资本要素。

15.1.1 营运资本、资本需求和流动账户

大多数公司中与短期经营活动相关的资产是现金、应收账款和存货，它们统称为总营运资本。"资本"一词是指资金必须承诺支持短期资产，而"营运"一词强调它们必须与企业日常经营相关。

营运资本对几乎所有公司的经营是绝对必要的。公司没有营运资本比起没有厂房设备来说更难经营。

营运资本所需资金 提供营运资本或多或少需要资金的长期投资。例如，假设一家公司营运需要 1 000 万美元存货。即使分批的存货项目被经常买卖，也始终需要大约 1 000 万美元来支持。事实上，企业购买存货水平正像它购买房屋或者机器一样。

提供营运资本所需要资金对应收款项同样适用，尽管使它形象化更加困难。当产品赊销的时候，产生的应收款项在客户付款之前是不能以现金形式实现的，同时，企业已经确认了从销售得来的应收款项所表示的现金，但是事实上没有。

保持银行中的现金也需要资金。即使现金经常从公司的银行账户上流进流出，也必须保持一定的平均余额来维持企业支付还款或者经营。这些资金必须从某些地方获取并代表着一定的资金需求，就像存货和应收账款。事实上，公司在它的银行账户上保持现金余额。

洞察：财务实务

盈利性破产

一家能够盈利并很有前景的公司会破产吗？这个问题不难回答。盈利性企业特别是小企业，随时可能面临失败。所有的可能都与营运资本的过失有关。

假设其企业家有一份产品销售计划，想将产品出售给附近的一家大公司，产品单个售价

是 1 000 美元,成本 500 美元,需要大约 200 美元的生产经费。这意味着每件净赚 300 美元,卖家看起来将稳定地获利。

这项计划让该企业家非常兴奋,他租了场地,雇佣了工人,购买了一年的存货。然后经营了 3 个月,把产品卖给了一个客户,客户承诺在 30 天内付款。

到了客户付款期限,应收账款没有支付,企业没有了现金。企业家给客户打电话,客户抱怨有关产品的席位技术问题,陈述发货单与订货单不符,并承诺这些问题解决以后会付款。

通过调查,发现该客户惯于用各种借口拖延付款,该客户最近资金不足,付款能力有限……

请注意,这位企业家的损益表上显示,他每卖出一件产品都会有 300 美元的收益,做得很好。但资产负债表却反映了不同的情况。他有一堆存货,一大笔应收款项,却没有现金。这意味着他在经营的第 4 个月不能支付租金和工人的工资。除非有银行肯借款给他,否则这家新公司将面临倒闭。

这位企业家的失败源于营运资本管理中的两个错误。他购买了太多存货,没有对顾客进行信用检查。那些看似小小的疏忽毁了他的一切。我们将在本章中学习如何避免这种灾难性后果的发生。

短期负债——自发性筹资 经营活动也产生应付款项和应计款项。当存货属于赊购时,应付款项代表可以使用(暂时使用)而无须付款的材料。类似地,已经得到的但是未被支付的劳动力反映在应计款项中。

这些负债补偿了上一节中所讨论的资金需求。请注意它们是由关联资产和经营活动自动产生,这是很重要的。换句话说,购买存货和生产产品的行为直接影响相关的应付款项和应计款项。

因为产生于经营活动中负债的自发性,所以它们被称为自发性筹资,它们自发地降低了支持总营运资本的资金需求(现金、应收账款和存货)。

营运资本和流动账户 "净营运资本"是指营运资本总额与自发性筹资之间的差额。企业的净营运资本反映了支持日常营运所需要的资金的净数额。

在第 2 章中,我们将流动资产和流动负债定义为预计一年内产生或者需要现金的账户。大多数公司的流动账户绝大部分是由营运资本要素构成的。出于这个原因,通常定义营运资本如下:

总营运资本 = 流动资产
净营运资本 = 流动资产 - 流动负债①

用法 在这个领域中一般的用法不是很一致。人们经常会使用"营运资本"来代替"净营运资本"。在实际中要确保和你所交换的对象是用相同的定义。

---

① 这个定义存在一个小问题。特定科目被正式地划分为流动科目,而它们与日常的经营活动无关。例如,当长期借款的偿还期小于 1 年时,负债通常被划分为流动负债。同样,销售除产品(如不动产)外,物品的应收款项是流动资产,但是与日常的经营无关。因此,流动资产和负债与营运资本概念不完全相符。但是,根据流动科目来定义营运资本是约定俗成,忽略了隐含的不准确因素。

15.1.2 营运资本管理的目标

良好的营运资本管理意味着尽可能少地占用流动账户中的资金来有效地经营公司。它包括一系列重要成本/效益权衡。权衡的产生是由于拥有较多营运资本比拥有较少营运资本更加容易经营一家公司，但这也是很昂贵的。让我们简单地考虑一下每个营运资本要素，看看原因是什么。

存货：持有大量存货会使客户很满意，因为公司能够立刻提供客户所需要的产品。由于原材料短缺导致产品的推迟，可以通过大量库存达到最小化。但是，因为无形的磨损、破损、失窃带来的巨大损失和占用较大的仓库空间，使较多存货比相对较少的存货有更高的筹资成本。

应收款项：大量的应收款项余额意味着公司容易授权客户信用并且愿意长期等待付款。这使客户很高兴并且往往使销售额增加。但是，这也意味着相当大的坏账损失和应收款项筹资的巨额利息费用。

现金：银行中留有较多现金比留有较少现金更容易经营企业并且使现金短缺的可能性最小，但是它也增加筹资成本。

应付款项和应计款项：在负债一方，较多的净营运资本意味着较少的应付款项和应计款项。那是由于很快支付卖家和雇员佣金的缘故，这种做法使他们很高兴，但也减少了自发性筹资并因此增加了外部资金需求。

一般来说，使用更多的营运资本能增加销售额并能改善与客户和卖方的关系，但是那样花费更多。不存在神奇的处方来设定正确的营运资本水平。选择是一种策略，包括很难量化的权衡点。因此，营运资本管理需要判断、经验和在组织中同他人合作的能力。

下面，我们将详细考察每种营运资本要素的管理。

15.1.3 经营——现金周期

流动资产被认为是与公司经营同时进行的一系列转换的完成。现金"变成"了存货和劳动力，它们结合在一起就变成了产品。当产品出售的时候，产生应收款项，当收回的时候依次变为现金。

在概念上，这个转变过程是重要的。本质上，企业从现金开始，依次变成产品最终变成现金。这使得它能够购买更多的存货，重新开始循环。我们在第3章中讨论过现金流的过程，称为现金周期或者跟踪图（见图3-3）。为了方便，将在这里重复其中的某些部分，如图15-1所示。

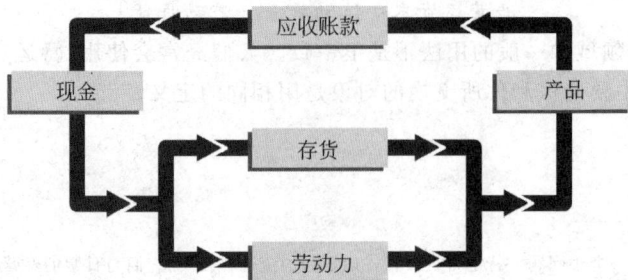

图 15-1　资金流转周期

现金时间图 另一种考虑现金周期的方法是在时间图上列出它的要素,如图 15-2 所示。在这样的描述方式下,交易事项沿着时间轴出现,它们之间的间隔表示时间的过程。

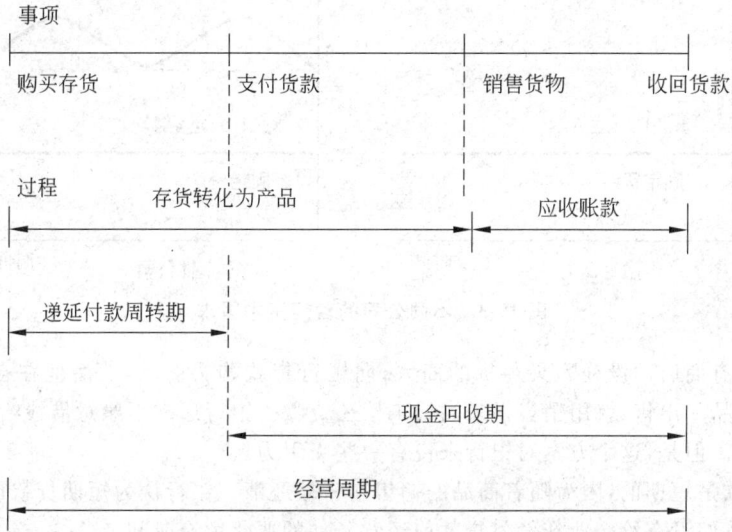

图 15-2　现金周期时间表

注意图 15-2 底部如何定义两种循环。一家企业的**经营周期**是从购买存货开始到销售产品实现现金收入为止的一段时期。此期间企业持有的存货应付款项,使现金周期缩短。现金周期是从现金支付到现金收回的时间。

请注意图 15-2 没有标出劳动力要素。一般来说,劳动力在转换为产品的过程中被不断地加到存货中,并且相对很快地得到支付。

现金周期概念是重要的,因为它有助于我们理解一家持续经营的企业如何运作。它关于物质和货币之间的关系,特别具有启发意义。

15.1.4　永久性和临时性营运资本

一家企业需要的营运资本直接随着它的销售水平而变化。它生产和销售的越多,它的存货就越多,通常也有更多的应收账款,并持有更多的现金。

一些企业终年以相对稳定的销售水平运营,因此,或多或少对营运资本有固定的需求。然而,在季节性的行业中,其销售始终在变化,同样,营运资本需求也在变化。

季节性变化的行业导致了永久性和临时性营运资本概念的产生。一方面,营运资本在支持固定或者最低销售水平范围内是永久性的。另一方面,支持企业在最低销售水平以上经营的并持有不超过一年的营运资本被称为是临时的。临时性营运资本被认为是支持最高销售水平的。这些概念在图 15-3 中有详细的描述。

15.1.5　筹集净营运资本

营运资本不同于其他资产,是因为它的短期性导致它应当独立地用短期融资来进行适当支持,而不是使用企业一般的债券和权益资本。这种想法的产生是很自然的。让我们来参考一个例子。

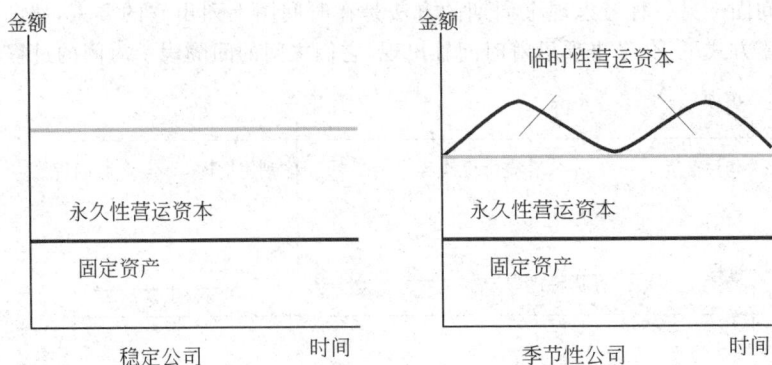

图 15-3　不同公司的营运资本需求

假设一个有商店但没钱购买存货的商人,向银行贷款购买商品,然后他在自己的店里销售。他承诺商品一出售,就用销售得来的钱来偿还贷款。银行通常不愿意借钱给小企业,因为它们风险很大。但是,这个方案对银行来说有一些吸引力。

第一,贷款是短期的,因为随着商品的销售它将被还清。银行认为短期贷款比长期贷款更加安全,因为它们没有给企业在偿付贷款前经营条件的恶化留有时间。

第二,银行完全可以看到偿还贷款的钱将来自于哪里——借款买来的存货的销售收入。这是很重要的一点。贷款是自动清偿的,商人没有用销售收入作其他事情的自由。这样的安排比依赖企业一般利润偿还贷款要安全。

第三,银行能要求商人保证将存货本身作为贷款的担保品。一旦无法偿还贷款,可以收回并销售容易交易的存货。同样的例子也适用于以应收款项为基础的贷款。

这些特征使得银行将营运资本贷给那些无抵押贷款资格的企业。要点是营运资本的短期筹集是通过提供贷方担保商品,而这些担保品不能为了得到贷款用于其他方面。

提供给大多数公司的选择权　大多数公司有筹资的选择权,至少它们的一些营运资本需求是短期的。实践中,贷款不总是与特定的资产相关联的,但是它们却总是短期的。

企业通常使用它们的长期债权/权益资本中的一部分来筹集营运资本。因此管理者在使用长期和短期资金之间有一个选择。

我们将在回顾重要的融资理论之后开始探讨每种选择的优势和劣势。

到期匹配理论　到期匹配是指筹资的到期日应当与资产或者筹资项目的持续时间大致匹配。换句话说,项目贷款应该在该项目大约完成时偿还。这使得贷款/项目组合成一项自动清算的方案。

假设某一项目现在需要 100 万美元的投资并且预计在 6 个月之后偿还 120 万美元。到期匹配理论隐含着应当借 100 万美元 6 个月并且使用该项目的收入来偿还贷款。长期借款在项目结束之后可能会有支付利息却未使用的资金。较短期借款可能导致违约。

为了例证短期借款的危险性,假设一家公司只借了 3 个月期限的 100 万美元,并试图在第 2 个月再借。但是假设条件改变了,贷款者在 3 个月后拒绝了它的再筹资。企业那时将不能偿还贷款,因为项目还没有产生预期的现金,那可能导致违约和潜在的破产。

因此,原则上,用与中短期项目寿命有着相近匹配到期日的筹资来支持,是一个很好的主意。长期项目应该使用权益来筹资,它没有到期日,或者可以使用持续 20 年到 40 年的长期负债来筹集。

对项目的过度筹资也不是一个好主意。假设一家新的企业开张需要 600 万美元,所有者能够筹集 1 000 万美元。投资者对这 1 000 万美元将有很高的预期,但是可能会失望,因为得到的收益机会只有 600 万美元。

这些指导方针不能逐字逐句地去理解。在时间和数量上适度的过度筹资是谨慎的。在第一个例子中,如果 120 万美元晚到,较长期的借款将避免错过 6 个月的贷款偿还期。在第二个例子中,如果开张的成本比预期成本高,稍多的初期贷款可能省去向投资者第二次贷款的麻烦和尴尬。

短期和长期营运资本筹集 现在让我们回到用短期还是长期资本筹集营运资本的选择上来。很容易看出,到期匹配理论就永久性营运资本来说,没有给我们一个明确的解释。尽管要筹资的存货和应收款项明显是短期科目,但是它们可以不断地被更换,所以营运资本资产的水平是保持固定的。在到期匹配中,这种情况被解释对于短期或长期筹资是适合的。另一方面,临时性营运资本有更加明确的有限时期,因此,使用短期筹资。

企业无疑有一系列筹集营运资本的合理选择。它们大量使用长期资源而很少使用短期借款,或者使用大量的短期借款来支持营运资本。让我们考虑一下为什么企业会做出不同的选择。

用长期资金筹资是安全的,但成本也是很高的①。说它是安全的,是因为在一开始筹集的资金可以满足长期的预期营运资本需求,并且企业永远不可能资金短缺。说它的成本很高,是因为长期利率通常比短期利率高,并且长期资金通常要求支付发行成本。

另一方面,用短期资金筹资是廉价的,但是也有很大风险。它廉价,是因为短期利率通常比长期利率低,并且持有现金的转换成本相对是较低的。但是使用短期资本筹资是有风险的,因为每次需要新的贷款时,企业必须面对一系列新的市场条件。如果利率将来上升,企业的短期借款将必须按照增长的市场利率来支付。这样得出的结果将是短期利率高于最初得到资金的长期利率。

也存在资金变得供不应求②的可能,使筹资无论如何都无法实现。如果这样的事情发生了,公司根本不可能筹集到营运资本,这将严重影响它的生存。

可替代的政策 所有这些结果,使企业使用短期筹资来支持营运资本的程度是一种政策问题。图 15-4 生动地描述了一个既有永久性也有临时性营运资本的公司的两种可能选择。

如果主要使用长期资金筹资,我们说营运资本筹集政策是保守的,如图 15-4(a)所示。我们注意到短期资金只支持临时性营运资本的高峰。当临时性营运资金降低并且总资金需求在长期水平以下时,多余的资金被投资于短期可交易证券。这种政策是保守的,因为在营运资本的波动中几乎没有筹集不到资金的风险,但是它的成本往往是很高的。

如果用相对较多的短期资金筹资,我们说这个营运资本筹资政策是积极的,如图 15-4(b)所示。这里短期资金支持所有临时性和一部分永久性的营运资本。这种政策是积极的,某种意义上来说,一些风险被用来降低成本。这个图使我们更加容易看到短期利率的突然上升将大量地增加企业的利息、成本。此外,短期资金的消失将使企业的正常经营非常困难。

---

① 长期资金是资本,可能包括权益、长期债务或者优先股。
② "资金供不应求"意味着几乎不可能筹集到资金,贷方要求很高的利率并且可能拒绝除了高质量借款人以外所有的信贷筹资。

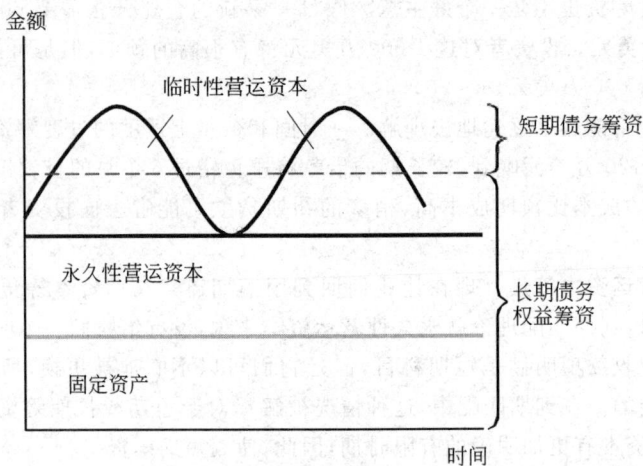

(a) 保守型政策大量使用长期筹资

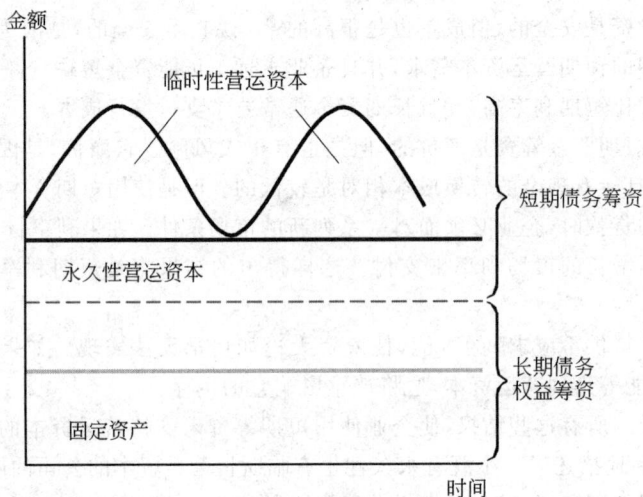

(b) 激进型政策更多使用短期负债

图 15-4　营运资本的筹资政策

关联概念　举例 15-1

营运资本筹资政策

　　Carolina 公司生产节日贺卡,生产主要是在 7 月到 10 月这四个月进行的。因此产品在 11 月会被储存在仓库。公司的永久性营运资本是 200 万美元,但是从 7 月到 10 月,营运资本会暴涨到 800 万美元。长期资本成本是 18%,短期筹资成本是 12%。Carolina 公司正在考虑以下两种筹资方案。

　　保守型:永久性营运资本全部用长期资本筹集,临时性营运资本的一半用长期资本筹集,另一半用短期资金筹集。

激进型：永久性营运资本的一半用长期资本筹集,另一半使用短期资金筹集,临时性营运资本全部用短期资金筹集。

计算每一个方案的成本。如果选择价格更高的保守型政策,原因会是什么?

解答：采用题中的政策,计算结果如下(单位：千美元)：

保 守 型		
永久性营运资本	$2\,000\,000\times0.18=$	360 000
临时性营运资本的一半	$3\,000\,000\times0.18\times(4/12)=$	180 000
临时性营运资本的一半	$3\,000\,000\times0.12\times(4/12)=$	120 000
合 计		660 000
激进型		
永久性营运资本的一半	$1\,000\,000\times0.18=$	180 000
永久性营运资本的一半	$1\,000\,000\times0.12=$	120 000
临时性营运资本	$6\,000\,000\times0.12\times(4/12)=$	240 000
合 计		540 000

如果财务总监认为使用短期资金筹资是很困难的,并且保守型政策的成本不是高很多,考虑到风险因素,Carolina 公司就会采取保守型政策。

15.1.6 营运资本政策

营运资本政策 指的是企业在以下 4 个方面的政策。

1. 使用多少营运资本。

2. 用长期与短期筹资支持营运资本的程度。

3. 短期筹资的性质/来源。

4. 如何管理营运资本的各个要素。

我们已经讨论了第一和第二个方面,下面讨论第三和第四个方面。

15.2 短期筹资的来源

营运资本是大多数公司寻求短期负债的主要原因。应该明确注意,短期筹资总是一种或另外一种形式的负债。

我们将短期筹资来源分为下面 4 类并逐一详细讨论。

1. 自发性筹资,包括应付账款和应计款项。

2. 无担保银行贷款。

3. 商业票据。

4. 担保贷款,来自银行或者其他渠道。

15.2.1 自发性筹资

自发性筹资是由应付账款和应计款项所组成的,我们首先考虑应计款项。

应计款项 应计款项的产生是因为企业不断地得到服务,但是在固定的期间支付报酬。

应计工资相对容易理解。假设员工工作了一周,在周五的下午支取报酬。从周一开始工作直到周五工资发放的任何时刻,企业得到员工一周的服务。如果账簿在星期五以外的任何时间关闭,则债务由资产负债表中的应计款项表现出来。

应计款项被用作其他服务,如财产税、保险和租金等。实际上,它们是来自提供服务者的无息贷款。

应计款项,特别是对劳动力来说,是短期科目。在大多数公司中,应付款项每周或者每两周在发薪日上清算。当付款有很小或者几乎没有弹性的时候,劳动力市场的惯例和税法才会对其进行指导。换句话说,应计款项提供了一个适度的筹资优势,但是它们不是一个政策问题。

应付账款——商业信用　大多数公司的销售是以信贷为基础的。买方收到货物并且要求在之后一个特定日期支付货款。实际上,从发出货物到货款支付,卖方无利息地借给了买方购买价款。这种现象称为给客户展期商业信用。

典型的是无抵押和几乎没有契约支持的商业信用。各方之间的契约仅仅限于写在买方的订货单和卖方的发货单上的条款。

商业信用是一个有吸引力的筹资来源,因为它是免费的,但是它的特点是不能持续很长时间。

信用条件　卖方的销售条件规定了发出货物后预计支付货款的天数。在大多数情况下,提前支付由折扣。典型的条件是:

$$2/10, \quad net30$$

上式表达的意思是应该在 30 天内付清款项,但是在 10 天或者 10 天内及时还款可以得到 2％的折扣,任何折扣期,净期间和折扣的组合都是可能的。

你也可以这样解释信用条件,货物的真实价格是发货单的 98％,2％是没有立即支付产生的罚金。

及时付款折扣　提前支付折扣是典型的对卖方的慷慨给予。我们将把 2/10,net30 作为例子。因未付款 30 天到期并且在 10 天内付款,可以得到折扣,因此放弃折扣为客户赢得额外20 天的商业信用。我们可以认为,为了使用 20 天的资金支付了 2％的利息。那个比率可以通过乘以一年中 20 天的个数转换为每年的数字[①],如下所示:

$$(365/20) \times 2％ = 36.5％$$

这暗示着没有得到及时付款折扣的企业借款,实际利率是 36.5％,这是一个相当高的利率。很明显,当提出折扣时,应该提前还款,以得到折扣。

正如上面举例中提出的,大多数及时付款折扣是非常具有吸引力的。因此,许多公司命令它们的付款部门要得到提供的所有折扣。这就促使一些卖方对于一些并不是很好的交易也提供折扣。作为练习,计算 0.5/15,net30,提供折扣是一个好主意吗?

滥用商业信用条件　表面上,商业信用是单纯地给客户的优惠。事实上,这种行为在行业中变得根深蒂固并且是大家所期望的。换句话说,卖方提供信用是因为必须提供,而不是愿意

---

① 这个算法是在两方面进行了简化。第一,无折扣的资金不是发货单上的数额,而是它的 98％。额外的 2％是利息。意思是 20 天使用资金的成本不是 2％而是 2％/0.98＝2.04％。第二,将 20 天利率算到一年里,而不是乘以它。因为一年有(365/20＝)18.25 个 20 天,无折扣的实际利率是 $[(1.020\ 4)^{18.25} - 1] = 0.446 = 44.6％$。

尽管这是一个更加严格的正确的算式,但是大多数人仍然按照简单的方法思考。

提供。

当客户滥用信用特权时,商业信用关系会变得有些不利。付款推迟,超过了卖方发货单规定的最后净期限是司空见惯的。这种行为被称为延期付款或者依靠贸易。可以说,大多数公司在可能的情况下都至少会有些延期付款。另一个常见的做法就是在规定的期限过去后,提供及时付款折扣。

CFO 经验谈

卖方对于客户适度的滥用信用特权是可以忍受的,因为他们想维持与客户的业务往来。但是如果客户过分地不守信用,将被划归为"拖欠户"。拖欠户将在下一步要求供货时被排除,或者被拒绝供货,除非提前付款。

除此之外,卖方经常将拖欠户报告给资信调查机构(也称为贷款信用机构)。资信调查机构具有全国几乎所有营业公司的信用报告。当新客户出现,卖方要求其提供商业信用时,新客户通常向资信调查机构咨询其商业信用。不良的信用评级将使企业不能得到商业信用。

15.2.2　无担保银行贷款

银行贷款对大多数公司来讲是主要的短期融资来源,是商业银行的主要业务。[1] 银行贷款有各种形式并且可能是有担保或者无担保的。[2]

期票　期票是传统银行的贷款协议。签名的票据承诺在未来确定的日期偿还借款和规定数量的利息。有时候还款时间表是有规定的。有担保的票据,往往规定了担保品的性质和其他可能一致同意的协议和条件。

当协议签订时,银行通常将贷款数目直接计入借方公司支票账户的贷方。

信贷额度　信贷额度相对来说是非正式的,银行和借款公司之间的无约束力的协议,规定了在一个特定时期内借款的最大数额,通常为一年。

例如,一家有 10 万美元信贷额度的公司在一年里能有多达 5 张未兑现的 2 万美元的期票。但是,因为协议不具有约束力,银行能在任何时候降低该额度。例如,银行在收到 8 万美元预付款之后认为该公司条件已经恶化,因此拒绝后期贷款。但是它不能缩短任何已经签字的票据的期限。已经记下的额度就成为信贷额度借款数额。

在信贷额度协议下,借款人只支付实际借到款项的利息。

信贷额度通常是无担保的,意思是贷款没有特定的资产支持并且银行只能依靠借款人通常的信用来还款。

15.2.3　信贷周转协议

信贷周转协议类似于信贷额度,不包括银行保证在规定期限内提供最大数额的资金。换句话说,一个信贷周转协议本质上是一个有法律效力的信贷额度,它通常是无担保的。

银行在协定中承诺提供最高的不免费的资金数额。借款人被要求为协定中的未借数额支付一定的保证金,不论是否使用。保证金每年约为 0.25%。

---

[1]　商业银行专门为企业而不是个人服务。虽然商业银行确实提供长期贷款,但它们三分之二的贷款活动的到期日都小于一年。

[2]　有担保的贷款由特定的资产来支持。如果借款人违约,银行获得资产,银行可以出售资产来偿还债务。这个支持资产称为抵押品。

信贷周转协议的利率通常是变化的。它们相对于银行的基础利率是指定的。大多数银行的基础利率是依照纽约主要银行的利率来定的。较小公司的周转贷款的利率可能是在基础利率上加 2%~3%。

关联概念　举例 15-2

信贷周转协议

Arcturus 公司在一个年度内有 1 000 万美元、保证金为银行基础利率加 2.5% 的信贷周转协议。在 6 月之前它已经签了 400 万美元,当月没有偿还。在 6 月 15 日基础利率为 9.5% 并且银行的保证金是每年 0.25%。它又签了另外 200 万美元(假设 6 月 16 日可以得到资金)。那么 Arcturus 公司 6 月份要支付银行多少钱?

解答: Arcturus 公司的支付款包括实际借款的利息和周转协议中未借款余额的保证金,它的月利率是:

$$(基础利率+2.5\%)/12=(9.5\%+2.5\%)/12=1\%$$

月保证金是:

$$0.25\%/12=0.020\ 8\%$$

6 月份 400 万美元的贷款是整个月末偿还的,并且另外的 200 万美元 15 天没有偿还。因此利息费用是:

$$(4\ 000\ 000\times0.01)+(2\ 000\ 000\times0.01\times15/30)=50\ 000\ 美元$$

未使用的信贷周转协议余额是 15 天的 600 万美元和 15 天的 400 万美元。保证金是:

$$6\ 000\ 000\times0.002\ 08\times15/30=624\ 美元$$
$$4\ 000\ 000\times0.002\ 08\times15/30=416\ 美元$$

全部保证金费用是 624+416=1 040 美元,因此,全部利息费用是 51 040 美元。

补偿金额　短期银行贷款经常伴随着对借款者来说似乎极端不公平的特点,但事实上它只是补偿银行服务的一种间接方式。补偿余额是必须留在借方账户中贷款数额的最小百分比,而且不能使用。

如果一家公司借到有 20% 补偿余额的 100 000 美元,银行将把 100 000 美元存入公司账户,但是只有 80 000 可取出使用。补偿余额增加了贷款的实际利率。假设利率是 12%,意味着借款人将支付 100 000 美元 12% 的利息,实际只借到 80 000 美元,一年的利率将是:

$$12\ 000/80\ 000=15\%$$

有两种补偿余额,一种是我们刚刚描述的最低余额需求,另一种是平均余额需求。在这样的协议下,一个月以上的平均日余额不能降到一个特定的水平。这就意味着可以使用全部贷款,但是不能一直使用。

企业大部分时间在它们的支票账户里保持正的现金余额,一个平均余额需求不能说明很多问题。如果确实是这样,贷款的实际利率未必会上涨得很多。补偿余额通常为贷款数额的 10%~20%。

补 偿 余 额

90 天的 9％的 50 000 美元的贷款,如果要求 15％最低补偿余额,那么它的实际利率是多少? 如果要求 15％平均补偿余额,那么实际利率是多少?

解答:首先注意,我们不需要贷款数额或者条件来解答问题。我们能通过除以 1 减去一个小数形式表示的最小补偿需求余额来直接调整名义利率。在这个例子中,计算如下:

$$实际利率 = 9\%(1-0.15) = 9\%/0.85 = 10.6\%$$

第二个问题没有答案。因为我们在不知道公司平均余额的情况下不能说通过多少平均余额需求能降低借款者使用的资金。

清偿需求　理论上,一家公司能够通过借到新的票据偿还旧的到期票据,一直保持短期借款余额。这样有可能使用短期资金为长期项目筹资,一次又一次地再筹资贯穿项目的有效期。

这个步骤相当冒险,原因有二。如果短期利率上升,利息费用将很快上升,这会降低公司的收益率。更加糟糕的是,如果不能得到筹集的资金,短期票据在它们到期时很可能违约。

借款公司的这种风险也是银行的风险,一个违约用户可能意味着一笔贷款的损失,因此银行试图避免客户掉进用短期资金支持长期项目的陷阱。

它们的方法是清偿需求。银行要求借款者定期偿还无担保短期负债,并且在规定期内无负债。大多数清偿需求规定借款者每年有 30～45 天无短期负债。

15.2.4 商业票据

商业票据是指规模大、有实力的公司发行的、向投资者进行短期借款的票据。票据本身只是一个在约定日期偿还借款的承诺。概念上,商业票据是一种短期公司债券,但是它们之间存在着一些管理差异。

买方和卖方　商业票据是由有限的、全国最大和最有实力的公司发行的无担保债券,它将被有过量资金的其他大机构购买进行短期投资。典型的买方是保险公司、货币市场共同基金、银行和养老基金。票据通常由买方收取一定佣金的交易商进行购买。

到期日和条件　商业票据实际上是发行公司的债券。但是,只要它的到期日少于 270 天并且买方是“有经验”的投资者,它就能够售出而不受证券交易委员会(SEC)管制。到期日通常是 1～9 个月,平均值为 5～6 个月。

商业票据因为它的到期日很短以及借款公司的实力很强而被认为是非常安全的投资,因此它支付相对低的利率,约为 3 个月短期国债利率的一半。不仅产生利息,同短期国债一样,票据通常也可以贴现。意思是当票据售出时,利息已经不包括在价格中了。例如,一张 6 个月的 100 万美元的票据,每年以 6 美元的利率支付利息,将以大约(1 000 000/1.03 =)970 874 美元的价格出售。

商业票据即使由大规模有实力的公司发行,也会存在缺陷。商业票据市场非常严格和正规。如果一家公司在票据到期时缺少现金,那么还款条款就没有弹性。另一方面,银行通常愿意给那些波动的公司一些通融和妥协。

15.2.5 流动资产担保的短期信用

一些普通协议使公司借款筹集营运资本时,用流动资产价值本身担保贷款。提供信用担保的资产是应收账款和存货。资金来源通常是银行,但也可以是其他金融机构。

靠应收账款和存货进行借款,比起其他形式在一些行业中更受欢迎,特别是在季节性行业中很普遍,它们需要大量的临时性营运资本。

承诺、条例和程序在不同的协议中变动很大。我们首先考虑应收账款筹资,然后再考虑存货筹资。

应收账款筹资 一般情况下,应收账款代表不久将收到的现金。贷款机构通常愿意承认这种即将收到的资金的价值,在它们一旦收不回来时,愿意扩展信用期。关键问题是,应收账款的回收能力与公司客户的信誉有关,而不是它本身的信誉。有两种一般的应收账款协议:担保和代理。

担保应收账款 担保应收款项需要将借方的现金作为贷款担保品。借方签订了一个具有法律效力的协议,声明担保应收账款收回的现金将被用来保证偿还贷款。

协议突出的特征是应收账款继续属于该公司,如同它没有担保协议一样,从客户那里直接收到现金。事实上,公司的客户通常不知道他们的债务已经被担保。

在担保协议下,如果某笔应收账款被证实不能被收回,借款公司不能向卖方解除他们的义务,这个特征称为追索权。贷方有向借方要求偿还违约应收账款的追索权。

将应收账款作为担保可以由两种方式实现。贷方可以对公司所有应收款项提供一般的信用额度,而不详细考虑每笔款项。在这种情况下,贷方不可能预付超过应收款项余额75%的资金,因为某些款项存在不能偿还的风险。

另一种方法是,贷方单独考虑每笔应收款项,考虑欠钱客户的信誉。只有在可接受项目的基础上才提供资金。在这种方法下,贷方可能预付可接受款项余额的90%。

在一系列应收账款担保下,借款公司继续靠它的信贷和收款运行。因此,贷方很大程度上依赖借方担保贷款的资产的质量。一些银行提供记账单和收款服务,借方接受服务要额外付费。

担保应收账款是另一种相对昂贵的筹资方式。筹资来源通常要求基础利率加2%到5%的利息,再加上另外担保应收账款面值1%或2%的管理费。

代理应收款项 代理不同于我们当前已经考虑过的短期筹资,因为它不需要借款。代理应收款项意思是将它们以一定的折扣卖给成为代理商的金融机构,它可以是商业银行或者财务公司。[①] 销售应收账款产生的现金为卖方提供融资。

当应收账款被代理的时候,代理商承担一系列的义务并且通常对它的应收款项负有责任。大多数情况下,欠钱的客户被通知将应收款项直接支付给代理商而不是销售企业。代理商支付它的费用后,通过应收款项面值与它实际支付给买方公司的差额来获利。这个差额取决于提供的服务,大约为10%。

---

① 销售应收账款公司有客户,而它们同时也是代理商的客户。"客户"一词是指销售应收账款公司的客户。他们是真正欠钱的群体并且赋予应收账款价值。我们称销售应收账款的公司为卖方公司。

关联概念　举例 15-4

担保应收账款

Kilraine Quilt 公司有平均应收账款余额 100 000 美元,每 45 天周转一次。它通常将所有的应收款项担保给 Kirkpatrick County 财务公司,它以基础利率加 4％和 1.5％的管理费贷出总数的 75％,如果基础利率是 8％,Kilraine Quilt 公司的应收账款筹资是支付的总实际利率的多少?

解答: 因为财务公司贷出应收账款余额的 75％。待偿还的平均应收账款是 75 000 美元。在这个基础上支付利息的传统利率是(8％＋4％＝)12％。

管理费是所有应收款项的 1.5％。100 000 美元周转期为 45 天或者一年周转 8(360/45) 次。也就是每年新的应收账款中的 800 000(100 000×8) 美元被抵押。管理费是它的 1.5％,或者 12 000(800 000×0.015) 美元,可以用平均贷款余额的百分比来表示:

$$12\ 000/75\ 000 = 16\%$$

因此,包括传统利息和管理费的筹资成本是:

$$12\% + 16\% = 28\%$$

可以看到,这是一个相当高的实际利率了。

代理商通常考虑他们要购买的应收款项的客户信誉,而不接受卖方公司提供的任何东西,被拒绝的客户必须由卖方自己来处理。

公司不断地将它们的应收款项代理出去,也就是说,常规程序在未来的订单直接服从于代理商并且是在持续筹资的基础上制定的。

刚才描述的程序是基本的代理功能。实际上,代理在应收款项方面提供了很广泛的服务。它们愿意接管企业的信贷和收账工作。但是,也没有必要使用它们提供的每项服务。公司可以在服务项目中进行选择并做出适合它们需求的安排。

公司可以使用代理商提供的其他服务项目,这样可以为它们节省资金。雇用专家来做专门的管理工作比它们自己运作更加便宜,特别适用于小企业。

一般来说,代理商愿意做下面任何或者所有的事情,并要求适当的劳务费。

1. 对潜在客户的信用核查。

2. 根据它接受的客户预付现金或者回收后汇寄现金。

3. 向客户收账。

4. 当客户不能支付时,承担坏账风险。

第二条需要解释一下。预付现金可以在两种方法中任选一种。代理商能够用售出的应收款项或者从客户那里收回的潜在现金来支付给销售公司。如果在应收款项被接管时付款,代理商直到从客户那里收回应收账款时才有现金。因此它的费用包括利息,尽管应收款项已经被购买并且没有未清偿贷款。

如果支付给销售公司的贷款拖延直到向客户收回现金,代理商不收取任何利息。在这种协议下,代理不是真正的应收款项筹资,而是管理回收款。

如果销售公司选择不把坏账风险转嫁给代理商,那么代理协议有追索权。在这种情况下,坏账由卖方负责。

关联概念　举例 15-5

代理应收账款

Bradley Fabrics 公司赊销形式的收入每年平均有 25 000 万美元。公司将应收账款不附带追索权的代理(出售)给 Frasier Financial 公司,金额是面试的 92%。在 Frasier 手上的这笔应收账款的平均余额是 2 800 万美元。代理采取预付现金的方式,并且要支付坏账的 7% 作为利息。应收账款很少出现坏账。计算 Bradley Fabrics 公司代理应收账款的成本,以及隐含的实际利率。

解答：必须认识到代理应收账款的成本是非常高昂的。在这个案例中,Bradley Fabrics 公司实际上是连续地借入一笔资金,如果不代理发生的坏账,金额是 2 800 万美元。

代理费用是整个面值 25 000 万美元的 8%：

$$250\ 000\ 000 \times 0.08 = 20\ 000\ 000\ \text{美元}$$

另外,还要支付坏账 2 800 万美元的 7% 的利息：

$$28\ 000\ 000 \times 0.07 = 1\ 960\ 000\ \text{美元}$$

所以,这项财务活动的实际成本是：

$$20\ 000\ 000 + 1\ 960\ 000 = 21\ 960\ 000\ \text{美元}$$

这笔借款的实际利率是：

$$21\ 960\ 000 / 28\ 000\ 000 = 78.4\%$$

存货筹资　存货筹资是用企业存货作为短期贷款的担保。这种方法很普遍,但也引发很多问题,使它付出更多代价并且很难管理。

一个根本的问题是贷方手中的存货市场化。存货本身不能变为现金,它必须出售,而贷款人通常不能很好地做到这一点。那意味着他们必须廉价处理掉违约存货,这样就减少了他们贷款所能获得的数额。

特殊存货,如唯一的或者不寻常的存货,几乎没有担保价值,因为贷款方很难将其售出。已经坏掉的物品也有类似的问题,因为它们到贷方拥有时已经失去了价值。另一类型商品是易于交易的并且是很好的贷款担保品,罐头食品就是很好的例子。

如果存货有一个可以接受的抵押价值,倘若违约,它的可得性必须向贷方以某种形式担保,这是很困难的,因为借方在经营业务时不断地使用并且替换存货。可以使用几种方法,包括转变管理注意力和成本。

全部扣押权[①]　全部扣押权是指贷方有扣押借方所有存货的权利,但是借方实际完全控制着存货,并且能够将它降低到任何水平而不必咨询贷方。

假设一家企业向一家银行借了 60 万美元,用 100 万美元存货的全部抵押权作抵押,这已经在贷款发放日由银行核实过了。只要贷方不核查运营设备,什么也不能阻止买方停止持续卖出已有存货直到达到支持存货购买的水平,即 20 万美元。这很轻易地就将贷方置于了无担保的境地,除非它花费大量的时间和精力监管借方的行为。

信托收据或者动产抵押协议　在这样的协议下,筹资的存货通过编号识别并且没有贷方

[①]　扣押权是和特定资产相联系的法定资金要求权。销售资产的收入必须用来满足扣押权。

的许可不能合法地买卖。当存货售出时,收入必须用来偿还贷款。这个约定具有法律效力,但是借方仍然控制着存货并且可能降价出售而不偿付贷款人。为了保证借方守约,需要贷方代表的监督。

存储 在存储协议下,筹资的存货被放在仓库内,并且借方取货受第三方的控制。当借方取出存货时,文案工作就生成了,这是以贷方可以索取存货融资的贷款。存储公司专门管理这类协议。

有两种存储协议存在。实地存储是借方自己设备的安全地,它只允许存储公司员工进入。一道从地到天的铁丝网围栏将工厂空地隔开,存储公司员工可以在每周指定时间进出。

公开存储是通过把借方设备转移,形成一个实地的仓库来运行。这种协议为贷方提供最大程度的担保,因为物品安全不由借方控制。

存储给了贷方最好的担保,但通常是昂贵的,因为仓库运营和追踪个别存货项目需要管理费用。

关联概念 举例 15-6

存 货 筹 资

MacDougal 是一家制造企业,年销售成本 9 000 万美元,存货周转率是 6 次。如果公司以存货的全部扣押权担保,Homestead Finance 公司可以提供存货价值的 80% 的货款,利率 9%。Homestead Finance 公司坚持由 Williams Warehousing 的实地存储系统保证自己的权益。Williams 在 MacDougal 划出一块安全地用来存储存货,员工进入安全地的时间限制在每天 3 小时。存储费用是存货价值的 1% 加上 200 000 美元。Homestead Finance 公司提出的这项存货筹资的实际成本是多少?

解答:首先利用存货周转率计算平均存货水平,然后计算平均贷款金额。

$$存货周转率 = 销售成本 / 存货$$

$$6 = 90\ 000\ 000/ 存货$$

$$存货 = 90\ 000\ 000/6 = 15\ 000\ 000\ 美元$$

平均贷款金额是存货的 80%,也就是(15 000 000×0.80=)12 000 000 美元

实地存储成本	
90 000 000×0.01	900 000 美元
基础成本	200 000 美元
合计	1 100 000 美元
实地存储成本的贷款百分比 1 100 000/12 000 000	9.2%
利率	9.0%
筹资实际成本	18.20%

15.3 现金管理

尽管现金管理能改善财务结果,但它不可能使一家公司由弱变强。另一方面,糟糕的现金管理能使一家强大的公司走向失败,特别是在小公司中,公司盈利和破产是很平常的。换句话

说,没有现金还款和支付工资,公司就会破产,不管其长期前景有多好。出于这个原因,需要知道现金如何润滑经营传动机制,企业如何最大程度地利用它。

15.3.1 定义和目标

企业的现金是手头的货币或者是银行的支票账户。绝大多数企业现金在支票账户①中,因为几乎没有用现金交易的商业行为。

持有现金的动机 企业手头必须有现金,出于三个经济原因和一个管理原因。经济原因是交易需求、预防需求和投机需求,管理原因是需要为银行提供的服务付费。

交易需求 企业需要银行的货币来支付货款和它们所使用的服务。款项支付给员工、供货方、公用事业公司和税务部门,这只是一部分。同时,大多数收入以支票形式存入银行。源源不断的现金流入和流出银行,形成了与交易相关的平均账户余额。

如果企业很清楚地知道现金什么时候流入,什么时候流出,交易余额将保持在很低的水平。但是,我们通常不知道,尤其是关于收入。因此有必要保持足够高的余额维持日常经营。尤其重要的是,如果手头有足够的现金,就可以利用供货方提供的及时付款折扣。

预防需求 有时紧急情况毫无征兆地出现。假设准备给一个苛刻的用户装载的货物,在装卸码头意外地损坏了,新的货物必须立刻制造出来。这需要支付加班工资的额外劳动力和很快得到新的原材料。公司手头需要保留现金用来支付这类紧急需求。

投机需求 公司保持现金还可以利用没有料到的机会。假设一项特定投入的价格突然下降,但是预期会很快回升。如果现金是可以获得的,机会就可以廉价得到。如果没有,则将错失良机。公司手头留有现金,就可以充分利用这样的机会。

补偿余额 银行通过将个人和企业存入银行并要求回报的货币进行投资来维持运营。因此,银行通常需要得到一定服务的存款者保持最小补偿余额来部分抵消那些服务的成本。这种协议相当于收取服务费。我们已经讨论了贷款的补偿余额。银行还要求兑现支票和执行不同的交易。

第四个持有现金的原因不完全是多余的。交易可获得的现金也提高了投机的预防能力,并且有助于满足补偿余额需求。

现金管理的目标 银行中现金存在的问题是它不能产生回报。银行不支付商业支票账户的余额利息②,意思是公司必须在银行中留有一定的资金来源,但是从它们那里得不到任何回报。出于这个原因,持有现金越少越好。

很明显,拥有较多现金的企业比拥有较少现金的企业更容易经营。一家拥有大量银行存款的公司一般不会出现现金短缺的窘境,这被称为具有清偿能力。一家有足够清偿能力的公司通常能够按时还款,能得到适当的折扣并能轻松应对紧急情况。

现金管理 要求在冲突的目标之间进行权衡。好的现金管理使得银行里的现金最小化,

---

① 银行支票账户形式为众所周知的活期存款。银行代表账户所有者将支票账户上的现金划拨给第三方,在经营的正常过程中,当买方和卖方互相了解时,支票很快就会兑换为现金。因此,经济上可得现金被定义为包括支票账户余额。现金的财务定义有同样的原理。

② 直到最近,银行才被禁止向企业提供生息支票账户,尽管这些账户已经为消费者提供了多年的服务。这项禁令是20世纪30年代萧条时期颁布的"格拉斯-斯蒂格尔法案"的一部分,多年来并没有起到任何真正的作用。这项法律于2010年被一项规定废除,并于当年7月份生效。2011年,这个问题并不像看上去那么重要,因为支票账户利率通常很小,在一直持续到2015年的低利率环境下,这个利率水平几乎可以忽略不计。

但是同时确保可以得到足够的现金来高效地运营。

15.3.2　可交易证券

我们注意到,预防和投机动机要求留有的库存现金并不经常使用。这些需求只通过比现金流动性差一点但是可以得到回报的资产就可以大大地满足。

假设一家公司将部分现金投资于短期国债,以备资金的紧急需求。因为有一个政府债券的准备市场,债券可以在一天内售出,其收入用来满足紧急需求。同时,短期国债支付给投资资金适当的报酬。这种折中就是可交易证券投资。它付出一部分流动资金,得到了适当的、很有意义的回报。

可交易证券是非常强大的机构的短期义务,包括短期国债和商业票据。证券是短期的,这将使它们免受利率波动引起价值变化的影响。"可交易"含有证券可很快出售的意思。可交易证券也指近似现金或者现金等价物。

将多余的现金投资于可交易证券,是大公司财务部执行的一项专门职能。在这里工作的人员提供大量关于可得的、不同投资工具的、正反两方面的专业知识。我们在这里不讨论运作的细节,但是,可交易证券的概念和大多数公司定期投资于它们的事实是非常重要的。

15.3.3　支票支付和回收过程

公司需要的现金数量与财务系统从付款机构(付款人)支付给收款部门(收款人)的还款中得到的现金直接相关。理解这个系统的基础是理解现金管理的关键。

划拨现金的基本程序　让我们通过一个部门经银行支付支票来看一下常规的程序。下面写出程序并且用图 15-5 形象地表示出来。在这种形式中,需要花费的时间如下。

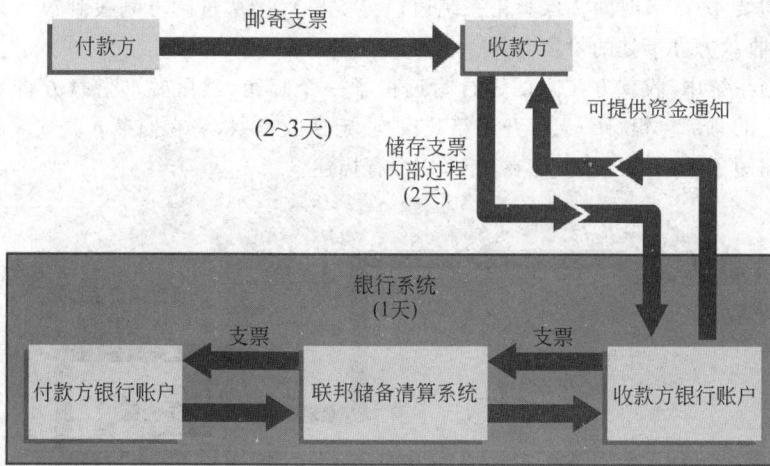

图 15-5　支票清算过程

1. 从它的银行中签一张支票并将它寄给收款人(2~3 天)。

2. 收款人收到支票、记录,并且进行内部处理,以便储蓄。

3. 收款人将支票存入自己的银行(2 天,第 2 步和第 3 步)。

4. 收款人的银行将支票发到美国联邦储备办公室的联邦储备银行的票据清算系统。

5. 票据清算系统处理支票。现金从付款人银行账户划拨到收款人的银行账户。这些资金现在可以供收款人使用,已兑支票通过它的银行返回到付款人(2天——第4步和第5步)。

注意,每一步占用的时间长度是很重要的。过程中占用的资金称为浮游量。在寄送支票这段时间里它们叫作邮寄浮游量。当在收款人单位被处理时,它们成为处理浮游量;当在联邦储备系统时,它们称为运输浮游量;整个过程的回收现金称为支付现金浮游量或者浮游量。

在我们描述的过程中有两个重要的物理变量。付款人离收款人越远,邮寄浮游期越长。如果收款人银行远离联邦储备办公室,则需要额外的时间将支票发送到票据清算系统。

管理票据清算过程的目标 支票清算过程一般花费6~7天时间。在这段时间里,收款方不能使用现金,即使付款方已经签发并且邮寄支票。事实上,资金仍然保留在付款人的账户余额中,并且可以巧妙地使用它们,直到银行系统进行支票清算。

这就产生了两个重要的现金管理办法。首先,从收取现金的收款方角度来看,在支票被寄出后加速支票回收可以很快地得到现金。其次,从寄钱给别人的付款方角度来看,在支票寄出后减慢支付支票,可以使公司更久地使用它的现金。

所有公司既是收款人也是付款人,因此每家公司可以使用两种方法降低满足现金余额要求的资金。

15.3.4 加速现金收据的回收

在这一部分,我们将站在收款方的角度考虑并测试加速现金回收的方法。

保险箱系统 保险箱系统是指一旦支票寄送给收款方,银行将提供加速现金回收的服务。这种系统基于的思路很简单。

图15-5支付过程的第一步,要求付款人寄出支票,它被收款人在第二步进行处理和储蓄。这两部总共需要4~5天时间。保险箱系统通过将支票直接从付款方划拨到银行来缩短浮游期,省去了在收款方办事处的停留时间。

在保险箱系统中,收款方在它的银行附近租了一个邮箱,然后要求付款方将支票寄送到邮箱而不是它的总部。银行一天打开邮箱几次,收走回收支票,将它们存入收款人的账户。这样整个过程缩短了2~3天,该方法在图15-6中有描述。

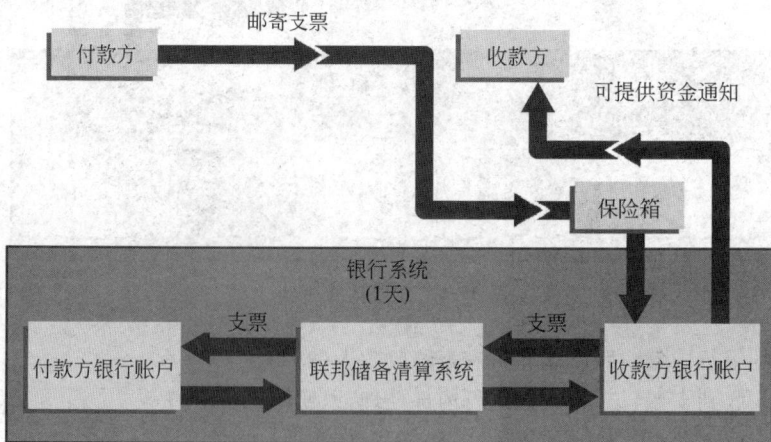

图15-6 清算过程的保险箱系统

银行存款之后,将复印件寄给收款方办事处。它的内部处理就是在存款之后这些复印件的基础上进行的,然后开始清算过程。

微调保险箱系统 两个地理位置的细节使保险箱特别有效。假设付款方在西海岸,而收款方和它的开户银行在东海岸,那就意味着付款方的支票在它们被收到之前必须进行一个穿越整个国家的费时旅行。

收款方通过在西海岸建立一个保险箱能加速回收过程,这省去了许多邮寄的浮游期。资金快速进入西海岸银行,它就通过电子汇款的方式划拨到东海岸收款方的开户银行。

收款方通过选择靠近联邦储备分支机构银行来提高速度,这样可以使支票从银行到票据清算中心的必要时间最小化,大公司可以在它们客户集中的地方设立保险箱,收取来自全国各地的付款。

接受全国各地付款的大公司在客户集中的所有地区都设有保险箱。

洞察:财务实务

现金、支票还是信用卡?

在我们的日常生活中,个人主要的付款方式似乎已经变成了信用卡。几年前,人们用现金购物,在购买大量物品的时候会开具支票。今天,我们很少看到有人在购买牛奶和鸡蛋或者一条裤子的时候开具支票了。

但是公司是否像个人和家庭那样走向了无纸化支付?答案是否定的。2014年,估计只有10%的公司在购买活动中使用信用卡支付。这是从2011年的3%,每年增加约2%之后的结果。

接受付费的公司对信用卡支付持抵触态度。虽然它们接受信用卡至少能提前一个月拿到钱,但它们必须支付信用卡公司每笔交易价值的2%至4%的费用。这通常相当于销售税前利润率的四分之一。

因此,尽管发生了电子/数字革命,但似乎我们刚才描述的清算过程将会持续一段时间。

集中银行 大公司通常有很多遍布全国各地的银行存款账户。这是我们上一部分描述的多个保险箱系统的结果。当公司与大范围的零售商店时,也会出现这种情况,每个商店每天必须将它的收款存入当地银行。

重复的努力以及缺乏集中控制,持有大量小数额现金常常会导致管理效率降低,它也使得公司很难投资趋于大数额交易的可交易证券。当现金被分割成在当地分部控制下的许多小量金额时,没有人可以充分利用短期投资机会。

集中银行是一个单独集中管理远程账户使其达到目标水平并且将许多现金划入自己总部的系统。称为存款转移支票的专门文件被用来在一个集中网络内将资金从一家银行转移到另一家。资金也可以电子划拨。

有线转移 现金从一家银行转移到另一家银行的最快方法是电子线路转移。两条线路转移网络由银行使用,联邦储备有线系统只提供给会员银行和它们的联络者。

有线转移是快速和安全的,但是相关费用使它对于经常使用小数额现金的企业来说是昂贵的。

优先核定支票 当付款方和收款方之间有很好的工作关系时,优先核定支票可以省去整个邮寄浮游期。在这样的合约下,付款方、客户给收款方、贷方签字的支票类似事先文件。当贷方(收款方)将货物给客户(付款方)时,它只是简单地将优先核定支票存入它的银行账户中。很明显,这样的合约需要对付款方有一定程度的信任。

15.3.5　管理现金流出

我们将从付款方的角度简短地看一下管理现金流出。有两个目标:控制支出和减缓支票的清算过程。

控制流出　大多数公司是分权的,意味着它们有的经营部门所在地远离总部。中央控制现金有好处,但是分散控制也有很多好处。

在大公司中,大多数客户与贷方的协议是在分部签订的。因为现金支付是管理这一类协议的关键因素,这样,支付权由分部经理控制是有道理的。但是这会导致每个分部至少有一个支付账户的后果,接着又导致了现金余额不必要地分散在全国各地。

零余额账户(ZBAs)　零余额账户可以解决这一类控制的问题。它们是公司在集中银行为它的不同分部建立的空的支付账户。部门在它们的 ZBAs 上签署支票,也就是它们付款时自动用现金支付。这部分资金从集中银行的总账户中销去。实际上,ZBAs 是总账户的细分,尽管 ZBAs 从未有过正的余额,但是它有数字和收益报表,使分部能像管理其他支票账户一样管理它的运营。

远程支付　回顾图 15-5 和图 15-6,考虑付款方的前景。付款方想减缓支票回收过程并且尽可能延长浮游期,以延长现金在它们银行账户中停留的时间。

远程支付是将支票保留在银行清算系统中的一种方式。如果支票由远方的城市或者没有联邦储备分支机构的城市中的银行签发,它从离开银行到收回,需要花费一天或者两天的时间。这种拖延又延长了运输浮游期,在付款方账户保留现金的时间更长。出于这个原因,大城市的大公司利用偏远地方小银行支付是很常见的。

15.3.6　评估现金管理服务的成本

现金管理,特别是加速票据回收,能减少公司现金账户中占用的资金。一般的含义是公司通过减少它的现金余额的数目,以借更少资金并且支付相对更少的利息。这种节省必须衡量现金管理系统的成本是否值得。这个计算相对来说比较容易。

现金管理依赖于巨大的经济规模,所以大公司比小公司能从复杂系统中获得更多的利益。

洞察:伦理道德

道德现金管理

远程支付是否合乎道德?一般情况下,利用邮寄的浮游期来延长现金持有时间是正确的吗?使用这种做法的付款人在每张支票上都从收款人那里"偷"一点利息吗?

如果付款人是向收款人客户提供"信托"责任的金融机构的话,这种情况能引起更敏感的道德争议吗?信托关系依赖于一方对另一方的专业完整性的信任和信心。通常存在于某些专业人员和他们的客户之间,而连接的纽带就是金钱。银行、经纪人、会计师和律师可以是受托人。

换句话说,如果对方信任你来照顾他或她的利益,那么在交易中利用这一便利是不是不太合适呢?

法院认为,远程支付确实违背了存在于双方之间的信任,像是股票经纪人和客户就不允许有这种做法。因此,法院将一些不道德的行为认定为非法行为。

关联概念　举例 15-7

评估保险箱系统

Kelso System 公司主要在东海岸经营,但是在加州有客户每年划拨的 5 000 张支票,支票平均数额为 1 000 美元。西海岸的支票从它们被客户邮寄到记入 Kelso 的东海岸账户花费平均 8 天时间。一家加利福尼亚银行提供给 Kelso 一个保险箱系统,每年要 2 000 美元,每股支票加 0.2 美元的费用。这个系统预期将清算时间缩短到 6 天,如果银行建议 Kelso 以 12% 的利率借款,这会是一笔好的交易吗?

解答: 支票总额相当于年收入 500 万美元,西海岸平均收入占用资金为:

$$8/365 \times 5\ 000\ 000 = 109\ 589\ 美元$$

提议将这个数目降到:

$$6/365 \times 5\ 000\ 000 = 82\ 192\ 美元$$

差额 27 397 美元是保险箱系统节省出的现金数额。如果 Kelso 建立了这个系统,它将能够一直借到相当于这个平均数的更少的现金。以 12% 的计算节省的利息是:

$$27\ 397 \times 0.12 = 3\ 288\ 美元$$

但是,系统的成本是年费用加上每张支票费用:

$$2\ 000 + 0.2 \times 5\ 000 = 3\ 000\ 美元$$

因此,银行的建议几乎不值得执行。

15.3.7　现金预算(预测)

现金管理的重要部分是计划每月进出公司的现金流。计划现金流是很重要的,因为如果钱用光了,无法支付账单和工资,充其量只是令人尴尬,而最坏的情况却可能导致整个公司经营失败。这个过程被称为现金预算或现金预测,它被认为是财务计划(第 4 章)或营运资本的一部分。我们在本书第 4 章中讲述了现金预算的详细处理。

现金预算从准确规划产生现金或需要现金的每个业务职能的收入和付款时间开始,然后将流入现金和流出现金相加,得出计划期间每个月的净数字。

在预测期内,每个月的总余额可能是正的,也可能是负的。正的数字意味着公司在银行有存款或者债务已经支付完毕。负数意味着支付的现金多于流入的现金,公司可能不得不靠借款来履行其义务。

最关键的是借贷需求。为了保证业务的顺利运行,公司需要知道他们在短期内需要借款多少,这样才能向银行提出贷款要求。因此,运营良好的企业需要谨慎和经常性地预测现金。

时间滞后预测　收入一般来自现金销售、应收账款、借款和出售股票。付款包括购买支付、工资、税收和其他费用以及支付股息。

收入和付款通常发生在一次可预测的事件之后的一段时间,如出售或购买之后。最可能有问题的项目是应收账款,通常这是一家公司最大的现金流入量。

很难预测什么时候可以从赊销中收回现金,因为我们很难知道客户什么时候会付账。有些人可能几天内付款,一些人会拖延几个月,而少数人根本不会付钱。

由于这种不确定性,大多数计划者根据公司历史上的预测数据,显示销售后每个月通常会回收的收入百分比。在第 4 章中提供了一个例子,方便起见我们在这里再总结一下:

平均而言,一家公司会按照一种滞后的模式回收收入,例如:

售后时间	1	2	3	坏账
回收百分比	60%	30%	8%	2%

将该模式应用于每月销售预测将生成集合的预测。下面是一个例子,说明第一季度的销售额是如何回收的(单位:千美元)。

	1 月	2 月	3 月	4 月	5 月	6 月
销售额	500	600	700			
销售收入回收情况						
1 月		300	150	40		
2 月			360	180	48	
3 月				420	210	56
回收总额		300	510	640	258	56

应付款项的处理方式是类似的;然而,付款也更容易预测,因为支票的签发和邮寄日期在公司的控制之下。

现金预算编制程序在第 4 章中有详细介绍。

15.4 应收账款管理

企业的应收账款账户代表赊销发生出现时,客户有未来付款的义务。应收账款的管理是财务中相对独特的功能,它要求与客户建立互动关系,这通常是由销售部门执行的。

15.4.1 目标和政策

一般的,公司愿意尽可能少地占用应收账款进行经营,这样的偏好有两个基本原因。首先,持有较少的应收账款使支持应收资产的利息成本最小化。其次,它最小化了坏账损失,因为无论何时,只要有欠款就存在不能收回的可能性。

但是,两者存在着平衡点。我们将简短地指出几个原因,如高水平的应收账款通常能增加销售额和良好的客户关系。

应收账款管理是在这些影响因素中寻求一个平衡点。随着应收账款增加,销售额增加,进而利润增加。同时,利息成本和收款损失也会增加,进而降低利润。

注意到权衡利弊的焦点是 EBT 水平,这是很重要的。应收账款管理是找到收益率最大化的那一点作为力量对抗的结果,而不是销售额最大化的那一点。

公司通过应收账款管理来影响盈利能力所做的工作,统称为应收账款政策或信贷和收账政策,包括 3 个粗略的问题。

1. 信用政策:客户必须有多大的实力,企业才可以进行赊销?
2. 提供信贷客户什么销售条件(到期日折扣)?
3. 收账政策:客户没有按时付款将如何处理?

谁为应收账款政策负责 尽管应收款项政策在大多数公司里是在财务管理部门控制之下的,但它对销售额有重要影响。因此,大多数政策是财务部门和销售/营销管理部门共同决定的。在实际操作中,在两个组织共同承担责任的领域中产生一些冲突是很正常的。我们接下来要弄明白为什么会发生这种情况。

15.4.2 应收账款余额的决定因素

企业应收账款余额的多少主要由它的信贷销售水平来决定。它使用现金销售越多,应收账款就越少,与之相关的问题就越少。不言而喻,每个人在可能情况下更加喜欢现金销售。但是行业惯例不允许企业之间太多的现金销售,应收账款对于大多数公司来说都是相当可观的。①

信用政策 信用政策是影响应收账款水平的最重要的决策变量,它决定公司愿意赊销的客户。

大多数企业有配备信贷专家的信贷部,当收到新客户的订单时,或老客户相比之前赊购更多货物时,信贷部有同意或者拒绝请求的权利。

为了做出决定,该部门通过大量信息来源调查客户的信用可靠性。这些渠道包括资信调查机构(也称为征信所)的报告,客户自己的财务报表、银行证明和客户与其他销售方之间的信誉。

信息的主要来源通常是资信调查机构的报告,该组织保留许多公司财务状况档案和还款记录。为了收取劳务费,资信调查机构给消费方提供任何客户或者潜在客户的报告。

公司的信用政策围绕延展信用前,客户有多大风险来展开评估。有代表性的政策会对客户有如下要求:

1. 至少营业 3 年。
2. 净资产为要求信贷额的 3 倍。
3. 流动比率为 2.5∶1 或者更高。
4. 没有来自其他销售方有关信用报告的负面评论。

如果以上条件不满足,那么企业和该客户只能在现金收付基础上进行交易。

信贷申请被拒绝的客户通常不再从公司购货,因为他们没有现金或者他们可能找到了另外一家有比较宽松政策的销售方。

因此,紧缩信用政策意味着要求高质量的信用客户,这通常会降低销售额。另一方面,较宽松的信用政策接受低质量的客户,会增加销售额。但是,在宽松政策下增加的客户中,有一部分表现出不能或者不愿意付款。结果会产生应收款项价值的信用损失(也称为坏账损失)。随着政策的放松,坏账损失的频率大幅上升。

很明显,制定信用政策需要在这些影响因素中寻找平衡点。我们想找到使利润最大化的

---

① 在消费者市场上,这种惯例被逆转了,通常零售商销售时要求客户支付现金,可以是客户的,也可以是信用卡公司的现金。

政策,但没有公式可以套用,只能依靠判断和经验。

关联概念　举例 15-8

信用政策和收款政策

Nationwide Glass 公司向建筑企业提供窗户玻璃。一次轻微的经济衰退使得建筑业陷入了萧条,导致像 Nationwide Glass 公司这样的供应商销售额急剧下降。销售副总裁提议放松信贷标准以刺激销售。她的建议会使销售增加 1 500 万美元并可能伴随产生 5% 的坏账。Nationwide Glass 公司的 CFO 对此持怀疑态度,他认为销售副总裁对销售收入增量的估计过高,最近对调整信贷政策的复核使他确信销售收入会增加 500 万美元,可能会产生 20% 的坏账。另外,他还警告说额外的收账成本高达 100 万美元。站在两位管理者的角度考虑放松信贷政策对 EBT 的影响。Nationwide Glass 公司的毛利率是 30%。

解答:先来说一下对坏账的分析(假设没有坏账准备。)。当一笔款项被证明无法收回时,最初确认的收入会被转为费用,导致 EBT 减少相同的金额。实际上,这项减少额高估了损失。这是因为收入包含着利润,尽管在销售的同时确认收入,但是只有在款项收回时才形成利润。

这意味着坏账损失实际上是销售成本加上直接销售费用,而不是整个销售额。

通常,类似于此处提出的信贷政策的财务结果是,那些及时付款形成的利润减去未能付款导致的损失之间的差额。收益等于收入增量乘以毛利率再乘以新增加顾客中及时付款的百分比。损失等于收入增量乘以 1 减去毛利率再乘以坏账率。

$$收益 = 收入增量 \times 毛利率 \times (1 - 坏账率)$$

$$损失 = 收入增量 \times (1 - 毛利率) \times 坏账率$$

按照 Nationwide Glass 公司销售副总的假设,收入增量中 95% 能及时收款,坏账率是 5%,所以:

$$收益 = 15\,000\,000 \times 0.30 \times 0.95 = 4\,275\,000 \text{ 美元}$$

$$损失 = 15\,000\,000 \times 0.70 \times 0.05 = 525\,000 \text{ 美元}$$

$$净利润 = 3\,750\,000 \text{ 美元}$$

按照 CFO 的假设:

$$收益 = 5\,000\,000 \times 0.30 \times 0.80 = 1\,200\,000 \text{ 美元}$$

$$损失 = 5\,000\,000 \times 0.70 \times 0.20 = 700\,000 \text{ 美元}$$

$$毛利润 = 500\,000 \text{ 美元}$$

$$相关费用 = 1\,000\,000 \text{ 美元}$$

$$净损失 = (500\,000) \text{ 美元}$$

销售额与信用政策的冲突　销售部的工作通常是尽可能多地销售产品。当销售人员的报酬以佣金为基础时,销售任务就成为针对个人的挑战。大多数公司的理念是销售人员将愿意购买者移交给信贷部,由它们来决定同意或者拒绝信贷销售。

如果同意销售,则客户可以赊购,销售人员得到佣金,皆大欢喜。如果赊销被拒绝,一般就是一无所获。这意味着销售人员没有得到佣金,所考虑的每项工作都是白费了。可以理解,销售人员对信贷部都会产生很多怨恨,特别是如果客户的信用级别处于边缘位置时。

如果同意信贷销售,但是客户最终未付款,会发生什么?在这种情况下,销售人员将被追索回佣金,这是符合逻辑的。不过,大多数公司不会这么做。因为信用决策将被严格认定为信贷部的责任,坏账损失只归咎于他们,销售人员仍保留佣金。

CFO经验谈

上述做法产生了相反的利益冲突。销售人员一般和客户密切联系并且可能了解其他人不知道的情况。但如果事情是消极的,佣金系统将使他们不与信贷部门共享信息。信贷人员在应收账款变得糟糕时,会对销售人员心怀怨恨。

洞察:财务实务

实际管理预警

很明显,通过放松信贷和收款政策来增加销售额是很容易的,但应收账款余额和信贷损失同时上升。这种情况对高级财务经理来说是有风险的。销售增加带来的赞誉往往会归于营销部门,而应收账款余额和相关损失的责任则完全属于财务部。对于财务主管来说,这是一个决策上的失败。

在大多数公司,优化信贷所需要的熟悉客户以及对相关问题的把握,财务部门都是不具备的。只有当管理层指导销售人员在销售过程中积极参与客户信用状况并发现和纠正问题时,才能取得最好的效果。

重要的是要确保首席执行官(总裁、总经理)明白,虽然应收账款是财务部门的,但是应收账款是销售部门与财务部门联合完成的,需要双方共同努力去解决。

销售条件 回忆一下,赊销是在规定了付款到期题和及时付款折扣期限的天数基础上制定的。例如,2/10,Net30 的条件是:如果 10 天内付款,可以得到 2% 的折扣,否则,10 天以外、30 天以内,须支付全额付款。

条件以两种方式对应收账款产生影响。首先,缩短或者延长净期限来影响不拖欠客户还款的时间长度,因此,似乎缩短期限将降低应收账款余额,但实际上,公司几乎没有制定比行业惯例更短的净期限的自由。

及时付款折扣常常成为更加有效的政策变量。一般的折扣通常会降低应收账款余额,因为客户会很快付款以省资金。但是,正如我们前面所说,对公司来说,为客户提供折扣,付出的代价是昂贵的。

偶尔的及时付款,折扣根本无助于降低应收账款。在公司的客户得到折扣但是缺乏现金时,不管折扣多么有吸引力,不能及时付款的情况仍会发生。艰难经营的小企业通常是这样的。在这种情况下,通过增加折扣来努力降低应收账款可能是失败和耗费成本的。原因是,已经提前付款的客户将会得到增加的折扣。

收账政策 企业的信贷部通常和它的收帐部门密切联系。收账部门的功能是追查过期应收账款,使拖欠账款的客户还款。整个过程称为"讨债"。

一般的程序是,起初在付款超过发货单上净期限几天后,邮寄一封礼貌的催款信。如果付款仍然迟迟没有收到,接下来的另外两封催款信可以使用更加强硬的语气。之后,给客户的付款部门和负责管理人员打电话。如果客户大量欠款,通常停止进一步的发货,直到收到部分货款为止。

大多数情况下,未付款是一些产品或者管理问题所造成的。例如,如果购买的产品没有按照预期运行,许多企业将不会付款。在这种情况下,收账部门应该让客户与销售服务人员商讨,以解决问题。

另一个普遍问题是,公司发票与客户的记录所载明的订购与收到的货物不匹配。如果不是精确的吻合,许多机构会拒绝付款。这种情况下,收账部门应该协调文案工作以收回账款。

在其他情况下,客户不还款是因为他们没有现金或者信誉不好,直到迫不得已才付款。当这种情况发生时,信件和电话不会起作用,客户最终将有收账公司接管。收账公司是专门催债和收回过期资金并索取一定比例费用的公司。它们使用和销售公司同样的方法,但更加倾向于持久、激进和威胁性。

如果公司收账没有成功,就会对欠款公司提起诉讼,提起诉讼可以由公司或者收账公司任何一方处理。如果诉讼成功,但是客户失踪或者破产,将仍收不回欠款。

公司的收账政策决定了追查过期账款的速度和攻击性。例如,发了数封信和打了数次电话的公司与在收账单超过 30 天时就威胁、起诉的公司之间就存在着许多差异。

收账部与客户之间的关系　过度激进的收账努力会损害客户关系。假设一次特定的交易由于运转不正常的产品、运送、收货和发货的差错而变得非常混乱,客户与公司的销售服务部门正在公正、努力地工作以解决问题,客户因为有争议付款被收账部门首次起诉。

这将产生客户未来向另一家销货方购买产品的趋势。这也使销售部感到不安,因为销售部想继续向客户销售产品,另一方面,通常销售人员试图安抚收账部门,为了售出更多获取佣金的产品,虽然他们知道客户可能有还款风险。

15.5　存货管理

存货是企业所有的销售给客户的产品,它的重要性和管理的复杂性因企业而不同。例如,在零售企业中存货管理是极其重要但是相对简单的,而生产它可能与它的重要性一样复杂。另一个极端,大多数服务企业只持有零星存货,因此它的问题相对较少。

认识到在什么行业中存货是很重要的,存货管理失误会对公司产生潜在的破坏力。

15.5.1　谁对存货负责

不像现金和应收账款,存货几乎不由财务部直接负责。它通常由一个职能部门管理,如生产部或者经营部。那些部门的经理在选择存货水平和管理方法上通常有很大的自由。

财务成为一种管理或者监督的方式。如果存货水平太高,财务管理的工作是提醒其注意应该高效地运营。财务人员通常监测丢失或者必须报废的过期的存货水平,以保证不过剩。他们也定期监督实地盘点库存,使实际存货数量与公司记录相一致。简而言之,尽管财务部本身不管理公司的存货,但是它有义务确保那些管理存货的人员有效地工作。

15.5.2　存货管理的收益和成本

正如预期的那样,公司的存货是非常重要的,有更多可供使用的存货比较少的存货更容易经营。但是,持有额外的材料要耗费成本,因此,在成本与收益之间有一个平衡。存货管理的目的就是找到接近于最理想正负抵消的平衡。

持有足够存货的利益　在生产过程中,存货将不同产品部门的工作分开,并使其顺利进行。假设 A 部门和 B 部门连续生产产品。产品从 A 部门出来后直接进入 B 部门,只要在 A 部门没有耽搁,一切进展顺利,但是,如果有一些差错或者故障导致在 A 部门耽搁,B 部门将不能工作并且无所事事,直到问题解决。很明显,时间和金钱将被浪费掉。如果两部门之间有一些存货,在 A 部门修理时,B 部门可以继续工作,避免浪费时间。

在任何企业,持有足够的存货比较少的存货更能减少库存缺货和拖欠订单。库存缺货是在产品或者客户需要而公司没有库存时发生的。公司没有存货时会向它的供应商开具“拖欠订单”,说明当前需要产品补救,并且通常要求尽快解决。

在生产过程中,库存缺货会使经营混乱,并且导致浪费时间和错过安排,这都是要付出代价的。从销售角度来看,库存缺货就意味着客户不能立即得到他们想要的产品,将招致不满并且使客户转向其他的供应商,也就是损失了销售。太多的库存损失会永久地失去客户。

总的来说,持有更多活跃的、有用的存货,可以使企业经营更加顺畅,从而改善客户关系,并增加销售额。[①]

持有存货的成本　保持库存存货要耗费资金,可以分为存货的传统成本和价值的潜在损失。一般来说,两者都随着存货数量的增加而增加。

下面是与持有存货相关的传统成本。

- 利息:公司必须支付用来购买存货的资金一定的回报,同它们购买其他资产一样。
- 储存和安全:存货占用空间并且经常容易被偷。储存空间的提供必须安全,以防被盗。
- 保险:公司通常为存货购买保险,避免因为火灾、失窃和自然灾害造成大量存货损失。
- 许多州和地区根据库存价值征税。

有几种现象会导致存货损失价值。一般来说,公司持有存货越多,根据下面原因它所遭受损失的风险就越大,进而它的总损失就越多。

- 损耗:尽管有安全措施,一些存货还是不可避免地消失了。这类大致由于失窃而导致的消失被称为损耗。
- 变质:许多商品有一定的储藏寿命,在此之后它们部分或者全部失去价值。即使存货被仔细地检测,易损商品的变质也是意料之中的。
- 破损:库存存货可能会有溢出、漏出、渗进或其他各种方式的损坏。
- 无形磨损:新产品通常质量更好、比旧的产品更加便宜。当这种情况发生的时候,旧产品很快就失去了价值,因为没有人想要它们,除非价格大打折扣。

成本和损失统称为存货的持有成本。

订货成本　订货和发货的过程产生一种不同的与存货相关的费用。我们目前讨论的持有成本,取决于一段时期内持有存货的数量。订货成本反映了向供应商订货、取货、将材料制成存货的费用。这些成本与订货次数有关而不是持有存货的数量。

我们不难发现订购成本和持有成本之间呈反方向变化。

---

①　显而易见,持有额外的、过时的,或者损坏的存货不能带来收益,因此我们不能只通过观察资产负债表上存货表明的金额来确定企业是否有足够或者太多的库存。

15.5.3 存货管理和控制

公司建立了追踪和控制存货的复杂体系。这套体系和操作它的人员成本是有关存货的额外费用。这种成本不是必然随存货和订单的增加而增加的。一定程度上它与持有不同商品的数目和使用方式有关。

存货管理是指公司监测内部存货,并使用它的控制系统管理持有存货收益来抵消成本的一种整体的方法。可以将该过程定义为关于库存缺货、拖欠订单和生产问题的经营效率的可接受的水平,并试着以最少存货成本达到有效水平。

没有单一的、涵盖全部的方法来管理存货。成功是通过不断讨论、对细节的修订、使用各种机械和手工的方法达到的。下文将讨论存货管理过程中一些知名的理论。

15.5.4 经济订货批量(EOQ)模型

我们用不同的方式定义了存货的相关持有成本和订购成本。随着持有存货数量的增加,特有成本增加,而订购成本随着订购次数的增加而增加。存货的成本是二者之和。经济订货批量(EOQ)模型是通过识别特定条件下持有成本和订货成本之间的平衡点以使总存货成本最小化的一种方法。

假设一年中使用的存货是稳定的,并且定期以数量 Q 补充进货。图 15-7 是这些假设条件下库存数量对时间点的连线。

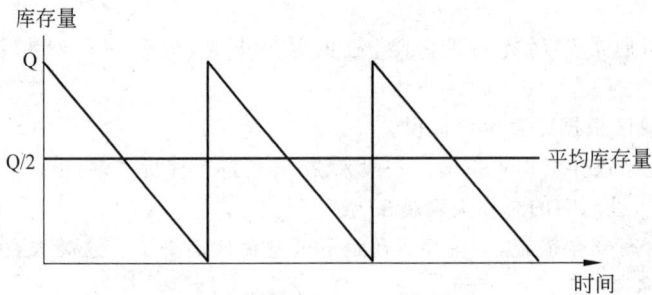

图 15-7 稳定使用的库存存货

注意库存沿着对角线直线下降直到再补充点为止。在这些条件下,库存平均数量为 Q/2 单位,订货次数是年需求量除以 Q。

模型假设持有成本直接随着平均存货数额变化,订货成本每次的订购是固定的。如果 C 代表单位持有成本,总的持有成本可以写为

$$持有成本 = C(Q/2) \tag{15.1}$$

从公式 15.1 和图中可以看出,通过小批量的频繁订购,可以降低总的持有成本。如果 Q 是小的,图 15-7 将有更多的锯齿状峰值,但是每个峰值将更低并且库存平均数(Q/2)将更低。

但是,频繁的订购将增加年订货次数。每次订购有固定成本,这将增加总的订购成本。如果年需求量为 D,公司每年订购:

$$N = D/Q \tag{15.2}$$

次/年。如果每次订购的固定成本是 F,总的订购成本将是:

$$订购成本 = FN = F(D/Q) \tag{15.3}$$

该表达式很明显,订购成本将随着订购数量减少而增加。因为 Q 出现在分母中。总的存货成本,我们称为 TC,是持有成本和订货成本之和。将公式 15.2 和公式 15.3 相加得到:

$$TC = CQ/2 + FD/Q \qquad (15.4)$$

这在图 15-8 中形象地表现出来。该图显示出,随着订购批量 Q 增加持有成本增加,而订购成本下降。注意到这些成本之和,总成本,随着 Q 增大先下降然后上升。因此,我们有可能选择使存货成本最小化的最优订货批量。Q 值被称为经济订货批量,简写为 EOQ。图中,它正好在总成本线最低点的下方。我们可以找到如公式 15.4 的最小值的技巧来直接计算,我们承认下面结果而无须计算。[①]

$$EOQ = [2FD/C]^{1/2} \qquad (15.5)$$

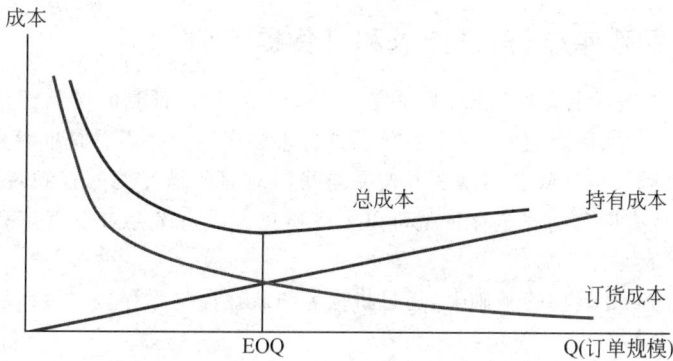

图 15-8　存货成本和 EOQ

关联概念　举例 15-9

经济订货批量(EOQ)模型

Galbraith 公司购买了价值 5 美元的部件。存货的持有成本每年约为部件价值的 20%。它的订购、处理和收到订单花费 45 美元。公司每年使用 1 000 个 5 美元的部件。多大的订购批量使存货成本最小? 如果使用这个订购批量,每年订购几次? 该订购批量下的部件的存货成本是多少?

解答: 首先记下单位年持有成本是部件价格的 20%,所以:

$$C = (0.2) \times (5) = 1$$

下面写公式 15.5 并将已知信息代入:

$$
\begin{aligned}
EOQ &= [2FD/C]^{1/2} \\
&= [2 \times 45 \times 1\,000/1]^{1/2} \\
&= [90\,000]^{1/2} \\
&= 300 \ \text{单位}
\end{aligned}
$$

年订购次数是:

[①]　数学上的倾斜将把 EOQ 看作是关于变量 Q 的一个简单的极小化问题,对 Q 求微分,并将结果设为零来得到:$0 = C/2 = FD/Q^2$。

解出 Q 得到公式 15.5。

$$1\ 000/300 = 3.333\ 3$$

持有成本是：

$$(300/2) \times 5 \times 0.2 = 150\ 美元$$

订购成本是：

$$45 \times 3.333\ 3 = 150\ 美元$$

因此部件存货总成本是300美元。

作为练习，通过计算300美元左右几种不同的订购批量，证明这是最小值。

图中，两部分成本线相交达到最小总成本。这就意味着在最优点，持有成本等于订购成本。

15.5.5 保险库存、再订货点和订货提前期

注意图15-7中表示的存货安排，假设有一个稳定的、可以预测的产品部件流，无论何时需要都可以及时供货。实际上，使用率是变化的并且再补充供货并不总是准时到达。

很明显，这些因素会导致公司缺货并遭受与我们前面所描述的库存缺货相关的问题。这些中断供应通过持有应急的安全存货就可以大大避免。保险库存是一直持有的、额外的存货供应，在正常经营存货用完后使用。

在图15-7的EOQ模型的基础上，通过将锯齿线放在保险库存量之上而引入安全库存，使得概念得以修正。如图15-9所示：

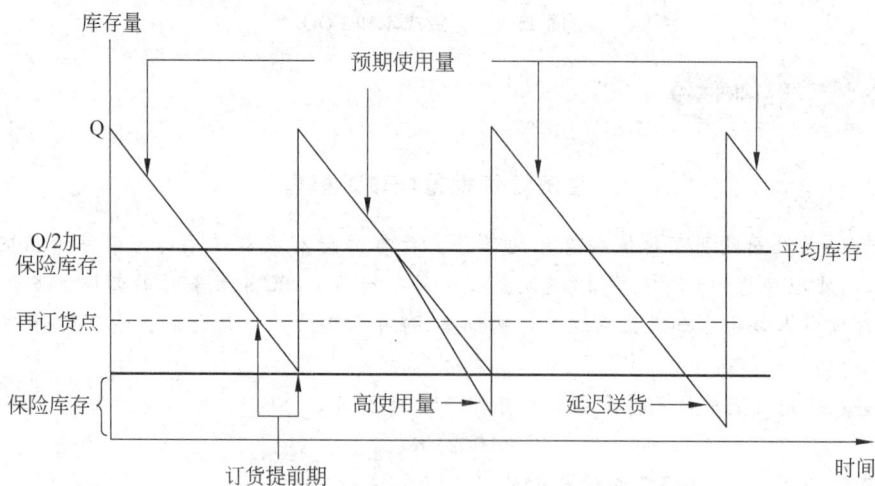

图 15-9　包括保险储存的库存存货模式有再订购点、订货
提前期和高使用量与延迟交货的影响

提前期和再订货点　实际上，再补充进货必须提前几天采购。这个提前期称为订货提前期，通常由商品的供应商来预估。

由图15-9可以看到，随着时间的推移，存货数量沿着图中的对角线减少，直到再订货点（用纵轴表示）。在那时补充进货由产品供应商提供。我们需要计算再订货点，订货提前期内的预期使用量将使得新进存货到达之时，存货达到它的最低年计划水平。

但是，如果订单发出后使用率增加，存货余额将降到保险储备范围内。这种情况在图中描

绘在第三个峰值下。如果没有安全库存,增加的使用量将导致库存缺货。

我们很容易看到,发出订单后运输的耽搁将导致动用保险库存,这种情况在图中描绘在最后一个峰值下面,并且如果没有保险库存,这也将导致库存缺货。

保险库存和 EOQ 加入安全库存并没有改变 EOQ,只是因为保险库存的总成本而增加了存货的总成本。事实上,EOQ 模型在保险库存水平的上面,如图 15-9 所示。

恰当的保险库存水平 选择保险库存水平要求另一个成本均衡点。额外的存货增加了持有成本,但是避免了产品拖延和错失销售的损失。这些负面影响必须在选择恰当的保险库存水平时进行权衡。这种选择是困难的,因为这种节省是无形的。它们是那些未发生的问题的后果,所以不会出现在财务报表中。另一方面,持有成本是有形的并且是可以计算出来的。持有太多的保险库存而完全避免库存缺货是非常不明智的。

偶尔的中断供应,会保持合理的存货水平。在一些公司中,及时交付拖欠订单,库存缺货也不会引起很多麻烦。在这种情况下,保险库存是最小的。

15.5.6 跟踪存货:ABC 系统

我们应当给予那些随性质和成本变化的特殊存货更多的关注。一些存货非常昂贵,出于这个原因应该单独给予更多关注。一些存货对公司的生产或者客户是关键的,因此,它们是否丢失是非常重要的。另一方面,一些产品是廉价的并且是很容易获得的,花费许多精力控制它们是不值得的,普通的螺钉和螺母就是一个很好的例子。

大多数公司认识到这个事实,于是在它们的存货系统中使用 ABC 系统。标 A 的存货是很重要的,由于它们的价值或者缺货的后果,所以要谨慎控制。它们通常被编号,锁好,另外要有单独负责人签字。C 类是廉价和大量的,保存在一个可以提供给任何人的箱子中,当箱子中的货物下降时再进行补充。B 类介于 A 和 C 之间并且有相应的处理。

存货种类重要性的不同,可以使公司降低控制成本。

15.5.7 准时生产(JIT)存货系统

近几年,一个由日本提出的生产存货概念得到广泛的宣传。理论上,准时生产(JIT)系统实际上不需要工厂存货。在 JIT 系统下,供应商可以及时(几个小时内)将货物运输给生产商用于生产。这种思想要求生产商和它的供应商拥有信任和合作,因为拖延运输将使工厂整条生产线停产。

在 JIT 系统下,生产商实际上将持有存货的任务推给了它的供应商,供应商又同样推给了它们的供应商,最终整条生产链条是在协调的状态下运营,大大地消减了存货。

这种想法听起来在理论上是最好的,在一定的条件下是可以行得通的,但是它没有像拥护者所期望的那样被证明是成功的。在许多情况下它根本就行不通。

生产商对供应商来说是强大、有实力的,在购买了供应商的大部分产出的时候,JIT 系统运用得最成功。在这些情况下,供应商几乎愿意做任何事情保持与生产商的交易,包括精心按照 JIT 送货。即使这个理论起作用,也要求供应商生产商足够近,使运输不会成为问题。自动化工厂常常这样组织,使用 JIT 获得一些成功。这套理论最初是由日本丰田提出的。

那些对供应商没有任何特殊影响的小公司,这套理论可能不现实。在这种情况下,由于 JIT 系统要求及时准确地送货,但是供应商几乎没有动力去做这件费时又麻烦的工作。

关联概念　举例 15-10

准时生产(JIT)存货系统

Wallace Manufacturing 公司持有的存货大约有 200 万美元,负担的利息是存货价值的 8%,正常损耗是 4%,税金和保险费是 2%。公司每年支付仓储费为 150 000 美元。

生产部副总最近参加了一个 JIT 讨论班,认为该系统能降低 Wallace Manufacturing 公司 90% 的存货成本,但是 CFO 却缺乏信心,认为生产商很难严格一贯地执行 JIT 规定的送货时间表。他强调如果不能按时进货,就会使 160 名工人停工,却要支付他们 6 小时工资,每小时 45 美元。这还不包括一部分主观性成本,比如说推迟交货对客户满意度造成影响。

按照生产副总的建议,使用 JIT 系统节省的存货成本是多少?如果要求 4 家供应商每周 3 次精确送货,这套系统能节省成本吗?

解答: 利用百分比根据存货价值估计存货持有成本(单位:美元)

利息	8%
损耗	4%
税金保险费	3%
总计	15%

存货持有成本＝2 000 000×0.15＝300 000

仓储成本	150 000
总持有成本	450 000
节省90%	405 000

不能按时送货的成本是:

160(工人数)×45(时薪)×6(无法送货的日工作时间)＝43 200

节省成本与错失送货倍数＝405 000/43 200＝9.4

JIT 要求每年精确送货总次数:

4(供应商)×3(次/周)×52(周/年)＝624

每年允许的错失送货率＝9.24/624＝0.015＝1.5%

这意味着每家供应商必须保证 98.5% 的准确送货率,JIT 系统才能省钱。而要做到这一目标似乎是不可能的。

关联概念

讨论题

1. 解释企业所使用的短期和长期资金在运用和来源方面的差异。

2. 因为公司总是有存货和应收账款,所以大多数银行愿意给他们长期贷款支持那些资产。请给出反对或者支持这种说法的理由。

3. 描述到期匹配原理。没有到期匹配的风险是什么? 你如何描述一家忽略该原理企业的特征? 你能想象出另外一家谨慎的企业背离该原理却是明智的情况吗?

4. 营运资本是自发性筹资,因为它一直在周转。这种说法是正确的还是错误的? 自发性筹资确切来讲是什么意思? 营运资本需要资金吗? 为什么?

5. 营运资本通常定义为流动资产与流动负债之差。这种定义正确吗? 为什么?

6. 对下面的每种说法,你的态度是什么? 是支持还是有异议?

(1) 应收账款不像存货或者固定资产那样是可以购买的,因为它们无须筹资。

(2) 现金代表了可提供的资金,因此它实际上降低了筹资需求。

7. 企业的经营周期与它的现金周期有何不同? 详细解释一下。

8. 假如你在一家生产企业的财务部门工作。午饭后,工程部的一位同事说,她听说公司使用大量的临时性营运资本。临时设备通常比永久的设备质量差一些,她想知道为什么公司处于成功时期,却没有购买最好的设备并且将它作为储备呢?

你的同事有什么误解吗? 给那些对财务一无所知的人进行简短的解释来帮她解除疑虑。

9. 为什么单独地从固定资产筹集净营运资本是合理的?

10. 你在 Hi Tech 的财务部门工作。企业的所有者和 CEO,Charlie Dollars 以盈利为宗旨,他明白当前的短期利率非常低,并且建议企业用短期贷款筹集它的所有营运资本需求。CFO 要你准备一个他签字的备忘录,简要说明为什么这可能不是最好的战略。在你的备忘录中,指出提供大多数企业的营运资本筹资选择并讨论使用长期和短期筹资之间的一个均衡点。

11. 应付账款展期的优势和劣势各是什么? 如果你经营自己的公司,你会这么做吗? 为什么?

12. 期票、信贷额度和信贷周转协议之间的差异是什么? 它们互相排斥么? 也就是说,某一个可能是另一个的一部分吗?

13. 请解释担保和代理应收账款之间的差异是什么。哪种可能是更加昂贵的筹资来源? 代理筹资同担保一样吗?

14. 代理可能包括利息,即使它不是贷款,这是如何发生的呢?

15. 用存货担保筹资的最大问题是什么? 实际操作中是如何支出的呢?

16. 简单列出持有现金的理由和与之相关的巨额成本。这些因素如何影响现金管理的目标? 可交易争取如何帮助或者阻碍这一目标的实现?

17. Medco Supply 公司经营范围超出 Taxas 州的 Waco 以及 Maine 州的 Portland 附近的许多商户。Portland 客户的支票到达 Medco 要花费很长的时间。公司怎样才能提高速度? 请解释一下你的答案是如何操作的。

18. Sally Johnson 住在 Baltimore 并且与一家大的全国范围的经纪公司有业务往来。当她给经纪人发送一张支票的时候,她将这张支票邮寄到 Baltimore 当地的通信地址。但是,她从经纪人那里收到的支票来自旧金山。她的姐姐 Joan 住在洛杉矶,并用了同一家公司,她把应付账款寄给离她家有几条街的办事处,但是收到的支票来于 Miami 的办事处。这是怎么回事? Johnson 姐妹应当担忧这个问题吗?

19. 假设你是 Huge 公司的现金经理,这家公司在全国有工厂和仓库。每个子公司有几个银行账户来接收存款和付款,所以公司的现金在分部 CFO 的控制下遍布全国。本质上,那些分部经理控制现金以使他们有效运营。但是,大量的现金不能盈利,因为它们太过于分散了,以至于不能投资于可交易证券。请你提出一种可以解决这个问题的方法并解释如何操作?

20. 每家公司应当充分利用当今银行业提供的复杂的现金管理服务。这种说法是正确的还是错误的? 请解释原因。

21. 简单列出包含在紧缩和宽松应收账款政策之间权衡利弊的成本和效益。

22. 如同应收账款管理中的销售部门和财务部门的关系,存货管理是财务部和生产部门需要共同承担的责任吗? 请解释一下原因。

23. 由于计算机技术的进步,库存管理是一门精确的科学,永远都没有借口来为不合理的库存辩护。这句话是正确的还是错误的? 请解释原因。

24. 当应用得当时,EOQ 模型是否可以防止缺货? 它是否完全解决了库存问题? 你认为EOQ 模型解决了很多管理人员的库存问题了吗?

25. Phlipps Lighting 公司生产装饰灯具,年收入约为 1 亿美元。它有大约 20 家供应商,其中大部分是位于全国各地的规模更大的公司。生产副总裁 Sam Spade 是一位老练的管理者,他一直对新的管理创新技术持开放态度。

上周,Sam 参加了执行团队的一次会议,提议将库存成本削减到几乎没有的水平。他说,准时生产(JIT)是未来的潮流,并提议 Phlipps 与所有供应商进行谈判,立即实施这一系统。

如果你是首席财务官,并且倾向于对新方法持怀疑态度。请准备一份备忘录给团队,巧妙地概述 Sam 的建议所涉及的问题和风险。

商业分析

1. 假设你是 Big 公司财政部的管理人员,近来越来越关注公司增加的利息费用。Fred Eyeshade 是你们组的分析家,不久前从会计部门调过来,他建议高级经理授权全面削减 50% 的现金、存货、应收账款并加倍应付款项来降低公司对经营与资本的筹资需求。根据净营运资本中的每个要素(4 个)解释为什么这可能不是一个好主意。

2. 有更多的营运资本,事情往往运营得更加顺畅和高效。关于每个营运资本账户(除应计款项),解释为什么这种说法不是绝对正确。换句话说,为什么大量存货或者应收账款根本不好?

3. 假如你和你的朋友 Harry 开了一家企业。Harry 是个技术能手,但是不太懂管理或者财务。在几个月之后,你以看起来似乎相当高的利率(16%)得到一家银行 100 000 美元的贷款。Harry 因为这个利率特别烦恼,他认为银行利率不应该超过 4% 或者 5%,但实际上他不知道为什么自己那样认为。当他们两个人要签订贷款合同的时候,银行提出最少保留 20 000

美元余额在银行中。Harry 听到这个消息,拿出计算器进行计算,随后非常愤怒,他气呼呼地离开了会议室。

为什么 Harry 如此生气?他做了什么计算?请写一个简短的备忘录解释银行行为,使 Harry 平静下来。有一种最小余额要求使 Harry 的计算无效吗?

4. 假如你是 Wachusett Window 公司的 CFO,销售住宅建筑的窗户。公司的客户常常是小型的、资金薄弱的建筑公司,经常缺少现金。在过去的几年里,地产业出现大的滑坡,因而 Wachusett 的销售额也下降了。几个月前,营销部门提出一个方案吸引新客户,以消除销售额下降的趋势。营销副总和总裁同意公司与小的新建筑商做生意,前提是它能提高销售。这时,总裁驳回了你为这类客户信誉质量的担忧。他个人同意带来大量客户的销售部通常没有资格信贷。

最近应收账款大幅上升,收账效果比平常更不乐观。收账人要求在追讨拖欠客户账款时能得到销售代表的帮助,但是营销副总说销售代表没有空,因为"代表必须上街销售"。

总裁突然变得关心增加的应收账款,并且要求知道为什么财务部门让这种情况发生。准备一个文件解释产生过程和应收账款管理,并且解释增加的原因是什么。得体地解释为什么不能只责怪财务部。你能为财务部在文件中完全开脱吗?

5. 在上一个问题所列 Wachusett Window 公司的情况下,你认为新的销售计划中得到及时付款折扣能够降低应收账款吗?为什么?

6. 在第 4 和第 5 两个问题中,请推测信贷和收款部门与 Wachusett Window 公司销售部门之间关系的性质。

7. 无论是在工厂还是在销售点,Wildebrant 公司的库存都已经用完了。但是公司是盈利的,而且并没有人会担心。这正常吗?管理层可能不知道发生了什么?为什么他们没看到?你有什么建议来解决这个问题?怎么解决?如何来操作呢?

习题

定义:

1. Scherbert 公司的部分资产负债表账户余额如下(单位:美元):

应付账款	650 000
应收账款	845 000
应计款项	257 500
现金	137 200
普通股	1 200 000
固定资产	8 250 000
存货	655 000
长期借款	3 500 000

计算营运资本和净营运资本。

现金周期时间图:图 15-2

2. Southport 公司有 10 张 45 天 ACP 周转存货,并且它的应收账款一周周转一次,Southport 公司的经营和现金周转期是多少?(一年按照 360 天计)

营运资本筹资政策:举例 15-1

3. Langley 公司是一家季节性企业。它一年需要永久性的净营运资本 1 000 万美元。但是需要在每年的 4 个月期间临时增加到 2 000 万美元,Langley 公司三种筹集净营运资本的选择如下:

(1) 用权益筹集年最高峰水平的资本,资本为 20%,并且将临时未使用资金投资于可交易证券,收益为 6%。

(2) 永久性净营运资本用权益来筹集,临时性净营运资本用 12% 的短期贷款来筹集。

(3) 所有净营运资本需求用 12.5% 的短期贷款来筹集。

计算每种选择的成本。你会选择哪一种?为什么?

及时付款折扣:

4. 计算下面销售条件暗含的实际利率(一年按照 365 天计算)。

2/10,net 30

1/5,net 15

0.5/10,net 30

2.5/10,net 25

1/5,net 20

5. Rocky 公司可以从 4 家供应商中的任何一家购买价格、质量完全一样的存货,这 4 家供应商的信贷政策如下:

A   2/10,net 30

B   3/5,net 20

C   1/20,net 45

D   3/5,net 90

(1) 计算这些信贷政策暗含的实际利率。

(2) 假设 Rocky 从每家供应商进货,公司营运资本筹资成本是 18%,那么哪些折扣可以使用?哪些应该放弃?为什么?

信贷周转协议:关联概念   举例 15-2

6. Thompson 公司和银行有一个 1 000 万美元的信贷周转协议。它的信贷支付利息是基础利息加 2% 和一个提供的未使用资金 0.25% 的承诺费。Thompson 公司上半月借了 500 万美元,下半月借了 1 000 万美元。计算本月的利息费用。银行的基础利率是 6%。

7. Conejo 公司在 800 万美元信贷周转协议下从银行借款。它支付未清偿贷款 9% 的基础利率加上未使用余额 0.25% 的承诺费。公司在 4 月初借了 200 万美元,在 4 月 11 日借了另外 400 万美元。这个月没有再借款或者再还款。请计算 Conejo 4 月的利息费用。

8. Grass Ridge 公司有如下的流动资产账户:

现金   1 900 000

应收账款   4 600 000

存货   5 500 000

它的流动比率是 2.5:1,银行愿意以 12% 的基础利率和未使用余额 3/8% 承诺费 1 000 万美元信贷周转协议借款给公司,足以满足它的营运资本需求。如果流动账户一年保持相对固定,Grass Ridge 公司为了营运资本筹资需要还银行多少钱?

9. Bridgeport 公司和银行有一个公历年基础上的基础利率加 3.2% 的 3 000 万美元信贷周转协议，在 4 月之前，它借了一整月的 1 500 万美元贷款，4 月 10 日又借了另外的 500 万美元。基础利率是 8.2%，银行的承诺费每年为 0.25%。计算 Bridgeport 公司 4 月的信贷周转协议的相关费用。

补偿性余额：关联概念　举例 15-3

10. 如果要求 20% 最小补偿余额，以 8% 的利率贷款 750 000 美元，120 天的实际利率是多少？

11. 计算下列有补偿性余额贷款的实际利率：

	贷款利率	补偿余额
a	6.5%	20%
b	12.0%	10%
c	10.5%	15%
d	14.0%	25%
e	8.5%	30%

应收账款抵押筹资：关联概念　举例 15-4

12. Jenkins Appliances 公司遇到现金流问题，需要筹集大约 60 天到期的 50 000～60 000 美元资金。由于款项很小，相关的短期无担保借款很难筹集而且成本高昂。银行提供的相关借款的利息为 25%，Climax 财务公司可以提供一项借款，但是要以应收账款做抵押。Climax 可以借给公司应收账款余额 70% 的款项，公司支付 14% 的利息加上 1 200 美元的管理费用。Jenkins 的应收账款平均余额是 80 000 美元。公司应该采取哪种筹资方法？按照一年 360 天计，假设银行会借给 Climax 同样的款项。

13. DeSquam 公司每年担保给 Sharkskin 财务公司 2.5 亿美元的应收账款，财务公司预付担保贷款面值 80% 的现金。DeSquam 公司的应收账款通常都是 36 天内回收，所以任何时刻年预付款的 10% 通常并未支付（36 天是一年的 1/10，应收账款一年周转 10 次。）。Sharkskin 公司要求 14% 的利息和抵押款的 1.6% 作为管理费。DeSquam 应收账款筹资的成本是多少？请用美元和利率表示结果。

14. York 公司有 55 000 美元平均应收账款余额，每 30 天周转一次。它将所有应收账款作为银行短期借款抵押品。银行通常接受提供应收账款的 60% 并预付它们 85% 的现金。利息是基础利率加 3%，并且银行要提供所有款项全部价值的 1% 作为管理费。基础利率当前是 9.5%。York 公司支付给它的应收账款筹资的实际利率是多少？

应收账款代理：关联概念　举例 15-5

15. Southern Fabrics 公司代理了它所有的应收账款。公司每年营业收入 1.5 亿美元，如果它收回应收账款，就有一个 36.5 天的 ACP。公司的毛利率是 35%。代理商自主经营并且一收到账款立即支付。它将代理总额打了 10% 折扣并立刻支付给 Southern Fabrics 公司。因为代理商直到客户支付才能收到款项，它这段时期要求支付 10% 的利息。

（1）如果所有应收款都是可以回收的，请计算 Southern Fabrics 公司的代理总成本。

（2）协议暗含的利率是多少？

（3）假设 Southern Fabrics 公司考虑放弃代理协议并自己处理应收款，如果坏账损失预期为总销售额的 3%，并且收账部每年花费 150 万美元，公司还这样做吗？假设持有应收账款的利息成本也是 10%。

　　(4) 如果考虑(3)部分的成本,代理协议暗含的利率是多少?

存货筹资:关联概念　举例 15-6

　　16. Central City Bank 将借给 Williams 公司存货价值的 60% 款项。如果 Williams 将存货作为贷款的抵押品,银行也坚决要求 Williams 公司雇用存储公司来监管和控制存货材料。Blyth Warehousing 做这项工作要求年费用 150 000 美元加上它所有存货价值 2% 的回报。Williams 公司每年将价值 1 500 万美元存货移出它的厂房,每年周转 5 次。这个建议的筹资成本是多少?用美元和借款利率的百分比形式表示结果。

　　17. Shamrock 公司有 2 000 万美元原材料存货,一年大约完全周转 10 次。Bridgewater 银行愿意以 12% 的利率预付 Shamrock 存货价值 75% 的筹资额。但是,银行要求有一个存储系统担保利息。有一家存储公司将安装并运营这个系统,每年需要 800 000 美元,还要加上进入系统的材料价值 0.5% 的费用。Shamrock 这样筹资的实际成本是多少?

评价保险箱系统:关联概念　举例 15-7

　　18. Tambourines 公司每年从远方客户收款 1 200 万美元。平均每张汇款支票是 1 200 美元。保险箱系统将这些票据整个的浮游期从 8 天缩短到 7 天,但要耗费每年 2 500 美元加上每张支票 0.20 美元成本。相关利率是 9%。Tambourines 应当建立该系统吗?一年按照 360 天计。

　　19. Hadley 汽车公司坐落在 Florida,但在西北太平洋有许多客户。对这些客户的销售是每年 3 000 万美元的支票付款,平均每张支票约为 1 500 美元。支票平均 9 天拨入 Hadley 公司的 Florida 银行。Oregon 的银行将为 Hadley 公司管理一个保险箱系统,要求年 8 000 美元加上每张支票 0.05 美元的报酬。该系统预期将清算时间减为 6 天。

　　(1) 如果 Hadley 汽车公司以 13.5% 的利率来借款,保险箱系统值得建立吗?

　　(2) 系统必须节省(保留到小数点后一位)以使它有价值的最小浮游期的天数是多少?

　　20. Colburn 公司正在考虑一项保险箱系统。该公司分析应收账款的回收情况,列示如下:

> 平均邮寄支票时间——3 天
>
> 平均储存支票的内部过程——3 天
>
> 平均银行清算系统——2 天
>
> 总赊销金额——1.8 亿美元
>
> 平均支票金额——10 000 美元

　　Colburn 公司发现与应收账款相关的短期借款利率是 8%。First Bank 暗示它所提供的保险箱系统可以减少邮寄浮游期 1 天,并取消储存支票内部系统,要求每张支票 0.50 美元加上总赊销额的 0.05% 的报酬。Colburn 应该使用保险箱系统吗?如果收入是一定的,每张支票如何收费才会对 Colburn 公司是没有影响的?

　　21. Bozarth Business Machines(BBM)公司分析了实施保险箱系统的价值。企业预计收入 6.3 亿美元,平均每张支票为 1 500 美元。BBM 可以以 12% 的利率借到资金。公司已经使用 Old Second 银行的保险箱系统,支付的报酬是每张支票 2.4 美元加上总收入的 0.06%。BBM 估计该系统每年可以节省 200 000 美元。BBM 预计该系统在收款过程中节省多少?

信贷和收款政策：关联概念　举例 15-8

22. Bailey Machine Tool 公司认为它能通过放松信贷标准增加销售额到 1 000 万美元。公司根据一般经验认为坏账约为销售额的 2%。但是销售预测，增加的业务来自财务薄弱的客户。这些客户一般不能支付的多达 17%。公司毛利率是 17%（相关产品成本是收入的 82%）。

（1）Bailey Machine Tool 公司应当降低它的信贷标准以得到新的业务吗？

（2）如果新的业务也会增加 150 000 美元的年收账费用，会有什么变化？

23. 在过去的几年中，Goldston&Co. 公司的市场部门说服财务部使用赊销以增加客户。随着销售收入的增长，坏账损失已经达到销售收入的 6%。财务部建议紧缩信贷政策降低坏账损失。这项建议会使销售降低 8%，但是坏账损失会降至销售的 2.6%。在现行政策下，Goldston&Co. 公司的预期销售是 4 亿美元，毛利率是 38%。实施新政策对毛利率没有影响，但是每年要增加 50 万美元的固定成本。

（1）Goldston&Co. 公司应该采用财务部建议的新政策吗？

（2）需要考虑哪些非财务因素？

（3）如果坏账损失降至 4%，应该实施新政策吗？

24. Kranberry Kids Klothing 公司是一家销售不稳定的服装企业。公司年收入 2.5 亿美元，销售毛利率为 30%，坏账损失是平均销售收入的 3%。Kranberry Kids Klothing 公司正在考虑放松它的信用政策，试图增加销售额。放松政策要求接受低质量客户的信贷销售。这种方式下，估计销售将每年增加 2 000 万美元。但是收账部门估计新业务的坏账损失是一般水平的 4 倍，并且内部收账成本将每年耗费额外的 100 万美元。

（1）这种政策改变是个好主意吗？

（2）将增加的及时付款折扣与宽松政策联系起来，有可能降低坏账损失吗？

（3）（2）问题的办法可能产生净的负影响吗？如何影响？

经济订货批量模型：关联概念　举例 15-9

25. Sharon 的毛衫商店以每件 65 美元的批发成本从一个供应商那里订购了 5 000 件毛衫。持有成本是存货的 22%，每次订购将花费 52 美元。Sharon 每年应该向供应商订购几次？每次订多少？

26. Smithson Hydraulics 公司出售每件成本为 25 美元的阀门。公司存货持有成本约为存货价值的 18%，每次订购成本为 38 美元。公司一年使用 20 000 个阀门。

（1）阀门的最小化存货成本的订货批量是多少？（保留到整数）

（2）如果使用 EOQ，每年需要订购几次？

（3）如果使用 EOQ，阀门的持有成本和订购成本各是多少？

27. EmmonsMotors 公司生产电子摩托，企业下年的生产将耗用 25 000 个零件，每次订货成本是 320 美元。管理者已经计算出 EOQ 是 1 000 个单位。EmmonsMotors 公司每年持有存货成本是多少？

准时生产存货系统（JIT）：关联概念　举例 15-10

28. EverFit 公司制造健身俱乐部中使用的普通消费级健身器材，主要生产复杂的阻力运动设备用于增强特定部位的肌肉。一旦 EverFit 公司的研发中心设计出新设备，就会联系各个金属生产中心生产符合规格的零部件。这些零部件储存在 EverFit 公司，然后组装销售给客户。零部件存货价值是 250 000 美元,与之相关的借款利息是 6%。损耗和无形磨损成本是 1%,每年税金和保险费是 10 000 美元。

由于供货商全部分布在 50 英里以内,EverFit 公司讨论实行准时生产存货系统(JIT)。供应商都是依附于本公司的小企业,它们有意愿按照生产计划供货。

EverFit 公司的 CFO 考虑到,尽管这些意图都是好的,可是供应商没有能力足够精确地管理自己的生产,以持续满足客户的 JIT 需求。另外,一旦供应商不能按时送货,通常会延迟一天半。在这段时间里,25 名装配工人将无事可做,但是无论他们工作与否,公司每天必须支付他们 8 小时的工资(每小时 30 美元)。

(1) 如果这套系统可以省钱,那么多少次 JIT 失败是可以容忍的?

(2) 基于对(1)的回答,请对 JIT 理论做出合适的评价。

(3) 有哪些实质性因素需要考虑?

(4) 在最终决策前提出一个测试系统的方法。

FINANCIAL TABLES

表 1 $FVF_{k,n} = (1+k)^n$

					INTEREST RATES								
Periods	0.5%	0.67%	0.75%	1%	1.5%	2%	2.5%	3%	3.5%	4%	4.5%	5%	6%	7%
1	1.0050	1.0067	1.0075	1.0100	1.0150	1.0200	1.0250	1.0300	1.0350	1.0400	1.0450	1.0500	1.0600	1.0700
2	1.0100	1.0134	1.0151	1.0201	1.0302	1.0404	1.0506	1.0609	1.0712	1.0816	1.0920	1.1025	1.1236	1.1449
3	1.0151	1.0201	1.0227	1.0303	1.0457	1.0612	1.0769	1.0927	1.1087	1.1249	1.1412	1.1576	1.1910	1.2250
4	1.0202	1.0269	1.0303	1.0406	1.0614	1.0824	1.1038	1.1255	1.1475	1.1699	1.1925	1.2155	1.2625	1.3108
5	1.0253	1.0338	1.0381	1.0510	1.0773	1.1041	1.1314	1.1593	1.1877	1.2167	1.2462	1.2763	1.3382	1.4026
6	1.0304	1.0407	1.0459	1.0615	1.0934	1.1262	1.1597	1.1941	1.2293	1.2653	1.3023	1.3401	1.4185	1.5007
7	1.0355	1.0476	1.0537	1.0721	1.1098	1.1487	1.1887	1.2299	1.2723	1.3159	1.3609	1.4071	1.5036	1.6058
8	1.0407	1.0546	1.0616	1.0829	1.1265	1.1717	1.2184	1.2668	1.3168	1.3686	1.4221	1.4775	1.5938	1.7182
9	1.0459	1.0616	1.0696	1.0937	1.1434	1.1951	1.2489	1.3048	1.3629	1.4233	1.4861	1.5513	1.6895	1.8385
10	1.0511	1.0687	1.0776	1.1046	1.1605	1.2190	1.2801	1.3439	1.4106	1.4802	1.5530	1.6289	1.7908	1.9672
11	1.0564	1.0758	1.0857	1.1157	1.1779	1.2434	1.3121	1.3842	1.4600	1.5395	1.6229	1.7103	1.8983	2.1049
12	1.0617	1.0830	1.0938	1.1268	1.1956	1.2682	1.3449	1.4258	1.5111	1.6010	1.6959	1.7959	2.0122	2.2522
13	1.0670	1.0902	1.1020	1.1381	1.2136	1.2936	1.3785	1.4685	1.5640	1.6651	1.7722	1.8856	2.1329	2.4098
14	1.0723	1.0975	1.1103	1.1495	1.2318	1.3195	1.4130	1.5126	1.6187	1.7317	1.8519	1.9799	2.2609	2.5785
15	1.0777	1.1048	1.1186	1.1610	1.2502	1.3459	1.4483	1.5580	1.6753	1.8009	1.9353	2.0789	2.3966	2.7590
16	1.0831	1.1122	1.1270	1.1726	1.2690	1.3728	1.4845	1.6047	1.7340	1.8730	2.0224	2.1829	2.5404	2.9522
17	1.0885	1.1196	1.1354	1.1843	1.2880	1.4002	1.5216	1.6528	1.7947	1.9479	2.1134	2.2920	2.6928	3.1588
18	1.0939	1.1270	1.1440	1.1961	1.3073	1.4282	1.5597	1.7024	1.8575	2.0258	2.2085	2.4066	2.8543	3.3799
19	1.0994	1.1346	1.1525	1.2081	1.3270	1.4568	1.5987	1.7535	1.9225	2.1068	2.3079	2.5270	3.0256	3.6165
20	1.1049	1.1421	1.1612	1.2202	1.3469	1.4859	1.6386	1.8061	1.9898	2.1911	2.4117	2.6533	3.2071	3.8697
21	1.1104	1.1497	1.1699	1.2324	1.3671	1.5157	1.6796	1.8603	2.0594	2.2788	2.5202	2.7860	3.3996	4.1406
22	1.1160	1.1574	1.1787	1.2447	1.3876	1.5460	1.7216	1.9161	2.1315	2.3699	2.6337	2.9253	3.6035	4.4304
23	1.1216	1.1651	1.1875	1.2572	1.4084	1.5769	1.7646	1.9736	2.2061	2.4647	2.7522	3.0715	3.8197	4.7405
24	1.1272	1.1729	1.1964	1.2697	1.4295	1.6084	1.8087	2.0328	2.2833	2.5633	2.8760	3.2251	4.0489	5.0724
25	1.1328	1.1807	1.2054	1.2824	1.4509	1.6406	1.8539	2.0938	2.3632	2.6658	3.0054	3.3864	4.2919	5.4274
26	1.1385	1.1886	1.2144	1.2953	1.4727	1.6734	1.9003	2.1566	2.4460	2.7725	3.1407	3.5557	4.5494	5.8074
27	1.1442	1.1965	1.2235	1.3082	1.4948	1.7069	1.9478	2.2213	2.5316	2.8834	3.2820	3.7335	4.8223	6.2139
28	1.1499	1.2045	1.2327	1.3213	1.5172	1.7410	1.9965	2.2879	2.6202	2.9987	3.4297	3.9201	5.1117	6.6488
29	1.1556	1.2125	1.2420	1.3345	1.5400	1.7758	2.0464	2.3566	2.7119	3.1187	3.5840	4.1161	5.4184	7.1143
30	1.1614	1.2206	1.2513	1.3478	1.5631	1.8114	2.0976	2.4273	2.8068	3.2434	3.7453	4.3219	5.7435	7.6123
32	1.1730	1.2369	1.2701	1.3749	1.6103	1.8845	2.2038	2.5751	3.0067	3.5081	4.0900	4.7649	6.4534	8.7153
34	1.1848	1.2535	1.2892	1.4026	1.6590	1.9607	2.3153	2.7319	3.2209	3.7943	4.4664	5.2533	7.2510	9.9781
36	1.1967	1.2702	1.3086	1.4308	1.7091	2.0399	2.4325	2.8983	3.4503	4.1039	4.8774	5.7918	8.1473	11.4239
38	1.2087	1.2872	1.3283	1.4595	1.7608	2.1223	2.5557	3.0748	3.6960	4.4388	5.3262	6.3855	9.1543	13.0793
40	1.2208	1.3045	1.3483	1.4889	1.8140	2.2080	2.6851	3.2620	3.9593	4.8010	5.8164	7.0400	10.2857	14.9745
48	1.2705	1.3757	1.4314	1.6122	2.0435	2.5871	3.2715	4.1323	5.2136	6.5705	8.2715	10.4013	16.3939	25.7289
50	1.2832	1.3941	1.4530	1.6446	2.1052	2.6916	3.4371	4.3839	5.5849	7.1067	9.0326	11.4674	18.4202	29.4570
60	1.3489	1.4898	1.5657	1.8167	2.4432	3.2810	4.3998	5.8916	7.8781	10.5196	14.0274	18.6792	32.9877	57.9464
120	1.8194	2.2196	2.4514	3.3004	5.9693	10.7652	19.3581	34.7110	62.0643	110.663	196.768	348.912	1088.19	3357.79
180	2.4541	3.3069	3.8380	5.9958	14.5844	35.3208	85.1718	204.503	488.948	1164.13	2760.15	6517.39	35896.8	*
240	3.3102	4.9268	6.0092	10.8926	35.6328	115.889	374.738	1204.85	3851.98	12246.2	38717.7	*	*	*
300	4.4650	7.3402	9.4084	19.7885	87.0588	380.235	1648.77	7098.51	30346.2	*	*	*	*	*
360	6.0226	10.9357	14.7306	35.9496	212.704	1247.56	7254.23	41821.6	*	*	*	*	*	*

続表

Periods	8%	9%	10%	11%	12%	13%	14%	15%	16%	18%	20%	24%	30%	36%
1	1.0800	1.0900	1.1000	1.1100	1.1200	1.1300	1.1400	1.1500	1.1600	1.1800	1.2000	1.2400	1.3000	1.3600
2	1.1664	1.1881	1.2100	1.2321	1.2544	1.2769	1.2996	1.3225	1.3456	1.3924	1.4400	1.5376	1.6900	1.8496
3	1.2597	1.2950	1.3310	1.3676	1.4049	1.4429	1.4815	1.5209	1.5609	1.6430	1.7280	1.9066	2.1970	2.5155
4	1.3605	1.4116	1.4641	1.5181	1.5735	1.6305	1.6890	1.7490	1.8106	1.9388	2.0736	2.3642	2.8561	3.4210
5	1.4693	1.5386	1.6105	1.6851	1.7623	1.8424	1.9254	2.0114	2.1003	2.2878	2.4883	2.9316	3.7129	4.6526
6	1.5869	1.6771	1.7716	1.8704	1.9738	2.0820	2.1950	2.3131	2.4364	2.6996	2.9860	3.6352	4.8268	6.3275
7	1.7138	1.8280	1.9487	2.0762	2.2107	2.3526	2.5023	2.6600	2.8262	3.1855	3.5832	4.5077	6.2749	8.6054
8	1.8509	1.9926	2.1436	2.3045	2.4760	2.6584	2.8526	3.0590	3.2784	3.7589	4.2998	5.5895	8.1573	11.7034
9	1.9990	2.1719	2.3579	2.5580	2.7731	3.0040	3.2519	3.5179	3.8030	4.4355	5.1598	6.9310	10.6045	15.9166
10	2.1589	2.3674	2.5937	2.8394	3.1058	3.3946	3.7072	4.0456	4.4114	5.2338	6.1917	8.5944	13.7858	21.6466
11	2.3316	2.5804	2.8531	3.1518	3.4785	3.8359	4.2262	4.6524	5.1173	6.1759	7.4301	10.6571	17.9216	29.4393
12	2.5182	2.8127	3.1384	3.4985	3.8960	4.3345	4.8179	5.3503	5.9360	7.2876	8.9161	13.2148	23.2981	40.0375
13	2.7196	3.0658	3.4523	3.8833	4.3635	4.8980	5.4924	6.1528	6.8858	8.5994	10.6993	16.3863	30.2875	54.4510
14	2.9372	3.3417	3.7975	4.3104	4.8871	5.5348	6.2613	7.0757	7.9875	10.1472	12.8392	20.3191	39.3738	74.0534
15	3.1722	3.6425	4.1772	4.7846	5.4736	6.2543	7.1379	8.1371	9.2655	11.9737	15.4070	25.1956	51.1859	100.713
16	3.4259	3.9703	4.5950	5.3109	6.1304	7.0673	8.1372	9.3576	10.7480	14.1290	18.4884	31.2426	66.5417	136.969
17	3.7000	4.3276	5.0545	5.8951	6.8660	7.9861	9.2765	10.7613	12.4677	16.6722	22.1861	38.7408	86.5042	186.278
18	3.9960	4.7171	5.5599	6.5436	7.6900	9.0243	10.5752	12.3755	14.4625	19.6733	26.6233	48.0386	112.455	253.338
19	4.3157	5.1417	6.1159	7.2633	8.6128	10.1974	12.0557	14.2318	16.7765	23.2144	31.9480	59.5679	146.192	344.540
20	4.6610	5.6044	6.7275	8.0623	9.6463	11.5231	13.7435	16.3665	19.4608	27.3930	38.3376	73.8641	190.050	468.574
21	5.0338	6.1088	7.4002	8.9492	10.8038	13.0211	15.6676	18.8215	22.5745	32.3238	46.0051	91.5915	247.065	637.261
22	5.4365	6.6586	8.1403	9.9336	12.1003	14.7138	17.8610	21.6447	26.1864	38.1421	55.2061	113.574	321.184	866.674
23	5.8715	7.2579	8.9543	11.0263	13.5523	16.6266	20.3616	24.8915	30.3762	45.0076	66.2474	140.831	417.539	1178.68
24	6.3412	7.9111	9.8497	12.2392	15.1786	18.7881	23.2122	28.6252	35.2364	53.1090	79.4968	174.631	542.801	1603.00
25	6.8485	8.6231	10.8347	13.5855	17.0001	21.2305	26.4619	32.9190	40.8742	62.6686	95.3962	216.542	705.641	2180.08
26	7.3964	9.3992	11.9182	15.0799	19.0401	23.9905	30.1666	37.8568	47.4141	73.9490	114.475	268.512	917.333	2964.91
27	7.9881	10.2451	13.1100	16.7386	21.3249	27.1093	34.3899	43.5353	55.0004	87.2598	137.371	332.955	1192.53	4032.28
28	8.6271	11.1671	14.4210	18.5799	23.8839	30.6335	39.2045	50.0656	63.8004	102.967	164.845	412.864	1550.29	5483.90
29	9.3173	12.1722	15.8631	20.6237	26.7499	34.6158	44.6931	57.5755	74.0085	121.501	197.814	511.952	2015.38	7458.10
30	10.0627	13.2677	17.4494	22.8923	29.9599	39.1159	50.9502	66.2118	85.8499	143.371	237.376	634.820	2620.00	10143.0
32	11.7371	15.7633	21.1138	28.2056	37.5817	49.9471	66.2148	87.5651	115.520	199.629	341.822	976.099	4427.79	18760.5
34	13.6901	18.7284	25.5477	34.7521	47.1425	63.7774	86.0528	115.805	155.443	277.964	492.224	1500.85	7482.97	34699.5
36	15.9682	22.2512	30.9127	42.8181	59.1356	81.4374	111.834	153.152	209.164	387.037	708.802	2307.71	12646.2	64180.1
38	18.6253	26.4367	37.4043	52.7562	74.1797	103.987	145.340	202.543	281.452	538.910	1020.67	3548.33	21372.1	*
40	21.7245	31.4094	45.2593	65.0009	93.0510	132.782	188.884	267.864	378.721	750.378	1469.77	5455.91	36118.9	
48	40.2106	62.5852	97.0172	149.797	230.391	352.992	538.807	819.401	1241.61	2820.57	6319.75	30495.9	*	*
50	46.9016	74.3575	117.391	184.565	289.002	450.736	700.233	1083.66	1670.70	3927.36	9100.44	46890.4	*	
60	101.257	176.031	304.482	524.057	897.597	1530.05	2595.92	4384.00	7370.20	20555.1	56347.5			
120	10253.0	30987.0	92709.1	*	*	*	*	*	*	*	*			
180				*	*	*	*	*	*	*	*			
240	*	*	*	*	*	*	*	*	*	*	*			
300	*	*	*	*	*	*	*	*	*	*	*			
360	*	*	*	*	*	*	*	*	*	*	*			

*$FVF_{k,n} \geq 100,000$

表 2 $PVF_{k,n} = (1+k)^{-n}$

Periods	0.5%	0.67%	0.75%	1%	1.5%	2%	2.5%	3%	3.5%	4%	4.5%	5%	6%	7%
1	0.9950	0.9934	0.9926	0.9901	0.9852	0.9804	0.9756	0.9709	0.9662	0.9615	0.9569	0.9524	0.9434	0.9346
2	0.9901	0.9868	0.9852	0.9803	0.9707	0.9612	0.9518	0.9426	0.9335	0.9246	0.9157	0.9070	0.8900	0.8734
3	0.9851	0.9803	0.9778	0.9706	0.9563	0.9423	0.9286	0.9151	0.9019	0.8890	0.8763	0.8638	0.8396	0.8163
4	0.9802	0.9738	0.9706	0.9610	0.9422	0.9238	0.9060	0.8885	0.8714	0.8548	0.8386	0.8227	0.7921	0.7629
5	0.9754	0.9673	0.9633	0.9515	0.9283	0.9057	0.8839	0.8626	0.8420	0.8219	0.8025	0.7835	0.7473	0.7130
6	0.9705	0.9609	0.9562	0.9420	0.9145	0.8880	0.8623	0.8375	0.8135	0.7903	0.7679	0.7462	0.7050	0.6663
7	0.9657	0.9546	0.9490	0.9327	0.9010	0.8706	0.8413	0.8131	0.7860	0.7599	0.7348	0.7107	0.6651	0.6227
8	0.9609	0.9482	0.9420	0.9235	0.8877	0.8535	0.8207	0.7894	0.7594	0.7307	0.7032	0.6768	0.6274	0.5820
9	0.9561	0.9420	0.9350	0.9143	0.8746	0.8368	0.8007	0.7664	0.7337	0.7026	0.6729	0.6446	0.5919	0.5439
10	0.9513	0.9357	0.9280	0.9053	0.8617	0.8203	0.7812	0.7441	0.7089	0.6756	0.6439	0.6139	0.5584	0.5083
11	0.9466	0.9295	0.9211	0.8963	0.8489	0.8043	0.7621	0.7224	0.6849	0.6496	0.6162	0.5847	0.5268	0.4751
12	0.9419	0.9234	0.9142	0.8874	0.8364	0.7885	0.7436	0.7014	0.6618	0.6246	0.5897	0.5568	0.4970	0.4440
13	0.9372	0.9172	0.9074	0.8787	0.8240	0.7730	0.7254	0.6810	0.6394	0.6006	0.5643	0.5303	0.4688	0.4150
14	0.9326	0.9112	0.9007	0.8700	0.8118	0.7579	0.7077	0.6611	0.6178	0.5775	0.5400	0.5051	0.4423	0.3878
15	0.9279	0.9051	0.8940	0.8613	0.7999	0.7430	0.6905	0.6419	0.5969	0.5553	0.5167	0.4810	0.4173	0.3624
16	0.9233	0.8991	0.8873	0.8528	0.7880	0.7284	0.6736	0.6232	0.5767	0.5339	0.4945	0.4581	0.3936	0.3387
17	0.9187	0.8932	0.8807	0.8444	0.7764	0.7142	0.6572	0.6050	0.5572	0.5134	0.4732	0.4363	0.3714	0.3166
18	0.9141	0.8873	0.8742	0.8360	0.7649	0.7002	0.6412	0.5874	0.5384	0.4936	0.4528	0.4155	0.3503	0.2959
19	0.9096	0.8814	0.8676	0.8277	0.7536	0.6864	0.6255	0.5703	0.5202	0.4746	0.4333	0.3957	0.3305	0.2765
20	0.9051	0.8756	0.8612	0.8195	0.7425	0.6730	0.6103	0.5537	0.5026	0.4564	0.4146	0.3769	0.3118	0.2584
21	0.9006	0.8698	0.8548	0.8114	0.7315	0.6598	0.5954	0.5375	0.4856	0.4388	0.3968	0.3589	0.2942	0.2415
22	0.8961	0.8640	0.8484	0.8034	0.7207	0.6468	0.5809	0.5219	0.4692	0.4220	0.3797	0.3418	0.2775	0.2257
23	0.8916	0.8583	0.8421	0.7954	0.7100	0.6342	0.5667	0.5067	0.4533	0.4057	0.3634	0.3256	0.2618	0.2109
24	0.8872	0.8526	0.8358	0.7876	0.6995	0.6217	0.5529	0.4919	0.4380	0.3901	0.3477	0.3101	0.2470	0.1971
25	0.8828	0.8470	0.8296	0.7798	0.6892	0.6095	0.5394	0.4776	0.4231	0.3751	0.3327	0.2953	0.2330	0.1842
26	0.8784	0.8413	0.8234	0.7720	0.6790	0.5976	0.5262	0.4637	0.4088	0.3607	0.3184	0.2812	0.2198	0.1722
27	0.8740	0.8358	0.8173	0.7644	0.6690	0.5859	0.5134	0.4502	0.3950	0.3468	0.3047	0.2678	0.2074	0.1609
28	0.8697	0.8302	0.8112	0.7568	0.6591	0.5744	0.5009	0.4371	0.3817	0.3335	0.2916	0.2551	0.1956	0.1504
29	0.8653	0.8247	0.8052	0.7493	0.6494	0.5631	0.4887	0.4243	0.3687	0.3207	0.2790	0.2429	0.1846	0.1406
30	0.8610	0.8193	0.7992	0.7419	0.6398	0.5521	0.4767	0.4120	0.3563	0.3083	0.2670	0.2314	0.1741	0.1314
32	0.8525	0.8085	0.7873	0.7273	0.6210	0.5306	0.4538	0.3883	0.3326	0.2851	0.2445	0.2099	0.1550	0.1147
34	0.8440	0.7978	0.7757	0.7130	0.6028	0.5100	0.4319	0.3660	0.3105	0.2636	0.2239	0.1904	0.1379	0.1002
36	0.8356	0.7873	0.7641	0.6989	0.5851	0.4902	0.4111	0.3450	0.2898	0.2437	0.2050	0.1727	0.1227	0.0875
38	0.8274	0.7769	0.7528	0.6852	0.5679	0.4712	0.3913	0.3252	0.2706	0.2253	0.1878	0.1566	0.1092	0.0765
40	0.8191	0.7666	0.7416	0.6717	0.5513	0.4529	0.3724	0.3066	0.2526	0.2083	0.1719	0.1420	0.0972	0.0668
48	0.7871	0.7269	0.6986	0.6203	0.4894	0.3865	0.3057	0.2420	0.1918	0.1522	0.1209	0.0961	0.0610	0.0389
50	0.7793	0.7173	0.6883	0.6080	0.4750	0.3715	0.2909	0.2281	0.1791	0.1407	0.1107	0.0872	0.0543	0.0339
60	0.7414	0.6712	0.6387	0.5504	0.4093	0.3048	0.2273	0.1697	0.1269	0.0951	0.0713	0.0535	0.0303	0.0173
120	0.5496	0.4505	0.4079	0.3030	0.1675	0.0929	0.0517	0.0288	0.0161	0.0090	0.0051	0.0029	0.0009	0.0003
180	0.4075	0.3024	0.2605	0.1668	0.0686	0.0283	0.0117	0.0049	0.0020	0.0009	0.0004	0.0002	0.0000	0.0000
240	0.3021	0.2030	0.1664	0.0918	0.0281	0.0086	0.0027	0.0008	0.0003	0.0001	0.0000	0.0000	0.0000	0.0000
300	0.2240	0.1362	0.1063	0.0505	0.0115	0.0026	0.0006	0.0001	0.0000	0.0000	0.0000	0.0000	0.0000	0.0000
360	0.1660	0.0914	0.0679	0.0278	0.0047	0.0008	0.0001	0.0000	0.0000	0.0000	0.0000	0.0000	0.0000	0.0000

INTEREST RATES

Periods	8%	9%	10%	11%	12%	13%	14%	15%	16%	18%	20%	24%	30%	36%
1	0.9259	0.9174	0.9091	0.9009	0.8929	0.8850	0.8772	0.8696	0.8621	0.8475	0.8333	0.8065	0.7692	0.7353
2	0.8573	0.8417	0.8264	0.8116	0.7972	0.7831	0.7695	0.7561	0.7432	0.7182	0.6944	0.6504	0.5917	0.5407
3	0.7938	0.7722	0.7513	0.7312	0.7118	0.6931	0.6750	0.6575	0.6407	0.6086	0.5787	0.5245	0.4552	0.3975
4	0.7350	0.7084	0.6830	0.6587	0.6355	0.6133	0.5921	0.5718	0.5523	0.5158	0.4823	0.4230	0.3501	0.2923
5	0.6806	0.6499	0.6209	0.5935	0.5674	0.5428	0.5194	0.4972	0.4761	0.4371	0.4019	0.3411	0.2693	0.2149
6	0.6302	0.5963	0.5645	0.5346	0.5066	0.4803	0.4556	0.4323	0.4104	0.3704	0.3349	0.2751	0.2072	0.1580
7	0.5835	0.5470	0.5132	0.4817	0.4523	0.4251	0.3996	0.3759	0.3538	0.3139	0.2791	0.2218	0.1594	0.1162
8	0.5403	0.5019	0.4665	0.4339	0.4039	0.3762	0.3506	0.3269	0.3050	0.2660	0.2326	0.1789	0.1226	0.0854
9	0.5002	0.4604	0.4241	0.3909	0.3606	0.3329	0.3075	0.2843	0.2630	0.2255	0.1938	0.1443	0.0943	0.0628
10	0.4632	0.4224	0.3855	0.3522	0.3220	0.2946	0.2697	0.2472	0.2267	0.1911	0.1615	0.1164	0.0725	0.0462
11	0.4289	0.3875	0.3505	0.3173	0.2875	0.2607	0.2366	0.2149	0.1954	0.1619	0.1346	0.0938	0.0558	0.0340
12	0.3971	0.3555	0.3186	0.2858	0.2567	0.2307	0.2076	0.1869	0.1685	0.1372	0.1122	0.0757	0.0429	0.0250
13	0.3677	0.3262	0.2897	0.2575	0.2292	0.2042	0.1821	0.1625	0.1452	0.1163	0.0935	0.0610	0.0330	0.0184
14	0.3405	0.2992	0.2633	0.2320	0.2046	0.1807	0.1597	0.1413	0.1252	0.0985	0.0779	0.0492	0.0254	0.0135
15	0.3152	0.2745	0.2394	0.2090	0.1827	0.1599	0.1401	0.1229	0.1079	0.0835	0.0649	0.0397	0.0195	0.0099
16	0.2919	0.2519	0.2176	0.1883	0.1631	0.1415	0.1229	0.1069	0.0930	0.0708	0.0541	0.0320	0.0150	0.0073
17	0.2703	0.2311	0.1978	0.1696	0.1456	0.1252	0.1078	0.0929	0.0802	0.0600	0.0451	0.0258	0.0116	0.0054
18	0.2502	0.2120	0.1799	0.1528	0.1300	0.1108	0.0946	0.0808	0.0691	0.0508	0.0376	0.0208	0.0089	0.0039
19	0.2317	0.1945	0.1635	0.1377	0.1161	0.0981	0.0829	0.0703	0.0596	0.0431	0.0313	0.0168	0.0068	0.0029
20	0.2145	0.1784	0.1486	0.1240	0.1037	0.0868	0.0728	0.0611	0.0514	0.0365	0.0261	0.0135	0.0053	0.0021
21	0.1987	0.1637	0.1351	0.1117	0.0926	0.0768	0.0638	0.0531	0.0443	0.0309	0.0217	0.0109	0.0040	0.0016
22	0.1839	0.1502	0.1228	0.1007	0.0826	0.0680	0.0560	0.0462	0.0382	0.0262	0.0181	0.0088	0.0031	0.0012
23	0.1703	0.1378	0.1117	0.0907	0.0738	0.0601	0.0491	0.0402	0.0329	0.0222	0.0151	0.0071	0.0024	0.0008
24	0.1577	0.1264	0.1015	0.0817	0.0659	0.0532	0.0431	0.0349	0.0284	0.0188	0.0126	0.0057	0.0018	0.0006
25	0.1460	0.1160	0.0923	0.0736	0.0588	0.0471	0.0378	0.0304	0.0245	0.0160	0.0105	0.0046	0.0014	0.0005
26	0.1352	0.1064	0.0839	0.0663	0.0525	0.0417	0.0331	0.0264	0.0211	0.0135	0.0087	0.0037	0.0011	0.0003
27	0.1252	0.0976	0.0763	0.0597	0.0469	0.0369	0.0291	0.0230	0.0182	0.0115	0.0073	0.0030	0.0008	0.0002
28	0.1159	0.0895	0.0693	0.0538	0.0419	0.0326	0.0255	0.0200	0.0157	0.0097	0.0061	0.0024	0.0006	0.0002
29	0.1073	0.0822	0.0630	0.0485	0.0374	0.0289	0.0224	0.0174	0.0135	0.0082	0.0051	0.0020	0.0005	0.0001
30	0.0994	0.0754	0.0573	0.0437	0.0334	0.0256	0.0196	0.0151	0.0116	0.0070	0.0042	0.0016	0.0004	0.0001
32	0.0852	0.0634	0.0474	0.0355	0.0266	0.0200	0.0151	0.0114	0.0087	0.0050	0.0029	0.0010	0.0002	0.0001
34	0.0730	0.0534	0.0391	0.0288	0.0212	0.0157	0.0116	0.0086	0.0064	0.0036	0.0020	0.0007	0.0001	0.0000
36	0.0626	0.0449	0.0323	0.0234	0.0169	0.0123	0.0089	0.0065	0.0048	0.0026	0.0014	0.0004	0.0001	0.0000
38	0.0537	0.0378	0.0267	0.0190	0.0135	0.0096	0.0069	0.0049	0.0036	0.0019	0.0010	0.0003	0.0000	0.0000
40	0.0460	0.0318	0.0221	0.0154	0.0107	0.0075	0.0053	0.0037	0.0026	0.0013	0.0007	0.0002	0.0000	0.0000
48	0.0249	0.0160	0.0103	0.0067	0.0043	0.0028	0.0019	0.0012	0.0008	0.0004	0.0002	0.0000	0.0000	0.0000
50	0.0213	0.0134	0.0085	0.0054	0.0035	0.0022	0.0014	0.0009	0.0006	0.0003	0.0001	0.0000	0.0000	0.0000
60	0.0099	0.0057	0.0033	0.0019	0.0011	0.0007	0.0004	0.0002	0.0001	0.0000	0.0000	0.0000	0.0000	0.0000
120	0.0001	0.0000	0.0000	0.0000	0.0000	0.0000	0.0000	0.0000	0.0000	0.0000	0.0000	0.0000	0.0000	0.0000
180	0.0000	0.0000	0.0000	0.0000	0.0000	0.0000	0.0000	0.0000	0.0000	0.0000	0.0000	0.0000	0.0000	0.0000
240	0.0000	0.0000	0.0000	0.0000	0.0000	0.0000	0.0000	0.0000	0.0000	0.0000	0.0000	0.0000	0.0000	0.0000
300	0.0000	0.0000	0.0000	0.0000	0.0000	0.0000	0.0000	0.0000	0.0000	0.0000	0.0000	0.0000	0.0000	0.0000
360	0.0000	0.0000	0.0000	0.0000	0.0000	0.0000	0.0000	0.0000	0.0000	0.0000	0.0000	0.0000	0.0000	0.0000

$$\text{表 3} \quad \text{FVFA}_{k,n} = \sum_{i=1}^{n}(1+k)^{n-1}$$

Periods	0.5%	0.67%	0.75%	1%	1.5%	2%	2.5%	3%	3.5%	4%	4.5%	5%	6%	7%
1	1.0000	1.0000	1.0000	1.0000	1.0000	1.0000	1.0000	1.0000	1.0000	1.0000	1.0000	1.0000	1.0000	1.0000
2	2.0050	2.0067	2.0075	2.0100	2.0150	2.0200	2.0250	2.0300	2.0350	2.0400	2.0450	2.0500	2.0600	2.0700
3	3.0150	3.0200	3.0226	3.0301	3.0452	3.0604	3.0756	3.0909	3.1062	3.1216	3.1370	3.1525	3.1836	3.2149
4	4.0301	4.0402	4.0452	4.0604	4.0909	4.1216	4.1525	4.1836	4.2149	4.2465	4.2782	4.3101	4.3746	4.4399
5	5.0503	5.0671	5.0756	5.1010	5.1523	5.2040	5.2563	5.3091	5.3625	5.4163	5.4707	5.5256	5.6371	5.7507
6	6.0755	6.1009	6.1136	6.1520	6.2296	6.3081	6.3877	6.4684	6.5502	6.6330	6.7169	6.8019	6.9753	7.1533
7	7.1059	7.1416	7.1595	7.2135	7.3230	7.4343	7.5474	7.6625	7.7794	7.8983	8.0192	8.1420	8.3938	8.6540
8	8.1414	8.1892	8.2132	8.2857	8.4328	8.5830	8.7361	8.8923	9.0517	9.2142	9.3800	9.5491	9.8975	10.2598
9	9.1821	9.2483	9.2748	9.3685	9.5593	9.7546	9.9545	10.1591	10.3685	10.5828	10.8021	11.0266	11.4913	11.9780
10	10.2280	10.3054	10.3443	10.4622	10.7027	10.9497	11.2034	11.4639	11.7314	12.0061	12.2882	12.5779	13.1808	13.8164
11	11.2792	11.3741	11.4219	11.5668	11.8633	12.1687	12.4835	12.8078	13.1420	13.4864	13.8412	14.2068	14.9716	15.7836
12	12.3356	12.4499	12.5076	12.6825	13.0412	13.4121	13.7956	14.1920	14.6020	15.0258	15.4640	15.9171	16.8699	17.8885
13	13.3972	13.5329	13.6014	13.8093	14.2368	14.6803	15.1404	15.6178	16.1130	16.6268	17.1599	17.7130	18.8821	20.1406
14	14.4642	14.6231	14.7034	14.9474	15.4504	15.9739	16.5190	17.0863	17.6770	18.2919	18.9321	19.5986	21.0151	22.5505
15	15.5365	15.7206	15.8137	16.0969	16.6821	17.2934	17.9319	18.5989	19.2957	20.0236	20.7841	21.5786	23.2760	25.1290
16	16.6142	16.8254	16.9323	17.2579	17.9324	18.6393	19.3802	20.1569	20.9710	21.8245	22.7193	23.6575	25.6725	27.8881
17	17.6973	17.9376	18.0593	18.4304	19.2014	20.0121	20.8647	21.7616	22.7050	23.6975	24.7417	25.8404	28.2129	30.8402
18	18.7858	19.0572	19.1947	19.6147	20.4894	21.4123	22.3863	23.4144	24.4997	25.6454	26.8551	28.1324	30.9057	33.9990
19	19.8797	20.1842	20.3387	20.8109	21.7967	22.8406	23.9460	25.1169	26.3572	27.6712	29.0636	30.5390	33.7600	37.3790
20	20.9791	21.3188	21.4912	22.0190	23.1237	24.2974	25.5447	26.8704	28.2797	29.7781	31.3714	33.0660	36.7856	40.9955
21	22.0840	22.4609	22.6524	23.2392	24.4705	25.7833	27.1833	28.6765	30.2695	31.9692	33.7831	35.7193	39.9927	44.8652
22	23.1944	23.6107	23.8223	24.4716	25.8376	27.2990	28.8629	30.5368	32.3289	34.2480	36.3034	38.5052	43.3923	49.0057
23	24.3104	24.7681	25.0010	25.7163	27.2251	28.8450	30.5844	32.4529	34.4604	36.6179	38.9370	41.4305	46.9958	53.4361
24	25.4320	25.9332	26.1885	26.9735	28.6335	30.4219	32.3490	34.4265	36.6665	39.0826	41.6892	44.5020	50.8156	58.1767
25	26.5591	27.1061	27.3849	28.2432	30.0630	32.0303	34.1578	36.4593	38.9499	41.6459	44.5652	47.7271	54.8645	63.2490
26	27.6919	28.2868	28.5903	29.5256	31.5140	33.6709	36.0117	38.5530	41.3131	44.3117	47.5706	51.1135	59.1564	68.6765
27	28.8304	29.4754	29.8047	30.8209	32.9867	35.3443	37.9120	40.7096	43.7591	47.0842	50.7113	54.6691	63.7058	74.4838
28	29.9745	30.6719	31.0282	32.1291	34.4815	37.0512	39.8598	42.9309	46.2906	49.9676	53.9933	58.4026	68.5281	80.6977
29	31.1244	31.8763	32.2609	33.4504	35.9987	38.7922	41.8563	45.2189	48.9108	52.9663	57.4230	62.3227	73.6398	87.3465
30	32.2800	33.0889	33.5029	34.7849	37.5387	40.5681	43.9027	47.5754	51.6227	56.0849	61.0071	66.4388	79.0582	94.4608
32	34.6086	35.5382	36.0148	37.4941	40.6883	44.2270	48.1503	52.5028	57.3345	62.7015	68.6662	75.2988	90.8898	110.218
34	36.9606	38.0203	38.5646	40.2577	43.9331	48.0338	52.6129	57.7302	63.4532	69.8579	77.0303	85.0670	104.184	128.259
36	39.3361	40.5356	41.1527	43.0769	47.2760	51.9944	57.3014	63.2759	70.0076	77.5983	86.1640	95.8363	119.121	148.913
38	41.7354	43.0845	43.7798	45.9527	50.7199	56.1149	62.2273	69.1594	77.0289	85.9703	96.1382	107.710	135.904	172.561
40	44.1588	45.6675	46.4465	48.8864	54.2679	60.4020	67.4026	75.4013	84.5503	95.0255	107.030	120.800	154.762	199.635
48	54.0978	56.3499	57.5207	61.2226	69.5652	79.3535	90.8596	104.408	120.388	139.263	161.588	188.025	256.565	353.270
50	56.6452	59.1104	60.3943	64.4632	73.6828	84.5794	97.4843	112.797	130.998	152.667	178.503	209.348	290.336	406.529
60	69.7700	73.4769	75.4241	81.6697	96.2147	114.052	135.992	163.053	196.517	237.991	289.498	353.584	533.128	813.520
120	163.879	182.946	193.514	230.039	331.288	488.258	734.326	1123.70	1744.69	2741.56	4350.40	6958.24	18119.8	47954.1
180	290.819	346.038	378.406	499.580	905.625	1716.04	3366.87	6783.45	13941.4	29078.2	61314.4	*	*	*
240	462.041	589.020	667.887	989.255	2308.85	5744.44	14949.5	40128.4	*	*	*	*	*	*
300	692.994	951.026	1121.12	1878.85	5737.25	18961.7	65910.7	*	*	*	*	*	*	*
360	1004.52	1490.36	1830.74	3494.96	14113.6	62328.1	*	*	*	*	*	*	*	*

Periods	8%	9%	10%	11%	12%	13%	14%	15%	16%	18%	20%	24%	30%	36%
1	1.0000	1.0000	1.0000	1.0000	1.0000	1.0000	1.0000	1.0000	1.0000	1.0000	1.0000	1.0000	1.0000	1.0000
2	2.0800	2.0900	2.1000	2.1100	2.1200	2.1300	2.1400	2.1500	2.1600	2.1800	2.2000	2.2400	2.3000	2.3600
3	3.2464	3.2781	3.3100	3.3421	3.3744	3.4069	3.4396	3.4725	3.5056	3.5724	3.6400	3.7776	3.9900	4.2096
4	4.5061	4.5731	4.6410	4.7097	4.7793	4.8498	4.9211	4.9934	5.0665	5.2154	5.3680	5.6842	6.1870	6.7251
5	5.8666	5.9847	6.1051	6.2278	6.3528	6.4803	6.6101	6.7424	6.8771	7.1542	7.4416	8.0484	9.0431	10.1461
6	7.3359	7.5233	7.7156	7.9129	8.1152	8.3227	8.5355	8.7537	8.9775	9.4420	9.9299	10.9801	12.7560	14.7987
7	8.9228	9.2004	9.4872	9.7833	10.0890	10.4047	10.7305	11.0668	11.4139	12.1415	12.9159	14.6153	17.5828	21.1262
8	10.6366	11.0285	11.4359	11.8594	12.2997	12.7573	13.2328	13.7268	14.2401	15.3270	16.4991	19.1229	23.8577	29.7316
9	12.4876	13.0210	13.5795	14.1640	14.7757	15.4157	16.0853	16.7858	17.5185	19.0859	20.7989	24.7125	32.0150	41.4350
10	14.4866	15.1929	15.9374	16.7220	17.5487	18.4197	19.3373	20.3037	21.3215	23.5213	25.9587	31.6434	42.6195	57.3516
11	16.6455	17.5603	18.5312	19.5614	20.6546	21.8143	23.0445	24.3493	25.7329	28.7551	32.1504	40.2379	56.4053	78.9982
12	18.9771	20.1407	21.3843	22.7132	24.1331	25.6502	27.2707	29.0017	30.8502	34.9311	39.5805	50.8950	74.3270	108.437
13	21.4953	22.9534	24.5227	26.2116	28.0291	29.9847	32.0887	34.3519	36.7862	42.2187	48.4966	64.1097	97.6250	148.475
14	24.2149	26.0192	27.9750	30.0949	32.3926	34.8827	37.5811	40.5047	43.6720	50.8180	59.1959	80.4961	127.913	202.926
15	27.1521	29.3609	31.7725	34.4054	37.2797	40.4175	43.8424	47.5804	51.6595	60.9653	72.0351	100.815	167.286	276.979
16	30.3243	33.0034	35.9497	39.1899	42.7533	46.6717	50.9804	55.7175	60.9250	72.9390	87.4421	126.011	218.472	377.692
17	33.7502	36.9737	40.5447	44.5008	48.8837	53.7391	59.1176	65.0751	71.6730	87.0680	105.931	157.253	285.014	514.661
18	37.4502	41.3013	45.5992	50.3959	55.7497	61.7251	68.3941	75.8364	84.1407	103.740	128.117	195.994	371.518	700.939
19	41.4463	46.0185	51.1591	56.9395	63.4397	70.7494	78.9692	88.2118	98.6032	123.414	154.740	244.033	483.973	954.277
20	45.7620	51.1601	57.2750	64.2028	72.0524	80.9468	91.0249	102.444	115.380	146.628	186.688	303.601	630.165	1298.82
21	50.4229	56.7645	64.0025	72.2651	81.6987	92.4699	104.768	118.810	134.841	174.021	225.026	377.465	820.215	1767.39
22	55.4568	62.8733	71.4027	81.2143	92.5026	105.491	120.436	137.632	157.415	206.345	271.031	469.056	1067.28	2404.65
23	60.8933	69.5319	79.5430	91.1479	104.603	120.205	138.297	159.276	183.601	244.487	326.237	582.630	1388.46	3271.33
24	66.7648	76.7898	88.4973	102.174	118.155	136.831	158.659	184.168	213.978	289.494	392.484	723.461	1806.00	4450.00
25	73.1059	84.7009	98.3471	114.413	133.334	155.620	181.871	212.793	249.214	342.603	471.981	898.092	2348.80	6053.00
26	79.9544	93.3240	109.182	127.999	150.334	176.850	208.333	245.712	290.088	405.272	567.377	1114.63	3054.44	8233.09
27	87.3508	102.723	121.100	143.079	169.374	200.841	238.499	283.569	337.502	479.221	681.853	1383.15	3971.78	11198.0
28	95.3388	112.968	134.210	159.817	190.699	227.950	272.889	327.104	392.503	566.481	819.223	1716.10	5164.31	15230.3
29	103.966	124.135	148.631	178.397	214.583	258.583	312.094	377.170	456.303	669.447	984.068	2128.96	6714.60	20714.2
30	113.283	136.308	164.494	199.021	241.333	293.199	356.787	434.745	530.312	790.948	1181.88	2640.92	8729.99	28172.3
32	134.214	164.037	201.138	247.324	304.848	376.516	465.820	577.100	715.747	1103.50	1704.11	4062.91	14756.0	52109.8
34	158.627	196.982	245.477	306.837	384.521	482.903	607.520	765.365	965.270	1538.69	2456.12	6249.38	24939.9	96384.6
36	187.102	236.125	299.127	380.164	484.463	618.749	791.673	1014.35	1301.03	2144.65	3539.01	9611.28	42150.7	*
38	220.316	282.630	364.043	470.511	609.831	792.211	1031.00	1343.62	1752.82	2988.39	5098.37	14780.5	71237.0	*
40	259.057	337.882	442.593	581.826	767.091	1013.70	1342.03	1779.09	2360.76	4163.21	7343.86	22728.8	*	*
48	490.132	684.280	960.172	1352.70	1911.59	2707.63	3841.48	5456.00	7753.78	15664.3	31593.7	*	*	*
50	573.770	815.084	1163.91	1668.77	2400.02	3459.51	4994.52	7217.72	10435.6	21813.1	45497.2	*	*	*
60	1253.21	1944.79	3034.82	4755.07	7471.64	11761.9	18535.1	29220.0	46057.5	*	*	*	*	*
120	*	*	*	*	*	*	*	*	*	*	*	*	*	*
180	*	*	*	*	*	*	*	*	*	*	*	*	*	*
240	*	*	*	*	*	*	*	*	*	*	*	*	*	*
300	*	*	*	*	*	*	*	*	*	*	*	*	*	*
360	*	*	*	*	*	*	*	*	*	*	*	*	*	*

*$FVFA_{k,n} \geq 100,000$

$$\text{表 4} \quad \text{FVFA}_{k,n} = \sum_{i=1}^{n} (1+k)^{-1}$$

INTEREST RATES

Periods	0.5%	0.67%	0.75%	1%	1.5%	2%	2.5%	3%	3.5%	4%	4.5%	5%	6%	7%
1	0.9950	0.9934	0.9926	0.9901	0.9852	0.9804	0.9756	0.9709	0.9662	0.9615	0.9569	0.9524	0.9434	0.9346
2	1.9851	1.9802	1.9777	1.9704	1.9559	1.9416	1.9274	1.9135	1.8997	1.8861	1.8727	1.8594	1.8334	1.8080
3	2.9702	2.9604	2.9556	2.9410	2.9122	2.8839	2.8560	2.8286	2.8016	2.7751	2.7490	2.7232	2.6730	2.6243
4	3.9505	3.9342	3.9261	3.9020	3.8544	3.8077	3.7620	3.7171	3.6731	3.6299	3.5875	3.5460	3.4651	3.3872
5	4.9259	4.9015	4.8894	4.8534	4.7826	4.7135	4.6458	4.5797	4.5151	4.4518	4.3900	4.3295	4.2124	4.1002
6	5.8964	5.8625	5.8456	5.7955	5.6972	5.6014	5.5081	5.4172	5.3286	5.2421	5.1579	5.0757	4.9173	4.7665
7	6.8621	6.8170	6.7946	6.7282	6.5982	6.4720	6.3494	6.2303	6.1145	6.0021	5.8927	5.7864	5.5824	5.3893
8	7.8230	7.7652	7.7366	7.6517	7.4859	7.3255	7.1701	7.0197	6.8740	6.7327	6.5959	6.4632	6.2098	5.9713
9	8.7791	8.7072	8.6716	8.5660	8.3605	8.1622	7.9709	7.7861	7.6077	7.4353	7.2688	7.1078	6.8017	6.5152
10	9.7304	9.6429	9.5996	9.4713	9.2222	8.9826	8.7521	8.5302	8.3166	8.1109	7.9127	7.7217	7.3601	7.0236
11	10.6770	10.5724	10.5207	10.3676	10.0711	9.7868	9.5142	9.2526	9.0016	8.7605	8.5289	8.3064	7.8869	7.4987
12	11.6189	11.4958	11.4349	11.2551	10.9075	10.5753	10.2578	9.9540	9.6633	9.3851	9.1186	8.8633	8.3838	7.9427
13	12.5562	12.4130	12.3423	12.1337	11.7315	11.3484	10.9832	10.6350	10.3027	9.9856	9.6829	9.3936	8.8527	8.3577
14	13.4887	13.3242	13.2430	13.0037	12.5434	12.1062	11.6909	11.2961	10.9205	10.5631	10.2228	9.8986	9.2950	8.7455
15	14.4166	14.2293	14.1370	13.8651	13.3432	12.8493	12.3814	11.9379	11.5174	11.1184	10.7395	10.3797	9.7122	9.1079
16	15.3399	15.1285	15.0243	14.7179	14.1313	13.5777	13.0550	12.5611	12.0941	11.6523	11.2340	10.8378	10.1059	9.4466
17	16.2586	16.0217	15.9050	15.5623	14.9076	14.2919	13.7122	13.1661	12.6513	12.1657	11.7072	11.2741	10.4773	9.7632
18	17.1728	16.9089	16.7792	16.3983	15.6726	14.9920	14.3534	13.7535	13.1897	12.6593	12.1600	11.6896	10.8276	10.0591
19	18.0824	17.7903	17.6468	17.2260	16.4262	15.6785	14.9789	14.3238	13.7098	13.1339	12.5933	12.0853	11.1581	10.3356
20	18.9874	18.6659	18.5080	18.0456	17.1686	16.3514	15.5892	14.8775	14.2124	13.5903	13.0079	12.4622	11.4699	10.5940
21	19.8880	19.5357	19.3628	18.8570	17.9001	17.0112	16.1845	15.4150	14.6980	14.0292	13.4047	12.8212	11.7641	10.8355
22	20.7841	20.3997	20.2112	19.6604	18.6208	17.6580	16.7654	15.9369	15.1671	14.4511	13.7844	13.1630	12.0416	11.0612
23	21.6757	21.2579	21.0533	20.4558	19.3309	18.2922	17.3321	16.4436	15.6204	14.8568	14.1478	13.4886	12.3034	11.2722
24	22.5629	22.1105	21.8891	21.2434	20.0304	18.9139	17.8850	16.9355	16.0584	15.2470	14.4955	13.7986	12.5504	11.4693
25	23.4456	22.9575	22.7188	22.0232	20.7196	19.5235	18.4244	17.4131	16.4815	15.6221	14.8282	14.0939	12.7834	11.6536
26	24.3240	23.7988	23.5422	22.7952	21.3986	20.1210	18.9506	17.8768	16.8904	15.9828	15.1466	14.3752	13.0032	11.8258
27	25.1980	24.6346	24.3595	23.5596	22.0676	20.7069	19.4640	18.3270	17.2854	16.3296	15.4513	14.6430	13.2105	11.9867
28	26.0677	25.4648	25.1707	24.3164	22.7267	21.2813	19.9649	18.7641	17.6670	16.6631	15.7429	14.8981	13.4062	12.1371
29	26.9330	26.2896	25.9759	25.0658	23.3761	21.8444	20.4535	19.1885	18.0358	16.9837	16.0219	15.1411	13.5907	12.2777
30	27.7941	27.1088	26.7751	25.8077	24.0158	22.3965	20.9303	19.6004	18.3920	17.2920	16.2888	15.3725	13.7648	12.4090
32	29.5033	28.7312	28.3557	27.2696	25.2671	23.4683	21.8492	20.3888	19.0689	17.8736	16.7889	15.8027	14.0840	12.6466
34	31.1955	30.3320	29.9128	28.7027	26.4817	24.4986	22.7238	21.1318	19.7007	18.4112	17.2468	16.1929	14.3681	12.8540
36	32.8710	31.9118	31.4468	30.1075	27.6607	25.4888	23.5563	21.8323	20.2905	18.9083	17.6660	16.5469	14.6210	13.0352
38	34.5299	33.4707	32.9581	31.4847	28.8051	26.4406	24.3486	22.4925	20.8411	19.3679	18.0500	16.8679	14.8460	13.1935
40	36.1722	35.0090	34.4469	32.8347	29.9158	27.3555	25.1028	23.1148	21.3551	19.7928	18.4016	17.1591	15.0463	13.3317
48	42.5803	40.9619	40.1848	37.9740	34.0426	30.6731	27.7732	25.2667	23.0912	21.1951	19.5356	18.0772	15.6500	13.7305
50	44.1428	42.4013	41.5664	39.1961	34.9997	31.4236	28.3623	25.7298	23.4556	21.4822	19.7620	18.2559	15.7619	13.8007
60	51.7256	49.3184	48.1734	44.9550	39.3803	34.7609	30.9087	27.6756	24.9447	22.6235	20.6380	18.9293	16.1614	14.0392
120	90.0735	82.4215	78.9417	69.7005	55.4985	45.3554	37.9337	32.3730	28.1111	24.7741	22.1093	19.9427	16.6514	14.2815
180	118.504	104.641	98.5934	83.3217	62.0956	48.5844	39.5304	33.1703	28.5130	24.9785	22.2142	19.9969	16.6662	14.2856
240	139.581	119.554	111.145	90.8194	64.7957	49.5686	39.8933	33.3057	28.5640	24.9980	22.2216	19.9998	16.6667	14.2857
300	155.207	129.565	119.162	94.9466	65.9009	49.8685	39.9757	33.3286	28.5705	24.9998	22.2222	20.0000	16.6667	14.2857
360	166.792	136.283	124.282	97.2183	66.3532	49.9599	39.9945	33.3325	28.5713	25.0000	22.2222	20.0000	16.6667	14.2857

Periods	8%	9%	10%	11%	12%	13%	14%	15%	16%	18%	20%	24%	30%	36%
1	0.9259	0.9174	0.9091	0.9009	0.8929	0.8850	0.8772	0.8696	0.8621	0.8475	0.8333	0.8065	0.7692	0.7353
2	1.7833	1.7591	1.7355	1.7125	1.6901	1.6681	1.6467	1.6257	1.6052	1.5656	1.5278	1.4568	1.3609	1.2760
3	2.5771	2.5313	2.4869	2.4437	2.4018	2.3612	2.3216	2.2832	2.2459	2.1743	2.1065	1.9813	1.8161	1.6735
4	3.3121	3.2397	3.1699	3.1024	3.0373	2.9745	2.9137	2.8550	2.7982	2.6901	2.5887	2.4043	2.1662	1.9658
5	3.9927	3.8897	3.7908	3.6959	3.6048	3.5172	3.4331	3.3522	3.2743	3.1272	2.9906	2.7454	2.4356	2.1807
6	4.6229	4.4859	4.3553	4.2305	4.1114	3.9975	3.8887	3.7845	3.6847	3.4976	3.3255	3.0205	2.6427	2.3388
7	5.2064	5.0330	4.8684	4.7122	4.5638	4.4226	4.2883	4.1604	4.0386	3.8115	3.6046	3.2423	2.8021	2.4550
8	5.7466	5.5348	5.3349	5.1461	4.9676	4.7988	4.6389	4.4873	4.3436	4.0776	3.8372	3.4212	2.9247	2.5404
9	6.2469	5.9952	5.7590	5.5370	5.3282	5.1317	4.9464	4.7716	4.6065	4.3030	4.0310	3.5655	3.0190	2.6033
10	6.7101	6.4177	6.1446	5.8892	5.6502	5.4262	5.2161	5.0188	4.8332	4.4941	4.1925	3.6819	3.0915	2.6495
11	7.1390	6.8052	6.4951	6.2065	5.9377	5.6869	5.4527	5.2337	5.0286	4.6560	4.3271	3.7757	3.1473	2.6834
12	7.5361	7.1607	6.8137	6.4924	6.1944	5.9176	5.6603	5.4206	5.1971	4.7932	4.4392	3.8514	3.1903	2.7084
13	7.9038	7.4869	7.1034	6.7499	6.4235	6.1218	5.8424	5.5831	5.3423	4.9095	4.5327	3.9124	3.2233	2.7268
14	8.2442	7.7862	7.3667	6.9819	6.6282	6.3025	6.0021	5.7245	5.4675	5.0081	4.6106	3.9616	3.2487	2.7403
15	8.5595	8.0607	7.6061	7.1909	6.8109	6.4624	6.1422	5.8474	5.5755	5.0916	4.6755	4.0013	3.2682	2.7502
16	8.8514	8.3126	7.8237	7.3792	6.9740	6.6039	6.2651	5.9542	5.6685	5.1624	4.7296	4.0333	3.2832	2.7575
17	9.1216	8.5436	8.0216	7.5488	7.1196	6.7291	6.3729	6.0472	5.7487	5.2223	4.7746	4.0591	3.2948	2.7629
18	9.3719	8.7556	8.2014	7.7016	7.2497	6.8399	6.4674	6.1280	5.8178	5.2732	4.8122	4.0799	3.3037	2.7668
19	9.6036	8.9501	8.3649	7.8393	7.3658	6.9380	6.5504	6.1982	5.8775	5.3162	4.8435	4.0967	3.3105	2.7697
20	9.8181	9.1285	8.5136	7.9633	7.4694	7.0248	6.6231	6.2593	5.9288	5.3527	4.8696	4.1103	3.3158	2.7718
21	10.0168	9.2922	8.6487	8.0751	7.5620	7.1016	6.6870	6.3125	5.9731	5.3837	4.8913	4.1212	3.3198	2.7734
22	10.2007	9.4424	8.7715	8.1757	7.6446	7.1695	6.7429	6.3587	6.0113	5.4099	4.9094	4.1300	3.3230	2.7746
23	10.3711	9.5802	8.8832	8.2664	7.7184	7.2297	6.7921	6.3988	6.0442	5.4321	4.9245	4.1371	3.3254	2.7754
24	10.5288	9.7066	8.9847	8.3481	7.7843	7.2829	6.8351	6.4338	6.0726	5.4509	4.9371	4.1428	3.3272	2.7760
25	10.6748	9.8226	9.0770	8.4217	7.8431	7.3300	6.8729	6.4641	6.0971	5.4669	4.9476	4.1474	3.3286	2.7765
26	10.8100	9.9290	9.1609	8.4881	7.8957	7.3717	6.9061	6.4906	6.1182	5.4804	4.9563	4.1511	3.3297	2.7768
27	10.9352	10.0266	9.2372	8.5478	7.9426	7.4086	6.9352	6.5135	6.1364	5.4919	4.9636	4.1542	3.3305	2.7771
28	11.0511	10.1161	9.3066	8.6016	7.9844	7.4412	6.9607	6.5335	6.1520	5.5016	4.9697	4.1566	3.3312	2.7773
29	11.1584	10.1983	9.3696	8.6501	8.0218	7.4701	6.9830	6.5509	6.1656	5.5098	4.9747	4.1585	3.3317	2.7774
30	11.2578	10.2737	9.4269	8.6938	8.0552	7.4957	7.0027	6.5660	6.1772	5.5168	4.9789	4.1601	3.3321	2.7775
32	11.4350	10.4062	9.5264	8.7686	8.1116	7.5383	7.0350	6.5905	6.1959	5.5277	4.9854	4.1624	3.3326	2.7776
34	11.5869	10.5178	9.6086	8.8293	8.1566	7.5717	7.0599	6.6091	6.2098	5.5356	4.9898	4.1639	3.3329	2.7777
36	11.7172	10.6118	9.6765	8.8786	8.1924	7.5979	7.0790	6.6231	6.2201	5.5412	4.9929	4.1649	3.3331	2.7777
38	11.8289	10.6908	9.7327	8.9186	8.2210	7.6183	7.0937	6.6338	6.2278	5.5452	4.9951	4.1655	3.3332	2.7778
40	11.9246	10.7574	9.7791	8.9511	8.2438	7.6344	7.1050	6.6418	6.2335	5.5482	4.9966	4.1659	3.3332	2.7778
48	12.1891	10.9336	9.8969	9.0302	8.2972	7.6705	7.1296	6.6585	6.2450	5.5536	4.9992	4.1665	3.3333	2.7778
50	12.2335	10.9617	9.9148	9.0417	8.3045	7.6752	7.1327	6.6605	6.2463	5.5541	4.9995	4.1666	3.3333	2.7778
60	12.3766	11.0480	9.9672	9.0736	8.3240	7.6873	7.1401	6.6651	6.2492	5.5553	4.9999	4.1667	3.3333	2.7778
120	12.4988	11.1108	9.9999	9.0909	8.3333	7.6923	7.1429	6.6667	6.2500	5.5556	5.0000	4.1667	3.3333	2.7778
180	12.5000	11.1111	10.0000	9.0909	8.3333	7.6923	7.1429	6.6667	6.2500	5.5556	5.0000	4.1667	3.3333	2.7778
240	12.5000	11.1111	10.0000	9.0909	8.3333	7.6923	7.1429	6.6667	6.2500	5.5556	5.0000	4.1667	3.3333	2.7778
300	12.5000	11.1111	10.0000	9.0909	8.3333	7.6923	7.1429	6.6667	6.2500	5.5556	5.0000	4.1667	3.3333	2.7778
360	12.5000	11.1111	10.0000	9.0909	8.3333	7.6923	7.1429	6.6667	6.2500	5.5556	5.0000	4.1667	3.3333	2.7778

教 学 支 持 服 务

　　圣智学习出版公司（Cengage Learning）作为为终身教育提供全方位信息服务的全球知名教育出版公司，为秉承其在全球对教材产品的一贯教学支持服务，对采用其教材的每位老师提供教学辅助资料。任何一位通过 Cengage Learning 北京代表处注册的老师都可直接下载所有在线提供的、最为丰富的教学辅助资料，包括教师用书、PPT、习题库等。

　　鉴于部分资源仅适用于老师教学使用，烦请索取的老师配合填写如下情况说明表。

---✂---

教 学 辅 助 资 料 索 取 证 明

兹证明 _____ 大学 _____ 系/院 _____ 学年（学期）开设的 _____ 名学生□主修　□选修的 _____ 课程，采用如下教材作为□主要教材或□参考教材：

书　名：_____

作　者：_____　　　□英文影印版　□中文翻译版

出版社：_____

学生类型：□本科 1/2 年级　□本科 3/4 年级　□研究生　□MBA　□EMBA　□在职培训

任课教师姓名：_____　　通信地址：_____

职称/职务：_____　　E-mail：_____

电话：_____　　邮编：_____

对本教材建议：_____

_____

_____

系/院主任：_____（签字）

（系/院办公室章）

_____年____月____日

---✂---

* 相关教辅资源事宜敬请联络圣智学习出版公司北京代表处。

Tsinghua University Press
清华大学出版社
北京市海淀区清华园学研大厦 B 座 509 室
邮编：100084
Tel：8610-62770175-4506
Fax：8610-62775511
E-mail：xuyy@tup.tsinghua.edu.cn

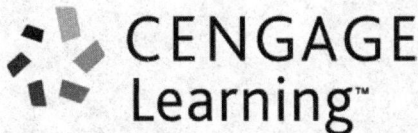

CENGAGE Learning™

Cengage Learning Beijing Office
圣智学习出版公司北京代表处
北京市海淀区科学院南路 2 号融科资讯中心 C 座南楼 12 层 1201 室　邮编：100190
Tel: (8610)8286 2095/96/97　Fax: (8610)8286 2089
E-mail: asia.infochina@cengage.com
www.cengageasia.com